U0358463

 科教管理与创新战略研究文库

主　编：顾建民
副主编：吴　伟

全球教育研究演进与趋势

上篇：总论和国别报告

Evolution and Trend of
Global Education Research

顾建民　李　艳　主编

 上海交通大学出版社
SHANGHAI JIAO TONG UNIVERSITY PRESS

内容提要

　　《全球教育研究脉络和趋势》分"上篇：总论和国别报告""下篇：领域和专题报告"两册，是多视角、多维度、多层面、多路径考察探究全球教育研究脉络和趋势的一部著作。本书采用自下而上与自上而下相结合、局部与整体相映照、过去现在未来相贯通的方式，考察了近20年国际和国内教育研究领域高影响因子期刊所载论文的整体情况和研究趋势，从重要的国际组织教育政策报告透视教育政策演变和教育研究需求，对中国及主要发达国家的教育研究与教育政策的发展脉络和趋势进行系统研究，对全球教育研究范式的演变与趋势、国内外教育技术研究方法之异同以及一流教育学科、学者和学刊进行专题分析，并通过问卷和访谈收集了国内外教育领域专家有关教育研究现状与趋势的态度和见解。本书视野开阔、内容丰富、观点新颖、资料翔实，可供教育科学领域的广大师生使用，亦可供学校教师和教育管理人员参考。

图书在版编目(CIP)数据

　　全球教育研究演进与趋势：全2册/顾建民,李艳主编.—上海:上海交通大学出版社,2022.7
　　ISBN 978 - 7 - 313 - 25813 - 7

　　Ⅰ.①全⋯　Ⅱ.①顾⋯②李⋯　Ⅲ.①教育研究—世界　Ⅳ.①G51

　　中国版本图书馆 CIP 数据核字(2022)第 017432 号

全球教育研究演进与趋势
QUANQIU JIAOYU YANJIU YANJIN YU QUSHI

主　　编：顾建民　李　艳			
出版发行：上海交通大学出版社	地　　址：上海市番禺路 951 号		
邮政编码：200030	电　　话：021 - 64071208		
印　　制：上海新艺印刷有限公司	经　　销：全国新华书店		
开　　本：710mm×1000mm　1/16	印　　张：53.25		
字　　数：858 千字			
版　　次：2022 年 7 月第 1 版	印　　次：2022 年 7 月第 1 次印刷		
书　　号：ISBN 978 - 7 - 313 - 25813 - 7			
定　　价：198.00 元(全 2 册)			

编 委 会

前　言

　　人类正在迈入万物互联时代，由人类社会、物理空间和信息空间构成的三元空间结构加速形成，极大地改变了人们的生产和生活方式，也深刻地影响着教育教学的主体关系、内容形式和方式手段。教育作为民族振兴、社会进步的重要基石，一方面比以往任何时候都更显重要，另一方面也面临着前所未有的机遇和挑战。如今，尽管知识增进、技术创新和人才培育已经须臾离不开教育尤其是大学的支撑，但若不主动求变、迭代进阶，包括大学在内的现行教育体系也会陷入被疏远、被改造甚或被替代的困境。教育科学研究在引领和支持教育转型发展中有着不可或缺的作用，加强教育科学研究，促进信息技术与教育深度融合，在数字化、网络化和智能化的今天，尤其紧迫和重要。教育部科技司高度重视教育科学研究的创新发展，多层面、多渠道、多形式支持教育科学的战略研究和范式转型。

　　2019 年 5 月 31 日，教育部科技司组织北京师范大学、华东师范大学、华中师范大学、浙江大学的有关专家和学者，在华东师范大学召开教育部教育科学战略研究团队工作研讨会，经过多次研讨和任务分工，提议由浙江大学教育学院团队就"全球教育科学研究趋势分析"这一主题开展专项研究，核心内容将聚焦国际和国内教育科学研究的主题变化、范式转型以及影响机制，并对全球教育科学研究未来发展的趋势与挑战进行预判，最终以中英文形式发布《全球教育科学研究趋势报告》以及若干子报告。

　　浙江大学教育学院高度重视这项工作任务，调集精兵强将，组建研究团队。2019 年 9 月，由浙江大学教育学院顾建民、李艳教授牵头，从学院教师群体中邀请了部分代表性学科的中青年骨干教师，组建了该项目的核心研究团队，主要成员包括阚阅教授（比较教育学）、孙元涛教授（教育学原理）、李艳教授（教育技术学）、叶映华教授（课程与教学论）、梅伟惠教授（比较教育学）、汪辉副教授（高等教育学）、何珊云副教授（课程与教学论）、黄亚婷长聘副教授（高等教育学）、王树涛"百人计划"研究员（教育学原理）、韩双森"百人计划"研究员（高等教育学）、陈娟娟"百人计划"研究员（教育技术学）、翟雪松特聘研究员（教育技术学）。所有团队成员都拥有海外留学或访学经历，也有较为丰富的教育科学研究经验。经过一年多的努力，团队成员分工合作，采用自下而上与自上而下相结合，局部与整体相映照，过去现在和未来相贯通的方式，先后考察了近二十年国际和国内教育研究领域高影响因子期刊所载论文的整体情况和研究趋势，从重要的国际组织教育政策报告透视教育政策演变和教育研究需求，对中国教育研究与教育政策发展脉络进行系统研究，对主要发达国家（美国、英国、德国、澳大利亚、芬兰、日本等）的教育研究进行趋势分析，对全球教育研究范式的演变与趋势、国内外教育技术研究方法之异同以及一流教育学科、学者和学刊进行专题分析，并通过问卷和访谈收集了国内外教育领域专家有关教育研究现状与趋势的态度和见解。基于这些工作和24份子报告，项目组反复凝练，初步完成了《全球教育科学研究趋势报告》（中英文）的撰写。为了开阔视野、集思广益，2020年11—12月，教育学院先后组织召开了"全球教育科学研究发展趋势暨教育学学科建设研讨会""国际教育科学研究趋势暨教育学优势特色学科建设研讨会"，以及"高等教育枢纽与创新城市建设研讨会"，全国40余位教育学科领域的知名专家教授应邀出席，对本项目研究提出了许多建设性的意见和建议，尤其对部分报告的修改和完善助益匪浅。

经过多轮修改和统稿，本研究成果最终由5编26章组成，按一类总论报告和四类分论报告编排。第一编"研究趋势总论"共2章，分别是中英文的《全球教育研究趋势报告》，报告从主题变化、范式转型以及影响机制三方面呈现了全球教育研究发展脉络，并对全球教育研究未来发展的背景、挑战及趋势进行了研判。第二编"国别发展报告"共8章，其中前7章主要运用文献计量分析法，基于对教育学重要期刊文献、研究课题和政策文本等的多维度梳理，分别对中国、美国、英国、澳大利亚、德国、芬兰、日本等七国教育研究演变脉络进行分析，并对其未来趋势进行展望；最后1章则对四个国际组织近十年发布的、对全球教育治理产生重要影响的政策和报告进行内容分析，从中透视教育政策演变和教育研需求变化。第三编"研究领域分析"共 11 章，其中前 10 章基于文献计量分析对国际教育政策与管理、课程与教学、教师教育、科学教育、教育技术、学前教育、高等教育、国际与比较教育、教育学科交叉研究、教育研究范式等研究领域的热点主题和前沿演进逐一进行分析和透视，最后 1 章则对中外两本代表性期刊，即 Computers & Education(《计算机与教育》)和《电化教育研究》刊载论文所采用的研究方法进行异同比较分析。第四编"实证调查研究"共 2 章，通过问卷和访谈收集和梳理了国内外教育领域专家对教育研究现状与趋势的基本态度和独到见解。第五编"一流学科探讨"共 3 章，分别从学科、学者和学刊三个维度，按照各自的国际一流评选标准，对一流教育学科、学者和学刊作了全景式描述和特征分析。将学科、学者和学刊三者统整起来进行教育学科 TOP 系列研究，一方面旨在丰富对国际教育研究现状与趋势的总体认识，另一方面也可为教育学科发展规划和建设方案提供参照和启迪。

　　至此，有几点需要预先说明：其一，本项目研究最初聚焦于教育科学研究，重点关注采用科学方法开展基于证据的教育研究(简称"教育科研""教科研"，也可理解为狭义上的教育研究)，其成果多以学术论著形式呈现。随着项目研究的深入，同时考虑到教育学科属于社会科学，其学术研究与教育实践紧密相连，而教育政策常常是二者相互驱动和转化的中介，对国际组织、各国政府、第三组织的教育政策或研究报告进行研究，有助于从整体上认识、把握和寻绎教育科学研究的演进脉络和发展趋势。为此，本项目拓宽了研究对象，把教育政策、研究报告、基金项目等纳入考察范围。于是，除了个别特指外，一般使用"教育研究"这个较之"教育科学研究"更加宽泛的概念。

　　其二，本项目重点探讨新世纪以来教育研究的演进脉络，并对其未来的发展趋势进行展望。所以，在时限上，回头看的"回溯"部分以近 20 年为主，但不限于近 20 年，或长或短。其中，第三编"研究领域分析"大都是基于近 20 年发表的论文数据所作的分析(之所以选择近 20 年，因为它恰好是新世纪的头 20 年，同时也是文献刊发集中度较高的时期，以"教育政策与管理"领域为例，在 Web of Science 平台上以"education policy(教育政策)"为主题词进行检索，自 20 世纪始至 2019 年共有 92 087 篇相关文献，其中 93% 的研究成果产自 2000—2019 年)；第二编"国别发展报告"除了对中国的整体分析和日本的局部分析外，由于资料可获得性等原因，其他国家和国际组织多以近十年发表的论文和研究报告、出台的政策为依据展开分析。向前看的"展望"则兼用走势延伸性的推断分析和从未来看将来的未来研究，其中隐含着 2035 和 2050 年这两个高共识度的时间节点。

其三，本项目在研究方法上注重量化研究与质性研究相结合的混合研究，实证研究中主要采用 Citespace 和 Vosviewer 工具对教育学科的 SSCI、CSSCI 等源刊的近 20 年文献进行文献计量与可视化分析，旨在从海量教育研究成果中识别知识基础与研究主题，追溯研究前沿与变迁，进而预测研究趋势。具体使用了"突发检测"（Burst detection）、共被引（co-citation）等手段，而突发检测用于测量以下两种变量短时间内数值的巨变，一是施引文献所用的单词或短语的频次，二是被引文献所得到的引文频次，而这些突变信息被视为可用来度量更深层变化的手段。目前，学界对 Burst detection 有突显、突现、突发、突变、剧增等不同译法，相应地就有"突显词（率）""突现词（率）""突发词（率）"和"突变词（率）"等用法。本书统一采用了"突显词（率）"这一译法。

本研究成果的正式出版，若能对国内外教育科学研究人员更好地开展教育研究活动，对一线教师开展教学实践和教学改革，以及对各级各类教育决策部门制定政策和科学决策有所助益，将使我们感到欣慰，共同推进中国教育科学研究的国际化和科学化，则是我们的期盼。

新冠疫情改变了全球教育生态环境，所幸的是，该专项研究没有因为疫情而耽搁时间。在此，首先要对发起动议、提供支持的教育部科技司致以诚挚的谢意！也要向海内外支持该项目研究的所有专家教授，参与该项目研究的教师和研究生，以及在项目研究过程中引用或参考的文献的作者表示由衷的感谢！没有每位参与者的热情、智慧和付出，没有上海交通大学出版社和责任编辑易文娟女士的鼎力支持，本项目研究成果恐难以现有面貌呈现在大家面前。当然，由于各种主客观的原因，本研究成果仍有很多有待深化完善之处，诚望各位读者批评指正。

顾建民

于浙江大学紫金港校区

辛丑年中秋

目 录

第一编 研究趋势总论

第二编 国别发展报告

第一编

研究趋势总论

第一章
全球教育研究趋势报告

第一节 引 言

教育科学是关于教育实践活动与教育理论形式运动、变化、发展、革新的理性知识体系,这一知识体系由多门相关学科的规律认识及其系统结构共同组成①。复杂的社会和教育系统要求从业者和决策者具备良好的知识和技能储备,而教育研究可以为教育实践提供新的见解和共同的知识基础。同时,教育研究是教育事业的重要组成部分,对教育改革与发展具有重要的支撑、驱动和引领作用。

一、回溯：从历史看脉络

无论是教育还是教育研究,从历史回溯中都能看到其由来,也能推知其走向。人类的教育研究有着悠久的历史,无论是柏拉图的《理想国》、亚里士多德的《政治学》、昆体良的《雄辩术原理》,还是中国战国时期的《学记》和《论语》,都记载了当时思想家和哲学家的教育思想和教育设想。然而,作为科学体系的教育科学却是短暂的存在：无论是以首次把教育学作为一门独立科学的 1623 年弗朗西斯·培根(Francis Bacon)发表的《论科学的价值和发展》来论,还是以标志着教育学成为一门独立学科的 1632 年约翰·夸美纽斯((John Amos

① 喻立森.教育科学研究通论[M].福州：福建教育出版社,2001.

Comenius)出版的《大教学论》来计,教育科学都只有不到 400 年的历史;如果以标志着科学教育学建立的 1806 年约翰·弗里德里希·赫尔巴特(Johann Friedrich Herbart)发表的《普通教育学》来看,教育科学则仅有 200 多年的历史。1900 年以前,作为主要使人们了解教育现象和认识教育问题的教育科学,很大程度上是一门演绎学科,它的大部分规则是从其他知识领域借鉴来的,大多数研究是技术性的,而且其中很大一部分结果是描述性的,其基本特征是数据的计数和列举,其目标是发现与日常教学任务相关的具体信息,而不是推导出一般原则。根据沃尔特·门罗(Walter Monroe)的说法,大约 5 万份研究报告在 1900—1940 年间发表,每年大约 5 000 份。战后教育研究报告的增长更为迅速,以每年至少 1 万篇的速度公开发表。可以说,二战以后,全球的教育研究加速走向成熟,当下的趋势是更多的基础研究将产生有价值的规律和原则①。

　　早期的教育研究主要是以观察法及归纳、演绎和类比的思维方式对教育现象开展有意无意的零散研究活动,之后的研究是逐步把教育作为发展过程来研究,不仅描述教育现象的特点,而且着重揭示教育现象之间的联系和发展历程,也就是从经验的描述上升到规律揭示和理论创生的过程。历史昭示着教育研究的发展脉络:从经验型的教育研究上升为科学型的教育学,从依附性教育研究进步为独立性教育研究,从分散的教育研究活动进步为集中的有组织的教育研究,从民间自发的教育研究上升为作为国家战略的教育研究,从民族国家的教育研究发展为全球治理的教育研究②。

二、展望:从未来看趋势

　　当今世界正处于百年未有之大变局,未来科技发展和社会变革将会加速进行,不确定因素越来越多,对教育的影响也会愈加深刻,因此需要加强未来研究和前瞻性思维,基于 2035 年甚至 2050 年的发展远景来展望未来 5 年、10 年的发展前景。21 世纪以来迅猛发展的新科技革命仍将延续下去,而且更为深刻。无论是生命科学,还是以互联网、云计算、大数据、人工智能为代表的现代信息技术,每次重大突破都会改变经济和社会的面貌,改变人类的思维、生产、生活、学

---

①　JONES R S. Current trends and new directions in educational research [J]. Journal of Research in Music Education,1957,5(1):16.

②　曾天山. 教育科研的历史考察(上)[J]. 教育理论与实践,2006,26(10):9.

习方式,对教育的影响也是相当直接、深刻。因应信息技术的发展,推动教育变革和创新,构建网络化、数字化、个性化、终身化的教育体系,建设"人人皆学、处处能学、时时可学"的学习型社会,培养大批创新人才,是人类共同面临的重大课题①。未来科技突破性进展甚至可能颠覆对教育的传统认知,进一步推动教育的深刻变革。与此同时,作为复杂科学系统的教育研究,随着科学技术的发展而日益为人类认识深化,特别是教育研究的技术更新和方法创新更加频繁。面向未来的教育研究,一方面需要应对经济社会快速发展带来的教育个性化、精准化、智能化等时代性要求,另一方面也要利用信息技术、生物技术为代表的新科技,以更加科学的手段和方法来研究教育规律、变革教育模式、重构教育体制。因此,我们要站在时代的前沿,加强自然科学对教育研究的支持,深化对教育规律和人才成长规律的深层次认识,促进教育领域基础科学问题取得新突破,从而以世界眼光和中国情怀迎接新科技革命带来的机遇和挑战。

三、担当:从当下看使命

"社会大变革的时代,一定是哲学社会科学大发展的时代。当代中国正经历着我国历史上最为广泛而深刻的社会变革,也正在进行着人类历史上最为宏大而独特的实践创新。这种前无古人的伟大实践,必将给理论创造、学术繁荣提供强大动力和广阔空间。这是一个需要理论而且一定能够产生理论的时代,这是一个需要思想而且一定能够产生思想的时代。"②习近平总书记在哲学社会科学工作座谈会上的这一战略判断和精辟论述,完全适用于今天的教育研究。从全球范围来看,面对世界百年未有之大变局,在我国加速走向世界舞台中央、积极参与全球治理的过程中,在新一轮全球科技革命和产业革命孕育兴起的背景下,教育功能、教育形态、教育内容、教育方法等都面临着富有划时代意义的大变化,我国教育理论与实践范式必然日益走出国门、走向世界,教育研究需要面对和回答时代之问、理论之问、实践之问③。在此意义上,当下时代的教育研究面临着巨大的需求和挑战,同时也拥有难得的历史机遇。多渠道多维度研究和把握教

---

① 习近平. 习近平致国际教育信息化大会的贺信[EB/OL]. [2015-5-23]. http://www.gov.cn/xinwen/2015-05/23/content_2867645.htm.
② 习近平. 习近平在哲学社会科学工作座谈会上的讲话[N]. 人民日报,2016-05-19(2).
③ 崔保师. 以"七大意识"促进教育科研质量提升[J]. 人民教育,2019(2):89.

育研究趋势，是当代教育学人重要的使命担当。

第二节　全球教育研究发展的主题变化

全球教育研究发展体现在研究主客体、研究内容、研究方法等各方面，从主题变化视角审视主要反映了研究内容的演进。为了尽可能全面把握全球教育研究发展脉络，本研究拟从国际教育研究文献计量分析、国际组织的政策和研究报告、主要发达国家教育改革与研究、中国教育改革与研究、中外教育技术研究等多层面、多渠道综合梳理和研判全球教育研究发展主题的多样性和丰富性。

一、国际教育研究文献计量分析看教科研的主题变化

教育事业的可持续发展离不开科学的教育研究。文献计量学工具为我们认识、分析和梳理海量教育研究成果提供了可能。本小节利用 Citespace、Vosviewer 等文献计量软件识别并归纳 20 年间（2000—2019）国际上教育研究及其主要研究领域的主题热点与前沿趋势。在已有学科门类划分、前期调研和专家咨询的基础上，本研究将教育研究分为九大主要研究领域，分别是学前教育、高等教育、教育政策与管理、国际与比较教育、课程与教学、教师教育、科学教育、学科交叉研究和教育技术。本小节首先分别讨论各研究领域的热点与主题（教育技术单列，详见 2.5 节），进而归纳教育研究整体的主题脉络与发展趋势。

1. 各研究领域的热点与主题

1）学前教育

国际学前教育领域的研究主题呈现出单一学科型研究问题与交叉学科型研究问题交织并行的态势。单一学科型研究问题主要指学前教育质量观更迭引发研究由对实践领域儿童保育相关问题的关注转向对儿童社会认知发展的关注，包括入学准备、学前教育质量、教学、课堂质量、在职培训、儿童语言习得与认知发展、儿童保育等问题。交叉学科型研究问题指向学前教育学与心理学的结合，强调对儿童身心发展的研究，重点关注儿童自我调节、管控功能、行为规范等问题。

2）高等教育

受新自由主义思想的影响，世界范围内高等教育强调绩效与问责，该领域的研究因之聚焦投入—产出研究及其间的过程研究。投入侧的研究聚焦学术职业

和大学生的"入口"研究,前者重在梳理大学教师职业发展中的工作—生活平衡、种族和过往研究经历;后者聚焦大学生的入学选择、入学资助、学习性投入、学习策略等研究。产出侧的研究强调高等教育质量的研究,既关注学生培养质量,也关注社会服务质量。过程研究集中于对全球化这一变革性外部环境的适应,既从理论上揭示了全球化引发高等教育理念的变革,也从实践上探讨了全球化背景下各国高等教育发展理念和举措上的趋同和求异,尤其关注全球化背景下海外分校、国际学生和国际教育等议题。

3) 教育政策与管理

教育政策与管理领域形成了四大研究主题:一是政治影响研究,旨在讨论全球化趋势对于民族国家本土教育政策和教育治理的变革性影响,其中立足于区域、种族和国别间的教育公平与发展问题是研究重点。二是政策制定研究,关注政策环境、政策过程和政策主体的交互影响,着重考察多元利益主体在政策过程中的博弈均衡。三是领导力研究,围绕教育政策的执行机制和政策执行者的素质展开,后者的研究多聚焦微观层面的校长、教师和学生等政策行动者的深层次思想变革,强调对政策的内容理解、价值认同和行动内化。四是问责制研究,探讨在全球化、知识经济和新管理主义等系列政治经济新思潮影响下,全球教育政策取向"问责制"的改革动向和教育治理层面的责任制研究。

4) 国际与比较教育

国际与比较教育领域形成了五大研究主题:一是国际大规模学业成就评价研究,着力于对学业成就评价数据背后的影响因素展开深度挖掘,并识别高绩效学校系统中有效运行的教育政策。二是教育公平与质量的研究,兼顾内外部两个维度,内部的性别、学习能力、态度和方法,外部的社会结构、学校类型、资源、家庭背景和教育系统均为教育公平与质量的影响因素。三是教育政策转移与传播的研究,聚焦政策转移的概念阐释与转移的环境研究,尤其关注借鉴高绩效学校系统以达到世界一流建设目标的学校。四是全球教育治理对国际与比较教育研究的理论和方法论上的冲击,在引发教育制度和教育政策基于全球化性质理解的同时,也带来了诸多新挑战。五是批判研究,学者运用批判话语,倡导打破西方中心主义,强调教育政策与实践的多样性。

5) 课程与教学

国际课程与教学领域多围绕过程、结果、方法和身份四个方面展开研究。一是过程研究,注重对课程与教学中内、外部影响因素的探讨和评估。内部因素关注与学生主观能动性密切相关的自主学习能力、元认知水平和深度思考等因素的作用;外部因素关注教学设计、内容和方法对不同性别和年龄学生的异质性影响。二是结果研究,关注学习成果导向的课程与教学评价制度研究,其中在学习成果的测量方法上倾向于定性与定量相结合,内容上兼顾显性的知识习得、概念转变和隐性的素质养成以及心理体验等。三是方法研究,着重探讨班级教学中的模式与策略,强调学生的课堂参与体验,在教学互动中重构教学目标与内容,尤其关注新型学习媒介和教学策略。四是身份研究,强调教师与学生身份建构研究,前者关注教师职业兴趣和教师专业发展,后者突出学生的学习主体地位,在"创生"中实施教学,关注学生在课堂中的获得感研究。

6) 科学教育

国际科学教育领域的研究主题统摄于科学教育理念和科学教育实践两大视角,既有以科学观念和科学素养为核心的科学教育理念的学理探究,也有以科学教育交流方式、科学课堂教学、性别公平为主题的科学教育实践的深度挖掘。科学教育理念视角下,科学观念研究聚焦观念转变与教学,前者关注学习者进入学习情境前已有的概念认知对学习新概念的影响,后者关注学生理解科学知识的本质和创造科学知识的方法;科学素养的研究着眼于通过课堂提升学生科学素养,扩大公民科学素养和 PISA 评估三个重点。科学教育实践视角下,科学教育交流方式的研究关注指示语现象,包括正式和非正式科学教育中的交流方式以及语言和非语言交流方式;科学课堂教学的研究重在探究影响因素和质量提升策略;性别公平的研究涉及 STEM 领域成就、从事相关职业的持续性的性别差异等问题。

7) 教师教育

国际教师教育领域的研究围绕微观—中观—宏观三个维度展开;微观层面的研究关注教师内部的角色意识和角色行为,中观层面的研究关注教师外部的伙伴关系和共同体关系,宏观层面的研究关注影响专业发展的宏观环境和学校文化等。具体而言,国际教师教育领域的研究话题主要包括教师自我效能感、教师专业发展、学校变革等。其中教师自我效能感研究涉及自我效能感的影响因素、成效、阶段差异等;教师专业发展研究主要包括影响因素、评估方式、发展策略及多元文化意识培养等;学校变革的研究包括对变革力量、变革原因及教师作为利益相关者的对应措施的讨论。

8）教育学科交叉

国际教育学科交叉领域主要围绕"问题"解决展开研究，研究分为教育学内部问题和外部问题。内部问题聚焦以学生个体文化资本、教师效能、国家/机构政策为代表的学生学业成就的影响因素研究。外部问题集中在教育与经济发展的关系研究，关注不同教育阶段和认知技能对经济增长的促进作用，以及劳动力毕业市场与教育回报等问题。

2. 各研究领域的热点与主题

基于对上述组成学科研究主题的归纳，本小节将其主题变迁归纳于四对关系中，从立体、全景与系统层面审视与分析国际教育研究领域的主题聚焦与变迁。

全球化—本土化：全球化引发教育理念的颠覆和教育时空的巨变，促进了全球范围内的政策学习与范式转移，也同时引发在全球化潮流中保持本土独特性与民族性的反思，体现为国际教育在交流、碰撞、冲突与融合中寻求本土适切教育观念、办学形式和评价标准等方面的研究。

质量提升—个性彰显：受新自由主义导向下问责制影响，提升质量成为教育的核心使命，由单纯重视学业成绩转向综合素质养成，教学注重引导学生个性化发展，倾向包容性价值追求等成为新时期教育研究与实践的重要议题。

民主、公平—种族、性别：教育民主与公平是教育领域始终追求的目标，种族和性别两个先赋性因素是与此目标最为相关的因素，因而围绕种族与性别展开从入学机会、教育资源、就业机会等涵盖教育全过程的研究是重点议题。

理论更迭—实践深究：理论与实践的交织始终是教育研究前行的动力，前者关注教育理论的修正发展与创新，后者关注实践领域中宏观环境—中观组织—微观个体的问题研究，且彼此之间相互关照，交织演进，共同推动了国际教育科学过去 20 年间的主题演变。

据此，本研究尝试提出八大统领未来教育研究的主流问题：

- 全球化与本土化冲突融合下的教育治理与改革
- 新公共管理理论下的教育绩效与问责
- 教育先赋性差异与资本获致
- 教育公平、民主与社会流动
- 教育质量的过程追踪与综合性评估

- 教育技术对学生个性化、教学多元化与决策科学化的影响
- 教师发展与学术共同体构建
- 学科交叉与融合趋势下学科公共对话空间的构建

二、从国际组织的政策和研究报告看教育研究的主题变化

随着全球化的推进，国际组织和区域联盟在教育政策形成、制定与实施中发挥日益重要的角色，并对各国学者开展教育研究产生深刻影响。本部分通过深入分析联合国教科文组织、经济合作与发展组织（以下简称"经合组织"）、欧盟与世界银行近十年（2010—2019）发布的、在全球范围内产生重要影响的政策和报告，总结出国际组织共同关注的主题包括：儿童早期教育、教育公平与质量、职业教育与培训现代化、高素质教师队伍、创新创业教育等。

1. 儿童早期教育

关注儿童早期教育对于一个国家消除极端贫困、促进共同繁荣、创造经济多样性和增长所需要的人力资本至关重要。首先，从"2015 全民教育目标"到"2030 可持续发展目标"，联合国教科文组织始终将儿童早期教育视为优先领域。"可持续发展目标 4"提出"到 2030 年，确保所有男女儿童获得优质幼儿发展、看护和学前教育，为他们接受初级教育做好准备"。其次，经合组织从保障儿童早期教育质量、加强数据监测和确保幼小衔接等维度，连续发布了系列政策。如：《强势开端Ⅲ：儿童早期教育和保育的优质工具箱》（*Starting Strong Ⅲ：A Quality Toolbox for Early Childhood Education and Care*，2011）、《强势开端Ⅳ：监控儿童早期教育和保育的质量》（*Starting Strong Ⅳ：Monitoring Quality in Early Childhood Education and Care*，2015）、《强势开端Ⅴ：从儿童早期教育和保育过渡到初等教育》（*Starting Strong Ⅴ：Transitions from Early Childhood Education and Care to Primary Education*，2017）和《提供优质的早期儿童教育和保育》（*Providing Quality Early Childhood Education and Care*，2019）等。再次，世界银行的数据显示，仍然有数以亿计的儿童因营养不良、缺乏早期教育对个体发展和国家竞争力造成负面影响。[①] 世界银行通

---

① World Bank. Early Childhood Development［EB/OL］.（2017 - 10 - 24）［2019 - 10 - 15］. https://www.worldbank.org/en/topic/earlychildhooddevelopment.

过国家、区域和全球各级融资、政策咨询、技术支持和伙伴关系活动，增加对世界各地幼儿教育倡议的支持。2018 年世界发展报告《学习以实现教育的承诺》(*Learning to Realize Education's Promise*)中强调三种方法：第一，在幼儿出生后的前 1 000 天，也即大脑发育的关键时期，对母亲及其婴儿进行健康营养干预；第二，提高刺激的频率和质量，扩大家庭学习的机会，以改善儿童的认知、社会情感和语言发展；第三，确保高质量的幼儿保育中心和 3 至 6 岁儿童的学前计划。①

2. 教育公平与质量

联合国《2030 可持续发展议程》(*2030 Agenda for Sustainable Development*)明确将"确保包容和公平的优质教育"作为 17 个可持续发展目标(SDG)之一。首先，确保教育惠及全体，让人人享有平等和个性化的受教育机会。各个国际组织都倡导开放知识和数据，提供全球发展前沿知识的获得途径，促进资源的开放与数字化时代背景下的教育公平。欧盟强调应该关注处境不利的人群，使所有年轻人都能成功地接受教育并发挥全部潜力，促进其包容性、社交技能和批判性思维的发展。其次，确保教育质量与学习成效。经合组织自 2000 年起开展三年一次的"国际学生评价项目"(PISA)，对 15 岁学生在阅读、数学、科学等方面进行测评，对各国政策制定具有重要影响。欧盟"教育与培训 2020 战略"(*Education and Training 2020*)将提升教育与培训质量作为四项核心战略之一，提出应该在尊重多样性基础上加强教育评估；为高质量教育提供卓越的师资保障；通过新技术和开放教育资源，创新教学方式等建议。世界银行认为，教育系统绩效衡量是改善学习成果的基石，成功的教育政策更加需要准确的数据支持，为此世界银行收集了大量的教育经验、监测数据及实证研究等数据，力图基于大量的证据完善教育系统，进行全球教育治理。

3. 职业教育与培训现代化

职业技术教育和培训在为学生提供特定职业和劳动力市场所需的能力方面起着关键作用。首先，联合国教科文组织《职业技术教育与培训战略(2016—2021 年)》(*Strategy for Technical and Vocational Education and Training*

---

① World Bank. World Development Report 2018—Learning to Realize Education's Promise [R]. Washington DC: World Bank，2017.

南 12 全球教育研究演进与趋势 上篇：总论和国别报告</cite>

2016－2021）提出了职业教育与培训发展的三大优先领域：促进青年就业和创业；促进公平和性别平等；促进向绿色经济和可持续社会转变。① 其次，欧盟将职业教育与培训视为终身学习系统的关键要素，指出到2020年，欧盟职业教育和培训系统应更具吸引力和普适性，成为与劳动力市场高度相关的优质教育。欧盟主要从以下几个方面提出对策建议：一是加强不同教育系统、不同国家之间的职业教育流动；二是提升职业教育与培训的吸引力，通过培养关键能力来提升职业教育与培训学生的未来适应能力；三是将欧洲职业培训发展中心设为联盟机构，构建了优质学徒制治理的基本框架，以推动学徒制的有效实施；四是运用金融工具支持职业教育与培训政策。②

4. 高素质教师队伍

高素质教师是确保学生获得21世纪技能的必要条件。国际组织从多个维度提出了建设高素质教师队伍的政策。首先，联合国教科文组织《2014—2021年中期战略》(2014－2021 Medium-Term Strategy)提出，将通过能力建设，以及传播旨在改善教师效能的创新教学法，为教师的专业发展提供支持；联合国教科文组织大会第四十届会议通过制定教师培训计划国际标准分类（ISCED－T）的决议，编制关于教师培训计划和教师入职途径的国际可比数据；联合国教科文组织还积极推动信息通信技术方面的教师标准和职业发展，发布涵盖18项能力的《教师信息和通信技术能力框架》(ICT Competency Framework for Teachers, ICT－CFT)。其次，经合组织指出教师是当今学校最重要的资源，优秀教师具有很强的不可替换性，并提出若干教师政策：一是通过精心选择、审慎实施教师政策来打造高质量的教师队伍；二是教师必须成为终身学习者和富有好奇心的专家，不断提高自身的专业知识，设计多样的教学方法；三是为了应对优势学校和弱势学校之间或城乡学校之间教师质量的差异，政策应尽可能将最优秀的学校领导者和师资分配给最具挑战性的学校；四是确保教师薪水与工作质量相配，从而提高师范专业的吸引力。③

---

① UNESCO. Strategy for Technical and Vocational Education and Training (TVET) (20－16－2021)[R]. Paris：UNESCO，2016.
② European Commission. Priorities for Vocational Education and Training (2011－2020)[R]. Brussels：European Commission，2015.
③ OECD. Effective Teacher Policies：Insights from PISA [R]. Paris：OECD，2018b.

5. 创新创业教育

创新创业教育在提升竞争力、促进可持续经济发展和社会凝聚力等方面发挥重要作用。首先，国际组织鼓励各国制定创新创业教育战略，将创新创业能力纳入不同教育阶段，培养学生识别机会、采取行动并转化为经济、社会和文化价值的能力。其次，明确创业教育能力框架和生态系统要素，为创新创业教育的开展提供系统指导。例如，欧盟提出的《创业能力框架》（*EntreComp：The Entrepreneurship Competence Framework*），为创新创业教育提供共享的概念模型，促进欧盟范围内更好地理解创业能力，并在教育和工作之间架起桥梁。该框架包括三个能力维度："创意与机会""资源"和"采取行动"。[①] 再次，鼓励各国统筹资源，支持创新创业发展。

三、从发达国家教育改革与研究看教育研究的主题变化

2008 年全球性的金融危机引发了各国对教育政策改革与研究的反思。在这之后的十余年间，各国政府的教育政策、研究都更加关注如何发挥教育作为个人幸福生活和社会健康发展的"支点作用"。本研究以美国、英国、德国、澳大利亚、日本、芬兰六国为代表，分析了六国教育政策文本、教育研究论文、国家教育基金项目等文献，从而呈现其作为世界发达国家的教育改革与教育研究的共性与个性。

第一，六国的政策和研究热点都聚焦"如何有效学习"这一教育本质的主题，"学什么""怎么学""如何评价"等成为其研究的主要问题。因此，学习成就、学习评价、STEM 学习、跨学科学习以及由于技术而引发的多媒体学习、数字化学习等问题成为主要的关注点。在高等教育阶段，世界许多大学在新时期试图重新回答"什么知识最有价值"这一问题。美国一流大学如哈佛大学、斯坦福大学、麻省理工学院、耶鲁大学等主要关注通识教育、在线教育等问题，具体包括新时期的本科教育目标、通识课程内容、开环大学建立、在线课程发展、新的学习空间等变革高等教育实践的议题。日本则基于社会变革的不可预测性，提出需要确立学习者自主发展的模式转型，在教育研究方面探讨如何跨越文理界限，构建整合

---

① European Commission. EntreComp：The entrepreneurship competence framework［M］. Brussels：European Commission，2016.

化、综合化、具备迁移能力的知识能力素质结构。各国也都在关注如何提升学生学习效果，并对其未来的就业、生活提供积极的影响。以澳大利亚为例，其重要的研究主题包括大学生学业成就、大学生参与以及大学生就业等。随着技术的发展，也有越来越多国家关注高等教育数字化的研究。如德国在高等教育的数字化研究方面，探究数字化在高等教育中的教学适用是否强化了学生的学习动机并提升其创新能力和学习效果等。美国的众多世界一流高校关注在线课程的建设、学生在线学习效果等问题。英国也非常重视高等教育领域的大学生学习、教师教育、教育技术、学术身份和国际化等议题，关注学习评价和考试评价等教育评价相关问题。澳大利亚在学习评价等领域的主题包括了评价模式、评价准则以及学生学习发展。芬兰的教育研究关注学生的知识学习，并越来越关注学生需求，加强为学生提供的支持，发展学生的才智，体现人本性、差异性教育。而在美国政策文本中，不管政党如何更迭，STEM 教育、教育技术计划仍是其近十年教育政策改革的重点战略。

第二，六国的政策与研究热点都聚焦"教师"这一教育重要实施者的研究，尤其关注"教师是谁""如何使教师更专业"等研究问题。近十年来，为了提高英国教师的整体素质，保障英国教育的稳定发展，英国政府颁布了一系列教师教育政策用以促进教师专业发展。教师专业发展、教师身份、教师专业主义、领导力和教学效能等教师教育相关问题一直是英国教育学者关心的热点话题。而美国的研究者则关注教师教育领域的职前、职后两个阶段，两个阶段的研究热点问题也有所差异。在职前主要关注"哪些人成为教师"，而在职后则更关注"如何成为更好的教师"。因此，职前教育的研究主要以历史研究、批判研究等方法关注社会公平、城市教师教育和社会科学学科教师的培养等问题；在职后专业发展阶段，主要以词汇教学、技术整合、辩争性讨论等实际教学过程中的问题作为关注点。澳大利亚在研究中利用行动研究和叙事研究等质性研究方法关注教师专业发展、教师身份、职前教师等教师教育相关议题。

第三，六国的政策和研究热点聚焦"如何创新、发展教育机构"的问题，因此，关注一流大学建设、学校制度改革等研究主题。德国以建设世界一流的德国大学为主要目标，主要研究德国大学与非大学研究机构的合作效应；德国大学的课程和教学情况，如何改善大学里的教学质量，增加高质量的科研人才；大学跨学科合作的作用；在关注研究人员的培训和职业发展机会及性别平等，加强国际交流,强化高校的科研特色等。日本在《第三期教育振兴计划》中思考未来学校模式,德国也在基础教育领域中全面进行全日制学校改革实验。

第四,六国的政策和研究热点聚集"更科学的政策"和"更正确的实践"等问题,因此,如何基于证据制定教育政策和进行教育实践成为主要的研究主题。英国倡导和重视基于证据的教育政策研究,讲究经验方法的运用、实证数据的收集、证据逻辑链条的建立以及基于证据的政策建议的提出,从循证出发考察教育政策的实施效果等。德国也加强实证研究项目,为教育决策提供数据和依据。美国教育研究者团体也以推广研究成果以改善教育并且服务大众为使命,在教育研究中以实际应用为导向,深切关注教育公平、民主及其与社会现状的关系,提倡跨学科、合作和创新的教育研究。日本在其教育政策中也强调要完善技术支撑的作用,即强化数据库的建设与教育管理中新技术手段的应用推广。具体包括构建并灵活运用学习库的大数据资源,基于数据分析对每个学生的能力及适应性开展个别化的最优学习及合作学习以及构建能以信息化手段对学生日常的学习成果进行储存分析的机制。

第五,六国改革与实践聚焦"如何构建健康有机的教育生态"的问题,因此,家校协同、教育与社会关系、教育公平等成为主要的研究主题。日本关注解决区域发展问题的社会教育体系构建。基于日本地域格差及社会巨变,日本教育研究中探讨学校与家庭、学校与社会重构可持续发展的社会教育、终身教育机制模式等问题,其中重点研究问题包括各学段教育的衔接问题、学校教育机制如何与社区形成协同机制、大学教育质量提升的评估问题和财力支撑、终身教育的模式机制以及与学校教育之间的协同方式等①。德国在工业4.0的背景下提出职业教育4.0的建设计划,其中尤其关注职业教育在数字化背景下的变革、数字化对职业资格和能力的要求、职业教育科研界与企业的合作等问题。此外,从阶层、性别和种族等角度探讨教育公平问题也是英国、美国、澳大利亚等国的重点研究领域。芬兰教育政策也分别针对幼儿教育和综合学校的教育起点公平,强调为学习道路创造平等的条件。

第六,在全球化、信息化等全球教育改革趋势之外,各国在独特的社会、文

---

① 文部科学省. 第三期教育振兴基本计划[EB/OL]. [2020 - 12 - 9]. https://www. mext. go. jp/content/1406127_002. pdf.

化、教育发展等不同的具体情境中，也有一些异质性、国别化的研究热点。例如美国研究者除了关注学生的学习以外，也同样关心学生的生活，其中最主要的就是校园暴力和校园枪击问题。此外，美国高等教育学费一直是学生沉重的负担，如何通过建立可负担的高等教育，通过降低高等教育费用、贷款制度等帮助学生缓解高等教育经济负担成为具有美国特色的话题。澳大利亚的原住民教育是澳大利亚面临的现实问题，与之相关的次级主题基本围绕教育公平展开，原住民学生在各个阶段所面临着学业支持不足、与其他澳大利亚学生相比存在实质性的不平等、学习韧性欠缺是澳大利亚教育系统需要考虑的问题。而英国作为新自由主义思潮的发源地，其研究热点聚焦新自由主义取向的教育政策如何影响英国学校系统、教师工作、学生学习和家长选择等。

四、从中国教育改革与研究看教育研究的主题变化

主题呈现阶段性变迁的趋势，每个阶段都有各自的热词。通过对教育研究不同领域的集合分析，过去 20 年来，中国教育研究的关键热词呈现出比较明显的阶段性变迁趋势。这种趋势，从外部影响因素来看，部分是受到教育政策变迁的制约，也在很大程度上受到教育变革实践阶段性推进的影响；从教育研究内部来看，很大程度上可能受到其他学科或域外教育研究的影响。在很多情况下，也有可能是各种影响因素综合作用的结果。这在一定程度上也体现了我国教育研究与社会发展的同步互动，及对社会发展过程中所出现的各种新问题、新挑战的呼应。从近 20 年教育研究热词的汇总图（详见第 3 章）来看，可以大致将我国近 20 年教育研究分为四个阶段，每个阶段都由一或多个主题组成，其中第一阶段（2000—2004 年）涉及的关键词有幼儿、素质教育、教育改革、幼儿园、教学改革和基础教育；第二阶段（2005—2009 年）涉及的关键词有教育研究、教育政策、教育发展和大学；第三阶段（2010—2014 年）涉及的关键词有学前教育、教师教育、教师、教育公平、教师专业发展、教育质量和义务教育；第四阶段（2015—2019 年）涉及的关键词有美国教育、人才培养、创业教育、工程教育、核心素养、职业教育、新工科和一流大学。

从本土教育政策的需求，到教育研究的全球融化。如从"素质教育"到"核心素养"的转变，一定程度上体现了我国教育研究从本土教育政策的需求到全球融化的过程。我国第八次基础教育课程改革于 1999 年正式启动，2001 年 7 月教

育部颁布《基础教育课程改革纲要（试行）》。这一时期基础教育领域的研究主要集中于新课程改革、课堂教学改革等，突显了素质教育、教育改革、课程改革等关键词，21世纪的头五年是我国新一轮基础教育改革的起步时期，属于中国经验的摸索和本土教育理论的初创期。随着教育改革的不断深化发展，2014年，《教育部关于全面深化课程改革落实立德树人根本任务的意见》提出要研究制定学生发展核心素养体系，明确学生应具备的适应终身发展和社会发展需要的必备品格和关键能力。这一阶段，教育领域开展了大量关于核心素养的研究。而核心素养的提出，也与全球倡导的21世纪技能、PISA全球素养框架等相关。

教育公平呈现"扩散效应"。教育公平和均衡化发展持续受到关注，"有教无类"是中国社会对理想教育的憧憬。教育公平研究也从最初对教育公平本身的概念、政策等相对"宏观"的探讨，慢慢渗透到对不同教育领域中相对"弱势"群体的"微观"关注上。"西部地区教育""农村学校教育教学质量""乡村教师发展""职业教育""流动人口子女教育""义务教育均衡发展"等研究主题不断进入研究者的视野。可以说我国教科研领域从未间断过对教育公平的探索，而从"宏观"视角到"微观"视角的转换也体现了研究者更注重社会与人文情怀，及对教育解决各类现实问题的重视。

教师专业发展及素质提升研究是教科研持续关注的热点，乡村教师发展的研究关注度逐年提升。教与学是不可分割的两个方面，近20年教师教育研究主要关注：①教师专业发展。2002年，教育部《关于"十五"期间教师教育改革与发展的意见》中首次提出"教师专业发展"的概念。自此，教师专业发展引起了学者们的广泛重视，成为该领域的研究重点，而关于教师专业发展的研究也呈现从对教师个体发展的关注逐渐到教师团队发展关注的转变。②师范教育水平提升。理论与实践相脱节一直是师范教育在发展过程中所面临的问题。2018年1月，中共中央、国务院《关于全面深化新时代教师队伍建设改革的意见》中明确提出建设"中国特色师范教育体系"，而要建设这一体系，就势必要在中国特色社会主义的大环境中处理好理论与实践之间的矛盾，这必定还要经历一段艰难探索的过程。基于对新时代教师队伍的需求，国家重视教师的培养和培训，并从生源质量、师资队伍建设、学科建设、教育实习等方面着力提高师范教育的水平。③教育改革对于教师素质提升要求的研究。随着教育改革的逐步推进，国家对于教师素质的要求也逐步提高，先后启动卓越教师培养计划、教师教育精品资源共享课建设计划、中小学教师校长国培计划、职业院校教师素质提高计划、中小学教师信息技术应用能力提升工程等重大项目，以提高教师综合素质，培养新时代所要求的教师技能，相关研究也不断涌现。④乡村教师发展。农村中小学教师队伍的建设在很大程度上影响着农村教育的发展，进而对义务教育均衡发展以及教育扶贫产生重要影响。2007年，为了培养优质的乡村教师，国务院决定在教育部直属师范大学实行师范生免费教育。2015年，国务院办公厅颁布了《乡村教师支持计划（2015—2020年）》，加强老少边穷岛等边远贫困地区乡村教师队伍建设，缩小城乡师资差距，为每个乡村孩子提供公平、有质量的教育。因此，农村教师队伍建设必然是教师教育研究领域的一个重要内容，近五年对于乡村教师专业发展的研究关注度在不断提升。

对人才培养目标及培养质量的持续关注。不管是基础教育领域还是高等教育领域，或是职业教育领域，对人才培养及培养质量的研究探索从未停歇。知识、素养、能力、人格等涉及"培养什么样的人"的问题也是学界关注的重点话题。与人才培养相关的概念均会成为不同阶段教育研究的热词，如"素质教育""核心素养""创新创业人才培养""新工科人才培养"等。教育领域内的很多重要改革也与人才培养目标及质量紧密相关，如"新高考改革""强基计划"等。比较教育研究领域，也有很多研究是对域外人才培养的经验介绍与启示建议，从20世纪初对素质教育的关注，扩展到近几年的"一带一路"合作倡议、核心素养等。

五、从中外教育技术研究看教科研的主题变化

1. 国际教育技术研究热点与趋势

通过对2000—2019年国际教育技术学研究文献关键词网络图谱的聚类分析（详见第15章），发现近20年国际教育技术学研究热点主题包括交互式学习环境、计算机支持的协作学习、社交互动的质性研究、移动学习、翻转课堂以及数字化学习等。

"交互式学习环境"的相关高频术语主要包括虚拟现实、基于计算机仿真的学习、多媒体学习、基于游戏的学习、学科应用等（相关研究发表平均年份为2009年）。例如，康诺利（Connolly）研究了有关计算机游戏和数字严肃游戏的文献，发现游戏对14岁及以上用户存在积极影响。尤其在增强学习技能和提高参

与感方面,最常见的是知识获取、内容理解及情感和动机方面的提升①。

"计算机支持的协作学习"的研究高频术语主要包括同伴反馈、内容分析、改善课堂教学、社交网络分析以及脚本化协作等(相关研究发表平均年份为 2007年)。此类研究主要阐述了协作学习的理论(如 Stahl,2006),对小组协作知识建构过程进行多维度分析,并分析各类 CSCL 环境下的工具、方法以及教学策略,从而更好地开展协作学习②。

"关于社交互动的质性研究"的研究高频术语主要包括计算机为媒介的交流、协作、变革、学生为中心、同步等(相关研究发表平均年份为 2000 年)。该类研究探索了学习者在合作学习过程中的社交互动参与和话语模式,特别是计算机支持的交流互动,并对社交互动进行质性分析。

"移动学习"的研究高频术语主要包括网络分析系统、基于移动的评估、无处不在的学习、增强现实以及移动技术等(相关研究发表平均年份为 2009 年)。此类研究大多关注移动学习技术的应用对学习产生的影响,以及通过开发学习环境或使用新的学习方法促进学生学习。

"翻转课堂"的研究高频术语主要包括慕课、参与度、学习表现、专业学习以及自我调节学习等。该类研究主要探索了翻转课堂的方法和模式,并通过实证研究验证了这一方法的有效性。

2015 年之后渐强型研究前沿主要是移动学习,说明有关移动设备在教育中应用的相关研究一直以来就是国际教育技术学研究的重心。属于渐弱型前沿的有教育游戏、计算机支持的协作学习、多媒体学习、教师教学、实践社区等研究。

2. 国内教育技术研究热点与趋势

通过对 2000—2019 年七本国内教育技术学专业 CSSCI 期刊文献关键词网络图谱的聚类分析,发现近 20 年国内教育技术学研究的热点主题主要包括:①开放大学(发表平均年份为 2003),关注的是远程教育,如开放大学的建设、终身学习体系和远程教学模式构建等;②虚拟学习社区(发表平均年份为 2009),关注虚拟学习社区中教育模式构建、虚拟学习社区中的交互、虚拟学习社区中学

① CONNOLLY T M, BOYLE E A, MACARTHER E, et al. A systematic literature review of empirical evidence on computer games and serious games [J]. Computers & Education, 2012, 59(2): 0-686.
② STAHL G. Group cognition: Computer support for building collaborative knowledge [M]. Cambridge: The MIT Press, 2006: 524.

习效果影响因素探究；③活动理论（发表平均年份为 2005），该主题的研究主要是基于活动理论对学习环境或学习活动进行设计，进而体现以学习者为中心的思想，提高学习效率；④美国（发表平均年份为 2003），该类研究对美国政策规划、发展现状、相关研究进行解读分析，进而为我国教育技术发展提供借鉴和参考；⑤设计（发表平均年份为 2004），关注利用信息技术对教学模式、学习资源、学习环境、人才培养模式等进行设计。

近 20 年国内教育技术领域研究的渐强型演进主题包含"学习分析""大数据"以及"人工智能"，对学习分析和大数据的研究在 2014 年呈现骤增趋势。另外，近五年的研究前沿热点主题主要是 MOOC 与 SPOC（Small Private Online Course，简称 SPOC 或者微课），研究主要关注"后 MOOC 时代"的课程范式——以及将 MOOC 融入其他教学模式中。近 20 年渐弱型演进主题包含"翻转课堂""远程教育""远程教学""开放大学""移动学习""课件""现代远程教育"和"精品课程"。"远程教育""远程教学""现代远程教育"以及"开放大学"都是关于远程教育主题，相关研究在 2008 年之后均呈现下降趋势（其中，"开放大学"的研究在 2011 年后呈下降趋势）。

第三节　全球教育研究发展的范式转型

教育研究范式是影响教育研究质量的关键因素，反映的是教育学知识生产的基本方法、研究导向、组织方式的总体特征。学科的发展离不开研究方法及其知识生产方式的进步，而一门学科是否具有科学性，关键就在于它是否具有科学的、系统的且区别于其他学科的研究范式体系。从研究范式的视角审视教育研究发展脉络，不仅是题中之义，而且更具稳定性和普遍性。

一、从国际文献计量分析看教育研究的范式变迁

当前的国际教育研究范式方法呈现出多元化、精细化、科学化的趋势，这些趋势在各个领域顶尖杂志上已发表的文章中得到较好体现。因此，对这些已有研究成果进行研究范式的归纳总结分析，对于把握教育学学科的国际研究范式特征及其演进，指导推进各国教育学研究的发展具有重要意义。本研究以教育学的综合类、儿童教育、高等教育、教师教育、课程与教学、科学教育、教育政策与

管理、教育技术、国际与比较教育以及学科交叉类等十个领域的十本顶级期刊
[教育研究评论(*Review of Educational Research*),早期教育与发展(*Early
Education and Development*),高等教育杂志(*Journal of Higher Education*),
教师教育杂志(*Journal of Teacher Education*),学习与教学(*Learning and
Instruction*),科学与教育(*Science & Education*),教育政策杂志(*Journal of
Education Policy*),互联网与高等教育(*Internet and Higher Education*),比较
教育(*Comparative Education*)以及教育社会学(*Sociology of Education*)]近
十年(2010—2019 年)发表的 4 096 篇经同行评议的文章作为研究对象,通过对
研究范式进行编码统计,以期发现全球教育学研究的范式特征及其发展趋势。

1. 2010—2019 年间全球教育研究方法的特征及变迁

总体研究方法的特征及变迁。2010—2019 年间,除了 2013 年,量化研究一
直是最重要的研究方法,占所有研究的 38.55%;其次是质性研究,占所有研究
的 31.74%;思辨研究处于第三位,占所有研究的 20.12%;混合研究所占比例最
小,占所有研究的 9.59%。从发展趋势来看,量化研究略有上升,由 2010—2014
年占总体的 36.77% 上升到 2015—2019 年占总体的 40.17%;质性研究从
2010—2014 年占总体研究的 31.74% 发展到 2015—2019 年的 31.73%,但如果
比较 2019 年和 2010 年则是增长超过 10 个百分点。思辨研究所占比例略有下
降,由 2010—2014 年占总体的 20.62% 下降到 2015—2019 年的 19.66%;混合
研究也有所下降,由 2010—2014 年占总体的 10.87% 下降到 2015—2019 年
的 8.43%。

收集资料方法的特征及变迁。2010—2019 年间,通过非介入的二手资料收
集占到样本期刊所有研究的 45.97%,使用介入的一手资料收集的文献则占到
所有研究的 55.03%。在这些一手资料收集的文献中,调查法(问卷、量表法)被
应用最多,占到总体研究的 25.51%;第二至第四分别是访谈法、观察法和实验
法,分别占所有研究的 19.51%、14.75% 以及 13.35%。纵向资料收集方法在目
前仍使用较少,仅占总体研究的 4.37%。但从发展趋势来看,纵向研究是增长
最快的资料收集方法,从 2010—2014 年只占总体研究的 2.67% 增长到 2015—
2019 年的 5.92%,尤其是 2018 年和 2019 年,纵向研究法分别占到总体研究的
8.68% 和 7.47%。访谈法、调查法也是增长较快的研究方法,2015—2019 年相
比 2010—2014 年占总研究的比例分别增长了 2.48% 和 1.71%。观察法的使用

在近十年保持相对稳定。非介入的资料收集法则是下降最快的方法，从 2010—2014 年分别占样本期刊所有研究的 49.13% 下降到 2015—2019 年的 41.19%，下降了近 8 个百分点。测验法和实验/准实验法也是下降较快的方法，2015—2019 年比 2010—2014 年分别下降了 7.19% 和 2.99%。

思辨研究方法的特征及变迁。2010—2019 年间，哲学思辨是思辨研究中应用最多的研究方法，占到样本期刊所有研究的 14.33%；其次是文献综述，占比为 6.93%；经验总结和比较研究应用相对较少，占比分别为 3.52% 和 2.59%。从发展趋势上看，哲学思辨是应用下降最多的研究方法，从 2010—2014 年占样本期刊总体研究的 18.36% 下降到 2015—2019 年的 10.67%，下降近 8 个百分点；文献综述和比较研究也都有下降，分别下降 3.89 和 1.13 个百分点。仅仅经验总结有所增长，但 2019 年占比与 2010 年相比仍然略有下降。可见，大多数思辨研究方法在国际教育研究的应用呈下降趋势。

质性研究方法的特征及变迁。2010—2019 年，文本分析法是被应用最多的质性研究方法，样本期刊 22.22% 的研究使用了该方法；其次是个案研究法，有 13.72% 的研究使用了该方法；历史研究、叙事研究、批判话语分析和扎根理论则分别位列第 3~6 位，占比分别为 3.44%、3.10%、2.54% 和 2.44%。民族志研究、三角互证研究和行动研究目前应用尚少，分别占样本期刊总发文量的 1.90%、1.00% 和 0.56%。从发展趋势看，扎根理论是增长最多的质性研究方法，从 2010—2014 年仅占十本期刊总发文的 1.23% 上升到 2015—2019 年的 3.54%，占比增长 2.31 个百分点。2019 年应用该方法的论文更是占总发文的 3.73%，是 2010 年占比（0.33%）的十余倍。民族志研究也有所增长，2015—2019 年比 2010—2014 年占比增长 0.60%，2019 年十本期刊发表了 14 项民族志研究，是 2010 年（4 项）的 3 倍多。三角互证法也不断受到重视，2010—2014 年仅有 9 项研究使用了该方法，而 2015—2019 年则有 32 项研究使用了该方法，增长 2 倍多。而文本分析是使用占比下降最多的质性研究方法，该方法在 2015—2019 年比在 2010—2014 年的应用减少 52 篇，占比下降 4.68 个百分点；其次是个案研究、叙事研究和历史研究，它们在近五年占比相比 2010—2014 年分别下降 3.47、2.31 及 1.85 个百分点。

量化研究方法的特征及变迁。总体来看，推断统计是被应用最多的量化研究方法，2010—2019 年占到总体研究的 38.87%，有 6.57%（269 篇）期刊文章使用了描述统计方法。具体来讲,回归分析是这一时期被使用最多的具体量化研究方法,占总体研究的 12.94%;其次是方差分析,占总体研究的 10.16%。排在第 3~5 位的量化研究方法分别是结构方程模型、因子分析和元分析,分别占总体研究的 3.91%、2.66% 和 2.10%。从变化趋势看,量化研究方法应用表现出五个基本变化。从发展趋势上看,总体上,推断统计不仅是应用增长最多的量化研究方法,在所有类型研究方法中增长也最多。2015—2019 年相比 2010—2014 年该方法增长了 5.28 个百分点,而描述统计则基本保持稳定。相比独立样本 t 检验、方差分析、相关分析等初级统计方法所占比重有所下降,回归分析处于增长态势,2015—2019 年比 2010—2014 年所占比重增长 2.08%,2019 年则比 2010 年增长近 3 个百分点。而结构方程模型则是近十年使用增长最快的具体量化方法。虽然 2015—2019 年相比 2010—2014 年占总体研究的比重仅增长 2.46%,但相比 2010 年仅有 5 篇文章使用结构方程,仅占总体研究的 1.67%,2019 年有 31 篇文章使用该统计方法,占总体研究的比重达到 6.43%,是 2010 年所占比重的约 3.85 倍。社会网络分析、文献计量分析都是 2010—2013 年不曾被使用的方法,但近些年不断受到重视,2015—2019 年它们占总体研究的比率分别为 0.98% 和 0.61%。元分析也是前五年使用较少的方法,2010—2014 年使用该方法的文章仅占总体的 1.33%,而近五年这一比重上升到 2.80%,2018 年更是占到总体研究的 3.88%。另外,聚类分析、路径分析等统计方法也都有小幅增长。这说明教育学研究方法的日益多元化。倾向得分匹配也是 2010—2012 年不曾被使用的方法,2010—2014 年五年仅有 3 篇文章使用了该方法,而 2015—2019 年则有 10 篇文献使用了该方法;双重差分也有小幅增长,断点回归以及工具变量等分析方法也开始出现,这说明因果推断中的内生性问题开始在教育研究中受到重视,反映了教育学领域研究方法的日趋精细化和科学化。

2. 2010—2019 年间全球教育研究的问题导向及变迁

2010—2019 年间,教育研究领域中基础研究导向的论文占总体的 55.35%,而应用导向的研究论文则占总体的 44.65%。2015 年之前,二者的比重处于交替的过程,但在更多的年份应用导向占主要地位。因此,2010—2014 年,应用导向的研究占总体研究的 53.90%,而基础研究导向的论文占总体研究的 46.10%。而 2015 年后,基础研究导向的研究不断上升,2018 年达到所有研究的 70.55％，2019 年虽有回落，也保持 60％ 以上的比例。而应用导向的研究比例则在 2015 年之后不断下降。因此，2015—2019 年基础研究导向的论文占到总体研究的 63.75％，而应用研究导向的论文下降到 36.25％。

3. 2010—2019 年间全球教育研究的跨学科导向及变迁

2010—2019 年间，跨学科导向是教育领域研究的主要部分，占总体研究的 61.77％，而非跨学科的研究仅占 38.23％。这十年间二者所占比例的对比基本处于稳定的态势，2010—2014 年，跨学科研究占总体研究的 61.69％，而 2015—2019 年跨学科研究则占到总体研究的 61.84％，仅仅增长 0.15％左右，而非跨学科研究则从 2010—2014 年的 38.31％下降到 2015—2019 年的 38.16％。

2010—2019 年，教育学科相关机构人员在教育学十本样本期刊上发表的文章虽然最多，但也只有 69.26％，而如果按照第一作者单位来统计，教育学科研究者所发表的论文仅占 56.6％。除了教育学，心理学科相关机构人员在教育学这些顶尖期刊上发表的文章最多，占到总体的 16.48％；社会学科研究者也比较多，所发表的文章占到所有文章的 10.23％；第三至第十位分别是商业、经济与管理、人类学、计算机与信息技术、政策学、家庭学、数学及医药健康等学科研究人员。

总体上讲，近十年教育学科相关机构人员对教育学领域的学术影响力在增强，2010—2014 年教育学科相关人员发表的文章占样本期刊所有文章的 66.92％，而 2015—2019 年这一比例上升到 71.39％；心理学科相关机构人员的影响力也有所提升，从 2010—2014 年的 15.38％上升到 2015—2019 年的 17.47％。人类学和政策学两个学科人员所发表的文章比例也略有上升。而其他学科，如社会学、计算机、信息技术、商业、经济、管理、家庭学、医药健康及数学等学科的人员的发文比例都有不同程度的下降。

4. 2010—2019 参与者异质性及变迁

2010—2019 年，高校教师和研究人员是教育学研究领域的主要力量，其参与发表的论文占到样本期刊所有论文的 91.97％，而非高校人员参与发表的论文占 8.03％。从发展趋势上看，非高校人员参与教育学领域研究的比例在逐渐增大，从 2010—2014 年占所有研究的 6.51％上升到 2015—2019 年占所有研究的 9.41％，而高校人员所占的比例则从 2010—2014 年的 93.49％下降到 2015—2019 年的 90.59％。

5. 全球教育研究范式变迁的七大趋势总结

（1）量化与质性研究等实证研究方法是近十年全球教育研究应用最多的方法，且仍有增长趋势。2010—2019 年，量化研究和质性研究等实证方法占到样本期刊所有文章的 70.29％，思辨研究仅占 20.12％。并且近五年量化研究、质性研究所占的比例仍有增长的趋势，而思辨研究则小幅下降。这与之前的研究基本一致，实证研究始终处于全球教育研究的主导地位。

（2）教育研究越来越重视调查、访谈等一手数据的收集，纵向的资料收集越来越受到重视。一手数据收集逐渐成为资料收集方法的主流，其中调查法（问卷、量表法）、访谈法、观察法以及实验法都是应用较多的方法。此外，纵向研究是近十年增长最多的研究资料收集方法，调查法、访谈法、焦点小组法也是增长较多的资料收集方法，而非介入的二手资料收集法则是下降最多的方法。

（3）推断统计和扎根理论越来越分别被量化和质性研究所重视，而理论思辨的应用比例不断下降。推断统计是所有研究方法中被应用最多的方法。虽然总量仍不大，但扎根理论在 2019 年的应用是 2010 年的十余倍，反映了教育学者日益重视探索教育因果规律及在经验资料的基础上建构理论。而思辨研究中理论思辨的方法则是下降最多的研究方法。

（4）量化方法不断更新迭代，呈现多元化、精细化和科学化的趋势。相比独立样本 t 检验、方差分析、相关分析这些初级统计方法在近些年占比有所下降，回归分析有较多增长；与此同时，结构方程模型是近些年使用频率增长最快的方法。这体现了量化研究方法的更新迭代。与此同时，社会网络分析、文献计量、元分析等新方法的涌现反映出教育学研究领域研究方法的日益多元化。另外，尽管占比仍很小，近十年倾向得分匹配、双重差分等处理因果估计内生性问题的方法比重却不断提升，这反映出教育学研究的日趋精细化和科学化。

（5）基础研究逐渐代替应用研究成为教育研究的主体。近十年教育科学基础研究和应用研究占比出现交叉互换，基础研究占比由前五年落后于应用研究发展到近五年远超应用研究。这在某种程度上反映出教育学的学科自觉意识开始增强，更加聚焦对学科内部基本问题、基本规律的探索。

（6）跨学科交叉研究是当前教育研究的主要形式，教育科学研究呈现多元化、多视角的发展态势。除教育学外，心理学科研究者在教育学这些著名期刊上发表的文章最多，社会学等多个学科也是重要的研究参与者。但研究显示近十年教育学科研究者发文占比在持续增加，说明其学科主导权和控制力在增强。

（7）教育学研究参与者的异质性在增强。近十年来，高校教师及研究人员是国际教育科学研究的主要力量，其参与发表的论文占到样本期刊所有论文的91.97%，而非高校人员参与发表的论文占8.03%。但从发展趋势来讲，非高校人员参与教育科学研究的比例在逐渐增大。这说明教育科学研究参与者的异质性在不断增强。

二、从教育技术研究方法比较看中外差异与发展走向

研究方法是开展一项研究工作的组织形式，也是获取数据和分析研究结论的重要工具和手段。随着实证研究工具的丰富，越来越多的教育研究尝试并倾向使用各类实证方法去挖掘和分析教育现象[①]。然而一些挑战也凸显出来，主要表现在：如何选择恰当的研究方法去契合研究主题？这些方法的选择如何在教育研究背景下做一些适应性的调整[②]？为此，本研究将国内外教育技术领域具有代表性的两本期刊作为研究对象，梳理国内外教育技术研究方法现状，同时比较国内外教育技术研究在方法运用上的特征与趋势。

随着信息技术与教育的深度融合，国内外教育技术研究领域都呈现出非常活跃的学术交流态势，多本教育技术专业期刊在国内外教育研究领域都具有较高的知名度和影响力。本研究以近五年的影响因子、办刊历史、刊文量、主题分布以及社会影响力为评价指标，通过专家评估最终选择 *Computers & Education* 和《电化教育研究》作为研究对象。分析近五年两本期刊论文中研究方法的使用可以帮助教育研究者把握国内外教育技术领域的研究范式特征及趋势，从而为进一步循证未来教育技术研究方法提供必要的数据支撑和理论基础。

1. 数据来源与方法分类

本研究的数据有两个来源，《电化教育研究》期刊数据来自中国期刊全文数据库（CNKI），以《电化教育研究》为文献来源，时间以2015—2019年作为检索条件。经过去重、删除有关会议通知、广告/文件等非学术类文献，最终得到有效文献1055篇。*Computers & Education* 期刊数据源自"美国科学技术信息情报所

---

① 韦钰.这些年神经教育学在如何促进教育改革？[N].搜狐教育,2016-11-28(3).
② 靳晓燕.中国教育研究应转向实证研究范式——全国教育实证研究联席会议发布华东师大行动宣言[N].光明日报,2017-03-02(14).

(ISI)"所提供的"Web of Science"(简称 WOS),以 *Computers & Education* 为文献来源,时间以 2015—2019 年作为检索条件。删除非学术类文献,最终得到有效文献 955 篇。

随着教育研究科学性的强化,越来越多的教育研究者开始关注实证研究方法的规范性。一方面教育研究者开始萌发更多的思考空间去反思质性研究的实证意义[①];另一方面,信息技术的普及和研究工具和手段的不断丰富使得教育者获取数据的手段不再局限于传统质性方式。因此,实证研究方法的选择和应用问题就变得较为紧迫和关键。本研究从国内外核心期刊比较的角度,一方面去总结和思考当前教育技术研究手段及测量方法;另一方面,参比国际教育技术研究方法,国内教育技术研究方法的特点及应注意的问题。本研究对两本期刊上发表论文的研究方法分析主要从三个维度开展:①研究方法的基本类型(质性研究、量化研究、混合研究、其他),并从资料分析的角度将现有的统计方法(描述性统计、t 检验、结构方程模型等)归类到四大基本类型中;②研究的性质(基础研究、应用研究);③资料收集方法(非介入性资料收集法、问卷调查、实验法、准实验法等)。课题组研究人员通过考察两本期刊在 2015—2019 年间发表的论文,对研究方法内容进行编码,统计每篇论文研究方法在三个维度的分布情况,从而进行比对分析。

2. *Computers & Education* 和《电化教育研究》研究方法比较

从 2015—2019 年间两本期刊论文的整体研究方法分布情况来看,《电化教育研究》与 *Computers & Education* 在质性研究上数量相差不大,分别为 108 篇和 100 篇。在量化研究方面,*Computers & Education* 的数量(555 篇)几乎是《电化教育研究》(283 篇)的两倍。对于混合研究而言,*Computers & Education* (290 篇)是《电化教育研究》(104 篇)的将近 3 倍。未来国内教育技术研究学者应该更多思考质性和量化两种研究方法的组合应用。虽然我们很难去定论质性和量化到底谁更重要,但是教育技术学科的交叉性和多元性就要求质性和量化研究方法的相互验证。也就是说可以从量化中得到研究结论,而后从质性中寻求机制;也可以从质性中寻找问题,从量化中寻求答案。国际教育技术研究在混合研究方法上的应用深度和广度要明显高于国内的教育技术研究,这是未来国

---

① 吴康宁.教育社会学[M].北京:人民教育出版社,1998.

内教育技术人的努力方向之一。

从 2015—2019 年间两本期刊论文的整体研究导向分布来看，《电化教育研究》的基础研究（662 篇）要多于 *Computers & Education* 的基础研究（415 篇），在应用研究方面，《电化教育研究》（393 篇）则少于 *Computers & Education* 的数量（540 篇）。此外，在《电化教育研究》的论文中，基础研究（662 篇）是应用研究（393 篇）的接近 2 倍，而在 *Computers & Education* 中，基础研究（415 篇）和应用研究（540 篇）的数量相差不大。同样，基础研究和应用研究的作用面也是根据不同的专业领域，或时代的变化而变化。但是需要认识到的是，教育技术学科作为一门交叉学科，有着教育学和其他学科较为底层的理论基础，探索基础理论研究往往更多是嫁接在原有几门交叉学科基础上的。而教育技术的应用研究往往是较为独立和创新的，并随着技术的不断推进，其应用面在不断拓展。从这个角度可以看出《电化教育研究》在应用研究上的探索应当适当加大比重，同时警惕以技术作为"包装"对于传统理论的复述性的再现。

从 2015—2019 年间两本期刊论文的收集资料方法看，《电化教育研究》和 *Computers & Education* 数量差距最大的方法有非介入性资料收集法、实验法和问卷法。正如前文所述，由于国际教育技术研究在方法上侧重量化和应用研究，因此问卷法和实验法明显占据主流。而在非介入性资料收集法中，国内期刊占据较大优势。非介入性资料收集法的使用有其优势和不足之处，一方面非介入性资料收集法也是一种客观数据采集和分析的方法，可以通过综述、数据库统计、文献计量等方法去回顾某一领域的发展轨迹，但另一方面，综述的文献量越多，就越有可能过滤掉每个研究的情境性，从而造成研究唯数据缺情境的尴尬局面。

对于准实验法而言，《电化教育研究》中没有提及该方法，而 *Computers & Education* 中该方法的数量为 193（这主要是因为《电化教育研究》将准实验法当做实验法进行编码）。准实验是对所有可能会影响实验效果的因素都作了充分的控制的实验，如在实验中对实验对象进行平等分组，实验组和对照组特征相同，对实验环境作了充分的控制，对实验中的无关变量作了彻底的排除或抵消。

随着我国教育技术的投入和应用不断增大，各级学校的实验室建设也越来越成熟，因此为实验法创造了较大的发挥空间。与问卷法相比，实验法的优势体现在两方面：①客观数据的采集。越来越多学者认为问卷法的采集过程中有可能会出现样本情感倾向问题,也就是所填写的题项是他们期待自己存在的状态而并非当前真实状态。这在教育研究中尤其常见。如当我们调研学生的游戏化学习意愿和参与态度时,学习者往往是迫于当前的学习压力而预期游戏化学习模式会提升学习效率。在问卷中,他们往往会混淆真实的使用和预期。而实验法往往是以客观行为数据记录和采集为目的,因此数据结论更加可靠。②实验法便于在实际教学过程中探索新的干预方式。而问卷法的变量是基于理论或先前的研究结论选择和确定的。当然,实验法相比于问卷法也有一些局限,例如,很难进行大规模的数据收集;实验法偏重行为数据采集,对于心理层面采集尚不足。然而随着神经科学和脑科学在教育研究中的不断应用,用脑波仪、眼动仪等设备采集学习者生理参数作为心理层面的分析,将会越来越普及。

Computers & Education 使用方法最多的是问卷法(364 篇),《电化教育研究》在问卷法的使用上也是仅次于非介入资料收集法(226 篇)。可见问卷法是教育技术研究中的主流研究方法之一。然而在问卷法的类别划分和使用规则上,又有别于传统商业调查问卷法的直观性。通过两本期刊文献的综述可以发现,问卷法可以按照打分方式和研究跨度两种方式进行分类。从打分方式角度可以分为内部关联一致性量表和总分累计性量表。通过比较这两本期刊可以发现,问卷法大部分使用的是聚敛性量表,即通过观察题项的变化程度来判断此类题项是否可以正确反映一个问题。虽然有研究者期望能够使用自行开发的量表,但是仍需经过量表开发的论证,因为教育研究往往具有较强的情境性,不同的样本、不同的教学环境、不同的教学实施者、不同的教材、不同的学科等这些外在变量都需要考虑在内,因此要有严格的理论推理基础和缜密的数据结论,而往往数据结论是要达到统计学意义上的满意值。问卷法的弊端是开放性较弱,所以往往会和开放性问卷题项或访谈法共同使用。当和一些开放性问卷并用时,我们称之半结构式问卷。

教育研究方法中存在的一个误区是对大样本的青睐,甚至认为样本量越大越具有研究价值,因此问卷法成为教育研究中较为主流的实证研究方法。相比于问卷法,案例法属于小而精的方法。*Computers & Education* 和《电化教育研究》都有较少比例的案例法研究。在一些神经科学研究中,样本量仅仅只有个位数,但依然具有较高的研究价值。这是因为案例法所选择的对象本身就具有较高的代表性,而样本所处的环境也是相对稳固,在这样的情况下案例法研究的本质是为了探索某种固化现象的深层原因以及在其受到不断变迁的外力作用时又是如何变化的。需要注意的是案例法是一种田野调查，在获得较为一线的数据的同时，需要注意参与者本身的定位。根据不同研究设计，需要参与人将自己定义为旁观的研究者，而有时参与人不仅将自己定义为观察研究者，也有可能是教学活动的参与人之一。这两种不同的定义往往得来的数据和信息是不一样的。而选择哪一种身份参与到研究中，最直接的方式是看研究对象之间的关系。

从 2015—2019 年间两本期刊论文的分析资料方法分布看，描述性统计是《电化教育研究》和 *Computers & Education* 数量差距最大的方法，两本期刊中使用该方法的论文数量分别为 291 篇和 761 篇。在思辨研究方法方面，*Computers & Education* 没有提及，而在《电化教育研究》中共有 366 篇。虽然描述性统计在《电化教育研究》中具有较大的比重，但是需要认识到教育技术研究中的描述性统计，如频次分析是为了较为直观地看出教学绩效的变化。然而，为了使其在统计上有意义（statistically significant），仍然需要 T 检验，ANOVA 等统计计算方法验证，因为学习绩效在某种程度上有一定偶然性，而统计方法能够最大程度压缩这种偶然性。

3. 对两本期刊中研究方法使用的总结与思考

从研究领域的历史及范围来说，教育研究历史远久于一般的自然科学和人文科学，可以说自从有了初步的教育组织形式，就开始有了教育的研究。此外，教育研究的范围也较为广越，除了传统的教学法，还涉及多学科的交叉，形成了教育技术学、教育管理学、教育心理学、教育神经学等领域。然而丰富的教育领域和教育历史需要具备较为科学规范的研究方法。在大量的国内教育研究文献中，鲜有研究从教育情境下分析实证研究方法选择的依据，这不仅容易在研究中形成堆砌的"大杂烩"，也限制了教育实证研究的规范性、科学性和研究脉络的延续性[①]。而教育者往往具有实践者和研究者的双重身份，虽然这种双重身份有利于获取一手的数据和信息，然而在两种身份的切换过程中，也会因为研究受到实际教研环境的复杂性信息干扰，而疑虑如何选择恰当的方法去应对所有

---

① 范涌峰，宋乃庆.教育研究科学化：限度与突破[J].教育研究，2016(1)：94 - 95.

的问题①。通过两本期刊比较,我们有以下思考:

首先,*Computers & Education* 中的一些创新数据采集方式是《电化教育研究》没有使用到的,如纵向的采集方式。数据的采集方式可以分为截面数据采集(cross-section data)和纵向数据采集(longitudinal data)两种。前者指的是数据在同一阶段的时间全部收齐;后者指问卷的部分量表提前收集,另一部分量表在干扰期后再收集完成,或者相同的量表收集多次。截面数据的收集发生在同一时刻,如果自变量和因变量都为自我报告的主观数据时,严格意义上不能说是一种影响机制,因此一些研究者在研究表述中一律使用自变量影响因变量是不科学的,只是反映了两组数据有正向或者负向的关系,也就是说因变量受到自变量的牵制,而不能说明因变量导致了自变量的发生;只有当因变量是客观数据时,才可能使用影响这一表述。纵向数据则不然,因为纵向数据是通过调控某个因素后得到后几批数据的变化,因此无论因变量是主观还是客观因素均可以使用影响机制这一假设。需要注意的是,纵向调查法的自变量和因变量一般要保持一致。

其次,通过《电化教育研究》和 *Computers & Education* 中研究比对发现:在教育技术研究中,国内研究者有两大困惑。第一个困惑是截面数据不能使用"影响"机制,只能使用"关联"机制;比如,学习者自身认知水平、教师技术自我效能、学习者课堂满意度感知这三个变量只能是一个关联关系,因为因变量课堂满意度是一个主观性数据;其实不然,同样的自变量如果是在调查 MOOC 学习者完成率低的研究问题中就是一个影响因子,因为 MOOC 的完成率是从数据库中摘录的实际学习行为的客观数据。第二个困惑是优先使用纵向数据,避免使用截面数据。其实也不然,因为这取决于该项教育研究中是否需要调控,以及调控难度和数据收集难度。

再次,教育研究中的影响机制有可能是比较复杂的,不一定是简单的一阶线性关系,所以中介和调节效应就是为了探索多元多阶的问题。需要注意的是,一些研究只是在统计上检验了中介机制和调节机制,就论证中介或调节效应存在,这是不科学的。中介和调节的机制复杂,因此不能从线性关系的角度来分析。比如,在数据上显示学习者的先前经验是通过自我效能达到学习满意度,并不能

---

① 袁振国.教育科学研究方法的审视——M.韦伯社会科学研究方法论给我们的启示[J].上海高教研究,
　　1995(6):18-20.

简单线性分析先前经验引起了自我效能，自我效能引起了学习者满意度，因为这种论证实际将中介关系割裂成了两个简单的线性关系。很多研究没有理解中介的含义，数据上说得通未必理论上说得通。中介研究是当自变量到因变量难以解释时去寻求中介机制的路线，因此不适合自变量比较容易解释因变量的情形。

最后，越来越多的教育研究开始关注学习者行为的分析，随着现代教育技术的发展，学习行为的数据采集也越来越智能化。由传统的片段观察记录，到数据自动记录分析再到图形图像识别，这些都为学习行为路径分析带来极大的便利和客观性。常见的分析方法有基本频次分析，比如学习系统的后台数据，眼球随动和脑电波的导出数值，也包括高阶的神经网络分析和滞后序列分析。

综上所述，教育研究的情境性是研究者精细化研究方法的主要原因。在选择研究方法时需要思考两个问题：一是何种研究路径；二是什么样的统计方法。这两个问题又要紧密围绕样本的选择，是学生，老师，教育管理者，或是更细的划分；学生是什么层次，使用该种方法是否合理；什么样的研究设计可以尽可能减少被试感以弱化霍桑效应等。

第四节　全球教育研究发展的影响机制

教育研究发展动力既来自学科领域内部基于知识逻辑的传承和扩张，也来自学科领域外部政治、经济、科技等事件的驱动，还可能来自学科之间相互交叉渗透带来的影响。多维审视教育研究发展的影响因素，有助于把握教育研究发展脉络背后的动力机制。

一、传统影响

全球教育研究的发展脉络很大程度上受到各国教育学学科化和制度化过程中的研究传统影响。例如，早在 20 世纪 50 年代，英国学术界就把教育学界定为由哲学、历史、心理学、社会学和教学组成的多学科领域，这一教育学的学科构成规范了英国教育研究的主要方向[1]。20 世纪 80 年代，除了这几个学科方向外，

---

① MCCULLOCH G. Disciplines contributing to education? [J]. British Journal of Educational Studies，2002，50：100－109.

英国教育研究增加了教育经济学、教育行政和比较教育等方向。学者认为，较诸美国的教育学研究中历史学与哲学被边缘化并由新兴社会科学特别是以心理学为主的实证科学支配的局面，英国的教育研究在科学与人文学科之间达成了较为平衡的格局[①]。纵观英国近十年教育研究主题可以发现，有相当部分的研究延续了上述英国教育研究的主要方向，例如有众多学者关注课程改革和学科教学等教育研究传统领域。

作为曾经的英属殖民地，澳大利亚的教育制度和文化传统在历史上与英国有着密切的关系，深受英国教育思想和文化的影响。另外，作为世界三大多元文化国家之一，经历过土著民时期、英殖民时期和移民时期的澳大利亚凝聚了上百种不同移民国家和不同民族的文化、经历、信仰和传统，多元文化发展成了澳大利亚社会共同的价值观和文化基石。澳大利亚的教育研究一方面体现出与英国教育研究很强的一致性和延续性，另一方面又呈现出多元文化融合的本土特征。从上文澳大利亚近十年教育研究的主题发展可以看到，受英国传统的影响，澳大利亚的教育研究也重视课程和教学论、教学评价、教师教育和教育政策等研究主题；同时受澳大利亚本土多元文化特征的影响，原住民教育、全纳教育、跨文化教育等多元文化教育相关议题也是澳大利亚学者关注的重点议题。

赫尔巴特学派的教学法在美国大学教育学学科化过程中发挥着重要作用，但是进入 20 世纪以后该学派的影响力迅速被美国本土的教育哲学思想及新兴的社会科学研究所取代，前者指的是以杜威为代表的进步教育及实用主义思想，后者指的是以桑代克为代表的实验心理学及行为主义心理学。自此，美国的教育学研究深受实验心理学、教育心理学和量化评估测量的影响，体现出了强烈的逻辑实证主义研究取向。从上文美国近十年教育研究的主题发展可以看到，美国的教育研究延续了实证主义的传统，重点关注学校效能改进、教育评估、大规模测量等议题。另外，在心理学之外，美国的教育研究也深受经济学、管理学、社会学、公共政策研究等实证社会科学的影响。

二、政策驱动

作为一门应用性的社会学科，随着各国政府对教育活动的资助、治理及经营

---

① 曾荣光,叶菊艳,罗云. 教育科学的追求：教育研究工作者的百年朝圣之旅[J]. 北京大学教育评论,
2020,18(1)：135 - 192.

的制度化,各国的教育学研究不再只局限于课堂教与学的微观研究及实验主义的研究取向,而拓展至社区与社会层面的宏观制度研究取向,特别是提升至公共政策的问责层面①。因此,各国的教育研究趋势很大程度上受到政策驱动的影响,体现出教育研究与教育政策变迁的共振效应。

从上文的分析可知,各国教育研究的一些突显关键词与相关政策的颁布呈现出非常紧密的联系。例如,2014年夏季达沃斯论坛上提出的"双创"与2015—2019年中国教科研的关键词"创业教育"呈现共振;"核心素养"的崛起则与2016年公布的"中国学生发展核心素养"的总体框架有关;"新工科"一词的正式出现则源自2017年教育部组织下形成的"复旦共识"和"天大行动";"双一流""职业教育"等成为热词,则与近年来国家对职业教育和双一流战略的关注紧密相关。英国相对成熟的工党和保守党两党政治在英国教育政策从"国家干预"到"撒切尔主义"再转向"第三条道路"的变迁过程中发挥着主导性的作用。近十年,英国主要经历了工党和保守党联合执政时期(2010—2016)以及保守党执政(2016年至今),在借鉴上届工党政府有益经验的基础上,围绕教育公平和效率两大主线,提出了许多新的教育主张,例如加强学校自治、赋予教师更多自由、严格课程标准、完善考试制度、兴办自由学校、推进学校改进、建立透明教育资助制度等。可以看到,受英国政党教育政策价值导向的影响,近十年英国的教育研究一方面关注新自由主义等改革对英国学校、教师和学生的影响,另一个方面也越来越关注教育公平相关议题。

与英国的政体相似,澳大利亚主要由工党和自由党两党轮流执政,两党的政治观点迥异,价值主张不同,所维护的集团利益也各有差异,从整体上看,工党追求教育公平和机会均等,自由党则更重视自由市场所带来的效率与利益。1996年开始,以霍华德为首的自由党执政长达11年,大力推行教育市场化,鼓励创办私立学校,推行择校政策,加快高等教育国际化进程。2007年至2013年,澳大利亚工党上台执政,发动了号称"全方位、多层次、高质量"的教育革命,这时期的教育政策主要从追求效率与质量转向重视教育公平,教育改革的重点主要包括提升教育质量,促进教育公平,加强各层次学校的问责制和透明度,具体改革举

---

① 曾荣光,叶菊艳,罗云.教育科学的追求:教育研究工作者的百年朝圣之旅[J].北京大学教育评论,
　　2020,18(1):135-192.

措涉及实行全国统一的教师标准、制定全国统一的课程大纲、提高教师质量、改革拨款政策和评估方式等。2014 年至今,澳大利亚由自由党执政,从近十年澳大利亚教育政策要点可以看到,澳大利亚政府一方面在继续加强澳大利亚教育的新自由主义改革,另一方面也在努力缓解新自由主义所带来的负面效应,力求实现教育公平。受澳大利亚政党教育政策价值导向的影响,近十年澳大利亚的教育研究一方面关注新自由主义等改革对澳大利亚各层级教育的影响,另一方面也越来越关注教育公平相关议题。

三、方法驱动

教育研究范式是影响教育研究质量的关键因素,反映出教育学知识生产的基本方法、研究导向、组织方式的总体特征。学科的发展离不开研究方法及其知识生产方式的进步,而一门学科是否具有科学性,关键就在于它是否具有科学的、系统的且区别于其他学科的研究范式体系。实证研究始终处于全球教育研究的主导地位,当前的国际教育学研究范式、方法呈现出多元化、精细化、科学化的趋势。除了传统的量化分析方法外,社会网络分析、文献计量和元分析等新方法不断涌现,质性的文本分析也呈现出量化分析的趋势。另外,近十年倾向得分匹配、双重差分、工具变量和断点回归分析等处理因果估计内生性问题的方法比重不断提升。受实证研究方法的发展驱动,各国教育科研不断朝着探索教育规律、预测教育发展和推动教育研究科学化的方向发展。如前文可知,美国的教育学科长期被以心理学为主的实证科学主宰,历史学和哲学等人文学科被边缘化;相比之下,英国、澳大利亚、德国、日本和芬兰等其他国家的教育研究则在实证科学和人文学科之间达成了相对平衡的格局。但随着新自由主义等改革对各国学校教育系统效率和产出的持续性评估和问责,英国等国家也越来越重视实证取向的教育研究。在中国,近年来,实证研究也是中国教育科研发展的重要方向,教育实证研究在中国呈崛起态势。近十年来,我国的教育学实证研究力量不断增强,研究成果日渐丰富,研究质量也在不断提升。

四、学科交叉融合驱动

学科交叉在促进科学进步、知识传承和人才培养方面具有重要意义。教育学在全球范围内一直存在着"学科论"和"领域论"之争①，传统上哲学、历史、心理学、社会学、公共政策、经济学、管理学和人类学等人文社科对教育学领域的知识生产具有重要的学科支撑作用。随着近年来脑科学、人工智能、计算机编程等相关领域的兴起，如何在教育学的视域下与这些新兴学科进行良好结合，从新的角度来解决教育学问题，学习过程中的认知活动以及元分析等新话题也成为全球教育科研的研究热点。另外，新一代信息技术的快速发展和应用，为教育研究提供了数据获取、存储、分析和决策等方面的支持，也推动了教育学这一人文社会科学与自然科学之间的交叉联系。目前世界各主要国家都从国家战略层面推进学科交叉研究。例如，2004 年，美国国家科学院协会发表了《促进跨学科研究》(*Facilitating Interdisciplinary Research*)的报告，报告全面分析了学科交叉研究发展的现状，提出科学和工程学的发展日益需要不同学科学者之间的合作，这是研究跨越传统学科界限的复杂问题的迫切需要，也反映出新技术所具备的改造现有学科和产生新学科的能力②。2005 年德国推出"卓越计划"(Excellence initiative)，强调促进社会科学领域之间以及社会科学和自然科学、应用科学之间的交叉融合③。2015 年，中国高校"双一流"政策发布以来，"学科"在中国大学建设中被置于前所未有的重要高度，一流学科建设是"双一流"建设的基础和核心，而学科交叉是建设一流学科的重要途径④，学科交叉研究论文在中国教育研究中的比例也逐渐增大。根据前文的文献计量可知，跨学科交叉研究是近十年全球教育研究的主要形式，近十年教育研究论文发表总数中近六成是跨学科研究的论文。

五、技术驱动

第四次工业革命的兴起，AI、大数据等前沿技术的发展深刻改变了产业机构与社会生态，对教育形态及学习模式等也形成明显的冲击。随着信息技术和教育的进一步深度融合，全球的教育研究越来越关注技术革新对教育的影响以

---

① 张应强. 超越"学科论"和"研究领域论"之争——对我国高等教育学学科建设方向的思考[J]. 北京大学教育评论，2011(4)：49 - 61.
② 程如烟. 美国国家科学院协会报告《促进跨学科研究》述评[J]. 中国软科学，2005(10)：154 - 156.
③ 孔捷. 从平等到卓越——德国大学卓越计划评析[J]. 现代大学教育，2010(3)：52 - 57,111 - 112.
④ 刘献君. 学科交叉是建设世界一流学科的重要途径[J]. 高校教育管理，2020(1)：1 - 7+28.

及教育如何反过来引领技术变革等。总的说来,新技术的运用大大加快了教育革新的速度,为教育发展提供了新的路径和可能性,也促就了教育技术相关研究的发展。在美国,信息通信技术的发展,不仅为教学提供了新的媒介,在此基础上也催生出了深度学习、网络社群学习、多媒体学习等诸多新的研究领域,随着相关研究的逐渐深入,美国学者目前的热点话题主要集中在如何评估新学习模式下学生的学习效果,以及通过科学技术提升学生的认知能力等几个方面。英国开放大学的研究团队及其合作机构从 2012 年起,连续八年发布《创新教学报告》,关注的就是面向现代化和技术支持下的教学、学习和评价领域正在发生变化的理论和实践,具体包括学习分析、教育大数据、学习评价及技术支持的学习创新等研究领域[①]。由上文也可以看到,越来越多的英国学者关注教育技术相关议题。在日本,如何有效吸收技术革命的成果,更好地调整教育发展形态成为2015 年以后的日本教育政策的一大重心。日本的教育研究越来越关注技术革命新时代学生的核心素养以及如何基于技术变革的趋势更有效地提升学习效率和学校管理效能等。在中国,随着国家从 2014 年开始大规模部署 4G 移动通信网络,2019 年 11 月又正式进入 5G 商用时代,通信技术的发展为移动学习的开展提供网络等基础设施方面的支撑,促使"移动学习"成为研究热点。另外,在线学习的快速发展积累了大量教育数据,如何有效地利用这些数据、挖掘深层次信息,如情感分析、预测评估、趋势分析、适应性和个性化、结构发现和关系挖掘等,进而提高教育质量成为学界关注的焦点,这使得学习分析、教育大数据成为近年的热点研究主题。

第五节　全球教育研究发展面临的背景与挑战

前瞻全球教育研究发展的未来趋势,既需要回望过去,从发展脉络中推演趋势,也需要分析当下全球教育研究发展面临的背景和挑战,辨识影响、推动未来走向的因素和力量,为展望未来发展提供依据和支架。

---

① 李青,郜晖,李晟. 以技术引领跨界创新和社会发展——英国开放大学《创新教学报告》(2020 版)解析[J]. 远程教育杂志,2020(1):17 - 26.

一、全球教育研究的三大背景

1. 全球化的扩张与衍异

英国著名社会学家吉登斯认为，全球化"指的是让原本在地理空间上散落分布的人口距离变近、交流增加，使整个地球成为一个命运共同体或者全球社会的各种过程"①。建立一个全球性人类共同社会的理念，最早可以追溯到18世纪启蒙运动时期对于"统一人性"是否可能的讨论。康德的"永久和平论"和"世界公民观"，可以看作是当时对全球化内在动力和人格理想的系统性理论准备。自20世纪70年代以来，贸易自由化、生产国际化和金融全球化三种力量的叠加，使包括国家在内的各种实体、组织变得越来越相互依存。到了20世纪90年代，全球交通的便捷化、基于互联网的全球信息即时共享等等，使得全球化呈现出一种更广泛、更深入的扩散效应，事实性地促成了"世界的压缩"。而今，全球化不仅作为一个概念进入到了几乎所有人文社会科学的主流话语体系中，而且作为一种力量表现出了席卷一切的力量。

但是，近年来，随着新兴国家、新兴力量的崛起，原有的型塑全球化的力量格局发生了微妙的变化，这一方面表现出经济格局的重组和经济发展内力、潜势上的巨大差异，另一方面也表现为新兴国家和新兴力量在全球舞台上影响力的客观提升和表达诉求的意识和能力的提升。在这一影响之下，一些国家的民粹思潮抬头，单边主义、贸易保护主义呈现返流趋势，造成反全球化力量的扩张。在全球化和反全球化的激烈交锋中全球化旧模式以及与之相伴的全球治理范式已经不能适应现阶段经济发展的需要，全球化需要重建新的治理理念，寻找新的合作范式。在这一充满复杂性和不确定性的多变生境中，全球教育、全球教育政策、全球教育科研都将面临一次深刻的话语洗礼和价值重建。

2. 教育与社会关系的新发展

无论是在理论认识上，还是在政策与实践中，关于教育与社会关系的认识，长期以来都存在一种普遍的社会功能主义立场，即仅从社会功能的角度定义教育的存在价值，倾向于从社会发展的需求对教育改革与发展提出跟从式的要求；

---

① ［英］安东尼·吉登斯，［英］菲利普·萨顿. 社会学基本概念［M］. 王修晓，译. 北京：北京大学出版社，2019：10.

教育发展的价值选择问题往往被弱化为一种"应答式逻辑",即思考在社会转型与发展过程中教育如何为其提供所需服务、满足社会转型的教育需求。教育的价值与角色缩减为只是为社会转型与发展服务,在对时代挑战和社会需求的应答中,成为社会变迁的附庸和应声虫。这种应答必定是被动的,时代挑战不可避免地到来了,只好去被动地迎接它。事实上,一种发展完备的教育体系的价值不仅在于满足社会的功能需要,更值得关注的是它自身存在的育人的内在价值,以及它在"国家形成"和社会变迁中的"主导"介入作用,顺此逻辑进一步推进,不难得出这样的结论:不仅教育需要社会,而且社会也需要教育。社会发展对教育的关注不应仅聚焦"教育应当为发展提供什么",更需深入思考的是"社会的发展需要怎样的教育基础",目前的教育基础是否能够支撑起社会发展和国家繁荣的宏观设计与整体实践? 这一视角的变迁意味着教育与社会关系的方法论重建。

3. 颠覆性创新的激发与支撑

2010 年 5 月 5 日,国务院发布了《国家中长期教育改革和发展规划纲要(2010—2020 年)》,其中明确指出,"信息技术对教育发展具有革命性影响,必须予以高度重视"。信息技术和教育的融合已被各国提上了历史从未有过的高度。国内外加大力度支持数字化学习环境建设、数字化教育资源的建设和共享整合机制研究,另外,以效果效益为导向的信息技术在各级各类教育中的创新应用研究正在加强。

信息技术不仅为教与学提供了工具支撑,更为学习分析与评测提供了可能。人工智能在深度学习、大数据和计算能力三大发展力量碰撞下重获新生,数据智能成为这次人工智能浪潮最重要的技术特征。教育数据挖掘和学习分析成为大数据在教育领域的具体应用。教育数据挖掘是研究和利用统计学、机器学习和数据挖掘方法来分析教和学的过程中产生的数据。而学习分析是关于学习者以及他们的学习环境的数据测量、收集、分析和汇总呈现,目的是理解和优化学习以及学习情境。通过教育数据挖掘和学习分析,教师可以更好地了解学生,理解和观测学生的学习过程,采用最合适的教学方法和顺序,及时发现问题并进行干预。现在已经研发出的应用系统案例有美国普渡大学的"课程信号系统"(Course Signals System)以及美国加州大学圣巴巴拉分校和阿拉巴马大学使用的 Moodog 等,这些系统利用数据挖掘和建立统计预测模型,可以预测学生是否能够完成课程,并据此实施有效的教学干预。

可以预见，个性化学习服务在未来学习型社会和终身教育体系中将会变得普及，以个性化自适应学习为基础的智慧教育充分体现"以学习者为中心"的思想，教育质量和教育均衡更能得到保证。

二、全球教育研究的五大挑战

1. 深度全球化需要教育研究建立"全球·本土"新视角

置身于一个全球化的世界变局中，任何一个国家、任何一种民族文化都会面临全球与本土、普遍性与特殊性的关系问题。一个走向深度全球化的时代不仅需要建构更富生命力的新世界秩序，同时也需要对已有的"全球"与"本土"的内在紧张关系进行深刻反思，在一个更具包容性的框架中重构全球化的理念、话语，以及全球化与本土化的内在关系。从逻辑上讲，真正的全球框架与普遍性思维是对诸多本土个案和特殊性经验的抽象和凝练。只要它是真正富有"全球"思维和视野的，真正超越特殊利益和关怀的，那就不应该形成与"特殊性"和"本土化"的内在紧张。这也在一定程度上反证当前以不同形态存在的普通性与特殊性、全球化与本土化的深刻对抗，其实是某种披着"普遍性外衣"的特殊性与另一种或另一类特殊性的对立或对抗。黑格尔在《历史哲学》中对于欧洲经济、法律、语言、宗教等的描绘，使得西欧国家转变的逻辑获得了内在的自我确认，这种确认伴随着殖民扩张，被"附魅"成为具有普遍性的特质。但是，自我扩张的意图和行动本身已经先在地意味着它并没有克服自我与"他者"的边界，并未表现出"普遍性"结构所应有的开放和包容性。

深度全球化背景下的教育研究，首先需要完成一种深刻的自我启蒙，即在所谓的"普遍性"话语中进行福柯式的"考古学"，寻绎其由特殊性上升为普遍性的路径，实现对旧"普遍性"话语的"去魅"，还原其作为另一种特殊性的本质。在这个基础上，建构起真正富有诚意的、以"我和你"关系为基底的人类命运共同体。循此形成的教育学立场和教育学眼光，不仅要以全球性视野观照不同地域的教育经验和不同形态的地方性知识，更要超越形形色色的"自我优先论"和偏狭利益观，以全球关怀致力于改进教育。

2. 传统教育定位的变迁需要教育研究构建新思维

无论是当今的社会"气质"，还是科学研究，无疑都受到了"创新"话语的影响和感染，以至于有人不得不站出来不断提醒：没有深厚的传承，创新可能是无源之水。相对于这一提醒而言,或许更应该提醒的是:以创新名义提出的思想与理论,究竟有多少在方法论上真正超越了原有的框架。美国学者杰西·古德曼曾告诫:教育改革切不可"将过去冠以未来之名"①。他通过对三次浪潮席卷之下的教育改革做了历史考证,发现尽管三次变革的背景不同,话语方式不同,但是其所倡导的理念,却惊人相似。那些为迎接"第三次浪潮"而准备的教育改革方案,其实还是"老贴一方":社会功能主义、效率至上、个人主义、专家主义等等,以不同的形式从"第一次浪潮"经过"第二次浪潮",穿越进"第三次浪潮",成为教育研究者不断兜售的所谓"新理念"。

重构教育研究的新思维,意味着教育研究应该超越对教育的社会功能主义定位,引领建立教育发展的内尺度和内逻辑;意味着教育研究需要克服二元对立、非此即彼的思维模式,引领建立一种生成性的关系式思维、复杂性思维;意味着教育研究需要走出唯我独尊的独断式思维,在承认多种、多重可能性的基础上论证自我的独特性价值。

3. 循证教育(决策与实践)需要教育研究提供"硬证据"

当前,提高决策和实践的专业性和科学性越来越成为一种被广泛接受的信念。在这一背景下,教育决策与实践作为专业性实践,应该"循证"(evidence-based)或至少"知证"(evidence-informed)的理念,日益受到教育决策者、专业实践者和研究者的普遍认同。在英国,循证教育理念萌生于英国教育和就业部(the Department for Education and Employment)及英国教育标准办公室(Office for Standards in Education)发表的年度教育研究报告中。报告对当时教育研究的质量和实用性提出了严重质疑,认为教育研究未能为政府在制定教育政策时所面临的问题和困惑提供答案,未能为教育专业领域内的实践探索提供清晰的指导。报告甚至尖锐地指出:教育研究在研究方法上存在缺陷,无法提供确切的证据,且经常是带有偏见的、受特定政治动机驱动的。② 自此,英国政府出台了一系列措施,试图将教育研究、教育决策和教育实践紧密结合起来。在美国,早在 20 世纪 80 年代,人们就呼吁教育研究应该提供真实有效的知识,

---

① Jesse Goodman. Change without Difference:School Restructuring in Historical Perspective [J]. Havard Educational Review. Vol. 65. 1995(1):1.

② Biesta G. Why "what works" Won't Work:Evidence-based Practice and the Democratic Deficit in Educational Research [J]. Educational Theory, 2007,(57):1-22.

并明确告知专业实践者什么是起作用的、什么是徒劳无益的。但是，这一思想直到 20 世纪 90 年代末才开始对联邦拨款法律规定产生真实的影响。

　　2001 年美国颁布的《不让一个孩子掉队法》（No Child Left Behind Act），以法案形式明确了对教育研究的科学性、实用性和专业性的要求。"基于科学的研究"（scientifically based research）一词在该法中出现了 110 次之多，这可以被视为一个强烈的信号。依照该法案规定，随机控制实验被视为教育研究方法论的"黄金标准"。越来越多的决策者、研究者和专业实践者认识到，教育政策的制定不应仅仅依靠政策制定者的朴素经验和感性认知，而应更多地基于科学研究，以科学研究所提供的证据作为教育决策的基础，以提高政策制定和实施过程的科学性。2007 年，欧盟委员会在《在教育和培训中迈向更加以知识为基础的政策和实践》（Towards more knowledge-based Policy and Practice in Education and Training）的报告中更加明确了基于证据的教育政策的理念："成员国和欧盟机构需要使用以证据为基础的政策和实践，包括更加健全的评估工具，以确定哪一个改革和实践是最有效率的，哪一个改革和实践推进得最成功。教育和培训对于经济和社会发展具有重要影响。无效的、方向错误的教育政策也会导致大量的经费和人员成本损耗"。[①] 此外，一些重要的国际组织，如经合组织和世界银行都明确提出，为了改进教育决策和教育实践的科学性和专业性，应当将循证理念置于优先地位。

　　无论是教育学术研究改进发展自身的内在发展逻辑，还是教育决策与实践对"证据"的迫切要求，都在一定程度上对教育研究的范式转型提出了严峻的挑战。保持多元性固然不错，但是，若始终难以为教育决策和专业实践提供"硬"的知识和证据，教育学术研究的内外生存空间将不断遭到挤压。

4. 颠覆性技术需要教育研究实现研究方法新突破

　　随着大数据的崛起和人工智能浪潮的发展，学习分析和教育数据挖掘成为大数据在教育领域的具体应用。在教育领域，随着远程教育的发展和学习管理系统的应用，大数据的潜在应用也越来越广。这些系统每天都记录着大量的学生交互信息、个人数据、系统数据等。因此，教育研究的方法将不仅仅包括传统

---

① European Commission. Towards More Knowledge-based Policy and Practice in Education and Training [M]. Brussels：SEC, 2007：1098.

的理论式和实证式,还需融入数据密集型科学。数据密集型科学研究方法在教育方面的应用体现主要是学习分析和教育数据挖掘,通过数据使得学习过程透明化,并以数据为基础分析学习行为和学习成绩。但这些数据只能回答"发生了什么",而不能回答"为什么",因此,需要将数据密集型科学与已有的研究方法(如实证式和理论式)相结合,实现教育研究方法的新突破。

5. 传统理论研究需要在多重围困中守正创新

研究方法的迭代创新、学科的深度交叉和传统边界的模糊化,一方面会逐渐改变教育学原有的学科地图,推动传统"学科"向更具开放性的"研究领域"的嬗变;另一方面,交叉不仅促进融合,也在一定程度上促进分化,学科的深度交叉,也使得原来具有开放性的"研究领域"逐渐精细化为某些具有明晰边界的"新学科"。这种带有两歧性的共生效应,对拥有独特的研究对象、研究方法和知识体系的经典学科观产生了巨大的挑战。近年来,后现代思潮的冲击、科学范式的革新、研究方法的多元化、颠覆性技术的涌现等都深刻改变了教育研究的取向和样态。警惕宏大叙事、关注地方性知识、尊重个体化经验、发掘被遗忘的细节等等,越来越成为教育研究中的新动向。这种新动向的崛起,既是对被尘封或遗忘的另一种可能性的揭示,也在一定程度上表达了对经典社会科学、教育科学研究的疏离甚至反抗。可以想见未来的教育研究将呈现越来越丰富多元的发展态势。传统理论研究身陷多重挑战、多重围困中,必须在"守正"中自觉谋求创新发展。例如,在教育学从单数走向复数并逐渐膨胀为一个庞大的学科群之后,"普通教育学"在很长一段时间面临生存危机。但近年来,普通教育学研究的回归宣示了经典、传统理论研究的独特价值和存在合理性;但这种回归并非简单地回到过去,而是谋求对经典学科命题进行创新性阐释。这意味着教育研究不仅面临在交叉、分化背景下如何"合"的挑战,也面临经典的、基础性的理论研究如何在多重围困中挺立、确证自身存在合理性的问题。

第六节　全球教育研究发展的未来趋势

预判全球教育研究发展的未来趋势,是有意义的,也是困难的。由于影响全球教育研究发展趋势的因素越来越多,而且一些影响因素愈加变化无常,对趋势预测带来巨大挑战和不确定性。加强对未来趋势的研判,主动影响未来走向,可以为不确定的全球教育研究发展趋势增加确定性。本研究立足于教育的未来发展和教育研究的使命担当，综合分析全球教育研究发展趋势的影响因素，从教育研究的宗旨、内容、方法、手段、主体、取向等维度对未来趋势进行研判，为进一步精准把握全球教育研究发展的未来趋势提供参考。

一、回归人的价值与尊严

回归人的价值与尊严，既是全球教育研究回应全球化、数字时代新挑战的必然要求，也是遵循教育基本属性与发展规律的内在逻辑。早在 1996 年，联合国教科文组织颁布的具有里程碑意义的报告《教育——财富蕴藏其中》(*Learning：The Treasure Within*)就提出，"教育应当促进每个人的全面发展，即身心、智力、敏感性、审美意识、个人责任感、精神价值等方面的发展。应该使每个人尤其借助于青年时代所受的教育，能够形成一种独立自主的、富有批判精神的思想意识，以及培养自己的判断能力，以便由他自己确定在人生的各种不同的情况下他认为应该做的事情。"①时隔 20 年，联合国教科文组织《2030 年教育：仁川宣言和行动框架》(*Education 2030：Incheon Declaration and Framework for Action*)提出了"确保包容、公平、优质的教育，促进全民享有终身学习的机会"的"2030 教育可持续发展目标"(SDG4)，其哲学根源也正是回归人的价值理性，彰显人、制度与合作的力量。基于关照人的价值与尊严这一理念，全球教育研究的发展趋势主要表现为以下五个方面：

一是研究智能时代如何培养学生更好地处理人与人、人与机器关系的能力。经合组织《教育 2030：教育与技能的未来》(*Education 2030：The Future of Education and Skills*)报告要求教育培养学生"投入现在还不存在的工作，使用现在还没有发明出来的技术，解决现在还根本不知道的问题"的能力。② 因此，教育研究需要回应人工智能在创造力缺乏、无法复杂沟通、人性缺失方面的弱点，发挥人的多元智能优势，探究如何培养学生的分析思维与创新能力、主动学习能力、批判性思维、复杂问题解决能力等。③

二是加强人工智能应用风险和伦理问题的研究。随着人工智能、机器人、云

① UNESCO. Learning：The Treasure Within [M]. Paris：UNESCO, 1996.

② OECD. Education 2030：The Future of Education and Skills [R]. Paris：OECD, 2018a.

③ WEF. Future of Jobs Survey 2018[R]. Geneva：WEF, 2018.

计算和区块链等新技术的迅速发展,数字转型正在成为各国的重要议程,随之而来的风险与伦理问题必须引起高度重视。相关研究问题可能包括:数字时代新的教育不公平问题研究;通过数据分析和前瞻,对未来教育系统数字化转型的主要挑战与趋势进行战略预测的研究;儿童与青少年隐私保护、网络霸凌等问题的研究;针对儿童与青少年网络犯罪的政策研究;保障智能时代儿童与青少年情感健康的家庭、学校、社会等支持体系研究等。

三是终身学习相关问题研究。随着人类寿命的延长和工作性质的迅速变化,终身学习问题的重要性日渐凸显,相关研究需要不断向正规教育系统两端拓展。一方面是注重儿童早期教育相关研究,例如儿童早期教育的政策与投资研究;儿童早期教育的理念、目标、课程、师资培训、合作共同体建设、数据收集等方面的研究;儿童早期教育质量监测研究;从早期教育顺利过渡到初等教育相关问题研究等。另一方面是关于劳动力技能与劳动力市场匹配问题相关问题研究。如:终身学习经费投入问题研究;如何开发恰当的学习工具和可迁移的技能;如何缩小性别差异增加劳动力市场的包容性;如何开发融合了正式、非正式和非正规环境中获得的技能和资格的"数字通行证",促进劳动力资格的认可和流动等。

四是回应学习者多样性的相关研究。教育系统的学习者越来越呈现出多样化倾向。移民学生、少数民族学生、有特殊需求的学生、不同性别的学生和有天赋学生等共同构成了学校的生态。确保所有学生尤其是弱势群体学生取得优异成绩是各国教育政策与科研面临的重要挑战。相关研究问题可能包括:确保包容性与公平性的教育政策研究;应对学习者多样性的师资培养体系和评价体系研究;现代教育技术应用与教学方法革新研究;全球理解教育研究等。

五是研究范式的融通。在教育活动中,个体一方面受到传统和已有的意义世界的"型塑",另一方面,又在接受这一"型塑"的过程中不断生成新的意义世界。[①] 因此,全球教科研一方面沿着"大数据""基于证据"的研究范式,建立更为科学的、实证的、注重整体规律的研究体系;另一方面则应该注重教育过程中的情境性、差异性、丰富性和生成性,强调教育研究如何服务于学生的个性化发展和教育的本土需要。

---

① 余东升.质性研究:教育研究的人文学范式[J].高等教育研究,2010,31(7):63-70.

二、更注重提供"硬"知识

所谓"硬"知识指的是基于证据的真实有效的知识。以往的教育研究被实践界和学术界同时诟病：实践界抱怨教育研究未能为政府在制定教育政策时所面临的问题和困惑提供答案，未能为教育专业领域内的实践探索提供清晰的指导；与此同时，学术界也认为教育研究未能创造出一个可累积的知识体系以使教育成为基于研究的专业成为可能。这些抱怨的主要原因是教育研究在研究方法上存在缺陷，无法提供确切的证据，且经常是带有偏见的、受特定政治动机驱动的。基于此，实践界和学术界日益呼唤教育研究范式的革新，基于证据的知识生产范式日益为实践界和学术界所推崇。而其中一个重要的表现就是循证政策越来越为世界各国所推崇。

循证政策强调将科学研究与实践密切结合，整个政策制定、执行、评估和改进的生命周期都应建立在严谨可靠的证据链基础上，以帮助人们对政策、计划和项目做出明智的决策。基于这一理念，教育政策制定与实践不再仅仅依靠朴素经验和感性认知，而更多地以科学研究所提供的证据作为决策的基础，追求政策制定和实施过程的科学性。这在一定程度上避免了"拍脑袋"决策的盲目性和随意性，提高了教育决策的质量。美国的《不让一个孩子掉队法案》《让每一个学生成功法案》，以及世界银行报告等无不反映了这一趋势，将基于证据的教育政策制定、教育系统改进，以及全球教育治理作为改革实践的首选。在这一趋势下，教育学等社会科学被期待处于教育政策制定的核心，帮助政策制定者决定什么政策起作用及为什么起作用，哪些类型的政策改革是最有效的。而要获得坚实的证据，在教育研究者和决策者看来，基于实证尤其是实验所得的数据更精确、更值得信赖，因而是最可靠、最正统的。相比之下，定性数据虽然也有其独特价值，但在教育决策过程中，要么是作为这些硬性数据的附庸而存在，要么被认为科学性不够而被排除在有效的证据之外，因而难以成为教育决策的重要资源。

未来这种崇尚实证、尊重证据的趋势将会更加明显，且日益强调证据获取方法的科学性。首先，处于因果推断"王冠"上的随机对照实验将被继续给予最高的尊重，退而求其次但更符合教育学自身特性的准实验研究也将继续被推至较高的地位。其次，无关变量得到控制、内生性受到处理的量化研究方法将日益受到重视，以满足教育学实验设计难、更多为后溯性数据的教育评估需求，不断优化统计推断方法。再次,以经验材料为基础的扎根理论等质性研究也将受到重视,这种研究虽以建构理论为目的但强调理论来源于经验材料,有一整套明晰的、可操作的技术、方法和步骤,有助于在经验资料和理论建构之间架起一座桥梁。最后,思辨性的证据寻求方法应用将逐渐式微,该方法常常运用辩证的哲学方法对事物或现象进行逻辑分析,阐述思想或建构理论,其以主观经验为论据对论点进行论证,说服力有待商榷。

三、主题变迁的速度和不确定性更强

作为一门研究人的学习行为、学习模式和学习组织的科学,教育研究有其自身的学科发展逻辑。无论时代风云如何变幻,人的知识能力结构的构建与拓展,对应社会变革的学习模式的调整与创新等始终是教育研究的永恒主题。从既往的教育研究的宏观趋势分析,以及近十年国际组织和欧美各国政府教育政策对教育研究提出的需求而言,这一特点始终未变,且随着社会变革的加速日益鲜明清晰。

教育研究同时又是一门以实践性、应用性为导向的社会科学,它重点关注的是现实世界与社会生活中的具体的人的学习行为与学习模式,这决定了它的研究目标、研究对象以及研究手段与方式必须在社会变革的发展过程中根据外部环境的变化动态调整,据此回应层出不穷的问题与挑战,推进教育实践的深入发展。

传统科学研究范式的核心是尽可能追求可确定的未来。一方面,通过将研究对象的复杂系统解构后进行尽可能精确的把握,这使其研究范式演进基本呈线性的、不断细微化与跨界整合的趋势。但另一方面,人与社会系统具有远超物质世界的复杂性。人的思维具有高度的主观能动性,这使其行为很难完全受环境主导,按既有轨迹运行,而是具有一定的不确定性与不可测性。混沌理论进一步指出,社会是一个复杂的开放系统,其运行既受环境制约,同时也改变着环境。对社会进行科学的研究,必须建立在整体、连续、动态的而非单一的数据或因果关系上进行解释和预测,这使其研究的对象与聚焦的主题具有高度的不确定与模糊性。

随着社会结构的演进及技术革新的发展,传统的教育目标、教育工具手段、教育组织模式等不可避免受到冲击与影响,教育科学研究的对象、范式也随之不

断地发生相应的变化。从发展的趋势看,随着技术与社会结构要素的不断发展,现代社会的变革节奏呈日益加速趋势。全球化、环境问题、文化与种族的冲突、智能化及大数据等带动的技术革新,生命科学发展推动的平均寿命的延长等,无疑都对教育研究产生决定性影响,加速教育研究主题及范式更新换代。

此外,在传统的教育实践中,人们总是期望遵循一定的教育规律,即付出一定的教育努力和教育追求,就会获得期望的教育回报。但这种线性的、简单性的教育"理想"却并不总是具有应验的效应,教育的现实并不那么理所当然,有时甚至适得其反。因为教育是复杂的,对教育必须作"复杂性"研究。在线性思维的视野里,教育是确定的,只要从事教育活动的人遵循一定的教育规律,按照确定的教育目的(目标),在确定的教育时间和空间里,选择确定的教育内容和方法,实施确定的教育控制,就会获得确定的教育效果。而在复杂性的思维视野里,教育是不确定的,由于存在"蝴蝶效应"和非线性耦合,任何教育行为都不一定产生人们期望的教育效果。教育过程非线性、教育时间不可逆、教育知识不确定、教育系统自组织等复杂问题使得教育具有不确定性。这使得教育研究天然具备不确定性特质。

根据近十年文献计量的结果,教育研究在研究范式上经历了从经验思辨到量化实证的演变过程,但近年对基础理论的关注又重新替代应用研究成为教育研究的主体。从研究主题看,教育研究虽然总体上保持着适应并回应社会变革趋势的节奏,但在具体问题上,或超前或滞后于社会热点,并不完全与社会变革保持同步。需要指出的是,作为一门学科,教育研究有其自身的发展逻辑与发展节奏,在早期发展、教育理论等相当多的领域,教育研究甚至完全有自身的发展轨迹。教育研究的这些特点,使对其研究趋势的预测变得更为复杂与模糊。

总体而言,教育科学的研究对象与研究范式特点决定了教育研究主题长期趋势的模糊性与一定时限内的可预测性;宏观整体的可确定性与微观具体领域的不可测性。这种绝对的确定性与相对的不确定性彼此交集、共生互补,整体的确定性隐藏及产生于微观的不确定性,模糊的可预测的短期趋势导致并推进混沌的长期趋势,从而形成教育研究的复杂性与有趣性。

四、越来越依赖多重混合方法

教育研究的开展离不开研究方法的支撑,两者之间在很大程度上起着互相促进的作用。回望全球教育研究过去 20 年的发展历程,方法革新是教育研究革新的重要驱动力量。在未来社会中,科技创新的速度将超乎人们的想象,随着人工智能、大数据、学习科学等的进一步发展,未来教育研究方法更新迭代的速度将进一步加快,多元化、精细化和科学化的趋势将愈加明显。

多元化。教育研究方法在短暂的发展过程中,整体上经历了三个阶段:量化研究方法占据优势、质性方法占据优势、混合方法的发展①。阶段变化也体现了研究者对研究方法间关系认知的转变,从最初的认为不同研究方法之间是相互排斥或对立的,逐渐转变成视其为互补或互促的关系。实证研究方法是近十年全球教育研究应用最多的方法,且仍然呈现增长态势。但是随着质性和量化研究方法孰优孰劣的争论在一定程度上告一段落后,未来教育研究更加关注的是研究方法对于研究问题解释及解决的适用性,也会更多吸收其他学科的方法,在研究方法上呈现更加多元化的取向。

精细化。研究方法除了在类型上更加多样化外,在单一研究方法的运用上将进一步深化和精细化,实现自我创新。教育研究方法的基本范式一般不会在短期内发生颠覆性的变化,但在这些基本方法范式上,会有一些新的元素补充进来,使得这些方法更具活力,更加细致。如在统计检验上,近几年对于 p 值检验效力的质疑声音不断,同时短期内似乎也没有更好的统计检验指标来替代 p 值,此时效果量(d 值)产生并对 p 值起了补充作用,效果量在一定程度上弥补了 p 值容易受样本量影响的缺点。又如访谈法等质性研究方法,是教育研究不可缺少的方法之一,但是访谈法也因其访谈过程及访谈结果处理的主观性而受到质疑。如何提升访谈法的信度和效度,对这些传统研究方法进行创新,也是未来研究方法发展的主要趋势之一。

科学化。与自然科学研究领域研究的高度可重复性相比,社会科学研究领域研究的可重复性相对较弱,这固然与社会科学研究领域关注的是人和人的行为,而人和人的行为具有变化性特点有一定关系。但同时不可否认,社会科学研究领域对研究方法科学性的要求会进一步加强。教育研究领域一直存在一些质疑,包括研究者问题意识的薄弱,研究整体的规范性弱,结果的价值、质量、信度

---

① PUNCH K F, OANCEA A. Introduction to Research Methods in Education [M]. London & Thousand Oaks, CA: SAGE Publications, 2014.

和效度有待提高等[①]，而这些问题与研究方法的科学性或多或少都有一定的关系。随着社会经济发展与变革对社会科学研究领域研究成果质量要求的进一步提升，及研究方法内部的不断迭代更新，未来教育研究方法的科学化特点将进一步突显。数据（Data）和理论（Theory）之间的关系是科学探究的核心[②]。未来教育研究将更关注教育领域各个方面具体问题的解决，通过建立相应的理论，收集有利于这些具体问题解决的数据，通过理论与数据的比对，从而获得关于特定问题解决的结论。与研究方法科学性有关的研究环节将会被重视，如拟解决的研究（无论是量化研究还是质性研究）问题的科学性、规范性、信效度等各个方面。

五、与人工智能的双重合作

2017 年开始，人工智能每年都出现在美国新媒体联盟发布的《地平线报告》（Horizon Report）之中，成为基础教育和高等教育领域未来变革的重要技术之一[③]。美国高等教育信息化专业组织（EDUCAUSE）发布了《2020 年地平线报告：教与学版》（2020 EDUCAUSE Horizon Report：Teaching and Learning Edition），人工智能毫无悬念地被列为影响全球高等教育未来发展的六项新兴技术和实践之一[④]。与此同时，国内外教育技术领域重要期刊近年来的文献计量分析结果也显示，人工智能教育应用已经成为教育研究的前沿热点话题。

首先，人工智能将成为教育实践和研究的重要内容。人工智能在课程设计与教学实践中应用潜力巨大。人工智能基于机器学习进行推理，通过海量数据集和自然语言处理，提供计算机进行决策和预测的能力，它能以更直观的方式吸引和陪伴学生学习，同时减轻教师繁琐任务，让其更专注于创造引人入胜的学习体验，从而优化在线学习、自适应学习和教学研究等过程。越来越多的教师可以利用人工智能对学生的作业提供反馈、利用"虚拟助教"提高自己的工作效率。在课程的课件产品中包括一些算法，这些算法通过测量学生的表现指标，自动生

① 陈向明.教育研究方法［M］.北京：教育科学出版社，2013.

② PUNCH K F，OANCEA A. Introduction to Research Methods in Education ［M］. London & Thousand Oaks，CA：SAGE Publications，2014.

③ 李艳，姚佳佳.高等教育技术应用的热点与趋势——《地平线报告》（2018 高教版）及十年回顾［J］.开放教育研究，2018，24（6）：12 - 28.

④ 陈新亚，李艳.《2020 地平线报告：教与学版》的解读与启示——疫情之下高等教育面临的挑战与变革［J］.远程教育杂志，2020（2）：3 - 16.

成适合学生需求的个性化学习路径,帮助每个学生得到符合他们自身需求的、量身定制的学习支持,一定程度上实现精准教学。人工智能在教育教学管理方面也有积极作用,例如,学校可以基于教育大数据的分析构建一个预测模型,及时识别可能有高学术风险的学生,提前制定干预策略,降低学生学业失败的风险。

人工智能还可用于语言传译,为有视觉或听力障碍的学生带来便捷。智能语音辅助技术可以让残疾教师在学习空间内更好地掌控教学过程。不过,人工智能的教育应用也会引发争议,新兴技术与隐私、道德规范、学生数据的可访问性之间的矛盾一直以来都是人工智能领域争论的话题。因此,对能够为学生提供个性化学习支持的产品在某些领域进行审查也是必要的[①]。

其次,人工智能将成为教育研究和科研服务的重要工具和方法。随着教育学、脑科学和人工智能的融合成为全球教育研究的重要趋势,脑科学和人工智能的研究方法也将被引入教育研究之中。使用大数据和人工智能的方法和技术将大大加快研究进程,提升教育研究科学化水平。人工智能是计算机算力、大数据资源、深度学习算法以及实际应用场景的协同产物,大数据为人工智能提供了基础数据资源。例如,通过对学生在校期间课业大数据分析,就可以开展个性化作业的布置,有望将学生从繁重的课业负担中解放出来,实现高效减负的教育目标;通过基于人脸识别技术的学生学习过程监测,可以很快收集到学生出勤率、课堂抬头率、使用电子产品频率等数据,辅助了解学生学习状态;高校人事部门基于教师信息大数据中可以开展教师行为习惯分析,描绘优秀教师画像,对学术不端等问题进行甄别;高校教务部门基于海量的学生学习大数据资源,开展学生学习行为习惯分析,深度挖掘学生学业成就的影响因素。基于人工智能和大数据方法的各类研究也将可能实现数据资源的公开化和研究过程的透明化,从而大大提高教育科学研究的科学性水平。

人工智能方法的使用将缩小教育科学与自然科学在研究方法方面的差距,证据导向的科学研究将逐渐成为教育研究的主流,教育学科将以科学证据为基础实现学科的重构。人工智能也让教育研究方法有望摆脱假设-验证逻辑的实

---

① YOUNG J R. As instructure changes ownership, academics worry whether student data will be protected ED [EB/OL]. 2020 [2020 - 03 - 06]. https://www.edsurge.com/news/2020-01-17-as-instructure-changes-ownership-ascademics-worry-whether-student-data-will-be-protected.

验主义方法论，教育研究实现近似因果式判断而非关联性判断，同时，人工智能方法的使用也会限制人为因素对于研究数据的干扰①。

此外，人工智能正在成为科研服务领域的重要助手，主要表现在人工智能为广大师生在教科研过程中提供智能检测、智能推荐、智能回答等服务，如智能学习管理系统、学生信息系统、图书馆和招生服务、自动字幕系统等。尽管人工智能尚未具备自主操作能力，但它可以支持人类处理低阶的、重复性的认知任务。在线计算机图书馆中心（Online Computer Library Center，简称 OCLC）近年来设计和开发了一款名叫负责操作（Responsible Operations）的产品，其目的是通过机器学习和人工智能追踪人们对图书馆提供服务（数据科学服务等）的参与情况，并以可视化的方式展示②。

人工智能聊天机器人将越来越多地服务于高校的管理和服务之中。美国西北大学的人工智能聊天机器人已被集成到学习管理系统中，能够针对师生经常提出的问题提供自动回答服务③。美国俄克拉荷马大学图书馆在 2018 年推出了 Bizzy 智能聊天机器人为师生研究提供支持，该大学所开发的 Alexa Skill 智能化应用程序可以在非工作时间回答师生关于图书馆的常见问题④。澳大利亚昆士兰格里菲斯大学开发了山姆聊天机器人（SAM chatbot），它能够对学生学习和生活中遇到的问题给予全方面解答，如图书馆服务问题、居住生活问题、注册和课堂问题等，SAM 将很快被嵌入到该大学的门户网站，学生可以按需使用该服务⑤。实践表明，虽然其开发过程需要投入大量的人力、物力和财力，但这些聊天机器人确实能够给高校师生带来很大的便捷，满足了他们全年无休的教科研服务需求。

---

① 刘进. 人工智能如何使教育研究走向科学[J]. 高等工程教育研究，2020(1)：106-117.

② PADILLA T. Responsible operations：Data science, machine learning, and AI in libraries [EB/OL]. 2019 [2020-03-06]. https://www.oclc.org/research/publications/2019/oclcresearch-responsible-operations-data-science-machine-learning-ai.html.

③ GOLDWEIC P. Support chatbot now available for all NU Canvas users [EB/OL]. 2019[2020-03-05]. https://digitallearning.northwestern.edu/article/2019/02/12/support-chatbot-now-available-all-nu-canvas-users.

④ The University of OKLAHOMA. Introducing "Bizzy" [EB/OL]. 2020[2020-03-05]. https://libraries.ou.edu/content/introducing-bizzy.

⑤ MCNEILL S. SAM THE CHAT BO [EB/OL]. 2018[2020-03-06]. https://samuelmcneill.com/2018/02/23/sam-the-chat-bot/.

六、跨界合作将更加广泛

未来教育学领域跨国、跨领域、跨学科、跨组织研究将更加广泛，吉本斯的知识生产范式Ⅱ的特征日益明显。

第一，跨国、跨地区教育研究合作将突飞猛进。过去 20 年教育学领域形成了以美国为核心地位的国家合作网络，其与英国、德国、法国、荷兰、澳大利亚、新西兰、中国等国形成了日益密切的合作关系。未来教育学领域跨国合作网络的规模、密度都将不断增大，国家之间的合作无论在广度和深度上都将增强，并日益呈现出多中心的趋势。未来较长一段时间里，英美国家仍将居于教育学全球合作网络的核心位置，但以中国为代表的新兴国家的影响力将逐渐增强，由原来的"配角"逐渐向"主角"转变，并开始在某些领域发挥领导作用。

第二，跨领域、跨学科合作将与日俱增。过去十年跨学科研究是教育学领域研究的主要部分，占样本期刊所有研究的 61.77%，而非跨学科研究仅占 38.23%。教育学科相关机构人员在教育学这十本著名期刊上发表的文章虽然最多，但也仅占 69.26%，而如果按照第一作者单位来统计，教育学科研究者所发表的论文更是只占 56.6%。未来全球科学研究将日益呈现出复杂、开放、交叉的特征，逐步迈入"大科学"涌现时代。不仅是教育学科内部分支学科之间、教育学与其他社会科学之间，甚至教育学与自然科学之间也正在形成日益紧密的合作。随着学科界限被打破，科学、技术、工程等自然科学与社会科学深度融合，并将进一步激发教育学与信息科学、神经科学、脑科学等领域研究范式的深度交叉融合。

第三，教育学研究参与者的异质性将增强，高校之外机构和人员越来越多地参与到教育研究当中。近十年高校教师及研究人员是教育学研究领域的主要力量，其参与发表的论文占到样本期刊所有论文的 91.97%，而非高校人员参与发表的论文占 8.03%。但从发展趋势来讲，非高校人员参与教育学领域研究的比例在逐渐增大，教育学领域研究参与者的异质性在不断增强。大学将不再是教育学知识生产的唯一来源，越来越多的企业、科研机构和民间组织将参与到知识生产之中。学界和业界的边界将不再清晰，研究和实践的区隔将逐渐模糊，教育学研究将日益快速、精准地回应实践界的需求，而实践界也日益密切地通过与学术界的合作加入教育学知识的生产之中。

七、逆向思维可能影响教育研究取向

如果说，我们对教育学研究中习以为常的演绎性、应用转化式思维方式产生了一定的警觉或者不满，那么，一种着眼于关系重构的逆向思维有可能对未来的教育科研产生深远的影响。

教育学研究的逆向思维首先应当体现于教育学科与其他学科的对话中。两个多世纪前，被誉为"科学教育学的奠基人"的赫尔巴特就满怀热情地提出："假如教育学希望尽可能严格地保持自身的概念，并进而形成独立的思想，从而成为研究范围的中心，而不再有这样的危险——像偏僻的被占领的区域一样受到外人治理——那么情况可能要好得多"①。经过 200 多年的发展，而今的教育学，早已经从赫尔巴特时代的"普通教育学"发展成为庞大的教育学科群。但是，赫尔巴特当年所担忧的"被占领"的教育学困境似乎并未根除。在某些方面或许有愈演愈烈之虞。在这里，学科对话关系的重建，一方面包含赫尔巴特所说的"严格地保持自身的概念，并进而形成独立的思想"，这是学科由被占领、被"殖民"状态中走出来的标志；另一方面，未来的教育学研究必须自觉地思考这样的问题，即教育学在与其他学科的对话中，可以贡献哪些理论、视角、立场……从身处弱势的转借他者理论分析自己的问题，到主动地"强势输出"，这一转变对教育学而言是跨世纪梦想，其实现绝不能只靠某种姿态，更重要的是对过往惯性思维"连根拔起"式的批判和方法论重建。这个由赫尔巴特最先清晰化的问题，在过去 200 余年间未曾解决，只能期待未来会有所突破。

其次，逆向思维还应当体现于教育学研究对教育与技术关系的追问方式上。海德格尔（Martin Heidegger）曾经把"追问"看作是某一条道路的敞开："我们来追问技术。这种追问构成一条道路"②。在相当长的时间里，人们已经习惯了从技术的视角来审视教育，借用很多商界领袖、技术先锋之口，批判教育是应用技术最滞后、最保守的领域。抛开新冠疫情逼迫之下，教育领域陡然膨胀的技术需求不论，相比于许多"前卫""前沿"的领域而言，教育对技术的转化运用的确算不上先进，而且也难说"积极"。但是，如果我们换一种追问方式，现实中这一同样

---

① 赫尔巴特.普通教育学·教育学讲授纲要[M].李其龙，译.杭州：浙江教育出版社，2002.
② 海德格尔.演讲与论文集[M].孙周兴，译.北京：三联书店，2005.

的事实,或许会显现出另一种面相,敞开另一条可能的道路。例如,为什么技术创新总是不能主动地适应教育的需求? 或者,为什么技术迭代发展时总是缺乏一种教育学立场和生命关怀的视角? 教育技术学作为教育学科群中的一部分,其出发点是将"技术"作为一种教育手段,强调其工具价值。它倾向于采用技术学的思维方式,"考虑的是如何将技术的成果运用于教育……它千方百计地进行新的教育技术的设计和研发,不断地在技术的精神世界里增添新的技术内涵",但是,它缺乏"教育学的思想方式"。① 它的追问方式是:教育应该如何更好地转化运用技术,而不是技术应该如何更好地服务于教育。后一种追问方式的缺位,如果仅仅是源于技术的强势并不可怕,可怕的是,在多数情况下,它反映的是教育、教育学研究的"集体无意识"。因此,让逆向思维不再是"稀缺品",而是成为未来教育科研的新常态,将会极大地提升未来教育科研的辐射力与想象力。若有更多的教育需求和教科研成果驱动的技术创新应用,技术更好地服务于教育的期许也将成为现实。

八、知识碎片化时代或将推动知识生产模式的更迭

伴随着社会分工的细化,学科的分化与交叉融合已经成为知识生产的必然趋势,由此引发的知识碎片化的研究与学习已经深入 21 世纪人类文明的方方面面。碎片化知识是与系统化知识相对的概念。所谓知识是指"人们在实践过程中积累起来的认知成果",不同知识之间既可能因为关联性而形成完整的知识系统,也可能因为缺乏相关性而彼此独立,存在间隔②。完整的知识系统强调通过知识的间隔形成清晰的知识边界或学科边界,而碎片化知识则更倾向于模糊边界。事实上,系统化知识与碎片化知识博弈的背后是一场知识生产模式的更迭历程。

19 世纪,知识生产模式呈现出线性和确定的发展方式,并最终实现了学科的制度化③。英国学者吉本斯称上述发展方式为"知识生产模式Ⅰ",即学者在单一的学科领域内不断完善学科理论体系,并形成学科内部相对统一的概念体

---

① 李政涛. 为人的生命成长而设计和发展教育技术——兼论教育技术学的逻辑起点[J]. 电化教育研究,2006(12):3-7.
② 刘东,丁青. 知识结构的间隔性对思维方式的影响[J]. 北京社会科学,1997(4):22-27.
③ 王红雨. 开放学科边界的大学学客观转变[J]. 高校教育管理,2014(4):67-71.

系、研究方法、研究信念,乃至研究的问题域等学科范式①。进入 20 世纪后半期,科技的迅猛发展,特别是大数据时代带来了海量的信息,使得知识来源更加多样化,人们的认知理念愈发多元化。"建立在基本的、唯一的认知理念上的观点已经被现代社会中多维与多元的认知理念所取代"②。后现代主义强调社会的复杂性、现实的相对性和理性的局限性,因此不同于过往流派选取某一视角对现实问题展开研究,后现代主义以其多元化为特征对当代社会展开怀疑性的批判、解构和多元化的解释。从其诞生背景和概念内涵来说,学界很难从理论上给后现代主义做出精准定义,但它对相对的、碎片化的、叙事的价值取向直接影响了知识生产、传播与吸收的方式与价值。

概言之,知识来源的多样化和后现代主义思潮对传统知识生产、传播与吸收的方式的冲击,共同推动了知识生产模式Ⅰ和模式Ⅱ向模式Ⅲ的更迭,引发学科经历了"单一学科—多学科—跨学科—超学科"的逻辑演进③。其中"超学科"与前三者最大的区别是其从问题而非知识的主题出发,本质上是力求对现实世界的各种复杂问题寻求解决方案。超学科并非学科知识的混合或机械叠加,而是在有机协同中为复杂问题提供新视野和创造性的解决方案④。一定程度上,碎片化知识因较弱的理论间隔和模糊的知识边界而更加灵活,也更易于有机协同,故而其对复杂社会问题具有一定的解释力。

在此背景下,教育研究首先要明确社会需求的基本主题,并据此确定教育研究的问题。这些研究问题构成了教育学科内部子领域的公共对话空间。换言之,共同的研究问题为子领域间的知识交流提供了宽阔的平台。需要指出的是,上述学科间的知识交流以清晰的学科边界为基础,学科边界划分的标准正是学科间进行交流和互补的基础,这亦是防止学科被消解的有效途径⑤。因而教育研究发展的最大难题无非两个:一是对不同学科领域间公共对话空间的寻求,

① 迈克尔·吉本斯. 知识生产的新模式——当代社会科学与研究的动力学[M]. 陈洪捷,沈文钦,译. 北京:北京大学出版社,2011.
② 杰勒德·德兰迪. 知识社会中的大学[M]. 黄建如,译. 北京:北京大学出版社,2010.
③ 黄瑶,马永红,王铭. 知识生产模式Ⅲ促进超学科快速发展的特征研究[J]. 清华大学教育研究,2016 (6):37-45.
④ SOMERVILLE M A, RAPPORT D J. Transdisciplinarity: Recreating integrated knowledge [M]. Oxford:EOLSS, 2000.
⑤ 项贤明. 论教育学的边界[J]. 教育研究,2017(6):12-19+31.

即对"什么是最有价值的问题"的探寻；另一个则是对教育学基本理论的学理探究，即进一步明晰教育学赖以存在的学科边界。从这个意义上看，近20年国际教育研究主题中对"理论"的关注，既是其为明晰学科边界所做出的努力，也是为更好地参与学科间的对话奠定基础。

第七节　余　论

百年大计，教育为本。教育是民族振兴、社会进步的基石，是提高国民素质、促进人的全面发展的根本途径，寄托着亿万家庭对美好生活的期盼，对促进社会和谐、民族复兴和国家富强具有决定性意义。教育研究是教育事业的重要组成部分，教育研究是推进教育内涵发展和质量提升的重要途径，对教育改革发展具有重要的作用。

一、未来已来

未来已来，唯变所适。当前，中国特色社会主义进入新时代，教育的基础性、先导性、全局性地位和作用更加凸显，加快推进教育现代化，建设教育强国，办好人民满意的教育，迫切需要教育科学研究更好地探索规律、破解难题、引领创新。在加快推进教育现代化、建设教育强国、办好人民满意的教育新征程中，教育研究的地位更加重要，任务更加艰巨，教育研究大有可为，也必将大有作为。新形势和新任务要求教育研究强化使命担当，紧跟时代潮流，服务国家战略，争取战略主动。

科技在进步，竞争在加剧。面临新挑战，新时代的教育研究研究要瞄准全球共同趋势、国家重大战略和区域发展需求，把握国际教育竞争、人口结构变化、科技创新、社会变革等大形势大变局，适应教育改革发展和学科建设需要，坚持吸收借鉴和创新相结合，综合运用各种研究方法，创新教育科研范式，探索教育本质和规律；加强实证研究，坚持以事实和证据为依据，对重大问题持续跟踪，注重长期性、系统性研究；加强跨学科研究，促进教育科学和自然科学交叉融合，充分运用认知科学、脑科学、生命科学等领域最新成果和研究方法，综合运用人工智能等新技术开展教育研究，深入探讨人工智能快速发展条件下教育发展创新的思路和举措，不断拓展教育研究的广度和深度；加强基础性、前瞻性、针对性、储备性教育政策研究，创新决策咨询服务方式，切实提高教育决策科学化水平，不断增强教育服务教育改革发展的能力，推动建设具有中国特色、世界水平的教育科学理论体系，不断提升教育研究质量和服务水平，为加快推进教育现代化、建设教育强国、办好人民满意的教育提供有力的智力支持和知识贡献。

二、未来更远

未来更远，谋者胜计。美国东北大学校长约瑟夫·奥恩（Joseph E. Aoun）在其出版的《防范机器人：人工智能时代的高等教育》（Robot-Proof：Higher Education in the Age of Artificial Intelligence）一书中提出，未来有多达一半的美国就业机会将处于风险中。一旦机器可以自我编程，那么未来教育就要研究并教授什么是智能机器永远无法学会的，只有整合数据、技术和人文素养，我们才能成为机器人的领袖。随着工业 4.0 时代的到来，人工智能、万物互联、大数据、信息爆炸等构建出了新的社会生态，新时代对创新人才的新需求正在推动教育体系的深刻变革，新时代呼唤灵活多样、优质高效和创新前瞻的教育研究。

教育研究是教育现代化的基础支撑，为教育改革发展提供理论引领和实践指导。新科技革命和新发展模式为教育创新和学习方式变革提供了更多的可能性，也对教育研究提出了新的课题。关注未来社会的发展变化及其给未来教育带来的冲击与变革，研究未来教育赋予的前瞻性，对今后教育的发展趋势和模式建构有着极其重要的理论导向和实践价值。放眼国际，很多国家都在研究未来教育的理念和形态；回望国内，未来教育的研究和实践也引起了学校、社会、企业和众多有识之士的广泛关注。

教育向善、关乎人类。面对未来的挑战，教育研究需要创新，也需要坚守，需要以更广的视角，观察和分析新技术、新格局、新社会对教育提出的新要求，探讨未来教育可能的新发展方向，为推动个体发展和社会福祉贡献力量。

（本书编委会　集体撰写）

第二章

Global Trends in Educational Research

Ⅰ Introduction

Educational science is a rational knowledge system about the movement, change, development, and innovation of educational practice activities and educational theoretical forms. This knowledge system is composed of the knowledge of the laws of various related disciplines and their system structure[1]. The complex social and educational system requires practitioners and decision - makers to have a good foundation of knowledge. Educational scientific research provides new insights and a common knowledge base for education. At the same time, educational scientific research, as an essential part of education, plays an important role in supporting, driving and leading educational reform and development.

1. Retrospection: from the perspective of history

Education research of human beings is rich in history. Masterpieces such as Plato's *Utopia*, Aristotle's *Politics*, Marcus Fabius Quintilianus's

---

[1] YU L. General Theory of Educational Science Research [M]. Fuzhou: Fujian Education Press, 2001: 29.

Institutes of Oratory, or *Xueji* and *The Confucian Analects* in the warring States period of China (475 – 221 B. C.) recorded the educational thoughts and imagination of thinkers and philosophers at that time. However, the science of education, as a scientific system, only exists for a short time. Francis Bacon published *Of the Advancement and Proficience of Learning or the Partitions of Sciences* in 1623, in which he takes education as an independent discipline for the first time; John Amos published *The Great Didactic* in 1632, signifying that pedagogy has become an independent discipline. If we take those into account, education as a scientific system has merely a history of fewer than 400 years. If we take the *General Pedagogy Deduced from the Aim of Education* (*Allgemeine Pädagogik aus dem Zweck der Erziehung abgeleitet*) published by Johann Friedrich Herbart in 1806 as a milestone which marks the establishment of scientific discipline of education, then education has a history a little more than 200 years. Therefore, before 1900, the science of education, a major approach acquaint people with the educational phenomena and problems, was to a large extent a deductive discipline. Most of its rules were borrowed from other arenas; most of the research was technical, among which a large part of it was only descriptive with counting and enumerating data as its basic characteristics. The goal is to discover specific information related to daily teaching tasks, rather than to deduce general principles. According to Walter Monroe, from 1900 to 1940, about 50 000 studies were published, and around 5 000 were published each year. The growth was even more rapid in the post-war period, when research was being conducted at a rate of at least 10 000 articles a year. It can be said that education research after World War II is on its way to maturity, and the tendence nowadays is that basic research will discover more valuable laws and principles. [1]

In a word, the development of educational scientific research in an early stage is

---

[1] JONES R S. Current Trends and New Directions in Educational Research [J]. Journal of Research in Music Education, 1957,5(1): 16.

the intentional or unintentional scattered research activities analyzing educational phenomena with methods such as observation, induction, deduction, and analogy. Gradually it turned into the study of education as a process of development. It not only describes the characteristics of educational phenomenon, but also focuses on revealing the relationship and development process between educational phenomenon. It signifies a process of maturity from the description of experiences to the generalization of theories. Therefore, history shows the development of educational science research: from empirical education research to a scientific discipline, from dependent education to independent education research, from scattered educational research activities to centralized and organized educational research, from bottom-up education research to education research as a national strategy, and from education research of national states to educational research for global governance[①].

2. Outlook: a glance at the trend in the future

As a complex scientific system, educational research has been deepened for human beings with the development of science and technology. Science and technology are the primary productive forces, the concentrated embodiment, and the main symbol of advanced productive forces. Since the 21st century, the development of the new scientific and technological revolution has advanced at a breathless pace. Major breakthroughs in modern information technology, such as the Internet, cloud computing, big data, are changing the image of the economy and society, altering the way of thinking, production, life and learning of human beings, and profoundly presenting the prospect of world development. In response to the development of information technology, promoting educational reform and innovation, constructing a network, digital, personalized and lifelong education system, building a learning society where

---

① ZENG T. A Historical Survey of Educational Research (Part 1)[J]. Educational Theory and Practice, 2006,26(10): 9.

"everyone can learn whenever and wherever", and cultivating a large number of innovative talents are the major issues in front of mankind[①]. The educational scientific research in the new era needs to meet the requirements of the times such as individualization, precision and intellectualization brought about by the rapid economic and social development; at the same time, we should also use the more scientific means and methods of information technology and biotechnology as the representative of the new technology to study the pattern of education, to revolutionize the mode of education, and even to reconstruct the educational system. Therefore, we should stand at the forefront of our era, strengthen the support for natural science for educational scientific research, deepen the comprehensive understanding of the laws of education and talent growth, and promote new breakthroughs in basic scientific issues in the field of education, so as to welcome the opportunities and challenges brought about by the new scientific and technological revolution with an international vision and a Chinese mindset.

3. Responsibility: looking at the mission from the present

"The era of great social change must be the era of great development of philosophy and social sciences. Contemporary China is undergoing the most extensive and profound social change in China's history, and is also carrying out the most grand and unique practical innovation in human history. This unprecedented practice will certainly provide a powerful impetus and broad space for theoretical creation and academic prosperity. This is an era in which theories are needed and will certainly be produced. This is an era in which ideas are needed and will certainly be produced. [②]" The strategic judgment and

---

① XI J. Xi Jinping's congratulatory letter to the International Conference on ICT in Education [EB/OL]. People's Daily, [2015 - 05 - 23]. http://www. gov. cn/xinwen/2015-05/23/content_2867645. htm.

② XI J. Xi Jinping's speech at the symposium on philosophy and social sciences [N]. People's Daily, 2016 - 05 - 19(2).

incisive exposition of General Secretary Xi Jinping at the symposium on Philosophy and social sciences is fully applicable to today's educational scientific research. In the current era, educational science research is facing a rare historical opportunity. From a global perspective, in the face of the world's unprecedented changes throughout the century, China is accelerating to the center of the world stage and actively participating in global governance. In the context of the emergence of a new global scientific and technological revolution and industrial revolution, educational function, educational form, educational content, and educational method are all facing great epoch-making changes. The Chinese educational theories, practices, and paradigms are bound to go abroad to the world. Educational science research needs to answer the questions of the times, theory and practice[1]. In this sense, educational research in current era is faced with huge needs and challenges. At the same time, it also has a rare historical opportunity and the key factors are researchers' attitudes and action. Ignoring the opportunity or grasping it would influence the future of education as well as the fate of educational research. Using multiple channels and dimensions in research and grasping the trends of the educational research is of great significance to shoulder the mission.

II Theme change of global educational development research

The development of global educational research is reflected in such aspects as research subjects and objects, research contents, research methods and etc. Reviewing the development of global educational research from the perspective of theme change mainly reflects the evolution of research content. In order to grasp the development context of global educational

---

[1] CUI B. Promote the improvement of the quality of education and scientific research with the "Seven Major Consciousnesses" [J]. People's Education. 2019(Z2): 89.

research as much as possible, this study intends to comprehensively sort out and judge the diversity and richness of global educational research from the perspectives of international bibliometric analysis, policies and research reports of international organizations, educational reform and research in major European and American countries, educational reform and research in China, and educational technology research at home and abroad.

1. Investigating the thematic development from bibliometric analysis of international education research

The sustainable development of education is inseparable from scientific education research. Bibliometric tools provide us with the possibility to understand and analyze the massive amount of educational research. This section uses bibliometric software such as Citespace and Vosviewer to identify and summarize the research themes and frontiers of international education research and its constituent disciplines in the past 20 years. Based on the classification of existing disciplines, preliminary research and expert consultation, the current research divides education research into nine major fields, namely preschool education, higher education, education policy and management, comparative education, curriculum and teaching, teacher education, science education, interdisciplinary research and educational technology. This section firstly discusses the thematic focuses and changes of each constituent field (except education technology, see 2.5 for a detailed discussion), and then summarizes the overall thematic development of educational research.

1) Thematic development of each constituent field

a) Preschool education

International preschool education research has two significant themes. On the one hand, within the disciplinary field, changes in the concept of preschool education quality have led to the shift of research focus from childcare-related issues to children's social cognitive development. Specific topics in this line of inquiry include school preparation, preschool education quality, teaching, classroom quality, on-the-job training, children's language acquisition and cognitive development, child care, etc. On the other hand, interdisciplinary research is arising to combine preschool education with psychology, focusing on the study of children's physical and mental development with a particular emphasis on children's self-regulation, control, and behavioural norms.

　b) Higher education

Influenced by the development of neoliberalism, higher education across the globe emphasizes performance and accountability. In higher education research, there is a growing emphasis on input-process-output studies. The input-side research focuses on academics' and college students' "entry" studies. The former pays attention to issues such as academics' work-life balance, race, and prior research experience in the career development; the latter includes topics on university students' admission choices, admission funding, learning engagement, learning strategies, etc. The research on the output side emphasizes higher education quality, including the quality of student training and the quality of social services. The process-focused research is often positioned against the transformative background of globalization. Theoretically, it reveals changes in higher education concepts caused by globalization. Practically, it explores the homogeneity and heterogeneity of understandings and behaviours of countries worldwide with a particular emphasis on international branch campuses, international students and international education.

　c) Education Policy and Management

In the field of education policy and management, four thematic topics are identified. The first line of inquiry investigates the transformative impact of globalization on local education policy and education governance of nation-states. Educational equity and development issues across regions, ethnics and countries are particular topics of focus. The second theme revolves around education policy-making, paying attention to the interaction among policy environment, policy process and policy actors. It focuses on the power negotiation of multiple stakeholders in the policy process. The third topical area is leadership studies, which focus on the implementation of educational policies and the role of policy actors. More specifically, it aims to understand how micro-level policy actors such as principals, teachers and students understand, interpret and internalize policy decisions and bring them to practice. The last theme explores the policy-oriented accountability system in educational reform and educational governance, under the influence of a series of emerging political and economic trends such as globalization, knowledge economy and new managerialism.

d) Comparative education

Five major research themes are identified in the field of international comparative education. The first area revolves around the large-scale international assessment of students' academic achievement. Educational studies are interested in finding out factors that influence students' performance and identifying high-performance school systems. The second line of inquiry explores factors that might influence educational equity and quality, including individual factors such as gender, learning ability, learning attitude and learning method, non-individual factors such as social structures, school types, resources, family backgrounds and education systems. The third theme is about international policy transfer and dissemination, focusing on the conceptual interpretation of policy transfer and its application to various policy environments. A particular focus of scholarly discussion is how to model the high-performance school system to achieve world-class building objectives. The fourth theme explores the impact of global education governance on the theory and methodology of comparative education research, bringing both a shared understanding of global norms and challenges for individual countries. In the last theme, scholars use critical discourse to advocate a breakthrough from Western centralism and emphasize the diversity of educational policies and practices.

e) Curriculum and teaching

Research in international curriculum and teaching mostly focus on four aspects: process, outcome, method and identity. First, the process-focused research discusses and evaluates the internal and external factors that influence curriculum and teaching. Internal factors focus on the role of independent learning ability, metacognitive level and in-depth thinking that are closely related to students' subjective initiative. External factors focus on the different influences of teaching design, content and methods on students of different genders and ages. Second, the outcome-focused research emphasizes on outcome-oriented curriculum and teaching evaluation system, in which the measurement of learning outcomes tends to combine qualitative and quantitative methods, and the content takes into account students' explicit knowledge acquisition, conceptual transformation and implicit personal development and psychological experience, etc. Third, the method-focused research explores the models and strategies of in-class teaching. It pays attention to students' classroom participation experience and reconstruction of teaching goals and content through student-teacher interaction. In recent years, there is a growing emphasis on new learning media and teaching strategies. The last line of inquiry focuses on the construction of the identity of teachers and students. While studies on teachers' identity explore their professional interests and career development, studies on students' identity highlight their primary role in learning and emphasize students' sense of achievement in classrooms.

f) Science education

There are two overachieving themes identified in the international research of science education. The first theme is the theoretical exploration of the science education concept and its influence in practice. To be more specific, learners' prior cognition on science would influence their learning of new concepts, and scholars are interested in finding out methods that are instrumental to students' cognitive understanding of the nature of scientific knowledge. Studies on scientific literacy focus on 1 ways to improve students' scientific literacy through classroom teaching, 2 methods to improve citizen's scientific literacy and 3 the Programme for International Student Assessment (PISA). The second theme of research investigates means of communication in formal and informal science education, including both verbal and non-verbal measures, as well as factors that influence, and measures to improve the efficiency of in-classroom teaching of science education. It also pays attention to the gender issues in STEM (Science, Technology, Engineering, and Mathematics) education to investigate how gender differences might influence students' choice of a scientific career and career achievement.

g) Teacher education

According to the focus of inquiry, the research in teacher education can be understood from three different levels. From a microscopic view, scholars are interested in teachers' identities and behaviours. On a meso-level, scholars pay attention to their external relationships with others and the learning community. On a macro-level, scholars take into account the institutional environment and school culture that affect teachers' professional development. There are diverse topics developed from the three perspectives. Specifically, studies on teachers' self-efficacy explore its impact factor, effectiveness and stage differences of self-efficacy. Studies on teachers' professional development include its impact factors, evaluation methods, development strategies and multicultural awareness. Studies on school reforms include reform actors, internal and external factors, and relevant strategies related to teachers as stakeholders.

h) Interdisciplinary education

The interdisciplinary research is an emerging field of educational studies. A key feature of the area is its focus on 'research questions', including questions within the educational field and beyond the educational field. On the one hand, studies that aim to solve research questions within the educational field are primarily interested in factors that influence students' academic achievement, including individual cultural capitals, teacher efficacy and effectiveness, and national/institutional policies. On the other hand, studies that aim to solve research questions beyond the educational field focus on the relationship between education and economic development by investigating how various educational stages, scales and students' skills development would influence a nation-state's economic progress. It pays particular attention to issues such as college students' employability and education returns.

2) Mainstreams in international education research

Based on the research themes discussed in the above-mentioned constituent disciplines, the section summarizes four pairs of relationships that govern those evolving research themes, to examine and analyze the thematic focuses and changes of international education research from a panoramic and systematic perspective.

Globalization-Localization: Globalization has triggered the transformation of educational concepts and practices, and promoted policy learning and paradigm shifts on a global scale. Meantime, it has caused critical reflections on maintaining local uniqueness and nationality against the trend of globalization. The tension between globalization and localization is reflected in scholars and policymakers' active seeking convergence and balance between local appropriateness and global paradigm in international education.

Quality improvement—personalized development: The influence of neoliberalism and the subsequent emphasis on accountability within the educational system has led to an increasing focus on quality. There is a shift from merely focusing on students' academic performance to their comprehensive competence development. As a result, a growing emphasis is put on students' individualized and personalized development and a more inclusive education philosophy.

Democracy and equity—race and gender: Educational democracy and equity are consistent goals of educational practice. However, race and gender are the two primary obstacles in achieving those goals. As a result, there is continuous research on how race and gender might influence the educational process, including school access, educational resources, employment opportunities, etc.

Theory-practice: the interweaving relationship between theory and practice has always been a driving force for educational research. While the former aspect focuses on the revision and innovation of educational theories, the latter emphasizes the practical educational issues happening in individual, institutional and national levels. The co-existing and co-developing relationship has promoted the topical evolution of international education research in the past 20 years.

Accordingly, the study proposes eight mainstream research areas in educational research:

- Educational governance and reform under the conflict of globalization and localization

- Educational performance and accountability, and the new public management

- Ascriptive factors, capitals and educational achievement

- Educational equity, democracy and social mobility

- Continuous monitoring and comprehensive evaluation of education quality enhancement

- The influence of educational technology on students' personalized development, teaching diversification and scientific decision-making

- Teacher development and the construction of academic communities

- The building of public dialogue space against the trend of interdisciplinary integration

2. The changing themes in educational scientific research: from the perspectives of policies and research reports of international organizations

This section analyzes the influential policies and research reports issued by the United Nations Educational, Scientific and Cultural Organization (UNESCO), the Organization for Economic Cooperation and Development (OECD), the European Union (EU) and the World Bank in the past ten years (2010 – 2019). It is summarized that the common themes of international organizations in the past decade include early childhood education, education equity and quality, the modernization of vocational education and training, high-quality teachers, innovation and entrepreneurship education, etc.

1) Early childhood education

Early investment is one of the most valuable things a country can do to eliminate extreme poverty, promote common prosperity, and create the human capital needed for economic diversity and growth. Firstly, from the "2015 Education for All (EFA) Goals" to the "2030 Sustainable Development Goals (SDGs)", UNESCO has always regarded early childhood education as a priority area. SDG 4. 2 proposes that "By 2030, ensure that all girls and boys have access to quality early childhood development, care and pre-primary education so that they are ready for primary education". Secondly, OECD has successively released Starting Strong Ⅲ: A Quality Toolbox for Early Childhood Education and Care (2011), Starting Strong Ⅳ: Monitoring Quality in Early Childhood Education and Care (2015), Starting Strong Ⅴ: Transitions from Early Childhood Education and Care to Primary Education (2017) and Providing Quality Early Childhood Education and Care: Results from the Starting Strong Survey (2019), which focused on the quality of early childhood education, data monitoring, and the connection between preschools and primary schools. Thirdly, data from the World Bank shows that there are still hundreds of millions of children suffering from malnutrition and lack of early education, which negatively affects individual development and national competitiveness. For this reason, the World Bank has increased its support for early childhood initiatives around the world through financing, policy advice, technical support and partnership activities at the national, regional and global levels. World Development Report 2018: Learning to Realize the Commitment to Education emphasizes three methods: ① the first 1 000 days are the critical period of brain development, so healthy nutrition interventions for mothers and their babies are needed; ② increasing the frequency and quality of stimulation and the opportunities of learning for families to improve cognitive skills, social-emotional and language development; ③ ensuring to provide high-quality early childhood care centers and preschool programs for children aged 3 to 6[①].

2) Education equity and quality

The United National 2030 Agenda for Sustainable Development explicitly includes "ensuring inclusive and equitable quality education" as SDG 4. First of all, to ensure that education benefits all and that everyone has equal and personalized access to education. Every international organization advocates opening knowledge and data, providing access to cutting-edge knowledge for global development, and promoting the openness of resources and educational equity in the context of the digital age. For example, the EU emphasizes that special attention should be paid to education and socially disadvantaged people, so that all young people can successfully pursue education, realize their full potential, and promote the development of their inclusiveness, social skills and critical thinking. Second, to ensure the quality of education and the effectiveness of learning. Since 2000, OECD has launched the Program for International Student Assessment (PISA), which evaluates 15-year-old students in reading, mathematics, science and other aspects every three years and has an important impact on the national policy-making. Besides, the EU's "Education and Training 2020 Strategy" (ET2020) regards improving the quality and efficiency of education and training as one of the four core strategies. It proposes suggestions including strengthening educational evaluation on the basis of respect for diversity; guaranteeing excellent teachers for high-quality education; innovating teaching and learning methods through

---

① World Bank. World Development Report 2018—Learning to Realize Education's Promise [M]. Washington D. C. : World Bank, 2017.

new technologies and open educational resources, etc. Furthermore, the World Bank believes that the performance measurement of education system is the cornerstone of improving learning outcomes. Successful education policies require more accurate data. Therefore, the World Bank has collected a large amount of education experience, monitoring data and empirical research data, endeavoring to improve the education system based on a large number of evidences, so as to conduct global education governance.

3) The modernization of vocational education and training

Vocational and technical education and training play a key role in promoting the comprehensive development of students to effectively respond to employment problems in the labor market, as well as providing citizens with the capabilities required by specific occupations and labor markets. Firstly, UNESCO' Strategy for Technical and Vocational Education and Training (TVET) (2016—2021) sets out three priority areas: fostering youth employment and entrepreneurship; promoting equity and gender equality; and facilitating the transition to green economies and sustainable societies. Secondly, the EU regards TVET the key element of the lifelong learning system. It points out that by 2020, the EU TVET system should be more attractive and universal, and become a high-quality education that is highly relevant to the labor market. The EU has put forward policy recommendations from the following aspects: ① to strengthen the flow of vocational education between different education systems and different countries; ② to increase the attractiveness of VET, and promote the future adaptation of TVET students by cultivating key capabilities; ③ to establish a basic framework for high-quality apprenticeship governance to promote the effective implementation of apprenticeship; ④ to use EU financial instruments to support TVET policy①.

---

① European Commission. Priorities for Vocational Education and Training (2011 – 2020)[M]. Brussels: European Commission, 2015.

4）High-quality teachers

High-quality teachers are necessary to ensure students to acquire 21st-century skills. International organizations have issued policies for building high-quality teacher teams from multiple dimensions. Firstly, UNESCO's Medium-Term Strategy for 2014—2021 proposes to support teacher professional development through capacity building and dissemination of innovative teaching approaches. UNESCO's 40th General Conference adopted a resolution to develop an International Standard Classification for teacher-training programmes（ISCED-T），to produce internationally-comparable data on teacher training programmes and pathways to the teaching profession. UNESCO actively promotes teacher standards and professional development in ICTs，and has released the ICT Competency Framework for Teachers（ICT-CFT）which consists of 18 ICT competencies[①]. Secondly, OECD points out that teachers are the most important resources in today's schools and excellent teachers are irreplaceable, which emphasizes that：① a high-quality teaching force is the result of deliberate policy choices, carefully implemented over time；② teachers must become lifelong learners and inquisitive professionals, constantly improving their professional knowledge and designing diversified teaching methods；③ in response to disparities in teacher quality between advantaged and disadvantaged schools, or between rural and urban schools, countries with decentralized systems of teacher management might need to possibly assign the best school leaders and teachers to the most challenging schools；④ ensuring that teachers' salaries match their job quality, so as to improve the attractiveness of teaching profession[②].

（5）Innovation and entrepreneurship education.

Innovation and entrepreneurship education play an important role in enhancing social cohesion and competitiveness, as well as promoting

---

① UNESCO. ICT Competency Framework for Teachers（3rd edition）[M]. Paris：UNESCO，2018.
② OECD. Effective Teacher Policies：Insights from PISA [M]. Paris：OECD，2018b.

sustainable economic development. First, international organizations encourage countries to formulate innovation and entrepreneurship education strategies, incorporate innovation and entrepreneurship capabilities into different stages of education, and cultivate students' ability to identify opportunities, take actions, and translate them into economic, social and cultural values. Secondly, the international organizations clarify the entrepreneurial capability framework and entrepreneurial ecosystem elements, so as to provide systematic guidance for the development of innovation and entrepreneurship education. For example, The Entrepreneurship Competence Framework (EntreComp) proposed by the EU provides a shared conceptual model for innovation and entrepreneurship education, promotes a better understanding of entrepreneurial capabilities within the EU, and builds a bridge between education and work. The framework includes three capacity dimensions, namely "Ideas & opportunities", "Resources" and "Into action". Thirdly, it also encourages countries to mobilize resources to support the development of innovation and entrepreneurship[①].

3. Topics' changes on educational science from education reform in Europe and United States

Influenced by the global financial crisis in 2009, governments around the world began to rethink their reforms and researches of education policies. In the following ten years, how to make education serve as the fulcrum in the happy life of individual and the sound development of society has remained high on the agenda of those education policies and researches in different governments. Selecting the United States, the United Kingdom, Germany, Australia, Japan and Finland, which keep advanced in education all over the world, as representatives, this study analyzes their educational policy texts, educational

---

① European Commission. EntreComp: The entrepreneurship competence framework [M]. Brussels: European Commission, 2016.

research papers and national education fund projects as a way to reveal the similarities and distinctions among their educational reforms and researches.

Firstly，it can be found that the policies and researches of the six countries all focus on the essential topic—"how to learn effectively." When investigating it，researchers have to cope with the key issues about "what to learn"，"how to learn" and "how to evaluate learning results". Consequently，issues such as learning achievement，learning evaluation，STEM learning，interdisciplinary learning and technology-induced multimedia learning as well as digital learning attract major attention. In terms of higher education，many universities attempt to answer the question that what the most valuable knowledge is again in the new era. Some well-known universities in America such as Harvard University，Stanford University，Massachusetts Institute of Technology and Yale University lay more emphasis on issues about general education，online education and so on，including the education goals of undergraduates，the general curriculum content，the establishment of the open-loop university，the development of online curriculum，fresh learning space，which aim to get higher education improved. Based on the unpredictability of social changes，it is proposed to establish the model transformation of the learners' independent development in Japan. Furthermore，with respect to the research on educational science，how to cross the boundary between arts and science and how to construct the knowledge，capability and quality structure featured as integration，synthesis and transfer ability are also discussed. Additionally，issues about the way to make it more possible for undergraduates to increase the harvest in education and to enable education to positively impact their future employment and life draw close attention as well. For example，in Australia，academic achievements，involvement and employment of undergraduates are included in their major research topics. More countries tend to focus on the research of the digitalization of higher education with technology advancing. For instance，researchers in Germany explore the teaching application of digitalization in higher education and whether it enhances the learning motivation, innovation and learning effect of undergraduates. In America, issues about the development of online courses and how well undergraduates learn online are given attention by many world-class universities. Researchers in Britain also give priority to issues such as undergraduates' learning, teacher education, educational technology, academic identity and internationalization in the higher education field. Besides, issues about education evaluation such as learning evaluation and examination evaluation catch the sight of the researchers. In regard to the learning evaluation in Australia, the topics about evaluation pattern, evaluation criterion and undergraduates' learning development are included. Education research in Finland focus on the knowledge learning of undergraduates, attaching more importance to their demands and providing more solid support in an effort to develop their talents and reflect the people-centeredness and differences in education. However, it can be found in the policy texts of the United States that STEM education, educational technology projects have remained the critical strategies in educational policy reforms in the past decade despite the alternation of political parties.

Secondly, "teachers", the central implementers of education, are the concentration when those six countries made policies and conducted research. Topics such as "what role teachers play" and "how to make teachers more professional" are especially focused on. In the past ten years, the British government has issued a series of teachers' education policies to encourage the professional development of teachers as it works to strengthen their overall quality and ensure the steady progress of education. Issues related to teachers' education such as teacher professional development, teacher identity, teacher professionalism, leadership and teaching efficiency have stayed intense discussion from British educational researchers. By comparison, in the teacher education field, American researchers emphasize the pre-service and post-employment stages, which differ in research hotspots. The emphasis in the former stage is that "what kind of people becomes a teacher" and turns to "how to work as a better teacher" in the latter stage. Therefore, the research of pre-service education revolve around issues about social justice, urban teacher education and the training of social science teachers largely through historical research and critical research; in the post-employment professional development stage, it is mainly bound up with issues about the practical teaching process such as the vocabulary teaching, technology integration and dialectical discussion. Apart from these, in Australia, issues about teacher professional development, teacher identity and pre-service teachers are studied through qualitative research methods such as action and narrative research.

Thirdly, as the policy and research hotspots of the six countries concentrate on "how to innovate and develop educational institutions", the topics about the construction of first-class universities and school system reform catch the attention. Aiming to forge world-class universities, Germany lays more emphasis on the cooperative effect between its universities and non-university research institutions, curriculum and teaching condition, how to achieve better teaching quality and attract more high-quality scientific research talents; on top of that, the impact of interdisciplinary cooperation in universities also gets investigated; in terms of the researchers, they focus on training, career development opportunities and gender equality. Making international exchanges more frequent and reinforcing the scientific research characteristics of universities are also included. In the Third Education Revitalization Plan, Japan is also studying the future school model. Similarly, in Germany, the reform experiments of full-time schools are conducted in the field of basic education across the board.

Fourthly, "more scientific policies" and "more effective practices" also represent the focus of the policy and research hotspots of the six countries, leading to the main research topic about how to formulate educational policies based on evidence and carry out educational practices. The UK advocates and lays stress on the evidence-based education policy research. It also emphasizes that how empirical methods are applied, how the empirical data is collected, how the logic chain of evidence is set up, how the policies and suggestions according to the evidence is proposed. Examining the effects of educational policies based on evidence is also involved. As for Germany, they also propel more empirical study projects, which provide data and basis for educational decision-making. Aimed at promoting research results to improve education and serve the public, American educational research groups conduct practical-application-oriented educational researches, giving close attention to education equity, democracy and its relationship with social status and calling for investigations with interdisciplinary, collaboration and innovation. In Japan, the need to perfect the effect of technical support is also stressed in its education policies, meaning that it is crucial to strengthen the construction of databases and the application and promotion of new technical means in education management. Consequently, it is required to construct and exercise the big data of learning libraries flexibly, carry out the individualized optimal learning and cooperative learning in accordance with how well each student is capable and adaptable based on data analysis and establish the mechanism which can both store and analyze students' daily learning results by informatization means.

Fifthly, on account of the focus on "how to build healthy and organic education ecology" in the reform and practice of the six countries, the principal research topics become home-school cooperation, relations between education and society and education equity. In Japan, the construction of social education system helping to solve regional development problems is emphasized. According to the region differences and the social upheaval in Japan, the restructuring of social education and lifelong education model featured as sustainable development which are supported by school and family, school and society are discussed[1]. Thus, several important points are put forward, such

---

[1] Ministry of Education, Culture, Sports, Science and Technology (MEXT)(2018): The Third Phase of Basic Plan for Educational Recapitalization [EB/OL]. 2018[2020 - 03 - 05]. https://www. mext. go. jp/content/1406127_002. pdf.

as how to link the education in different teaching periods, how the school education mechanism forms a synergy mechanism with the community, the evaluation of the improvement of university education quality, the financial support, the mechanism of the lifelong education model and the way it synergize with school education. Within the context of the Industry 4.0, Germany proposed to construct the professional education 4.0, particularly concentrating on the reforms of professional education influenced by the digitalization, what the digitalization requires for professional education and ability, and the collaboration between the research community of professional education and enterprises. In addition, when investigating the issue about education equity, Britain, America and Australia often lay their emphasis on the fields of stratum, gender and race. Stipulating the fairness of the starting point of preschool education and comprehensive school education, Finnish education policies place stress on creating equal conditions for students' learning.

Sixthly, besides the global education reform trends such as globalization and technicalization, those countries show some differences and country-specific research hotspots in distinct social, cultural, education development and other situations. In America, researchers are not only concerned with the learning status of students, but also pay close attention to their lives. Campus violence and shootings stand out significantly. Besides, students in America have always been encumbered by the tuition fees of higher education. Accordingly, how to mitigate the predicament through establishing affordable higher education, lowering its tuition fees and the loan system tends to be the topic with American characteristics. Australia faces a realistic problem, namely the aboriginal education. As aboriginal students suffer from substantial inequality compared with other students in Australia, the related sub-topics basically center on educational equity, giving priority to the shortage of academic support faced by them at different learning stages. Furthermore, it's imperative for the Australian education system to research how to enhance the learning toughness of aboriginal students. In the UK, the birthplace of neoliberalism thoughts, a group of experts mastering educational policy research have kept systematically analyzing how the neoliberalism-oriented education policies affect the British school system, teachers' work, students' learning, parents' choice and so on.

4. The Change of the Theme of Educational Science Research from the Perspective of China's Education Reform and Research

The theme presents the trend of stage change, and each stage has its own hot words. Through the collective analysis of different fields of education and scientific research, the key hot words of education and scientific research in China have shown a relatively obvious trend of stage change in the past 20 years. From the perspective of external factors, this trend is partly restricted by the change of educational policy, and to a large extent, affected by the phased development of educational reform practice; from the internal perspective of educational research, it may be affected by other disciplines or foreign educational research to a large extent. In many cases, it may also be the result of a variety of factors. To a certain extent, it also reflects the synchronous interaction between China's educational research and social development, as well as the response to various new problems and challenges in the process of social development. From the summary chart of the hot words of educational research in the past 20 years, we can roughly divide the educational research in China into four stages; each stage is composed of one or more topics. The keywords involved in the first stage (2000—2004) are children, quality education, education reform, kindergarten, teaching reform and elementary education; the keywords in the second stage (2005—2009) are education research, education policy, education development and university; the keywords involved in the third stage (2010—2014) are preschool education, teacher education, teachers, education equity, teacher professional development, education quality and compulsory education; the key words in the fourth stage (2015—2019) are American education, personnel training, entrepreneurship education, engineering education, core literacy, vocational education, new engineering and top universities.

From the demand of local education policy to the global integration of educational science research. For example, the transformation from "quality education" to "core literacy" reflects, to a certain extent, the process of China's educational science research from the needs of local education policies to the global integration. China's eighth basic education curriculum reform was officially launched in 1999. In July 2001, the Ministry of Education promulgated the outline of basic education curriculum reform (Trial). During this period, the research in the field of basic education mainly focused on the new curriculum reform and classroom teaching reform, highlighting the key words of quality education, education reform and curriculum reform. The first five years of the 20th century is the initial period of a new round of elementary education reform in China, belonging to the exploration of Chinese experience and the initial stage of local education theory. With the deepening development of education reform, in 2014, "opinions of the Ministry of education on comprehensively deepening the curriculum reform and implementing the fundamental task of moral education" proposed to study and formulate the core literacy system for students' development, and clarify the essential characters and key abilities that students should have to adapt to the needs of lifelong development and social development. At this stage, a lot of research on core literacy has been carried out in the field of education. The proposal of core literacy is also related to the 21st century skills advocated by the world and Pisa Global Literacy Framework.

Educational equity presents "diffusion effect". The fair and balanced development of education continues to receive attention, "The essence of balanced development of education is to pursue educational equality and realize education equity", "to teach without discrimination" is the aspiration of Chinese Society for ideal education, "education is not for any special social group, it is for every social member. " The research on educational equity has gradually infiltrated into the "micro" concern of different fields of education and the relatively "disadvantaged" groups in the field of education from the initial "macro" discussion on the concept and policy of educational equity itself, and has attracted the attention of the majority of researchers. Research topics such as "education in the western region", "teaching quality in rural schools", "development of rural teachers", "Vocational Education", "education to the children of floating population" and "balanced development of compulsory education" continue to enter the field of vision of researchers. It can be said that China's educational science research has never stopped exploring educational equity, and the transformation from "macro" perspective to "micro" perspective also reflects that researchers pay more attention to social and humanistic feelings, as well as the importance of education to solve various practical problems.

The research on teachers' professional development and quality improvement is a hot spot in educational science research, and the attention about the research on rural teachers' development has been increasing year by year. Teaching and learning are two inseparable aspects. In the past 20 years, the research on teacher education has mainly focused on: ① teachers' professional development. In 2002, the Ministry of education put forward the concept of "teachers' professional development" for the first time. Since then, teachers' professional development has attracted extensive attention of scholars and become the focus of research in this field, and the research on Teachers' professional development has gradually changed from focusing on the individual development of teachers to the development of teachers' team; ② the improvement of normal education. The disconnection between theory and practice has always been a problem in the development of normal education. In January 2018, the CPC Central Committee and the State Council clearly put forward the construction of " normal education system with Chinese characteristics" in the "opinions on comprehensively deepening the reform of teachers group construction in the new era". To build this system, it is necessary to solve the contradiction between theory and practice in the environment of socialism with Chinese characteristics, and it must go through a difficult process of exploration. Based on the needs of teachers in the new era, the state attaches great importance to the cultivation and training of teachers, and strives to improve the level of normal education from the quality of students, the construction of teacher group, the construction of disciplines, and teaching practice; ③ the research on the requirements of the education reform for the improvement of teachers' quality. With the gradual advancement of education reform, the state's requirements for teachers' quality have been gradually improved. Major projects have been launched, such as the excellent teacher training plan, the construction plan of excellent resource sharing course for teacher education, the national training plan for primary and secondary school principals and teachers, the quality improvement plan for vocational college teachers, and the application ability of information technology improvement project for primary and secondary school teachers, to improve the comprehensive quality of teachers, cultivate the teachers' skills required by the new era. The related research also emerges unceasingly; ④the development of rural teachers. The construction of rural primary and secondary school teacher groups affects the development of rural education to a large extent, and then has an important impact on the balanced development of compulsory education and poverty alleviation through education. In 2007, in order to cultivate high-quality rural teachers, the State Council decided to implement free education for normal students in normal universities directly under the Ministry of Education. In 2015, the general office of the State Council promulgated the rural teachers support plan (2015—2020), which strengthened the construction of rural teachers group in remote and poverty-stricken areas, such as the old, the minority, the border the poor and the islands, narrowing the gap between urban and rural teachers, and providing fair and quality education for every rural child. Therefore, the construction of rural teachers' group is an important content in the field of teacher education research. In recent five years, the attention on the research of rural teachers' professional development has been increasing.

Continuous attention to personnel training objectives and training quality. Whether in the field of basic education, higher education, or vocational education, the research and exploration of personnel training and training quality has never stopped. Knowledge, literacy, ability, personality and other issues related to "what kind of person to cultivate" is also the focus of academic attention. Concepts related to talent training will become hot words in different stages of education research, such as "quality education", "core literacy", "innovation and Entrepreneurship Talent Training", "new engineering talent training", etc. Many important reforms in the field of education are also closely related to the goal and quality of personnel training, such as the "new college entrance examination reform" and "foundation strengthen plan". Comparing the education research field, there are also a lot of research on the experience introduction and enlightenment suggestions of foreign talent training. From the beginning of 20th Century, the attention to quality education has been extended to the "Belt and Road" initiative and core literacy and so on in recent years.

5. The subject changes of educational science research from the perspective of educational technology research at home and abroad

1) Focuses and trends in international education technology research.

Through the cluster analysis of the key words network map in the international educational technology research literature from 2000 to 2019, it is found that the hot topics in the international educational technology research in the past 20 years include interactive learning environments, computer-supported collaborative learning, qualitative research on social interaction, mobile learning, flipped classroom and digital learning, etc.

High-frequency terms for "interactive learning environments" mainly include *virtual reality*, *computer simulation-based learning*, *multimedia learning*, *game-based learning*, *disciplinary applications*, etc. For example, Connolly, Boyle, and Macarthur's (2012) reviewed literature about computer games and serious digital games, and found their positive effects on knowledge acquisition, content understanding, emotions, and motivations among users of 14 years and above, especially in improving users' learning skills and engagement.

High-frequency terms for "computer-supported collaborative learning" mainly include *peer feedback*, *content analysis*, *improved classroom instruction*, *social network analysis*, and *scripted collaboration*. This kind of research mainly elaborated the theory of collaborative learning (e. g. , Stahl, 2006), multi-dimensional analysis on the process of group collaborative knowledge construction, and analysis of the tools, methods and instructional strategies that promote collaborative learning[①].

High-frequency terms for "qualitative research on social interaction" mainly include *computer-mediated communication*, *collaboration*, *change*, *student-centered learning*, *synchronous discussion*, etc. This kind of research explores learners' participation in social interaction and discourse patterns in collaborative learning, especially computer-supported communication, and conducts qualitative analysis of social interaction.

High-frequency terms used in research on "mobile learning" mainly include *network analysis systems*, *mobile-based assessment*, *ubiquitous learning*, *augmented reality*, and *mobile technology*. Most of these studies focus on the impact of the application of mobile learning technology on learning and how to promote student learning through the development of learning environments or the use of new learning methods.

High-frequency terms for "flipped classroom" mainly include *MOOC*,

---

① STAHL G. Group cognition: Computer support for building collaborative knowledge [M]. Cambridge: The MIT Press, 2006: 524.

engagement, *learning performance*, *professional learning*, and *self-regulated learning*. This kind of research mainly explores the method and mode of flipped classroom and verifies the effectiveness of the flipped classroom method through empirical research.

Since 2015, the research frontier of the growing trend is mainly mobile learning, which indicates that the research related to the application of mobile devices in education has always been the focus of international educational technology research. The waning frontiers include educational games, computer-supported collaborative learning, multimedia learning, teacher teaching, and community of practice.

2) Focuses and trends in educational technology in China

Through the cluster analysis of the network map of key words from seven domestic CSSCI journal on educational technology from 2000 to 2019, it is found that the research hot topics mainly include: ① *open universities* of distance education, such as the construction of the open universities, the lifelong learning system, and the construction of remote teaching mode, etc. , ② *virtual learning community*, focusing on the construction of educational model, the interaction, and the influencing factors of learning effects in virtual learning community, ③ *activity theory*, focusing on the design of learning environment and learning activities based on activity theory and the learner-centered idea, so as to improve learning efficiency, ④ *the United States* (this kind of research interpreted and analyzed the policy planning, development status and related research in the United States, in order to provide reference for the development of educational technology in China), ⑤ *design*, focusing on the use of information technology to design teaching mode, learning resources, learning environment, talent cultivation mode, etc.

In recent 20 years, the research frontier of the growing trend of domestic research in the field of education technology includes "learning analysis", "big data" and "artificial intelligence". In 2014, learning analysis and big data showed a sharp increase. In addition, the hot topics in the recent five years are

MOOC and SPOC (Small Private Online Course, or SPOC) or micro-courses, which mainly focus on the typical course paradigm of post-MOOC era—SPOC and integrating MOOC into other teaching modes. In recent 20 years, the waning frontiers of research trends include "flipped classroom", "distance education", "distance instruction", "open university", "mobile learning", "courseware", "modern distance education" and "high-quality courses". "Distance education", "distance learning", "modern distance education" and "open university" are all related to the topic of distance education, and related research has shown a downward trend after 2008.

Ⅲ Paradigm transformation of global educational research development

Educational research paradigm is the key factor affecting the quality of educational research, which reflects the general characteristics of the basic methods, research orientation and organization mode of pedagogical knowledge production. The development of a discipline is inseparable from the progress of research methodology and knowledge production format. Whether a discipline is scientific or not depends on whether it has a scientific and systematic research paradigm system that is different from other disciplines. Reviewing the development of educational research from the perspectives of research paradigm is not only the meaning of the topic, but also more stable and universal.

1. Studies on the paradigms change of international education science research by bibliometric analysis

The current research paradigms of international education science show a trend of diversification, elaboration and scientization, which were presented quite well in articles published in top journals in various fields. Therefore, summarization, generalization and analysis on the research paradigms of these existing research results have important implications for grasping the features and change of the international research paradigms of the education science as well as guiding the promotions and developments of the research of education science in various countries. Based on the 4096 peer-review articles published in recent ten years (2009—2019) in ten top journals ("Review of Educational Research", "Early Education and Development", "Journal of Higher Education", "Journal of Teacher Education", "Learning and instruction", "Science & Education", "Journal of Education Policy", "Internet and higher education", "Comparative Education" and "Sociology of Education") on General Education, Children Education, Tertiary Education, Teacher Education, Curriculum & Instruction, Science Education, Educational Policy and Management, International and Comparative Education, Educational Technology and cross-disciplines fields, this study tries to present the features and change trends of the research paradigms of international education science around the globe by coding all the research paradigms.

1) Features and change of the global education research methods from 2010 to 2019

The features and change of the general research methods. From 2010 to 2019, except 2013, quantitative research method, which accounts for 38.5% of all researches, remains the most important; in the second place is the qualitative research methods, which accounts for 31.74%; in the next place is the philosophical methods, which accounts for 20.12%; lastly is the mixed methods of the above accounting for only 9.59%, which is the least of all. In view of the trend of development, the quantitative research slightly increased from 36.77% during 2010—2014 to 40.17% during 2015—2019; the qualitative research decreased from 31.74% during 2010—2014 to 31.73% during 2015—2019. The philosophical methods decreased in proportion from 20.62% during 2010—2014 to 19.66% during 2015—2019 and so did the mixed methods, which decreased from 10.87% during 2010—2014 to 8.43% during 2015—2019.

The features and change of information and data collection methods. From 2010 to 2019, collecting by unobtrusive secondary source accounts for 45.97% of all the researches in sample journals, while collecting by obtrusive primary source accounts for 55.03%. Among the articles collected through primary source, survey-based approaches (including questionnaire survey and scales) were applied the most frequently and accounts for 25.51% of all the researches, followed by interview, observation and experimentation that respectively accounts for 19.51%, 14.75% and 13.35%. Collecting information and data by longitudinal study, which merely accounts for 4.37% of all research is not used very often. However, judged from the growing trend, the methods of longitudinal study increased the most in frequency from 2.67% during 2010—2014 to 5.92% during 2015—2019. This trend is especially obvious with the proportion of 8.68% in 2018 and 7.47% in 2019. The methods of interview and investigation also grew rapidly in frequency, which respectively increased by 2.48% and 1.71% during 2015—2019 compared with the five years during 2010—2014. The use of observation has remained stable in frequency in recent ten years. Collecting information and data by unobtrusive research decreased most of all by nearly 8%, from 49.13% of all research in sample journals during 2010—2014 to 41.19% during 2015—2019. Similar things happened to the methods of test and experimentation/quasi-experimentation, which also respectively decreased quickly by 7.19% and 2.99% during 2015—2019 compared with the five years during 2010—2014.

The features and change of the philosophical research methods. Philosophical speculation was applied the most in the philosophical research methods, which accounts for 14.33% of all the research in sample journals; in the second place is literature review which accounts for 6.93%; the methods of experience summary and comparative research were applied comparatively not very often, which respectively accounts for 3.52% and 2.59%. In view of the trend of development, the frequency of Philosophical speculation was used decreased most of all by nearly 8% from 18.36% during 2010—2014 to 10.67% during 2015—2019; the methods of literature review and comparative study also decreased respectively by 3.89% and 1.13%. Only experience summary increased a little, but it still decreased in rate in 2019 compared with 2010. Obviously, the applications of most of the philosophical research methods have been declining in international educational research.

The features and change of qualitative research. From 2010 to 2019, Text Analysis was mostly-applied qualitative research method as it was used all researches in sample journals; in the second place is case study, which was used in 13.72% of all; the followings are Historical Research, narrative inquiry, Critical Discourse Analysis and grounded theory, which respectively accounts for 3.44%, 3.10%, 2.54% and 2.44%. And Ethnographic research, triangulation research and action research were not used often, which respectively accounts for 1.90%, 1.00% and 0.56%. In terms of the growing trend, grounded theory research, which increased from 1.23% of all the published articles in those ten journals during 2010—2014 to 3.54% during 2015—2019, is the one that has shown the highest growth among the qualitative research methods. And in 2019, this percentage even rose to 3.73% and it is over ten times as much as that in 2010. Similarly, Ethnographic research increased in frequency by 0.60% during 2015—2019 compared with the years during 2010—2014. In 2019 alone, 14 articles on Ethnographic research were published, and this number is over three times as much as the amount in 2010 (which was only 4 published ones based on Ethnographic research). Triangulation research method has been paid more attention to, because it was used in 9 studies during 2010—2014 while during 2015—2019, there were 32, which is over twice as much as the former. By contrast, the largest percent reduction of applications among the qualitative research methods occurred to Text Analysis, whose application decreased by 52 in numbers and by 4.68% in proportion during 2015—2019 compared with the years during 2010—2014; and the followings are case study, narrative inquiry and Historical Research, whose application decreased respectively by 3.47%, 2.31% and 1.85% in recent five years compared with the years during 2010—2014.

The features and change of the quantitative research methods. On the whole, inferential statistics was applied the most often among the qualitative research methods, which accounts for 38.87% of all the researches and descriptive statistics was applied in 6.57% (269 articles) of all. Concretely, regression analysis is was a specific quantitative research method that was applied most and accounts for 12.94% of all; in the second place is analysis of variance, which accounts for 10.16%. And the following methods are Structural Equation Models, factor analysis and meta-analysis, which respectively accounts for 3.91%, 2.66% and 2.10%. In terms of variation tendency, the applications of quantitative research show five basic changes. And generally, in terms of development tendency, inferential statistics, which increased by 5.28% during 2015—2019 compared with the years during 2010—2014, is among not only the quantitative research methods but also all kinds of research methods that shows the highest growth in application, while descriptive statistics remains stable in frequency in recent ten years. Compared with the declined proportions of preliminary statistical methods such as Independent-Samples t Test and correlation analysis, regression analysis increased by 2.08% during 2015—2019 compared with the years during 2010—2014, and it increased by nearly 3% in 2019 compared with 2010. And Structural Equation Models is a specific quantitative research method that shows the highest growth in applications in recent ten years. Although its proportion increased by 2.46% during 2015—2019 compared with the years during 2010—2014, this method was applied in 5 published articles in 2010 and accounts for 1.67%), and while it was applied in 31 in 2019 and accounts for 6.43%, which is about 3.85 times as much as the former. Neither of Social Network Analysis and bibliometric analysis were ever used during 2010—2013, but they have been taken seriously in recent years and respectively account for 0.98% and 0.61%. Meta-analysis was another method that was used very little and the articles using this method only account for 1.33% during 2010—2014, while the proportion became 2.80% during 2015—2019 and 3.88% in 2018 especially. Furthermore, statistical approaches like clustering analysis and path analysis increased slightly. It remarks the gradual diversification of the educational research methods. Propensity Score Matching is another method that was not used during 2010—2012, and it was only used in 3 articles during 2010—2014 and 10 during 2015—2019. The DID (difference-in-difference) increased slightly, and analytical methods like breakpoint regression and instrumental variable estimation began to appear, which suggests that the endogeneity of causal inference started to be attached importance to. It reflects that the research methods of education science in various countries tend to elaboration and scientization.

2) The problem orientation and changes of global educational research from 2010 to 2019

From 2010 to 2019, in the field of educational research, basic research-oriented papers accounted for 55.35% of the total, while application-oriented research papers accounted for 44.65%. Before 2015, the proportions of the two were in an alternating process, but the application orientation played a major role in more years. Therefore, from 2010 to 2014, application-oriented research accounted for 53.90% of the overall research, and basic research-oriented papers accounted for 46.10%. After 2015, basic research-oriented research has continued to rise, reaching 70.55% of all research in 2018. Although it has dropped in 2019, it has maintained a ratio of more than 60%. The proportion of application-oriented research has been declining since 2015. Therefore, from 2015 to 2019, basic research-oriented papers accounted for 63.75% of the overall research, while applied research-oriented papers dropped to 36.25%.

3) The interdisciplinary orientation and changes of global educational research from 2010 to 2019

From 2010 to 2019，interdisciplinary orientation was the main part of educational research，accounting for 61.77% of the overall research，while non-interdisciplinary research only accounted for 38.23%. The comparison between the proportions of the two in the past ten years has been basically stable. From 2010 to 2014，interdisciplinary research accounted for 61.69% of the total research，while from 2015 to 2019 interdisciplinary research accounted for 61.84% of the total research，only an increase of about 0.15%. Non-interdisciplinary research dropped from 38.31% in 2010—2014 to 38.16% in 2015—2019.

From 2010 to 2019，although the number of articles published in the ten sample periodicals of education by personnel from relevant institutions of education was the most，it was only 69.26%. According to the statistics of the first author，the papers published by researchers in education only accounted for 56.6%. In addition to pedagogy，personnel from psychology-related institutions have published the most articles in top journals such as pedagogy，accounting for 16.48% of the total；there are also more social science researchers，and their published articles account for 10.23% of all articles；The third to tenth places are personnel from relevant institutions in anthropology，computer，information technology，business，economics，management，policy，family studies，medical health，and mathematics.

Generally speaking，the academic influence of personnel from educational institutions in the field of pedagogy has increased in the past ten years. The articles published by educational personnel in 2010—2014 accounted for 66.92% of all articles in the sample journals，compared with 2015—2019. The proportion rose to 71.39%；the influence of personnel in psychology-related institutions also increased，from 15.38% in 2010—2014 to 17.47% in 2015—2019. The proportion of articles published by personnel in the two disciplines of anthropology and policy has also increased slightly. But other subjects，such as sociology，computer，information technology，business，economics，management，family studies，medicine and health，and mathematics，have all declined in varying degrees.

4) Participants heterogeneity and changes in 2010—2019

From 2010 to 2019, university teachers and researchers are the main force in the field of pedagogy research. The papers published by them accounted for 91.97% of all papers in the sample journals, while the papers published by non-college staff accounted for 8.03%. In terms of development trends, the proportion of non-university personnel participating in research in the field of pedagogy is gradually increasing, rising from 6.51% of all research in 2010—2014 to 9.41% of all research in 2015—2019. However, the proportion of college staff dropped from 93.49% in 2010—2014 to 90.59% in 2015—2019.

5) Summary of the seven major trends in the transformation of the global educational science paradigm

a) Empirical research methods such as quantitative and qualitative research are the most often used methods in global educational research in the past decade, and there is still a growing trend. From 2010 to 2019, empirical methods such as quantitative research and qualitative research accounted for 70.29% of all articles in the sample journals, and speculative research only accounted for 20.12%. In addition, the proportion of quantitative research and qualitative research in the past five years has continued to increase, while speculative research has declined slightly. This is basically consistent with previous research, and empirical research has always been in the leading position of global educational research.

b) Educational research increasingly emphasizes the collection of primary data such as surveys and interviews, and longitudinal data collection has gained more attention. Primary data collection has gradually become the mainstream of data collection methods, among which survey methods (questionnaires, scale methods), interview methods, observation methods, and experimental methods are more commonly used. In addition, among all the data collection methods, longitudinal research grows the fastest in the past decade. Survey methods, interview methods, and focus group methods also grow fast, while non-interventional second-hand data collection methods have fallen the most.

c) Inferential statistics and grounded theories have been paid more and more attention to quantitative and qualitative research respectively, while the proportion of theoretical speculative applications continues to decline. Inferential statistics is the most used method of all research methods. Although the total amount is still small, the application of grounded theory in 2019 is more than ten times that of 2010, reflecting the increasing emphasis of educational scholars on exploring the laws of education causality and constructing theories based on empirical data. The method of theoretical speculation in speculative research is the research method with the most decline.

d) Quantitative methods are constantly updated and iterative, showing a trend of diversification, refinement and scientification. Compared with independent sample t-test, analysis of variance, and correlation analysis, the proportion of primary statistical methods has declined in recent years, and regression analysis has increased more; at the same time, structural equation model (SEM) has the biggest increase in frequency in recent years. This reflects the update iteration of quantitative research methods. Meanwhile, the emergence of new methods such as social network analysis, bibliometrics, and meta-analysis reflects the increasing diversity of research methods in the field of pedagogy. In addition, although the proportion is still small, the proportion of methods dealing with endogenous problems of causal estimation such as propensity score matching and double difference has been increasing in the past decade, which reflects the increasingly refined and scientific research of pedagogy.

e) Basic research gradually replaced applied research as the main body of educational research. In the past ten years, the proportion of basic research and applied research in educational science has crossed and swapped, and the proportion of basic research has developed from lagging behind applied research in the previous five years to far exceeding applied research in the past five years. This reflects that the subject consciousness of pedagogy has begun to increase, focusing more on the exploration of basic issues and basic laws within the subject to some extent.

f) Interdisciplinary research is the main form of current educational research, and educational scientific research presents a diversified and multi-perspective development trend. In addition to pedagogical researchers, psychology researchers have published the most articles in famous journals. Researchers from sociology and other disciplines are also important research participants. However, studies have shown that the proportion of articles published by researchers in the education discipline has continued to increase in the past decade, indicating that their discipline dominance and control are increasing.

g) The heterogeneity of participants in pedagogical research is increasing. In the past ten years, university teachers and researchers have been the main force in international educational scientific research, and their published papers accounted for 91.97% of all papers in the sample journals. The papers published by university personnel accounted for 8.03%. However, in terms of development trends, the proportion of non-university personnel participating in educational scientific research is gradually increasing. This shows that the heterogeneity of participants in educational scientific research is increasing.

2. Investigating the distinguished development trends between China and foreign countries from the perspective of educational technology research methods

The research method is the organizational form for conducting research work, and it is also a valuable tool and method for obtaining data and analyzing research conclusions. With the enrichment of empirical research tools, more and more educational research attempts and tend to use various empirical methods to explore and the analysis of educational phenomena[1]. However, some challenges have also emerged, mainly in: How to choose appropriate research methods to fit the research theme? How to make some adaptive adjustments in the selection of these methods in the context of educational research[2]? To answer these questions, two representative journals in the field of educational technology were selected to conclude the characteristics and trends in terms of the research objects and the research methods in educational technology.

With the deepening integration of information technology and education, the field of educational technology research has shown a very active academic exchange trend both domestically and abroad, and many professional journals on educational technology have influential reputation. Taking the impact factors, publication history, publication volume, topic distribution, and social influence in the past five years as evaluation indicators, and through expert evaluation, we finally selected Computers & Education and E-education Research as the target journals. The exploration of research methods in the selected articles can help educators grasp the characteristics and trends of research paradigms in the field of educational technology worldwide, so as to provide the data support and theoretical foundation for further evidence-based educational technology research methods.

1) Classification of data sources and methods

There are two databases selected for this study. The journal data of E-education Research comes from the China national knowledge infrastructure (CNKI), with E-education Research as the journal category, and the publishing period is set from 2015 to 2019. After deduplication, the non-

---

① WEI Yu. How does neuropedagogy promote education reform in recent years? [N]. Sohu education, 2016 - 11 - 28(3).

② JIN X. China's education research should turn to the empirical research paradigm—The Action Declaration of East China Normal University issued by the National Education Empirical Research Joint Conference [N]. Guangming Daily, 2017 - 03 - 02(14).

academic documents such as relevant conference notices and advertisement documents were excluded, and 1055 valid documents were finally obtained. The journal data of Computers & Education is derived from "Web of Science" provided by "ISI". Computers & Education as the journal category and the publishing period is set 2015—2019 as the search condition. Delete the non-academic documents, and finally, 955 valid articles were derived.

More and more educators are shedding lights on the standardization and scientificity of empirical research methods. The significance of empirical study has been emphasized[1], while, with the popularization of information technology and the continuous enrichment of research tools and methodology, the approach for educators to obtain data is no longer limited to traditional qualitative methods. Therefore, the selection and application of empirical research methods have become more urgent and critical. From the comparative perspective of the selected journals, not only do we summarize the methods and measurement in current educational technology research, but analyze the characteristics and issues of educational technology research methods domestically. This study investigated three dimensions as analyzed the research methods in the two selected journals, which are: ① The basic types of research methods (qualitative research, quantitative research, mixed research, other). The existing research methods from the perspective of data analysis are classified into descriptive statistics, t-test, structural equation modelling, etc. ; ② the nature of the research including basic research and applied research; ③ Data collection method including non-intrusive data collection method, surveys, experimental methods, quasi-experimental methods, etc. The research group adopted content analysis to code the research methods by examining the papers published by two journals and then conducting comparative analysis.

2) Comparison of research methods between Computers & Education and

---

① WU Kangning. Sociology of Education [M]. Beijing: People's Education Press, 1998.

E-education Research

Judging from the distribution of research methods in the two selected journals from 2015 to 2019, the number of qualitative researches is not much different, with 108 and 100 respectively. The number of quantitative research, however, in Computers & Education (n＝555) is almost twice that of E-education Research (n＝283). For mixed research, 290 articles got published in Computers & Education, while 104 papers were generated from E-education Research. We thus concluded that domestic research on educational technology ought to highlight the combined application of qualitative and quantitative methodologies. Although it is difficult for us to define the proposition that which is more important between qualitative and quantitative, the nature of intersectionality and diversity in educational technology requires mutual verification of qualitative and quantitative in research methodology. That is to say, the research conclusions in some situations can be obtained from quantification, and then the driving mechanisms can be sought from qualitative aspects; problems can also be found from qualitative aspects, and quantification will tell the answers. From the perspective of hybrid research methods, it goes without saying that the applied depth and breadth in international educational technology research is significantly higher than that of domestic educational technology research, which is one of the future directions of educational technology research domestically.

From the perspective of the overall research-oriented distribution of the two journal papers from 2015 to 2019, the basic research in E-education Research (n＝662) is more than that in Computers & Education (n＝415 papers). In terms of applied research, E-education Research (n＝393) has fewer papers than Computers & Education (n＝540). Besides, there are nearly twice basic research (n＝662) than applied research (n＝393) in E-education Research, while in Computers & Education, basic research (n＝415) and applied research (n＝540) is not much different. Similarly, the role of basic research and applied research also changes according to different professional fields and times. Educational technology was widely regarded as an interdisciplinary subject with theoretical foundations from pedagogy and other disciplines; thus the exploration of basic theoretical research is often grafted on the basis of the original interdisciplinary factors. The applied research of educational technology is often relatively independent and innovative, and with the continuous development of technology, the application in educational technology is continually expanding. For this reason, it is evident that the exploration of applied research should appropriately be noticed to increase the publishing proportion in E-education Research. On the other hand, educators should be wary of using technology as a "package" to retell traditional theories.

From the perspective of the data collection methods of the two journal papers from 2015 to 2019, the methods with the most massive gap are non-intrusive data collection methods, experimental methods and survey. As mentioned above, applied research, surveys and experimental methods occupy the mainstream in the international educational technology research. The domestic educational journals have a greater advantage in the non-intrusive data collection method. Surely, the use of non-intrusive data collection methods has its advantages and disadvantages, on the one hand, non-intrusive data collection method is a method of collecting and analyzing objective data, which could track the development trajectory of a certain field through the way such as review, database statistics, and bibliometrics. However, with the increasing of the reviewed literature, it is more likely to filter out the contextuality of each study, which will result in an embarrassing situation where the research only is conducted statistically.

For the quasi-experimental method, this method is not mentioned in the E-education Research, and the number of this method in Computers & Education is 193. This is mainly because the quasi-experimental methodology is substituted as experimental research in the E-education Research. However, experimental research in most situations has to consider that all factors affecting the experiment should be fully controlled. For example, in the experiment, the experimental subjects are equally grouped, the experimental group and the control group have the same characteristics, and the experimental environment is fully controlled. The control of the experiment wholly eliminated or offset the irrelevant variables in the experiment.

With the continuous extension in the application of educational technology in China, the laboratory construction of schools at all levels has increasingly developed, which bring about a larger space for the experimental method. Compared with the methodology of the survey, the advantages of the experimental method are reflected in two aspects: ① Collection of objective data. More and more scholars believe that the process of the survey may generate sample bias, such as emotional tendencies. Because participants usually present what they expect to be instead of what they really are. This is an especially familiar situation in educational research. For example, when we conduct a survey on students' willingness to learn and participate in gamification, learners often expect that gamification learning models will improve learning efficiency under the current learning pressure. The experimental research methodology is often for recording and collecting objective behavioral data so that the conclusions derived from data are more reliable. ② The experimental method is convenient for exploring new intervention methods in the teaching process. Whereas, in the survey, the variables are selected and determined based on theories or previous research conclusions. Admittedly, compared with the survey, the experimental method has some limitations, for example, it is difficult to conduct large-scale data collection; the experimental method emphasizes the collection of behavioral data, and the collection of data in psychological level is still insufficiency. However, with the continuous application of neuroscience and brain science in educational research, the use of brain waves, eye trackers and other equipment to collect learners' physiological parameters as psychological analysis will become increasingly popular.

Survey is the most frequent methodology adopted in Computers &. Education (n=364 articles). At the same time, 226 papers got published in E-education Research, which is only less than the non-intrusive data collection method. It is evident that the survey is mainstream in educational technology research. However, the classification and research principle in the survey is different from the traditional commercial questionnaire method intuitively. Through the review of the two journals, it can be found that the survey, based on the scoring principle, can be divided into the consistency scale and cumulative scale. Through the comparison of these two journals, it is found that most of the survey uses the convergence scale, which is used to observe the degree of item changes. Although some researchers expect to be able to use self-developed scales, they still need to go through the demonstration of scale development, because education research often has strong situational nature, such as varied samples, teaching environments, teaching implementers, disciplines, etc. These external variables need to be taken into account, so there must be a strict theoretical reasoning foundation and data conclusions. One of the disadvantages of the survey is that it is less open, so it is often used together with open questionnaire items or interview methods, which is regarded as a semi-structured approach.

One of the biased zones in the educational research methodology is the preference for large samples, and even the larger the sample size, the more valuable it is for research. Therefore, the survey has become mainstream in empirical educational research. Compared with the survey, the case study is relatively limited according to the review. Both Computers &. Education and E-education Research have a relatively small proportion of the case study. In some neuroscience research, the sample size is less than 10, but it still has a high research value. Because the objects selected by the case are highly representative, and the environment in which the samples are located is relatively stable. In this case, the essence of the case study is to explore the deep causes of a specific solidification phenomenon and continue to be affected.

It should be noted that the case study is a kind of field survey. While obtaining more first-hand data, it is necessary to pay attention to the positioning of the participants. According to different research designs, participants need to be defined as a bystander, and sometimes a participant not only defines himself as an observer, but may also be one of the participants in teaching activities. These definitions often result in different data and information. The most direct way to choose which identity to participate in the research is to look at the relationship between the research objects.

Judging from the distribution of the data analysis methods of the two journals from 2015 to 2019, descriptive analysis is the largest gap in the number of Computers & Education and E-education Research. The number of papers using descriptive analysis in the two journals is 291 and 761 respectively. There exist no speculative philosophy in Computers & Education, but there are 366 articles in E-education Research. Although descriptive statistics have a larger proportion in E-education Research, it is necessary to recognize that descriptive statistics in educational technology research, such as frequency analysis, is more intuitive to see the changes in teaching performance. However, in order to make it statistically significant, statistical principles such as *t-test* and ANOVA are still required for verification, because learning performance is somewhat contingent to some extent, statistical methods can minimize this contingency.

3) Summary and reflections on the comparison of research methods

The history of educational research is much longer than that of the general natural sciences and humanities. There have been educational research, since the initial form of educational organization. In addition, the scope of educational research is also relatively large. In addition to traditional teaching methods, the intersection of multiple disciplines forms many new fields such as educational technology, educational management, educational psychology, and educational neurology. However, the richness of educational fields and history, in turn, require more scientific and standardized research methodologies. There are few studies to analyze the basis of method selected from the perspective of domestic educational context. This not only easily forms a pile of "hodgepodge" in research, but also limits the standardization and scientificity of empirical educational research. Sex and the continuity of the research context[1]. And educators often have the dual identity of practitioner and researcher. Although this dual identity is conducive to obtain first-hand data and information, it is necessary to switch between the two identities. Because when research is disturbed by the complex information of the actual teaching and research environment, it is also doubtful how to choose the appropriate method to deal with all the problems[2]. Through the comparison of the two journals, we should also keep the following thinking:

First of all, some innovative data collection methods in Computers & Education are never used in E-education Research, such as longitudinal collection. Data collection can be divided into cross-section data and longitudinal data Collection (longitudinal data). The former refers to that all the data is collected at the same stage; the latter refers to that part of the questionnaire are collected in advance, and the rest part is collected after the interference period. Because the collection of cross-sectional data occurs at the same time, it cannot be said to be an influence mechanism in the strict sense, when the independent variable and the dependent variable are both self-reported data. Therefore, it is unscientific that mechanism was defined as the "affection", when dependent variables and independent variables are both self-reported data. It only reflects the correlation between the two sets of data. That is to say, the independent variable constrains the dependent

---

① FAN Yongfeng, SONG Naiqing. Scientization of Educational Research: Limits and Breakthroughs [J]. Educational Research, 2016(1): 94 - 95.

② YUAN Z. Review of research methods of educational Science—Enlightenment from M. Weber's Research methodology of Social Science [J]. Shanghai Higher Education Research, 1995(6): 18 - 20.

variable, and it cannot be explained that the dependent variable has caused the independent variable; only when the variable is objective data. Longitudinal data is not the case, because longitudinal data is the change in subsequent batches of data after adjusting a certain factor, so influence can be used regardless of whether the dependent variable is subjective or objective data. It should be noted that the independent variables and dependent variables of the longitudinal survey method should generally be consistent.

Secondly, through the comparison of research in Computers & Education and E-education Research, it is found that in the research of educational technology, domestic researchers have two major puzzles. The first puzzle is that cross-sectional data cannot use the "influence" but "association"; for example, when explaining the relations among learner's cognitive level, teacher's technical self-efficacy, and learner's class satisfaction perception, it can only be an association relationship, because each dependent variable and class satisfaction is a subjective data. However, if investigate the low completion rate from MOOC learners, it could be defined as a causal relation, because the completion rate of MOOC is the objective data of actual learning behavior extracted from the database. The second confusion is whether the longitudinal data should be put in the priority status, and avoid the use of cross-sectional data as much as possible. Admittedly, this is not the case, because it depends on whether the education research needs to be regulated, and the difficulty of regulation and data collection.

Thirdly, the influence mechanism in education research may be more complicated, not necessarily a simple first-order linear relationship. Hence, the mediation and moderation effects are to explore multiple and multi-level problems. It should be noted that some studies are only depend on the results statistically, it thus is unscientific to prove the existence of mediation or regulation effects after testing the mediation mechanism and regulation mechanism. The mechanism of mediation and regulation is complicated, so it cannot be analyzed from the perspective of linear relationships. For example, it is shown on the data that the learners' previous experience is learning satisfaction through self-efficacy, which is not a simple linear analysis of self-efficacy caused by previous experience. Because this argument actually splits the mediation relationship into two simple linear relationships. Without understanding the meaning of the mediation, the data makes sense does not mean it makes sense in theory. Mediation is a methodology when the independent variable becomes difficult to explain the driving mechanism to the dependent variable. But it is easier to explain the dependent variable, and it is not appropriate to use mediation.

Finally, increasing educational research have begun to pay attention to the analysis of learning behavior. With the development of modern education technology, the data collection of learning behavior is becoming more and more intelligent from traditional fragment observation to automatic data recording and analysis. To the recognition of graphics and images, these all bring great convenience and objectivity to the analysis of learning behavior paths, such as the generated data from learning system, learners' eye movements and brain waves, together with advanced neural network analysis and lag sequence analysis.

In summary, the contextual nature of educational research is the main reason why researchers need to refine research methods. Two questions need to be considered when choosing a research method: one is research path, the other is the statistical method. These questions must be closely centred on the choice of samples, the level of students, the reasoning of using a certain method and research design, to minimize the Hawthorne effect.

Ⅳ　Influential mechanism of global educational research development

The driving forces for the development of educational research are not only from the tradition and expansion based on knowledge logic within the discipline, but also from the external political, economic, scientific and technological events out of the discipline, and may also come from the influence of interdisciplinary penetration. It is helpful to grasp the dynamic mechanism behind the development of educational research if we examine the influencing factors of the development of educational research from a multi-dimensional review.

1. Traditional influence

The development context of global research of education science is tremendously influenced by the research traditions in the institutionalization and disciplinization of pedagogy in many countries. For example, as early as in the 1950s, the British academia defined education science as a multi-disciplinary field consisting of philosophy, history, psychology, sociology and pedagogy, which standardized the research direction of the education science in Britain[1]. In the 1980s, the education science in Britain has included educational economics, educational administration, and comparative education. Scholars believe that compared with the situation of the American academia where education research is dominated by emerging empirical social sciences, especially psychology, education research in Britain has a comparatively balanced relationship between sciences and humanities[2]. Analyzing the themes of education research in the Britain in the past 10 years, we can see that a considerable part of the research still continues the main directions of the British education research mentioned above. For example, many scholars have paid attention to the traditional fields of education research such as curriculum reform and subject pedagogy.

---

① MCCULLOCH G. Disciplines contributing to education? [J]. British Journal of Educational Studies, 2002,50: 100-109.
② ZENG R, YE J, LUO Y. In pursuit of the science of education: A retrospection of a century-long pilgrimage of educational researchers [J]. Peking University Education Review, 2020,18: 134-176+192.

As a former British colony, Australia's educational system and cultural traditions have historically been closely related to Britain, and are deeply influenced by British educational patterns and culture. In addition, as one of the world's three major multicultural countries, Australia has gone through the aboriginal, British colonial and immigration periods. Australia has gathered hundreds of cultures, experiences, beliefs and traditions of different immigrant countries and ethnic groups, and multicultural development has become the common value and cultural cornerstone of Australian society. On the one hand, Australian education research shows strong consistency and continuity with British education research, on the other hand, it shows the local features of multi-culture and integration. According to the development of educational research topics in Australia in the past 10 years mentioned in previous parts, educational research in Australia also emphasizes on research topics such as curriculum and pedagogy, teaching evaluation, teacher education and education policy under the influence of British tradition. At the same time, influenced by the local multicultural characteristics, multicultural education-related matters such as aboriginal education, inclusive education, and intercultural education are also key issues of Australian scholars.

Herbart's philosophy of pedagogy plays an important role in the process of disciplinization of educational science in American universities, but after the 20th century, its influence was quickly replaced by America's local educational philosophy and emerging social sciences. The former refers to progressive education and pragmatism represented by Dewey, while the latter refers to experimental psychology and behaviorist psychology represented by Thorndike[1]. Since then, American educational research has been deeply influenced by experimental psychology, educational psychology, and quantitative evaluation and measurement, reflecting a strong research

---

[1]　ZENG R, YE J, LUO Y. In pursuit of the science of education: A retrospection of a century-long pilgrimage of educational researchers [J]. Peking University Education Review, 2020,18: 134 - 176+ 192.

orientation of logical positivism. Judging from the development of the theme of American education research in the past 10 years mentioned above, American education research continues the tradition of positivism, focusing on issues such as school effectiveness improvement, education evaluation, and large-scale measurement. In addition to the psychology, American educational research is also deeply influenced by empirical sciences such as economics, management, sociology, and public policy research.

2. Policy-driven influence

As an applied social discipline, with the institutionalization of governments' funding, regulation and management of educational activities, educational research in many countries is no longer limited to the microscopic research and experimentalist research on classroom teaching and learning, but expanded to the macroscopic research of the community and social systems, especially the accountability of public policies[1]. Therefore, the educational research trends of many countries are largely driven by public policies, which show the resonance effect of educational research and educational policy changes.

Judging from the analysis in previous parts, some emerging keywords of educational research in various countries are closely related to the promulgation of related policies. For example, the keyword "entrepreneurship education" in China's educational research from 2015 to 2019 resonated with the "innovation and entrepreneurship" proposed at the Davos Forum in the Summer of 2014; the rise of "key competence" was relevant to the overall framework of "key competence of Chinese students' development" announced in 2016; the introduction of the term "new engineering" originated from the "Fudan Consensus" and "Tianjin University Action" formed under the guidance of the Ministry of Education in 2017; "Double First-Class" and "Vocational

---

[1] ZENG R, YE J, LUO Y. In pursuit of the science of education: A retrospection of a century-long pilgrimage of educational researchers [J]. Peking University Education Review, 2020,18: 134 - 176 + 192.

Education" becoming hot topics is closely related to the country's attention to vocational education and "double first-class" strategy in recent years. The relatively established Labour Party and the Conservative Party in Britain have played a leading role in the transition of the British education policies from "state intervention" to "Thatcherism" and then to the "third way". In the past 10 years, Britain has mainly gone through the period with the coalition of Labour Party and the Conservative Party in power (2010—2016) and the Conservative Party in power (2016 to present). Based on the effective experiences of the previous Labour Party government, focusing on the two main lines of education equity and efficiency, the Conservative party has put forward many new educational proposals, such as strengthening school's self-governance, empowering teachers, making the curriculum standards strict, improving the examination system, setting up free schools, promoting school improvement, establishing a transparent education funding system, etc. With the influence of the value orientation of the educational policies proposed by the British political parties, the education research in Britain in the past 10 years has focused on the influence of neoliberalism reform on British schools, teachers and students on the one hand, and has also paid more and more attention to the related issues of education equity on the other hand.

Similar to the British regime, Australia is mainly governed by the Labour Party and the Liberal Party in turn. On the whole, the Labour Party pursues educational equity and equal opportunities, while the Liberal Party pays more attention to the efficiency and benefits brought by the free market. Since 1996, the Liberal Party headed by Howard had been in power for 11 years. They made great efforts to promote the marketization of education, encourage the establishment of private schools, implement school selection policies, and accelerate the internationalization of higher education. From 2007 to 2013, the Australian Labor Party was to power and launched an educational revolution known as "all-round, multi-level, and high-quality". During this period, the educational policy mainly shifted from the pursuit of efficiency and quality to the emphasis on educational equity. The focuses of educational reforms mainly included improving the quality of education, promoting educational equity, and enforcing the accountability and transparency of schools at all levels. The specific reform initiatives involved the implementation of nationally unified teachers' standards, the formulation of nationally unified curriculum syllabuses, the improvement of teacher quality, and the reform of funding policies and evaluation methods. Since 2014, Australia's Liberal Party has been in power. Judging from the main points of Australia's education policies in the past decade, the Australian government is continuing to strengthen the neoliberalism reform of Australian education on the one hand, and on the other hand, it is also working hard to alleviate the negative effects of neoliberalism, and strives to achieve educational equity. Affected by the value orientation of the educational policies of Australian political parties, Australian education research in the past 10 years has focused on the influence of neoliberalism reforms on education at all levels in Australia on the one hand, and on the other hand, has also paid more and more attention to issues related to education equity.

3. Method-driven influence

The paradigm of educational research is a key factor affecting the quality of educational research, and it reflects the overall characteristics of the basic methods, research orientation, and organizational methods of pedagogical knowledge production. The development of disciplines is inseparable from the progress of research methods and knowledge production methods, and the degree of scientificity of a discipline lies in whether it has a scientific, systematic research paradigm different from other disciplines. The paradigm of positivism has always been in a leading position in global education research, and the current educational research paradigms show a trend of diversification, refinement and scientification. In addition to traditional quantitative analysis methods, new methods such as social network analysis, literature metrology, and meta-analysis are emerging, and qualitative text analysis also shows a trend of being quantitative. Furthermore, the proportion of methods dealing with endogenous problems of causal estimation such as propensity score matching, difference-in-difference, instrumental variables and breakpoint regression analysis has been increasing in the past 10 years. Driven by the development of empirical research methods, educational research in many countries has continued to develop in the direction of exploring educational laws, predicting educational development, and promoting the scientification of educational research. As we can see from the previous part, the education disciplines in the United States have long been dominated by empirical sciences based on psychology, and the humanities such as history and philosophy have been marginalized for a long time. On the contrary, in other countries such as the United Kingdom, Australia, Germany, Japan, and Finland, education research has achieved a relatively balanced pattern between empirical sciences and humanities. However, in recent years, with the continuous evaluation and accountability of the efficiency and effectiveness of education systems, countries such as the United Kingdom have also paid more and more attention to empirical education research. In China, during recent years, empirical research has also been an important direction for the development of China's educational research, and empirical educational research is on the rise in China. The idea that education should be "evidence-based" or at least "evidence-informed" has been increasingly recognized by Chinese policy makers, professional practitioners and researchers. In the past decade, the empirical educational research in China has been continuously strengthened, the research results have been enriched, and the quality of research has also been continuously improved.

4. Disciplinary-integration-driven influence

Interdiscipline is very important to promote scientific progress, knowledge carrying-forward and qualified people training. There has always been a dispute between "discipline" and "domain" for the nature of educational discipline in the whole world[①]. Traditionally, philosophy, history, psychology, sociology, public policy, economics, management, and anthropology and other humanities and social sciences have long played an important supporting role in knowledge production in the field of educational discipline. With the emergence of brain science, artificial intelligence, computer programming and other related fields in recent years, new topics such as how to integrate these emerging disciplines with educational discipline, and how to solve educational problems from a new perspective have become research hotspots in global educational research. In addition, the rapid development and application of a new generation of information technology has provided support for data acquisition, storage, analysis, and decision-making for educational research, and has also promoted the cross-connection between educational sciences and natural sciences. At present, all major countries in the world are promoting interdisciplinary research from the national strategic level. For example, in 2004, the National Academy of Sciences of the United States published the report Facilitating Interdisciplinary Research. The report comprehensively analyzed the current situation of interdisciplinary research development, and proposed that the development of science and engineering increasingly requires the cooperation among scholars from multiple disciplines. This is because of the urgent need to study complex issues that cross the boundaries of traditional disciplines as well as the ability of new technologies to transform existing disciplines and generate new disciplines[②]. Germany launched the "Excellence initiative" in 2005, emphasizing the promotion of crossing and integration among social sciences and between social sciences and natural sciences[③]. Since

---

① ZHANG Y Q. Suspending the disputes over discipline or research field: Reflection on direction of higher education discipline construction [J]. Peking University Education Review, 2011,4: 49 - 61.

② CHENG R. Review on the report of Facilitating Interdisciplinary Research proposed by the National Academy of Sciences of the United States [J]. China Soft Science, 2005,10: 154 - 156.

③ KONG J. From equality to excellence: A comment on German niversities Excellence Initiative [J]. Modern University Education, 2010,3: 52 - 57+111 - 112.

the release of the "Double First-Class" policy in Chinese universities in 2015, "disciplines" have been placed at an unprecedentedly important position in the construction of Chinese universities. The construction of first-class disciplines is the foundation and core of the "Double First-Class" construction and disciplinary crossing is an important approach to the construction of first-class disciplines[①]. The proportion of interdisciplinary research papers in China's educational research has gradually increased. According to the previous literature metrology, interdisciplinary research is the main form of global educational research in the past decade, with nearly 60% of research publications in the field of educational discipline being interdisciplinary.

5. Technology-driven influence

The emergence of the fourth industrial revolution and the development of cutting-edge technologies such as AI and big data have profoundly changed industrial institutions and social ecology, and have also had a significant influence on educational forms and learning models. With the further deepening integration of information technology and education, the educational research in the world is paying more and more attention to the influence of technological innovation on education and how education in turn leads to technological changes. In general, the application of new technologies has greatly accelerated the pace of educational innovation, provided new approaches and possibilities for educational development, and promoted the development of research related to educational technology. In the United States, the development of information and communication technology has not only provided a new medium for teaching, but has also spawned many new research fields such as deep learning, online community learning, and multimedia learning. With the gradual deepening of related research, American scholars

---

① LIU X J. Interdisciplinary as an important way to build a world-class discipline [J]. Journal of Higher Education Management, 2020,1: 1 - 7 + 28.

mainly focus on how to evaluate the effects of student learning under the new learning model, and how to improve students' cognitive ability with science and technology. The research team of the Open University of the United Kingdom and its partner institutions have released the reports of "Innovating Pedagogy" for eight consecutive years since 2012, focusing on the changing theories and practices in the areas of teaching, learning and evaluation under the support of modernization and technology, specifically, learning analytics, educational big data, learning evaluation and technology-supported learning innovation[①]. It can also be seen from the previous parts that more and more British scholars are focusing on issues related to educational technology. In Japan, how to effectively utilize the achievements of the technological revolution and better adjust the form of education development has become a major topic of Japan's education policies after 2015. Educational scholars in Japan are more and more focusing on the key competence of students in the new era of technological revolution and how to more effectively improve learning efficiency and school management efficiency based on the trend of technological change. In China, since the country began to deploy 4G mobile communication networks on a large scale in 2014, the development of communication technology has been supporting the development of mobile learning with internet and other infrastructures, which made "mobile learning" a research hotspot. Moreover, with the rapid development of online learning, a large amount of educational data has been accumulated, so how to effectively use these data and investigate deep-level information, such as emotion analysis, predictive evaluation, trend analysis, adaptability and personalization, structure discovery, and relationship mining and others, so as to improve the quality of education has become a focus for educational research, and this makes learning analytics and education big data a hot research topic in recent years.

---

① LI Q, GAO H, LI S. Focuses on crossover technology in education and social development: Introduction to Innovating Pedagogy 2020 [J]. Journal of Distance Education, 2020,1: 17 - 26.

V Background and challenges of global educational research development

1. Three main backgrounds of global educational research

1) The Expansion and Variation of Globalization

According to the famous British sociologist Giddens, globalization "refers to the processes by which populations that were originally scattered in geographic space are brought closer together, their communications increase, and the whole planet becomes a community with a shared future or a global society". The idea of a global community of human beings can be traced back to the discussion about the possibility of a "unified humanity" that took place during the Enlightenment in the 18th century. Kant's "theory of permanent peace" and "vision of world citizenship" can be seen as a systematic theoretical preparation for the intrinsic dynamics of globalization and the ideal of personality at that time. Since the 1970s, the combined forces of trade liberalization, production internationalization and financial globalization have made various entities and organizations, including States, increasingly interdependent. By the 1990s, the ease of global transportation, the instantaneous sharing of global information based on the Internet, etc. , made globalization exhibit a wider and deeper diffusion effect, which factually contributed to the "compression of the world". Nowadays, globalization has not only entered the mainstream discourse of almost all humanities and social sciences as a concept, but has also shown its sweeping power as a force.

However, in recent years, with the rise of emerging countries and new forces, the original pattern of power that has led to globalization has undergone subtle changes, which on the one hand reflects the reorganization of the economic pattern and the enormous differences in the internal forces and potential of economic development, and on the other hand, the objective increase in the influence of emerging countries and new forces in the global stage and the increase in their awareness and ability to express their demands. Under this influence, some countries have seen the rise of populist thoughts and the return of unilateralism and trade protectionism, resulting in the expansion of anti-globalization forces and the contraction of globalization intentions and forces. In the fierce confrontation between globalization and anti-globalization, the old model of globalization and the accompanying paradigm of global governance can no longer meet the needs of the current stage of economic development, and globalization needs to rebuild a new concept of governance and find a new paradigm of cooperation. In such a complex and uncertain environment, global education, global education policy and global education research will face a profound catharsis of discourse and value reconstruction.

2) New Developments in the Relationship Between Education and Society

Whether in theoretical understanding, policy or practice, the understanding of the relationship between education and society has long been characterized by a common social functionalist position, that is, defining the value of the existence of education only from the perspective of its social function, and tending to put forward subordinate demands for educational reform and development based on the needs of social development; the question of choosing the value of educational development has often been weakened into a kind of "responsive logic": "Consider how education can provide the services needed in the process of social transformation and development and meet the educational needs of social transformation. The value and role of education is reduced to merely serving social transformation and development, becoming a vassal and 'yes-man' to social change in response to the challenges of the times and the needs of society. This response is necessarily passive: the challenges of the times inevitably come, and one has to go and meet them passively." In fact, the value of a well-developed education system does not only lie in meeting the functional needs of society, but also in the intrinsic value of its own existence in educating human beings and its "leading" role in the "formation of the nation" and social changes. When the logic is further advanced, it is not difficult to come to the conclusion that not only education needs society, but also society needs education. Social development should not only focus on "what education should provide for development", but also need to think deeply about "what educational foundation social development needs". Can the current educational foundation support the macro design and overall practice of social development and national prosperity? The change of this perspective means methodological reconstruction of the relationship between education and society.

3) The stimulation and support of disruptive innovation

As clearly pointed out by The Outline of the National Med- and Long-term Plan for Education Reform and Development (2010—2020), issued by the State Council on May 5, 2010, information technology has a revolutionary impact on education development and must be attached great importance to it. The integration of information technology and education has been brought to a higher level than ever before by all governments all over the world. At home and abroad, more efforts are being made to support the construction of digital learning environment, the construction of digital educational resources and the research on the sharing and integration mechanism. In addition, the research on the innovative application of outcome-oriented information technology in education at all levels and of all kinds is being strengthened.

Information technology not only provides tool support for teaching and learning, but also provides the possibility for learning analytics and assessment. Under the collision of the three developments of deep learning, big data and computing power, artificial intelligence has been revived. Data intelligence has become the most important technical feature of this wave of artificial intelligence. Learning analytics and educational data mining have become the concrete application of big data in the field of education. Educational data mining is the study and use of statistics, machine learning and data mining methods to analyze the data generated in the teaching and learning process. Learning analytics is the measurement, collection, analysis and summary presentation of data about learners and their learning environment, with the purpose of understanding and optimizing learning and learning situations. By applying the data analysis results of learning analytics and education data mining, teachers can better understand students, understand and observe students' learning process, find the most appropriate teaching methods and sequence, and timely find problems and implement intervention. The existing application systems include Signal System Course of Purdue University and the Moodog system used by the University of California, Santa Barbara, and the University of Alabama. These systems use data mining and establish statistical prediction model to predict whether students can complete the course, and thus implement effective teaching intervention accordingly.

It can be predicted that personalized learning services will become more popular in the future learning society and lifelong education system. The intelligence education based on personalized adaptive learning is learner-centered learning. And the education quality and education equity can be better guaranteed.

2. Five Main challenges of global Educational research

1) Profound globalization requires global educational research to establish a new "global and local" perspective

In a globalized world of change, any country or culture is confronted with the relationship between the global and the local, the universal and the particular. An era of deep globalization requires not only the construction of a new world order with more vitality, but also a profound rethinking of the existing tensions between the "global" and the "local", and a reconstruction of the concept of globalization, the discourse of globalization and the internal relationship between globalization and localization in a more inclusive framework. Logically, a truly global framework and universal thinking is an abstraction and condensation of the many local cases and particular experiences. As long as it is truly rich in "global" thinking and vision, and truly transcends special interests and concerns, it should not create an inherent tension with "particularity" and "localization". To a certain extent, this also proves that the profound confrontation between the ordinary and the particular, globalization and localization, which exists in different forms at present, is in fact the opposition or confrontation between one particularity and another or another kind of particularity in the guise of "universality". Hegel's description of European economies, laws, languages, religions, etc., in Fniednich Hegel, gave the logic of transformation of Western European countries an inner self-affirmation, which, along with colonial expansion, was "charmed" into a universal quality. However, the intention and action of self-expansion itself already implies a priori that it does not overcome the border between the self and the "other" and does not show the openness and inclusiveness that the structure of "universality" should have.

Educational research in the context of profound globalization should first of all complete a profound self-enlightenment: a Foucaultian "archaeology" of the so-called "universal" discourse, which help to find the path of its rise from particularity to universality, to "demystify" the old "universal" discourse, and to restore its essence as another kind of particularity. On this basis, a sincere community with a shared future for mankind based on the "I · you" relationship should be built. Based on this pedagogical standpoint and vision, we should not only observe the educational experience and local knowledge in different regions from a global perspective; More importantly, we should transcend the various "self-prioritism" and parochial interests and strive to improve education with global concern.

2) The change of traditional education orientation needs new thinking of global education and research.

Both the "ethos" of today's society and scientific research have undoubtedly been influenced and infected by the discourse of "innovation". So much so that some people are forced to constantly remind us that without a strong heritage, innovation may be a source of no water. In contrast to this reminder, perhaps it is more appropriate to remind how many of the ideas and theories put forward in the name of innovation have actually transcended the original methodological framework. The American scholar Jesse Goodman has warned that educational reform must not be a name of the future for the past. He found that although the backgrounds and discourses of the three changes were different, the ideas they advocated were strikingly similar. The educational reform proposals prepared for the "third wave" were in fact the same "old prescriptions": social functionalism, efficiency, individualism, expertism, and so on. These ideas have passed from "the first wave" through "the second wave" and "through the third wave" in different forms, and have become the so-called "New Ideas" that educational researchers continue to peddle.

It means that educational research should go beyond the social functionalist orientation of education and lead the establishment of an internal scale and internal logic of educational development; it means that educational research needs to overcome the dualistic and either/or mode of thinking and lead the establishment of a generative relational thinking and complex thinking; it means that educational research needs to get out of the dictatorial way of thinking and prove its unique value on the basis of acknowledging multiple possibilities...

3) Evidence-based education (Decision-making and Practice) requires "hard evidence" from educational research

At present, it is becoming a widely accepted belief that the professionalism and scientific rigour of policy and practice should be enhanced. In this context, the idea that educational decision-making and practice should be "evidence-based" or at least "evidence-informed", as a professional practice, is increasingly widely accepted by educational policy makers, professional practitioners and researchers. In the UK, the concept of evidence-based education emerged from the annual education research reports published by the Department for Education and Employment and the Office for Standards in Education. The report raised serious questions about the quality and relevance of educational research at the time, arguing that it failed to provide answers to the questions and confusions faced by governments in formulating educational policy and failed to provide clear guidance for exploring practice within the educational profession. The report even pointed out sharply that educational research is methodologically flawed, unable to provide conclusive evidence, and often biased and politically motivated. Since then, the British government has introduced a series of measures that seek to bring educational research, educational policy-making and educational practice closer together. In the United States, as early as the 1980s, there was a call for educational research to provide real and valid knowledge and to clearly inform professional practitioners of what works and what is futile. However, it was not until the late 1990s that this idea began to have a real impact on federal funding legal requirements.

The act "No Child Left Behind", enacted in 2001, specifies in bill form the requirements for scientifically based, practical, and professional educational research. The term "scientifically based research" appears 110 times in the act, which can be seen as a strong signal. According to the Act, randomized controlled experiments are considered the "gold standard" in educational research methodology. There is a growing recognition among policy makers, researchers and professional practitioners that educational policy making should not rely solely on the plain experience and perceptions of policy makers, but should be based more on scientific research, using evidence from scientific studies as a basis for educational policy making, in order to improve the scientific quality of the policy making and implementation process. The concept of evidence-based education policy is made clearer in the report 'Evidence-Based Policies and Practices': "Member States and EU institutions need to use evidence-based policies and practices, including more robust evaluation tools, to determine which reforms and practices are most efficient and which are most successfully advanced. Education and training have an important impact on economic and social development. Ineffective, misdirected or wasteful education policies can also incur significant financial and human costs. " In addition, important international organizations, such as the Organization for Economic Cooperation and Development and the World Bank, have made it clear that evidence-based concepts should be prioritized in order to improve the scientific and professional nature of educational decision-making and practice.

To a certain extent, both the improvement and development of the internal development logic of educational academic research and the urgent demand of "evidence" for educational decision-making and practice have posed a serious challenge to the paradigm shift in education research. While it is good to maintain pluralism, the internal and external living space of education scholarship will continue to be squeezed if it remains difficult to provide "hard" knowledge and evidence for educational policymaking and professional practice.

4) The requirement of disruptive technology for new breakthroughs in educational scientific research methods.

With the rise of big data and the development of artificial intelligence, learning analysis and educational data mining have become the specific applications of big data in the field of education. With the development of distance education and the application of learning management system, the potential application of big data is becoming more and more extensive. These systems record a large number of students' everyday interactive information, personal data, system data and so on. Therefore, the research methods of educational science will not only include traditional theoretical and empirical methods, but also need to integrate data-intensive science. The application of data-intensive scientific research methods in education is mainly reflected in learning analysis and educational data mining, which makes the learning process transparent through data and analyzes the learning behavior and performance on the basis of learning data. However, these data can only answer "what happened", but not "why happened". Therefore, it is necessary to combine data-intensive science with existing research methods (such as empirical and theoretical ones) to achieve new breakthroughs in research methods of educational science.

5) Traditional theoretical research needs to be innovative in the face of multiple sieges.

The iterative innovation of research methods, the deep intersection of disciplines, and the blurring of traditional boundaries will on the one hand gradually change the original disciplinary map of education and promote the transformation of traditional "disciplines" into more open "fields of study". On the other hand, crossover not only promotes integration, but also differentiation to a certain extent, and the deep intersection of disciplines has led to the gradual refinement of formerly open "research fields" into certain "new disciplines" with clear boundaries. This kind of symbiotic effect with dichotomy poses a great challenge to the classical view of disciplines with unique research objects, research methods and knowledge systems. In recent years, the impact of postmodern thoughts, the innovation of scientific paradigm, the diversification of research methods and the emergence of disruptive technologies have profoundly changed the orientation and form of educational research. To be aware of grand narratives, to focus on local knowledge, to respect individualized experience, and to discover forgotten details have become new trends in educational research. The rise of this new trend not only reveals another possibility that has been sealed or forgotten, but also, to a certain extent, expresses the alienation and even rebellion against classical social science and education research. It can be imagined that the future of education science research will present an increasingly rich and diversified development trend. In the midst of multiple challenges and sieges, traditional theoretical research must consciously seek innovative development in "keeping the right". For example, after education has changed from the singular to the plural and gradually expanded into a huge group of disciplines, "general padagogy" has faced an existential crisis for a long time. However, in recent years, the return of general education research has declared the unique value and rationality of classical and traditional theoretical research; and this return is not simply a return to the past, but a quest for innovative interpretation of classical subject propositions. This means that education science research is not only facing the challenge of how to "combine" in the context of intersection and differentiation, but also the problem of how classical and basic theoretical research can stand up and prove its own rationality in the midst of multiple sieges.

Ⅵ　Future trends of global educational research

It is meaningful and difficult to predict the future trends of global educational research. There are more and more factors influencing these trends and some of them are very changeable, which brings great challenges and uncertainties to the trend prediction. Strengthening the research and judgment of the future trends and actively influencing the future trends could increase the certainty of the uncertain trends of the global educational research. Based on the future development of education and the mission of educational research, this study comprehensively analyzes the influencing factors impacting on the trends of global educational research and would analyze the future trends from the perspectives of the purpose, contents, methods, means, subject and orientation of educational research, so as to provide reference for further accurately prediction of the future trends of global educational research.

1. Returning to the values and dignity of human beings

Returning to the values and dignity of human beings is not only the demand of global educational research in response to the new challenges of globalization and the digital era, but is also the internal logic that follows the fundamental attributes and development law of education. As early as 1996, UNESCO issued a landmark report named Learning: The Treasure Within, which firmly restated the fundamental principle that "education must contribute to the all-round development of each individual-mind and body, intelligence, sensitivity, aesthetic sense, personal responsibility and spiritual values. All human beings must be enabled to develop independent, critical thinking and form their own judgement, in order to determine for themselves what they believe they should do in the different circumstances of life[1]". Twenty years later, UNESCO issued the Education 2030: Incheon Declaration and Framework for Action, which proposed the 2030 SGD4, namely ensuring inclusive and equitable quality education and promoting lifelong learning opportunities for all. As we can see, the philosophical root of SDG 4 is to return to the values of human beings, and to show the power of human beings, institutions and cooperation. Caring for the values and dignity of human beings, the development trend of global educational research includes the following five aspects:

Firstly, study on how to cultivate students' ability to cope with other people and AI. OECD' Education 2030: The Future of Education and Skills requires that education should prepare students for jobs that don't exist yet, to use technologies that haven't been invented to solve problems that we don't even know are problems yet[2]. Therefore, educational research should make full of human's multiple intelligence and explore how to cultivate students' analytical thinking and innovation ability, active learning ability, critical thinking and ability to solve complex problems, so as to respond to the weakness of AI in terms of lack of creativity, inability to communicate in a

---

① UNESCO. Learning: The treasure within [M]. Paris: UNESCO, 1996.
② OECD. Education 2030: The Future of Education and Skills [M]. Paris: OECD, 2018a.

complex context, and lack of humanity[①]。

Secondly, study on the risks and ethics issues of AI application. With the rapid development of new technologies, such as AI, robotics, cloud computing and blockchain, digital transformation become an important agenda for all countries. The accompanying risks and ethical issues must be given high attention. The relevant research questions may include: New types of educational inequity in the digital era; Strategic foresight for the main challenges and trends of the future digital transformation of education system; Privacy protection and Internet bullying of children and teenagers; Policies regarding the online crimes of children and teenagers; study on the supporting system to guarantee children and adolescents' emotional health, etc.

Thirdly, study on issues related to lifelong learning. With the extension of human life and the rapid change of work nature, the importance of lifelong learning becomes increasingly significant. On the one hand, it is of great importance to focus on early childhood education study, such as study on the policy and investment of early childhood education; study on the idea, goal, curriculum, teacher training, cooperative community building, data collection of early childhood education; study on the quality monitor of early childhood education; study on issues regarding the transition from early childhood education to primary education, etc. On the other hand, studies should pay attention to the mismatch of labor skills and needs of labor market, such as study on the investment of lifelong learning; study on how to develop appropriate tools to cultivate transferable skills; study on how to narrow the gender gap and make the labor market more inclusive; study on how to promote the recognition and mobility of qualifications, etc.

Fourthly, studies related to the learners' diversity. There are different types of learners in the educational system. Immigrant students, minority students, students with special needs, students of different gender, as well as

---

① WEF. Future of Jobs Survey 2018[M]. Geneva: WEF, 2018.

gifted students all make up the school ecology. Ensuring that all students, especially those from disadvantaged groups to achieve excellent results is a key challenge for educational policies and research in all countries. Relevant studies may include: study on the educational policies which can ensure the inclusiveness and equity; study on the teacher training system and evaluation system for learner diversity; study on the application of modern educational technology and innovation of teaching methods; study on the education of global understanding, etc.

Fifthly, the integration of different research paradigm. In the educational context, individuals are on the one hand "shaped" by the traditional and existing meanings of the world, and on the other hand, they constantly generate new meanings for the world in the process of "being shaped"[1]. Therefore, on the one hand, the global educational research follows the paradigm of "big data supported" and "evident-based", and tries to establish a more scientific, empirical research system that pays attention to holistic analysis; on the other hand, the educational research focuses on the special situation, difference, richness and generation in the process of educational practice, which emphasizes that research should serve individualized development of students and the local needs of education.

2. Focus more on providing "hard" knowledge

"Hard" knowledge is real and valid knowledge based on evidence. Pedagogical research has been criticized for years by both academia and practical circles. For practical circles, the government will meet problems and confusion when making educational policies, but pedagogical research fails to provide answers. At the same time, the academia circles also don't believe that pedagogy research can create a cumulative knowledge system, which makes it

---

① YU D. Qualitative Research: A Humanities Paradigm in Educational Research. Journal of Higher Education [J], 2010,31(7): 63 – 70.

possible for education to become a research-based academic field. The main reason for these complaints is that pedagogical research is methodologically flawed, inconclusive, and often biased and politically motivated. Therefore, the practice and academic circles are increasingly calling for the innovation of pedagogy research paradigm, and the evidence-based knowledge production paradigm is increasingly advocated by the practice and academic circles.

And one of the important manifestations is that evidence-based policy is more and more advocated by countries around the world. Evidence-based policy emphasizes the close integration of scientific research and practice, and the entire life cycle of policy formulation, implementation, evaluation and improvement should be based on a rigorous chain of evidence to help people make informed policies, plans and projects. Based on this concept, making and practicing educational policy no longer rely on simple experience and perceptual cognition, but more decisions are based on evidence from scientific research, in order to pursue the scientific process of policy formulation and implementation. To some extent, it avoids the blindness and arbitrariness of "beating the head" decision-making and improves the quality of educational decision-making. The US No Child Left Behind Act, Make Every Student Succeed Act and world Bank report all reflect this trend, evidence-based education policy development, education system improvement, and global education governance as the first choice for reform practice. Under this trend, social sciences such as education are expected to be at the center of education policy making, helping policy makers decide what policies work and why, and what types of policy reforms are most effective. And to get solid evidence, data based on empirical evidence, especially experiments, are the most reliable and orthodox in the eyes of educational researchers and policy makers, because these data is more accurate and reliable. In contrast, although qualitative data also has its unique value, in the process of educational decision-making, it either exists as the appendage of these hard data or is considered to be not scientific enough and excluded from valid evidence, thus excluded from educational decision-making resources.

In the future, this trend of advocating evidence and respecting evidence will become more obvious, and increasingly emphasize the scientific nature of evidence acquisition methods. First of all, randomized controlled experiments in the "crown" of causal inference will continue to be given the highest respect, and quasi-experimental research that is more in line with the characteristics of pedagogy will continue to be pushed to a higher position. Then, quantitative research methods that control irrelevant variables and deal with their endogeneity will receive more attention to meet the educational evaluation needs of pedagogical experiment design, which are more difficult to design and more retrospective data, and continue to optimize statistical inference methods. Moreover, qualitative research such as grounded theory based on empirical materials will be taken seriously. Although this kind of research aims at constructing theories, it emphasizes that theories are derived from empirical materials. There is a set of clear and operable techniques, methods, and process, which helps to build a bridge between empirical data and theoretical construction. At last, the application of speculative evidence-seeking methods will gradually decline. This method often uses dialectical philosophical methods to analyze things or phenomena logically, expound thoughts or construct theories, which uses subjective experience as evidence to demonstrate the arguments, and the persuasiveness is open to question.

3. Faster and more complex trends of the theme change

As a discipline that researches on human learning behavior, learning mode and learning organization, the educational science research has its own discipline logic. Whether the times change or not, the construction and expansion of people's knowledge and ability, and the adjustment and innovation of learning models corresponding to social changes are always the eternal themes of educational scientific research. From the analysis of previous macro trends in educational scientific research, and the demand for educational scientific research put forward by international organizations and governments in Europe and the United States in the past 10 years, this characteristic has remained constant, and has become increasingly clear in the process of accelerating social changes.

In the meantime, however, the educational science research belongs to social science oriented by practicality and application. It focuses on the learning behavior and learning mode of specific individuals and groups in the real world, which determines its mission, objects and methods based on the changes of external environment in the development process of social change. In that case, we should respond to the endless problems and challenges, and promote the in-depth development of educational practice.

The traditional scientific research paradigm is trying to explore and explain the certain existence as much as possible. By deconstructing the complex system of the research object and grasping it as accurately as possible, it is found that the evolution of the research paradigm is of the trend of basically linear, continuous refinement and cross-border integration. On the other hand, however, human society are far more complex than the material world. Human thought has a high degree of subjective initiative, which makes it difficult for its behavior to be completely dominated by the environment and follow the existing trajectory, but it has a certain degree of uncertainty and unpredictability. According to the Chaos theory, the society is a complex open system whose operation is not only restricted by the environment, but also changes the environment. Scientific research on society must be explained and predicted based on overall, continuous, dynamic data or causality rather than on a single one, which makes the research objects and focused subjects highly uncertain and vague.

With the evolution of social system and the development of technology, the traditional educational objectives, educational tools and means, educational organizational model are inevitably impacted and affected, and the objects and paradigms of educational science research are constantly changing accordingly. From the view of development trend, with the continuous development of technology and social structure elements, the pace of change in modern society is accelerating. In that case, the globalization, environmental problems, cultural and ethnic conflicts, intelligent and big data driven technological innovation, and the extension of life expectancy promoted by the development of life sciences will undoubtedly have a decisive impact on the research of educational science and accelerate the updating of research themes and paradigms of educational science.

On the other hand, in the traditional educational practice, people always expect that if they follow certain educational laws and pay some education efforts, they are certain to obtain the expected educational return. But this kind of linear and simple educational "ideal" does not always have a fulfilled effect. The reality of education not means a sure thing, and sometimes is even counterproductive. Due to the complicacy of education, "complexity" of education must be studied. In the vision of linear thinking, education is definite. As long as those engaged in educational activities follow certain educational laws, choose certain educational content and methods in a certain educational time and space in accordance with certain educational goals, they will achieve definite educational effects. While in the view of complex thinking, education is not a certain thing. Due to the "butterfly effect" and nonlinear coupling, any educational behavior will not produce the desired educational effect. The complexity of education such as the non-linear education process, the irreversible education time, the uncertainty of education knowledge, and the self-organization of the education system makes education uncertain, which determines the inherent uncertainty of education research science.

According to the bibliometric results of publications in the past 10 years, the research paradigm of education science has experienced an evolution from empirical speculation to quantitative empirical research; however, the focus on basic theory has replaced applied research as the main body of education science research in recent years. From the perspective of research subjects, although educational scientific research generally keep the pace of adapting to and responding to the trend of social changes, in terms of specific issues, it is ahead of or lagging behind heated social problems, not completely staying abreast of social changes. It must to be pointed out that as a discipline, educational scientific research has its own development logic and pace. In many fields such as early development and educational theory, educational scientific research even has its own development track. These characteristics of educational science research make the prediction of its research trend more complicated and vaguer.

In general, the characteristics of research objects and research paradigms of educational science determine the fuzziness of the long-term trend and the predictability within a certain period of time of educational science research subjects. They also determine the certainty of the macroscopic and the immeasurability of the microcosmic field. The absolute certainty and relative uncertainty intersect and complement each other: the overall certainty conceals and produces in the micro uncertainty, and the fuzzy and predictable short-term trend leads to and promotes the long-term trend of chaos, thus forming the complexity and interestingness of educational science research.

4. Increasing reliance on multiple hybrid methods

The development of educational science research is inseparable from the support of research methods, and they play a role in promoting each other to a large extent. Looking back at the development of global educational science research in the past 20 years, method innovation is an important driving force of educational science research innovation. In the future, the speed of scientific and technological innovation will exceed people's imagination. With the further development of artificial intelligence, big data and learning science, the speed of updating and iteration of future education research methods will be further accelerated, and the trend of diversification, refinement and scientization will become more obvious.

Diversification. In the short development process of educational research methods, it has experienced three stages on the whole: the advantages of quantitative research methods, the advantages of qualitative methods and the development of hybrid methods[①]. The stage change also reflects the change of researchers' cognition of the relationship between research methods, from the initial view that different research methods are mutually exclusive or antagonistic, and gradually change into the relationship of complementary or mutual promotion. Empirical research method is the most widely used method in global education research in the past decade, and it still shows a growing trend. However, with the debate on which method is better or worse in qualitative and quantitative research has come to an end to a certain extent, the future education research will pay more attention to the applicability of research methods for the explanation and solution of research problems, and will absorb more methods from other disciplines, showing a more diversified orientation in research methods.

Refinement. In addition to more diversified research methods, the use of a single research method will be further deepened and refined to achieve self-innovation. The basic paradigms of educational research methods will not be subversive in a short period of time. However, some new elements will be added to these basic paradigms to make these methods more dynamic and detailed. For example, in the statistical test, in recent years, there have been continuous queries about the effectiveness of the p-value test, and there seems to be no better statistical test index to replace the p-value in the short-term. At this time, the effect quantity (d-value) produces and complements the p-value, and it makes up for the disadvantage that p-value is easily affected by the sample size to a certain extent. Qualitative research methods, such as

---

① PUNCH K F, OANCEA A. Introduction to Research Methods in Education [M]. London & Thousand Oaks, CA: SAGE Publications, 2014.

interview method, are one of the indispensable methods in education research. However, the interview method is also questioned because of the subjectivity of the interview process and the processing results. How to improve the reliability and validity of the interview method and innovate these traditional research methods are also part of the main trends of future research method.

Scientization. Compared with the highly repeatable research in the field of natural science, the repeatability of research in the field of social science is relatively weak, which is of course related to the fact that the research field of social science focuses on people and their behaviors, which have the characteristics of variability. But at the same time, it is undeniable that the demand for scientific research methods will be further strengthened in the field of social science research. There have been some doubts in the field of educational research, including the weak problem awareness of researchers, the weak standardization of the research, and the value, quality, reliability and validity of the results need to be improved[1]. These problems are more or less related to the scientificity of research methods. With the development and reform of social economy, the quality requirements of research results in the field of social science are further improved, and the research methods are constantly updated, the scientific characteristics of educational research methods in the future will be further highlighted. "The relationship between data and theory is the core of scientific inquiry[2]." In the future, education research will pay more attention to the solution of specific problems in various aspects of education. By establishing corresponding theories, collecting data that are conducive to solve these specific problems, and by the comparison of theory and data, we can get the conclusion about specific problem solving.

---

① CHEN, X. Educational Research Methodology [M]. Beijing: Educational Sceience Research Press, 2013.
② PUNCH K F, OANCEA A. Introduction to Research Methods in Education [M]. London & Thousand Oaks, CA: SAGE Publications, 2014.

Research links related to the scientificity of research methods will be emphasized, such as the scientificity of the research problems to be solved, the standardization of research, the reliability and validity of research (whether quantitative research or qualitative research), etc.

5. Double collaboration with artificial intelligence (AI)

1) AI will become an important part of educational practice and research.

The Horizon Report, released by the New Media Alliance of the United States, is a special report to predict the application of education technology world widely. Since 2017, AI has appeared in the Horizon Report every year, becoming one of the important technologies for the future changes in the field of basic education and higher education[1]. In March 2020, the US Higher Education Information Professional Group (EDUCAUSE) released the Horizon 2020 Report: Teaching and Learning Edition, and AI was undoubtedly listed as one of the six emerging technologies and practices affecting the future development of global higher education[2]. At the same time, the results of bibliometric analysis of important SSCI and CSSCI-indexed journals in the field of education technology during 2000—2019 also show that the application of AI in education has become a hot topic in the forefront of education research.

AI has huge potential in curriculum design and teaching practice. AI can reasoning based on machine learning and, through the massive data sets and natural language processing, it could provide computer the ability to make decisions and the ability to predict. AI will attract and accompany students to learn in a more intuitive way and reduce teachers' tedious tasks as well, making them more focused on creating spectacular learning experience and

---

① LI Y, YAO J. Hotspots and trends in technology application of higher education: A review of ten years' Horizon Report (higher education edition) [J]. Open Education Research, 2018, 24(6): 12 - 28.

② CHEN X, LI Y. Interpretation of 2020 EDUCAUSE horizon resort (Teaching and Learning Edition) and its enlightenment: Challenges and transformation of higher education under the epidemic situation [J]. Journal of Distance Education, 2020(2): 3 - 16.

optimizing the online learning and adaptive learning and teaching research process. More and more teachers may use AI to provide feedback on their students' work and use "virtual assistants" to improve their work efficiency. In some courseware, algorithms were imbedded and by measuring students' performance indicators, these algorithms can automatically generate personalized learning paths suitable for students' needs, helping each student get customized learning support in line with their own needs, and realizing precision teaching to a certain extent. AI also has a positive role in the education teaching management. For example, based on big data (including student transcript data, admission information, and etc.) analysis, schools could build a forecast model to predict students' performance (even before the start of the course). Timely recognition of those students who are academically facing high risk could help the administrative department make intervention strategy in advance and reduce risk.

AI can also be used to refine language translation and make learning easier for students with visual or hearing impairments. AI voice assistive technology can also enable disabled teachers to better control the teaching process in the learning space. However, the educational application of AI might also cause controversy because the intelligent intervention and decision-making made by some intelligent systems need to monitor students' behavior and then analyze the data according to specific behavioral indicators, which may violate students' privacy. In addition, since many systems now store data in the "cloud," this can exacerbate data abuse. The conflict between emerging technologies and privacy, ethics, and accessibility of students' data has long been a topic of debate in the field of AI. Therefore, it is necessary to check products that can provide personalized learning support for students[①].

2) AI will become an important tool and method for educational research

---

① YOUNG J R. As Instructure Changes Ownership, Academics Worry Whether Student Data Will Be Protected ED [EB/OL]. 2020 [2020 - 03 - 06]. https://www.edsurge.com/news/2020-01-17-as-instructure-changes-ownership-ascademics-worry-whether-student-data-will-be-protected.

and scientific research services

As the integration of education, brain science and AI becomes an important trend in global educational research, the research methods in brain science and AI will also be introduced into educational research. Use of big data and AI methods and technologies will greatly accelerate the research process and enhance the scientific level of educational research. AI is the collaborative product of computer computing power, big data resources, deep learning algorithms, and practical application scenarios. Big data provides basic data resources for AI. For example, through big data analysis of students' schoolwork, personalized homework can be arranged, which is expected to liberate students from heavy schoolwork and achieve the educational goal of reducing burden efficiently. By monitoring students' learning process based on facial recognition technology, such data as students' attendance rate, class head up rate and frequency of playing electronic products can be collected quickly to help understand students' learning status. Based on the big data of teachers' information, the personnel department of colleges and universities can carry out the analysis of teachers' behaviors and habits, draw portraits of excellent teachers, and identify academic misconduct. Based on the big data resources of student learning, educational administration departments of colleges and universities carry out the analysis of students' learning behaviors and habits, and deeply excavate the influencing factors of students' academic achievements. All kinds of research based on AI and big data methods will also have the possibility of realizing the openness of data resources and the transparency of research process, thus greatly improving the scientific level of educational research.

The use of AI will narrow the gap between research methods of educational science and that of natural science. Evidence-oriented scientific research will gradually become the mainstream of educational research, and educational science will realize discipline reconstruction based on scientific evidence. AI also makes it possible for educational research methods to get rid of the experimentalist methodology of hypothesis-verification logic, and to more likely use causal judgment rather than correlational judgment. Meanwhile, the use of AI methods will also limit the interference of human factors on research data[①].

At the same time, AI is becoming an important assistant in the field of scientific research services, which is mainly demonstrated in the forms of intelligent detection, intelligent recommendation, intelligent answer and other services AI provides for teachers and students in the process of teaching and scientific research, such as intelligent learning management system, student information system, library and enrollment services, automatic subtitle system and so on. Although AI is not yet autonomous, it could allow humans to handle low-order, repetitive cognitive tasks. As the largest non-profit organization that insists on using the most advanced technology to maintain and manage electronic resource systems and provide computer library services, Online Computer Library Center (OCLC), together with 70 librarians and experts from different organizations, has jointly designed and developed a product called "Responsible Operations." The purpose of the product is to track people's participation in library services (data science services and etc.) through machine learning and AI and display them in a visual way[②].

AI Chat robots will be increasingly used in the management and service of colleges and universities. The AI Chat robot of Northwestern University has been integrated into the learning management system and it can provide automatic answer service for questions frequently asked by teachers and students[③]. In 2018, the Library of University of Oklahoma put forward an

---

① LIU J. How artificial intelligence makes educational research scientific? [J]. Research in Higher Education of Engineering, 2020(1): 106 - 117.

② PADILLA T. Responsible Operations: Data Science, Machine Learning, and AI in Libraries [EB/OL]. 2019 [2020 - 03 - 06]. https://www. oclc. org/research/publications/2019/oclcresearch-responsible-operations-data-science-machine-learning-ai. html.

③ GOLDWEIC P. Support chatbot now available for all NU Canvas users [EB/OL]. 2019[2020 - 03 - 05]. https://digitallearning. northwestern. edu/article/2019/02/12/support-chatbot-now-available-all-nu-canvas-users.

intelligent chat robot named Bizzy to support teachers and students' research. The "Alexa Skill" intelligent application developed by the University can answer questions frequently asked by teachers and students during non-working hours[①]. Griffith University of Queensland, Australia, developed a chat robot named SAM chatbot and it can answers students' all kinds of questions related to their study and life, such as library services, living problems, registration and class issues. SAM will soon be embedded in the university web portal and students can use the service on demand[②]. Practice indicates that, although the development process requires a large amount of manpower, material and financial resources, these chat robots can really bring great convenience to college teachers and students and meet their demand for teaching and research services all the year round.

6. Cross-border cooperation will be more extensive

In the future, cross-border, cross-field, cross-disciplinary, and cross-organization research in pedagogy will be more extensive, and the characteristics of Gibbons' knowledge production paradigm Ⅱ will become increasingly emerging.

Firstly, cross-border and cross-regional educational research cooperation will improve by leaps and bounds. In the past 20 years, the field of pedagogy has formed a national cooperation network centered on the United States, and it has formed increasingly close cooperative relations with the United Kingdom, Germany, France, the Netherlands, Australia, New Zealand, and China. In the future, the scale and density of the transnational co-authoring network in the field of pedagogy will continue to increase, and the cooperation between countries will increase in both breadth and depth, and it will

① The University of OKLAHOMA. Introducing "Bizzy" [EB/OL]. 2020[2020 - 03 - 05]. https://libraries. ou. edu/content/introducing-bizzy.
② MCNEILL S. SAM THE CHAT BO [EB/OL]. 2018[2020 - 03 - 06]. https://samuelmcneill. com/2018/02/23/sam-the-chat-bot/.

increasingly show a polycentric trend. In the future, the British and American countries will still occupy the core position of the global co-authoring network of pedagogy for a long period of time, but the influence of emerging countries represented by China will gradually increase, from the original "supporting role" to the "protagonist". And began to play a leading role in certain areas.

Secondly, interdisciplinary cooperation will increase day by day. In the past ten years, interdisciplinary research has been the main part of research in the field of education, accounting for 61. 77% of all research in the sample journals, while non-interdisciplinary research only accounted for 38. 23%. Although the number of articles published by personnel from educational institutions in these ten famous journals of education is the most, it only accounts for 69. 26%. According to the statistics of the first author unit, the papers published by educational researchers account for only 56. 6%. In the future, global scientific research will increasingly present complex, open, and cross-cutting features, gradually entering the era of "big science" emergence. Increasingly close cooperation is forming not only between sub-disciplines within the educational discipline, between pedagogy and other social sciences, but even between pedagogy and natural sciences. As discipline boundaries are broken, the deep integration of science, technology, engineering, and even natural sciences and social sciences will further stimulate the deep cross integration of research paradigms in pedagogy, information science, neuroscience, and brain science.

Thirdly, the heterogeneity of pedagogical research participants will enhance, more and more institutions and researchers outside universities will participate in educational research. In the past ten years, university teachers and researchers have been the main force in the field of pedagogical research. The papers published by them accounted for 91. 97% of all papers in the sample journals, and the papers published by non-college staff accounted for 8. 03%. But in terms of development trends, the proportion of non-university personnel participating in research in the field of pedagogy is gradually increasing, and the heterogeneity of research participants in the field of pedagogy is increasing. Universities will no longer be the only source of pedagogical knowledge production; More and more enterprises、 scientific research institutions and non-governmental organizations will join in. The boundary between the academia and the industry will no longer be clear, and the separation between research and practice will gradually become blurred. Educational research will respond to the needs of the practice community increasingly quickly and accurately, and the practical circle will join the production of pedagogical knowledge increasingly closely through cooperation with academia.

7. Reversed thinking may affect the orientation of education and research

Wittgenstein once said when talking about the reconstruction of the way of thinking: it is difficult to see or penetrate into the intractable problems hidden in the depths, because if only grasp the surface of this intractable problem, it will remain unchanged and still remain unsolved. It must therefore be "uprooted" and exposed thoroughly; This requires us to start thinking in a new way[1]. In the ecological environment of different disciplines or in different contexts, the so-called "new way of thinking" has multiple possibilities, which largely depend on our awakening and self-observation of past thinking inertia. If we are alarmed or dissatisfied with the deductive and applied transformational thinking mode that we are accustomed to in education research, then a kind of reversed thinking focusing on relationship reconstruction may have a profound impact on future educational research.

The reversed direction of pedagogical research must be reflected, above all, in the dialogue between educational disciplines and other disciplines. More

---

[1] BOURDIEU P, WACQUANT L. Practice and Reflection-An Invitation to Reflexive Sociology [M]. Central Edition and Translation Publishing House, 1998.

than two centuries ago, Herbart who was regarded as "the founder of scientific pedagogy", enthusiastically stated: "It would have been far better if pedagogy had wished to maintain as rigorously as possible its own conception, and thus to develop an independent mind, and thus to be at the center of the sphere of research, without the danger of being governed by outsiders like an isolated and occupied area[①]". Over the past 200 years, education has evolved from the "general pedagogy" of Herbart's time to a large group of educational disciplines. However, the "occupied" pedagogical dilemma that Herbart feared seems to have not been eradicated. In some respects, there is a danger that it may be worsening. Here, the reestablishment of a dialogue of disciplines involves, on the one hand, what Herbart called "the rigorous preservation of one's own conceptions and, consequently, the development of independent thought", which is a sign of the emergence of disciplines from occupation and "colonialism", and, on the other hand, the future of the "general education". The study of education must consciously consider the question of what theories, perspectives, and positions it can contribute to the dialogue with other disciplines... It is a trans-century dream for pedagogy to change from analyzing one's own problems with the theory of others in a weak position to actively "strong output". The realization of this dream cannot only depend on a certain attitude, but more importantly, it is a reconstruction of the "uprooted" criticism and methodology of the past conventional thinking. This issue, which was first articulated by Herbert, has remained unresolved for more than 200 years, and we can only hope for a breakthrough in the future.

Secondly, the reversed thinking should also be reflected in the way of questioning the relationship between education and technology in pedagogical research. Martin Heidegger once saw "questioning" as the opening of a certain

---

① HERBART J F. General Pedagogy · Outline of Pedagogy Teaching [M]. Translated by LI Qilong. Hangzhou: Zhejiang Education Publishing House, 2002.

path: "We come to question technology. Such questioning constitutes a road"①. For a long time, people have been used to looking at education from the perspective of technology. To borrow the words of many business leaders and technology pioneers, critical education is the most backward and conservative field of application technology. Leaving aside the burgeoning demand for technology in education due to the coronavirus epidemic, it's true that the translation of technology into education is less advanced than in many "avant-garde" and "cutting-edge" fields, and it's hard to say "positive". However, if we ask the same question in a different way, this same reality may take on a different face and open up another possible path. Why, for example, is technological innovation not always proactively adapted to the needs of education? Or why is there always a lack of a pedagogical stance and a life-caring perspective when it comes to the iterative development of technology? Educational technology, as part of the group of educational disciplines, starts from the idea of "technology" as an educational tool and emphasizes its instrumental value. It tends to adopt a technologistic way of thinking and "considers how the results of technology can be applied to education... it makes every effort to design and develop new educational technologies, constantly adding new technological contents to the technological world of the spirit". However, there is a lack of a "pedagogical way of thinking". It asks how education can be better translated into the use of technology, rather than how technology can better serve education. The absence of this latter inquiry is not frightening, if only because of the power of technology. What is frightening is that, in most cases, it reflects the "collective unconscious" of education and pedagogical research. In most cases, it reflects the "collective unconsciousness" of education and education research. Therefore, making reverse thinking no longer a "scarce commodity" but a new norm for future

---

① HEIDEGGER M. Lectures and Essays [M]. Translated by SUN Zhouxing. Peking: Sanlian Book Store, 2005.

education research will greatly enhance the radiation and imagination of future education research. If there is more demand for education and the application of technological innovation driven by the results of education and research, the expectation that technology will better serve education will also become a reality.

8. Knowledge fragmentation might induce changes in the knowledge production mode

With the development of human society and the refinement of the social division of labour, the differentiation and cross-integration of disciplines have become an inevitable trend of knowledge production. The research and learning of knowledge fragmentation caused by this have penetrated all aspects of human civilization in the 21st century. Fragmented knowledge is a concept opposite to systematic knowledge. The so-called knowledge here refers to the "cognitive results accumulated by the human being in practice." Therefore, different knowledge may form a complete, interrelated knowledge system, or maybe independent of each other, which leads to a gap[①]. A comprehensive, interconnected knowledge system highlights the formation of explicit knowledge or disciplinary boundaries, while fragmented knowledge tends to blur those boundaries. The interweaving relationship between systematic knowledge and fragmented knowledge is marked by the continuous evolution of knowledge production modes.

In the 19th century, knowledge production aimed to build theory and test it within a discrete discipline to produce universal knowledge. It was characterized by a linear and definite mode of development, which led to the institutionalization of disciplines[②]. Gibbons (2011) referred to it as 'Mode 1'

---

① LIU D, DING Q. The Influence and Function of Knowledge Structure Interval on Thinking Mode [J]. Social Science of Beijing, 1997(4): 22 - 27.

② WANG H. Open Disciplinary Boundaries: The Change of the View of Disciplines [J]. Journal of Higher Education Management, 2014(4): 67 - 71.

knowledge production, where scholars primarily confine themselves within their disciplines, motivated by scientific knowledge, and produced shared paradigms and values within the discipline. In the latter half of the 20th century, with the rapid development of information science and technology, especially the development and proliferation of big data, there are expanded knowledge sources, which further diversified people's cognitive understanding of knowledge and the world. "The viewpoint based on one basic and the unique cognitive idea has been replaced by the multidimensional and pluralistic cognitive understanding in modern society[1]". Postmodernism emphasizes the complexity of society, the relativity of reality, and the limitations of rationality. Therefore, different from the past schools that choose a particular perspective to study reality, postmodernism is characterized by its diversified perspectives to critically examine and deconstruct reality. It is thus almost impossible to provide a precise definition of postmodernism. Still, its relative, fragmented orientation has directly influenced the knowledge production, dissemination, and absorption in modern society.

In a nutshell, the diversification of knowledge sources and the impact of postmodernism on knowledge production, dissemination, and absorption have jointly promoted the change from knowledge production mode I, to mode II, and to mode III, which accepts and encourages the co-existence and co-development of diverse knowledge. As a result, there is an evolution from "single disciplinarity", to "cross-disciplinarity" and "interdisciplinarity", and to "transdisciplinarity"[2]. The most significant difference between "transdisciplinarity" and the first three is that it starts from "problems" rather than the disciplinary paradigms, and primarily seeks solutions to various complex problems in the real world. "Transdisciplinarity" is not a

---

① DELANTY G. Challenging Knowledge: The University in the Knowledge Society [M]. Translated by Huang Jianru. Beijing: Peking University Press, 2010.
② HUANG Y, MA Y, WANG M. The Research on How Knowledge Production Mode Ⅲ Promotes a Rapid Trans-disciplinary Development [J]. Tsinghua Journal of Education, 2016(6): 37－45.

mechanical mixture of disciplinary knowledge but provides a new vision and creative solutions to complex issues through a re-integration of knowledge[①]. In a sense, fragmented knowledge is relatively more flexible due to their ambiguous disciplinary boundaries to holistically solve complex social issues.

In a sense, educational research should clarify the demands of modern society and identify those critical questions for educational research. These research questions constitute a public sphere upon which the constituent educational disciplines could build dialogue concerning issues that are important for the real world. In other words, the common research questions provide a broad platform for knowledge exchange and production among sub-disciplines in education. It is noteworthy that knowledge exchanges among the different disciplines should generally be based on clear disciplinary boundaries. "The standard for dividing disciplinary boundaries is also the standard for complementary exchanges and mutual relations," which serve as an effective way to prevent disciplines from being eliminated[②]. Therefore, the biggest challenges of educational research are nothing but two: the first is the search for the public space among different disciplines and sub-disciplines to build meaningful dialogue, that is, the exploration of "what are the most valuable questions"; the other is the theoretical inquiry into the fundamental theories of educational science to clarify its disciplinary boundary further. In this sense, the focus on "theory" of international education research in the past 20 years is not only an effort to clarify the boundaries of disciplines but also an effort to build the foundation for the better cross-disciplinary and interdisciplinary integration of educational studies with other disciplinary areas.

---

① SOMERVILLE M A, RAPPORT D J. Transdisciplinarity: Recreating Integrated Knowledge [M]. Oxford: EOLSS, 2000.

② XIANG X. On the Border of Pedagogy [J]. Educational Research, 2017(6), 12 - 19+31.

Ⅶ　Conclusion

Education is the foundation of a country's enduring prosperity. Education is the cornerstone of national rejuvenation and social progress, the fundamental way to improve the quality of the people and promote the all-round development of people. It places the expectations of millions of families for a better life, and has a decisive significance in enhancing social harmony, national rejuvenation, and national prosperity. Educational scientific research is an important part of education and critical way to promote the development of educational connotation and quality. It also plays an important role in supporting, driving and guiding the development of educational reform.

1. The future has arrived

The future has come, and survival belongs to the ones who change in response to the environment. At present, socialism with Chinese characteristics has entered a new era, and the basic, leading and overall position and role of education have become more prominent. In order to accelerate the modernization of education, build a country with a leading position in education, and run a satisfactory education for the people, it is urgent for educational scientific research to better explore laws, solve problems, and lead innovation. In the new educational journey of speeding up the modernization of education, building a country with a leading position in education, and well running a satisfactory education for the people, the status of educational scientific research is becoming more essential and the task is becoming more arduous. There are great prospects and there could be great achievements in educational scientific research. It is required that educational scientific research should strengthen its mission and responsibility, keep up with the trend of the times, serve the national strategy, and strive for strategic initiative.

Science and technology are improving, and competition is intensifying. In front of new challenges, educational scientific research in the new era should aim at the common global trend, major national strategies and regional development needs. It should seize the big picture such as international educational competition, population structure change, scientific and technological innovation, and social reform. Adaption to the needs of educational reform and development and discipline construction is needed. It should adhere to the combination of absorption and innovation, comprehensively utilize all kinds of research methods, innovate educational research paradigm, and explore the nature and law of education. Meanwhile, we should strengthen empirical research, adhere to the basis of facts and evidence, continuously track major issues, and highlight long-term and systematic research. At the same time, we should strengthen interdisciplinary research, promote the integration of educational science and natural science, and make full use of the latest achievements or methodology in cognitive science, brain science, life science and other fields, comprehensively use of new technologies such as artificial intelligence to carry out educational research, probe into ideas and measures of educational development and innovation under the rapid development of artificial intelligence, and constantly expands the breadth and depth of educational research. We should also strengthen the basic, forward-looking, targeted and reserve education policy research, innovate decision-making advisory service mode, earnestly improve the scientific level of educational decision-making, and constantly enhance the ability of education to serve the reform and development of education. We should promote the construction of a world-class educational science theoretical system with Chinese characteristics, continuously improve the quality of educational scientific research and service levels, and provide powerful intellectual support and knowledge contributions for accelerating the modernization of education, building an education power, and running a satisfactory education for the people.

2. The future is far beyond

The future is far beyond, and the seeker wins with strategy. The President of Northeastern University, Joseph E. Aoun, proposed in his book *Robot-Proof: Higher Education in the Age of Artificial Intelligence* that in the future as many as half of American jobs will be at risk. Once machines can program themselves, education in the future must study and teach what intelligent machines can never learn. Only by integrating data, technology and humanities can we become leaders of robots. With the advent of Industry 4. 0, new phenomena such as artificial intelligence, Internet of things, big data, information explosion have created a new social ecology. The new demand for innovative talents in the new era is driving profound changes in the education system. The demand for innovative talents in the new era is promoting the profound reform of the education system, and the new era calls for flexible, high-quality, efficient and innovative scientific research.

Educational scientific research is the basic support for educational modernization which provides theoretical and practical guidance for educational reform and development. The new scientific and technological revolution and the new development model provide more possibilities for educational innovation and the transformation of learning methods, as well as new topics for educational research. We should pay attention to the development and changes of the future society and the impact and change it brings to education, and study the foresight given by future education. It has extremely important theoretical guidance and practical value for the future development trend and construction model of education. To put on a global perspective, many countries are studying the concepts and forms of future education. Looking back at China, the research and practice of future education has also attracted widespread attention from schools, society, enterprises and many people with vision.

Education for good is about humanity. Facing the future challenges, educational scientific research needs innovation and persistence. It is necessary to observe and analyze the new requirements of new technologies, new patterns and new society on education from a broader perspective, and to explore possible new development directions of future education, and eventually contribute to the promotion of individual development and social welfare.

Translated by the Editorial Board of Book;
Proofread by Minjuan Wang, Yan Li & Xuesong Zhai

第二编
国别发展报告

第三章
中国教育研究现状与趋势

　　教育科学是哲学社会科学的重要构成之一。1983 年 10 月 1 日,邓小平同志为北京石景山学校题词,"教育要面向现代化,面向世界,面向未来",为改革开放后我国教育改革指明了方向。进入二十一世纪以来,中国教育研究立足我国发展实践中的真实问题,在教育学的各分支学科领域均取得了创新性的突破,为我国经济社会发展提供了强有力的教育支撑。

　　无论是教育还是教育研究,均遵循着自身的发展脉络,呈现出一定的发展规律。为了更深入地剖析中国教育科研的发展脉络,本章采用可视化分析工具、Bibexcel 软件等,对教育学九本期刊、国家级教育学立项课题、教育政策二十年(2000—2019)变化进行分析,从而展现我国教育研究近二十年发展脉络。

第一节　中国教育研究主题的变迁

　　本小节主要对 2000—2019 年我国教育学综合类及各学科代表性期刊的发文成果进行梳理,从中分析我国教育研究主题的变迁,从一个侧面探索我国教育研究的整体变化与发展。

一、研究方法与步骤

　　本研究使用 CiteSpace 软件对数据进行可视化分析。首先,以中国知网(CNKI)和 CSSCI 数据库为数据来源,对表 3 - 1 中的 9 本代表性期刊进行搜索,按年份收集各期刊 2000—2019 年的数据并进行整合。之后利用 CiteSpace 软件的格式转化功能，将 CNKI 和 CSSCI 格式的数据转化为 WOS 格式的数据，最后设置 CiteSpace 软件参数并运行程序。分析的文献量为 37 518 篇。

表 3-1　分析的九本教育学期刊

序号	期刊名称	文献量	代表领域
1	《教育发展研究》	7 559	学科交叉
2	《教育研究》	4 833	学科交叉
3	《课程·教材·教法》	4 562	课程与教学
4	《学前教育研究》	4 546	早期教育
5	《高等教育研究》	4 408	高等教育
6	《比较教育研究》	4 127	国际与比较教育
7	《高等工程教育研究》	3 418	科学与工程教育
8	《清华大学教育研究》	2 128	教育政策与管理
9	《教师教育研究》	1 937	教师教育

二、主要研究力量

1. 主要研究机构

研究整合 CNKI 数据库中 9 本杂志的数据，使用 CiteSpace 软件对国内教育的主要研究机构进行统计分析，参数设置如下：时间范围为 2000—2019 年，单个时间分区长度设为 5 年，节点类型选择"institution"，数据抽取标准设定为 c＝cc＝ccv＝0 以保证统计频次的完整性[①]。由下表 3-2 可知，国内教育研究机构主要由师范类院校（如北京师范大学、华东师范大学和东北师范大学等）和教育学科实力较强的综合类院校（如浙江大学、清华大学等）组成。

---

① 注：由于数据量过大，超过 CiteSpace 单次能处理的最大节点数（10 000），因此在这里将原数据分成 3 份统计并导出，将导出的三个数据文件合并后再求和。

表3-2　近二十年国内教育研究机构出现频次排名

序号	研究机构	出现频次
1	北京师范大学	3 483
2	华东师范大学	2 283
3	华中科技大学	1 380
4	浙江大学	1 366
5	南京师范大学	1 122
6	清华大学	1 031
7	西南大学	944
8	浙江师范大学	775
9	华南师范大学	752
10	东北师范大学	716

2. 核心作者群

研究以作者的发文量和被引量作为指标,判断某一作者是否属于国内教育领域的核心作者群。

运行后可以看到(见表3-3),在发文数量上,华中科技大学华中学者特聘教授沈红以90篇位居榜首;在被引频次上,华东师范大学终身教授叶澜以747次排名第一。根据普赖斯的核心作者计算公式($N=0.749\sqrt{\max}$,其中 max 指发文量最多的作者的发文量或被引频次),核心作者的发文量和被引频次应分别在8篇和21次及以上。由此得到的核心作者群由507名作者组成(限于篇幅,表3-3列出了被引频次排名前二十的作者),如叶澜、钟启泉、顾明远、潘懋元等大师,为我国教育事业发展作出了巨大贡献。

表3-3　被引频次排名前二十的核心作者

作者姓名	发文量	被引频次
叶澜	20	747
钟启泉	49	691
顾明远	60	623

（续表）

作者姓名	发文量	被引频次
潘懋元	60	580
石中英	26	432
张华	42	321
吴康宁	25	301
鲁洁	13	282
陈向明	26	280
张应强	59	267
刘献君	82	261
崔允漷	33	235
袁振国	13	230
林崇德	15	228
陈学飞	19	224
褚宏启	33	218
赵中建	26	215
杨东平	34	211
别敦荣	80	210
朱旭东	65	205

接着，使用 1 号数据库，将 CiteSpace 软件的数据抽取标准修改为 TOP 10％，使用最小生成树算法，其余不变，运行后得到作者合作关系图谱。从整体来看，国内的核心作者间产生了一定的合作关系，但仍有许多作者保持"单干"的状态，作者间的合作仍有待加强；此外，近 20 年核心作者间的合作关系程度在不断发生变化，呈现出越来越紧密的态势。

3. 共被引分析

1）文献共被引分析

下面通过对文献进行共被引分析，呈现近二十年国内教育的经典文献。使用 2 号数据库，对 CiteSpace 软件进行如下设置：时间范围仍为 2000—2019 年，单个时间分区长度设为 1 年，节点类型选择"Reference"，数据抽取标准设定为

Top 0.3%。表3-4展示了被引频次排名前十(含并列)的文献信息,这些文献的关注点主要集中在工科人才培养与创业教育、基础教育改革与核心素养和教师专业发展三个话题上。

表3-4 高共被引频次文献的基本信息

排名	被引频次	作者	发文年份	文献名称
1	48	吴爱华	2017	《加快发展和建设新工科 主动适应和引领新经济》
2	32	钟登华	2017	《新工科建设的内涵与行动》
3	27	黄兆信	2013	《论高校创业教育与专业教育的融合》
4	25	林健	2010	《"卓越工程师教育培养计划"通用标准研制》
5	24	张华	2016	《论核心素养的内涵》
6	21	陈向明	2009	《对教师实践性知识构成要素的探讨》
6	21	陈向明	2003	《实践性知识:教师专业发展的知识基础》
6	21	王策三	2004	《认真对待"轻视知识"的教育思潮——再评由"应试教育"向素质教育转轨提法的讨论》
7	20	叶澜	1997	《让课堂焕发出生命活力——论中小学教学改革的深化》
7	20	林健	2017	《新工科建设:强势打造"卓越计划"升级版》
7	20	李艺	2015	《谈"核心素养"》
8	19	黄兆信	2015	《众创时代高校创业教育的转型发展》
8	19	钟启泉	2016	《基于核心素养的课程发展:挑战与课题》
9	18	课题组	2016	《中国学生发展核心素养》
9	18	叶澜	2002	《重建课堂教学价值观》
10	16	钟启泉	2001	《教师"专业化":理念、制度、课题》

2) 期刊共被引分析

使用2号数据库,对CiteSpace软件进行如下设置:时间范围仍为2000—2019年,单个时间分区长度设为1年,节点类型选择"Cited Journal",数据抽取标准设定为 Top 0.3%。表 3-5 展示了被引频次排名前十（含并列）的期刊信息，这些期刊全部被 CSSCI 数据库收录，代表了较高的学术水平，在一定程度上说明这些期刊得到了国内教育学研究者的广泛认可；但其中有七本与本研究选择分析的期刊重合，这说明在这些期刊中也可能存在一定的自引情况。

表 3-5　高被引频次的期刊信息

序号	被引频次	期刊名称
1	4 641	《教育研究》
2	2 934	《高等教育研究》
3	2 478	《教育发展研究》
4	1 914	《比较教育研究》
5	1 706	《课程·教材·教法》
6	1 357	《高等工程教育研究》
7	1 286	《中国高教研究》
8	1 267	《清华大学教育研究》
9	1 253	《全球教育展望》
10	1 101	《中国高等教育》

三、研究热点与趋势

1. 研究热点

本研究通过对关键词进行共现和聚类分析，探究近二十年国内教育的研究热点。使用 1 号数据库，对 CiteSpace 软件进行如下设置：时间范围仍为 2000 至 2019 年，单个时间分区长度设为 1 年，节点类型选择"Keyword"，数据抽取标准设定为 TOP 0.5%，在数据处理时采用同义词替换文件（citespace. alias）。运行后得到节点数为 81，连接数为 412，密度为 0.1272 的关键词共现网络图谱（见图 3-1）。表 3-6 展示了中介中心性大于等于 0.1 的关键词信息。从这些图表中可以看出，近二十年国内的教育研究从学校类别上看，涵盖了高等教育（包括高等学校）、基础教育、学前教育（包括幼儿园）和职业教育；热点的研究领域为课程与教学改革、教师教育和比较教育（尤其是美国教育）。

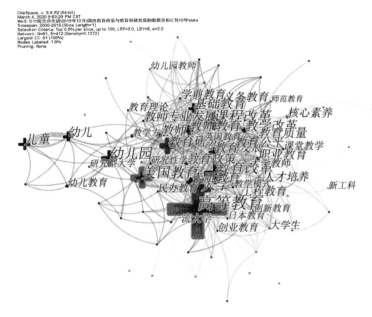

图 3-1　关键词共现图谱

表 3-6　高出现频次和中介中心性的关键词信息

序号	关键词	出现频次	中介中心性
1	高等教育	1 887	0.34
2	美国教育	830	0.22
3	教师	460	0.22
4	大学	1 034	0.17
5	课程改革	784	0.16
6	教师教育	624	0.16
7	教育质量	357	0.16
8	基础教育	500	0.14
9	教育改革	1 008	0.12
10	职业教育	300	0.12
11	教育研究	583	0.11
12	幼儿园	856	0.10
13	教学改革	416	0.10
14	人才培养	214	0.10

2. 研究发展脉络及趋势

下面通过分析突显的关键词，探究近 20 年国内教育的发展脉络及趋势。将 CiteSpace 软件的数据抽取标准修改为 TOP $N=10$，其余不变，使用"Burstness"功能得到图 3-2 所示的突显关键词信息，在"Control Panel"中将"Layout"改为"Timeline zone"，得到图 3-3 所示的关键词共现网络时区图（节点数 105，连接数 112，密度 0.0205，标签按 Burstness 显示）。从图 3-2 来看，可以大致将我国近二十年教育研究分为四个阶段，每一个阶段又都由一或多个话题组成，其中第一阶段（2000—2004 年）涉及的关键词有幼儿、素质教育、教育改革、幼儿园、教学改革和基础教育；第二阶段（2005—2009 年）涉及的关键词有教育研究、教育政策、教育发展和大学；第三阶段（2010—2014 年）涉及的关键词有学前教育、教师教育、教师、教育公平、教师专业发展、教育质量和义务教育；第四阶段（2015—2019 年）涉及的关键词有美国教育、人才培养、创业教育、工程教育、核心素养、

Top 25 Keywords with the Strongest Citation Bursts

Keywords	Year	Strength	Begin	End	2000—2019
幼儿	2000	120.327 8	2000	2005	
素质教育	2000	136.431 1	2000	2002	
教育改革	2000	44.231	2000	2001	
幼儿园	2000	53.691 8	2000	2004	
教学改革	2000	48.327 3	2000	2002	
基础教育	2000	56.441 1	2002	2005	
教育研究	2000	157.296 4	2005	2010	
教育政策	2000	59.631	2006	2008	
教育发展	2000	89.699 9	2006	2009	
大学	2000	18.189 5	2006	2007	
学前教育	2000	44.890 8	2008	2015	
教师教育	2000	39.771 5	2009	2017	
教师	2000	8.360 7	2009	2012	
教育公平	2000	71.844 6	2010	2014	
教师专业发展	2000	39.254 2	2010	2014	
教育质量	2000	27.778 9	2011	2012	
美国教育	2000	64.917 6	2013	2019	
义务教育	2000	29.525 4	2013	2015	
人才培养	2000	47.205 2	2014	2019	
创业教育	2000	41.178 8	2014	2019	
工程教育	2000	30.995	2016	2017	
核心素养	2000	92.024	2016	2019	
职业教育	2000	26.805 3	2016	2019	
新工科	2000	45.851 1	2017	2019	
一流大学	2000	33.838 1	2017	2019	

图 3-2　关键词的突显信息

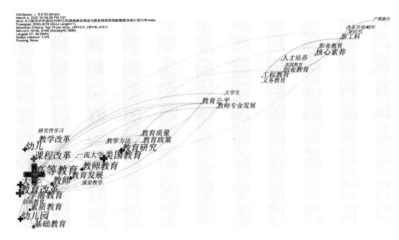

图 3-3 关键词的共现网络时区

职业教育、新工科和一流大学。此外,一些突显关键词与相关政策的颁布有紧密联系,例如"素质教育"一词的出现,很大程度上归因于国务院在 1999 年发布的《中共中央国务院关于深化教育改革,全面推进素质教育的决定》这一文件;"基础教育"在 2002 年成为突显关键词,也很可能是因为教育部在 2001 年颁布了《基础教育课程改革纲要(试行)》,开启了新一轮基础教育课程改革;"新工科"一词的正式出现则源自 2017 年,在教育部的组织下形成的"复旦共识"和"天大行动",等等。这些例子表明,在我国近二十年的教育研究历程中,有许多话题都受到了相关政策的影响。

四、研究结论

我国教育科研主题的变化,主要呈现以下几个特点:

1. 主题呈现阶段性变迁的趋势,每个阶段都有各自的热词

通过对教科研不同领域的集合分析,过去 20 年来,中国教育科研的关键热词,呈现出比较明显的阶段性变迁趋势。这种趋势,从外部影响因素说,部分是受到教育政策变迁的制约,也在很大程度上受到教育变革实践阶段性推进的影响;从教育科研内部来说,很大程度上可能受到其他学科或域外教育科研的影响。在很多情况下,也有可能是各种影响因素综合作用的结果。这在一定程度上也体现了我国教科研与社会发展的同步互动,及对社会发展过程中所出现的

各种新问题、新挑战的呼应。从近 20 年教育科研热词的汇总图来看，可以大致将我国近二十年教育研究分为四个阶段，每个阶段都由一或多个话题组成，四个阶段依次重点关注基础教育、素质教育；教育发展；教师教育、教育公平；人才培养、创新创业教育、新工科等。

2. 从本土教育政策的需求，到教育科学研究的全球融合

如从"素质教育"到"核心素养"的转变，一定程度上体现了我国教育研究从本土教育政策的需求到全球融合的过程。我国第八次基础教育课程改革于 1999 年正式启动，2001 年 7 月教育部颁布《基础教育课程改革纲要（试行）》，这一时期基础教育领域的研究主要集中于新课程改革、课堂教学改革等，突显了素质教育、教育改革、课程改革等关键词。20 世纪的前五年，是我国新一轮基础教改革的起步时期，属于中国经验的摸索和本土教育理论的初创期。随着教育改革的不断深化发展，2014 年，《教育部关于全面深化课程改革落实立德树人根本任务的意见》中提出要研究制定学生发展核心素养体系，明确学生应具备的适应终身发展和社会发展需要的必备品格和关键能力。这一阶段，教育领域开展了大量关于核心素养的研究。而核心素养的提出，也与全球倡导的 21 世纪技能、PISA 全球素养框架等相关。

3. 教育公平呈现"扩散效应"

教育公平和均衡化发展持续受到关注，"有教无类"是中国社会对理想教育的憧憬。教育公平研究也从最初对教育公平本身的概念、政策等相对偏向"宏观"的探讨，慢慢渗透到对不同教育领域以及教育领域中相对"弱势"群体的"微观"关注上，并引起了广大研究者的关注。"西部地区教育""农村学校教育教学质量""乡村教师发展""职业教育""流动人口子女教育""义务教育均衡发展"等研究主题不断进入研究者的视野。可以说我国教科研领域从未间断过对教育公平的探索，而从"宏观"视角到"微观"视角的转换也体现了研究者更注重社会与人文情怀，及对教育解决各类现实问题的重视。

4. 教师专业发展及素质提升研究是教科研持续关注的热点，乡村教师发展的研究关注度逐年提升

教与学是不可分割的两个方面，近二十年教师教育研究主要关注：①教师专业发展。2002 年，教育部《关于"十五"期间教师教育改革与发展的意见》首次提出"教师专业发展"的概念。自此，教师专业发展引起了学者们的广泛重视，成

为该领域的研究重点,而关于教师专业发展的研究也呈现从对教师个体发展的关注逐渐到教师团队发展关注的转变。②师范教育水平提升。理论与实践相脱节一直是师范教育在发展过程中所面临的问题。2018 年 1 月,中共中央、国务院《关于全面深化新时代教师队伍建设改革的意见》中明确提出建设"中国特色师范教育体系",而要建设这一体系,就势必要在中国特色社会主义的大环境中解决好理论与实践之间的矛盾,必定还要经历一段艰难探索的过程。基于对新时代教师队伍的需求,国家重视教师的培养和培训,并从生源质量、师资队伍建设、学科建设、教育实习等方面着力提高师范教育的水平。③教育改革对于教师素质提升的要求。随着教育改革的逐步推进,国家对于教师素质的要求也逐步提高,先后启动卓越教师培养计划、教师教育精品资源共享课建设计划、中小学教师校长国培计划、职业院校教师素质提高计划、中小学教师信息技术应用能力提升工程等重大项目,以提高教师综合素质,培养新时代所要求的教师技能,相关研究也不断涌现。④乡村教师发展。在义务教育均衡发展以及教育扶贫的过程中,农村教育是其中至关重要的组成部分。而农村中小学教师队伍的建设在很大程度上影响着农村教育的发展,进而对义务教育均衡发展以及教育扶贫产生一定的冲击。2007 年,为了培养优质的乡村教师,国务院决定在教育部直属师范大学实行师范生免费教育。2015 年,国务院办公厅颁布了"乡村教师支持计划(2015—2020 年)",旨在采取切实措施加强老少边穷岛等边远贫困地区乡村教师队伍建设,缩小城乡师资差距,为每个乡村孩子提供公平、有质量的教育。因此,对于农村教师队伍的建设必然是教师教育研究领域的一个重要内容,近五年对于乡村教师专业发展的研究关注度在不断提升。

5. 对人才培养目标及培养质量的持续关注

不管是基础教育领域或高等教育领域,或者是职业教育领域,对人才培养及培养质量的研究探索从未停歇。知识、素养、能力、人格等,"培养什么样的人"也是学界关注的重点话题。与人才培养相关的概念均会成为不同阶段教育研究的热词,如"素质教育""核心素养""创新创业人才培养""新工科人才培养"等。教育领域内的很多重要改革也与人才培养目标及质量紧密相关,如"新高考改革""强基计划"等。比较教育研究领域,也有很多研究是对域外人才培养的经验介绍与启示建议,从 20 世纪初对素质教育的关注,到近几年的"一带一路"合作倡议、核心素养等。

第二节　中国教育研究课题的变迁

一、研究方法与步骤

1. 数据来源

本部分的研究数据来源于教育部人文社会科学研究 2001—2019 年度一般项目(以下简称"教育部")和全国教育科学规划领导小组办公室 2001—2019 年度项目(以下简称"全教办")。相关网站均未查找到 2002 年全教办和 2004 年教育部的相关数据。除此两项以外，近二十年共获得教育部课题数量 3 596 项，全教办 8 683 项，总计 12 279 项。

表 3‑7　2001—2019 年教育部、全教办年度项目立项数量

	2001	2002	2003	2004	2005	2006	2007	2008	2009	2010
教育部	109	72	10	—	68	90	98	106	245	380
全教办	1 496	—	764	151	392	228	278	342	459	452
合计	1 604	72	774	151	460	318	376	448	704	832
	2011	2012	2013	2014	2015	2016	2017	2018	2019	总计
教育部	351	344	250	230	266	193	259	285	240	3 596
全教办	402	419	440	422	425	494	488	511	520	8 683
合计	753	763	690	652	691	687	747	796	760	12 279

2. 具体方法

本部分采用文献计量法，主要包括描述性统计方法和基于词频统计的内容分析法。描述性统计方法利用 Excel 软件，计算出每年全教办和教育部的课题数量分布情况；采用内容分析法时，首先对立项课题名称进行中文分词，为避免分词软件造成的不准确，邀请十名教育学专业的学生(含本、硕、博)对 12 279 个课题名称进行人工手动分词，然后将分词后的数据导入 Bibexcel 软件，最后利用 Ucinet 软件(其中附带画图软件 Netdraw)绘制知识图谱。

二、结果与分析

1. 课题类型分布

表 3-8 所示为 2001—2019 年教育部、全教办课题类型分布。结果显示，国家级教育学立项课题的申请从 2008 年开始呈常态化，立项类别（如规划基金、国家重大、国家重点、教育部重点、青年项目等）逐步固定，但是整体立项率较低。2001—2016 年教育部的课题类型由于数据不全，难以准确判断，但是我们发现，2003 年和 2004 年的"自筹项目"较多，在随后的年份中迅速减少（甚至于为 0）。其次，我国对青年学术人才的鼓励力度较大，"国家青年基金""教育部青年项目"和"青年专项课题"的总数量自 2009 年起一直维持在 200 个以上。最后，2017—2019 年的"国家一般"项目超过往年数量，"西部项目"从 2018 年开始设立，"国家一般"项目和"西部项目"在近 3 年受到的扶持力度较大。

表 3-8 2001—2019 年教育部、全教办课题类型分布

年份	规划基金	国家重大	国家重点	教育部重点	国家一般	国家/教育部青年	单位资助	西部项目	自筹经费	合计
2001	618		35	631	93	96				1 473
2002				0						0
2003			10	337	31	141			245	764
2004				2					149	151
2005			9	140	26	49	168			392
2006		1	11	105	46	65				228
2007			6	136	46	90				278
2008	63	1	7	157	60	155				443
2009	135		9	232	83	241			4	704
2010	201		10	169	99	351			2	832

（续表）

年份	规划基金	国家重大	国家重点	教育部重点	国家一般	国家/教育部青年	单位资助	西部项目	自筹经费	合计
2011	177		8	144	87	335			2	753
2012	174		9	152	91	337				763
2013	117		6	156	111	300				690
2014	109		9	145	106	283				652
2015	116	5		145	107	308			2	691
2016	71	3	10	153	145	286			4	672
2017	113	4	8	149	228	245				747
2018	124	5	11	151	220	268		16	1	796
2019	94	4	14	159	221	248		20		760

注：部分数据由于缺失或类型数目较少，未包含在此表中的数据，如2001—2016年教育部所有课题（447个），2001年"部委课题"（23个），2008年"专项任务"（5个），2016年"重点委托"（15个）等数量较少的课题均未包含在上表。

2. 课题负责机构分析

接下来对课题负责机构进行频次分析，表3-9列出了获得项目数量排名前30的机构，其立项课题数（4 282）占全部立项数量（12 279）的34.9%。高等教育机构，尤其是师范大学，是教育学课题立项的主力军。北京师范大学和华东师范大学获得的立项数最多，分别为437项和396项。

通过对立项数排名前30的研究机构地理区域分布的分析发现，立项数较集中地分布在经济发达的北京市及东南沿海地区（如上海市和浙江省），而且研究力量多元化，如北京市有北京师范大学、中央教育科学研究院、北京大学、首都师范大学，而浙江省有浙江大学、浙江师范大学、宁波大学、杭州师范大学等。西部地区表现突出的省份很少，且各省研究力量较薄弱。总体来看，经济发达地区立项较多，经济落后地区立项较少，研究力量分布不均衡。

表 3-9 教育学立项课题数排名前 30 的机构

序号	机构	课题数量	百分比	序号	机构	课题数量	百分比
1	北京师范大学	437	3.87%	16	湖南师范大学	104	0.92%
2	华东师范大学	396	3.51%	17	北京大学	103	0.91%
3	东北师范大学	310	2.75%	18	山东师范大学	97	0.86%
4	华中师范大学	222	1.97%	19	宁波大学	95	0.84%
5	西南大学	219	1.94%	20	杭州师范大学	86	0.76%
6	南京师范大学	207	1.84%	21	河南大学	86	0.76%
7	华南师范大学	172	1.52%	22	清华大学	86	0.76%
8	浙江师范大学	168	1.49%	23	曲阜师范大学	83	0.74%
9	中国教育科学研究院	151	1.34%	24	天津师范大学	82	0.73%
10	浙江大学	147	1.30%	25	广州大学	79	0.70%
11	首都师范大学	128	1.13%	26	江西师范大学	77	0.68%
12	西北师范大学	121	1.07%	27	福建师范大学	75	0.66%
13	陕西师范大学	120	1.06%	28	中国人民大学	73	0.65%
14	沈阳师范大学	110	0.98%	29	辽宁师范大学	72	0.64%
15	上海师范大学	106	0.94%	30	华中科技大学	70	0.62%

注：中国教育科学研究院,含原中央教育科学研究所。西南大学,含原西南师范大学。

3. 立项课题题目共词分析

共词分析方法最早在 20 世纪 70 年代中后期由法国文献计量学家提出,是利用文献集中词汇或名词短语共同出现的情况,确定该文献集所代表学科中各主题之间的关系的内容分析方法,它主要是对一对词进行两两统计,判断其在同一题目中出现的次数,以此为基础进行聚类,同时可以用图谱形式生动直观地展现该学科的研究结构,从而判断学科领域内各研究主题之间的亲疏关系[①]。

---

① 李运景. 基于引文分析可视化的知识图谱构建研究[M]. 南京：东南大学出版社,2009.

袁振丽,杨瑜,蒋继平. 国家社会科学基金体育学立项课题计量分析[J]. 上海体育学院学报,2016,40(05)：13-17.

本文邀请十名教育学专业的学生(含本、硕、博)将12 279个立项题目进行人工分词,分析之后删除了"的""与""以及""中"等无参考价值的词,并手工合并了"我国"和"中国","高校"和"高等院校"等含义相同的词,最后得到约13 000词,总出现的频次为82 010,出现大于等于2次的词有4 246个。表3-10选取出现频次200次及以上的词语54条,可以看出"中国""教育""发展""教师""高校""研究""教学""大学""培养""高等教育"等在课题立项题目中出现频繁。从词频统计上看,我国教育学立项课题研究内容丰富,涉猎面广泛,但对新的研究方法观点运用比较分散,缺乏持久关注。

表3-10 教育学立项名称高频词统计结果

序号	词	频次	序号	词	频次	序号	词	频次
1	1 461	中国	19	399	理论	37	291	机制
2	1 291	教育	20	389	实践	38	291	能力
3	941	发展	21	372	背景	39	277	专业
4	936	教师	22	367	实践研究	40	271	质量
5	821	高校	23	363	学校	41	268	影响
6	652	研究	24	360	模式研究	42	267	社会
7	631	教学	25	356	视角	43	260	策略研究
8	588	大学	26	345	实证研究	44	237	问题研究
9	548	培养	27	340	体系	45	235	政策
10	515	高等教育	28	325	构建	46	232	人才
11	504	机制研究	29	322	比较研究	47	229	基础教育
12	471	大学生	30	319	发展研究	48	228	分析
13	470	中小学	31	311	对策研究	49	225	文化
14	427	农村	32	306	创新	50	220	儿童
15	417	学生	33	305	职业教育	51	218	体系研究
16	407	学习	34	300	改革	52	217	制度
17	405	模式	35	299	建设	53	215	青少年
18	400	课程	36	292	评价	54	200	义务教育

接下来进行共词分析。用 BibExcel 软件对上述分词进行计算,得出 1001×1001 的词频共现矩阵。将矩阵导入 Ucinet,利用其 Netdraw 功能进行知识图谱绘制,选取共现次数超过 40 次显示(见图 3-4)。

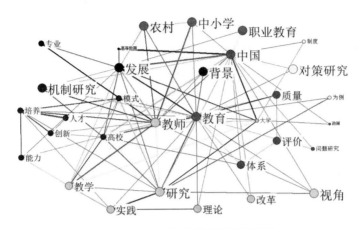

图 3-4 教育学研究结构网络

图 3-4 中以节点大小显示词频高低,节点越大,词频越高;节点间连线的粗细表示节点关联的强弱,连线越粗,关联越强。由图 3-4 可见,教育、发展、教师、研究、中国等在网络中占着比较核心的位置。按照图 3-4 中节点的大小及不同节点间连线的粗细程度,近二十年国家级教育学课题的关键词可以聚为以下四类:我国教育质量保障体系研究(教育、质量、评价、体系)、高校创新人才培养(高校、创新、机制研究、人才、培养、模式)、教学改革与实践(教师、教学、实践、研究、理论、实践)、教育均衡化发展(农村、中小学、职业教育)。

第一,我国教育质量保障和评价体系。近二十年来,具有中国特色的教育质量保障和评价体系对于促进我国教育事业的蓬勃发展起了重要作用。相关课题层出不穷,例如"我国中小学教师继续教育的质量保障机制研究"(2001 年)、"西部少数民族地区学校体育教育质量评价方案及标准的研究"(2003 年)、"高等工科院校教学质量保障与监控长效机制的研究与实践"(2005 年)、"高等教育大众化阶段质量保障与评价体系研究"(2006 年)、"中外合作办学的质量保障体系研究"(2014 年)、"地方建筑类高校专业型研究生教育质量评价体系研究"(2015 年)、"从制度到文化高等教育质量保障体系研究"(2016 年)等,可见教育质量保障和评价体系主要聚焦于高等教育领域但是不限于此，还涉及基础教育、研究生教育、职业教育、教师教育等多个领域，涵盖评价体系、保障体系、教学质量评估等多个研究范畴。

　　在高等教育大众化背景下，北京师范大学钟秉林教授和厦门大学史秋衡教授共同主持的全教办国家重点课题"高等教育大众化阶段质量保障与评价体系研究"(2006年)为我国新阶段的教育质量保障研究打下了坚实基础。从政府、教育部等外部教育质量保障体系而言，史秋衡和郭华(2009)针对逐渐兴起的中外合作办学过度市场化的问题，提出国家要加大对合作办学中院校选择和学科选择等的引领，加大财政支持，严格质量管理等①。从高校内部而言，魏红和钟秉林(2009)提出高校内部质量保证体系应该包含背景保障、投入保障、过程保障、结果保障和机制保障等五大要素，其中背景保障包含高等学校的人才培养目标和质量标准；投入保障是高校为保证教学活动有序开展提供的教学条件和人力资源；过程保障是对人才培养过程的管理和监控；结果保障是对院系组织工作、教师教学工作和学生学习与发展等的评估；而机制保障是对上述各个环节的调查、评价、反馈和持续改进②。

　　第二，高校创新人才培养。加强对创新人才的培养研究既是建设创新国家的急迫愿望，也是高等教育自身发展的迫切要求③。在高等教育领域，2018年全国共有普通高等学校2663所，比上年增加32所，各种形式的高等教育在学总规模为3833万人④；2019年，中国高等教育毛入学率已达51%，高于世界平均水平。高等教育系统的逐渐庞大，高校学生数量的持续增加引起人们对教育的"质"的问题的担忧。如何建立起有效支持学习的教育系统，如何提高人才培养能力是高等教育界的一大挑战⑤。

　　针对不同类型的创新人才，近二十年的课题均有涉猎。首先，针对拔尖创新

---

① 史秋衡，郭华. 过度市场化下中外合作办学的理念调整及发展规划[J]. 教育研究，2009，30(9)：68 - 72.

② 魏红，钟秉林. 我国高校内部质量保障体系的现状分析与未来展望——基于96所高校内部质量保障体系文本的研究[J]. 高等工程教育研究，2009(6)：64 - 70.

③ 董泽芳，邹泽沛. 常春藤大学一流本科人才培养模式的特点与启示[J]. 高等教育研究，2019，40(10)：103 - 109.

④ 注：2018年全国各类高等教育在学总规模达3833万人，来源于 http://www.xinhuanet.com/2019-02/26/c_1124165826.htm

⑤ 史静寰. 走向质量治理：中国大学生学情调查的现状与发展[J]. 中国高教研究，2016(2)：37 - 41.

人才的课题有"研究型大学建设与拔尖创新人才培养研究"(2003 年)、"基础学科拔尖学生培养试验计划形成性绩效评价研究"(2017 年)、"创新驱动战略背景下中国一流大学拔尖计划本科生的深层学习研究"(2018 年)等。白春章,陈其荣和张慧洁(2012)以文献综述的形式梳理了白春礼、曹聪、刘少雪、林崇德和胡卫平等学者对于拔尖创新人才成长规律的研究成果,发现拔尖创新人才的成长历程表现出明显的优势积累效应,他们青年时期往往有着稳定的家庭经济、良好的家庭文化氛围,接受过名校名师的教诲,主要从事传统优势学科研究,有过海外求学经历和浓厚的社会服务情怀等①。

此外,针对普通本科生,相关课题有如"大学生创新能力发展的保障体系及其运行机制研究"(2011 年)、"国际比较视野下的中国大学生创新能力及学习环境对其的影响机制研究"(2014 年)等。虽然中国学生在 PISA、TIMSS 等各种国际成就测试中名列前茅,但是标准化的考试成绩测量(包含 PISA 等),并不能等同于对创新能力和批判性思维的肯定②。在思维及综合能力层面的收获上,中国研究型大学本科生比美国研究型大学本科生均值得分低,且呈现出中等程度的显著性差异③。在课堂上偏保守,以接受知识传输和隐形参与为主,不愿意主动提问或加入课堂讨论④⑤,构成了典型的中国大学生课堂表现行为。在这样的状态下,按照西方国家的教育理念,由于中国学生对课程的认知更多停留在知识的传递层面(如"记忆"),而忽视了对分析、综合、判断、运用等更侧重思维能力和方法论的高阶认知训练,从而不利于创造性思维的培养与发展。但是张华峰和史静寰(2018)提出使用本土的传统文化和教育哲学理念来理解中国大学生的主动性学习,即在内化知识过程中产生的虚心接受、无声思考、学思结合等有益

---

① 白春章,陈其荣,张慧洁.拔尖创新人才成长规律与培养模式研究述评[J].教育研究,2012(12):147 - 151.

② 吕林海,张红霞,李婉芹,万东升.中国学生的保守课堂学习行为及其与中庸思维、批判性思维等的关系[J].远程教育杂志,2015,33(05):54 - 63.

③ 王纾.中美研究型大学本科课程教学的比较研究:以学生课程学习体验为视角[J].外国教育研究,2012,39(04):111 - 119.

④ 吕林海,张红霞,李婉芹,万东升.中国学生的保守课堂学习行为及其与中庸思维、批判性思维等的关系[J].远程教育杂志,2015,33(05):54 - 63.

⑤ 王纾.中美研究型大学本科课程教学的比较研究:以学生课程学习体验为视角[J].外国教育研究,2012,39(04):111 - 119.

于学生的心智发展,同时也用相关数据对此进行了佐证①。基于以上,如何合理界定中国大学生的创新和批判性能力,如何认识中国大学生保守的课堂学习行为和传统的认知特点对创新力的影响,以及如何创设中国课堂教学环境等任务依旧任重而道远。

　　第三,教育均衡化发展。"教育均衡发展的本质是追求教育平等,实现教育公平"②。知识经济对现代教育提出了新要求,对农村教育和职业教育的关注亦是倡导教育终身化、构建学习型社会的重要组成部分。"有教无类"作为中国社会对理想教育的美好向往和憧憬,启发我们教育应该兼顾每一个社会成员的发展。

　　"教育学"学科领域最具权威性的期刊《教育研究》于2010—2013年集中刊登了多篇围绕教育均衡化发展课题的研究成果。围绕教育部哲学社会科学研究重大课题攻关项目"我国义务教育均衡发展改革研究",国家社会科学基金"推进区域基础教育均衡发展的伙伴协作研究""基础教育均衡发展理论与实证研究""义务教育均衡发展中评价体系及战略研究"等课题,学者们做了大量的农村义务教育研究。例如翟博和孙百才(2012)通过对1995—2010年我国基础教育均衡状况进行指数测算,发现我国基础教育差距整体上逐步缩小,但是城乡之间依然存在较大的生均经费差距,择校问题依旧值得关注③。而实现义务教育均衡发展的根本是解决农村教育问题,农村留守儿童、农村寄宿制学校、教学点的办学条件、教师整体素质等是农村教育的重中之重④。随后朱德全,李鹏和宋乃庆(2017)通过对2010—2014年相关数据的分析,发现中国义务教育均衡发展取得持续进步,学校办学条件、师资配置等问题得到一定程度解决,但是教育质量城乡差距甚大等问题依旧有待解决⑤。而在教育技术2.0时代,科学技术手段在促进城乡教育均衡转变方面功不可没,围绕"信息技术支持的基础教育学校变革

---

① 张华峰,史静寰.走出"中国学习者悖论"——中国大学生主体性学习解释框架的构建[J].中国高教研究,2018(12):31-38.
② 翟博.教育均衡发展:理论、指标及测算方法[J].教育研究,2006(3):16-28.
③ 翟博,孙百才.中国基础教育均衡发展实证研究报告[J].教育研究,2012,33(5):22-30.
④ 范先佐.义务教育均衡发展与农村教育难点问题的破解[J].华中师范大学学报(人文社会科学版),2013(2):148-157.
⑤ 朱德全,李鹏,宋乃庆.中国义务教育均衡发展报告——基于《教育规划纲要》第三方评估的证据[J].华东师范大学学报(教育科学版),2017,35(1):63-77,121.

研究""信息技术促进区域教育均衡发展的实证研究"等课题,研究提出区域教育均衡发展可以以数据为基础,准确把握区域教育发展动态,构建信息技术提升义务教育均衡发展的理性模型,综合考虑环境均衡、资源均衡、教育机会均等、教育质量均衡等因素,实现信息技术对教育的精准扶持[①]。

作为高等教育的"半壁江山",职业教育以为各行各业生产和工作培养一线高素质技术技能型人才为导向,通过技术创新增强国家现代化的活力,因此在人才培养模式上具有自身的独特性,相关课题如"职业教育有效发展研究"(2006年)、"职业学校教师专业化发展的理论与实践研究"(2007年)、"技能内生性视角下的职业教育校企合作机制研究"(2010年)、"职业教育人才培养模式的国际比较研究"(2016年)、"面向新工业革命的高等职业教育人才培养模式变革研究""职业教育精准扶贫实施以及民众精准脱贫获得感评价研究"(2018年)等为促进我国的职业教育发展发挥了重要作用。

第四,教育改革与实践。自从2001年7月我国教育部颁布《基础教育课程改革纲要(试行)》,一系列教学研究改革如雨后春笋般,大大促进了我国基础教育事业的理论和实践发展。从宏观角度来看,教育改革、素质教育、课程改革、中国教育等词语多次出现在人们的视野。我国第八次基础教育课程改革于1999年正式启动,2000年1月至6月通过申报、评审,成立了各学科课程标准研制组。2001年7月教育部颁布《基础教育课程改革纲要(试行)》,开启了中国教育经验的摸索和本土教育理论建构的新阶段。作为一场"旨在复兴中华民族的新课程改革",课题如"知识转型与教育改革"(2001年)、"新基础教育理论及推广性发展性研究"(2001年)、"基础教育课程改革的基本理论与实证研究"(2001年)等拉开了新世纪课程改革的序幕[②]。

从初步摸索到"深水区",教学改革不是一蹴而就的,而是立足长远,稳步有序推进。在此过程中,北京师范大学王策三教授、石中英教授,华东师范大学叶澜教授、钟启泉教授等人对新时期的基础教育发展做出了卓越贡献,他们对应试教育和素质教育、知识和学习、课堂教育以及教学改革等核心问题进行了深入探讨。在**目标改革**上,关于"三维目标"的论争持续了近十年,但是总体而言,新课

---

① 刘雍潜,杨现民. 大数据时代区域教育均衡发展新思路[J]. 电化教育研究,2014,35(5):11-14.
② 谢翌,马云鹏,张治平. 新中国真的发生了八次课程改革吗?[J]. 教育研究,2013,2(125):125-132,146.

程改革的"三维目标"超越传统的"双基论"，体现了"现代学科的内在价值"①，使得素质教育在课堂实践的过程中有据可依。随着历史新时期的到来，"中国学生发展核心素养"在文化基础、自主发展、社会参与维度上展现出新时期对全面发展的人才的新需求（核心素养研究课题组，2016）。在**过程改革**中，叶澜教授提出重建课堂教学价值观，突破传统的学科教学方式，扩展学科的育人价值，倡导"多向互动、动态生成"式的教学过程，重建课堂教学过程观②③。此外，**评价改革**应该贯穿于教学改革和实践的全过程④。无论是采用对能力（或倾向）的行为表现进行直接评价的表现性评价⑤，还是注重发展和变化过程的发展性评价⑥，抑或是在形成性评价基础上发展而来的学习性评价⑦，我们在进行教育评价的过程中，可以从制度、观念和方法多层面入手⑧，正确处理好量化评价和质性评价的矛盾，西方教育理念和我国本土化教育思想的矛盾⑨，以及评价的客观性和工具主义的矛盾。伴随着核心素养的提出，评价亦要关注对人的素养的全面评价，以适应新时代教育人才培养的要求⑩。在**技术改革**上，随着信息技术的发展，多种富含技术的教学形式和手段如雨后春笋般兴起，例如智慧教育等。但是正如杨鑫和解月光⑪所言，"教师教学的本质则在于启发、引导、辅助学生建构智慧。"所以，任何形式的教学都不应该束缚于技术手段或者人工智能，教育的育人价值始终值得重视。在教学过程中，教师需要根据具体教学情境，整合课程知识，关注学生的情感价值，充分发挥教育的生成性功能⑫。

---

① 钟启泉."课堂互动"研究：意蕴与课题[J].教育研究,2010,31(10)：73-80.
② 叶澜.重建课堂教学过程观——"新基础教育"课堂教学改革的理论与实践探究之二[J].教育研究,2002a(10)：24-30,50.
③ 叶澜.重建课堂教学价值观[J].教育研究,2002b(5)：3-7,16.
④ 叶澜,吴亚萍.改革课堂教学与课堂教学评价改革——"新基础教育"课堂教学改革的理论与实践探索之三[J].教育研究,2003(8)：42-49.
⑤ 王小明.表现性评价：一种高级学习的评价方法[J].全球教育展望,2003,32(11)：47-51.
⑥ 董奇,赵德成.发展性教育评价的理论与实践[J].中国教育学刊,2003(8)：5.
⑦ 丁邦平.从"形成性评价"到"学习性评价"：课堂评价理论与实践的新发展[J].课程·教材·教法,2008(9)：20-25.
⑧ 杨启亮.走出课程评价改革的两难困境[J].教育研究,2005(9)：31-35.
⑨ 胡中锋,董标.教育评价：矛盾与分析——在基础教育新课程改革的观照下[J].课程·教材·教法,2005(8)：6-10.
⑩ 辛涛,姜宇.基于核心素养的基础教育评价改革[J].中国教育学刊,2017(4)：12-15.
⑪ 杨鑫,解月光.智慧教学能力：智慧教育时代的教师能力向度[J].教育研究,2019,40(8)：150-159.
⑫ 李润洲.完整的人及其教育意蕴[J].教育研究,2020(4)：26-37.

三、研究结论

通过 Excel，Bibexcel 和 Ucinet 软件对 2001—2019 年教育学领域获得教育部和全国教育规划办资助的 12 279 项课题进行文献计量分析发现，教育、发展、教师、中国等在课题研究中占着比较核心的位置。

具体而言，本文得到以下研究结论：

第一，课题类型分布上，国家级教育学立项课题的申请已呈常态化，立项类别固定，但立项率较低；

第二，在课题负责机构上，北京师范大学和华东师范大学获得的立项数最多，同时在地理分布上呈现出经济发达地区立项较多、研究力量分布不均衡的特点；

第三，在课题立项题目上，我国教育学立项课题研究内容丰富，涉猎面广泛，但对新的研究方法观点运用比较分散，缺乏持久关注；课题的主题兼具高度集中性和离散性，研究主题可以聚为以下四类：教育质量评价体系、高校创新人才培养、教师专业发展，教学改革与实践、教育均衡化发展。

总之，2001—2019 年教育学领域获得教育部和全国教育规划办资助的 12 279 项课题对推动我国教育领域的理论和实践发展产生重大作用，未来几年里，国家级教育学立项课题的申请将持续常态化，西部教育问题有着较大的研究空间，期待教育科学研究方法有所创新和突破。

第三节　中国教育政策的变迁

本部分研究选择我国新世纪以来前 20 年的教育政策文本进行计量分析，并不单纯是为了掌握教育政策自身的主题变迁，更重要的是以政策观科研，即通过教育政策的发展变化，透析政策与教育科研之间的关联性，从而更好地判断中国教育科研的变化脉络、发展趋势及其与教育政策之间的复杂关系。

一、政策文本选取及编码

1. 政策文本选取及编码

本研究对 2000—2019 年共 720 份政策文本进行了编码，政策文本的选取规则为：①发文机构包括中共中央、国务院或教育部；②发文机构后使用的动词为"印发"；③将一些与本研究关系不大的政策文件，如含有"讲话""纪要""工作要点""影片""结果"和"推荐书目"等关键词的政策文件剔除。

研究先以 2019 年的政策文本为样本进行编码，直到码饱和，不能产生新的码为止。最终产生的一级编码主要包括高等教育、教育技术、教育政策与管理、教师教育、科学教育与工程教育、课程与教学、早期教育、职业与成人教育、体艺与卫生教育、其他十类，每个一级编码又细分出系列二级编码。

2. 政策文本整体特点

从图 3-5 和图 3-6 可以看出，教育政策呈现的特点为：

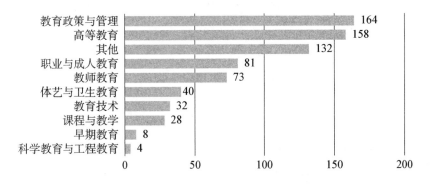

图 3-5　2000—2019 年政策文本整体分布图

第一，近二十年的政策文本分布上，排在前五位的依次为教育政策与管理、高等教育、职业与成人教育、教师教育、体艺与卫生教育（其他除外）；

第二，职业与成人教育政策文本数在近五年有显著增长；

第三，教师教育、高等教育、教育政策与管理在近二十年均是教育政策文本关注的重点领域。

二、政策文本分领域特征

1. 教师教育领域

本研究分析了二十年教师教育领域政策的特点（见图 3-7），包括：

第一，教师队伍建设一直是教师教育领域政策关注的重点，基本每年都有 2～4 份教育政策是关注教师队伍建设的，2013 年有 7 份教育政策关注教师队伍

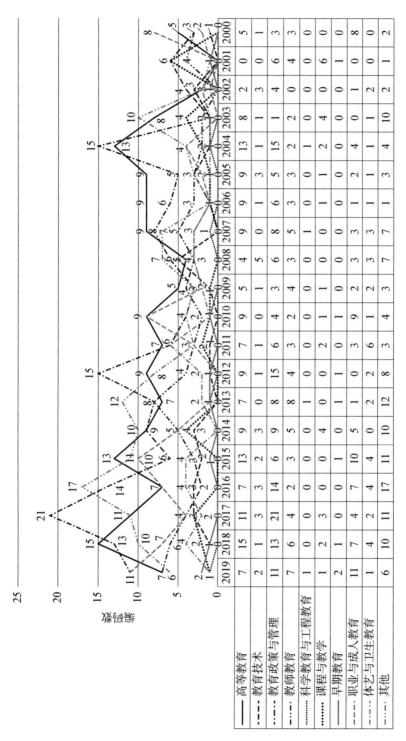

	2019	2018	2017	2016	2015	2014	2013	2012	2011	2010	2009	2008	2007	2006	2005	2004	2003	2002	2001	2000
高等教育	7	15	11	7	13	9	7	9	7	9	5	4	9	9	9	13	8	2	0	5
教育技术	2	1	3	3	2	3	0	1	1	0	1	5	0	1	3	1	1	3	0	1
教育政策与管理	11	13	21	14	6	9	8	15	6	4	3	6	8	6	5	15	1	4	6	3
教师教育	7	6	4	2	3	5	8	4	3	2	4	3	5	3	3	2	2	0	4	3
科学教育与工程教育	1	0	0	0	0	0	1	0	0	0	0	0	1	0	0	1	0	0	0	0
课程与教学	1	2	3	0	0	4	0	0	2	1	1	0	0	1	1	2	4	0	6	0
早期教育	2	1	0	1	1	0	1	1	0	0	0	0	0	0	0	0	0	0	1	0
职业与成人教育	11	7	4	7	10	5	1	0	3	9	2	3	3	1	2	4	0	1	0	8
体艺与卫生教育	1	4	2	4	4	0	2	2	6	1	3	3	3	1	1	1	1	2	0	0
其他	6	10	11	17	11	10	12	8	3	2	7	7	7	1	3	4	10	2	1	2

图 3－6　2000—2019 年教育政策文本按年度分布图

建设；

第二，近两年对于师德师风建设的关注增加，如教育部等七部门印发《关于加强和改进新时代师德师风建设的意见》的通知（2019）；

第三，近两年对于教师减负的政策关注增加，如中共中央办公厅、国务院办公厅印发《关于减轻中小学教师负担进一步营造教育教学良好环境的若干意见》（2019）。

研究同时选择《教师教育研究》期刊 2000—2019 年共 1937 篇文献作为样本进行分析，获得在教师教育相关政策的驱动之下，教师队伍建设相关的问题，如教师专业发展、师范教育、教育改革对教师素质的要求等一直是教师教育研究领域关注的热点，论文发表上主要集中在这几个关键领域。2002 年，教育部《关于"十五"期间教师教育改革与发展的意见》首次提出"教师专业发展"的概念，指出"教师教育是在终身教育思想的指导下，按照专业发展的不同阶段，对教师进行职前培养、入职培养和在职培养的统称"。自此，教师专业发展引起了学者们的广泛重视，成为该领域的研究重点。

2. 高等教育领域

研究分析了二十年高等教育领域政策的特点（见图 3 - 8 和图 3 - 9），包括：

第一，近二十年，高等教育领域政策关注最多的是科学研究，之后依次是大学与学科建设、教育教学与人才培养、学位与研究生教育、就业与创业/大学招生、成果转化（具体见图 3 - 9）；

第二，科学研究是高等教育近二十年持续关注的政策主题；

第三，就业与创业在近十年受到较多政策关注；

第四，学位与研究生教育在近十年受到较多政策关注。

3. 教育政策与管理领域

研究分析了二十年教育政策与管理领域政策的特点（见图 3 - 10 和图 3 - 11），包括：

第一，近二十年教育政策与管理领域政策关注最多的是"教育改革与统合管理"，之后依次为：义务教育管理、教育督导、学生资助/教育财政、校园安全、社会民办教育和其他；

第二，近十年在义务教育管理上的政策关注明显增加；

第三,近十年在教育督导上的政策关注明显增加;

第四,近十年在教育财政上的政策关注明显增加。

4. 课程与教学领域

研究分析了二十年课程与教学领域政策的特点(见图 3－12),整体来看,该领域的政策主要关注课程标准、改革与建设以及教材。这一领域政策相对数量不是特别多,也有可能是该领域涉及高等教育、基础教育、职业教育等各个领域,相关政策已被上述领域所编码。

5. 职业与成人教育领域

研究分析了二十年职业与成人教育领域政策的特点(见图 3－13、图 3－14):

第一,对中等职业教育与高等职业教育的政策关注度基本一致;

第二,对高等职业教育的政策关注近十年有所提升;

第三,对成人教育的关注度近几年有所提升。

6. 体艺与卫生教育领域

研究分析了二十年体艺与卫生教育领域政策的特点(见图 3－15)。可以非常清晰地看到,近五年来,随着对“阳光体育”的政策倡导和理论关注,教育政策中涉及“体育”的相关政策明显增加。

7. 教育技术领域

从近 20 年教育技术领域的政策文本看,尽管教育技术近年来发展迅猛,且日益改变教育教学的实践形态,但专门的关于教育技术的政策数量却并不多。比较而言,一般性地支持发展教育技术的政策和强调数字安全与管理的相关政策,在近五年专门颁布的教育政策的文本中占比较高(见图 3－16)。

8. 教育其他领域

对近二十年教育领域其他的相关政策进行编码分析可见,教育政策对思政教育的关注度一直保持在高位,近五年来关注度提升更为显著。对“党政相关”主题的关注也较多,近十年来关注度明显增多(见图 3－17、图 3－18)。

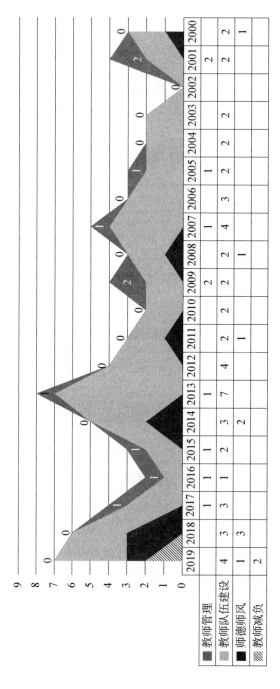

图 3 - 7　2000—2019 年教师教育领域政策按年度分布图

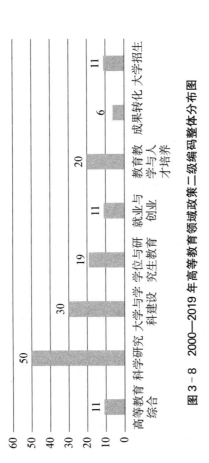

图 3 - 8　2000—2019 年高等教育领域政策二级编码整体分布图

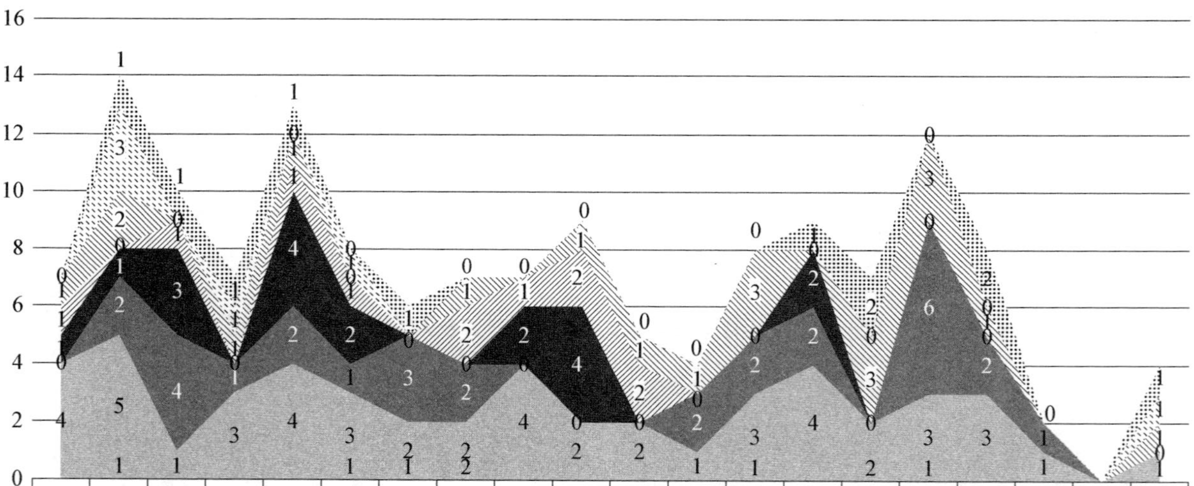

图 3-9　2000—2019 年高等教育领域政策按年度分布图

	2019	2018	2017	2016	2015	2014	2013	2012	2011	2010	2009	2008	2007	2006	2005	2004	2003	2002	2001	2000
大学招生	1	1	1	1	1		1							1	2		2		1	1
成果转化		3	1	1		1										3	1			1
教育教学与人才培养	1	2	1	1	1	1	1	1		1	1		3		3	3	1	1	1	1
就业与创业	1	1	3		4	2		2	2	2	2									
学位与研究生教育	1	1	4	1	2	1	3		2	4		2	2	2		6				
大学与学科建设	2	2	1	3	2	3	2	2	2		2	1	2	2	2	6	2	1		
科学研究	4	5	1	3	4	3	2	2	4	4	2	1	3	4	2	3	3	1	1	1

图 3 - 10　2000—2019 年教育政策与管理领域政策二级编码整体分布图

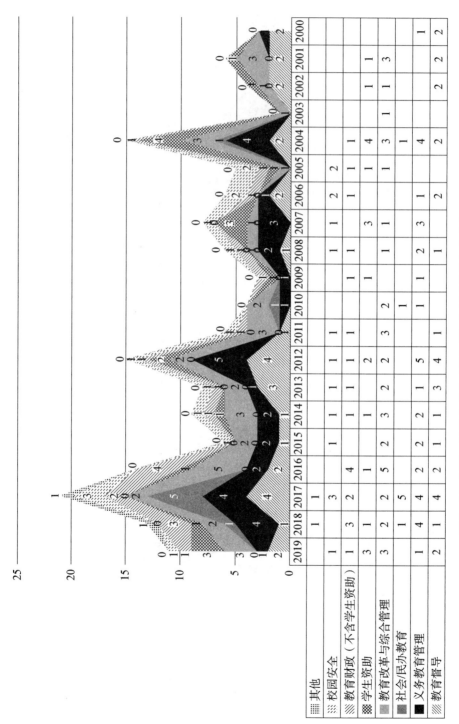

图 3 - 11　2000—2019 年教育政策与管理领域政策按年度分布图

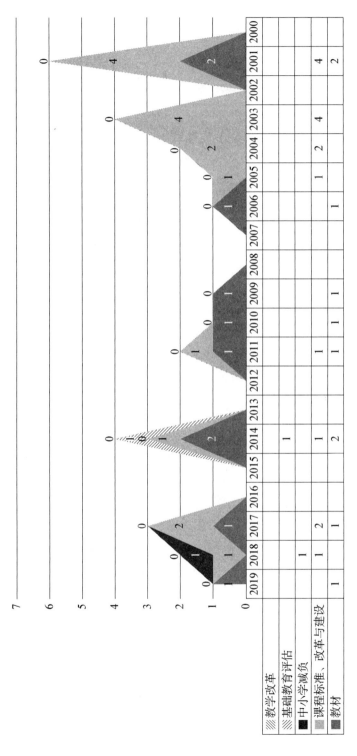

图 3 - 12　2000—2019 年课程与教学领域政策按年度分布图

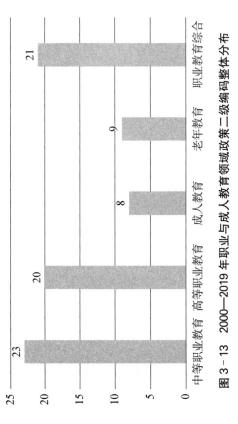

图 3 - 13　2000—2019 年职业与成人教育领域政策二级编码整体分布

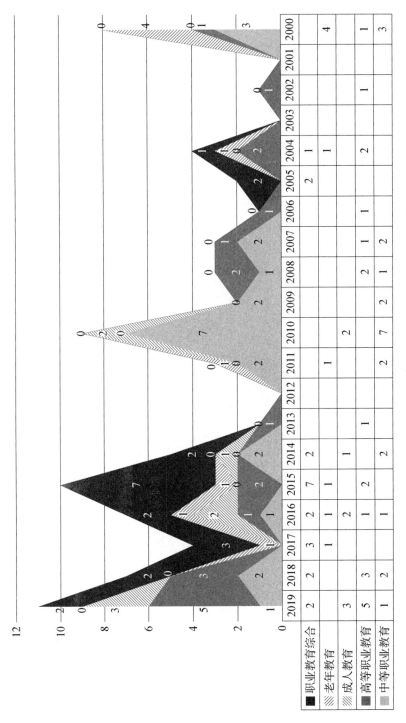

图 3 - 14 2000—2019 年职业与成人教育领域政策按年度分布图

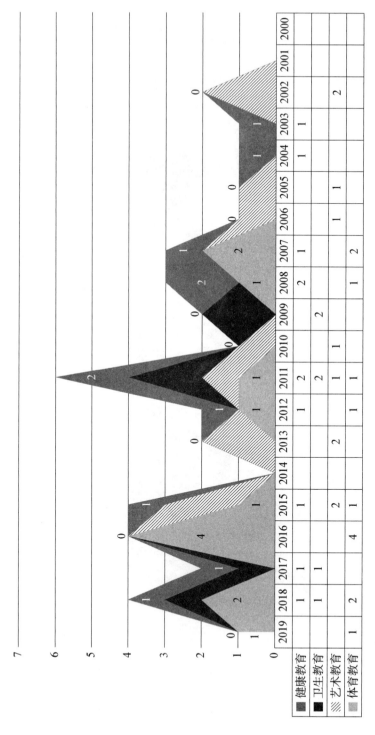

图 3 - 15　2000—2019 年体艺与卫生教育领域政策按年度分布图

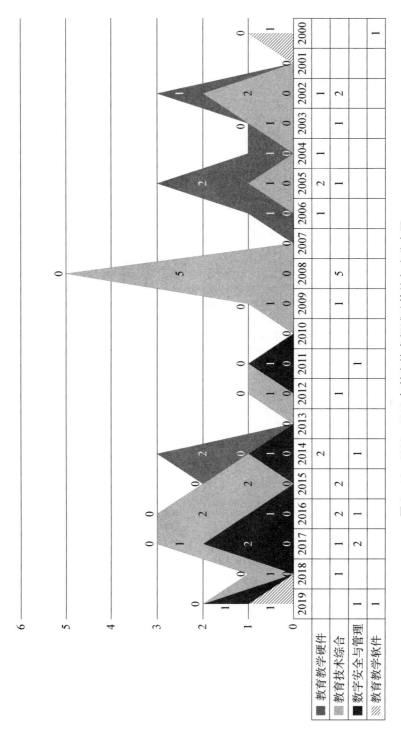

图 3-16 2000—2019 年教育技术领域政策按年度分布图

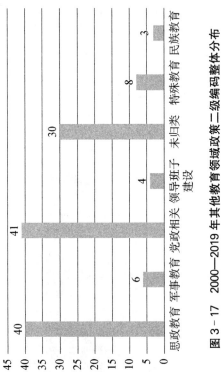

图 3 - 17　2000—2019 年其他教育领域政策二级编码整体分布

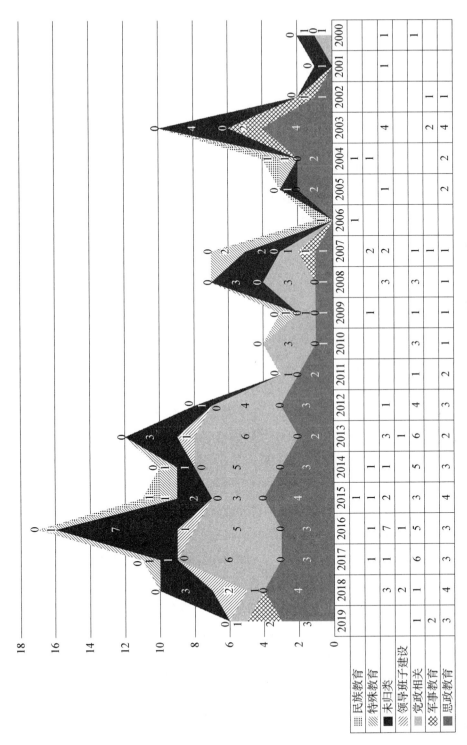

图 3 - 18　2000—2019 年其他教育领域政策按年度分布图

第四节　结　语

一、过去二十年我国教育研究的特点

本章对教育学期刊发表成果、国家级教育学立项课题、教育政策二十年变化进行分析，从而获得我国教育研究近二十年发展脉络与特点。从**人才培养/人的发展、教育公平、教师成长与教育、全球视野**等关键词来概括过去二十年我国教育研究的特点。

人才培养/人的发展。综观过去二十年教育研究的发展，一个重要的研究关注点为人才培养，即如何更好地促进学生的发展。素质教育与核心素养导向的人才培养，教育评价改革与中小学减负，教师教育改革与教材建设，以及双创人才、新工科人才等诸多人才培养改革与发展热点与主题不断涌现的背后，均是在理论上对更好促进学生的全面发展教育目标的科学诠释，在实践上"落实立德树人根本任务"，践行五育并举的持续努力。

教育公平。从基础教育领域到高等教育领域、从普通教育到职业教育、从农村学校教育教学质量提升到流动人口子女教育、西部地区教育、义务教育均衡发展，这些延续近二十余年的教育研究关键词无不体现了对教育公平这一主题的述求与改革实践中的努力。尤其是进入新时代，教育公平的追求与研究成果呈现"扩散效应"，国家多方式多举措大力推进和实现教育公平，相关教育研究为教育公平政策的出台提供了扎实有效的科学建议。

教师成长与教育。近二十年我国教育研究一个绕不开的话题是教师成长与教育，教师专业发展、师范教育改革、基础教育改革对教师的素质要求，乡村教师等均是教师成长与教育研究领域的热点词汇。同时，教育政策的变化与教师教育研究热点的演变密切相关。教师肩负着学生培养的重要使命，教师的身心健康、专业发展、人格品质均会对学生产生重大影响。师德师风建设、教师减负及教师专业发展等相关政策的制定和出台，很大程度上规范了教师培养的标准与专业发展的要求，为提高教师队伍质量起到了良好保障作用。

全球视野。教育要面向世界，教育研究必然要具有全球视野。在一个开放多元的世界中，各国应该相互学习，取长补短。改革开放以来，从较侧重引进发达国家的先进科学技术和教育方法,到新时代更为自信的全球视野的教育研究范式的形成,教育研究的国际化意识与全球视野日趋自信与成熟。尤其是近几年来,我国教育研究的全球化更多关注服务国家政策,服务"一带一路"倡议,取得了卓有成效的成绩。

二、当前我国教育研究发展的几大挑战

在过去二十年,我国教育研究围绕国家经济社会发展过程中出现的各类重大问题,以及教育自身改革与发展的需求,开展了广泛而又重点突出的研究探索,取得了丰富的成果,产生了良好的社会效应。但随着社会的发展,在新的时代背景下,也面临着一些挑战,具体包括:

人才培养的成效不够显著。在人才培养上,教育领域做出了较多的尝试与探索,但是人才培养成效上不够显著,特别是在创新人才培养上。

教育研究相对滞后于教育事业发展的需要。当前很多教育研究的开展是以政策为基础,即先有政策、再有研究,教育研究是对相关政策有效性或可行性的探索。但事实上,更富生命力的教育研究应该是深入到教育事业之中,并在教育政策及社会经济发展的复杂关系中得出具有前瞻性和规律性的知识,从而引导教育发展。

教育政策与教育研究关注问题的不一致。我国的教育政策与教育研究相互间存在良好的互动,但在很多情况下,两者还是存在一定的脱节,政策制定的科学研究基础并不充分,同时,教育研究服务教育政策制定的意识也有待强化与提升。

研究方法与范式的固定化。研究方法是教育研究有效开展不可或缺的内容,虽然教育研究领域不断寻求方法的创新和变革,但是整体来看,教育研究方法创新性元素较少,带有学科独特性的研究方法较少。

(叶映华 孙元涛 张恩铭)

第四章
美国教育研究现状与趋势

  教育研究的发展方向与水平对于经济发展、科技进步、人才培养等具有重要影响,直接关系着国家未来发展与实力提升,具有重要的战略意义。美国,作为世界第一大经济体和第一强国,其教育研究对形成和维护国家长期战略优势地位,作出了重要的贡献。迄今为止,美国在教育研究期刊论文的发文数量和质量上均遥遥领先于世界其他国家,拥有世界知名学者和顶尖高校,以及强大的社会智库研究能力。

  虽然在教育体制、教育发展阶段和现实关注问题等方面上,我国与美国有着巨大的差异,但关注美国近十年来教育研究中的重点以及发展趋势,对我国教育科学发展的方向、布局和重点都具有重要的战略意义和实际价值。因此,本文将以2010—2019年作为研究时间节阶段,以美国教育"治理网络"中的多元主体为研究对象,选择①教育研究领域一流学术期刊美国研究者的发布文献;②美国教育研究协会(American Education Research Association,AERA)年度研究主题及主题演讲;③知名智库(以 Brookings Institute 为案例)的教育研究报告;④美国国家科学基金会(National Science Foundation,NSF)教育科学类课题;⑤美国知名大学教育研究报告;⑥美国联邦政府重要教育政策文本、总统国情咨文(涉及教育部分)等作为分析文本,运用文献计量分析、内容分析等具体的研究方法,呈现美国教育研究近十年的重点以及未来的趋势。

第一节　美国教育研究的重点内容

一、近十年的美国教育科学期刊论文成果总体情况

研究选择 Web of Science 核心合集中教育学领域影响因子最高的 15 本期刊(详见表 4－1)2010—2019 年间美国地区发表的文献作为样本进行分析。这15 本期刊内容涵盖了教育学专业下的各个研究领域,并且能够代表美国教育学领域研究的最高水平,因此具有很强的代表性。经检索共搜索到 2 844 篇文献,通过运用 CiteSpace 软件,研究分析了美国教育科学领域在近十年内的主要研究热点和研究发展的脉络以及趋势。

表 4－1　十五本教育学领域 SSCI 收录期刊影响因子和美国地区机构的发文量

期 刊 名 称	美国地区机构发文量	2010—2019 年间平均影响因子
《教育研究综述》(*Review of Educational Research*)	157	8.99
《教育心理学研究者》(*Educational Psychologist*)	161	5.96
《计算机与教育》(*Computers & Education*)	505	5.63
《互联网与高等教育》(*Internet and Higher Education*)	171	5.28
《教育研究评论》(*Educational Research Review*)	34	5.20
《学习与教学》(*Learning and Instruction*)	156	3.92
《现代语言杂志》(*Modern Language Journal*)	134	3.76
《学习科学杂志》(*Journal of the Learning Sciences*)	134	3.55
《教育研究》(*Educational Researcher*)	327	3.39
《交流》(*Comunicar*)	24	3.34
《管理学会学习和教育》(*Academy of Management Learning & Education*)	133	3.27
《教师教育杂志》(*Journal of Teacher Education*)	266	3.26
《科学教育研究》(*Studies in Science Education*)	15	3.25
《工程教育杂志》(*Journal of Engineering Education*)	243	3.24
《美国教育研究杂志》(*American Educational Research Journal*)	413	3.17

二、关键词热点分析

　　关键词是作者对于文章主题以及研究重点的归纳总结，对关键词进行共现分析能够在一定程度上了解美国教育学领域的研究热点。因此，本文通过使用Web of Science核心合集导出的数据，对CiteSpace软件进行了如下的设计：时间范围设置为2010—2019年，单位时间分区跨度为2年，结点类型选择"Keyword"，数据抽取阈值设定为Top100，采用最小生成树算法简化网络。N为203，E为215，密度为0.010 5，Q＝0.865 4，S＝0.680 9的关键词共现知识图谱。最终结果呈现如图4-1所示。

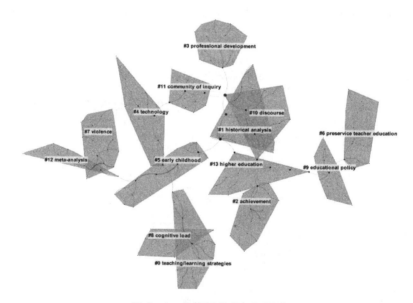

图4-1　关键词共现知识图谱

　　除此之外本文还对关键词进行了聚类分析，采用对数似然算法，文献中的关键词主要分为13个领域，根据研究方法、研究领域和研究主题等聚类类型具体见表4-2。

表4-2　关键词聚类详细信息

聚类类型	聚类编号	聚类主题	S值	聚类标签(LLR算法排名前五)
研究方法	♯1	历史分析	1	发展;人种;教师教育;研究的实际利用(research utilization);大学;心理测验学(psychometrics)
	♯9	教育政策	1	回归分析(regression analyses);政治;调查研究(survey research);改革;政策分析(policy analysis)
	♯10	话语	0.89	课堂;获得(acquisition);facebook;身份(identity);知识整合(knowledge integration);教育情境(educational context)
	♯12	元分析	0.89	差异(disparities);成就感(achievement emotions);转化(transition);数字游戏(digital games);智力
研究领域	♯5	幼儿教育	0.99	语言过程(language processes);素养(literacy);青年;媒体;数字化后的生活(digital afterlife)
	♯3	专业发展	1	词汇;技术整合(technology integration);教师信念(teacher beliefs);辩争性讨论(argumentative discussion);高需求课程(high-demand curriculum)
	♯6	职前教师教育	0.98	社会公平(social justice);城市教师教育(urban teacher education);社会科学学科教师教育(social studies teacher education);历史;批判理论(critical theory)
	♯13	高等教育	0.86	学院学生;多样性;博客;社会阶级化(social stratification);中学教育;种族/班级/性别问题(race/class/gender issue)

（续表）

聚类类型	聚类编号	聚类主题	S值	聚类标签（LLR算法排名前五）
研究问题	♯0	教学/学习策略	0.97	中等教育；优化课堂环境（improving classroom teaching）；多媒体系统（multimedia/hypermedia systems）；交互式学习环境（interactive learning environments）；教学问题（pedagogical issues）；人机界面（human-computer interface）
	♯2	成就	1	教师；数学；视频；教师准备（teacher preparation）；测验；教师知识
	♯4	技术	1	远程教育；案例研究；直播（live video-streaming）；博客；潜水（lurking）
	♯7	暴力	0.94	校园心理学（school psychology）；高危学生（at-risk students）；学生行为/态度（student behavior/attitude）；语言课程化建设（language curricularization）；校园枪击事件（school shootings）
	♯8	认知负荷	0.94	认知；多媒体技术；情感；注意力；知识
	♯11	探究社群	0.94	网上学习；持续性（persistence）；内容分析；记忆保留（retention）；流量（turnover）

对近十年的文献关键词聚类分析后，可以发现：

1. 在研究方法上，呈现出"质""量"并举的局面

在对近十年一流学术期刊发表的美国地区论文关键词聚类分析可以看到，历史分析、政策分析、话语分析和元分析是美国教育科学研究领域最为关注且最常运用的研究方法，以哲学思辨、数据分析等多种方式呈现宏观问题（如种族、发展等)、微观问题(如教育情境、知识整合等)、经典问题(如教师教育等)和新问题(如数字游戏等)的思考与研究。

2. 在研究领域上,关注"头""尾"学段以及贯穿其中的"教师教育"

在关键词的聚类分析结果中可以发现,美国学者在近十年尤其关注学前教育阶段、高等教育阶段以及教师教育这三大领域。在学前教育阶段,主要关注语言发展、素养的培养以及媒体使用等当代幼儿成长阶段中的重要问题。在高等教育阶段中,主要关注学生问题,包括种族、性别、班级的问题,也关注高等教育与社会阶层的关系等问题,以及高等院校的学生群体多样性、与中等教育衔接等具体问题。而在教师教育领域则关注职前、职后两个阶段,对职前教育的研究主要以历史研究、批判研究等方法关注社会公平、城市教师教育和社会科学学科教师的培养等问题;在职后专业发展阶段,主要以词汇教学、技术整合、辩争性讨论等实际教学过程中的问题作为关注点。从美国全国教学委员会(The National Commission on Teaching)和美国未来评估协会(American Future Estimated)发布于 2009 年的统计数据来看 2010—2013 年,美国可能会因为教师退休问题而失去三分之一最有成就的教育工作者,但是在这几年间学生的数量却在不断地上涨,教师人才短缺以及教师专业水平的下降成为美国非常严重的教育问题,也因此成为近十年的研究热点。

3. 在研究问题上,主要涵盖"学习"和"生活"

首先,在学习方面,学习成就以及由于技术而引发的多媒体学习、教育信息化问题成为主要的关注点。美国教育部自 1996 年起就先后颁布了 5 个《国家教育技术计划》(*National Educational Technology Plan*,简称 NETP)一直非常重视信息技术对教育的影响,并且在 2016 年的《为未来做准备的学习:重塑技术在教育中的角色》(*Future Ready Learning*:*Reimagining the Role of Technology in Education*,简称 NETP 2016)中着重强调了信息技术如何培养学生拥有"21 世纪技能",以及如何利用信息技术去对学生的复杂能力进行评估。近十年,随着信息技术的不断升级,也有美国学者将这十年称为教育信息化的十年,诸如 Facebook 社群学习模式的设计与评估,AR/VR 技术如何引入教学以及可能带来的问题、影响多媒体学习的"认知负荷"等成为美国当下的教育学领域的热点话题。

除了关注学生的学习以外,研究者也同样关心学生的生活,其中最主要的问题就是校园暴力。近些年来,美国频发的校园枪击案以及通过社会问题逐渐影响校园安全问题等社会现象也逐渐引起了学者们的关注。在这一社会背景下,一部分研究者从历史以及社会学的角度出发,探讨了美国常年遗留的种族和贫富差异问题在当下社会环境中对教育产生的影响;二者则是从心理学的角度出发分析不同学区以及校园内学生生活环境的差异化对其行为及心理的影响。

三、研究发展脉络

在 Web of Science 核心合集中教育学领域影响因子最高的 15 本期刊中,以 2010—2019 年间美国地区发表的 2 844 篇文献作为样本进行分析。利用这一数据来源,本研究对 Citespace 软件做如下设置:时间范围保持不变,将单位时间分区长度设置为 1 年,结点类型选择为"Keyword",在其他数值均不变的情况下,通过最小生成树算法简化网络。在控制面板中选择"Burstness"生成关键词突显表,以呈现不同时期中不同关键词的发展与受关注程度。具体内容如表 4 - 3 所示。

表 4 - 3　关键字突显表
Top 40 Keywords with the Strongest Citation Bursts

Keywords	Strength	Begin	End	2010—2019
教/学策略（teaching/learning strategy)	5.373 7	2010	2014	
探究社群(community of inquiry)	5.321 4	2010	2012	
刺激(simulation)	3.087 6	2010	2011	
电脑(computer)	5.250 2	2010	2014	
幼儿园(kindergarten)	5.348 1	2010	2013	
都会教育(urban education)	4.258 7	2010	2012	
学习环境(learning environment)	3.930 4	2010	2011	
教师知识(teacher knowledge)	5.965 3	2010	2012	
高危学生(at-risk student)	6.819 3	2010	2012	

（续表）

Keywords	Strength	Begin	End	2010—2019
远程教育（distance education）	4.467 5	2010	2012	
文化（culture）	4.358 4	2010	2012	
中等教育（secondary education）	4.728 2	2010	2011	
教师准备（teacher preparation）	3.832 3	2010	2012	
效能（efficacy）	3.611 9	2011	2013	
社会背景（social context）	5.145 2	2011	2012	
反思（reflection）	2.848 6	2011	2014	
非裔美国人（African American）	2.751 7	2011	2013	
系统（system）	2.433 1	2011	2012	
互动学习环境（interactive learning environment）	4.243 3	2011	2014	
女性（women）	4.564 7	2011	2012	
心理学（psychology）	2.531 7	2011	2014	
态度（attitude）	3.219 7	2011	2013	
教师教育/发展（teacher education/development）	6.175 9	2011	2012	
代表（representation）	4.864 4	2012	2014	
感情（emotion）	3.965 7	2012	2014	
环境（environment）	2.447	2012	2016	
个性（personality）	4.523 4	2012	2013	
样例（example）	5.026 7	2012	2013	
专业知识（expertise）	3.568 7	2012	2014	
自我调控（self regulation）	5.266 5	2012	2014	
创新（innovation）	3.171 7	2012	2014	

（续表）

Keywords	Strength	Begin	End	2010—2019
案例研究（case study）	3.433 8	2012	2015	
精准（accuracy）	5.530 1	2012	2013	
西班牙语（Spanish）	3.881 2	2012	2013	
探究（inquiry）	4.207 4	2013	2014	

为了使得 2010—2019 年之间每年的研究热点问题更为明显，本文将 CiteSpace 的时间跨度进行调整，对文献进行逐年分析，得出每年前三热点关键词，详见表 4-4。

表 4-4　2010—2019 年每年排名前三热点关键词

时间	热点关键词 Top3
2010 年	成就（achievement）；教学策略（teaching/learning strategies）；探究社群（community of inquiry）
2011 年	线上学习（online learning）；社会背景（social context）；学习策略（learning strategies）
2012 年	高等教育（higher education）；线上学习（online learning）；教学问题（pedagogical issues）
2013 年	眼动技术（eye tracking）；公平（equity）；知识（knowledge）、素养（literacy）
2014 年	自主学习（self-regulated learning）；教师学习（teacher learning）；政策分析（policy analysis）
2015 年	探究群体（community of inquiry）；认证（accreditation）；概念转变（conceptual change）
2016 年	幼年时期（early childhood）；学生参与（student engagement）；智力（intelligence）
2017 年	模型（model）；行为（behavior）；男同性恋（gay）
2018 年	理解力（comprehension）；历史分析（historical analysis）；职前师范教育（preservice teacher education）
2019 年	元分析（meta-analysis）；人种（race）；种族批判法学（critical race theory）

热点关键词通过对关键词突显表以及分布时区的关键词的展现,并将这些关键词与时间线对应进行分析,在一定程度上能够反映美国教育学领域的研究趋势,领域中热点研究话题主要受到以下几个方面的问题影响:

1. 科学技术的发展

科学技术的不断更迭出新,其中特别是信息通信技术的发展,不仅为教学提供了新的媒介,在此基础上也催生出了深度学习、网络社群学习、多媒体学习等诸多新的研究领域,教育技术学也成为教育学学科下的热门领域,随着相关研究的逐渐深入,美国学者目前的热点话题主要集中在如何评估新学习模式下学生的学习效果,以及通过科学技术提升学生的认知能力等几个方面。

2. 相关学科的研究推进

随着近年来脑科学、人工智能、计算机编程等相关领域的兴起,如何在教育学的视域下与这些新兴学科进行良好结合,从新的角度来解决教育学问题,学习过程中的认知活动以及元分析等新话题也成为领域内的研究热点。

3. 教育政策的推出及社会热点问题

如上文提到的,2009 年美国全国教学委员会与美国未来评估协会联合推出的统计数据引起了美国学者热议,使得师范教育以及教师的职业发展成为学者关注的热点话题。美国教育部于 2010 年与 2016 年颁布的两版《国家教育技术计划》也将学者的目光导向了多媒体教学设计与评估,以及认知能力的测量等热点问题。而 2018 年,美国国家科学技术委员会 STEM 教育委员会《制定成功路线：美国的 STEM 教育战略》(*Charting a Course for Success：America's Strategy for STEM Education*)的推出又使得跨学科知识整合,课堂身份,协作式学习重新成为了领域内的热门。

第二节　美国教育科学研究团体的研究热点分析

美国教育研究协会(American Educational Research Association,简称 AERA)自 1916 年成立以来一直致力于增进教育知识,鼓励开展教育研究,推广研究成果以改善教育并且服务大众。协会作为当前最具全球影响力的美国学术组织之一,它的年会是介绍重大教育问题以及最新研究成果的重要学者会议,其历年来的研究关注点可以作为美国教育趋势的风向标。协会每年会举办一次年度会议,其主题和相应的主题演讲(keynote lectures)是协会当年十分具有代表性的议题。通过美国教育研究协会官网,本文选取 2010—2020 的年会主题及主要演讲进行分析,评述近年来美国教育的变化走向。

一、近十年年会主题

美国教育研究协会的年会主题与其宗旨紧密相连。协会一直以来倡导教育学术研究,旨在改善教育和服务大众,历年年会的主题也是围绕着教育与社会福祉的关系展开。2010—2020 年的年会主题详见表 4‐5。

表 4‐5　近十年 AERA 大会主题①

年份	主　题
2020	研究者与组织利益相关方合作下公共利益的力量与可能性(The Power and Possibilities for the Public Good When Researchers and Organizational Stakeholders Collaborate)
2019	"后真相"时代的教育研究:从多模态叙事到证据民主化(Leveraging Education Research in a "Post-Truth" Era：Multimodal Narratives to Democratize Evidence)
2018	公共教育的梦想、可能性与必要性(The Dreams, Possibilities，and Necessity of Public Education)
2017	从知识到行动:实现教育机会平等的承诺(Knowledge to Action Achieving the Promise of Equal Educational Opportunity)
2016	公共共识以教导多元民主(Public Scholarship to Educate Diverse Democracies)
2015	走向公正:教育研究和实践中的文化、语言和传承(Toward Justice：Culture，Language，and Heritage in Education Research and Praxis)
2014	教育研究在实践和政策创新中的力量(The Power of Education Research for Innovation in Practice and Policy)
2013	教育与贫困:理论、研究、政策与实践(Education and Poverty：Theory，Research，Policy and Praxi)
2012	知犹不足(Non Satis Scire：To Know is Not Enough)

---

① 注：根据 AERA 官网信息整理。

（续表）

年份	主　题
2011	激发社会想象力：为公共利益而教育研究（Inciting the Social Imagination: Education Research for the Public Good）
2010	理解变化世界中的复杂生态（Understanding Complex Ecologies in a Changing World）

自 21 世纪的第二个十年以来，协会愈发重视为公共事业服务的目标。2011 年的年会主题直接点明教育研究的公共利益导向，提出在当今重大社会和技术变革的时期，教育研究不仅关注传统价值取向的目的，还要关注公共政策与公共利益，避免简化主义、权宜之计以及教育研究的狭隘化，并探讨教育研究如何在公共领域作出贡献。到 2012 年，协会进一步鼓励通过教育研究来改善教育和服务公众，呼吁将学术研究真正应用到社会实践中，在政策和立法以及在教师、管理者、校董会、家长社区组织者、基金会和政府官员的行动中体现教育研究的意义。

此后，协会进一步聚焦教育学术研究与社会问题的相互作用。教育与贫困的关系在 2013 年得到探讨，2015 年年会思索通过教育实践、研究、理论和政策促进公平发展的方式，而 2017 年协会试图寻求将学术研究转向实践从而推进教育公平的切实途径。2019 年协会提出疑问，如何在"后真相"时代，即情感与个人信仰相较于客观事实更能影响公众舆论的当下，通过教育研究促进教育公平。此外，对公共教育的重视也贯穿于协会的研究之中。2016 年，协会成立百年之际，通过研究来加强公共教育的希望与决心在年会中得到重申，并且 2018 年年会指出，公共教育有潜力成为民主的中心支柱并且培养公民审慎意识[①]。

二、近十年主题和主题演讲重点

对美国教育协会近十年间年会主题与主要演讲主题进行梳理后，其研究重点主要有以下三个方面。

第一，研究以实际应用为导向。Arnetha Ball 在 2012 年主题演讲中提出，

① AERA. 2018 Annual Meeting Theme [EB/OL]. [2019 - 5 - 20]. http://www.aera.net/Events-Meetings/Annual-Meeting/2018-Annual-Meeting-Theme.

研究并非仅仅是知识的展示,而应该知会他人、影响他人思想并且激励他人采取行动①。这是对过于重视"增进教育知识、鼓励教育学术研究"局面的反思,改变对"促进、利用研究来改进教育和服务公众利益"的忽视,要求教育研究者在知识和研究成果的基础上,关注如何在实践中发挥理论成果的效用。近年来教育与实践的论调也发生显著改变,着重关注两者间的相互关系。2017 年年会强调将研究、理论和政策转为公共意志、实践参与和政策相应的重要性与紧迫性。

第二,深切关注教育公平、民主及其与社会现状的关系。协会创立以来的一百多年间,法律、体制模式和社会惯例发生了巨大变化。我们跨入多元民主的时代,Jeannie Oakes 在 2016 年年会演讲中提到协会的希望和决心,欲重振科学研究来改善作为国家核心民主机构的公立学校,并且要求公共学者在合作中产生和使用支持包容和公平教育所需的文化和政治转变的知识②。在应对复杂多变环境的同时,协会也一直在探索社会痼疾的解决之道。2013 年,协会重新思考当下教育与贫困的关系,力图通过教育理论、研究、政策和实践为减轻经济、智力和道德贫困作贡献。促进世界公正的发展是 2015 年的年会主题,协会希望为民主化的知识和知识生产腾出空间,将学术与那些在教育上已经被边缘化、被剥夺和排斥者的正义更加紧密地联系在一起。2017 的年度会议围绕教育机会不平等的历史与现状进行讨论,鼓励成员响应号召,参与消除阻碍教育公平的变革,利用研究、实践和政策的力量来达成目标。Deborah Ball 在 2018 年谈到促进公正社会发展和支持历史中被边缘化群体繁荣这一过程中教学可以发挥的作用。

第三,提倡跨学科、合作和创新的教育研究。自 2010 年以来,协会一直提倡跨学科合作推进对教育的理解,鼓励创新。2014 年的年会主题鼓励联系教育研究的可能性,认识如何使用各类证据解决教育中由来已久的问题,并提出创新性解决方案。2017 年对教育机会公平问题讨论时,也强调了对跨学科研究的需要,并考虑教育研究与其他领域间的交叉。在 2019 年,协会提倡跨学科研究以及混合方法研究,寻找更多的证据支持决策,提高说服力,为教育政策和决策提供较为全面、系统的证据。

从 2010 年到 2019 年,十年年会共计主题演讲 45 篇,每篇主题演讲所对应

---

① Arnetha Ball. To Know Is Not Enough [J]. Educational Researcher,2012,41(8):283-293.

② Oakes Jeannie. 2016 AERA Presidential Address:Public Scholarship:Education Research for a Diverse Democracy [J]. Educational Researcher,2018(3):91-104.

的重点将在表 4-6 中进行具体呈现。

表 4-6　近十年 AERA 主题演讲重点

年份	主题	主题演讲	近十年主题和主题演讲的重点		
			研究以实际应用为导向	深切关注教育公平、民主及其与社会现状的关系	提倡跨学科、合作和创新的教育研究
2019	"后真相"时代的教育研究：从多模态叙事到证据民主化	* 一个有关新的种族歧视难以忽视的真相		√	
		* 种族微批评和微肯定，我的重要之旅——从 1969 到 2019		√	
		* 教育研究与种族主义扭曲的瓦解：建立广角视角		√	√
		* 教育中的真相与和解：历史、叙事与教育学		√	
2018	公共教育的梦想、可能性与必要性	* 公正的梦想和当务之急：教学在公共教育斗争中的力量	√	√	
		* 质疑种族隔离，它的复杂性及其对公共教育的影响		√	
		* 从梦想到可能再到现实——成为一名本土的教育研究者	√		
		* 儿童如何使用提问和解答来发展批判性思维能力	√		
2017	从知识到行动：实现教育机会平等的承诺	* 教育研究和公众信任的承诺	√		
		* "让伟大的布朗河微笑。"解放框架和教育话语：视角，声音和可见性		√	√
		* 从中学到中青年：不平等时代的第二代移民的教育和社会流动		√	
		* 多元多样世界中的高等教育		√	

（续表）

年份	主题	主题演讲	近十年主题和主题演讲的重点		
			研究以实际应用为导向	深切关注教育公平、民主及其与社会现状的关系	提倡跨学科、合作和创新的教育研究
2016	公共共识以教导多元民主	公共共识以教导多元民主		✓	
		设计"新问责制"：公共学者如何为教育的生产政策框架做出贡献	✓		✓
		加强教育研究的相关性：建立基于场所的议程以获得公平和卓越		✓	✓
2015	走向公正：教育研究和实践中的文化、语言和传承	有罪不罚时代道德介入的研究/研究者消除认识论的虚无		✓	
		* 创建史密森尼最新博物馆：非裔美国人历史与文化国家博物馆		✓	
		监狱中的大学：一项需要倡导研究的事业	✓		
		谁是我的邻居？弗格森和其他地方机遇的地理分布		✓	
2014	教育研究在实践和政策创新中的力量	雄心一致：大学不匹配背后的问题是什么？		✓	
		创新的渠道：从 K‑12 到大学的教育研究			✓
		严谨与现实：在现实世界从事教育科学	✓		
		改进：将科学加入网络社区	✓		
2013	教育与贫困：理论、研究、政策与实践	象牙塔之外：知识分子在消除贫困中的作用	✓	✓	
		移民梦的延期	✓		
		多样≠包容：在高等教育中将机会转变为公平		✓	
		教育、种族不平等与美国民主的未来		✓	
		选择正确的战斗：言论与对话	✓		

（续表）

年份	主题	主题演讲	近十年主题和主题演讲的重点		
			研究以实际应用为导向	深切关注教育公平、民主及其与社会现状的关系	提倡跨学科、合作和创新的教育研究
2012	知犹不足	知犹不足：知识、力量与再生地带	√		
		本土教育的知识圈：知犹不足	√		
		伸手缩手：改变本土教育	√		
		美国教育的重新隔离：模式，旧问题，新转折	√	√	
		实践-研究伙伴关系的价值：以提高读写能力为例	√		
2011	激发社会想象力：为公共利益而教育研究	设计灵活的生态：迈向人文科学的学习			√
		跨越国界的概述：政策与教育科学的局限	√		
		通向教育不平等和差异跨学科理解：以能力种族化为例		√	√
		阅读理解评价的痛苦历史：过去有什么教训？未来有希望吗？我们会成功吗？	√		
		* 谁绑架了超人？			√
2010	理解变化世界中的复杂生态	飞跃云层，探索海洋深处：了解人类学习的生态和教育科学的挑战	√		
		21世纪青年弹性策略：研究、培训和实践的未知挑战和机遇	√		
		与文化的关系，教育研究作为必然的跨学科事业			√
		我们能相信什么样的改变？建立公平的良好学校体系	√		
		中美教育创新：21世纪互相依存世界的生态挑战	√		

（续表）

年份	主题	主题演讲	近十年主题和主题演讲的重点		
			研究以实际应用为导向	深切关注教育公平、民主及其与社会现状的关系	提倡跨学科、合作和创新的教育研究
2010	理解变化世界中的复杂生态	为未来而准备：中国基础教育的改变和创新	√		√
		美国全民教育改善的机会	√		

注：带"＊"号的主题演讲未能找到原文，这些研究的重点是通过新闻稿、演讲视频等其他资料进行定位的。

美国教育研究协会在其宗旨的指导下，将继续秉持其价值取向。关心现实社会，积极应对社会变革中的新旧问题，在社会事业中强调协会整体与学者个体的责任，为改善教育和服务大众，致力于将理论知识真正投入实际使用。

第三节　美国教育智库教育研究报告的热点分析

在对美国教育政策进行研究时，智库在美国教育政策咨询中的影响力不容小觑。根据宾夕法尼亚大学《2018 年全球智库报告》（*2018 Global Go To Think Tank Index Report*），美国所有的智库数位列全球第一[①]。就其影响力而言，美国智库被称为立法、行政、司法和媒体之外的"第五种权力"，并且其在世界智库之林也脱颖而出。因此分析和研读美国重点智库有关教育的报告，对美国近年来教育政策的科学研究有很好的参考作用。

在近五年的《全球智库报告》中，布鲁金斯学会（Brookings Institution）在教育政策研究领域一直处于数一数二的地位，在为政策制定者和公众提供有关教育问题的卓越创新研究和战略分析方面表现出色，并多次被《全球智库报告》评为年度智库。创建于 1916 年的布鲁金斯学会，是美国历史最为悠久、对政府和公众最具影响力的智库之一，其宗旨是为解决地区、国家和全球问题提供新思路

---

① James G. McGann. 2018 Global Go To Think Tank Index Report [R/OL]. (2019 - 1 - 29)[2020 - 3 - 11]. https://repository.upenn.edu/think_tanks/16/.

而进行深入研究。① 本文选择布鲁金斯学会这一重要智库,对其 2010 年 1 月 1 日至今在教育领域的相关报告进行研究分析,分析研究的资料数据均来自布鲁金斯学会官网。学会网站的研究主题共有五个,即学前教育(Early Childhood Education)、K‐12 教育(K‐12 Education)、高等教育(Higher Education)、教育技术(Education Technology)和发展中国家的教育(Education in Developing Countries)。本文在学会官网的搜索界面,将"Content Types"定义为"Report","Topics"分别选择为"Early Childhood Education""K‐12Education""Higher Education"和"Education Technology","Start Date"为"2010/01/01",筛除重复后,共获得报告 397 篇。

一、近十年教育报告发布数量的变化

图 4‐2 表明,近十年间 K‐12 学段和高等教育学段的报告发布数量最多,并且呈现大幅波动趋势;教育技术主题的报告相比而言数量最少,变化平稳,并且在 2018—2019 年其他三个主题发文数量急剧减少时,有关教育技术报告的数

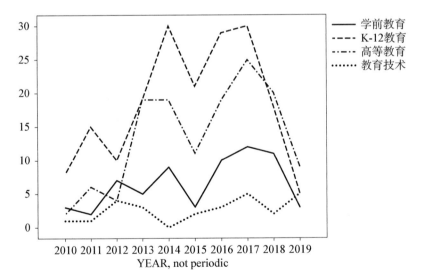

图 4‐2 十年间布鲁金斯学会不同主题教育报告发文量变化趋势图

① Brookings Institution. about us [EB/OL]. [2019‐10‐11]. https://www.brookings.edu/about-us/.

量仍保持稳定,并呈现上升趋势。

总的来说,在 2013 年和 2017 年学会发文量达到了两个高峰。有一个可能性是这两个时段正值美国大选前后,对原政府教育成绩的评估分析,对新一届政府的要求,以及对不同党派、各个竞选者提案的政策咨询,引发了学会教育研究的小高潮。

二、近十年布鲁金斯学会教育研究的重点

借助 SPSS 23.0 软件,对各个主题的关键词进行聚合分析,梳理近十年布鲁金斯学会教育研究报告后,本文分别阐述学前教育、K-12 教育、高等教育、技术与公平等四个方面近十年智库报告的重点。

1. 学前教育

总的来说,在学前教育阶段布鲁金斯学会关注的重点有以下几个方面:儿童与发展,项目与评价,质量与公平,以及全球背景下的教育。

第一,关注早期儿童发展和学前教育的提升。儿童早期的生活对其未来发展有着重要作用,而良好的学前教育项目能帮助儿童充分发挥潜能,促进认知、语言、社会情感和技能的发展。在探索学前教育的提升之中,研究者们看到了贫困问题等社会痼疾,也敏锐地意识到技术发展对教育的冲击。当今世界多变且充满不确定性,如何在这样一个时代提供更好的教育服务、帮助儿童成长,是学会研究的一个重点。

第二,关注教育项目与评价。正如上一点中提到的,良好学前教育能带来更好的儿童发展,如何对学前教育项目开展评价受到学会的重视。2017 年的衡量早期学习质量和结果(MELQO)倡议,旨在通过衡量儿童发展、学习与环境质量,设计具有国际可比性与本土适应性的学前项目来改善世界的幼儿教育。

第三,关注教育质量与公平问题。联合国提出的全球可持续目标之一,是到2030 年确保所有男孩女孩都获得高质量的早期儿童发展、关怀以及学前教育,为接受初等教育而做准备。学会在呼应联合国倡议、关注教育质量之外,教育公平也是这十年一直在研究的问题,对弱势群体的学业关怀,对贫富差距造成的教育不公,对托儿税收的制定更改,学会不断发声,提供研究结果,影响社会决策。

第四,关注全球背景下的教育。一方面,全球范围内,特别是众多发展中国家,具有一些共通的教育问题,如青少年的教育机会不均等、学校教育与实际技

能需要的脱节,等等。另一方面,在全球紧密联系、共同发展的背景下,对本国教育发展提出新要求,学校教育教授的不仅是知识内容,还应重视"软技能"(soft skills)的培养,学生的学业努力与社会技能等个人素质,是至关重要的能力。

2. K–12 教育

在 K–12 教育学段,近十年布鲁金斯学会教育研究最受关注的是教师职业、统一标准与教育法案。

第一,对教师职业的反思与改进。好教师能从多方面日益提高学生成绩,这一发现在联邦政策中得到体现。奥巴马政府时期,有 43 个州免除了《不让一个孩子掉队》(NCLB)问责制,并积极推动建设新一代教师评价体系。此外,学会研究者对教师职业开展了全面而深入的反思与探讨,包括教师任期、教师效能、教师选择以及准教师培养等在内的问题在这十年间得到了讨论,以解决师资短缺问题并保证教师、教学的质量。

第二,对统一标准下教育情况的探讨。《共同核心州立标准》的发布对学生和教师而言都是一项具有深刻意义的教育变革。针对这项《标准》,学会对党派间的争论、公众的意见与看法都进行了调查与分析,力图以多视角理解这一《标准》。学会对《标准》实施情况的探讨与效果评估常常与美国国家教育进展评估(NAEP)联系在一起。布鲁金斯学会的布朗中心连续几年发布了《美国学生学习情况如何?》(*How Well Are American Students Learning?*)这一报告,NAEP成绩的改变作为指标,评判《标准》的实施效果。

第三,对教育法案的分析。《中小学教育法》(ESEA)的再授权以及《每个学生都成功法案》(ESSA)的出台都限制了联邦政府在教育中的作用,加强了地方的自我管控。在这样的趋势下,学会对政策影响和相关问题提出建议,促进法案更好地实施。

第四,对国际评估测试表现的解读。例如,美国在 TIMSS 和 PISA 两项大型国际测试中一直处于中等水平,并且研究表明两项测试的成绩有较大关联性。学会也在报告中提出,盲目学习测试优异者的教育经验并不可取,决策者与大众应关注此类测试的连续表现情况与未来趋势。

3. 高等教育

在高等教育中,学会的研究重点集中在学生贷款、教育费用以及就业问题上。

第一，学生贷款危机。大学学费与学生的债务水平近年来一直在快速增长，在经济下行的不利情形中，许多借款人无法偿还贷款。面对这一危机，针对学生贷款债务的多项措施在学会研究报告中得到探讨，如提议建立以收入为基础还款的安全网，回应民众纳税人对于学生债务危机的质疑，并积极找寻学生贷款问题的解决之道。

第二，高等教育费用。降低高等教育费用的呼声一直不断，大学可负担性问题受到了社会各界广泛的关注。为探讨解决方法，研究者向英国、新西兰等国家汲取经验，对免费院校的提议进行研究，分析该模式在美国的适用性以及可能的参考方法。

第三，就业问题。劳动力市场在经济萧条中缓慢复苏，居高不下的失业率使百万劳动者处于艰难的境地。教育与社会要求应该更紧密地联系，更有效的教育和劳动力发展体系应该得到建立，美国工人的工作质量与技能需要得到提升。这一系列的要求对于高等教育教育而言是很大的挑战，学会通过研究报告传递他们的政策理念，大力支持公立大学与社区学院的开办，提倡开展学徒项目，发展劳动力为美国劳动力市场做准备等等。

4. 技术与公平

教育技术这一主题的重点之一是技术对教育的影响，包括如何将电子设备、电动游戏等一般认为的不利影响转变为促进学习的工具，也包括在数字化时代下教育目标的变革。对数据使用是另一个重点。通过数据，定制个人化学习、获取及时反馈是技术带给教育的极大便利，学习者数据的获取能更有针对性地提高其自身的学习效果；除学习者信息外，高校等教育机构的信息公开能够更好地帮助申请者匹配自身经济状况，筛选最合适的学校入读。

此外，教育公平是三个学段内共同涉及的内容，也是古往今来各国一直在思索的问题。在布鲁金斯学会，种族与社会经济差异是教育公平研究的两个主要角度。在种族这一视角中，学会研究报告涉及非裔、拉丁裔学生在各个学段表现与白人学生的差异，亚裔学生相对优异学业成就的背后的风险与启示，以及多民族混血学生的学业表现；而社会经济差异与教育公平的研究，包括特许学校的隔离情况以及高低收入家庭学生之间的成就表现等。

三、近十年布鲁金斯学会教育研究发展脉络研究

近十年布鲁金斯学会的教育研究在不同的主题中有不同的重点。这些研究重点的形成主要受两方面因素影响。第一,受到智库本身的研究使命与机构愿景的影响。作为影响力位列第一的智库,布鲁金斯学会展现出对发展中国家儿童的关怀,关注弱势群体的学业与个人发展,展现其作为教育智库的教育使命。第二,智库的研究主题与政府教育治理难题、教育政策紧密相连,体现出敏锐的政治眼光,如奥巴马政府时期的学前教育计划、希拉里竞选时的大学提案以及特朗普时代下的就业问题的关注等,这些报告为当下提供研究成果,进行理论传播,并形成政治支持,在决策中发挥影响力。

第四节　美国教育科研基金项目的重点分析

美国国家科学基金会(National Science Foundation,NSF)在支持基础研究、创造改变未来的知识方面起到至关重要的作用,它致力于融合研究与教育,通过今天的革命性工作同时促进未来顶尖科学家和工程师的培养。NSF 使命的一个核心要素是支持学前班至研究生及以后阶段的科学和工程教育,以确保在新兴科学、工程和技术领域中始终有充足的技术人才和足够的能力来教育下一代[1]。

美国国家科学基金会下设 7 个部门(directorate)和 9 个办公室(office),根据其各自的目标与战略,其中教育与人力资源部(Directorate for Education & Human Resources,EHR)与本研究最为相关。它旨在获得 STEM 教育各年级和所有环境(正式与非正式)中的卓越成就,保障多样化、准备充足的劳动力队伍的发展[2]。

一、教育项目的整体研究

在数据收集时,本研究通过美国国家科学基金会官网(https://www.

---

[1] NSF. At a Glance [EB/OL]. [2020 - 10 - 11]. https://www.nsf.gov/about/glance.jsp.

[2] NSF. About Education and Human Resources [EB/OL]. [2019 - 10 - 11]. https://www.nsf.gov/ehr/about.jsp.

nsf. gov)的"Advance Search"，选择"NSF Organization"为"HER-Direct For Education and Human Resources"，检索"Keyword"为"STEM education"，同时勾选"Active Awards"和"Expired Awards"选项，时间选取 2010 年 1 月 1 日至 2019 年 12 月 31 日，搜索后获得 5 311 条数据。在数据处理过程中，首先，进行数据转换。将检索数据导出为 XML 格式，通过 CiteSpace 5. 6. R2 将其转换为 WoS 格式。其次，进行数据分析。运行 CiteSpace 5. 6. R2，时间跨度为 2010—2019 年，节点类型选择"Keyword"，数据抽取标准设定为 Top N ＝ 30，勾选"Pathfinder"算法以简化数据网络。关键词的出现频次反映出 NSF 在近十年间对 STEM 教育项目的开展情况，频次越高则说明这一项目所开展的研究越多，该项目的越受重视。表 4 - 7 罗列出 2010—2019 年间频次最高的 7 项重要项目。

表 4 - 7　2010—2019 年 NSF 重要 STEM 教育项目

研究项目	出现频次	开始年份	项目简介
TUES-type 1 project 本科 STEM 教育改变计划(类型 1)	499	2010	该项目旨在提高所有本科生 STEM 教育的质量，支持创建、改编和宣传新的学习材料和教学策略，以反映 STEM 学科和已知教与学的进展。其中，项目的可转移性和传播性是教学材料和方法开发的关键。
IUSE 本科 STEM 教育提升计划（IUSE 计划）	483	2011	该项目致力于本科 STEM 教育的改进，其工作包括改善本科 STEM 的学习和学习环境，增加 STEM 专业本科生和职业道路的数量和多样性，和培养面向未来的 STEM 劳动力。
Advanced Tech Education Program 先进科技教育项目（ATE 项目）	408	2010	该项目涉及学术机构(7～12 年级和高等院校)与行业之间的合作，以促进本科和中等院校科学和工程技术人员的教育。ATE 项目主要支持课程开发，大学、中学教师的专业发展，职业发展路径和其他活动。
s-stem-schlr sci tech eng and math S-STEM 奖学金	386	2010	该项目旨在满足 STEM 学科对高质量劳动力的需求，并帮助低收入但有学术天赋的学生取得更大的成功，尤其鼓励 2 年制院校、少数民族服务院校(MSIs)、传统黑人院校(HBCUs)、拉美裔服务院校(HSIs)、部落院校、城市和农村公共机构进行申请。

（续表）

研究项目	出现频次	开始年份	项目简介
discovery research k-12 探索研究项目	328	2010	该项目建立在 STEM 教育的基础研究以及先前的研究和开发工作之上，旨在通过研究和开发 STEM 教育的创新方法来显著提高 PreK-12 学段学生与教师的学与教。
aisl 推进非正式 STEM 学习项目（AISL 项目）	306	2010	该项目致力于为公众在非正式环境中设计和开发 STEM 学习机会，为 STEM 学习经验的获取和参与提供多种途径，推进非正式环境中 STEM 学习的创新研究和评估，并且让所有年龄段的公众都参与到非正式环境的 STEM 学习中。
Robert Noyce Scholarship Program（罗伯特·诺伊斯教师奖学金项目）	236	2010	该项目旨在鼓励有才华的 STEM 专业人士成为 K-12 数学和科学（包括工程和计算机科学）教师，以满足在高度需要的地方教育机构招聘和培养高效的中小学科学和数学教师的关键需求。

二、研究项目的聚类分析

对上述研究项目进行 K 值聚类后，共有五大类，各类具体信息如表4-8所示。

表4-8　2010—2019 年 NSF 的 STEM 教育项目聚类信息

聚类编号	S值	聚类内项目数	项目名称
#0	1	9	k-12 探索研究项目；师生创新性技术体验计划；推进非正式 STEM 学习项目；STEM＋计算机伙伴计划；项目与计划评估；项目评估；哈维飓风 2017；研究生研究奖学金；2 类网络驱动发现与创新计划
#1	0.71	8	先进科技教育项目；S-STEM 奖学金；罗伯特·诺伊斯教师奖学金项目；1 类课程与实验改进项目；STEM 人才扩展项目；本科 STEM 教育提升计划（核心资源）；本科生物教育改变计划；科学数学工程指导优质总统奖
#2	0.92	8	1 类本科 STEM 教育改变计划；2 类本科 STEM 教育改变计划；本科 STEM 教育提升计划；网络空间人才：服务奖学金；2 类课程与实验改进项目；3 类本科 STEM 教育改变计划；科学大师计划；就业委员会

（续表）

聚类编号	S值	聚类内项目数	项目名称
＃3	0.98	8	激励竞争性研究试验计划共同资助计划；大学弱势群体学生计划；研究生教育和专业职位联盟；部落学院和大学项目；科学技术研究中心计划；促进智能化项目；大学社群项目；少数族裔参与联盟计划
＃4	0.90	5	特殊教育研究；教育和学习研究；STEM 基础研究计划；数学和科学智慧合作计划；科学与工程领域的性别研究

1. 关注 K-12 学段的 STEM 教育

具体包括研究和开发创新方法提高师生的教与学，推进非正式环境中的STEM学习，以及结合计算机学习促进不同学段儿童的知识技能。此外，在聚类中还关注项目和计划的评估，了解项目的实行情况以及未来的改进方向。

2. 关注 STEM 劳动力的培养

ATE 项目、罗伯特·诺伊斯教师奖学金项目等项目均聚焦 STEM 学科的教师培养，鼓励专业人士成为 STEM 教师，满足教育机构的人才需求。STEM领域具有广阔前景，除了教师行业，其他相关领域的人才培养也受到高度重视，培养具有全球竞争力的劳动力和具有科学素养的民众是这些项目的目标。

3. 对本科 STEM 教育的重视

各个项目的工作包括改善学习环境、增加 STEM 专业的本科生数量以及扩展未来职业道路多样性等，提高 STEM 教育的质量，并且鼓励在教与学中应用创新的学习材料和教学策略，同时也为培养面向未来的 STEM 劳动力作贡献。

4. 支持少数族裔的 STEM 学习

项目支持传统黑人院校、部落学院等开展 STEM 教育，并且还强调 STEM教育在当下的转变，为历史上在 STEM 学科中代表不足的群体提供更好的支持，如非裔美国人、美洲印第安人、拉美裔美国人、夏威夷原住民等。

5. 关注弱势群体的 STEM 学习

将目光放在弱势群体上，例如 RDE 计划以扩大残疾学生在 STEM 中的参与和成就为目标，通过教育案例改善他们的学习项目与过程；另外，在科学与工程学科中的性别研究也是聚类中关注的重点之一。这些项目致力于减少不同学生群体在 STEM 领域的成就差距,消除通向成功道路上的障碍,并期望将有效的方式推广到更广泛的实践中,以促进所有群体的参与和发展。

三、研究项目的发展脉络

STEM 教育项目的演进迭代并不频繁,以 2011 年为界限,可以分为两个阶段。在第一阶段,即 2011 年及以前,绝大部分的项目已经出现,并且其中的许多项目展现出长久的活力,自出现后一直进行着研究,并且在当今也依然占据一席之地。自 2012 年以后的第二阶段,STEM 教育项目增长的情况迈向低频且缓慢地发展,基本保持每年出现两三项新项目的速率。新项目的出现可能是针对当下问题或困境而进行的投资,如 2017 年哈维飓风后产生的项目;也可能是历史遗留问题的再思索,例如 2014 年出现的部落学院项目,针对少数族裔发展STEM 教育;还可能是时代要求下项目的进一步发展,STEM+计算机的项目就很好地体现如何在看重计算机能力的当下发展 STEM 教育。

表 4-9　关键词突显信息
Top 18 Keywords with the Strongest Citation Bursts

Keywords	Strength	Begin	End	2010—2019
科学与工程领域的性别研究	9.925	2012	2012	
激励竞争性研究试验计划(EPSCoR)共同资助	14.407	2010	2011	
2 类本科 STEM 教育改变计划(TUES)	45.2869	2011	2013	
1 类本科 STEM 教育改变计划(TUES)	124.8572	2011	2013	
网络空间人才:服务奖学金	5.5719	2012	2013	
本科生物教育改变计划	10.4007	2012	2013	
研究生研究奖学金	26.1913	2013	2014	
本科 STEM 教育提升计划(IUSE)	179.0912	2014	2019	
安全可靠的网络空间项目	18.6908	2014	2016	

（续表）

Keywords	Strength	Begin	End	2010—2019
教育与人力资源核心研究（ECR）	31.4279	2014	2019	
项目与计划评估	10.7177	2014	2016	
STEM＋计算机伙伴关系（STEM+C)计划	11.2336	2015	2019	
师生创新性技术体验(ITEST)计划	3.2135	2015	2019	
科学技术研究中心计划	3.5994	2016	2017	
NSF全国工程与技术弱势学习者(NSF INCLUDES)倡议	7.2126	2016	2017	
部落学院和大学项目	4.8022	2016	2017	
罗伯特·诺伊斯教师奖学金项目	3.1429	2017	2019	
哈维飓风2017	2.579	2017	2019	

根据表4-9所显示的关键词突显信息，可以发现：

NSF将STEM教育更多的注意力从本科阶段转移至K-12阶段。在2014年以前，项目研究的关注点更多集中在对本科STEM教育的思考上；但是之后，NSF的越来越关注K-12学段的STEM教育，例如教与学的创新性发展、STEM学科中小学教师的培养以及STEM学习机会的拓展等。STEM教育向低龄化发展的趋势十分明显，这也受到美国教育政策的影响。2016年，美国教育部与国家研究所联合发布了《STEM2026：STEM教育创新愿景》（*STEM 2026：A Vision for Innovation in STEM Education*），其中开展早期STEM教育被看作是达成愿景的重要环节。

对少数族裔STEM学习的关注度不断加强。作为移民国家的美国，少数族裔在未来的劳动力市场中占据重要地位。因此在知识经济时代，关注少数族裔的STEM教育，提升他们的STEM素养，是保障美国未来竞争力的重要举措[①]。NSF 的项目对传统黑人院校和部落学院等提供支持,帮助历史上在 STEM 学科中代表不足的少数族裔群体。

第五节　美国联邦教育政策文本的重点分析

本文以 2010—2019 为时间阶段,对美国教育部、白宫、教育技术办公室等发布的重要教育科学研究报告以及美国总统国情咨文关于教育的论述等文本进行内容分析,以呈现美国政府对教育研究重点问题的关注内容。

表 4‑10　近十年美国政府对于教育研究的关注重点

部门	发布内容
白宫	STEM 教育五年发展计划: 《制定成功之路:美国 STEM 教育战略》(2018) 《联邦 STEM 教育五年计划(2013—2018)》
	《连接计划:实现数字化学习承诺》(2016)
	《投资早期儿童的经济学》(2014) 《成为早期教育社区的工作手册》(2014)
	《投资我们的未来:让教师返回教室》(2012)
美国教育部	《STEM2026:STEM 教育创新愿景》(2016) 《每一个学生成功法案》(2015)
教育技术办公室	国家教育技术计划: 《为未来而准备的学习:重塑技术在教育中的作用》(NETP, 2016) 《变革美国教育:技术推动学习》(NETP, 2010)
总统国情咨文	职业教育(2018)
	自由择校;特殊教育(2017)
	平等;未来;普及早教;高中毕业率提高;大学助学贷款;降低费用,免费社区大学;互联网等。(2016)
	竞争性;数学和阅读;高中毕业率;完成高等教育人数;互联网;减免社区学校学费等(2015)
	高等教育机会均等;降低费用,重组高等教育体系;职业教育;勇攀高峰计划;学习当今社会技能;高质量学前教育;互联网;重新规划高中教育等(2014)

---

① 李夏.美国少数族裔 STEM 教育:困境与走向[J].世界教育信息,2019,32(6):12‑18.

（续表）

部门	发布内容
总统国情咨文	高质量学前教育；高中教育与工作联系；勇攀高峰计划；高等教育学费、贷款、法案等(2013)
	社会学院与企业联系；技能培训；教育质量；提高教学和学习标准；教师奖励机制；创造性教学；提高高中毕业率；高等教育费用降低等(2012)
	攀登高峰计划；家庭教育；奖励和尊敬教师；提高高中毕业率；高等教育学费降低；职业培训(2011)
	改善学校系统；数学科学能力；更新初等中学教育法案；高等教育降低费用，提供贷款；重振社区大学(2010)

从表 4-10 中可见，STEM 教育、教师质量、早期教育、技术在教育中的作用等问题是联邦政府教育政策和报告关注的重点问题。其中，STEM 教育和国家教育技术计划分别由白宫、教育部教育技术办公室每五年发布专门的战略计划，指导美国在这两个领域的发展。虽然美国在这十年间，政党更迭，但这两个主题始终是美国教育发展的重点。2013 年，奥巴马政府启动第一个 STEM 五年计划；2018 年，特朗普政府进一步加强了 STEM 领域的重视和投入，报告中包括了 STEM 教育的愿景、目标、行动和途径以及跨部门合作战略。国家教育技术计划则从 1996 年首度发布以来，目前已有五个计划文本。这一计划从学习、教学、领导、评价、基础设施五个领域展开阐述，强调不同阶段各个领域的发展重点[①]。在最新的 2016 年的计划中提出，中小学、社区学院和大学应该成为探索和发明的孵化器，教育工作者应该是学习者的协作者，与学生一起发现新知识、获得新技能。

第六节　美国知名大学教育研究报告的重点分析

美国高校也是重要的具有教育科学研究机构，在梳理了哈佛大学、耶鲁大学、斯坦福大学等世界一流高校的相关官方网站后，本研究将 2010—2019 年期

---

① 王媛媛，何高大. 美国《国家教育技术计划》的创新及其启示——基于五轮(1996—2016)教育技术发展规划的比较与分析[J]. 远程教育杂志，2016(2)：13-20.

间发布的重要教育研究报告整理如下(见表4-11)：

表4-11　近十年美国知名高校发布的重要教育科学研究报告

学校	报告
斯坦福大学	《斯坦福2025计划》(2016) 《斯坦福大学本科生教育研究》(The Study of Undergraduate Education at Stanford University)(2012)
耶鲁大学	《在线教育发展战略报告》(2012)(2014)
麻省理工学院	《麻省理工学院教育的未来(最终报告)》(2014)
哈佛大学	《通识教育审议委员会最终报告》(2016) 《通识教育审议委员会中期报告》(2015)
普林斯顿大学	《普林斯顿大学通识教育》(2017) 《在线教育战略回顾》(2015)

可见，知名高校发布的教育研究报告主要关注通识教育、在线教育等高等教育中的问题。如《斯坦福大学本科生教育研究》提出了斯坦福大学在新时期的本科生教育目标：掌握知识、锻炼能力、具备个人与社会责任感、实现自适应学习，并调整本科生学习的通识课程内容。而在《斯坦福2025计划》中，则提出通过建立开环大学、自定教育节奏、轴翻转、有使命感地学习等方式来实现斯坦福教育的创新。

耶鲁大学也针对高等教育MOOC的发展，提出学校在线教育发展的战略，包括以渐进式步调推动在线教育的发展、优化在校教育资源、以与传统课程的融合为主线、课程开发与学习支持服务、多部门共同参与的协作机制等。

麻省理工学院也提出学院未来教育改革的愿景：全球化、模块化、灵活化。具体包括：通过教育创新为未来奠定基础；改革教学，大胆实验；拓展MIT教育的影响至校园外；设计新的学习空间支持创新的教育等措施[1]。

哈佛大学则在2007年本科生通识课程改革的框架下[2]，分别在2015、2016

[1] MIT News. The future of MIT education looks more global，modular，and flexible t [N/OL]. (2014-8-4)[2020-3-11]. http://news. mit. edu/2014/future-of-mit-education-0804.

[2] Harvard University Faculty of Art and Science. final report of the task force on general education [R/OL]. (2007-7-1)[2019-10-11]. https://provost. umd. edu/SP07/HarvardGeneralEducationReport. pdf.

年颁布本科生哈佛大学通识课程的中期报告和最终报告，并提出相应的改进策略。

第七节　美国教育研究的热点趋势分析

在对多个不同的研究主体进行教育研究成果近十年的梳理、可视化等研究的基础上，本报告将对不同领域的教育研究的发展进行趋势分析。

一、早期儿童教育

高质量早期儿童教育的建设。学前教育的投入和回报已经是近十年学前教育政策领域发展的热门话题，并在理论研究和教育政策领域获得了充分的认可。在未来的十年过程中，如何进一步提高学前教育的投入价值、在学前教育阶段进行合适的 STEM 以及人工智能教育项目等新兴学科的建设，如何转变贫困幼儿入学准备劣势，如何促进各州学前教育计划的有效实施等将继续成为研究热点问题。

早期儿童教育发展的重要内容。除了学前教育政策的评估与改进外，学前教育课堂教学、游戏如何促进儿童的发展，是另一项重要内容。如何促进幼儿言语、记忆、社会行为等方面的发展，如何帮助幼儿形成早期的"软实力"等都是学前教育研究中持续跟进的问题。

二、K-12 教育

1. 对于学业成就的持续关注

美国在研究上对于学业成就的持续关注，是世界其他国家无法相比的。这一问题也将持续成为未来研究的话题。尤其在《每一个学生成功》法案、州共同核心标准的指引下，以及具体的提高高中毕业率、受高等教育人口比重等政策目标的影响下，持续提升美国学生的学业成就将会作为美国战略竞争的重要基础。

2. 加强师资建设的研究

美国 K-12 阶段的师资不足与高流失率已经是影响美观基础教育发展的重要因素。对于教师职前培训效果、教师个人的专业认同、教师薪资水平、教师教学能力提升、教师如何将技术整合进入教学等具体项目将会是理论界和政策领域非常重视的问题。

3. 创新学校的研究

美国正在兴起新的学校创新计划,出现了打破传统学校教学模式的创新学校。如何建立创新学校、如何满足不同学生的学习需求、如何评价其中学生的学业成就、如何与传统学校进行融合、不同的创新学校实际教育效果如何等具体问题尤其将在相关智库、教育政策文本中予以重点体现。

4. 学校的市场化管理

特朗普政府采取了自主择校权、特许学校建设等政策工具进行学校管理,依靠市场化方式提升学校质量。对于这一学校管理模式在不同州的效果、可能遇到的实际困难、择校对教育公平影响的问题等将是进一步研究的问题。同时也需要关注通过特许学校等扩大基础教育的选择形式来反思联邦政府在教育中的作用,特许学校市场演变与下一代特许学校的研究。

5. 对国际评估测试的持续关注

在教育全球治理的背景下,美国基础教育质量一直受到较大压力,原因在于美国在国际大规模测试中表现总体排名不高,同时地区差异较大,存在着教育不公平发展等问题。因此,如何利用国际教育评估项目中的数据、证据和信息,改进美国基础教育质量,将会伴随着国际评估测试项目的周期成为持续的研究热点。

6. 对 STEM、人工智能教育的关注

自 1986 年 STEM 教育首先在本科阶段提出,STEM 教育的发展正在不断向下延伸。在本章第四节中对 NSF 项目的分析研究中也发现,STEM 教育项目资助和研究热点正在"低龄化",如何开展 STEM 教育的教学活动、如何进行跨部门的合作等是教育政策上的具体解决路径;同时理论界关注如何加强学生对于 STEM 学科的兴趣和学习体验、对女性及少数族裔 STEM 学习的关注等。此外,人工智能教育也成为战略竞争的重要领域。人工智能如何在教育中应用,如何进入学校课程也将在未来几年中在中小学进一步拓展理论基础和实践范式。

7. 对于学校关闭等特殊情况的研究

在美国本土疫情发展和全球疫情的影响下,美国也采取了史无前例的大规模"隔离学习",联邦政府也紧急投入大笔教育经费用于电子设备购买、基础网络

平台建设、免费午餐计划的持续等。这一改变学校教育线性发展的全球性突发事件，也将会成为未来几年学校教育研究的重点问题。包括学生心理健康发展影响、在线教育的开展有效模式、教师的媒体素养、学生在线学习体验、学校关闭期间的家校合作、贫困儿童的免费午餐计划实施、数字鸿沟的弥合等具体问题都是近期的研究重点。

三、后中学教育阶段

1. 扩大高等、高职教育普及率

大学学费与学生的债务水平近年来一直在快速增长，在经济下行的不利情形中，许多借款人无法偿还贷款。面对这一危机，亟须建立可负担的高等教育，通过降低高等教育费用、完善贷款制度等帮助学生缓解高等教育经济负担。同时，弱势群体、少数族裔如何能够进入高等教育，对于高等教育的入学方式、效果、影响的研究将继续延续。

2. 促进解决就业问题

劳动力市场在经济萧条中缓慢复苏，居高不下的失业率使百万劳动者处于艰难的境地。教育与社会要求应该更紧密地联系，更有效的教育和劳动力发展体系应该得到建立，美国工人的工作质量与技能需要得到提升。重振社区大学，加强社区大学培养高能力水平的劳动力，加强教育与未来职业的联系，为美国劳动力市场做准备，解决青年的失业危机，是教育科学研究需要进一步关注的问题。

3. 在线教育的发展与建设

自 2012 年 MOOC 元年开始，高等教育发展受到了在线教育的巨大挑战，也为其发展提供了新的机遇。如何创建在线课程、如何与传统课程进行融合、如何促进教师提供高质量的在线学习资源、学生如何在线形成学习社群、在线教学的实际效果等问题，受到了教育科学研究的关注，并有了相当的成果。但随着技术的持续发展，将不断有新的模式、新的工具、新的方法改变传统高等教育教学。这一问题还将继续发展，受到理论界和实践界的关注。

4. 通识教育改革与实施

"什么知识最有价值"的问题总是随着时代的发展有新的讨论和发展，这一问题体现在高等教育领域就是通识教育。随着哈佛大学 2007 年启动新一轮通识课程的改革与建设,美国的各所大学都在重新根据学校的定位、使命、特色和新时代高等教育院校的使命重新搭建通识教育框架,发展新的通识教育理念与理论。2015 年、2016 年哈佛大学对于通识教育改革的反思与思考,也将引领通识教育的改革与实施研究的持续进行。

（何珊云　杨依林　胡俊航）

第五章
英国教育研究现状与趋势

为了梳理英国近十年的教育研究现状与发展趋势,本章主要完成了以下三方面工作。首先,在英国教育部网站上搜索到近十年的教育政策文本 39 项,涉及教育总体政策、卓越教学、高等教育、教育技术、特殊教育和家庭教育等方面,按照时间顺序勾勒各领域教育政策发展的历史脉络。其次,下载了影响因子排名前 50% 的 121 本期刊论文里署名为英国籍学者的 SSCI 论文,论文总数共计 6 263 篇。并对这些论文进行了聚焦研究作者力量、研究主题和研究趋势的文献计量分析。最后,在 UK Research and Innovation 网站上搜索了近十年英国经济与社会研究理事会(Economic and Social Research Council,简称 ESRC)、英国艺术与人文研究理事会(Arts and Humanities Research Council,简称 AHRC)等基金会资助的教育领域研究项目总计 664 项。基于以上三部分工作,本章总结归纳出英国近十年教育科研的研究主题并在此基础上分析英国教育研究的未来发展趋势。

第一节　英国政府出台的重要教育政策

世界各国家各阶段教育政策的制定与执行都深受各国政治、经济、文化、科技等因素的影响,英国教育因其对其他国家的强影响力而一直受到广泛关注。英国相对成熟的工党和保守党两党政治更是在英国教育政策从"国家干预"到"撒切尔主义"再转向"第三条道路"的变迁过程中发挥着主导性的作用。1979—1997 年期间撒切尔夫人领导的保守党政府执政 18 年,英国政府开始在教育领域进行一系列激进的改革。"撒切尔主义"在英国教育领域的影响主要包括两方面，一方面在教育中推行新保守主义的文化右翼纲领，即强调教育中的标准、传统、秩序、权威和等级制度；另一方面受新自由主义影响开始在教育领域引入市场机制，推行教育私有化和市场化。撒切尔执政期间主推的教育改革包括实行全国统一课程、采用全国统一测试、鼓励学校自治、扩大家长多样化的选择、推动教育的私有化等。1997—2010 年期间新工党强调教育是国家发展的重中之重，主张"第三条道路"，该时期的教育政策从总体上延续了撒切尔时期的新自由主义，继续了国家课程、加强政府对教育的远距离监控、强调教育的经济功能，但同时又通过"第三条道路"的立场开始纠正教育市场化所带来的负面影响。"第三条道路"是介于自由放任资本主义和福利国家之间的中间道路，强调政府调控与市场机制、经济发展与社会公正、权利与责任、国家利益与国际合作等二元价值取向之间的平衡。

英国保守党和工党两大政党教育政策核心价值的区别体现在，保守党强调自由效率与精英主义，其教育政策关键词包括教育标准（Standards in Education）、学校选择（Choice in Schools）和追求卓越（the Pursuit of Excellence）等；工党强调公平正义与大众主义，其教育政策关键词主要有社会公正（Social Justice）、机会平等（Equal Opportunities）和教育权利（the Right to Education）。两个政党轮流执政期间在教育政策上的政见分歧主要包括以下方面：在学前教育方面，保守党主张采用教育券形式，增加每位家长自由选择的权利，工党则主张废除幼儿教育券，要将省下的钱用于保证所有 4 岁孩子的学习场所；在初等教育方面，工党极力呼吁废除"11 岁学生考试制度"，以确保所有孩子拥有公平的教育机会，保守党则总体上倾向于保留这一制度，以满足公民的自由选择权利并体现一定的教育效率；在中等教育方面，工党积极促进中等教育综合化，以期通过受教育过程的均等实现社会和经济上的平等，而保守党自始至终怀着对中等教育三轨制的坚定信念，主张维护文法学校的地位不受侵犯；在高等教育方面，保守党主张采用学生贷款的方式帮助学生缴纳学费，工党则倾向于采用国家奖学金和补助金的方式。

受"第三条道路"政治主张的影响，二战后英国虽然由两大政党轮流执政，但是各时期教育政策的一致性程度要远大于冲突性程度。近十年，英国主要经历了工党和保守党联合执政时期（2010—2016）以及保守党执政。2010 年英国保守党和自由民主党组成联合政府，保守党人"新自由主义"与"新保守主义"相结合的教育理念，与自由民主党人"自由、民主、开放"的教育理念相融合，逐渐产生联合政府"自由、公平、责任"的施政纲领。联合政府在借鉴上届工党政府有益经验的基础上，围绕教育公平和效率两大主线，提出了许多新的教育主张，例如加强学校自治、赋予教师更多自由、严格课程标准、完善考试制度、兴办自由学校、推进学校改进、建立透明教育资助制度等。本课题组在英国教育部网站上搜索到近十年英国政府出台的重要教育政策约有 39 项，涉及教育总体政策、卓越教学、高等教育、教育技术、特殊教育和家庭教育等方面。总体而言，近十年英国的教育政策融合了自由效率和公平正义两大价值主张，一方面强调市场机制在教育领域的广泛运用，增强英国教育的活力和竞争力等；另一方面强调如何通过教育保证社会公平、促进社会流动和提高社会福祉。

在课程政策方面，英国政府在过去 30 余年里不断出台政策调整和改进国家课程。过去 10 年时间里，为确保英国学生受到宽泛的、均衡的教育，满足国际国内需求，英国教育部继续出台一系列教育政策，深入推进英国新一轮的课程改革。例如，2010 年英国教育部颁布了《教学的重要性》(*The Importance of Teaching*)白皮书，强调课程改革势在必行。2013 年，英国政府颁布了全新的小学课程标准，即《英国国家课程：关键阶段 1 和 2 的框架文件》(*The National Curriculum in England：Key stages 1 and 2 framework document*)。2014 年又颁布了中学课程标准《英国国家课程：关键阶段 3 和 4 的框架文件》(*The National Curriculum in England：Key stages 3 and 4 framework document*)。同年 12 月，英国政府将两个文件合并为《英国国家课程框架文件》(*The National Curriculum in England—Framework Document*)，即 2014 版英国国家课程标准。

在高等教育政策方面，自 20 世纪 90 年代以来，英国政府不断出台政策推进英国高等教育的发展。近十年来，为促进英国高等教育的卓越发展，提高英国高等教育的国际竞争力，英国政府继续出台了一系列高等教育政策，进一步推进高等教育的内涵式发展。例如，2011 年英国教育部颁布了《高等教育：学生处于教育体系的核心》(*Higher Education：students at the heart of the system*)，强调给予学生更多的资助与支持、提升学生的就读体验。同年，英国政府颁布了《支持高等教育分析》(*Supporting Analysis for the Higher Education White Paper*)白皮书，进一步明确了高等教育在国家经济和社会发展中的作用。2016 年，英国政府颁布了《知识经济的成功：卓越的教学、社会流动性和学生的选择》

(*Success as a Knowledge Economy：Teaching Excellence，Social Mobility & Student Choice*)，旨在创造一个更具竞争力的高等教育市场。同年，英国政府又颁布了《实现我们的潜力：卓越的教学，社会流动性和学生的选择》(*Fulfilling Our Potential：Teaching Excellence，Social Mobility & Student Choice*)，提出建立卓越教学框架与卓越研究框架，保持英国高等教育的国际质量。

在教师教育政策方面，20世纪80年代末以来，教师教育越来越受到英国政府的高度重视。近十年来，为了提高英国教师的整体素质，保障英国教育的稳定发展，英国政府颁布了一系列教师教育政策促进教师专业发展。例如，2010年，英国政府颁布了《教学的重要性》(*The Importance of Teaching*)白皮书，将教师置于英国教育变革的核心位置。2016年，英国政府颁布了《DfE战略2015—2020：世界级的教育和关怀》(*DfE Strategy 2015 to 2020：world-class education and care*)，将教师队伍发展作为战略重点。同年，英国政府又颁布了《卓越教育无处不在》(*Education Excellence Everywhere*)，明确提出教师卓越愿景和教师发展需要。此外，为打造高素质的学前教师队伍，英国政府还颁布了学前教师教育政策。例如，2006年，英国政府颁布了《早期教育专业教师资格标准指南》(*Guidance to the Standards for the award of Early Years Professional Status*)，启动"早期教育专业教师资格"培训项目。2013年，英国政府颁布了《早期教师教育标准》(*Early Years Professional Status Standards*)，旨在促进学前教育质量的提升。

在继续教育政策方面，为适应社会经济发展，英国政府不断出台继续教育政策，完善英国继续教育的发展。尤其是近十年以来，为了培养能够满足市场需求的高技术人才，使学生在义务教育之后能够继续接受良好的教育，英国教育部陆续出台了一系列继续教育政策。例如，2006年，英国颁布了《继续教育：提高技能，改善生活机遇》(*Further Education：Raising Skills，Improving Life Chances*)，制定了继续教育系统的国家战略。2014年，英国政府出台了《支持继续教育领域培养卓越劳动力的政府战略》(*The Government's Strategy to Support Workforce Excellence in Further Education*)，明确了继续教育的重要地位。2015年，英国政府又颁布了《2015年英国政府政策白皮书：关于继续教育与培训》(*2015 Government Policy：Further Education and Training*)，提出要加强对弱势群体的继续教育。

　　在职业教育政策方面，英国政府十分重视职业教育的发展，职业教育政策系统比较完善。近十年以来，为了培养高技能型人才，促进弱势群体的专业技能发展，英国政府颁布了一系列职业教育政策，以推动英国职业教育的深入发展。例如，2012 年，英国政府出台了《新挑战，新机遇》（*New Challenges*，*New Chances*）白皮书，为职业教育发展提出了纲领性目标。2013 年，英国政府颁布了《培训计划：支持年轻人发展学徒和其他持续工作的技能》（*Traineeships*：*Supporting young people to develop the skills for apprenticeships and sustainable employment*），努力为青年人提供可持续就业机会，支持年轻人快速提高工作技能。2016 年，英国政府出台了《16 岁后技能培训计划》（*Post-16 Skills Plan*），旨在提高受教育者的就业水平与能力。2017 年，英国政府出台了《职业战略：充分利用每个人的技能和才能》（*Careers Strategy*：*making the most of everyone's skills and talents*），为学生就业提供咨询、指导，提升学生的工作体验。2019 年，英国政府又颁布了《对学徒制和技术教育的战略指导》（*Strategic guidance to Apprenticeships and Technical Education*），制定标准和学徒考核计划以保证学徒质量。

　　在教育技术政策方面，随着互联网技术的迅速发展，教育技术的地位日渐凸显。近十年，为了推动教育技术的广泛应用，使教育技术能够真正促进教育发展，英国政府出台了一系列教育技术政策，以支持教育技术的深层发展。例如，2010 年，英国政府颁布《继续教育与技能计划（2010—2013）》（*Technology strategy for further education*，*skills and generation*（*2010‐2013*））白皮书，将信息技术置于教育发展的核心地位。2017 年，英国政府出台了《职业战略：充分利用每个人的技能和才能》（*Careers Strategy*：*Making the most of everyone's skills and talents*），提出要利用数据和技术帮助每个人做出职业选择。2019 年，英国政府又颁布了《实现技术在教育中的潜力：为教育提供者和技术产业制定的战略》（*Realising the Potential of Technology in Education*：*A strategy for education providers and the technology industry*），旨在改善数字化教育发展。

　　在学前教育政策方面，自 1997 年新工党政府上台以来，英国政府开始重视学前教育领域，不断出台政策保障学前教育发展。尤其是近十年来，为了保障儿童享有公平的受教育机会，因材施教，保证儿童的个性发展，英国政府陆续颁布了一系列学前教育政策，以保障学前教育的长足发展。例如，2013 年 1 月，英国政府出台了《给予儿童更多关怀》(More great childcare)，提出高质量毕业生要参与到学前教育中来。同年，英国政府出台《确保开端儿童中心法定指导方针》①(Sure start children's centres statutory guidance)，提供惠及家长及儿童的服务。2016 年，英国政府颁布了《DfE 战略 2015—2020：世界级的教育和关怀》(DfE Strategy 2015 to 2020：World-class education and care)，强调要对每个孩子给予厚望，关注儿童早期发展。2019 年，英国政府又出台了《保障儿童教育安全》(Keeping Children Safe in Education)，提出要保障儿童的安全，防止虐待儿童行为。此外，英国政府还颁布了专门针对贫困儿童的教育政策，即 2011 年的《消除儿童贫困的新思路：解决致贫成因和改变家庭生活》(A New Approach to Child Poverty：Tackling the Causes of Disadvantage and Transforming Families's Lives)白皮书，以及 2013 年的《儿童减贫战略(2014—2017)》(Child Poverty Strategy 2014-2017)白皮书，旨在对贫困儿童实施早期干预并对其父母进行帮助。

在家庭教育政策方面，20 世纪 90 年代以来，英国政府十分重视发展家庭与学校之间的伙伴关系，出台了一系列政策保障家庭教育。在过去 10 年中，为了使家庭教育与学校教育紧密联系起来，充分发挥家庭教育的补充作用，英国政府颁布了一些家庭教育政策，促进家庭教育的发展。例如，2016 年，英国政府出台了《卓越教育无处不在》(Education Excellence Everywhere)，提出了要意识到家长在教育中发挥的重要作用。2019 年，英国政府又颁布了《家庭选修教育》(Elective Home Education)，明确了家庭选修教育的必要性，指出要加强学校教育与家庭教育的衔接。

在特殊教育政策方面，自 1997 年布莱尔执政后，英国政府十分重视特殊教育的发展，出台了一系列文件保障学生享有均等的教育机会。近十年来，为了保障残障学生的受教育权益，为特殊儿童提供更加友好的学习环境与学习机会，英国政府又颁布了一系列特殊教育政策，进一步完善英国特殊教育的发展。例如，2011 年 3 月，英国教育部出台了《支持与愿景：解决特殊教育需要与残疾儿童的新方法》(Support and aspiration：A new approach to special educational

---

① 注：英国"确保开端"项目(Sure Start)。1998 年开始投资实施的一项支持处境不利地区和家庭的学前儿童的综合性儿童保育和教育项目。

needs and disability），提出要为残疾儿童提供更好的帮助和服务。2014 年 9 月，英国政府又颁布了《0～25 岁特殊教育需要与残疾儿童实施章程》（*Special education needs and disability code of practice—0 to 25 years*），明确提出支持家长对特殊学校的选择权。2017 年，英国政府颁布了《学校与更高需求的国家资金方案》（*National funding formula for schools and high needs*），其中更高需求的资金方案专门用于为有特殊教育需要的儿童和年轻人提供资金。2019 年，英国政府又出台了《关系教育、关系与性教育和健康教育》（*Relationships education*，*relationships and sex education*，*and health education*），提出了要保障特殊与残障教育，保证教育公平。

在少数民族教育政策方面，21 世纪以来，英国政府十分重视少数民族生存环境以及教育机会的改善，促进对不同民族文化的尊重，增进各民族文化的共同繁荣，出台了一系列少数民族教育政策保障少数民族的教育权益。例如，2004 年，英国政府颁布了《更高目标：支持有效使用 EMAG》（*Aiming High：Supporting Effective Use of Ethnic Minority Achievement Grant*（*EMAG*）），专门针对少数族裔有学习困难的中小学生进行专项拨款。2006 年，英国政府通过了《学校白皮书：更高的标准，更好的学校》（*The Schools White Paper：Higher Standards*，*Better Schools*），提出要强化少数民族的教育公平。2010 年，英国政府又出台了《平等法案》（*Equality Act 2010*），强调少数族裔在信仰、文化、传统、身份等方面应该被公平对待。

在国际化教育政策方面，20 世纪 80 年代以来，英国作为国际化教育的先行者之一，出台了一系列国际化教育政策，保障英国教育的国际化水平。尤其是近十几年以来，为了提高英国国际化教育水平，通过吸引国际学生促进经济发展，英国政府又陆续出台了许多国际化教育政策。例如，2004 年，英国政府颁布了《将世界融入世界一流教育——教育、技能和儿童服务国际战略》（*Putting the World into World-Class Education：An international Strategy for education*，*skills and children's services*），旨在从国际化角度考虑英国未来的教育发展。2008 年，英国政府制定了《全球化：迎接挑战——英国继续教育国际战略》（*Globalisation：Meeting the Challenge — An international strategy for further education in England*），旨在帮助学习者更好地为国际化社会作出贡献。2013 年，英国政府又颁布了《国际教育：全球增长与繁荣》（*International*

Education：Global Growth and Prosperity），提出要更大程度地吸引国际学生。

第二节　英国教育研究的主题变化

一、重视大学生学习、教师教育、教育技术、学术身份和国际化等议题

大学生学习是英国高等教育研究的重要内容，英国学者关注大学生群体在高等教育阶段的学业适应、学习方式和学习效果等话题。有一些研究主要从学生和教师的角度探讨高等教育阶段各类型学习方式的效果和问题，例如探究式学习、创造式学习、合作学习、情境式学习和体验式学习等[①]。另外，随着大数据的发展和关注定量指标的管理方法的广泛运用，学习分析（learning analytics），即通过对学习者数据的分析来改善学生学习效果成了近年来英国教育实践和研究的重要内容。Clow 的研究总结了预测模型、社会网络分析、使用率追踪、内容分析、语义分析和推荐引擎等具体的学习分析类型以及其在大学教学中所发挥的具体作用[②]。基于大中小学合作伙伴关系培养教师教育者（teacher educator）也是高等教育领域英国教育研究者重点关注的议题，例如探讨教师教育项目学生的专业身份建构和专业学习等问题。如何有效结合理论、研究和实践是大学中小学合作培养教师教育者的关键因素，Kershner，Pedder 和 Doddington 的研究从教师教育者的角度分析其在大中小学合作项目中的专业学习经验，以此来解决教师教育者培养过程中出现的实践和理论分离问题[③]。教师教育者的专业

---

① BOVILL C，COOK-SATHER A，FELTEN P，et al. Addressing potential challenges in co-creating learning and teaching：Overcoming resistance，navigating institutional norms and ensuring inclusivity in student-staff partnerships [J]. Higher Education，2016，71(2)：195 – 208.
CRAWLEY E F，MALMQVIST J，ÖSTLUND S，et al. The CDIO approach [M]//Rethinking engineering education. Springer，Cham，2014：11 – 45.
LEVY P，PETRULIS R. How do first-year university students experience inquiry and research，and what are the implications for the practice of inquiry-based learning? [J]. Studies in higher education，2012，37(1)：85 – 101.

② CLOW D. An overview of learning analytics [J]. Teaching in Higher Education，2013，18(6)：683 – 695.

③ KERSHNER R，PEDDER D，DODDINGTON C. Professional learning during a schools-university partnership Master of Education course：teachers' perspectives of their learning experiences [J]. Teachers and Teaching，2013，19(1)：33 – 49.

学习经验内嵌于由不同个体经历、身份、技能、价值观和个性倾向构成的学习共同体内部，Czerniawski，Guberman 和 MacPhail 从国别比较的视角分析了英国等不同经合组织国家高等教育阶段教师教育者的专业学习需求①。

　　另外，英国学者也比较关注教育技术在大学课堂教学中的使用和产生的效果问题，例如有学者关注大学教师使用现代技术的影响因素以及大学生进行网络学习的动机、参与度和学习效果等问题。通过技术促进学习是现阶段高等教育的共同特征，但是已有研究往往忽视了使用和参与的区别，Dunn 和 Kennedy 的研究调查了技术使用中的情绪、认知和行为参与对学生学习成绩的影响②。King 和 Boyatt 的研究利用现象学的方法分析了影响高等教育阶段网络学习的主要因素，主要包括组织因素、教师态度和学生期望等③。Buchanan，Sainter 和 Saunders 的研究采用问卷调查法分析影响英国大学教师网络学习的主要因素，主要包括网络学习效能、感知有用性和感知易用性等④。大学教师的学术身份是英国学者关注的重要议题，研究内容主要探讨在高等教育变革背景下来自不同岗位类型的大学教师的学术身份变化问题。另外，高等教育国际化也是英国高等教育研究的重要议题，例如有学者从留学生的个体经验出发探讨留学生的就学体验、国际化课程以及国际化的影响因素等。Gu，Schweisfurth 和 Day 的研究挑战了国际留学生线性跨文化适应的心理模式，并指出其文化适应是语言掌握、社交互动、个人发展和学业成绩之间复杂互动的结果⑤，因此个体、教学、心理和组织文化等因素都是影响留学生文化适应、身份改变和最终成功的关键性因素。Jones 和 Killick 的研究分析了一所英国大学的国际化课程经验，即通过国际化形成兼顾包容性和全球相关性以及平等和多样性的研究生能力发展

① CZERNIAWSKI G, GUBERMAN A, MACPHAIL A. The professional developmental needs of higher education-based teacher educators: an international comparative needs analysis [J]. European Journal of Teacher Education, 2017,40(1): 127 - 140.

② DUNN T J, KENNEDY M. Technology Enhanced Learning in higher education: motivations, engagement and academic achievement [J]. Computers & Education, 2019,137: 104 - 113.

③ KING E, BOYATT R. Exploring factors that influence adoption of e-learning within higher education [J]. British Journal of Educational Technology, 2015,46(6): 1272 - 1280.

④ BUCHANAN T, SAINTER P, SAUNDERS G. Factors affecting faculty use of learning technologies: Implications for models of technology adoption [J]. Journal of Computing in Higher education, 2013, 25(1): 1 - 11.

⑤ GU Q, SCHWEISFURTH M, DAY C. Learning and growing in a 'foreign' context: Intercultural experiences of international students [J]. Compare, 2010,40(1): 7 - 23.

框架①。

二、重点关注学生的学习评价、课程评价以及评价效度等教育评价相关问题

　　大学教育阶段的评价决定了大学生视角下的课程质量,且被认为对学生学习起着比教学本身更重要的作用。英国学者的众多研究表明,高质量的反馈(quality feedback)是改善大学生学业成绩和提高高等教育质量的重要催化剂,并对扩大学生入学率、降低学生退学率和提高学生学习满意度等都有积极的正向作用。Beaumont,O'Doherty 和 Shannon 调查了大学生对反馈质量的感知,阐释了学生在接受高等教育中所体验到的两种截然不同的反馈文化,前者提供的是广泛的形成性反馈和指导,后者侧重基于总结性判断的独立学习②。英国六所高校的学生认为质量反馈是对话性指导过程的一部分而并非总结事件,基于此他们提出了"对话性反馈周期"模型,用以支持大学生在校学习期间的独立性学习。Evans 对 2000 年至 2012 年期间高等教育阶段评价反馈的 460 项研究做了主题分析,研究结果发现这些研究的核心主题包括探讨网络评价(E-assessment feedback)、自我评价(self-assessment feedback)和同伴评价(peer assessment)等多种评价方式的效能、明确各种类型评价所存在的问题和改进措施以及从建构主义、社会文化或是社会批判等不同视角讨论教育评价过程中所存在的反馈交流的本质、参与人的角色、反馈网络的性质以及探讨学习共同体中的促进者、障碍者和中介等问题③。

　　K-12 阶段的评价反馈更是对学生学习起着非常至关重要的作用。Winstone,Nash,Parker 和 Rowntree 在系统分析 1985—2014 年期间教育心理学领域 195 篇关于评价反馈的论文的基础上总结了学习者主动接受反馈的机制。这项研究从反馈接收过程(包括自我评价、评价素养、目标设定和自我管理、

① JONES E, KILLICK D. Graduate attributes and the internationalized curriculum: Embedding a global outlook in disciplinary learning outcomes [J]. Journal of Studies in International Education, 2013,17(2): 165 - 182.

② BEAUMONT C, O'DOHERTY M, SHANNON L. Reconceptualising assessment feedback: a key to improving student learning? [J]. Studies in Higher Education, 2011,36(6): 671 - 687.

③ EVANS C. Making sense of assessment feedback in higher education [J]. Review of educational research, 2013,83(1): 70 - 120.

参与度和动机)、反馈干预(包括内化标准、可持续性监控、集体训练、反馈方式)和人际交往变量(包括发送者和接受者的行为、信息的特征和情境的特征)等三方面因素构建了基于学习者主动参与的反馈接受机制①。Torrance 指出,教师参与基于考试目的的正式评估在英格兰有着悠久的历史,但是如何保证教师评价的有效性却一直没有定论②。英国自 1988 年开始的"国家课程和国家考试"体系(the National Curriculum and National Testing system)明确提出通过诊断性、形成性、总结性和评价性的评价来监控学生学习的过程和产出。随着英国社会外界对学校和教师问责的日益加强,国家考试体系的总结性和评价性变得越发重要。根据国家课程评价(National Curriculum Assessment)的要求,英格兰地区政府资助学校的学生需要在 Key Stages1 和 2 结束后接受考试评价和教师评价。因此,有相当部分英国学者关注这些考试评价的内容效度和建构效度以及结果效度问题(consequential validity)。

三、从阶层、性别和种族等角度探讨教育公平问题

英国学者对教育公平问题的关注由来已久,阶层、性别和种族往往在教育不平等方面具有交互影响的作用。从种族来看,一般说来,加勒比黑人、非洲黑人、其他黑人、巴基斯坦和孟加拉国的学生的学业表现低于英国白人学生,而中国、印度和爱尔兰学生的学业表现高于英国白人学生。英国学者对学生学业成就的阶层/性别/种族差异的研究主要聚焦在以下方面:学生学业成就差距首次出现的年龄以及差距在学校系统里随着时间变化加大或是缩小的问题;学业成就差距出现的原因,一般主要涉及种族和贫穷、性别等之间的交互作用等。大多数研究都是通过定量方法分析学生学业成就的阶层/性别/种族差异问题。例如,Strand 利用 530 000 名英格兰学生的数据来调查学生学业成绩因种族差异在不同的学校之间的增大或是减弱的趋势。他的研究结果表明,与英国同龄白人学生相比,加勒比黑人学生的学业进步明显不足,并且这些学生的学业成绩不佳是

---

① WINSTONE N E, NASH R A, PARKER M, et al. Supporting learners' agentic engagement with feedback: A systematic review and a taxonomy of recipience processes [J]. Educational Psychologist, 2017,52(1): 17 - 37.

② TORRANCE H. The return to final paper examining in English national curriculum assessment and school examinations: Issues of validity, accountability and politics [J]. British Journal of Educational Studies, 2018,66(1): 3 - 27.

由系统性原因造成的,而不单纯是低质量学校的影响①。也有一些学者批判性地反思了定量方法在研究教育不平等方面的缺陷。例如,Gillborn 从批判性种族理论出发强调,定量方法本身并不是中立的,其背后包含有很多价值假设;在用统计结果解释教育不平等在多大程度上与学生个体身份特征(包括阶层、性别和种族等)相关时,研究关注的焦点往往把这些学生个体身份特征当作是不平等产生的原因而并非对这些个体身份特征赋予不同价值的复杂的社会过程;定量研究往往把学生的先前成就(prior attainment)当作学生个体素质的标准以此进行同类对比,事实上学生的先前成就往往也是种族化的受教育经历的产物②。从理论层面来看,英国学者经常利用布尔迪厄的社会学理论(资本、惯习和场域等)来解释教育不平等现象。但是,Atkinson 也在反思运用布尔迪厄理论分析教育不平等时所存在的问题,例如,他认为分析教育不平等时常用的家庭惯习概念从本质上违反了布尔迪厄惯习概念的关系主义原则,即惯习存在于其内嵌的复杂场域和社会空间当中,惯习中沉淀的经验的本质以及它所生成的行为等都是由场域里资本之间的动态关系所决定,而非家庭持有的静态的资本数量③。除此之外,英国学者也经常关注诸如学校的勒令休学退学过程(school exclusion processes)和到校距离(distance to school)等具体实践问题对教育不平等的影响。例如,Gazeley 的研究调查了英国学校的勒令休学和退学过程在教育不平等再生产中扮演的角色④;Hamnett 和 Butler 的研究调查了不同形式的距离在教育不平等再生产中起到的作用⑤。

---

① STRAND S. Do some schools narrow the gap? Differential school effectiveness by ethnicity, gender, poverty, and prior achievement [J]. School Effectiveness and School Improvement, 2010,21(3): 289 – 314.

② GILLBORN D. The colour of numbers: surveys, statistics and deficit-thinking about race and class [J]. Journal of Education Policy, 2010,25(2): 253 – 276.

③ ATKINSON W. From sociological fictions to social fictions: Some Bourdieusian reflections on the concepts of 'institutional habitus' and 'family habitus' [J]. British Journal of Sociology of Education, 2011,32(3): 331 – 347.

④ GAZELEY L. The role of school exclusion processes in the re-production of social and educational disadvantage [J]. British Journal of Educational Studies, 2010,58(3): 293 – 309.

⑤ HAMNETT C, BUTLER T. Distance, education and inequality [J]. Comparative education, 2013,49 (3): 317 – 330.

四、重点关注课程改革和数学、阅读和科学等学科教学的相关议题

就课程理论发展而言，以 Michael Young 为代表的英国课程社会学家为课程知识观和课程理论发展作出了巨大贡献。20 世纪 70 年代，Michael Young 提出了知识及学校制度的"社会建构性"和"有权者的知识"；20 世纪 90 年代，他持续对英国教育的发展、社会的就业情况、学校（课程）与外部社会的关系转型等进行跟踪关注和分析，并结合社会变化，最终形成了其知识和课程的"三种未来"说。2013 年 Michael Young 在一篇文章中分析了如何通过基于知识的方法克服课程理论的危机。他提出，"传播过去的知识"和"能够利用这些知识来创造新知识"这两个相互依赖的课程知识目的给课程理论家、课程设计者和教师提出了难题。就课程改革和学科教学实践而言，在宏观层面，英国政府在过去 30 余年里不断出台政策调整和改进国家课程；在微观层面，英国学者长期关注具体的学科教学相关议题[①]。Hudson 等人的研究基于小学数学老师和大学老师共同参与的课程发展项目，从培养数学教师进行数学教学的信念、能力和态度以及对学生数学学习的期望等角度探讨如何培养苏格兰小学生的数学思维，他们还指出当前苏格兰小学数学课程的某些方面限制了学习者的创造性和自主性[②]。Inglis 和 Foster 的文章综述了过去 50 年数学教育研究的主要理论、方法和主题的演化与发展[③]。Wolfe 和 Flewitt 的研究调查 3~4 岁儿童在不同的社交环境中通过"协作式多模式对话"发展读写能力[④]。Maine 和 Shields 的研究表明可移动的图像叙事可以帮助儿童建立可迁移的阅读理解策略。另外，不少英国学者在研究诸如探究式学习、合作学习、科学和阅读相结合、科学素养集成（Science-literacy Integration）、协作式概念构图和系统词汇教学等具体科学教学策略对

---

① YOUNG M. Overcoming the crisis in curriculum theory: A knowledge-based approach [J]. Journal of curriculum studies, 2013,45(2): 101 – 118.

② HUDSON B, HENDERSON S, HUDSON A. Developing mathematical thinking in the primary classroom: liberating students and teachers as learners of mathematics [J]. Journal of Curriculum Studies, 2015,47(3): 374 – 398.

③ INGLIS M, FOSTER C. Five decades of mathematics education research [J]. Journal for Research in Mathematics Education, 2018,49(4): 462 – 500.

④ WOLFE S, FLEWITT R. New technologies, new multimodal literacy practices and young children's metacognitive development [J]. Cambridge Journal of education, 2010,40(4): 387 – 399.

学生科学学习过程和结果的影响①。例如,英国学者 Allen Thurston 和 Robert E. Slavin 等美国学者合作完成的文章通过元分析法对小学科学教学的各种方法取得的成果进行了系统的综述。他们的研究表明,使用科学工具包的探究式教学方法对学生的科学成绩没有正向影响,相反没有使用科学工具包但是关注专业发展的探究式教学方法对学生的科学成绩具有正向影响;使用视频和计算机资源的技术导向的教学和合作学习相结合对学生的科学成绩具有正向影响;合作式学习等聚焦加强教师课堂教学的科学教学方法对提高学生科学成绩产生的正向作用②。

五、教育政策研究,主要聚焦新自由主义、新管理主义和新公共管理等改革政策给英国教育变革所带来的影响

英国是新自由主义思潮的发源地,20 世纪 80 年代撒切尔政府在公共行政领域大刀阔斧地进行了减少政府干预、引入市场竞争和加强外部问责等提高公共服务效率、效能和经济的改革。新管理主义和新公共管理这对同源概念指的就是在新自由主义思潮的影响下公共服务领域部门如何借鉴私营领域的管理手段来提高效率以及效能的管理技术手段和价值理念的统称。公共服务领域的新自由主义改革很快延伸到了教育领域,在此背景下有相当一批学者的研究都在探讨这些政策改革对英国教育到底产生了怎样的影响。Bates 的研究表明,在过去 20 年时间里,英国几次大规模的教育改革给学校课程、教师专业主义和教育领导带来了根本性的变化。这些改革中最明显的特征就是从“技术理性”出发把基于可测量标准衡量的学生成绩当作实现学校改进的手段。Bates 认为这些效率和标准取向的教育政策过度强调可测量标准的达成,从长远上给英国的教育系统带来了很多预料之外的负面影响,例如表现主义动摇了教师专业的人本主义取向,教育治理的本质转变成数据治理,侵蚀教学本身的意义等③。

---

① MAINE F,SHIELDS R. Developing reading comprehension with moving image narratives [J]. Cambridge Journal of Education,2015,45(4):519 - 535.

② SLAVIN R E,LAKE C,HANLEY P, et al. Experimental evaluations of elementary science programs:A best-evidence synthesis [J]. Journal of Research in Science Teaching,2014,51(7):870 - 901.

③ BATES A. Transcending systems thinking in education reform:Implications for policy-makers and school leaders [J]. Journal of Education Policy,2013,28(1):38 - 54.

以 Stephen Ball，Ivor Goodson、Geoff Whitty 和 Jenny Ozga 等为代表的一批英国集大成的教育政策研究专家也在分析新自由主义取向的教育政策如何影响英国学校系统、教师工作、学生学习和家长选择等。例如，Ball，Maguire 和 Braun 合著的《学校如何实现政策：中学的政策实施》一书，基于对英国南部四所普通中学长期的质性研究，分析了学校和教师是如何处理那些多重又矛盾的政策要求，又是如何创造性地解读政策文本并将其付诸实践的过程，该书提供了一份中学和教师如何实施乃至创造政策的原始文本分析，揭示出在学校环境中不同政策参与者对政策实现的解释或"阐释"，该研究发现学校会基于自身文化或精神以及现实条件来产生自己可"接受"的政策，揭示了国家教育政策在学校层面的实现过程①。Ball 和 Olmedo 分析了新自由主义政府下教育领域的自我关怀、反抗与主体性，发现教育领域的新自由主义治理技术促生了新形式的教师主体性②。另外，在新自由主义的影响下，数字治理成为英国教育治理的趋势，可比较的测量数据很大程度上把更广泛的关于教育目的的哲学讨论排除在外，Ozga 的研究批判性地反思了表现主义数据在教育政策制定和学校评估过程中的使用③。Whitty 的新书批判性地反思了英国政府基于证据支持的教育政策制定过程中的政治性本质，并且强调从教育社会学角度理解教育政策的重要性④。

六、重点关注在线学习、计算机支持的协作学习、大数据分析和学习科学等教育技术相关问题

随着互联网技术的迅速发展，教育技术的地位日渐凸显。近十年，为了促进教育技术的广泛应用，使教育技术能够真正推动教育发展，英国政府出台了一系列教育技术政策，以支持教育技术的深层发展。例如，2010 年，英国政府颁布

① BALL S J, MAGUIRE M, BRAUN A. How schools do policy：Policy enactments in secondary schools ［M］. London；New York：Routledge，2012.

② BALL S J, OLMEDO A. Care of the self, resistance and subjectivity under neoliberal governmentalities ［J］. Critical studies in education，2013,54（1）：85－96.

③ OZGA J. Trust in numbers? Digital education governance and the inspection process ［J］. European Educational Research Journal，2016,15（1）：69－81.

④ WHITTY G. Research and Policy in Education：Evidence, Ideology and Impact ［M］. London：UCL IOE Press，Institute of Education，2016.

《继续教育与技能计划(2010—2013)》白皮书,将信息技术置于教育发展的核心地位。2017 年,英国政府出台了《职业战略:充分利用每个人的技能和才能》,提出要利用数据和技术帮助每个人做出职业选择。2019 年,英国政府又颁布了《实现技术在教育中的潜力:为教育提供者和技术产业制定的战略》,旨在改善数字化教育发展。过去 10 年,学习分析和移动协作学习是教育技术领域英国学者重点关注的问题。学习分析"能够加深我们对学生学习过程的了解""帮助我们了解学习设计对学生成功的影响""直接支持学生学习";协作则是 21 世纪关键能力之一,因此如何开展在线环境下的协作引起广泛关注;协作工具与移动技术相得益彰,极具教育能动性。因此,"学习分析的出现""高等教育的在线协作""移动学习和新工具的研发"成为这个时期的新兴研究内容。计算机支持的合作学习的前提假设在于信息交流技术能够通过多种学习方法为学习者提供丰富的学习经验,特别是大多数在线环境为学习者提供了足够的自主权,让学习者自主决定何时、何地和如何学习,以此增强其学习行为的自主性。尽管信息交流技术增加了学习的可能性和自主性,但最近关于计算机支持的合作学习的研究表明,并不是所有的学习者都能在线上环境中成功学习。因此有大量研究探讨哪些因素如何影响学习者的在线学习以及如何改善在线学习的效果。例如,Rienties等人的研究通过内容分析、社会网络分析和问卷调查法在准实验环境里调查了143 名在线学习参与者,研究结果表明优化计算机支持的合作学习环境中自主支持和教师支持的结构特征以适应学习者不同程度的自我决定差异可以有效地提高在线学习的质量和效果,但是如何在同时促进自主型和控制型学习者之间取得平衡是在线教学中微妙而复杂的问题[①]。Lambropoulos 等人认为在线学习存在师生互动和生生互动频率低等问题,他们的研究旨在于通过提供在线互动工具来促进在线学习者提高自我呈现和共现的社会意识,研究结果证明了社会意识对有效在线学习的重要性,同时积极参与的质量可以通过使用相关工具来提高[②]。

---

① RIENTIES B, GIESBERS B, TEMPELAAR D, et al. The role of scaffolding and motivation in CSCL [J]. Computers & Education, 2012, 59(3): 893 – 906.

② LAMBROPOULOS N, FARDOUN H, ALGHAZZAWI D M. Social networks serendipity for educational learning by surprise from big and small data analysis [C]//International Conference on Social Computing and Social Media. Springer, Cham, 2017: 406 – 415.

七、关注教育多样性、特殊教育需求、体育教育和残疾研究等全纳教育相关问题

自1997年布莱尔执政后，英国政府十分重视特殊教育的发展，出台了一系列文件保障学生享有均等的教育机会。近十年来，为了保障残障学生的受教育权益，为特殊儿童提供更加友好的学习环境与学习机会，英国政府又颁布了一系列特殊教育政策，进一步完善英国特殊教育的发展。一些英国学者关注全纳教育领域的教育多样性、特殊教育需求、教育公平、体育教育和残疾研究（disability studies）等。Lupton，Thrupp和Brown的研究分析了英格兰地区46所小学的特殊教育需要，他们指出特殊教育需要与物质贫困、社交和情绪问题、家长的参与有限等社会经济地位劣势密切相关，并且问题的关键在于特殊教育与社会经济地位之间的交互作用[①]。Maher和Macbeth的研究从在英格兰西北部中学工作的特殊教育需要协调员的角度入手，分析他们如何在体育教育方面帮助特殊需要学生融入到主流教育中。他们的研究借助霸权的概念分析特殊教育协调员如何在体育运动中促进融合文化，研究发现大多数协调员仅仅能加固英语、数学和科学等的霸权地位，从而限制了教师为特殊需要学生提供有意义的学习经验的能力[②]。Oliver和Barnes的研究追溯了残疾研究的出现以及为残疾人争取主流接纳等实践之间的关系，文章认为残疾行动主义和学术界之间的联系是残疾研究作为一门学科得以出现的主要原因，并且其对英国和国际范围内主流的社会学和社会政策产生了重要影响[③]。以Len Barton为代表的残疾研究学者建立的社会模式试图打破损伤和残疾之间的关系，他们认为损伤并非是残疾人经济和社会地位劣势的原因，而应将研究的重点转移到社会在多大程度上以什么方式限制了残疾人参与和融入主流社会的能力从而导致了他们的劣势地位。从这个角度上看，社会模式的残疾研究对社会政策和教育政策具有关键性的影响，而

---

① LUPTON R，THRUPP M，BROWN C. Special educational needs：A contextualised perspective [J]. British Journal of Educational Studies，2010,58(3)：267 - 284.

② MAHER A，MACBETH J. Physical education，resources and training：The perspective of special educational needs coordinators working in secondary schools in North-West England [J]. European Physical Education Review，2014,20(1)：90 - 103.

③ OLIVER M，BARNES C. Disability studies，disabled people and the struggle for inclusion [J]. British journal of sociology of education，2010,31(5)：547 - 560.

这些也恰恰是目前学术研究和实践领域所忽视的。Oliver 和 Barnes 指出比起全球经济、环境变化和人口增长等问题,针对残疾人的有意义的全纳性融入具有更加急迫的意义。Terzi 的研究从教育平等的价值思考全纳教育的问题,即从能力平等或者是为实现教育功能提供真正机会的角度为特殊需要儿童提供全纳教育。这一研究为阐明教育和社会公正的关系提供了可靠的价值框架,同时它建议把重点放在平等要求或者教育质量等比教育地点更为根本性的问题上。另外,他把特殊需要儿童的幸福感和能动性放在了教育过程的中心位置,这些内容能为全纳教育相关政策制定、课程设置以及教与学的策略安排等提供实践性意义[①]。

八、关注教师专业发展、教师身份、教师专业主义、领导力和教学效能等教师教育相关问题

20 世纪 80 年代末以来,教师教育越来越得到英国政府的高度重视。近十年来,为了提高英国教师的整体素质,保障英国教育的稳定发展,英国政府颁布了一系列教师教育政策促进教师专业发展。例如,2010 年,英国政府颁布了《教学的重要性》(*The Importance of Teaching*)白皮书,将教师置于英国教育变革的核心位置。2016 年,英国政府颁布了《DfE 战略 2015—2020:世界级的教育和关怀》(*DfE Strategy 2015 to 2020:World-class education and care*)将教师队伍发展作为战略重点。同年,英国政府又颁布了《卓越教育无处不在》(*Education Excellence Everywhere*),明确提出教师卓越愿景和教师发展需要。因此,教师专业发展、教师身份、教师专业主义、领导力和教学效能等教师教育相关问题一直都是英国教育学者关心的热点话题。Muijs 等人的研究系统性地评述了教师效能与教师专业发展的关系,明确了过去 35 年的研究里所提到的与学生学业成就正相关的教师行为。过去数十年关于教育效能研究的一大重要发现在于班级层面的变量是预测学生学业成就的关键性因素,班级水平变量比学校水平变量更能解释学生成绩的差异,并且班级水平差异的很大一部分可以由教师在课堂上的行为来解释。因此课堂实践有效地融入到了教育效能的理论和实

---

① TERZI L. Reframing inclusive education:Educational equality as capability equality [J]. Cambridge Journal of Education,2014,44(4):479 - 493.

践模型中,但是教师专业发展却在学校效能研究中不受关注。Muijs 等人的研究指出教学的数量和节奏、课堂氛围、教师期望等因素都与学生成就密切相关,同时除了学业成就外他们还关注教师在培养学生的自主学习、批判性思维和元认知发展等因素方面的效能差异,他们强调将教师效能与教师专业学习有机融合[①]。Opfer 和 Pedder 的研究讨论教师个体、教师参与的学习活动以及学校对教师学习的支持这三个方面因素对教师专业发展效能的影响。他们的调查数据表明,英格兰地区教师的专业发展普遍比较低效并且缺乏学校层面的支持,高绩效学校中的教师专业发展则明显与有效的专业学校密切相关[②]。Biesta,Priestley 和 Robinson 的研究认为世界范围内试图限制教师专业权利和专业判断的改革与教师能动性之间存在着持续性的紧张关系,一些人认为教师能动性是学校运行过程中的弱点并试图用证据为本的数据驱动方法来限制教师能动性,另外也有一些人认为受真实教育情境复杂性的影响,教师能动性是有意义的教育实践中不可缺少的一部分。他们的研究认为探讨教师能动性的动力机制和影响因素对于了解改革背景下的教师专业主义有重要意义。Biesta,Priestley 和 Robinson 的研究从教师信念出发以苏格兰推行"卓越课程"这一政策为背景,关注个体和集体话语如何影响驱动教师行为的感知、判断和决策等,研究结果认为教师信念在这一过程中发挥着重要作用,但是教师个体信念与外界改革话语和文化之间存在着明显的割裂[③]。

第三节　英国教育研究的影响因素分析

英国近十年的教育研究主要受到英国教育研究传统、政党的教育政策和技术革新这三方面因素的影响。

首先,早在 20 世纪 50 年代,英国学术界就把教育学界定为由哲学、历史、心理学、社会学和教学组成的多学科领域,这一教育学的学科构成规范了英国教育

① MUIJS D, KYRIAKIDES L, VAN DER WERF G, et al. State of the art-teacher effectiveness and professional learning [J]. School effectiveness and school improvement,2014,25(2):231-256.

② OPFER V D, PEDDER D. The lost promise of teacher professional development in England [J]. European journal of teacher education,2011,34(1):3-24.

③ BIESTA G, PRIESTLEY M, ROBINSON S. The role of beliefs in teacher agency [J]. Teachers and teaching,2015,21(6):624-640.

研究的主要方向①。20世纪80年代，除了这几个学科方向外，英国教育研究增加了教育经济学、教育行政和比较教育等方向。学者认为，较诸美国的教育学研究中历史学与哲学被边缘化并由新兴社会科学特别是心理学为主的实证科学支配的局面，英国的教育研究在科学与人文学科之间达成了较为平衡的格局②。纵观英国近十年的教育研究主题可以看到，有相当部分的研究还是延续上述英国教育研究的主要方向，例如有众多学者关注课程改革和学科教学等教育研究传统领域。

其次，随着英国政府对教育活动的资助、管治及经营的制度化，英国的教育研究不再只局限于课堂教与学的微观研究及实验主义的研究取向，而是拓展至社区与社会层面的宏观制度研究取向，特别是提升至公共政策的问责层面③。英国相对成熟的工党和保守党两党政治在英国教育政策从"国家干预"到"撒切尔主义"再转向"第三条道路"的变迁过程中发挥着主导性的作用。1979—1997年期间撒切尔夫人领导的保守党政府执政18年，英国政府开始在教育领域进行一系列激进的改革。"撒切尔主义"在英国教育领域的影响主要包括两方面，一方面在教育中推行新保守主义的文化右翼纲领，即强调教育中的标准、传统、秩序、权威和等级制度；另一方面受新自由主义影响开始在教育领域引入市场机制，推行教育私有化和市场化。1997年至2010年期间新工党强调教育是国家发展的重中之重，主张"第三条道路"，该时期的教育政策从总体上延续了撒切尔时期的新自由主义，继续了国家课程、加强政府对教育的远距离监控、强调教育的经济功能，但同时又通过"第三条道路"的立场开始纠正教育市场化所带来的负面影响。近十年，英国主要经历了工党和保守党联合执政时期（2010—2016）以及保守党执政（2016年至今），在借鉴上届工党政府有益经验的基础上，围绕教育公平和效率两大主线，提出了许多新的教育主张，例如加强学校自治、赋予教师更多自由、严格课程标准、完善考试制度、兴办自由学校、推进学校改进、建立透明教育资助制度等。可以看到，受英国政党教育政策价值导向的影响，近十

① MCCULLOCH G. 'Disciplines contributing to education?' Educational studies and the disciplines [J]. British Journal of Educational Studies，2002，50(1)：100–119.

② 曾荣光，叶菊艳，罗云. 教育科学的追求：教育研究工作者的百年朝圣之旅[J]. 北京大学教育评论，2020，18(1)：134–176，192.

③ 曾荣光，叶菊艳，罗云. 教育科学的追求：教育研究工作者的百年朝圣之旅[J]. 北京大学教育评论，2020，18(1)：134–176，192.

年英国的教育研究一方面关注新自由主义等改革对英国学校、教师和学生的影响，另一个方面也越来越关注教育公平相关议题。

最后，随着信息技术和教育的进一步深度融合，英国的教育研究越来越关注技术革新对教育的影响以及教育如何反过来引领技术变革等。新技术的运用大大加快了教育革新的速度，为教育发展提供了新的路径和可能性。英国开放大学的研究团队及其合作机构从 2012 年起，连续八年发布《创新教学报告》（*Innovation Pedagogy Report*），关注的就是面向现代化和技术支持下的教学、学习和评价领域正在发生变化的理论和实践，具体包括学习分析、教育大数据、学习评价及技术支持的学习创新等研究领域。由上文也可以看到，越来越多的英国学者开始关注教育技术相关议题。

第四节　英国教育研究的趋势分析

综上所述，本章作出以下几点关于英国教育研究的未来趋势预测。

第一，"基于证据"的教育政策研究和教育社会学批判视角下的教育政策研究两种范式之间的持续性冲突与角力将会进一步发展成为英国未来教育研究的关键热点。在新自由主义和撒切尔主义思潮的影响下，英国开始倡导和重视基于证据的教育政策研究，讲究经验方法的运用、实证数据的收集、证据逻辑链条的建立以及基于证据的政策建议的提出，从循证出发考察教育政策的实施效果。1997 年布莱尔政府开始倡导基于证据的政策活动，并在 1999 年英国工党政府的《政府现代化》白皮书中明确表示将"基于证据的政策"纳入政府制定政策的基本理念。英国政府所设立的 ESRC（Economic and Social Research Council）、EBBP（Evidence Based Policy and Practice）（经济和社会研究委员会"基于证据的政策和实践中心"）、EPPI-Centre（The Evidence for Policy and Practice Information and Coordinating Centre）（政策与实践信息协调证据中心）、Campell（Cochrane 协作干预评估中心）、SCIE（Social Care Institute for Excellence）（杰出社会保障研究与实践审查中心）等机构都致力于深入发展基于证据的教育政策研究。但同时英国素来有很强的批判性教育社会学的传统，近年来以 Stephen Ball，Ivor Goodson、Geoff Whitty 和 Jenny Ozga 等为代表的一批英国集大成的教育政策研究专家开始从教育社会学的角度批判英国社会由追求卓越所带来的表现主义的毒瘤、基于证据的外部评估所带来的对传统专业主义和教育人文关怀的冲击以及标准化的数字治理取代了教育治理等问题。自由与效率一直都是英国教育政策的主旋律,未来十年英国政府会持续性地关注自由与效率问题,从而引发"基于证据"的教育政策研究和教育社会学批判视角下的教育政策研究两种范式之间的持续性冲突与角力。

第二,学生的学习效果评价、课程评价、教师评价和评价效度等将会是未来十年英国学者继续重点关注的研究问题。英国自 1988 年开始的"国家课程和国家考试"体系明确提出通过诊断性、形成性、总结性和评价性的评价来监控学生学习的过程和产出。随着英国社会外界对学校和教师问责的日益加强,教育评价的总结性和评价性变得越发重要。未来十年英国的教育学者将继续关注中等教育和高等教育的教育评价问题,着重考虑教育评价的效度以及评价如何产生效果等问题。

第三,未来十年英国教育学者将继续从阶层、性别、种族和特殊教育等角度探讨教育公平问题。如前文所述,公平正义是英国工党核心的执政主张和价值追求,2010 年以来在保守党和工党联合执政的过程中,英国社会更加关注社会公正、机会平等和教育权利等议题。现实社会里阶层、性别、种族和特殊教育需要等都对教育不公平具有再生产作用,虽然英国社会对卓越、等级和精英的追求一定程度上遮蔽了英国学者对上述教育公平问题的关注,但是未来十年教育公平问题仍然会在英国教育研究中占有一席之地。

第四,未来十年英国教育学者会继续关注数学、阅读、科学等具体的学科教学理论与实践问题以及教师专业发展、教师身份、教师专业主义、领导力和教学效能等教师教育相关问题。学科教学和教师教育是教育学领域的经典基础问题,英国持续推行的各项教育改革与政策必然会对学科教学和教师教育产生深远的影响,因此未来英国学者将会持续关注这些领域的现实议题。

第五,未来十年英国学者将会更加关注从教和学两个角度探讨教育技术如何帮助受教育者实现最大潜能等问题。2019 年,英国政府又颁布了《实现技术在教育中的潜力:为教育提供者和技术产业制定的战略》,旨在改善数字化教育发展。因此未来英国学者将会继续关注教育技术领域的合作学习、人工智能、大数据和学习分析等相关议题。

(黄亚婷)

第六章
澳大利亚教育研究现状与趋势

为了梳理澳大利亚近十年的教育研究主题与发展趋势,本章主要完成了以下三方面工作。首先,在澳大利亚教育部网站上搜索到近十年的教育政策文本31项,涉及高等教育、职业教育、国际教育、外语教育、教师教育、学前教育、STEM教育、特殊教育和土著居民教育等方面,按照时间顺序勾勒各领域教育政策发展的历史脉络。其次,全文下载了影响因子排名前50％的121本期刊论文里署名为澳大利亚籍学者的 SSCI 论文,论文总数共计4 926篇。本课题组对这些论文进行了针对研究作者力量、研究主题和研究趋势的文献计量分析。再次,在 the Australian Research Council 网站上搜索了近十年立项的教育领域研究项目总计288项。基于以上这三部分工作,本章总结归纳出澳大利亚近十年教育科研的研究主题并在此基础上分析澳大利亚教育研究的未来发展趋势。

第一节　澳大利亚政府出台的重要教育政策

与英国的政体相似,澳大利亚主要由工党和自由党两党轮流执政,两党的政治观点迥异,价值主张不同,所维护的集团利益也各有差异,从整体上看,工党追求教育公平和机会均等,自由党则更重视自由市场所带来的效率与利益。1996年开始,以霍华德为首的自由党执政长达11年,大力推行教育市场化,鼓励创办私立学校,推行择校政策,加快高等教育国际化进程。2007—2013年,澳大利亚工党上台执政,发动了号称"全方位、多层次、高质量"的教育革命,这时期的教育政策主要从追求效率与质量转向重视教育公平,教育改革的重点主要包括提升教育质量,促进教育公平,加强各层次学校的问责制和透明度,具体改革举措涉及实行全国统一的教师标准、制定全国统一的课程大纲、提高教师质量、改革拨款政策和评估方式等。2014 年至今,澳大利亚由自由党执政,从近十年澳大利亚教育政策要点可以看到,澳大利亚政府一方面在继续加强澳大利亚教育的新自由主义改革,另一方面也在努力缓解新自由主义所带来的负面效应,力求实现教育公平。

在高等教育政策方面,20 世纪 80 年代以来,澳大利亚政府十分重视发展高等教育,出台了一系列政策保障高等教育质量。近十几年以来,为了提高澳大利亚高等教育的国际竞争力,促进高等教育质量和效益的提升,澳大利亚政府继续出台了许多高等教育政策。例如,2003 年 5 月,澳大利亚政府出台了《我们的大学:支撑澳大利亚的未来》(*Our University:Support Australian future*)白皮书,为澳大利亚高等教育的未来发展奠定了基调。2009 年 7 月,澳大利亚政府又出台了《高等教育体系转型改革报告》(*Transforming Australia's Higher Education System*),提出了澳大利亚高等教育将近十年的改革方向。2014 年,澳大利亚政府颁布了《高等教育标准框架》(*Higher Education Standards Framework*),对学生参与、教学环境以及教师教学、研究等问题作出了明确的规定。2017 年,澳大利亚政府颁布了《高等教育改革方案》(*The Higher Education Reform Package*),对高等教育的可持续性、选择性、透明度等问题进行了探讨。

在职业教育政策方面,20 世纪 90 年代以来,澳大利亚的职业教育获得了长足发展,这与其职业教育政策密不可分。近十年来,澳大利亚职业教育面临着新的发展机遇,为了迎接国内外新环境的挑战,促进职业教育的进一步发展,澳大利亚政府陆续出台了一系列职业教育政策。例如,2010 年,澳大利亚政府出台了《澳大利亚未来劳动力:国家劳动力开发战略》(*Australian Workforce Futures—A National Workforce Development Strategy*),明确将职业教育置于重要地位。2011 年,澳大利亚政府颁布了《共同的责任——面向 21 世纪的学徒制》(*A Shared Responsibility—Apprenticeships for the 21 Century*),建构了更加灵活的职业教育体系。同年,澳大利亚政府又出台了《技能促进繁荣——职业教育路线图》(*Skills for Prosperity—A Roadmap for Vocational Education* *and Training*），为澳大利亚的职业教育改革确定了九大主题。2014 年 4 月，澳大利亚政府出台了《工业创新和竞争力议程——澳大利亚强盛的行动计划》（*Industry Innovation and Competitiveness Agenda—An action plan for a Stronger Australia*），对新一轮的职业教育改革进行了规划。2017 年，澳大利亚政府又颁布了《教育：为所有澳大利亚人提供与 2030 年相关的技能，以应对工作性质的变化》（*Education：Respond to the changing nature of work by equipping all Australians with skills relevant to 2030*），提出了职业教育要能够更好地回应创新型社会。

在国际教育政策方面，21 世纪以来，澳大利亚政府越来越意识到国际教育的重要性，不断出台教育政策保障国际教育发展。尤其是近十年以来，为了提高澳大利亚高等教育的国际竞争力，顺应时代发展潮流，澳大利亚政府出台了一系列国际教育政策。例如，2012 年，澳大利亚政府出台了《全球视野：澳大利亚学校的全球教育框架》（*Global Perspectives：A Framework for Global Education in Australian Schools*），明确提出要建立全球教育框架。2016 年 4 月，澳大利亚政府又颁布了《国际教育国家战略 2025》（*National Strategy for International Education 2025*）以及《澳大利亚国际教育 2025 市场开发路线图》（*Australian International Education 2025 Market Development Roadmap*）两份文件，指明了澳大利亚国际教育未来十年的发展方向。

在外语教育政策方面，澳大利亚是一个移民国家，语言文化呈多元化特点。因此，澳大利亚政府出台了一系列外语教育政策，以保障语言教育的发展。尤其是近十年来，为了促进外语教育的发展，拓展学生的国际化视野，澳大利亚政府又不断出台了许多政策。例如，2009 年，澳大利亚政府启动了《国家亚洲语言与研究计划》（*National Asian Languages and Studies in Schools Program*），指明了学习亚洲语言文化的必要性。2012 年，澳大利亚政府颁布了《亚洲世纪中的澳大利亚》（*Australia in the Asian Century White Paper*）白皮书，书中明确提出要大力支持亚洲语言的学习。2013 年 1 月，澳大利亚政府又出台了《强大与安全：澳大利亚国家安全战略》（*Strong and Secure：A Strategy for Australia's National Security*）报告，报告中提出让 12 年级的学生中有 40％能够学习亚洲语言。

在教师教育政策方面，20 世纪 90 年代以来，澳大利亚政府十分重视对教师教育的改进,不断出台政策促进教师教育完善和发展。近十年来,为了培养优质教师,促进教师的专业化发展,澳大利亚政府陆续出台了一系列教师教育政策。例如,2010年,澳大利亚教育部出台了《全国教师专业标准》(A National Framework for Professional Standards for Teaching),在2011年将其改名为《澳大利亚教师专业标准》(Australian Professional Standards for Teachers),旨在为高质量教师提供优质教育。2012年8月,澳大利亚政府发布了《澳大利亚教师表现和发展框架》(Australian Teacher Performance and Development Framework),旨在全方位促进教师专业发展。2018年,澳大利亚政府出台了《澳大利亚教师绩效与发展框架》(Australian Teacher Performance and Development Framework),明确提出要全面推动教师专业发展。

在学前教育政策方面,澳大利亚作为重视学前教育的发达国家之一,早在20世纪90年代就成立了全国幼儿教育认证委员会,并不断出台政策,保障学前教育发展。近十年来,为了保障澳大利亚的学前教育质量,促进儿童健康成长,政府陆续出台了一系列学前教育政策。例如,2009年7月,澳大利亚政府出台了《国家学前教育发展战略:投资在早期》(National Early Childhood Development Strategy: Investing in the Early Years),旨在为儿童享受良好的早期教育提供保障。同年12月,澳大利亚政府又颁布了学前教育《国家质量框架》(National Quality Framework),首次统一了学前教育质量评估标准。2017年,澳大利亚政府出台了《归属、存在和成为:澳洲早期的学习框架》(Belonging, Being & Becoming: The Early Years Learning Framework for Australia),旨在培养5岁以下儿童的身份和参与意识。

在STEM教育政策方面,21世纪以来,澳大利亚中小学生在国际学生评估项目(Program for International Student Assessment,简称PISA)中的排名不断下降,澳大利亚政府开始重视STEM教育。尤其是近十年来,为了提升中小学生的科学、技术、工程、数学能力,改变学生学业成绩下滑的趋势,澳大利亚政府出台了一系列STEM教育政策。例如,2014年9月,首席科学家办公室发布了《STEM:澳大利亚的未来》(Science, Technology, Engineering and Mathematics: Australia's Future),明确指出STEM教育的重要地位。同年11月,又出台了《确定基准:澳大利亚STEM》(Berchmarking Australian Science,

Technology，Engineering and Mathematics），为澳大利亚 STEM 教育指明了发展方向。2015 年，澳大利亚政府通过了《STEM 学校教育国家战略 2016—2026》（*National STEM School Education Strategy 2016 - 2026*），明确将 STEM 教育纳入国家发展战略。2017 年，澳大利亚政府又颁布了《通过创新实现繁荣：澳大利亚在全球创新竞赛中蓬勃发展的计划》（*Prosperity through innovation：A plan for Australia to thrive in the global innovation race*），明确提出要不断提高学生的 STEM 能力。

在特殊教育政策方面，自 20 世纪 70 年代起，澳大利亚政府就十分重视特殊教育，并且在这几十年的发展过程中形成了自己的特色。近十几年来，为了保障残疾人的平等受教育机会，进一步完善澳大利亚的特殊教育保障体系，澳大利亚政府陆续出台了一系列特殊教育政策。例如，2005 年，澳大利亚联邦政府发布了《残疾人教育标准 2005》（*The Disability Standards for Education 2005*），确定清晰的教育框架推动残疾人教育的实施。2011 年，澳大利亚政府出台了《国家残疾战略 2010—2020》（*National Disability Strategy 2010 - 2020*），旨在通过十年国家发展规划改善残疾人的生活。2018 年，澳大利亚政府又推行了《澳大利亚学校残疾学生数据搜集项目》（*Nationally Consistent Collection of Data on School Students*），旨在全面了解在校残疾学生的基本状况。

在土著居民教育政策方面，20 世纪 70 年代起，澳大利亚政府对土著居民的教育问题日渐关注，并且不断出台政策保障少数民族居民的受教育权利。尤其是近十年来，为了使土著居民享受平等的教育机会，提高土著居民的教育参与度，促进土著居民的教育发展，澳大利亚政府出台了一系列土著居民教育政策。例如，2011 年 5 月，澳大利亚政府颁布了《土著和托雷斯岛民教育行动计划 2010—2014》（*The Aboriginal and Torres Strait Islander Education action plan 2010 - 2014*），旨在缩小土著居民与澳大利亚其他居民的教育差距。2012 年，澳大利亚政府又发布了《土著居民和托雷斯海峡岛民高等教育机会和成果审查的最终报告》（*Review of higher education access and outcomes for aboriginal and Torres Strait Islander people：Final Report*），报告中明确提出了促进土著居民和托雷斯海峡岛民教育发展的策略。

第二节　澳大利亚教育研究的主题变化

一、关注高等教育领域的大学生发展、学生参与、国际留学生、学生的就业能力等议题

大学生发展是澳大利亚高等教育研究领域的重要议题，与之相关的次级主题包含大学生学业表现、大学生参与以及大学生就业。在大学生学业成就方面，Pardo 等人的研究较有代表性，该团队运用自我调节学习理论，探讨如何在混合学习课程中将自我调节学习与在线活动测量相结合，用以提高学生学习成绩的预测能力，并为教学和课程设计提供支撑①。在大学生参与方面，Coates 分析了澳大利亚学生参与调查（Australasian Survey of Student Engagement，AUSSE）的相关数据，希望以此作为澳大利亚高等教育质量管理的循证基础②；而 Baron 等人认为目前大学情境中的学生参与观念往往矛盾且混乱，虽然政府和大学敦促人们注意学生参与，但其采取的许多行动并未真正关注大学生的体验与感受，反而逐渐降低了学生对于课程学习、课外活动乃至其他大学事务的参与程度，这种批判性反思很有助于我们全面理解学生参与的本质③。在大学生就业方面，澳大利亚学者主要关注大学生就业技能的发展，如 Crossman & Clarke 基于高等教育的全球化与国际化背景，通过实证数据探讨雇主、学者和学生如何看待国际经验与毕业生就业能力之间的联系，挖掘出包括社会网络整合、体验式学习、语言习得和文化理解软技能等有助于提高毕业生就业能力的相关概念④；Jackson 则基于工作整合学习框架（Work-integrated learning，WIL），调查了在 WIL 教学中培养就业技能的最佳实践和安置活动，以此提高学生在实习期间的

---

① Pardo A，Han F，Ellis R A. Combining university student self-regulated learning indicators and engagement with online learning events to predict academic performance [J]. IEEE Transactions on Learning Technologies，2016，10(1)：82 - 92.

② Coates H. Development of the Australasian survey of student engagement (AUSSE)[J]. Higher Education，2010，60(1)：1 - 17.

③ Baron P，Corbin L. Student engagement：Rhetoric and reality [J]. Higher Education Research & Development，2012，31(6)：759 - 772.

④ Crossman J E，Clarke M. International experience and graduate employability：Stakeholder perceptions on the connection [J]. Higher education，2010，59(5)：599 - 613.

工作实践体验①。

　　高等教育国际化也是澳大利亚学者关注的重要议题，与之相关的次级主题包含留学生学习体验、课程与教学国际化。在留学生学习体验方面，Russell 等人的研究十分具有代表性，他们通过调查发现积极关联、压力无关联以及苦恼冒险这三类留学生适应模式，以此了解留学生群体所经历的社会心理适应类型和过程，帮助澳大利亚相关机构更好地确定针对国际学生群体的支助服务，进而提高他们留学期间体验到的满意度和幸福感，并系统地加强他们与当地社会环境的联系②。在课程与教学国际化方面，Sanderson 以大学教师的国际化发展为切入点，认为大学教师个人和专业的特征能够作为教师国际化和课堂实践的基础，并对澳大利亚盛行的高等教育国际化理论③进行了反思，以此解构当代高等教育"理想的"和真正的教师的概念，为教学中的国际和跨文化视角发展提供了新思路④；Leask & Bridge, C 则提出了一个高等教育课程国际化的概念框架，让学术人员参与到课程国际化的实践探索和意义明确的过程中，容纳不同的课程文化与研究范式并将之合法化，进而凸显澳大利亚课程国际化多元属性⑤。

二、在强审计与问责背景下关注反馈、形成性评价等与学生学习相关的教育评价问题

　　学习评价作为教育评价中的重要领域，一直是澳大利亚教育研究领域关注的焦点，与之相关的次级主题包含评价模式、评价准则以及学生学习发展。在评价模式方面，Crisp 对综合评价进行了较为系统的研究，他指出当前的学习评价实践往往过分强调评价的结果导向，而没有清楚地区分形成性和终结性评价在

---

① Jackson D. Employability skill development in work-integrated learning：Barriers and best practice
　［J］. Studies in Higher Education，2015，40（2）：350 - 367.
② Russell J，Rosenthal D，Thomson G. The international student experience：Three styles of adaptation
　［J］. Higher education，2010，60（2）：235 - 249.
③ Knight J. Internationalization of higher education：A conceptual framework ［J］. Internationalization of
　higher education in Asia Pacific countries，1997：5 - 19.
④ Sanderson G. Internationalisation and teaching in higher education ［J］. Higher Education Research &
　Development，2011，30（5）：661 - 676.
⑤ Leask B，Bridge C. Comparing internationalisation of the curriculum in action across disciplines：
　Theoretical and practical perspectives ［J］. Compare：a journal of comparative and international
　education，2013，43（1）：79 - 101.

学生当下学习任务以及未来学习任务中的差别,因此为了实现学习、教学与评价在课程设计框架中的一致性,教育相关主体应该将诊断性、形成性、综合性和终结性四种不同类型的评价任务贯穿于整个学习过程[①]。在评价准则方面,Dawson 反思了当下学习评价标准中不精确和不一致的部分,为研究者和实践者提供包含了明确性、安全性、典型性、评分策略、评价标准、质量等级、质量界定、复杂判断等 14 个设计要素在内的综合性教育评价准则框架,并在此基础上讨论了评价标准在理论与实践层面的可复制性,试图为相关主体提供具有整体性和有效性教育评价的政策工具[②]。在学生学习发展方面,Heitink 等人进行了系统的文献回顾,从教师、学生、学校的角度揭示实施学习评价的先决条件[③];Zimbardi 等人则通过开发大规模数据在线系统,探讨信息化时代学习评价过程中的及时反馈对于学生学业发展的影响[④]。

　　有效性与可靠性是教育评价的核心,也是澳大利亚学者非常关心的议题,与之相关的次级主题包括考试效度研究以及对教育评价相关政策反思。在考试效度研究方面,Polesel 等人对澳大利亚国家评估计划——识字与计算(National Assessment Program—Literacy and Numeracy,NAPLAN)的数据结果进行了系统分析,发现该项目不仅对相应课程的教学内容和教学模式产生了影响,甚至导致师生在其他课程的投入时间降低,使得成绩导向的教育模式得到强化,因此他们认为这种高风险的考试制度扭曲了教学实践,限制了课程经验范围,不利于学生与教育的长远发展[⑤]。在政策反思方面,Lingard 等人以澳大利亚国家评估计划(NAPLAN)以及 PISA 作为切入点,以此透视澳大利亚国内及全球的测试数据基础设施建设,重新探讨社会公正在学校教育政策中的话语表述,以及新自

① Crisp G T. Integrative assessment: reframing assessment practice for current and future learning [J]. Assessment & Evaluation in Higher Education,2012,37(1):33-43.

② Dawson P. Assessment rubrics: towards clearer and more replicable design, research and practice [J]. Assessment & Evaluation in Higher Education,2017,42(3):347-360.

③ Heitink M C, Van der Kleij F M, Veldkamp B P, et al. A systematic review of prerequisites for implementing assessment for learning in classroom practice [J]. Educational research review,2016,17:50-62.

④ Zimbardi K, Colthorpe K, Dekker A, et al. Are they using my feedback? The extent of students' feedback use has a large impact on subsequent academic performance [J]. Assessment & Evaluation in Higher Education,2017,42(4):625-644.

⑤ Polesel J, Rice S, Dulfer N. The impact of high-stakes testing on curriculum and pedagogy: A teacher perspective from Australia [J]. Journal of education policy,2014,29(5):640-657.

由主义经济背景下的政策权力空间[①]。

三、关注课程改革、学科教学和教育技术等议题

课程研究是澳大利亚教育研究的核心领域，与之相关的次级主题主要围绕课程改革。Ditchburn 对澳大利亚学校教育中存在的两种课程观进行了系统分析，他认为目前自上而下的"世界一流课程"（world-class curriculum）已经占据了澳大利亚的课程话语权，这不仅意味着澳大利亚本土化的课程知识与话语权力被逐渐掩盖，也造成了课程研究领域中的割裂与矛盾，因此如何在批判性分析的同时引入自下而上的澳大利亚本土化课程观将成为后续澳大利亚课程发展的焦点问题[②]。Savage & Connor 则基于历史视角对澳大利亚和美国的国家课程改革进行了比较分析，发现尽管全球化驱动力为不同国家的教育发展带来了一致性需求，但澳大利亚依旧有自身独特的国家政策空间，全球化的共性同样需要与地方特性互相协调，才能构建出较为适合的国家课程规划[③]。同样是针对国家课程改革，Savage 从澳大利亚联邦制的角度对国家课程改革机构的定位重塑进行了探讨，他认为虽然国家课程改革机构之间有着强有力的合作，但政策重叠、责任界限模糊、权力关系不平衡等问题也日益凸显，课程改革趋势依然不明朗[④]。

教学研究同样是不容忽视的领域，与之相关的次级主题大都围绕教学变革进行展开。Wrigley 等人对全球新自由主义及其在学校制度和教育实践中的表现形式进行了批判性反思，他们认为高风险测试和简化教学法不符合澳大利亚教育发展的基本理念，在民主公民和社会责任构成的价值观框架下，学校与社区之间应加强联系，共促教学变革与知识重塑，以此推动真实性学习的建构[⑤]。

① Lingard B, Sellar S, Savage G C. Re-articulating social justice as equity in schooling policy: The effects of testing and data infrastructures [J]. British Journal of Sociology of Education, 2014,35(5): 710 - 730.

② Ditchburn G M. The Australian curriculum: Finding the hidden narrative? [J]. Critical studies in education, 2012,53(3): 347 - 360.

③ Savage G C, O'Connor K. National agendas in global times: Curriculum reforms in Australia and the USA since the 1980s [J]. Journal of Education Policy, 2015,30(5): 609 - 630.

④ Savage G C. Who's steering the ship? National curriculum reform and the re-shaping of Australian federalism [J]. Journal of Education Policy, 2016,31(6): 833 - 850.

⑤ Wrigley T, Lingard B, Thomson P. Pedagogies of transformation: Keeping hope alive in troubled times [J]. Critical studies in education, 2012,53(1): 95 - 108.

Ryan & Ryan 则对高等教育中的反思性教学进行了探讨,他们指出应将反思性学习内嵌入高等教育课程中,并通过具体的教学干预方法与评价模式扩展学生反思性学习的多维空间,以此提高澳大利亚高等教育的专业标准,帮助大学生个体获得更为长久的发展①。Dawson 等人同样关注澳大利亚高等教育中的教学变革,他们指出辅助性教学(supplemental instruction,SI)能够帮助大学生提高学业表现,同时增强高风险课程中的同伴学习效果,但在大众化背景下日益复杂和多样的高等教育群体将对教学变革提出严峻挑战,辅助性教学也不例外②。

信息化时代带来了日新月异的教育技术发展,与之相关的次级主题为教学与技术之间的关系。Preston 等人对高等教育中的网络化教学进行了研究,他们以基于网络的讲学(web-based lecture technologies,WBLT)作为案例,认为澳大利亚高等教育场域中的教学者并未真正认识信息技术对于课程和教学的改变,以至于他们无法适应当下的教育信息化变革③。Ng 则关注澳大利亚原住民的知识经验传递在非正式和正式教育环境中采用数字技术之间的差异,他同样以澳大利亚高等教育作为研究背景,通过调查原住民大学生的数字素养程度和他们在学习过程中使用教育技术的容易程度来探索他们的"数字本土性",虽然原住民大学生对教育技术的接纳程度较高,但关于教育技术素养本土化的发展还需要进一步研究④。Lai & Bower 通过对教育技术的综述进行分析,发现研究兴趣集中在教育技术对于学生学习效果和情感感知的改善,而教育技术在教学方面应用的研究比重也接近 20%,具体主题包括教育技术对传统教学方法的改进、教育技术在不同教学策略中的渗透以及教育技术在教学评估中的应用⑤。

---

① Ryan M,Ryan M. Theorising a model for teaching and assessing reflective learning in higher education [J]. Higher Education Research & Development,2013,32(2):244 - 257.

② Dawson P,van der Meer J,Skalicky J,et al. On the effectiveness of supplemental instruction:A systematic review of supplemental instruction and peer-assisted study sessions literature between 2001 and 2010 [J]. Review of educational research,2014,84(4):609 - 639.

③ Preston G,Phillips R,Gosper M,et al. Web-based lecture technologies:Highlighting the changing nature of teaching and learning [J]. Australasian journal of educational technology,2010,26(6):717 - 728.

④ Ng W. Can we teach digital natives digital literacy? [J]. Computers & education,2012,59(3):1065 - 1078.

⑤ Lai J W M,Bower M. Evaluation of technology use in education:Findings from a critical analysis of systematic literature reviews [J]. Journal of Computer Assisted Learning,2020,36(3):241 - 259.

四、关注新自由主义等教育变革背景下的教育政策研究

澳大利亚教育变革既有与盎格鲁—撒克逊国家教育变革相似之处，也有自身的特征，其中新自由主义是澳大利亚教育研究领域关注的议题，与之相关的次级主题大体围绕对于新自由主义变革取向的反思。Clarke 的研究揭示了新自由主义教育政策中与民主政治相矛盾之处，他认为新自由主义带来的管理霸权与绩效导向不仅导致了教育政策的技术工具化，更隐含了激化社会对立的潜在风险[①]。Connell 也认为新自由主义与教育市场化为澳大利亚教育建立了等级和竞争机制，使得学校、教师、学生都面临着绩效压力而缺乏安全感，甚而缩小学校课程知识的既有范围，导致教育的知识基础日益技术化[②]。此外，Rowlands & Rawolle 也批判了教育研究领域中对于新自由主义的过度使用，他们借鉴布迪厄的幻觉概念（Bourdieuian concept of illusio），提出教育研究人员并不明确"新自由主义"的确切含义，而只是在做一种"词汇游戏"，如不对该词汇进行有意识地批判性思考，那么澳大利亚教育领域中的新自由主义教义将更难以被根除[③]。Gerrard 则以新自由主义政治的出现为切入点，从多个角度探讨了围绕"公众"的挑战和争论是如何在新自由主义中逐渐汇聚的，他认为反思这些问题能够更细致地说明新自由主义改革与福利国家之间的关系，从而为实现公正公平的澳大利亚公立教育提供帮助[④]。

教育市场化也是澳大利亚教育研究者关注的问题。Rizvi 回顾了澳大利亚教育参与和公平计划（Participation and Equity Program，PEP）中从社会民主到教育公平市场理念的转变，作者认为教育领域的市场化改革将继续使用传统的社会民主概念，并且在重新阐明其含义方面取得了巨大成功[⑤]。Doherty 等人则

[①] Clarke M. The (absent) politics of neo-liberal education policy [J]. Critical studies in education, 2012, 53(3): 297 – 310.

[②] Connell R. The neoliberal cascade and education: An essay on the market agenda and its consequences [J]. Critical studies in education, 2013, 54(2): 99 – 112.

[③] Rowlands J, Rawolle S. Neoliberalism is not a theory of everything: A Bourdieuian analysis of illusio in educational research [J]. Critical studies in education, 2013, 54(3): 260 – 272.

[④] Gerrard J. Public education in neoliberal times: memory and desire [J]. Journal of Education Policy, 2015, 30(6): 855 – 868.

[⑤] Rizvi F. Equity and marketisation: A brief commentary [J]. Discourse: Studies in the Cultural Politics of Education, 2013, 34(2): 274 – 278.

从澳大利亚中产阶级的教育资本和教育选择入手,揭示了新自由主义教育选择政策的逻辑通常忽视空间维度,导致地方之间的教育不平衡现象加剧①。Sellar以澳大利亚高等教育作为研究背景,发现当代全球教育和劳动力市场的变化对人力资本理论产生了威胁,教育对于自我投资和阶层流动的作用受到了挑战②。Perry & Soouthwell 则考察了澳大利亚中等教育市场化现象,发现中学课程的广度与深度与学校地位和学生个体的社会经济背景有关,目前澳大利亚中等教育选择和竞争限制了工人阶级学生获得高质量学术课程的机会③。此外,Collyer 基于布迪厄关于资本、惯习和场域等概念,分析了市场化背景下学术资本主义对于大学工作人员的影响,揭示了学者或顺应或抵制新自由主义和学术资本主义的多种行为,以此探讨结构与个体的互动属性④。

教育治理是当下教育研究领域的新热点,与之相关的次级主题大致围绕学校治理展开。Gobby 基于西澳大利亚独立公立学校(Independent Public Schools,IPS)倡议,对澳大利亚联邦政府和州政府在教育系统开展的新自由主义改革进行了分析,他认为 IPS 计划通过向选定的校长和学校社区提供一系列支持,能够帮助学校系统从国家教育官僚机构寻求更大的自主权,改进当下澳大利亚的教育治理现状⑤。Gerrard 同样关心公立教育问题,他指出当代公立学校建设蕴含的社会公平基础已经受到挑战,各种不平等的激进思想在加剧公立教育中的排斥现象的同时,也在构建新的公立教育边界,因此政府如何界定和回应这些挑战,应当成为公立教育治理的重点⑥。Vidovich & Currie 则关注澳大利亚高等教育治理模式的历史变革,该研究认为当下澳大利亚高等教育更多地采用公司治理模式,并加之严格的政府监管,成为一种充满不信任文化的复杂治理

① Doherty C, Rissman B, Browning B. Educational markets in space: Gamekeeping professionals across Australian communities [J]. Journal of Education Policy, 2013,28(1): 121 - 152.

② Sellar S. Equity, markets and the politics of aspiration in Australian higher education [J]. Discourse: Studies in the cultural politics of education, 2013,34(2): 245 - 258.

③ Perry L B, Southwell L. Access to academic curriculum in Australian secondary schools: A case study of a highly marketised education system [J]. Journal of Education Policy, 2014,29(4): 467 - 485.

④ Collyer F M. Practices of conformity and resistance in the marketisation of the academy: Bourdieu, professionalism and academic capitalism [J]. Critical Studies in Education, 2015,56(3): 315 - 331.

⑤ Gobby B. Putting "the system" into a school autonomy reform: the case of the Independent Public Schools program [J]. Discourse: studies in the cultural politics of education, 2016,37(1): 16 - 29.

⑥ Gerrard J. Whose public, which public? The challenge for public education [J]. Critical Studies in Education, 2018,59(2): 204 - 217.

模式,如何使各利益相关群体之间通过协商实现信任与理解,成为澳大利亚高等教育治理中难以回避的问题①。

　　教育政策分析是教育政策研究的核心,与之相关的次级主题大致围绕政策话语分析展开。Lingard & Rawolle 对全球化与民族国家教育政策之间的关系进行了分析,他们认为全球化已经将部分政治权威重新定位到了一个新兴的全球教育政策领域,如广泛影响澳大利亚教育政策的"知识经济"全球化话语体系,正将澳大利亚的国家教育政策逐渐转变为一种全球教育政策②。此外,Lingard 等人也通过对比澳大利亚国家评估计划(National Assessment Program—Literacy and Numeracy,NAPLAN)和世界经合组织国际学生评估计划(PISA)分析了澳大利亚学校教育政策对于社会公平的重新表述③。Singh 等人则通过对澳大利亚教育政策的再文本化,对权利和控制关系进行分析,为批判性政策分析提供一个新思路④。此外,对于教育政策主体,Bansel 运用后结构主义理论,将政策主体视为社会政策与具体主体之间的一种构成关系,他指出政策主体存在于多重且常常相互矛盾的话语、叙述、实践和经验中,其体现方式超出了政策的理性,并对政策理解与实践产生重要影响⑤。

五、关注教师专业发展、教师身份、职前教师等教师教育相关议题

　　教师教育是澳大利亚教育研究领域中的重要内容,教师专业发展则是重中之重,与之相关的次级主题包括职前教师专业发展与教师专业身份建构。在职前教师专业发展方面,Sutherland 等人对职前教师的专业身份进行了探究,他们发现教师自我形象的发展能够影响后续的职业认同,如何通过自我反思与自我

① Vidovich L,Currie J. Governance and trust in higher education [J]. Studies in Higher Education,2011,36(1):43-56.

② Lingard B,Rawolle S. New scalar politics:Implications for education policy [J]. Comparative Education,2011,47(4):489-502.

③ Lingard B,Sellar S,Savage G C. Re-articulating social justice as equity in schooling policy:The effects of testing and data infrastructures [J]. British Journal of Sociology of Education,2014,35(5):710-730.

④ Singh P,Thomas S,Harris J. Recontextualising policy discourses:A Bernsteinian perspective on policy interpretation,translation,enactment [J]. Journal of Education Policy,2013,28(4):465-480.

⑤ Bansel P. The subject of policy [J]. Critical Studies in Education,2015,56(1):5-20.

表达来重构自身的经验,是支持职前教师专业身份建构的重要手段①。Ng 等人则是从学校实习体验的角度分析职前教师在专业发展过程中的自我效能信念,他们认为良好的教学信念会在实习过程中经历由专业控制信念到个人魅力控制信念,最终实现与学生建立共同关系的转变②。O'Neill & Stephenson 研究了澳大利亚小学教师最后一年的职前效能感,该研究发现初任教师具有良好的课堂管理与教学效能感,其中学校实践经验能够为初任教师增强效能感发挥积极作用③。在教师专业身份建构方面,Devos 通过分析澳大利亚维多利亚州教师入职培训项目(Teacher Mentoring and Induction Program),梳理了导师制与教师专业标准、学校绩效文化以及教师身份认同之间的关系,以此探讨导师制对新任教师专业身份建构的影响④。Hardy 则借鉴布迪厄的场域理论对澳大利亚昆士兰东南部六所学校的教师专业发展实践进行系统分析,该研究发现目前澳大利亚教育场域中弥漫的新自由主义文化已经导致教师专业实践工具化、行政化,教师个体在工作领域面临着更多的非专业压力,不过教师同样能够积极参与教育变革实践,为专业身份的持续性发展创造条件⑤。Mockler 同样认为在澳大利亚当下的政策和公共话语中,教师工作和"角色"的技术理性认同超越了传统的教师身份认同,新自由主义教育议程中嵌入的工具主义教师理念正在瓦解教师的专业身份结构⑥。

　　运用多种研究方法对教师进行研究,与之相关的次级主题主要围绕行动研究与叙事探究。在行动研究方面,Arnold 等人将意识形态批判、自我反思意识和解放行动相结合,提出基于教师教育的"批判性实践"(critical praxis)认识论

① Sutherland L, Howard S, Markauskaite L. Professional identity creation: Examining the development of beginning preservice teachers' understanding of their work as teachers [J]. Teaching and teacher education, 2010,26(3): 455 – 465.
② Ng W, Nicholas H, Williams A. School experience influences on pre-service teachers' evolving beliefs about effective teaching [J]. Teaching and teacher education, 2010,26(2): 278 – 289.
③ O'Neill S, Stephenson J. Exploring Australian pre-service teachers sense of efficacy, its sources, and some possible influences [J]. Teaching and Teacher Education, 2012,28(4): 535 – 545.
④ Devos A. New teachers, mentoring and the discursive formation of professional identity [J]. Teaching and Teacher Education, 2010,26(5): 1219 – 1223.
⑤ Hardy I. Critiquing teacher professional development: teacher learning within the field of teachers' work [J]. Critical Studies in Education, 2010,51(1): 71 – 84.
⑥ Mockler N. Beyond 'what works': Understanding teacher identity as a practical and political tool [J]. Teachers and Teaching, 2011,17(5): 517 – 528.

行动，他们认为批判性实践力求超越正规教学、知识和课程的限制，鼓励社区、教师和学生共同努力，为公共利益创造新的理解，最终帮助教师教育者和教师共同促进实践领域理论化①。Mockler & Groundwater-Smith 则试图打破教师教育行动研究中长期强调成就的主导话语，深入考察学校教育情境中的实践者和学生"声音"，用以揭示那些"不受欢迎的真相"(unwelcome truths)，帮助教师对专业发展过程中的实践经验进行批判性反思②。在叙事探究方面，Burgess 探讨了文化知识和生活经验在教育实践中的嵌入，发现教师的文化身份受到个体所处场域的特殊性以及话语权力关系的影响，如何理解和调动这些身份中蕴含的力量，是探究教师协商个体、专业和情境身份的基础之一③。Parr 等人则通过教师自我叙事性写作研究职前教师的身份发展过程，他们发现叙事空间中的故事和人物是建构职前教师个体理解的重要因素，而隐藏其后的教育变革与学校文化也值得深挖④。

六、关注原住民教育、全纳教育、跨文化教育等多元文化教育相关议题

原住民教育是澳大利亚面临的现实问题，与之相关的次级主题基本围绕教育公平展开。Lea 等人认为澳大利亚原住民教育的家校合作存在问题，学校教育内容也与原住民的生活相脱离，导致原住民家长参与学校教育的程度严重不足⑤。Rahman 也认为澳大利亚学校中的教育内容体现了以"白人"为主导的价值观，导致原住民学生处于文化劣势⑥。Graham 则发现澳大利亚新南威尔士特

① Arnold J，Edwards T，Hooley N，et al. Conceptualising teacher education and research as 'critical praxis' [J]. Critical Studies in Education，2012，53(3)：281 – 295.

② Mockler N，Groundwater-Smith S. Seeking for the unwelcome truths：Beyond celebration in inquiry-based teacher professional learning [J]. Teachers and teaching，2015，21(5)：603 – 614.

③ Burgess C. Conceptualising a pedagogical cultural identity through the narrative construction of early career Aboriginal teachers' professional identities [J]. Teaching and Teacher Education，2016，58：109 – 118.

④ Parr G，Bulfin S，Castaldi R，et al. On not becoming 'a mere empirical existence'：Exploring 'who' and 'what' narratives in pre-service English teachers' writing [J]. Cambridge journal of education，2015，45(2)：133 – 148.

⑤ Lea T，Thompson H，McRae-Williams E，et al. Policy fuzz and fuzzy logic：Researching contemporary Indigenous education and parent-school engagement in north Australia [J]. Journal of Education Policy，2011，26(3)：321 – 339.

⑥ Rahman K. Belonging and learning to belong in school：the implications of the hidden curriculum for indigenous students [J]. Discourse：Studies in the Cultural Politics of Education，2013，34(5)：660 – 672.

殊教育系统中的原住民学生比例过高，导致相关教育政策与实践出现偏差①。在高等教育层面，Barney 通过研究澳大利亚原住民学生从本科学习向研究生学习过渡的过程，发现他们更有可能来自不利的社会经济背景，缺乏来自家庭和社会的教育网络支持②。Day 则指出当前澳大利亚高等教育中的原住民学生面临着学业支持不足的问题，与其他澳大利亚学生相比存在实质性的不平等，如何提高原住民学生的学习韧性是高等教育系统需要考虑的问题③。

　　全纳教育是 21 世纪以来的全球教育热点，与之相关的次级主题多聚焦于全纳教育的具体实践。Graham 通过对澳大利亚、加南大和芬兰的全纳教育发展进程进行比较研究，发现全纳教育的包容性在不同国家有着不同的表现形式，但相关政策一般趋向于对不同能力的学生进行分类和隔离，导致教育排斥现象有所增加④。Smyth 则考察了澳大利亚联邦政府中关于社会包容政策取向的相应政策文本，对澳大利亚教育包容和教育公平问题进行了批判，该研究发现这些政策并未将政策客体真正定位于教育弱势群体，导致所谓的包容性政策没有发挥实质作用⑤。Boyle 等人则从教师的角度考察学校教育包容性的问题，他们发现全纳教育政策目标与教师的实际教学体验存在距离，尤其是职前教师发展阶段没有充分考虑全纳教育的相关理念和教育内容⑥。

　　跨文化教育是西方移民国家必须正视的问题，澳大利亚尤其如此，与之相关的次级主题基本围绕教育中的跨文化交往。Smala 等人从语言的角度考察了学校教育中存在的问题，他们发现英语中心论使得其他民族的本土语言被排挤到

① Graham L J. Disproportionate over-representation of Indigenous students in New South Wales government special schools [J]. Cambridge Journal of Education，2012，42(2)：163-176.
② Barney K. 'Taking your mob with you'：Giving voice to the experiences of Indigenous Australian postgraduate students [J]. Higher Education Research & Development，2013，32(4)：515-528.
③ Day A，Nakata V，Nakata M，et al. Indigenous students' persistence in higher education in Australia：contextualising models of change from psychology to understand and aid students' practices at a cultural interface [J]. Higher Education Research & Development，2015，34(3)：501-512.
④ Graham L J，Jahnukainen M. Wherefore art thou，inclusion? Analysing the development of inclusive education in New South Wales，Alberta and Finland [J]. Journal of education policy，2011，26(2)：263-288.
⑤ Smyth J. Speaking back to educational policy：Why social inclusion will not work for disadvantaged Australian schools [J]. Critical Studies in Education，2010，51(2)：113-128.
⑥ Boyle C，Topping K，Jindal-Snape D. Teachers' attitudes towards inclusion in high schools [J]. Teachers and Teaching，2013，19(5)：527-542.

了边缘化地位,阻碍了学校教育中的跨文化理解①。Bennett 等人也对高等教育中的大学生跨文化交往进行了研究,并发现英语和其他语言之间的地位关系导致不同文化学生群体出现二元割裂,不利于高等教育情境中跨文化关系的产生、维持和演变,也不利于高等教育国际化的发展②。Colvin 等人则借鉴布迪厄的场域、惯习和资本等概念框架来阐明大学生跨文化交往中存在的障碍③。在最新的研究中,Kudo 等人建构了一个大学生跨文化关系的概念框架,他们认为互动、互惠和统一是跨文化交往的核心,基于此可以理解跨文化关系发展在个人和情境层面的互动,进而促进国家、区域和机构之间的跨文化教育研究和实践④。

第三节　澳大利亚教育研究的影响因素分析

澳大利亚近十年的教育研究主要受到澳大利亚多元文化传统、政党的教育政策和全球化竞争这三方面因素的影响。

首先,作为曾经的英属殖民地,澳大利亚的教育制度和文化传统在历史上与英国有着密切的关系,深受英国教育思想和文化的影响。另外,作为世界三大多元文化国家之一,经历过土著民时期、英殖民时期和移民时期的澳大利亚凝聚了上百种不同移民国家和不同民族的文化、经历、信仰和传统,多元文化发展成了澳大利亚社会共同的价值观和文化基石。澳大利亚的教育研究一方面体现出跟英国教育研究很强的一致性和延续性,另一方面又呈现出多元文化融合的本土特征。从上文澳大利亚近十年教育研究的主题发展可以看到,受英国传统的影

---

① Smala S, Paz J B, Lingard B. Languages, cultural capital and school choice: Distinction and second-language immersion programmes [J]. British Journal of Sociology of Education, 2013,34(3): 373 - 391.

② Bennett R J, Volet S E, Fozdar F E. "I'd Say it's Kind of Unique in a Way" The Development of an Intercultural Student Relationship [J]. Journal of Studies in International Education, 2013,17(5): 533 - 553.

③ Colvin C, Fozdar F, Volet S. Intercultural interactions of mono-cultural, mono-lingual local students in small group learning activities: A Bourdieusian analysis [J]. British journal of sociology of education, 2015,36(3): 414 - 433.

④ Kudo K, Volet S, Whitsed C. Development of intercultural relationships at university: A three-stage ecological and person-in-context conceptual framework [J]. Higher Education, 2019,77(3): 473 - 489.

响,澳大利亚的教育研究也重视课程和教学论、教学评价、教师教育和教育政策等研究主题;同时受澳大利亚本土多元文化特征的影响,原住民教育、全纳教育、跨文化教育等多元文化教育相关议题也是澳大利亚学者关注的重点议题。

其次,与英国的政体相似,澳大利亚主要由工党和自由党两党轮流执政,两党的政治观点迥异,价值主张不同,所维护的集团利益也各有差异,从整体上看,工党追求教育公平和机会均等,自由党则更重视自由市场所带来的效率与利益。1996年开始,以霍华德为首的自由党执政长达11年,大力推行教育市场化,鼓励创办私立学校,推行择校政策,加快高等教育国际化进程。2007年至2013年,澳大利亚工党上台执政,发动了号称“全方位、多层次、高质量”的教育革命,这时期的教育政策主要从追求效率与质量转向重视教育公平,教育改革的重点主要包括提升教育质量,促进教育公平,加强各层次学校的问责制和透明度,具体改革举措涉及实行全国统一的教师标准、制定全国统一的课程大纲、提高教师质量、改革拨款政策和评估方式等。2014年至今,澳大利亚由自由党执政,从近十年澳大利亚教育政策要点可以看到,澳大利亚政府一方面在继续加强澳大利亚教育的新自由主义改革,另一方面也在努力缓解新自由主义所带来的负面效应,力求实现教育公平。受澳大利亚政党教育政策价值导向的影响,近十年澳大利亚的教育研究一方面关注新自由主义等改革对澳大利亚各层级教育的影响,另一方面也越来越关注教育公平相关议题。

最后,全球竞争和对国际影响力的追求也构成了澳大利亚教育研究的主要驱动因素。为了寻求更大的国际利益和国际影响力,增强国家竞争优势,澳大利亚政府早就把教育国际化作为重要国家战略,通过明确市场定位、扩大留学生规模、提高办学质量等一系列宏观与微观政策来促进教育国际化。作为世界第三大国际教育供给国,澳大利亚学者较多关注国际留学生、教师和课程的国际化以及学生的留学体验等高等教育国际化相关议题。

第四节　澳大利亚教育研究的趋势分析

综上所述,本章对澳大利亚的未来教育研究趋势做出如下预测。

第一,未来十年澳大利亚学者会更加关注基础教育的数学、阅读、科学等学科教学理论与实践问题。澳大利亚自2000年至2018年已参加了7轮的PISA

测试，但从结果分析来看，历年来数学、阅读和科学的成绩一直呈持续下降趋势。自 2008 年以来，澳大利亚在基础教育领域推出了一系列政策改革举措：在早期教育和中小学教育中，加大联邦政府与州政府的投入，完善早期教育体系，推动薄弱学校办学改革，提高教师教学水平，完善数字化教育资源网络，努力使教育更好地服务于经济发展和民众教育需求，提高质量，促进均衡发展等。但是过去十几年来这些政策都不能有效地扭转澳大利亚学生成绩在 PISA 考试中的持续下降趋势，未来十年澳大利亚政府必将继续探索如何改善澳大利亚的基础教育质量，教育领域的学者也将更加关注数学、阅读、科学等学科教学理论与实践问题。

第二，未来十年澳大利亚学者将会继续关注教师专业发展、教师专业标准和教师身份等教师教育相关问题。步入 21 世纪以来，澳大利亚政府和教育决策者认识到高质量教育对于社会经济、政治、文化的发展具有重要意义。2008 年联邦政府公布的《澳大利亚 2020》（Australia 2020）规划纲要郑重承诺：要建立一个所有中小学都追求卓越的教育体系，让每个儿童都接受到最优质的教育。为了达成这一目标，政府将"提高教师质量"作为基础教育改革的优先领域。促进变革型教师专业化、加强初任教师入职教育、优化弱势地区师资配置、培养教师21 世纪核心技能、加强教师教育质量评估的标准引领等将是未来十年澳大利亚教师教育改革的持续性方向。在改革背后一直存在着一系列矛盾和争议，如联邦加强干预与各州享有自治之间的矛盾；教师外部控制与教师专业自治之间的平衡以及教师教育的质量与学生在标准化考试中的成绩表现之间的关系等，这些问题都将在未来十年得到澳大利亚教育学者的持续性关注。

第三，未来十年澳大利亚学者将会更加关注教育公平问题。21 世纪以来，澳大利亚政府在加快教育市场化的过程中也产生严重的教育公平问题。目前来看，澳大利亚存在着严重的由性别、家庭背景、地域、原住民、特殊教育需要和移民等带来的教育公平问题。澳大利亚学生在 PISA 等标准化测试中的成绩两极分化明显，聚集于底端的学生主要是来自社会经济背景差的学生和原住民学生。澳大利亚政府近十年来不断出台政策保障原住民的受教育权利，以保障原住民享受平等的教育机会，提高原住民的教育参与度，促进原住民的教育发展。有澳大利亚学者发现目前澳大利亚高等教育的改革已经将减少教育劣势与新自由主义教育政策相结合，高校学生公平政策已经演变为具有强烈竞争属性的实践话语，并且在不同的地方情境下产生了不同影响，出现了国家与地方在政策实践层面的紧张局势。因此,随着澳大利亚教育政策从"追求质量"向"强调公平,追求卓越"的转向,未来十年澳大利亚学者将会持续关注由原住民教育等特色问题所引发的教育公平问题。

第四,未来十年澳大利亚学者将会持续关注由新自由主义改革所引发的对教师、学生、家长和学校等教育系统各方面要素的影响问题。1988 年澳大利亚政府发布的《高等教育:政策宣言》(*Higher Education:a policy statement*)是澳大利亚高等教育市场化的重要转折点,标志着澳大利亚高等教育的角色从先前作为参与社会、经济和文化的宏观角色转变为强调扩张、市场导向和竞争的经济角色。2003 年澳大利亚政府发布的《我们的大学:支持澳大利亚的未来》(*Our University:Support Australian future*)进一步加大新自由主义的改革,2017 年澳大利亚政府发布的《高等教育改革方案》(*The Higher Education Reform Package*)也在进一步强调从学生学费上调、赋予学生更多选择和增加透明度与问责等角度保证澳大利亚高等教育的可持续性发展。如前文所述,2008 年之前澳大利亚政府一直都在致力于推进基础教育的私有化与市场化。基于新自由主义改革是澳大利亚各层级教育的主要实践方式,未来十年澳大利亚学者必将继续关注问责和审计等新自由主义改革对教育治理、教师专业主义和学生发展等各方面因素的影响。

第五,未来十年澳大利亚学者将会更加关注教育技术相关问题。2008 年,澳大利亚政府向数字教育革命(DER)(Digital Education Revolution)计划投入了超过 21 亿美元,该计划旨在加强信息和通信技术(ICT)在澳大利亚学校教学中的应用。该计划涉及在澳大利亚所有教育系统和部门进行计算机和软件、校本基础设施、领导力、专业发展和数字资源等方面的投资。DER 的目标包括:促进澳大利亚中学教学和学习方式进行持续而有意义的变革,重点关注基础设施、领导力、教师能力和学习资源这几方面的改革;为 9～12 年级的每个学生提供现代学习所需的技术;为有效传递全国性的在线课程和为学生提供具有挑战性的学习资源创造基础。近年来,澳大利亚政府继续出台政策号召进一步推进教育领域的数字化革命。因此未来十年,澳大利亚学者将会更加关注技术在教育领域的运用效果以及由技术所引发的课程和教学的改变等问题。

(黄亚婷　刘　浩)

第七章
德国教育研究现状与趋势

作为全球经济强国和欧洲第一的经济体，德国同时具有悠久教育传统和世界领先水平的教育综合实力。德国拥有世界知名的教育学者，也拥有众多世界一流高校，其有关教育研究的论文发表数量和质量仅次于美国。德国建立了12年义务教育制度，公立教育全部免费，在教育改革与实践方面积累了丰富的成功经验。本研究将以2010—2019年作为研究时间节阶段，选择①教育研究领域一流学术期刊德国研究者发表的文献；②德国联邦教育与研究部设立的发展项目为主要研究数据，运用内容分析、文献计量分析等具体的研究方法，呈现德国教育科学研究近十年的重点以及未来趋势，试图为我国教育研究的方向制定、规划形成和具体研究的开展提供参考和借鉴。

第一节　德国教育研究的重点内容

一、近十年的德国教育科学期刊论文成果总体情况

本研究将 Web of Science 核心合集中教育学领域影响因子前50本期刊中于2010—2019年间德国地区发表的1068篇文献作为样本，运用CiteSpace软件进行分析（见表7-1）。分析所用文献内容涵盖了教育学专业下的各个领域，基本代表了德国教育学领域研究在英文教育学期刊中发文的最高水平，对分析德国教育学领域近十年内的主要研究热点和研究发展的脉络以及趋势有代表性意义。

表 7–1 50 本教育学领域 SSCI 收录期刊影响因子

排名	期刊名称	平均影响因子
1	*Review of Educational Research* 《教育研究综述》	8.99
2	*Educational Psychologist* 《教育心理学家》	5.96
3	*Computer & Education* 《计算机与教育》	5.63
4	*Internet and Higher Education* 《互联网与高等教育》	5.28
5	*Educational Research Review* 《教育研究评论》	5.20
6	*Learning and Instruction* 《学习与教学》	3.92
7	*Modern Language Journal* 《现代语言杂志》	3.76
8	*Journal of the Learning Science* 《学习科学杂志》	3.55
9	*Educational Researcher* 《教育研究者》	3.39
10	*Comunicar* 《交流》	3.34
11	*Academy of Management Learning & Education* 《管理学会学习与教育》	3.27
12	*Journal of Teacher Education* 《教师教育杂志》	3.26
13	*Studies in Science Education* 《科学教育研究》	3.25
14	*Journal of Engineering Education* 《工程教育杂志》	3.24
15	*American Educatioanl Research Journal* 《美国教育研究杂志》	3.17
16	*Sociology of Education* 《教育社会学》	3.15
17	*Journal of Research in Science Education* 《科学教育研究杂志》	3.14
18	*Educational Evaluation and Policy Analysis* 《教育评估与政策分析》	3.13
19	*Journal for Research in Mathematics Education* 《数学教育研究杂志》	3.06
20	*Higher Education* 《高等教育》	3.01
21	*Journal of Experimental Education* 《实证教育杂志》	2.92
22	*Science Education* 《科学教育》	2.90
23	*Studies in Higher Education* 《高等教育研究》	2.85
24	*Early Childhood Research Quarterly* 《幼儿研究季刊》	8.99

（续表）

排名	期刊名称	平均影响因子
25	*Advance in Health Sciences Education*　《保健科学教育进展》	5.96
26	*Metacognition and Learning*　《元认知与学习》	2.75
27	*TESOL Quarterly*　《TESOL 季刊》	2.72
28	*Reading Research Quarterly*　《阅读研究季刊》	2.70
29	*Journal of Education Policy*　《教育政策》	2.68
30	*International Journal of Bilingual Education and Bilingualism*　《国际双语及双语教育杂志》	2.62
31	*British Journal of Educational Technology*　《英国教育技术杂志》	2.59
32	*Language Learning & Technology*　《语言学习与技术》	2.57
33	*Journal of Studies in International Education*　《国际教育研究杂志》	2.55
34	*Journal of Higher Education*　《高等教育杂志》	2.51
35	*Review of Research in Education*　《教育研究回顾》	2.49
36	*Journal of Research on Educational Effectiveness*　《教育效果研究杂志》	2.49
37	*Assessment in Education-Principles Policy & Practice*　《教育测评：原则、政策与实践》	2.48
38	*Assessment & Evaluation in Higher Education*　《高等教育评估与评价》	2.47
39	*Scientific Studies of Reading*　《阅读科学研究》	2.47
40	*Comparative Education*　《比较教育》	2.46
41	*Journal of Computer Assisted Learning*　《计算机辅助学习杂志》	2.45
42	*Education Finance and Policy*　《教育财政与政策》	2.43
43	*Teaching and Teacher Education*　《教学与教师教育》	2.41
44	*Learning, Media and Technology*　《学习,媒体和技术》	2.37
45	*Language Teaching Research*　《语言教学研究》	2.32
46	*IEEE Transactions on Learning Technologies*　《IEEE 学习技术学报》	2.32
47	*Educational Administration Quarterly*　《教育管理季刊》	2.31
48	*British Journal of Educational Studies*　《英国教育研究杂志》	2.30

（续表）

排名	期刊名称	平均影响因子
49	*Active Learning in Higher Education* 《高等教育中的主动学习》	2.29
50	*European Journal of Teacher Education* 《欧洲教师教育杂志》	2.29

二、研究热点主题

关键词作为作者对于文章主题和研究内容的归纳总结一定程度上能够反映德国教育学领域的研究热点。因此,本研究通过使用 Web of Science 核心合集导出的数据,对 CiteSpace 软件进行了如下的设计:时间范围设置为 2010—2019 年,单位时间分区跨度为 1 年,节点类型选择"Keyword",数据抽取阈值设置为 Top 100,采用最小生成树算法简化网络。生成了 N 为 491, E 为 1 143,密度为 0.009 5, $Q=$ 0.650 2, $S=0.759$ 的关键词共现知识图谱。最终呈现结果如图 7 - 1 所示。

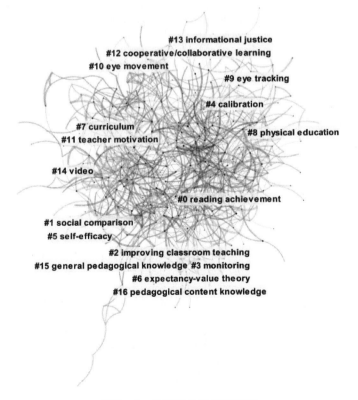

图 7 - 1　关键词共现知识图谱

在此基础上，本文对关键词进行了聚类分析，采用对数似然算法，如共现知识图谱所示，将文献中的关键词分为了 17 个领域。具体内容见表 7-2 所示。

表 7-2　关键词聚类详细信息

聚类编号	聚类主题	S 值	聚类标签（LLR 算法排名前五）
#0	阅读成就	0.768	阅读自我概念（reading self-concept）；学业成就（academic achievement）；专家新手比较（expert-novice comparison）；教师判断（teacher judgment）；学习干扰（study interference）
#1	社会性比较	0.838	学术自我概念（academic self-concept）；调查；结果；职业发展（professional development）；维度比较（dimensional comparison）
#2	完善课堂教学	0.812	技术；中等教育（secondary education）；教育媒介（media in education）；内容；认识论信念（epistemological beliefs）；特殊教育需求（special educational needs）
#3	监控	0.836	自治支持（autonomy support）；教师信念（teacher beliefs）；动机（motivation）；质量信息（quality information）；自我调节的行为指标（behavioral indicators of self-regulation）
#4	校准	0.81	德国；应用元认知（applied metacognition）；决策（decision-making）；自我监控（self-monitoring）；不流畅（disfluency）
#5	自我效能	0.803	团队；成人学习（adult learning）；终身学习（lifelong learning）；信息技术（information technology）；学生对教学质量的看法（students perceptions of instructional quality）
#6	期望值理论	0.782	元分析（meta-analysis）；无聊；享受；兴趣；计划（planning）
#7	课程	0.813	计算机支持的协作式学习（computer-supported collaborative learning）；比较高等教育（comparative higher education）；跨学科小组（multidisciplinary groups）；组织研究（organizational research）；社会企业家（social entrepreneur）
#8	体育教育	0.797	文本理解（text comprehension）；学习策略（learning strategies）；剩余相关（residual correlations）；家访（home visiting）；可见作者（visible author）

（续表）

聚类编号	聚类主题	S 值	聚类标签（LLR 算法排名前五）
♯9	眼动追踪	0.824	动画（animation）；教学设计（instructional design）；动画（animations）；专业知识（expertise）；多媒体（multimedia）
♯10	眼动	0.797	获得；流利（fluency）；双语习得（l2 acquisition）；进入学校（school entry）；课程设计与输出（curriculum design and delivery）
♯11	教师动机	0.897	社会不平等（social inequality）；出国留学（study abroad）；成就目标取向（achievement goal orientation）；高等教育（higher education）；教师参考规范（teachers reference norms）
♯12	合作式/协作式学习	0.879	互动学习环境（interactive learning environments）；文化价值；算数（arithmetic）信息搜寻（information foraging）；教师幸福感（teacher well-being）
♯13	信息公平	0.849	热情的教学（enthusiastic teaching）；评价方法（assessment method）；程序正义（procedural justice）；职前师范教育（initial teacher education）；性别相关的隐式联想（gender-related implicit associations）
♯14	视频	0.901	教师职业发展（teacher professional development）；协作式学习（collaborative learning）；邻域特异性（domain specificity）；课堂对话（classroom dialogue）；认知学习策略（cognitive learning strategies）
♯15	一般教学知识	0.849	文化；课堂管理（classroom management）；双语水平（l2 proficiency）；教师职业倦怠（teacher burnout）；学生兴趣（students interest）
♯16	教学内容知识	0.925	学习机会（opportunities to learn）；师范教育（teacher education）；测量不变性（measurement invariance）；反馈过程（feedback processes）；教师选择（teacher selection）

在对近十年对文献关键词聚类分析后，可以发现：在研究问题上，主要围绕"教学"展开。德国教育研究素来有重视教学研究的传统，因此，大量的研究都围绕"教学"展开。因此，教学内容知识、一般教学知识、完善课堂教学等问题成为研究者主要关注的研究领域。同时，以经合组织等国际组织开展的国际大规模评价测试项目（如 PISA）的开展，在世界范围内形成了教育质量的全球教育治理。德国自 2000 年以来，PISA 成绩国际排名并不突出，这一国际排名的表现在

德国整个社会形成巨大的舆论，并称为"PISA 震惊"（PISA Shock）。这一重要的社会关注在一定程度上也深深影响了德国教育的研究者。哪些因素影响了课堂教学质量、如何改进课堂教学质量等问题由此成为研究者开展研究的重要问题。自我效能、期望值理论、监控、校准、教师动机等都成为德国教育研究者假设对教学质量起到重要影响的原因，并完成了大量的研究成果。此外，除了社会比较等传统教育研究的范式，德国对技术在促进教学质量研究中的运用也有所关注，眼动追踪、视频分析等技术方式都作为教学研究新的技术方式和研究方法。

三、研究发展脉络

利用相同的数据来源，在数值均不更改的情况下在控制面板中选择"Burstness"生成关键词突显表。可以看到，在 2010—2019 年中，德国研究学者在不同时间阶段研究热点也会有所差异。具体内容如表 7-3 所示。

表 7-3 关键字突显表

Keywords	Strength	Begin	End	2010—2019
设计	3.211 5	2010	2012	
系统	2.475 3	2010	2013	
动画	2.748 5	2010	2013	
专长	3.207 5	2010	2013	
合作学习	2.947 9	2010	2013	
心理模式	2.934 3	2011	2013	
教学动画	2.934 3	2011	2013	
建构	2.927 2	2011	2012	
寻求帮助	2.525	2011	2013	
职业倦怠	2.928	2013	2016	
学习	3.977 1	2013	2014	
模式	2.482 3	2014	2015	

（续表）

Keywords	Strength	Begin	End	2010—2019
认知负荷理论	2.573 3	2016	2017	
认知负荷	3.361 9	2017	2019	
改革	2.418 2	2017	2019	
课程	3.049 2	2017	2019	
大学	4.035 4	2017	2019	

　　为了使得 2010—2019 年之间每年的研究热点问题更为明显，本研究将 CiteSpace 的时间跨度进行调整，对文献进行逐年分析，得出每年前三热点关键词，详见表 7 - 4。

表 7 - 4　2010—2019 年每年排名前三热点关键词

时间	热点关键词 Top3
2010	学习策略（learning strategy）；皮格马利翁效应（Pygmalion effect）；兴趣教学（interest in teaching）
2011	动机干扰（motivation interference）；家庭背景（family background）；教师动机（teacher motivation）
2012	学生成就（student achievement）；自控能力（self-control strength）；诱人的细节（seductive detail）
2013	跨学科小组（multidisciplinary groups）；学习（learning）；跟踪（tracking）
2014	多文本理解（multiple text comprehension）；自主学习（self-regulated learning）；无聊（boredom）
2015	社会不平等（social inequality）；教师职业发展（teacher professional development）；评价（evaluation）
2016	焦虑（anxiety）；教师自我效能（teacher self-efficacy）；不流利影响（disfluency effect）
2017	认知负荷（cognitive load）；课程（curriculum）；学习策略（learning strategies）
2018	动机（motivation）；提示性语言（prompts）；评估（assessment）
2019	能力（competence）；框架（framework）；幼年时期（early childhood）

第二节　德国联邦教育与研究部的研究项目分析

德国学者在国际顶级学术期刊发表的研究论文体现了学术层面对于教育研究的关注热点和发展趋势,德国联邦政府的教育科学研究项目则从政府政策层面呈现社会对于教育的期待和要求,体现出近几年教育改革的主要方向和重点内容。

德国的教育管理体制采取联邦制度,因此教育事务主要由各州具体负责。联邦这一层面由德国联邦教育与研究部(Bundesministerium für Bildung und Forschung,BMBF)具体负责教育事务。BMBF 是德国联邦政府机构之一,前身为 1955 年成立的联邦原子部,1969 年改名为联邦教育与科学部,直到 1994 年与联邦研究与科技部合并之后才改为现在的联邦教育与研究部。BMBF 作为联邦政府德国教育界的政府机构,通过出台一些教育政策和教育计划、资助教育研究项目来决定德国教育的走向。本研究选择德国联邦教育与科学研究部,关注其近十年来重点资助项目,项目涉及具体领域和具体内容,以此来呈现德国在教育研究的发展趋势和方向,并试图预测德国教育研究的未来走向。

德国联邦教育与研究部由联邦部长领导,下设中央服务总局、政策问题和战略协调总局、教育欧洲和国际合作总局、职业和终身学习总局、高等教育和研究总局、创新研究与关键技术总局、生命科学健康研究总局、基础和可持续研究总局等 8 个总局分别负责不同的任务和职能[①]。本研究将对其在官网上公布的资助项目作梳理和介绍,并将这些研究项目分为基础教育领域、高等教育领域、职业教育领域、综合领域(涉及教育的各方面)。

以下将对德国联邦教育与研究部官方公布的资助项目作梳理和介绍,并将这些研究项目分为基础教育领域、高等教育领域、职业教育领域、综合领域等不同领域进行内容分析。其中,基础教育领域主要围绕全日制学校研究的大项目,下面又分为 23 个子项目;高等教育领域主要有"科学与大学研究"和"卓越计划"两个大项目,总包括 11 个子项目;职业教育领域最主要的是"职业教育 4.0"项

① BMBF. structure and task [EB/OL]. [2020 - 04 - 26]. https://www.bmbf.de/bmbf/de/ueber-uns/aufgaben-und-aufbau/aufgaben-und-aufbau_node.html.

目,官网中所公布的子项目有 2 个;综合领域的项目包括"实证教育研究框架计划""面向数字化知识社会的教育行动"和"MINT 行动计划",共有 20 个子项目。

一、基础教育领域:全日制学校研究项目

1. 项目背景及简介

该项目源于 2003 年德国联邦政府与各州签署的"教育与指导的未来投资计划"(Investitionsprogram Zukunft Bildung und Betreuung,缩写为 IZBB),该计划决定政府拨款给各州,帮助各州建立全日制学校,逐步将德国所有的中小学都纳入全日制体制中。德国之所以决定实施全日制学校是因为在这之前德国都是半日制学校模式,而 2000 年的 PISA 测试成绩则不理想,这使德国开始重视自己的教育质量问题,并将问题的缘由归结为半日制学校制度,于是为了提升教育质量展开了全日制学校改革[①]。

为了探究全日制学校的发展及其是否真正促进了学生的学习进步、家长和学生的接受度如何等,给计划时刻提供反馈,从 2005 年开始,德国联邦教育部和四大研究机构联合开展全国性大型调查和研究项目——"全日制学校发展研究"(Study on the Development of All-day Schools,缩写为 StEG),并将该研究纳入投资计划中。StEG 的总体目标是提供有关全日制学校影响的科学证据,希望借助纵向数据的对比和分析来全面地评估全日制学校改革的结果,为之后的教育改革、教育政策提供依据[②]。

2. 子项目及其研究重点

目前全日制学校研究包括 23 个子项目,分布在 6 个研究领域:①全日制学校发展研究;②学习文化、教学与供给发展之研究,以提升个人支持为目的;③全日制学校专业发展研究;④家庭和全日制学校、全日制的同学;⑤全日制学校在区域和地方教育计划中的作用研究;⑥全日制学校的文化教育、体育运动。具体见表 7-5。

---

① 陈志伟. 德国全日制学校教育发展现状及启示[J]. 外国中小学教育,2016(5):22-28.
② 黄华. 从半日制到全日制——德国中小学学制改革在争议中艰难前行[J]. 比较教育研究,2012(10):32-36.

表7-5 全日制学校研究项目

研究领域	子项目	研究重点
全日制学校研究	第一阶段（2005—2011年）：记录德国全日制学校的发展和学生的个人进步	记录德国全日制学校发展和学生个人进步，全面地绘制全日制学校的工作和框架条件
	第二阶段（2012—2015年）：影响全日制学校学习效果的条件	具体分为5个研究方向：①3、4年级基本技能的发展；②5、6年级阅读理解和社交技能；③9、10年级教育课程的稳定性；④数据背后的学校日常生活；⑤学校管理调查、全日制学校的教育监控
	第三阶段（2016—2019年）：对全日制学校的特征进行深入分析	具体分为五个研究方向：①阅读；②合作；③学段连贯；④教育场所；⑤学校管理调查、全日制学校的教育监控
以提升个人支持为目的，学习文化、教学与学校教育供给的研究	改进学校的教与学	是否通过将学校转为全日制运营来改变教学方式，为全日制课程的开发和教学实践确定条件
	在全日制学校推广培训技巧和就业程序	全日制学校是否能够实现特定的概念、合作形式和教学安排，使学习者能够成功实现从学校到工作的过渡
	全日制学校特殊教育支持的机会与问题	全日制学校专业文化的变化以及全日制学校对特殊学生的个人支持情况
	全日制学校的潜力（侧重于学习）	从学校的角度关注家校之间的关系；父母教育技能对支持学校学习的积极影响以及支持家庭的方法
	全日制学校中移民学生的就学和融合	考察具有移民背景的学生对跨文化、社会和语言技能的掌握情况，研究全日制小学和中学教育对有移民背景学生融合过程中的贡献
	全日制小学中的个人发展	如何提供特定的支持，学生的动机、兴趣、需求和日常活动方式是如何相互作用的；尤其关注全日制学校中个人发展机会选择的扩展在多大程度上改善不同目标群体的教育机会
	全日制小学的组织	全日制学校组织为母语为非德语儿童和教育弱势背景儿童提供哪些支持服务
全日制学校专业发展研究	全日制学校的不同专业的合作	影响全日制学校不同专业之间合作的成败条件，全日制学校课程实施情况和进一步发展的方向。

（续表）

研究领域	子项目	研究重点
全日制学校专业发展研究	全日制学校的教师合作形式和压力体验	通过比较全日制和半日制学校的教师合作形式和压力,为全日制教师工作条件设计提供重要信息
	学校与非学校之间的合作	学校与非学校之间如何而形成、对学校发展的贡献
家庭、全日制学校及学生	全日制教育环境中父母和儿童的质性案例研究	考察家庭如何将全日制小学视为一种社会空间,并协同构成教育空间,发展全日制教育概念
	家庭科学探索性研究	从家庭科学角度研究了全日制教育与家庭教育(全日制学校,家庭和青少年生活方式)之间的联系
	全日制学校的效率	家庭与全日制小学之间在相互期望和责任方面的关系
	全日制学校对年轻人参与同伴网络、友谊以及社交情感技能发展的影响	调查全日制教育对同伴网络的数量、质量以及青少年友谊的影响,此外还有对他们社交情感技能的影响
	同伴网络	全日制学习对同伴关系、社交情感技能、问题行为和学校满意度的影响的纵向研究
全日制学校在区域和地方教育计划中作用的研究	全日制学校与青年福利部门合作规划地方教育图景	分析地方教育图景的设计与全日制学校及相关课程扩展之间的关系
	全日制学校的社区网络	哪些条件和成功因素会影响学校的社会空间参与的性质和强度,以及合作的质量
	全日制学校的社区管理	调查处于不利地位和处境不利的城市地区的全日制学校,这些学校和社区管理之间的差距
	农村地区的全日制学校	研究学校和农村青年工作建立建设性联系的潜在风险,以及对特定农村地区年轻人日常休闲行为的影响
	1970—1980 年代德意志联邦共和国的全日制学校(四个历史案例研究)	以 1970—1980 年代四个地方案例研究为例,以重构特定国家的教育政策,地方机会结构以及父母,家庭,教师,教育者和其他行为者的不同利益和策略的相互联系
全日制学校的体育运动和文化教育	全日制学校中运动,娱乐的研究	说明在全日制学校中锻炼、娱乐和运动的重要性
	全日制学校的艺术和文化教育研究	在勃兰登堡州、下萨克森州和莱茵兰-普法尔茨州中,研究艺术和文化教育扩展课程结构和使用

从上述表格中提及的研究项目和研究重点可以看出，全日制学校研究的子项目涉及全日制学校的方方面面，从关注学校本身的发展、学校的资源，到教师的教学情况、教师的工作情况，再到学生的学习情况、个人发展、学习动机、同伴关系、家庭情况等等，对每个年级都展开了不同的研究内容，以期全面地促进全日制学校改革。本文也在对项目进行词频分析，具体见图 7 - 2。

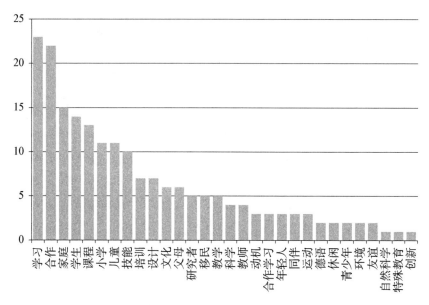

图 7 - 2　全日制学校研究项目词频统计

从词频来看，全日制学校研究尤其注重发展，包括学校的发展，学生的学习动机、兴趣、教育公平等发展，也关注教师在转为全日制工作条件下的教学发展和个人发展；其次关注合作，研究全日制学校与社区的合作、为促进学校发展的专家合作、全日制学校的合作形式、学生同伴的合作、教师间的合作等；然后是关注家庭，因为从半日制到全日制对每个家庭来说也是一场极大的变革，因此在这样的背景下，家校合作、家庭对学校、对学生的支持程度等显得尤为重要。关注学生体现了以学生为中心的理念，并且这些项目不仅关心普通学生的发展情况，也关注特殊学生的发展情况；此外也有一些关于教师、课程、教学等的研究项目，这些项目合在一起，都是为全日制学校研究服务，以期推动全日制学校的发展，为教育创造良好的环境。

二、高等教育领域

1. "科学与大学研究"项目

德国是现代大学的发源地,对世界高等教育的发展作出了巨大的贡献。但是近几年来在世界大学排行榜中,德国大学的排名不尽如人意,虽然评价本身的指标和方式存在争议,但也引发了德国对于高等院校建设的反思,因此在近些年来德国一直非常重视对大学的研究,这是一个跨学科的,面向应用的研究领域,科学地研究了大学和非大学研究机构及其参与者和社会(互动)效应。研究的内容一方面在于研究系统,包括其组织、具体的绩效过程和标准;另一方面,要考虑大学教学,尤其是教学过程的设计、课程内容和与教学相关的治理结构。德国联邦教育与研究部(BMBF)以"科学与大学研究"为资助重点,支持大学和科学系统研究的发展和扩展[①]。该项目下分为两个子研究项目,具体见表7-6。

表7-6 "科学与大学研究"子项目和研究重点

研究项目	子项目	研究重点
教学质量协定的伴随研究	无	为解决当前学习和教学问题的研究项目提供资金;目的是产生经过科学证明的教学设计知识,并支持大学改善学生的福利条件和教学质量
数字高等教育研究	数字高等教育的研究和设计	探究数字化方式运用在课程和教学中是否有效;使用数字媒体来发展一些教学概念
	大学的框架条件和数字化策略	如何将数字化战略嵌入大学的整体发展战略中,如何培养大学生所需要的信息素养水平等
	创新数字高等教育	探究技术创新作为高等教育创新的关键驱动力,在此过程中学习的认知、动机和情感的过程诊断;调查协助系统和智能教学系统、虚拟现实和增强现实在高等教育领域的应用情况
	跨学科团队中的组织、教学和技术设计的成功条件	高等教育中人与技术互动的创新形式;高等教育中项目、问题和案例相关的数字教学形式;大数据和人工智能在高等教育领域的使用;物理和数字空间设计,以支持高等教育中的学习和社交互动等
	全面的数字教学概念	教与学的合作形式的;个性化、能力为导向的教学形式;项目式的教学方式;自主学习;个性的适应性考试形式等

① BMBF. Über den BMBF-Förderschwerpunkt [EB/OL]. [2020 - 04 - 26]. https://www.wihoforschung. de/de/ueber-den-bmbf-foerderschwerpunkt-23. php.

　　在对这一研究项目进行内容词频分析后，发现"教学"和"数字"是出现频率最高的关键词（见图7-3），可见，"科学与大学研究"项目主要关注大学的教学质量和数字化发展研究，尤其是数字化研究是项目研究的重点，通过研究大学中数字化的运用方式、媒体教学、大数据的应用、数字个性化的教学方式等等，为高等教育的数字化提供研究依据，也通过数字化的深入发展来带动大学的教学质量，为学生提供个性化的大学学习环境。

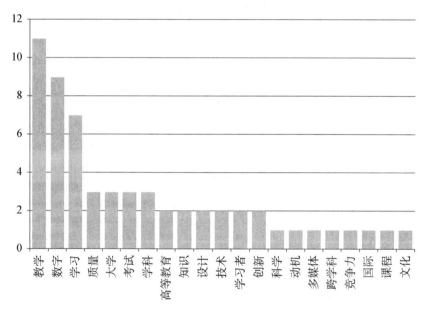

图7-3　科学与大学研究项目词频统计

2. "卓越计划"项目

　　20世纪90年代德国高等教育处于危机中，一方面是德国政府对高等教育资助的力度不够，德国大学的国际影响力和竞争力下降，另一方面与英美国家相比，德国在高技术的国际竞争中处于劣势，人才流失严重，对国外人才的吸引力度也远远不如英美等发达国家。[①]"卓越计划"是联邦和州政府的一项资助计划，旨在引入竞争机制，可持续地加强前沿研究和德国大学的国际竞争力，提高德国大学的知名度，鼓励科学体系中的利益相关者之间建立更紧密的联系与合

---

① 马丁·英斯,冯李鉴,钟周. 国际化视角下的德国"卓越计划"[J]. 清华大学教育研究,2009(3): 6-11.

作(见表 7-7)。

表 7-7　"卓越计划"项目研究子项目和研究重点

研究项目	子项目	研究重点
卓越计划	研究院项目	为年轻研究人员提供优异的科研环境,以提高研究人员的培养质量,并鼓励他们参与国际学术组织、扩大学术交流
	卓越团队	要求当前具有领先科学成就的交叉团队积极整合校外优质资源,组建新团队,使其具有更强的竞争力
	未来项目	资助已经获得上述两种项目的高校,进一步强化高校科研特色[①]

　　卓越计划的具体目标如下:通过提高国际竞争力来持续增强德国作为科学基地的地位;通过提高学术表现,在科学体系中建立声誉和开展合作来提升大学;培训研究领域的顶尖人才,提高德国作为大学和科学机构的质量。该战略包括三个子项目:研究院项目、卓越团队和未来项目。[②]

　　子项目一:研究院项目

　　该项目注重三方面:①研究和培训环境,比如参与研究者的治理、研究环境的治理、多学科的方法和跨学科合作的附加值等;②研究培训,比如培训策略的质量与吸引力、博士研究人员的招聘、在提升博士研究人员方面的成功经验、国际交流等;③最后是与其他机构合作的附加值,组织、管理和基础建设。

　　子项目二:卓越团队[③]

　　该项目主要关注三方面的内容:①研究的治理、原创性及风险,在研究领域的影响,跨学科合作的附加值,研究的适用性等;②参与研究者的质量,促进年轻研究人员的培训和职业发展机会以及确保性别平等的策略;③对大学结构发展的影响,与其他机构合作的附加值,组织管理和基础设施,卓越集群实施的可持续性。

①　BMBF. Die Exzellenzinitiative stärkt die universitäre Spitzenforschung [EB/OL]. [2020-04-26]. https://www.bmbf.de/de/die-exzellenzinitiative-staerkt-die-universitaere-spitzenforschung-1638.html.

②　BMBF. Exzellenzinitiative [EB/OL]. [2020-05-21]. https://www.bmbf.de/de/die-exzellenzinitiative-staerkt-die-universitaere-spitzenforschung-1638.html.

③　赵俊芳,王海燕. 德国大学卓越计划的制度实践[J]. 外国教育研究,2014(11):81-91+110.

子项目三：未来项目

"未来项目"主要资助已经获得上述两种项目的高校,打造国际一流的德国高校,以长期保持和增强德国在国际学术竞争中的地位,增强德国高校在世界高等教育中的话语权和引领性。

3."卓越战略"项目

卓越战略以卓越计划为基础,以 2018 至 2025 年为期限,旨在可持续地加强前沿研究和德国大学的国际竞争力,提高德国大学的知名度、建设世界一流的德国大学,鼓励科学体系中的利益相关者之间建立更紧密的联系与合作。

卓越计划的具体目标如下:通过提高国际竞争力来持续增强德国作为科学基地的地位;通过提高学术表现,在科学体系中建立声誉和开展合作来提升大学;培训研究领域的顶尖人才,提高德国作为大学和科学机构的质量。目前该项目正处于起步阶段,分为两个子项目[①],见表 7 - 8。

表 7 - 8　"卓越战略"项目研究子项目和研究重点

研究项目	子项目	研究重点
卓越战略	卓越集群	对大学或大学协会的国际竞争性研究领域进行基于项目的资助,以本土高校为载体,吸引高校以外的研究机构和企业共同参与研究
	卓越大学	加强大学或大学网络作为一个整体,基于成功卓越集群,扩大其在研究中的国际领先地位

子项目一：卓越集群

在卓越集群中,来自各个学科和机构的科学家共同致力于一个研究项目。资助期限为七年。第二个资助期也是七年。每七年定期总结与讨论。

子项目二：卓越大学

要想成为一所卓越大学,大学必须至少拥有两个卓越集群,至少三个大学网络。卓越大学的资助是永久性的,但每七年必须重新审核一次资助要求。

对卓越计划和卓越战略项目进行词频统计后,可以看到"大学""卓越"是出

---

① BMBF. Die Exzellenzstrategie［EB/OL］.［2020 - 03 - 26］. https://www. bmbf. de/de/die-exzellenzstrategie-3021. html.

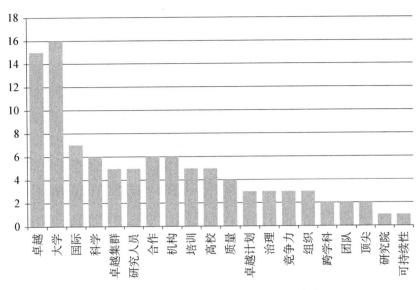

图7-4　卓越战略和卓越项目的词频统计

现频率最高的关键词(见图7-4),这和高等教育主体、发展目标紧密相关。其次,"国际"也是出现频率很高的关键词,这也表明了德国高等教育的研究对于国际地位、国际竞争力的重视。此外,"科学""合作""机构"等关键词的高频率出现,也很好地体现了德国高等教育重视科学科学的发展,加强跨学科、跨机构的科研合作,以期打造一流的德国大学。

三、职业教育领域

自上一次全球性金融危机爆发之后,许多世界大国都相继制定新的经济发展战略来促进本国的经济恢复,尤其注重完善职业教育体系以提高本国的职业人才质量和实体经济的发展。2015年,联合国发布《2030可持续发展目标》,其中强调职业教育对实现可持续发展的重要性。科学技术的发展、劳动方式的创新和变化等,这些外部因素都对劳动者产生了新的要求,职业教育在劳动数字化转型过程中也必须做出新的应对和改变。德国在提出国家高技术战略2020框架的时候,将"工业4.0"作为其实施的重要工程之一,这也需要培养新的职业技术人才进行对接。因此,2016年,德国联邦教研部与联邦职业教育共同启动实施"职业教育4.0——适应未来数字劳动的专业人才资格与能力",进一步完善德国的职业教育体系[①]。

职业教育 4.0 是推进职业教育随着技术发展、劳动的变化不断创新发展的过程，聚焦职业资格要求在劳动数字化转型过程中的变化以及基于这一变化职业教育在人才培养方面的创新。该计划主要集中于推进职业教育的改革，适应新的人才培养需求；在研究层面上，聚焦数字化劳动对职业资格与能力的要求，以及在此基础上的职业教育标准和规范、教学内容与资源以及教育方式方法的研究[②]（见表 7-9）。

表 7-9 职业教育 4.0 研究项目

研究项目	子项目	研究重点
职业教育 4.0	职业教育师资媒体技术应用能力培训	开展技术培训以提高职业教育中师资的数字能力和数字教学能力
	职业教育实践中的媒体能力开发	在职业实践中运用媒体，探究职业所需要的媒体能力

可以看到在"职业教育 4.0"项目中，数字化是其中心主题，提高职业教育教师的数字能力和数字教学能力，以师资的数字化带动学生的数字能力发展，在职业教育实践中也融入数字化媒体的训练，以数字化促进职业教育的未来发展。

四、综合教育领域

1. 实证教育研究框架计划

2007 年德国联邦教育与研究部发布了第一个实证教育研究计划，花费 10 年时间完成了该计划，并建立了全国教育委员会，作为分析教育记录的数据库。在此基础上，德国联邦教研部发布了第二个实证教育研究计划，计划中指出德国社会面临着一些新挑战，如生活领域的数字化、不断深化的全球化、人口结构的变化等，而教育是实现国家繁荣和可持续发展的关键，教育政策需要有优秀的教育研究作为知识基础，为德国的教育实践提供决策参考，因此该计划的主要目标

---

① Bundesministerium für Wirtschaft und Energie, Bundesministerium des Innern & Bundesministerium für Verkehr und digitale Infrastruktur. Digital Agenda 2014 - 2017［EB/OL］.［2020 - 04 - 05］. https://www.digitale-agenda.de/Content/DE/_Anlagen/2014/08/2014-08-20-digitale-agenda.pdf.

② 刘立新. 德国推进"职业教育 4.0"建设的策略与行动［J］. 中国职业技术教育,2018(13),20 - 28.

是发展教育制度以应对当今的挑战①。

德国联邦教育与研究部为实证教育研究提供资金有助于加强实证教育研究，并获得有关教育政策和实践改革过程中成功的教育过程的信息。为此，德国联邦教研部科学地审查了教育领域的变化，分析了成功的效果和秘诀，并最终制定了设计教育程序的策略②。实证教育研究框架计划的主要研究内容和研究重点见表 7-10。

表 7-10　实证教育研究框架计划子项目和研究重点

研究项目	子项目	研究重点
实证教育研究框架计划	语言教育与多语言研究	研究社会和个人多语制的可能，为日托中心以及中小学提供成功运用多种语言的知识
	学校技能发展障碍研究	研究在阅读、写作和算术技能领域发展受限的儿童，对可能的学习障碍进行症状澄清，从而产生实证知识，帮助受阅读、写作和算术障碍影响的儿童。
	教育人员专业化研究	在教育工作者的专业知识、技能和教育者的工作质量之间建立联系，科学地优化教学者受教育和资格获取程序；对教育人员的专业能力发展条件进行实证分析
	从神经科学角度进行教学研究	通过跨学科合作，将神经科学的观点整合到教学研究中，从而为进一步发展制度化的学习机会提供证据和方法
	国家教育小组项目	从"生命过程中的教育"的角度收集了从幼儿期到成年后期的高质量纵向数据，并将其提供给科学界
	平等机会与参与	研究教育中不平等的程度、表现形式和原因，以及减少教育不平等的措施、方案和改革手段的效果
	教育领域的数字化	数字化的成功条件及其实施要求；数字环境中的教学过程以及能够在数字生活、通信和信息世界中独立移动的必要技能
	文化教育中的数字化	科学探讨在数字化背景下酝酿起来的文化教育的重要性，以及确定数字化对文化教育的助力和教学过程的影响

① BMBF. Rahmenprogramm empirische Bildungsforschung ［EB/OL］. ［2020 - 04 - 26］. https://www. empirische-bildungsforschung-bmbf. de/media/content/Rahmenprogramm% 20empirische% 20Bildungsforschung_barrierefrei. pdf.

② BMBF. Empirische Bildungsforschung ［EB/OL］. ［2020 - 04 - 26］. https://www. foerderinfo. bund. de/de/empirische-bildungsforschung-207. php.

（续表）

研究项目	子项目	研究重点
实证教育研究框架计划	农村文化教育	研究农村地区文化教育的具体情况，文化教育在农村地区扮演什么角色，以及将来如何进行适当设计和推广
	幼儿教育	日托中心的服务质量和扩展，人员发展和管理在此过程中的作用，日托提供者的多样性和作用，不同参与者（父母、教学专家、日托管理者）的考虑及其相互作用、反映在实践中教学行为
	性暴力研究	教学环境中，亲密关系和紧张关系中性暴力的个人因素和互动因素；防御和处理性侵犯以及生成有效预防框架；评估和进一步开发预防性暴力的教学概念、策略和材料等

德国联邦教研部认为，发展实证教育研究可以促进高级工作人员专业化、教育系统的控制、消除发展的障碍、维护参与机会平等以及发展不同语言课程等。该计划的研究政策目标为：深化知识，并在新的领域为教育实践和行动建立知识基础；促进研究和实践的合作；通过研究来促进教育革新；从结构上扩展优秀的教育研究。基于上述目标，研究的四大主要领域为：发掘和发展个人潜力；应对多样性和强大的社会凝聚力；设计和利用教育周边的技术发展；提高教育质量。

通过词频统计也可以发现，教育、教学、数字化、技能、专业等关键词出现频率最高。从研究子项目中可以看到这次实证教育研究框架计划分为 11 个项目，涉及教育的诸多方面，从农村地区到城市地区、从学生到教师、从社区到学校，这些项目尤其关注学校教学情况的发展情况、为提升教学质量展开一系列研究。此外，也非常关注文化教育、教育数字化和跨学科等方面的研究。这些研究项目都为德国教育政策提供了知识基础。

2. 面向数字化知识社会的教育行动

一直以来德国都十分重视数字化的投入和建设，其政府陆陆续续推出了一系列促进数字化发展的战略规划，如 2014 年的《数字化行动议程》、2016 年的《数字化战略 2025》等，这些规划战略都互相衔接而成，在各自发展的基础上继续推出下一步的数字化战略，共同构成了德国数字化发展的体系。德国联邦教育与研究部也于 2016 年提出"面向数字化知识社会的教育行动计划"。

数字教育的重要先决条件是了解数字支持的教学过程如何工作以及如何在教育领域以有利可图的方式负责任地使用它们,数字教育是这个项目的研究主题。同时,德国联邦教研部将数字教育视为目标和任务,以利用数字媒体推进基于教学的学习并为数字世界传授必要的技能,该行动战略规定数字化教育的总体目标是到 2030 年所有学习者都有能力应用数字媒体,能够自主地参与、应对和分析数字化世界的发展。

德国联邦教育与研究部在教育研究和数字教育实施方面考虑了教育链的所有领域:幼儿教育,中小学,职业教育,高等教育和继续教育。该战略的五个行动领域见表 7‐11:①

表 7‐11　面向数字化知识社会的教育行动项目子项目和研究重点

研究项目	子项目	研究重点
面向数字化知识社会的教育行动	交流数字教育	支持重新调整职业和学术教育课程以适应数字时代的要求,积极推进教育制度和课程的现代化,包括早期教育、中小学校、职业教育和高等教育四个方面
	扩展强大的数字基础架构	为数字教育提供强大的基础设施和足够的技术设备;传播教学理念和调整师资培训
	建立现代法律框架	设计数字教育时代的法律框架,使教师、学习者都能够在此框架内安全地采取行动
	支持战略组织发展	支持教育机构提高教育机构负责人的组织,技术和管理技能;利用数字教育知识帮助德国联邦教育与研究部制定教育政策
	发挥国际化潜力	通过数字教育的发展,帮助德国成为对外国留学生有吸引力的留学国,帮助德国学校检查留学生的适合性以及促进德国学生之间的流动

"面向数字化知识社会的教育行动"项目是从宏观角度将数字化融入教育的各个方面,通过数字教育、数字资源支持、现代法律框架、教育组织机构数字化和国际交流五个方向绘制了一项行动计划。从词频统计图(见图 7‐5)可以看出,

---

① BMBF. Die fünf Handlungsfelder der Bildungsoffensive für die digitale Wissensgesellschaft［EB/OL］.［2020‐04‐26］. https://www. bildung-forschung. digital/de/die-handlungsfelder-im-rahmen-der-bildungsoffe nsive-fuer-die-digitale-wissensgesellschaft-1716. html.

"教育""数字""职业"和"高等教育"是出现频次最多的关键词，数字教育是该项目的研究重点，通过加强对师资的数字化培训、在学校教学的方方面面都提供数字化媒体工具、提高学生的数字化技能等方式来帮助学校实现教育的数字化，尤其注重对高等教育和职业教育的数字化，通过企业合作、国际合作来提高德国教育数字化水平。政府也为教育数字化提供各种政策指导和资金支持，为德国的数字化发展创造良好的环境，以期提高德国数字教育在国际的竞争力。

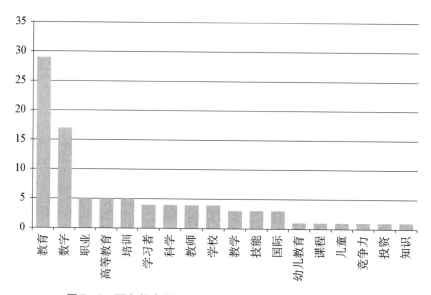

图 7-5　面向数字化知识社会的教育行动项目的词频统计

3. MINT 行动计划

MINT 是德国版的 STEM 教育，德文分别是 Mathematik（数学）、Informatik（计算机科学）、Naturwissenschaft（自然科学）和 Technik（技术），德文缩写为 MINT。MINT 教育将贯穿德国的整个教育系统，希望建立一套与终身教育相结合的教育链。

德国在 2000 年的 PISA 测试中表现不佳，显示德国学生在科学方面的素质有待加强；德国作为欧洲的主要经济体，其机械制造业和化工产业在国际市场中占据着重要地位，拥有许多大众所熟知的品牌；德国具有完备的职业教育体系，职业教育十分发达，以上因素决定了为进一步促进科技发展、培养科技人才，继续巩固和提高德国在这些方面的经济地位，特别是在工业 4.0 的背景下，需要加强 MINT 领域的教育。

该计划主要从四方面加强 MINT 领域的教育：加强针对儿童和青少年的 MINT 教育；培养 MINT 专业技术人才；增加女性接受 MINT 教育的计划；扩大 MINT 专业在社会中的应用。[①]

MINT 贯穿整个教育链中并扩大融入社会领域，体现了 MINT 教育在德国教育中的重要地位，此外 MINT 与德国应对工业 4.0 时代相契合，重视科技方面的教育；对女性的 MINT 教育给予特别关注，体现了德国教育重视男女平等。

4. 国际比较研究项目

德国参加了几次重要的国际学校成绩比较，包括经合组织"国际学生评估计划"(PISA)的调查，"国际小学阅读调查"(IGLU)，"数学和科学学习趋势"(TIMSS)的调查，以及研究机构 IEA(国际教育成就评估协会)。

德国联邦教育与研究部专项支持德国的学生参加这些国际比较测试，并整理、回收数据，反馈德国的教育情况，为教育研究的发展、政策的制定提供依据。

5. 教师培训质量提升

自 2015 年以来，联邦和州政府一直通过联合的"教师培训质量攻势"来支持教师培训的改革。联邦州协议和联邦教育与研究部的资助指南构成了该项目的基础。"教师教育质量攻势"基于联合科学会议(GWK)批准的 2013 年 4 月 12 日的联邦政府协议。该协议规定了资金对象，资格要求和程序。联邦教育与研究部已据此制定了资助指南。

德国所有的师范院校都能够为"师范教育质量攻势"提交资助概念，但是必须符合资助指南。高校提出的研究项目将参与"教师培训质量攻势"资助阶段的甄选过程(目前已经产生第一轮资助项目)，由专门的资助审查委员会进行筛选，并定期进行检查[②]。

五、德国联邦教育与研究部研究项目分析

通过对德国联邦教研部资助项目的词频分析，发现除了"教育"一词之外，

---

① BMBF. MINT-Aktionsplan [EB/OL]. [2020 - 05 - 07]. https：//www. bmbf. de/de/mint-aktionsplan-10115. html.

② BMBF. Qualitaetsoffensive Lehrerbildung [EB/OL]. [2020 - 04 - 05]. https：//www. qualitaetsoffensive-lehrerbildung. de/index. php.

"学校"是出现频率最多的词语(100次)，其次是"全日制""教学""培训"，再次就是"职业教育""卓越""家庭""高等教育""数字化""MINT"等。通过德国联邦教研部资助项目的内容可以将德国教育科学研究进展总结如下。

1. 基础教育领域

基础教育方面的研究主要是围绕德国的全日制学校教育，是德国联邦教研部重点关注的项目之一，下面又分为许多大大小小的子项目，涉及学校、学生、家庭、教师教学等。

关于全日制学校。由于德国在过去很多年都是实行的半日制学校制度，因此德国尤其关注新改革的全日制学校本身的发展情况，将其与半日制学校进行对比研究；其次是关注德国全日制学校的发展情况，以绘制和改善全日制学校的框架；探究影响全日制学校发展的外部条件：全日制学校是否促进了学生的学习发展、是否有利于增加不同群体的学习机会以促进教育公平等。

关于全日制学校中的学生。除了全日制学校本身的研究之外，学生作为全日制学校中的重要主体，也是重点关注的研究对象。这方面的研究重点在于学生在全日制学校的条件下有何变化，尤其是个人的学习发展、学生的个人能力(如阅读、数学等)、学校的同伴关系、学生的学习动机、学生学习的最佳条件等。另外关注全日制学校条件下，学生家庭、父母的各种情况，如全日制条件下家庭教育的变化情况、父母的支持情况等。

关于全日制学校中的教师。从半日制转为全日制的重大变化对教师来讲是不小的挑战，因此德国也对教师的情况给予关注，研究重点在于全日制学校中教师的合作形式和压力变化，将全日制和半日制的教师进行对比研究，另外关注全日制学校中教学活动的开展情况、教学设计和课程的变化等。

关于全日制学校的外部环境。学校是社会的一部分，不可能孤立而存，因此在开展全日制学校的同时，也需要关注到地方政府的教育政策(尤其在联邦德国，州政府在教育方面有高度的自治权)、教育计划和教育管理，哪些条件和因素会影响全日制学校的发展，以及不同地区全日制学校的发展差距等。

2. 高等教育领域

在高等教育领域，关注重点在于建设世界一流的德国大学和高等教育的数字化。在建设世界一流的德国大学方面，主要关注德国大学与非大学研究机构的合作效应，德国大学的课程和教学情况，如何改善大学里的教学质量，增加高质量的科研人才;研究大学跨学科合作的作用;在研究人员方面关注培训和职业发展机会及性别平等,加强国际交流,强化高校的科研特色等。而在高等教育的数字化研究方面,探究数字化在高等教育中的教学适用,及其是否提高了学生的学习动机、创新能力和学习效果等。

3. 职业教育领域

以"职业教育4.0"为中心,尤其关注职业教育在数字化背景下的变革,数字化对职业资格和能力的要求,职业教育科研界与企业的合作,职业教育标准、规范的修订,职业教育教学内容、资源和教学方式方法的研究,如何促进职业人才发展等,同时也关注职业教育中教师的能力发展、数字化能力等。

4. 综合领域

该领域涉及教育的所有层面,包括幼儿教育、中小学教育、高等教育、职业教育、全纳教育等。在这些领域中,研究关注语言的发展,学校中有阅读、写作等技能障碍儿童的情况,教育人员的专业化研究、教学质量的提升,跨学科进行教学研究,如神经科学的研究与教学相结合;德国的教育平等,不平等的程度、表现形式和原因,以及如何减少教育不平等;数字化在教育各个层面的应用,以及数字化对教育带来的改变等;教师的职业和技能展业发展,关注 MINT 教育的应用和发展情况;希望将终身教育与所有教育链相融合。

第三节　德国教育研究的未来趋势

一、继续强化教育数字化研究

德国为达到工业4.0时代,以教育4.0促进工业4.0,尤其将数字化作为各项研究重点关注的领域之一并融入教育的各个方面,此外也受到联合国教科文组织《2030教育行动计划》的影响,德国势必继续关注教育的数字化发展。在德国联邦教研部可以看到数字化研究已经包含了教育的很多方面,从教育的资源到教学方式、课程,无不体现德国对教育数字化的关注。此外在数字高等教育研究上,德国联邦教研部发布继续第四轮数字高等教育研究资助项目的通知,并且透露第四轮资助项目将重点关注人工智能和大数据对高等教育创新的影响。综上可以看出德国教育研究在未来也将继续关注教育的数字化,尤其会关注人工智能和大数据的影响。

二、推进教育的可持续化发展

受到联合国"可持续发展教育"号召的影响，德国也积极推出"国家可持续发展教育行动计划"，该计划作为德国的教育政策深深影响着德国的教育发展，规定了德国教育各个阶段的可持续发展方向，从德国联邦教研部资助的项目中也能体现对教育可持续发展的追求。该计划与德国 2030 未来社会的一系列计划和描述紧密相关，因此可以预测德国在未来也会持续推进教育的可持续化发展，迎接 2030 的到来。

三、注重跨学科和国际化研究

将教育与其他学科结合进行研究是近些年来都是各国教育科学研究的热点领域之一，德国联邦教研部的项目之中也引入了脑科学与教育教学相结合的研究项目，将教育与法律结合、将数字化研究成果与教育相结合等等，也可以预测到在未来德国也会继续注重教育的跨学科研究。

德国也十分重视教育的国际化研究，他们引进世界前沿的教育理念，如数字教育、全民教育等，积极采取行动与国际接轨，参与各项国际教育评测，还有专项计划鼓励支持德国教育研究人员参与国际交流、高等教育与跨国企业的合作等，这些都是德国重视国际化研究的表现。在未来，全球化的发展会更加深刻，全球教育治理活动也会更加丰富，德国在这样的背景之下势必会继续关注教育的国际化研究。

四、继续关注职业教育的研究

职业教育一直是德国教育的强项，并且职业教育对于德国的工业发展也起到了巨大的推动作用，成就了德国工业之国的地位。德国联邦政府也有专门负责职业教育和职业培训的官方机构，可见德国对职业教育的重视程度。此外，德国在提出"工业 4.0"之后，马上又推出了"职业教育 4.0"为工业发展服务，也兴起了很多有关职业教育 4.0 的研究。"职业教育 4.0"作为一个正在进行的项目，能够为德国"工业 4.0"时代服务，因此在未来德国也将继续完善德国的职业教育体系，巩固和发展其在世界的工业地位。

五、持续研究卓越的高等教育

德国作为现代大学的发祥地，曾在世界高等教育发展史上留下浓墨重彩的一笔。高等教育的发展程度代表一个国家的教育实力，拥有世界一流的高等教育水平不仅能够吸引到优秀的人才，也能够为本国的教育发展、科研发展和社会发展作出巨大贡献。近些年来许多国家都提出建设世界一流国家的高等教育政策，德国为了提升高等教育的质量、建设一流的德国大学也提出了"卓越计划"和"卓越战略"。目前"卓越战略"正在蓬勃开展，关注德国大学的研究情况、教学情况和数字化情况等，随后德国联邦教研部也将继续支持与建设德国大学有关的研究项目，促进德国建成世界一流大学。因此可以预测德国在未来也将继续关注高等教育卓越化方向的研究。

（何珊云　龙　悦　胡俊航）

第八章
芬兰教育研究现状与趋势分析

  作为一门应用性学科,教育研究必须聚焦并回应时代发展及教育实践关心的问题。在面向未来教育发展时,教育研究究竟如何或者在何种程度上回应教育政策所提出的研究课题,实质上不仅是分析教育发展现状与趋势,也是判断教育科学走向的重要指标。

  芬兰是一个领土面积仅有 33.8 万平方千米的北欧小国,但由于在经济合作与发展组织(OECD)举办的 PISA 国际学生评估项目中成绩排名长期位居世界前列,芬兰教育模式受到国际社会的普遍推崇。PISA 被公认为衡量各国政府教育质量与实力的"晴雨表",芬兰学生长期稳定的惊艳表现,体现了芬兰高质量的教育水准。特别是 PISA 测试显示,芬兰教育的区域、校际乃至性别之间差异极小(女生成绩甚至普遍高于男生),"城市"与"乡村"、"穷人"和"富人"之间,教育均衡的理念被演绎到极致,这使得芬兰教育成为世界关注的焦点。面对高度复杂又急速变幻的技术与社会经济发展趋势,芬兰对未来教育是如何判断与关注的,其教育研究又是如何对此进行回应,这是本章分析关注的重点。

  本章研究的分析资料主要包括最近十年芬兰教育政策文本及芬兰教育研究论文。政策文本主要来自芬兰教育与文化部官网发布的政策文本。教育研究论文主要是 Web of Science 上检索到的芬兰国内学者发表的英文论文。从 2009 年至 2019 年共检索到芬兰学者发表的英文论文 823 篇。对上述教育研究论文进行文献计量分析,探讨其与芬兰教育政策的连动关系。

第一节　芬兰教育政策的总体态势与特点

一、芬兰教育政策的基本状况

通过搜索芬兰教育与文化部官网发现,2009—2019 年这十年间,总共发布了 42 份教育政策,其中 2009 年和 2019 年颁布的教育政策数量最多,分别为 9 份和 10 份,主题涉及幼儿教育、普通教育、职业教育与培训、高等教育与研究,主要为教育和文化部目前正在开展的一些项目、颁布的法令①。

根据发布政策的时间与主题可以看出芬兰的教育政策发布呈现出两个明显的阶段性(2015 年政策数量为 0),第一阶段为 2009 年至 2014 年,这一阶段芬兰教育与文化部专注于基础教育阶段,发布的政策全部集中于儿童教育与普通教育,其中针对儿童教育发布政策 3 次,针对普通教育发布政策 10 次,并且多涉及财政补助的规范和基础教育阶段的管理,如 3 次发布经费和拨款法令,为早期儿童教育与护理、基础教育等提供财政补助并规范经费使用;4 次颁布法令制定管理方法,主要为普通教育阶段的教育评估方法、国家教育和培训委员会制度、公立学校校董会制度、学生福利。

第二阶段为 2016 年至 2019 年,这一阶段的政策更加关注职业教育与高等教育,且主题更加国际化、信息化。其中,针对职业教育颁布的政策共有 12 份,涉及财政补助、质量要求、持续发展等多个主题,;针对高等教育颁布的政策有 3 份,涉及高等学校入学考试的减少、芬兰科学院的改革、中等教育与高等教育的衔接等主题。除此之外,这一阶段颁布的政策越来越注重芬兰教育的信息化管理和芬兰的国际化教育,如 2017 年颁布《数据管理与计算发展计划》(*Data Management and Computing Development Program*),提出加强投资数据管理和计算基础设施及相关服务,2018 年发布了《更好携手,共建更美世界》(*Better Together for A Better World*),目标为加强最新科学和前沿研究,打造芬兰高等教育的国际吸引力。

在第一阶段颁布的政策中很多是为芬兰的教育提供经费支持并且提供政策

---

① 芬兰教育与文化部官网.[EB/OL](2021 - 07 - 25)[2021 - 07 - 25]. https://minedu.fi/etusivu.

保障,第二阶段的芬兰教育政策更加注重质量要求和芬兰教育的国际化发展。近年来,芬兰的教育政策呈现出三个特点：第一,面向对象范围更广,如 2019 年共颁布了 10 份教育政策,分别针对幼儿教育(2 份)、职业教育(6 份)、综合学校(1 份)和国家教育规划(1 份),涵盖了不同教育阶段,也考虑了国际学生的教育需要；第二,大力发展职业教育,芬兰一直通过财政补助、政策引导等方式来发展本国的职业教育,从 2016 年发布政策以合并坦佩雷大学发展职业教育开始,一共 13 次颁布职业教育的相关政策,内容包括拨款使用方法、提高质量要求、开展技能培训等；第三,注重教育公平,在 2019 年颁布了教育政策报告《学习的权利——求学路上平等的起点》(*The Right to Learn — An Equal Start on the Learning Path*),针对幼儿教育和综合学校的教育起点公平,强调为其学习道路创造平等的条件。芬兰近十年教育政策主题见表 8-1。

表 8-1 芬兰近十年教育政策主题汇总

年份	儿童教育	普通教育	职业教育	高等教育	其他	国家发展
2009	早期儿童教育与护理的财政补助(3 次)	对普通学校的财政补助(3 次)				
		教育评估				
		国家教育和培训委员会制度				
2010		高考成绩收费				
2011		公立学校校董会				
2012		国家教育目标和课时分配				
2013		学生福利				
2014		普通高中教育总体目标和课时分配				
2016	早期儿童教育与护理的费用规定、财政补助与服务规定	重新定义小学	合并坦佩雷大学,发展职业教育	减少大学入学考试,加速大学学习		

（续表）

年份	儿童教育	普通教育	职业教育	高等教育	其他	国家发展
2017			财政补助、驱动政策来发展职业教育(4次)	改革芬兰科学院		制定芬兰 2030 计划(2次)
					数据管理	
			中等职业教育改革		数字化教育	
					早期语言教育	
					推广艺术、社会文化和健康护理	
2018	早期儿童教育与护理的立法(2次)		职业教育质量	高中与大学合作,促进中等教育向高等教育过度	高等教育与研究的国际化	
					记录学生的个性化信息	
2019	早期儿童教育与护理的费用规定、财政补助与服务规定		强调职业教育的重要性(2次)		教育公平(2次)	制定芬兰 2030 计划
			职业教育的拨款使用情况			
			国家和地区都开展技能培训			
			职业教育立法,强调"持续学习"			
			职业教育免费优惠政策			

资料来源：芬兰教育与文化部官网[EB/OL]：https：//minedu.fi/etusivu
说明：括号内是文件出现次数。无标明的,均为一次。

二、芬兰教育政策的重点领域

从芬兰教育政策的内容可以看出，其重点主要集中在两个方面。

一是公平导向的教育价值理念。

作为从摇篮到墓地的福利国家，公平平等的理念深入芬兰国民意识之中，"不让一个孩子掉队"是芬兰教育的核心价值，成为芬兰教育政策设计的核心准则。1968 年，芬兰议会提出口号："无论你在哪里，都可以接受到相同质量的教育。"1998 年颁布的《基础教育法》，称教育的目的就是"促进社会文明与平等"[①]。PISA 测量结果显示，芬兰学生不仅成绩极为优异，而且学生成绩的均衡度极高，这是其努力追求教育公平的结果。

2019 年，芬兰教育与文化部发布了一项新的政策《学习的权利——求学路上平等的起点；2020—2022 年幼教与保育方案》（*The Right to Learn — An Equal Start on the Learning Path：Early Childhood Education and Care Programme for Quality and Equality 2020‑2022*），该政策强调要采取有效措施，促进儿童的学习和福祉，并扭转不平等。其目的是通过加强学习支持，减少和防止因儿童的社会经济背景、移民背景或性别而产生的学习差异。具体而言，该方案有四个具体目标：创造平等的学习环境；强化学习帮助；创造更加灵活的学习起点；提高教学质量[②]。

提供平等的入学机会和办学条件，是确保能否实现教育公平的前提条件。根据该项计划，政府需要加强不同部门之间的横向协同，加大财政投入力度，以确保每一个儿童获得平等的学习权利。除了上述硬件条件之外，学生是否得到公平的教育待遇，还有一个关键是教育者是否尊重教学对象的能力和兴趣差异，使具有不同潜质的个人都得到充分的发展。芬兰的该项计划强调需要建立儿童发展中心，针对学习困难或具有潜在特长的不同群体的学生，进行针对性的学习帮助，努力定制学生成长方案，多元化提升学习质量，以体现包容性和持续性。

---

① 林振义. 芬兰教育的独特模式[N]. 学习时报，2015‑10‑12.

② TheRighttolearn—Anequalstartonthelearningpath；Earlychildhoodeducationandcareprogrammeforqualit yandequality2020‑2022［EB/OL］.（2019‑11‑26）［2021‑07‑25］. https://julkaisut. valtioneuvosto. fi/bitstream/handle/10024/161948/Early％20childhood％20education％20and％20care％20programme％20‑％20Brochure. pdf

总体而言,平等而有差异的教育是教育公平最本质的要求,这种确保结果平等的价值理念无疑对教育科学研究对象及技术方法产生直接的影响。

二是创新驱动与国际化导向的教育发展战略。

芬兰政府长期重视教育,认为教育是芬兰的竞争力,是保障芬兰创新驱动发展的关键。从 20 世纪 60 年代起,芬兰政府就把普及基础教育置于国家政策的重心,每年教育方面的支出在国家预算中位居第二位,仅次于社会福利开支。芬兰教育支出占 GDP 比重高达 7.5%,远远超过世界平均水平。在高等教育方面,芬兰是欧洲教育体系最完善的国家之一,约有 1/5 的人口接受了高等教育,人均拥有大学和图书馆的比例高居世界前列。

在全球化的大背景下,芬兰高等教育正面临着各种新的挑战,芬兰学生和教学科研人员参与国际交流的积极性逐渐下降,为了建立质量的高等教育体系,提高高等教育在国际舞台上的地位,积极推进高等教育国际化,芬兰教育与文化部发布了《更好携手,共建更美世界:2017—2025 年芬兰高等教育和研究促进国际化的政策》(*Better Together for A Better World*:*Policies to Promote Internationalisation in Finnish Higher Education and Research 2017 – 2025*[①])。报告强调,"我们生活在一个就业、专业、投资与公司竞争日益激烈的世界,这就是芬兰也需要国际化的原因……我们高等教育与研究政策将国际化、有效性、能力作为竞争力的核心。公共和私营部门之间的合作是一个很好的研究机会。"基于上述认识,报告提出了芬兰教育国际化发展的具体目标,并设计了一系列措施来保障实施:一是专注于最新科学与前沿研究,打造国际吸引力,通过突出最强势的科学领域,支持研究的经济与社会效益,目前其已推出旗舰项目,以提高国际间对芬兰研究的关注。二是孕育出高质量教育,芬兰将加强高等教育的质量和先锋作用,用以构建适合研究、发展和创新活动的学习环境以及侧重于工作领域的发展模式,使之成为具有国际吸引力的知识生态系统的一部分。三是致力于分享芬兰知识、专利和教育创新理念,通过协同,提高芬兰高等教育和教育服务的品牌影响力与显示度,创建一种新型的基于业务的运营模式,吸引

① BetterTogetherforABetterWorld:PoliciestoPromoteInternationalisationinFinnishHigherEducationandResearch2017 – 2025[EB/OL].(2017 – 11 – 01)[2021 – 07 – 25]https://julkaisut. valtioneuvosto. fi/bitstream/handle/10024/79438/Better%20Together%20for%20Better%20World%20-%20Leaflet%202018. pdf? sequence=17&isAllowed=y.

私人教育出口项目投资和此部门的产品开发投资，在全球范围内提高芬兰高等教育和教育服务的品牌吸引力。四是简化国际学生寻求教育和就业的流程，以使其更加便利地进入芬兰，并承诺用英语为其提供服务。五是建立知识网络，在一些国家展示芬兰的高等教育与研究，以使全世界能听到芬兰的声音。为此芬兰需要在国内开展广泛的讨论，探讨如何进一步促进芬兰高等教育与研究的国际化。六是建立芬兰知识工作组网络。七是构建外籍专家和芬兰高校毕业校友网络，以团结更多的海外芬兰专家以及接受芬兰教育的毕业生。

创新驱动的战略将使高等教育以及科教研究在芬兰教育科学研究中的地位日益凸显。芬兰的教育政策虽然没有对教育科学提出直接明确的研究要求，但其政策目标中实质上隐含着未来教育科学应有的研究方向。

第二节　芬兰教育研究的特点分析

为更好地了解芬兰的教育质量，以 Web of Science 核心合集为数据库，选取了 121 个教育学权威期刊作为文献来源，如《教育研究评论》(*Review of Educational Research*)、《教育心理学》(*Educational Psychologist*)等，既保证了文献的数量也保证了文献的质量。取样时间段位于 2009 年至 2019 年，共获得有效样本 823 篇。

一、作者分析

对芬兰英文论文的作者进行统计，其中发文频率较高的作者如表 8 - 2 所示。

表 8 - 2　芬兰英文论文高产作者统计

频率排序	频率	中心性	作者	中心性排序	中心性	频率	作者
1	22	0.00	Jari-Erik Nurmi	1	0.20	5	Noona Kiuru
2	20	0.07	Marjakristiina Lerkkanen	2	0.20	4	Eero Laakkonen

（续表）

频率排序	频率	中心性	作者	中心性排序	中心性	频率	作者
3	19	0.10	Annamaija Poikkeus	3	0.18	11	Paivikki Jaaskela
4	17	0.01	Sari Lindblomylanne	4	0.18	2	Helena Raskuputtonen
5	17	0.05	Sanna Jarvela	5	0.17	4	Piia Naykki
6	15	0.00	Kirsi Pyhalto	6	0.17	3	Paivi Hakkinen
7	13	0.04	Eija Pakarinen	7	0.12	4	Mari Murtonen
8	12	0.10	Auli Toom	8	0.12	2	Liisa Postareff
9	11	0.18	Helena Raskuputtonen	9	0.10	19	Auli Toom
10	11	0.00	Paul A Kirschner	10	0.10	12	Annamaija Poikkeus

对上述作者的学术背景进行分析，上述高产作者的主要研究兴趣集中在学习、学生发展等领域（见表8-3）。

表8-3　高产作者的学术背景与研究领域统计

排序	姓名	性别	单位	关注领域
1	Jari-Erik Nurmi	男	于韦斯屈莱大学（University of Jyväskylä）	动机和学习；儿童对父母的唤起性影响；发展科学中的统计方法
2	Marjakristiina Lerkkanen	女	于韦斯屈莱大学（University of Jyväskylä）	学生成绩的动态变化；课堂评估评分系统；计算机辅助（被引量前三的文章主题）
3	Annamaija Poikkeus	女	于韦斯屈莱大学（University of Jyväskylä）	早期学习的途径；动机和学习障碍；课堂互动；同伴关系
4	Sari Lindblom-Ylänne	女	赫尔辛基大学（University of Helsinki）	教育心理学；学习科学
5	Sanna Jarvela	女	奥卢大学（University of Oulu）	教育科学和教师教育的研究；电脑支持的合作学习；自我调节、共同调节和社会共享的学习调节；规范CSCL的学习（被引量前三的文章主题）

（续表）

排序	姓名	性别	单位	关注领域
6	Kirsi Pyhalto		赫尔辛基大学（University of Helsinki）	教育；开发经济学
7	Eija Pakarinen	女	于韦斯屈莱大学（University of Jyväskylä）	幼儿教育；儿童发展；学习；学前教育；师范教育；教学；评价；全纳教育
8	Auli Toom	女	赫尔辛基大学（University of Helsinki）	教与学；教育学和教育；师范教育；高等教育；定性研究
9	Helena Rasku-Puttonen		于韦斯屈莱大学（University of Jyväskylä）	课堂评估评分系统；学生发展动态的影响因素研究；学生群体、参与和培养的重要性（被引量前三的文章主题）
10	Pau lAKirschner	男	荷兰开放大学（Open University of the Netherlands）	教学设计；教育心理学教育技术；计算机支持的协作学习
11	Noona Kiuru	女	于韦斯屈莱大学（University of Jyväskylä）	教育转型；心理干预；儿童发展；青少年发展；成就动机；社会发展；家庭教育；师生关系
12	Eero Laakkonen	男	图尔库大学（University of Turku）	结构方程建模；教育测量；教育心理学
13	Päivikki Jääskelä	女	于韦斯屈莱大学（University of Jyväskylä）	高等教育学；学生处；教师发展；教育学和教育；教学和学习教育学；高等教育网络化；高等教育研究；出版者；专业发展
14	Piia Naykki	女		利用无线网络和移动工具构建和规范高等教育中的协作学习；使用多种网络2.0工具支持小组学习；合作解决问题和战略学习技能（被引量前三的文章主题）
15	Päivi Häkkinen		于韦斯屈莱大学（University of Jyväskylä）	指定计算机支持的协作脚本；计算机教学；基于计算机的合作学习（被引量前三的文章主题）

（续表）

排序	姓名	性别	单位	关注领域
16	Mari Murtonen	女	图尔库大学（University of Turku）	学习；高等教育
17	Liisa Postareff	女	海门应用科技大学（Hämeenammattikorkeakoulu University of AppliedSciences）	教学教育学；教师培训学习；教学经验；教与学；教育学和教育；网络学习；课程编制；专业发展

　　对上述作者合作情况进行分析，可以了解重要学者分布，以及有重要影响的学者及其研究的主要成就。为了研究作者之间合作关系以及具有影响力的作者，设置节点为作者，生成作者合作网络图谱（见图 8-1）。

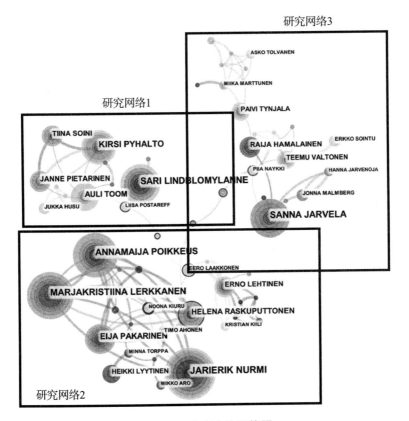

图 8-1　作者合作网络图

根据图8-1可以看出，芬兰的学者形成3个研究网络，分别以作者 Jari-Erik Nurmi、Sanna Jarvela、Sari Lindblomylanne 为中心。研究网络1主要作者为 Sari Lindblomylanne、Kirsi Pyhalto、Auli Toom 等人，大部分来自赫尔辛基大学，这些作者的文章出现频率都比较高，主要研究领域都涵盖"学习"。研究网络2主要作者为 Jari-Erik Nurmi、Marjakristiina Lerkkanen、Annamaija Poikkeus、Helena Raskuputtonen、Eija Pakarinen 等，全部来自于韦斯屈莱大学，这也显示出该校的教育学研究比较出色，主题集中在学生学习的影响、学生发展等。研究网络3核心作者为 Sanna Jarvela，他是芬兰奥卢大学学习和教育技术研究部（LET）主任，也是著名的学习科学和教育技术专家。从图8-1可以看出，目前芬兰教育研究的合作性较强，作者之前形成较多合作网络，但是这些网络的形成具有聚集性，即以所在高校为基地，主要为高校内部的研究合作，较少突破地域进行跨高校的合作。

根据进一步搜索发现，进行芬兰高等教育研究的学者多为女性，中心性排序前十的学者中女性占比60%，可以看出芬兰的高等教育研究中女性学者是不可忽视的研究力量。

二、热点分析

关键词是学术论文不可或缺的一部分，它是研究者经过认真提炼，得出关于论文内容的核心术语。一般来讲，高频关键词是某领域内研究热点的构成。通过对芬兰的研究文献关键词的统计，共得到363个关键词。依据孙清兰《高频、低频词的界分及词频估计方法》一文的相关内容，统一同义词后，得到25个高频关键词，其排序结果见表8-4。

表8-4 芬兰英文论文关键词高频表

序号	频率	关键词	序号	频率	关键词
1	80	学生	5	44	表现
2	72	知识	6	43	教师教育
3	67	动力	7	38	学业成就
4	47	认知	8	36	观点

（续表）

序号	频率	关键词	序号	频率	关键词
9	36	科学	18	22	环境
10	33	奖励	19	22	合作学习
11	33	教师	20	21	身份
12	32	信念	21	21	能力
13	31	模型	22	21	影响
14	31	技术	23	21	概念
15	27	战略	24	20	框架
16	26	保证	25	20	反思
17	22	情绪			

　　通过对高频关键词的排序，可以看出芬兰的研究热点。前 25 个关键词的出现频率均高于 20 次，其中"学生"（80 次）、"知识"（72 次）、"动力"（67 次）、"认知"（47 次）、"表现"（44 次）、"教师教育"（43 次）、"学业成就"（38 次）占据榜首。这一结果说明，芬兰的教育科学研究主题集中于学生学习（动力和表现）、认知发展、教师教育（除教师智能发展之外，幼儿园教师研究也较多）、高等教育等，这是目前芬兰教育科学研究的主要热点（见图 8-2）。

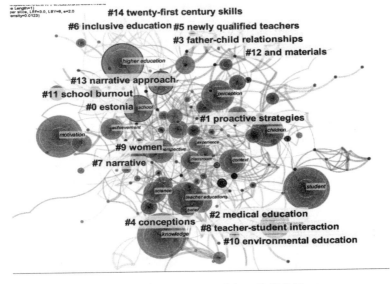

图 8-2　芬兰英文论文高频词聚类分析

三、前沿分析

通过关键词突显分析，发现 11 个突显的关键词（见图 8-3），分别是"概念"（2009 年）、"语音意识"（2009 年）、"技能"（2011 年）、"个性差异"（2011 年）、"文化要求"（2013 年）、"干预"（2013 年）、"责任心"（2014 年）、"数学"（2015 年）、"需求"（2015 年）、"才智"（2015 年）、"支持"（2017 年）。可以看出，在 2009 年开始，芬兰的教育研究关注学生的知识学习，如今则越来越关注学生需求，加强为学生提供的支持，发展学生的才智，反映出人本性、差异性教育。

Key words	Year	Strength	Begin	End	2009—2019
conception	2009	3.949 9	2009	2011	
phonological awareness	2009	3.444	2010	2013	
skill	2009	2.521 8	2011	2012	
individual difference	2009	2.890 3	2011	2013	
literacy skill	2009	2.509 5	2013	2014	
intervention	2009	2.87	2013	2014	
accountability	2009	2.496	2014	2015	
mathematics	2009	2.912 2	2015	2019	
inquiry	2009	2.758 1	2015	2016	
power	2009	2.972 2	2015	2017	
support	2009	2.905 1	2017	2019	

图 8-3　芬兰英文论文关键词突显分析

进一步对论文中引用数前八的参考文献进行分析，可以看出研究前沿还是集中在教师教育、芬兰教育改革经验、（合作）学习、职业发展机构、创造知识等领域（见图 8-4）。

四、前沿演进分析

在本章的分析中，根据突显文献被引突显的时间和趋势，将研究前沿的概念划分为两种不同类型，即渐强型研究前沿、渐弱型研究前沿。在芬兰 2009—2019 年发表的文献中，共被引网络图谱中形成了若干突显节点，按照节点的突显性进行排序，表 8-5 中列出的突显节点文献是近年来共被引频次突变的文献（取前 9 位），即被芬兰教育学领域高度关注的代表性文献。此外，本文结合相关

图8-4 文献共被引的突显分析

突显词(来源关键词)和施引文献信息深度剖析这些突显节点文献的被引量,进一步厘清芬兰教育学研究的前沿演进情况。

表8-5 共被引文献突显表

序号	作者	被引频次	突显性	发文年份	突显时间	研究前沿类型	文献名称
1	Collins A	9	5.12	2004	2009—2011	渐弱型	《设计研究：理论和方法问题》（*Design research*：*Theoretical and methodological issues*）
2	Paavola S	7	3.33	2004	2009—2011	渐弱型	《创新知识社区模型与学习的三个隐喻》（*Models of innovative knowledge communities and three metaphors of learning*）

（续表）

序号	作者	被引频次	突显性	发文年份	突显时间	研究前沿类型	文献名称
3	Akkerman SF	8	3.28	2011	2009—2010	渐弱型	《教师身份概念化的对话方法》（A dialogical approach to conceptualizing teacher identity）
4	Hadwin AF	13	3.06	2011	2009—2012	渐弱型	《探究学生运动员的监管能力》（Exploring regulatory competencies of student-athletes）
5	Bereiter C	5	3.06	2002	2013—2014	渐弱型	《知识时代的教育与心智》（Education and Mind in the Knowledge Age）
6	Landerl K	6	2.90	2008	2014—2015	渐弱型	《在一致的正字法中单词阅读流畅性和拼写能力的发展：一项为期8年的随访》（Development of word reading fluency and spelling in a consistent orthography: An 8-year follow-up）
7	Etelapelto A	10	2.87	2013	2014—2017	渐弱型	《什么是代理？工作中专业代理的概念化》（What is agency? Conceptualizing professional agency at work）
8	Muukkonen H	5	2.84	2005	2014—2016	渐弱型	《技术中介和辅导：它们是如何塑造进步探究话语的?》（Technology-mediation and tutoring: How do they shape progressive inquiry discourse?）

（续表）

序号	作者	被引频次	突显性	发文年份	突显时间	研究前沿类型	文献名称
9	Tynjala P	5	2.68	2008	2015—2017	渐强型	《职场学习的视角》(*Perspectives into learning at the workplace*)

本章分析的渐强型节点文献主要是在高突显率文献中,其被引主要集中在近年,且引用频次较高,具体为 Tynjala P 于 2008 年发表在《教育研究评论》(*Educational Research Review*)的论文《职场学习的视角》(*Perspectives into learning at the workplace*)。

该论文对最近关于工作场所学习的研究进行了专题综述。其核心内容包括两个部分。第一部分重点考察工作中有关学习的认知,主要陈述四个命题:①工作场所学习的本质不同于学校学习,但也类似于学校学习;②工作场所的学习可以用不同的层次来描述,从个人到网络和区域;③工作场所学习包含非正式场所和正式场所;④工作场所支持学习的方式差异很大。第二部分关注与正规教育相关的工作场所学习。描述了工作经历的不同模式以及在教育和工作生活之间建立协同关系的挑战。其结论是,教育和工作正在相互靠拢,工作与生活中发生了巨大的变化,这种变化需要我们拥有更多的知识,为了满足这些需求,正规和非正规学习的结合是十分必要的。

在本章有关芬兰英文教育科学研究论文的统计数据中,文献被引量均较为有限,但是该篇论文在 2008 年发表之后总共被引了 5 次。从突显的角度来看,该论文在 2015 年至 2017 年集中被引用,说明其主题——学习是最近的研究重心。结合前文所研究的热点分析,学生学习是第一大聚类,这与芬兰的研究热点相吻合,且该文突破了原有研究——校园的正规教育,延伸到工作场所中的非正规教育,是对学生学习研究领域中的一个新探索。

本章的渐弱型研究前沿是指文章被引频次的逐年分布从整体上看处于下降趋势的节点文献所反映的研究主题。在渐弱型节点文献中,突显率比较高的分别是 Collins A 发表在《学习科学杂志》(*Journal of the Learning Sciences*)上的《设计研究：理论和方法问题》(*Design Research：Theoretical and methodological issues*)、Paavola S 发表在《教育研究综述》(*Review of Educational Re-*

search)上的《创新知识社区模型与学习的三个隐喻》(*Models of innovative knowledge communities and three metaphors of learning*)以及 Akkerman SF 发表在《教学与教师教育》(*Teaching and Teacher Education*)上的《教师身份概念化的对话方法》(*A dialogical Approach to Conceptualizing Teacher Identity*)等文献,这些文献的主题为学生学习、教师教育等,与前文分析的热点一致,说明渐弱型前沿的主题也是热点主题,只不过近年来相关文献的引用频率稍微降低。

同时,渐弱型前沿中也有关注信息技术的发展,如《技术中介与辅导》(*Technology-Mediation and Tutoring：How do They Shape Progressive Inquiry Discourse*)这篇文献,提出在高等教育中,要充分利用学习技术的潜力来促进知识的协同发展,并搭建学术素养和科学论证的实践平台。这一主题与芬兰的政策内容相吻合,但是该主题在 2017 年之后显示出被引量减少,2018 年芬兰才发布发展信息技术的政策,这也显示出研究对政策的设计与制订存在一定的影响。

总体而言,从英文论文的发表状况看,目前芬兰教育科学研究更多关注的是微观的学生个体的发展,这与其教育政策强调的人的发展有一致性。但就具体领域而言,教育科学研究聚焦的热点,与实际教育政策关注的重点,两者并无过多直接明确的关联,芬兰教育科学研究的发展无疑不能忽视其教育政策走向的影响,但这种影响更多的是隐性和间接的,并且在很大程度上是滞后的。这既是体现作为学术研究的教育科学的独立性的特点之一,但也是其发展中必须注意的问题之一。

第三节　芬兰教育研究的趋势分析

综合芬兰的教育研究现状以及目前的政策导向,可以看出虽然芬兰政府的教育政策的设计制订与芬兰教育学界的学术研究很大程度上是两条平行线,各自的发展受内在的逻辑惯性驱动,基本保持相对的独立性。但不可否认的是,教育学科的生命力在于不断回应并解决现实世界中层出不穷的挑战与实践问题,这使得教育研究的发展趋势在一定程度上将趋向于国家发展战略的走向,即使这种趋势是适度超前抑或是相对滞后。基于芬兰国家发展战略的重点与趋势,可以认为,今后一段时间,芬兰的教育科学研究将会在以下方面有所推进并强化。

一是结果导向的教育公平研究,涉及教育行政、教育财政以及学生发展等,这是由芬兰国家价值观及教育的核心理念所决定的。

二是学生发展的相关研究,包括教育质量保障与评估,心理学及早期教育领域学生核心能力素质的拓展,课程衔接与教育技术的革新等,这是全球教育发展的普遍趋势。

三是高等教育国际化的相关研究。包括留学生教育、语言学习、文化冲突等方面的研究。这既是全球化进程的惯性使然,即使在 2020 年以后的疫情之下,作为经济高度依赖国际产业链的国家也难以轻易放弃国际化,同时也是芬兰的国家价值观理念所决定的。

2021 年 6 月,芬兰教育与文化部发表最新的教育政策报告《芬兰政府的教育政策报告》(*Education Policy Report of the Finnish Government*)(以下简称报告),面向 2040 年,提出了芬兰教育的中长期发展目标与对应的政策措施[①]。报告明确,芬兰教育的目标是以公平和高质量为导向,在 2040 年建成具有高效和高质量的,世界前列的教育、科研和文化国家,提升芬兰的国际竞争力和公民的福祉,推动整个社会的可持续发展。具体而言,一是提升各学段人口的教育水平和能力,缩小学业差异,确保教育平等水平的提高;二是确保教育系统能为所有人提供平等的学习机会;三是使芬兰在教育、科研和社会发展方面具有更强的国际吸引力。报告指出,芬兰社会正面临人口变化、技术进步、社会转型等重大挑战。为了迎接挑战,必须对学校教育进行全面的改革,儿童早期教育、学前教育、小学和初中教育的发展战略应该被纳入一个明确的统一的计划中,以确保彼此的衔接与协调。报告建议,芬兰必须修改融资制度,增加用于教育和科研的公共资金投入,保障教育发展的高质量和公平性。

除了整体的设想外,报告对各学段教育还提出了具体的规划。

在学前教育领域,报告强调要降低学前教育和幼托保育的个人负担费用,最终的目标是实现幼儿教育和幼托保育(每天至少 4 小时)的免费化。在小学和初

---

① EducationPolicyReportoftheFinnishGovernment [EB/OL]. (2021 - 06 - 21)[2021 - 07 - 25]. https://julkaisut. valtioneuvosto. fi/bitstream/handle/10024/163273/VN_2021_64. pdf? sequence=1&isAllowed=y

中阶段,施政的重点是强化学业管理,努力缩小学生间的学业差距,加强学生的阅读和数学技能训练,同时还要注意培养儿童和青年批判性思维的技能。在高中教育阶段,报告强调,需要利用新的技术帮助每个学习者建立个性化的学习发展路径。在不影响职业能力获得的前提下,加强通识知识和基本技能的培养,确保学生有机会在其生涯发展中有持续深造和提升发展的可能。

报告预测,未来对高等教育专业的需求将不断增长。因此芬兰的目标是到2030年,确保芬兰所有年轻人中至少有50%能够完成高等教育学位教育。为了实现这一目标,在不影响教育质量的情况下,国家将积极扩充高等教育机构的学生人数,尤其是积极吸引国际学生,报告希望到2030年攻读学位的国际学生人数能够增加两倍,并且其中75%的外国留学生能在芬兰找到工作,从而提升芬兰的竞争力。

在科学研究方面,报告提出的目标是确保芬兰未来具有世界一流的研究环境,吸引顶尖科技人才移居芬兰,提升芬兰的科研水平。为此除了加大公共研究资金投入外,还需要制订高标准且有效的国家战略,鼓励私营部门对科研活动积极投资。

报告对芬兰教育发展目标的设想及具体政策手段规划无疑将对今后一段时间芬兰的教育科学研究产生深远的影响。

（汪　辉　张　露）

第九章
日本教育研究现状与趋势

　　日本与芬兰一样,是教育高度发达且极具发展特色的国家。在教育发展过程中,日本政府高度重视教育政策的规划与教育科研的引领作用,以便最大效度地提升国民的整体素质,助推整个社会经济的发展。面临 21 世纪变幻莫测、高度复杂的国际局势与技术发展趋势,日本教育政策对未来教育是如何判断与关注的,而其教育研究又是如何对此进行回应的,这是本章分析研究的焦点。

　　本章研究的分析资料主要包括最近十年日本教育政策文本及日本教育研究论文。政策文本主要来自文部科学省咨询机构中央教育审议会及内阁总理府咨询机构教育再生会议发表的公开教育政策报告。上述两个机构是日本教育政策制定的最高决策机构。

　　教育研究论文主要包括三部分。一是 Web of Science 上检索到的日本国内学者发表的英文论文。二是日本国立教育政策研究所的教育研究数据库(https://erid. nier. go. jp/)所收录的日本教育研究机构发表的日文论文。三是日本国立教育研究所最近十年所做的所有年度研究报告。对上述教育研究论文进行文献计量分析,探讨其与日本教育政策的连动关系。

第一节　日本教育政策的特点与总体趋势

一、近十年日本教育政策的总体状况

　　日本的教育政策主要由文部科学省负责制定与监督实施,其下属的咨询机

构中央教育审议会负责定期提供决策建言。此外，从 2013 年起，安倍内阁设置直属总理大臣的咨询机构教育再生会议，从宏观层面对国家的教育政策提供建言。

表 9‐1 为最近十年中央教育审议会及教育再生会议等日本最高教育决策机构发表的教育政策文本一览。从表中的政策文本关注主题看，最近十多年日本教育政策的重点，除了国家教育的整体发展战略外，主要涉及基础教育、高等教育及职业教育。具体内容包括学校行政管理、学生核心素质开发、大学招生选拔、学位教育质量保障、终身教育机制等。这些政策重点与日本所处的特定社会经济背景，以及日本据此规划设计的国家战略有一定的关系。

表 9‐1　2008—2019 中央教育审议会及教育再生会议提交的政策建言

时间	早期教育	普通教育	职业教育	高等教育	教育技术	综合国家发展
2008		守护青少年身心健康、创建安全安心学校环境的整体方略	充实高等专门学校教育的方针	中长期的大学教育发展方向		面向教育立国的教育振兴基本计划
				学士课程教育的构建		开拓新时代的生涯学习振兴策略：构建知识循环性社会
2011			未来学校的生涯教育与职业教育	全球化时代的研究生教育		
2012		教职生涯中提升教师素质能力的整体方略		面向未来的大学教育质量转换：建设生涯学习、主体思考力的大学		
		推进学校安全建设的计划设计				

（续表）

时间	早期教育	普通教育	职业教育	高等教育	教育技术	综合国家发展
2013		面向未来的教育委员会制度建设方针*		高中与大学的衔接：基于大学入学选拔的视角*		
		校园欺凌问题的对应*		今后的大学教育方向*		
2014		推进面向未来的青少年体验活动的方针		面向新时代的高大衔接：高中教育、大学教育及大学入学选拔的整体改革		
		今后的地方教育行政方向		今后的学制方向*		
		改善道德教育课程的政策方针				
		构建对应儿童发育及学习意欲能力的有效灵活的教育体制				
2015		面向新时代教育与地方振兴的学校与社区协同振兴战略		关于学位规则的修订		实现教育立国的教育投资、教育财源的方针*
		关于提升未来学校教师资质能力的方针		确保与充实高等教育预算的紧急建议		构建持续学习型社会、全员参与型社会以及地方振兴的教育发展方向*

（续表）

时间	早期教育	普通教育	职业教育	高等教育	教育技术	综合国家发展
		关于教职员编制定额的紧急建议				
		未来社会的核心能力素质及其教师教育*				
2016		构建全员覆盖的青少年个性自由发展的教育体系的方针*				面向个性自由发展的全员覆盖的课题解决型社会的多元化及有效质量保证的教育体系构建方针
2017		关于第2次学校安全推进的计划				
		提升家庭、学校、社区的教育力，培育儿童自信、自立、自强能力的政策方针*				
2018				面向2040的高等教育整体框架		第3期教育振兴基本计划
		关于改善幼儿园、小学、初中、高中及特殊学校学习指导要领的方针				
2019		新时代的初等中等教育方向		关于大学设置基准局部调整的方针	对应技术进步的教育革新以及对应新时代的高	关于认证评价机构的认证方针

（续表）

时间	早期教育	普通教育	职业教育	高等教育	教育技术	综合国家发展
					中教育改革*	
		面向新时代构建可持续发展的学校指导与管理机制的综合改革整体战略		专业学位研究生源设置基准的方针		人口减少时代面向地方振兴的社会教育发展方针
				关于研究生院设置基准局部调整的方针		

资料来源：中央教育审议会：https：//www. mext. go. jp/b_menu/shingi/chukyo/chukyo0/
　　　　　教育再生实行会议：https：//www. kantei. go. jp/jp/singi/kyouikusaisei/teigen. html
注：为教育再生会议提交的政策建言。

二、面向未来的核心政策文本内容

在上述 44 份政策文本中，涉及日本未来教育整体发展战略的主要有 3 份。

1.《第 3 期教育振兴基本计划》对教育整体发展的思考

1)《第 3 期教育振兴基本计划》的内容

根据 2006 年修改后的《教育基本法》相关规定，日本政府于 2008 年 7 月出台了中长期教育发展规划《教育振兴基本计划》。教育振兴基本计划以 5 年为一期，在计划实施期间进行定期的政策评估，并根据需要进行必要的政策调整。在教育发展规划中，日本政府重新确立了"教育立国"理念，提出集举国之力促进教育振兴的国策目标。

从 2018 年开始的《第 3 期教育基本计划》基本延续了第二期的核心，即以"自立""协同""创造"为目标构筑生涯学习社会，但进一步强调教育政策实施的科学性、合理性与针对性，明确从专业、多维的视角推进有效的教育政策实施。其关注重点是教育如何对应 2030 甚至更长远的社会变化。第 3 期教育振兴计划的目标是对应新时代的变革需求，实现全过程全人群覆盖的能力发展。政策制定重点主要有三：一是加强政策制定的科学性、合理性、针对性，整合多学科、聚焦大数据，强化决策的依据；二是提高教育投资的效率；三是基于技术发展的趋势探索未来学校教育的模式①。

第三期计划对 2030 年社会进行大胆预测，提出了"超智能社会"这一全新概念，即人类社会发展将在狩猎社会、农耕社会、工业社会、信息社会之后，进入"超智能社会"——任何人在任何地点均能享受到重要信息和服务。

如何让每一名儿童和学生在日新月异的技术变革中不断适应时代发展需求，在未来的超智能社会中不断开拓创新并度过丰富多彩的"百岁人生"？作为日本教育顶层规划的三期计划提出，以"自立""协作""创造"作为日本教育发展的基本方向，并力争实现个人与社会的理想式融合发展。个人维度方面，培养能够自主思考、协作他人并创造新价值的自立型人才；社会维度方面，构建每一个人均能活跃发展、拥有安稳且丰富的人生的社会，进而为地区、国家乃至世界的可持续发展作出贡献。最大限度地拓展每一个人终身所有阶段的"可能性"与"机会"是今后日本教育政策的核心所在。

为了实现上述目标，三期计划提出了五大基本方针、21 项教育政策目标及相应的监测指标、参考指标和关键措施，形成了"方针—目标—指标—路径措施"的逻辑顺序（见表 9 - 2）。

表 9 - 2　第 3 期教育振兴基本计划的政策目标与路径

基本方针	教育政策目标	测定指标	实施路径与措施
培育持有梦想，不断挑战未知可能性的必要能力	① 初等中等阶段培育：扎实的学力；涵养丰富的心灵；培育健全的体魄。 ② 高等教育阶段掌握问题发现与解决能力。 ③ 生涯各阶段培育自立社会的、职业的能力与态度。 ④ 提高家庭及地域的教育能力，推进其与学校的协同。	① 整合知识、技能、思考力、判断力、表现力等学习相关能力，以及人性特质等培育健全的青少年，确保在 OECD 的 PISA 等国际性调查中保持日本处于世界顶级水平。 ② 促进青少年的自信比例。 ③ 改善校园欺凌的总数及占比。	① 切实落实新学习指导要领的实施。 ② 培育青少年的自信与自我肯定。 ③ 强化校园欺凌的对应，贯彻人权教育。

① 文部科学省. 第三期教育振興基本計画［EB/OL］.（2018 - 06 - 15）［2021 - 07 - 25］. https://www. mext. go. jp/content/1406127_002. pdf

（续表）

基本方针	教育政策目标	测定指标	实施路径与措施
培育学生持续引领社会发展的多样化的能力	① 培育全球活跃的国际化人才。 ② 改革研究生教育，培育引领创新的人才。 ③ 培育体育、文化领域的各种人才。	① 继续推进 30 万留学生计划，实现留学生日本国内就业率 50％的目标。 ② 提升硕士毕业生的博士升学率。	① 支持日本学生的海外留学。 ② 推进研究生教育改革。
改进完善活力四射、精彩丰富的生涯学习与发展的环境	① 基于人生百岁的视野推进生涯教育。 ② 以提升人的生活质量及社会的持续发展为目标推进相关学习。 ③ 推进在职人士的学习教育体制，确保其在生涯学习过程中掌握职业必须的知识、技能。 ④ 推进残疾人的生涯学习。	① 提升能将学校习得的知识、技能及经验转化为区域及社会服务的人员比例。 ② 实现大学及专门学校学习的在职人员数达到100 万。	① 面向区域振兴，探讨社会教育的发展方略。 ② 改善在职人员在职学习的环境。
构建促进全体大众的成长与发展的健全的学习平台与保障机制	① 解决家庭经济及地理条件造成的教育问题。 ② 基于多样化的需求提供相应的教育机会。	提升贫困家庭、单亲家庭、福利院儿童的高中及大学升学率。	提升教育机会，减轻教育费的负担，加强经济支援。
夯实教育政策推进的基础	① 面向新时代的教育发展，构建可持续发展的学校指导体制。 ② 整顿确保 ICT 得以灵活运用的基础。 ③ 构建安全安心高质量的教育研究环境。 ④ 确保青少年安全。 ⑤ 强化教育研究基础，推进高等教育系统改革。 ⑥ 推进教育国际化，推动日本教育向海外的扩张。	① 减少中小学教师的周工作时间。 ② 更新学校电脑三分之一。 ③ 减少公立中小学危房面积。 ④ 推进私立学校设施的抗震化。 ⑤ 减少校园内的伤害事故。	① 教职员指导体制、指导环境的改善。 ② 促进学校 ICT 环境的改善。 ③ 推进安心安全高质量的学校设施建设。 ④ 推进校园安全。

　　基于上述政策重点的实施，文科省也提出了相应的目标指标以确保政策的实施效果。

　　"培养学生扎实的学力目标"下的监测指标是在 PISA 等国际测试中继续保持世界领先水平。作为第三期振兴计划目标制订依据的 PISA2015 结果显示，日本学生的数学平均分为 532 分，排名经济合作与发展组织所有成员国的第一位；科学平均分为 538 分，排名第一；阅读平均分为 516 分，排名第六。该目标下的参考指标为 PISA 测试中成绩在 5 级以上的高分段学生比例是否增加，同时成绩不满 2 级的低分段学生比例是否减少，PISA2015 中日本达到 5 级以上的高分段学生比例分别为数学 20.3％、科学 15.3％、阅读 10.8％，而不满 2 级的低分段学生比例分别为数学 10.7％、科学 9.6％、阅读 12.8％[①]。文科省希望在今后的 PISA 测试中日本学生的成绩能得以保持并不断提升。

　　"培养活跃于世界舞台的国际化人才"目标下的监测指标包括：英语能力在初中毕业时达到 CEFR(欧洲语言共同框架，是一种在欧洲及其他国家用于描述外语学习者进步程度的标准体系，从低到高分为 6 个等级：A1、A2、B1、B2、C1、C2)的 A1 以上水平、高中毕业时达到 CEFR 的 A2 以上水平的初中生、高中生比例占据总体学生比例的 50％以上；日本高中生的海外留学生人数达到 6 万人；鼓励日本学生赴海外短期留学，高等教育阶段日本海外留学生总数达到 12 万人；继续推进实现外国留学生人数突破 30 万人的目标，将外国留学生在日本国内的就业率提升至 50％。

　　为了实现"培养学生扎实的学力"目标，日本政府提出的措施包括提高幼师待遇、导入幼儿教育质量评价标准、在全国各地设置用以开展调查研究与幼师培训的"幼儿教育中心"等，综合提高幼儿教育质量；稳步落实新一期学习指导要领，将课程管理与主体型、对话型深度学习视角融入一线课堂；持续开展一年一度的"全国学力学习状况调查"并对调查结果加以分析和灵活运用；引入"高中生学业基础评定制度"，对满足文部科学省相关条件的民间考试加以认定，推进多样化评价，不断深化高中教育改革；通过开展相邻学校教育阶段学生间与教师间交流，例如小学生与初中生的交流、幼儿教师与小学教师的共同研修，推进教师资格证在相邻教育阶段的兼容有效，落实高中与大学衔接改革等措施，实现学前教育到高等教育各阶段间的顺利衔接。

---

① 国立教育政策研究所. OECD 生徒の学習到達度調査：2015 年調査国際結果の要約［EB/OL］. (2016 - 12)［2021 - 07 - 25］. https://www.nier.go.jp/kokusai/pisa/pdf/2015/03_result.pdf

为了实现"培养活跃于世界舞台的国际化人才"目标,日本政府计划重点推进的措施包括:重视传统文化教育;强化外语教育;向致力于提升国际化水平的高中、高等专门学校(日本高等教育机构的一种,以国立为主,招收初中毕业生,实施五年一贯制工业、商船、电波等专业教育,致力于培养职业所需的必要能力)、大学等提供援助,重点推广普及国际通用课程,让更多日本学生获得国际认可的大学入学资格;通过减免留学费用、广泛宣传留学信息、积极获取留学经验人员的协作等措施,鼓励更多日本高中生和大学生赴海外留学;为吸引更多的优秀外国学生留学日本,完善留学生奖学金制度、构建更具国际通用性质的教育教学环境,为留学生毕业后的留日工作提供积极援助等。

2)《第三期教育振兴基本计划》对教育研究的要求

从第三期振兴计划的政策重点看,它强调的是政策实施的科学性、合理性与有效性,为此它提出了实现上述目标的三个前提。

一是要关注难以"数值化"的教育成果与问题。第三期计划强调,与其他政策领域相比,教育政策的成果显现需要更久的时间历练,同时家庭环境等复杂要素对于教育成果的影响也十分显著,因此很难建立起政策与成果之间的因果联系。但也恰恰因为这一特性,第三期计划指出需要强化研究人员、大学以及研究机构等多样化主体间的交流协作,不仅要广泛收集数值化的数据和调查结果,更要关注到诸如学生存在的问题、家长及社区的意向、真实案例、以往成就等很难进行数值化的宝贵资料,从而综合并立体思考教育政策应当推进的方向。

二是严抓政策推进中的 PDCA(计划、执行、检查、调整)循环。第三期计划中的许多评价指标都是用具体数据来规定,便于进行客观评估,具备科学性和实用性。但这种数据规定是否具备很强的专业性,是否能联系实际状况并能真正引领教育教学向好的方向发展还是未知数。正因为如此,第三期计划强调政策推进中遵守 PDCA 循环的重要性,要求在计划颁布落实后的第 2—3 年内开展评估调查,及时梳理成果、发现问题,并结合实际状况与未来形势作出灵活调整。

三是重视财政资源对政策实施的保障条件。在天然资源极度匮乏、少子高龄化急速发展的日本社会,人力资源变得不可或缺,提升每一个人的生产性关系到社会经济的稳步前进,提供高质量的教育机会尤为关键。文科省相关部门的调查显示,日本许多家庭没有生育理想数量儿童的最大原因是育儿教育费用过高、负担过重,因此减轻家庭教育费用负担不仅是一项教育对策,也是克服少子化问题的一剂良药。不少研究显示，接受良好教育后能够度过安稳人生的人数增多，对社会未来的财政税收增加、生活保障费用增加、失业率降低、减少公共支出等产生重要影响。因此，日本为了实现教育立国，完善教育投资必不可少。文部科学省表示，必须面向社会广泛宣传教育投资的成效与意义，广泛形成"教育即面向未来的先行投资"理念。活用民间资金，唤起全社会为教育捐款、奉献教育的积极性。同时，稳步落实将消费税由当前的 8% 增加到 10% 的政策，将消费税增值部分用于幼儿教育免费化、高等教育无偿化、完善教育基础设施等举措中。

基于上述思考，第三期教育振兴计划对面向未来的教育研究极为关注，其重点有二。一是未来学校的模式、教育内容及方法。第三期计划认为，在新技术革命不断发展的当下，教育领域无法回避人工智能及大数据等技术进步对人才素质能力的需求变化，人才培养模式必须对此进行调整。具体而言，适应并能够引领新时代所必须的人的素质、能力核心是什么？如何加速并最大限度利用技术革新开发新的适应时代社会变革的教育模式、教育课程及教学方法？如何完善学校教育设施设备及教育环境以适应变革的需求。二是解决区域发展问题的社会教育体系的构建。基于日本地域格差及社会巨变，探讨学校与家庭、学校与社会重构可持续发展的社会教育、终身教育机制模式。

计划具体提出日本应围绕如下领域加强对应的研究：①如何强化学前教育、义务教育、后期中等教育、高等教育各阶段的衔接以提高学习质量，最大化地挖掘人的发展潜力；②培育对应新时代所必需的能力素质，完善并明确学校教育体制及管理机制的改革方向，包括与社区的协同机制；③大学教育教学及科研质量提升的组织机制改革、年轻人才的培养及留住机制、高等教育成果评估指标及财力支撑基础；④终身教育的模式机制以及与学校教育之间的协同方式。

2.《2040 高等教育整体战略》对高等教育发展的设计

1)《2040 高等教育整体战略》的内容

如果说教育振兴基本计划是对日本教育发展所做的整体规划，那么 2018 年 11 月日本中央教育审议会发布的《2040 高等教育整体规划》则是将高等教育作为日本教育发展的重点战略进行的规划设计。该报告是中央教育审议会应文部科学省的咨询，即 2018 年出生的儿童于 2040 年大学毕业时，日本社会需要怎样的人才，高等教育机构应该如何回应，日本需要怎样的教育等问题，展望 2040 年日本高等教育,经过数次审议的成果,是日本中长期高等教育改革的行动指针。

报告分成 7 个部分,包括:①2040 的发展趋势(挑战与需求);②多元弹性的教育研究体制;③重构学习质量的教育质量保障机制;④基于人口减少的高等教育机构的规模与区域布局;⑤对应多元化需求的教育机会供给与各类别层次高等教育机构的作用;⑥基于成本的可视化与财源的扩大化的保障高等教育发展的投资机制;⑦需要解决的问题①。

报告认为日本未来的社会与高等教育面临多重挑战,这些挑战:

一是产业技术领域,技术革新带动的 5.0 社会形成的冲击。

报告认为,在产业技术的各个领域,目前正以人工智能、物联网、机器人等通用技术为基础,叠加组合原有产业的核心技术、关联数据等,催生革命性的产品与服务。今后这一趋势将进一步加速。这些技术革新将使得通过人工智能及机器人取代人工工作的可能性大为提高,工作模式、人的技能、素质能力等将比预期发生更剧烈的变化。在资本密集型及劳动密集型经济向知识密集型经济移行过程中,依靠广博的多领域符合知识,结合新的设想将催生无限的力量与可能性。

二是生命技术的进步使得人活百岁成为常态,由此产生社会生活方式的重大变化。

在人活百岁时代,此前的教育—工作—养老的单线式人生轨迹将发生根本性改变,教育与工作将交错进行,高等教育与产业界之间重叠的多样化人生发展方式将使得老年人和年轻人的各个阶层之间的界限差别大为模糊,全社会所有人都能快乐发展的安心安全社会的实现成为必然。从学前教育开始,基础教育、高等教育以及在职的继续教育等,全生涯的各个阶段完全贯通,高质量的教育将受到重视。针对日本社会依然严重的单轨型的生涯进阶模式,按部就班的升学、就业的固有思考方式,报告认为高等教育必须提前应对多样化的人生变革趋势,基于生涯发展的多元的可能性,构建灵活的对应机制与模式。

三是全球化但激烈的国际竞争对日本经济社会发展的冲击。

报告认为,全球规模的社会经济及科学技术的流动,造成了深层次的结构变

---

① 中央教育审议会. 2040 年に向けた高等教育のグランドデザイン[EB/OL]. (2018－11－26)[2021－07－25]. https://www.mext.go.jp/content/20200312-mxt_koutou01-100006282_1.pdf

革,大大加速了全球化的进程。但在人的跨国流动加速及通信技术急剧发展的同时,也存在着坚守各国独有的社会模式与文化价值的本土化思潮,这也是不容忽视的趋势。全球化,就其实质而言是一种社会标准化的进程,但仅有标准化,终将导致社会的趋同与进步的停滞。只有全球化结合本土化,才能一定程度保证标准化和多样化的平衡。报告认为,日本的国际化程度相比欧美国家还处于较低水准,今后需要进一步扩大留学生的招收,积极引进海外人才,但与此同时也要注意多样性与本土文化的平衡发展。报告尤其认为亚洲近邻国家的急速发展与存在感的提升,以亚洲为中心的人、物、信息等资源流动不断扩大,使得日本需要重视与加强与亚洲国家的交流。

四是地方经济振兴成为日本突破社会发展瓶颈的关键。

报告认为,日本的少子老龄化问题及人口向大都市集中的趋势将产生严重的社会失衡问题,振兴地方经济刻不容缓。随着人工智能、物联网、大数据的技术发展,产业社会将从资本密集型向知识密集型转型。对于地方经济而言,通过提高生产效率和高附加值,取代大都市成为新的产业中心的可能性并非完全无法实现。在农业、医疗保健、防灾等领域,通过活用大数据技术推进产品高附加值化,可激发地方活力,构建尊重个人价值观的安心安全的宜居环境,这也是地方高等教育发展的机会与空间。

基于上述的背景分析,报告认为高等教育必须加强与社会的协同衔接的使命感与战略实施。报告强调一方面,保障大学教学研究的自由是催生新知识,支撑国力发展的源泉。但大学有通过教学科研活动向社会发声,确保透明性的责任与必要。高等教育必须通过解决社会高度关注的课题,将其教科研成果还诸社会,形成得到社会认可及支持的良好循环。从知识基地进一步过渡到知识与人才集聚点,成为产业发展以及知识信息的源泉。具体而言:

一是高等教育必须加强面向社会变革的研究。

报告认为,大学的职能在于知识创新。在激烈的国际竞争中,日本论文数量及引用率在相对下降,存在感日益丧失。提升大学研究能力,推进前沿科技,加强创新能力非常关键。报告指出,高等教育机构的学术研究日益专业化、细分化,与此同时跨学科的交叉研究也需要予以重视。知识和技术全由个人或某一部门进行推进已经越来越困难了。各个领域、各类人才集聚,以团队力量进行知识生产的重要性越来越明显。同时,学术研究也不能仅限于象牙之塔,需要结合社会需求,回应社会需要,由此获得社会支持,形成良好的循环体系。

二是强化高等教育与产业技术界在人才培养与教育教学方面的协同。

报告认为,在劳动密集型向知识密集型转型过程中,高等教育与产业界的协同必不可少。在推进经济社会发展的过程中,尤其需要高等教育的供给方与需求方就高等教育的发展方向进行深入探讨。报告强调,在重要性日增的在职教育方面,不仅是知识的最新化与最新知识的学习,为了实现各种类型学生的相互学习,产业界的雇佣方式、工作模式以及高等教育提供的学习方式都需要进行整合协同。在有效运用大学内外部资源的过程中,在充实教学研究,加强大学管理方面,高校与企业的协同也是必不可少的。从大学与社会的衔接考虑,学习者应具有社会一员的身份自觉,理解自身学习的社会意义,充实实习教育提升学习质量。同时也需要认真探索在多个大学与企业之间形成多线型的人生发展轨迹。

基于上述分析,2040 高等教育整体规划认为,面向 2040 年,日本高等教育需要在目标、结构、模式等方面根据社会变化及技术进步进行调整,构建多样化、整合化、可视化、流动性的高等教育体系。所谓整合化,即在人才培养目标方面,基于社会变革的加速及不可预测性,确立学习者本位的教育转型,跨越文理界限,培养在知识能力素质方面具有综合俯瞰力、适应并引领时代发展的领导者、技术者与合格公民。所谓多样化,即在高等教育培养模式及管理体制机制方面,基于人口变化及生源的多样性(国际化、生涯化),构建多元化的教育科研体制,推进灵活多样的课程教学模式,同时从推进人力资源建设的视角,探讨如何进一步明确与强化各类高等教育机构的特色优势与分工协同。所谓可视化,即在教育质量保障方面,完善评价机制,精准实现学习成果、绩效成果的实际体现。所谓整体性,即面向人生百岁时代,将高等教育的作用机制置于生涯发展全过程中定位,确保学习发展的终身化与各级各类教育机构和阶段之间的衔接。

2)《2040 高等教育整体战略》对教育研究的建议

为了实现上述战略,整体规划认为日本高等教育的政策重点应聚焦继续教育、高等教育的国际竞争力、高等教育的国际化(海外展开)、多元化的教师录用与质量保障、大学的协力协同与整合、信息技术的引进与运用、质量机制(标准的明确化)等方面,并做出必要的调整与回应。这也成为高等教育研究的重点方向。

一是,在继续教育领域,整体规划建议关注对应生涯学习需求开发多样化的与职业资格对接的教育课程项目，研究便利在职人员学习的环境改善，实证产学协同的教育教学项目的效果，探讨实践类项目整合进入正规课程，借以提升社会认知度及评价效率的模式机制。

二是开展有关加强高等教育制度建设的研究。

规划认为高校现行教育教学体制是以学位项目为中心的，应充分利用校内外学科资源，适应高等教育发展考虑，积极探讨跨学科跨学校的组织机制改革，加强高校的制度改革与制度建设研究。在师资队伍建设方面，规划强调对应多样化的教育教学需求，应积极开展实践型教师培养、吸引及建设机制等方面的研究。

三是有关高等教育国际化的研究。

规划认为，为了强化海外留学生留学日本的吸引力，有必要开展对外日语教育以及吸引留学生在日居留就业等方面的研究。同时针对日本大学在海外办学的机制、模式开展研究，以提升日本在全球教育市场的影响力。

四是有关信息技术的引进与运用方面的研究。

规划强调，面临新技术革命的浪潮，高等教育应积极探讨技术引领的课程教学方式、学生指导等方面的研究，加大关注 ICT 技术进步对课程改革及人才培养的作用。

五是有关可视化、明确化的质量评价标准与机制建设。

总体而言，相比第三期教育振兴基本计划，2040 高等教育整体规划对高等教育研究的目标要求更为微观、具体。

3.《对应技术发展的教育变革》对技术介入教育的展望

除了上述两个对日本教育发展具有整体性指导的政策文本外，2019 年 11 月，日本教育再生会议基于新技术革命对教育领域的冲击与影响，发表了《对应技术发展的教育变革》政策报告，这是教育再生会议基于日本的国家 5G 战略的实施，向安倍内阁提交的教育配套战略。

报告的前提假设是面临技术革命的冲击，日本教育必须进行根本性调整以适应技术变革与社会发展的要求。

报告整体分为 8 个部分：①5.0 社会需要的能力及教育变革的方向；②需要的教师及外部人才的录用；③新的学习方式及对应的教材开发；④学校教育教学模式的改革；⑤高等教育的趋势与 AI 时代的人才培养；⑥充实特殊学校的支援；⑦作为新学习基础的环境整备与 EBPM 的推进；⑧终身教育时代的学习机会的

扩充①。

报告认为，技术革新使得教育领域将发生重大变革，而这种变革将使日本教育的强项，即一直重视与强调的学习机会均等及教育质量保障得到更为有效的保障。从确保日本国际地位与竞争力考虑，该报告认为，在教育领域引进信息技术改革教育教学模式，培育学生信息技术能力，利用信息与智能技术完善教育评价机制至关重要。具体而言：

日本的教育政策目标应基于学生个性化的质量保证建设最优化的学习模式。

报告认为新的时代对人的基本能力要求是，不分文理界限，所有学生均应具备 AI、数理以及数据科学的基本知识。国家应创建全部学生均能接受此类教育的教育环境。大学应将各专业领域与 AI、数理科学、数据科学有机结合开展各项新的教育课程。国家应和产业界协同，推进培育 AI＋专业领域的世界顶级的高级专业人才。中央教育审议会所建言的突破现有学部学科边界的新的学位领域的设置应尽早实现，相关制度的改正及大学的实践应加速。根据上述政策目标，报告对各阶段学校教育的任务建议是：

（1）基础教育：推进课程改革和学习模式创新，即国家应在广泛的领域，培养具有创新价值的人才，在初等中等教育阶段，应推进 STEAM（Science，Technology，Engineering，Art，Mathematics）教育，教科学习应是能够灵活运用于现实社会的问题发现与解决的跨学科学习。为此应充实综合学习时间，综合探究时间和数理探究等问题发现与解决的学习活动。此时，在各发展阶段，应通过论文形式的课题分析、论证、综合等方法有效培养学生的综合能力。国家应从课程管理视角，活用人才，强化产业及地域协同，加强 STEAM 教育的案例收集及数据库构建，通过样板示例的提示面向全国进行推广。

（2）高等教育：加强课程改革与专业调整。国家要积极推进各大学的跨学科的教育，确保尽可能多的学生能够获得 STEAM 教育及设计思考教育等。在此过程中，通过论文形式的课题分析、论证、综合等方法对学生进行相关的训练。

（3）高中阶段：通过技术推进精准化的评估，完善高中、大学衔接与招生改

---

① 教育再生実行会議. 技術の進展に応じた教育の革新、新時代に対応した高等学校改革について［EB/OL］.（2019－05－17）［2021－07－25］. https://www.kantei.go.jp/jp/singi/kyouikusaisei/pdf/dai11_teigen_1.pdf

革。报告建议日本政府在高中阶段，应积极促进高中和大学在数理领域的协同，探讨相关领域的探究性学习方案，以充实 AI、数据科学等的教学。

（4）专门学校：加强 AI 技术人才培养力度。在强化实践的技术人员教育的同时，推进其与大学的专业协同，加速引进混合型的协同教育。对于 AI 人才培育相关的工学及信息领域的高专转学大学的招生规模应进行扩大，加强人才培育的环境改善。国家还应在专门学校中面向 5.0 社会的职业技术人才培育，加强相关的课程开发。

（5）成果评价：完善 AI 及数理能力的资格认定。报告认为 AI 时代引领型人才培育的根本在于，大学及高等专门学校应发挥各自的优势与特色，在此基础上形成以学生为主体的、主动期盼学习的教育环境。为此，强化学生学习 AI、数理科学、数据科学的学习成果，使之得到社会评价非常关键。国家应和产业界协同，明确 AI、数据科学、数理科学等领域所必需的基础知识与技能，创设相关学习成果的资格认定制度，有效推进学生的修习、企业录用及网络应用。

为了实现上述政策目标，报告建议政策推进的重点主要有二：一是构建全国性的政策协同机制，尤其是加强各地方政府之间、地方政府与中央政府层面的协同，在首长及教育委员会的紧密协同下，推进学校 ICT 环境的整体改善。二是在国家层面尽快确立学校的课程、学习体系以及管理体系等有效安全的规则。通过全国的普及推广，基于各校的大数据提升学习指导与学生指导，改进学校管理与班级管理。

针对上述政策实施重点，报告强调要完善技术支撑的作用，即强化数据库的建设与教育管理中新技术手段的应用推广。具体而言：一是构建并灵活运用学习库的大数据资源。基于数据分析每个学生的能力及适应性，开展个别化的最优学习及合作学习，包括对学生生活信息在内的各项数据进行灵活处理，据此开展学生指导及班级管理、学校管理等，通过学校与企业的协同，推进教育技术的有效运用及相关的实证研究。二是从推进高中大学协同的视角，构建能以信息化手段对学生日常的学习成果进行储存分析的机制，在个性化的选拔机制中尽可能地合理评估其主体性，对学力三要素进行多视角综合性的评价与活用。对每个学生的学习库等数据进行收集、储存、管理、分析与灵活运用。同时参考国际相关案例，加强个性信息的合理使用与管理。三是基于社会所需求的能力及教育领域技术利用的急速变化，对学习指导要领及学习指导要领解说进行局部的修订,不断推进课程领域的改进。报告建议文科省在灵活运用教科书修订制度的同时,应从中长期视角,探讨基于技术进步同步的课程改革背景下教科书的弹性制,重点是信息、工业及商业等技术革新进步较为迅猛的领域相关的高中教科。

《对应技术发展的教育变革》是日本立足新技术革命力图改造学校教育手段与方式方法的政策尝试。虽然没有像第三期教育振兴基本计划及 2040 高等教育整体规划那样,对教育科学研究提出直接的要求以配合政策的实施与开展,但在相关的政策重点与技术支撑部分,隐含着对教育科学研究的期盼,即如何合理运用大数据、人工智能等技术手段改进教育教学的效果,改造教育管理的体制机制及环境。

三、教育政策对教育研究的需求趋势

1. 日本教育政策的趋势特点

从明治维新以来,日本一直重视教育对国家社会经济发展的牵引作用,多次提出教育立国的方针。自 20 世纪 90 年代以后,由于持续的经济社会发展停滞及深刻的社会结构问题,日本多次力图通过教育改革与教育发展政策的实施,走出经济社会发展的困境。从最近十多年日本的教育政策走向看,其主要具有以下三个特点。

一是重视教育政策对应社会发展、社会变革趋势的需求。

1990 年以后,日本在经济持续停滞的同时,出现了少子老龄化的社会问题。日本总人口从 2008 年的 1.28 亿开始下降。根据国立社会保障人口问题研究所根据出生及死亡状况的推算,大学适龄人口将从 2017 年的 94 万降至 2040 年的 74 万。另一方面,65 岁以上人口将从 2015 年的 3 387 万人,增至 2042 年的 3 935 万,老龄化率 36.1%,达到顶峰。此外,根据日本政府的测算,由于医疗健康技术的改进,2007 年以后出生的人口将有 50% 以上寿命超过百岁。基于传统高等教育适龄人口的减少,教育政策的一大重心是拓展新的高等教育生源,积极吸引留学生的高等教育国际化政策即在此背景下形成。同时基于人生百岁的常态化,面对生活方式、工作方式、人生轨迹等可能发生的变化,教育政策中对终身学习的必要性与有效性的关注程度大幅提高。基于上述新的教育形态、生源结构的变化,2010 年以后的日本教育政策不断强化对多元化的教育及学习模式的关注。

二是重视技术变革对教育方式、教育内容的渗透与影响。

第 4 次工业革命的兴起，AI、大数据等前沿技术的发展深刻改变了产业机构与社会生态，对教育形态及学习模式等也形成明显的冲击。如何有效吸收技术革命的成果，更好地调整教育发展形态成为 2015 年以后的日本教育政策的一大重心。技术革命对教育政策的影响，主要体现在对应新时代的核心能力素质的要求及培养模式，以及如何基于技术变革的趋势更有效地提升学习效率和学校管理的模式机制上。《第三期教育振兴基本计划》《2040 高等教育整体发展战略》及《对应技术的教育变革》等政策文本中均对此有详细的表述。实际上，技术变革要素也是日本当前教育政策设计及政策目标实施的重要前提。

三是强调政策制定的科学性与政策实施的有效性，重视可视化的绩效评估与充足的财源开发与保障机制建设。

受新自由主义思潮的影响以及日本自泡沫经济崩盘后的财力限制，21 世纪以后日本政府非常重视政策制定的科学性及政策实施的有效性。在第三期教育振兴基本计划中，中央教育审议会多次强调教育政策制定的科学性与合理性，强调基于问题分析及前期政策绩效评估合理制定政策目标。政策推进目标及实施结果应尽可能进行数值化测量，以此争取国民及社会的理解与支持。政策制定的科学依据、实施的有效保障，数量化、可视化的测量政策目标达成度成为日本教育政策展开的第三大特点。

2. 教育政策对教育研究的需求趋势

从上述日本教育政策发展的趋势特点看，为了确保政策制定的科学性与实施的有效性，其对教育科学研究有较高的期待与一定的依赖。

首先，对应社会变革的教育发展趋势的相关研究。日本教育政策的首要重点是对应社会发展需求的人才培养及人力资源开发，这使得教育科学研究需要重点解构今后 10—20 年间巨变时代的人的核心素质能力、相应的学习能力提升的路径模式以及与此关联的教育教学治理机制及外部环境。这在第三期教育振兴基本计划等政策文本中有直接的表述。

其次，新的技术革命对教育的影响及冲击的相关研究。新的技术发展作为工具及内涵究竟对教育产生何种程度的影响，教育生态与形态需要进行如何调整，这是教育政策期望教育科学研究做出探索的第二个重要领域。具体而言，即人工智能、大数据等前沿技术的进步究竟对教育的目的、教育的方式和手段产生何种程度的变革影响？在教育实践领域新的前沿技术可以催生何种新的学习模式与教育形态？哪些教育的核心要素是目前的技术发展仍然无法替代的？

最后，对教育政策制定及实施的科学性、合理性及有效性的关注与追求促使教育科学研究在方法上更加看重数量化的实证性的研究。与此同时，从政策实施的保障效率考虑，精准化、可视化的质量评估指标开发、教育财政机制及绩效的研究也成为教育政策设计与研究关注的重点。

第二节　日本教育研究的特点与趋势

日本的教育政策究竟对日本的教育研究有何种影响？本部分主要通过日本学术界及智库的研究状况进行进一步的文献计量分析。

一、近十年日本英文教育类论文特点的分析

从 Web of Science 上检索到 2009—2019 年日本国内学者发表的英文论文共计 614 篇。对其作者及研究主题进行分析，有如下特点。

1. 英文论文作者群分析

由于日本英文论文总体数量不高，发文作者人数相对较少。从表 9-3 的论文署名作者情况看，日本英文教育类论文作者以男性为主，其中不少为旅日中国学者。从作者的署名单位看，其所属高校多为私立或地方高校，并非传统意义上日本教育科学研究的重镇，其引用率也基本在两位数以下，反映研究的影响力与关注度一般。

表 9-3　日本英文论文主要发文作者统计

排序	姓名	性别	单位	发文量	部门或职称	关注领域
1	Hiroaki Ogata	男	京都大学	8	计算和媒体研究学术中心学习和教育技术研究部教授	学习分析；循证教育；教育数据挖掘；教育数据科学；计算机支持的泛在和移动学习；CSCL（计算机支持的协作学习）；CSCW（计算机支持的协作写作）；CALL（计算机辅助语言学习）；CSSN（计算机支持的社交网络）；知识感知；个性化、适应性和智能学习环境

（续表）

排序	姓名	性别	单位	发文量	部门或职称	关注领域
2	Insung Jung	女	国际基督教大学	8	教育学教授	远程教育；网络学习；移动学习；混合学习；设计、开发、实施和评估；在线协作；信息和通信技术在教育中的应用；质量保证和认证；社交媒体和学习；数字/媒体素养；开放教育，开放教育资源
3	Chengjiu Yin（殷久成）	男	神户大学	6	信息技术中心	教育数据挖掘；移动学习；学习分析；泛在学习；教育技术
4	Yuichi Suzuki		神奈川大学	6	第二语言习得副教授	第二语言习得；语言心理学；应用语言学；个体差异
5	Futao Huang（黄福涛）	男	广岛大学	5	高等教育研究所	学术职业；高等教育研究；教与学；高等教育；国际化；教学；比较教育
6	Michael Thomas			5		
7	Tatsuya Nakata	男	法政大学	5	文学院英语系副教授	学习语言；教学和学习电子学习；在线学习应用语言学；学术写作语言教学；外语学习；英语
8	Kazuya Saito	男	伦敦大学学院	4	教育学院副教授	第二语言习得；语言教学；英语教学；语言学习；语言习得；应用语言学；外语学习；英语
9	Robert Dekeyser			4		内隐和外显学习；第二语言习得中关键期效应的稳健性；超越形式；学习和练习第二语言语法的认知视角（被引量前三的文章主题）
10	Scott Aubrey	男	关西大学	4	外国语学院	第二语言习得
11	Wataru Suzuki	男	宫城大学	4	英语语言教育	语言学习；第二语言习得；语言；语言教学；外语学习；应用语言学；英语教学；学术写作；英语

　　对日本英文论文彼此的引文情况进行检测分析其彼此间的学术社会关系，得到图9-1。从图9-1可以看出，日本英文论文作者群目前形成了两个交流相对较为频繁的群体。一个是以 Chengjiu Yin、Hiroaki Ogata 等为主，包括不少旅日华人学者，主要从事教育数据研究（上方黑框）。另一个主要是以日本本土学者为主，重点研究语言教学（下方黑框）。

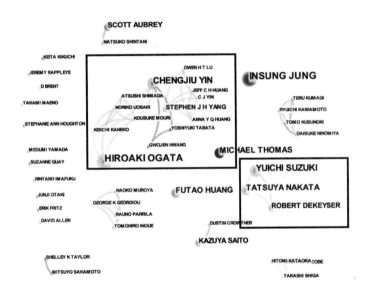

图9-1　日本英文教育类论文作者群情况

2. 高频词状况分析

　　高频词是论文中反复出现、频率较高的关键词。通过对高频词的检测，可以发现论文群关注的热点状况。

　　图9-2反映了日本英文教育类论文中所有高频词。进一步对上述高频词进行聚类处理后，得到图9-3。

　　从图9-3可以看出，经过聚类处理之后，根据关键词和作者分析，日本近十年所发英文教育类论文的研究热点按频率顺序主要有：第二语言学习、学习者的知识获得、动机、学习者、教育大数据的分析等。整体研究较为集中，侧重语言学习、教育心理、数据处理等，领域较为单一。

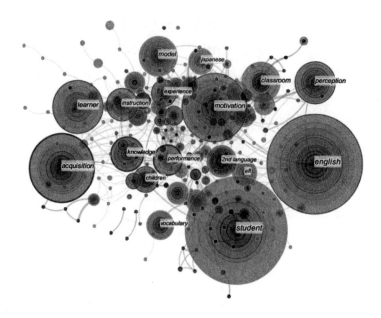

图 9-2 　日本英文教育类论文的高频词统计

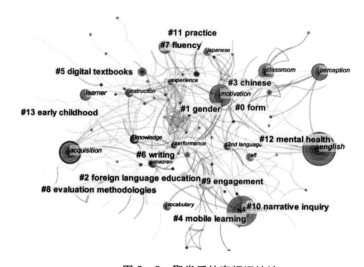

图 9-3 　聚类后的高频词统计

3. 前沿分析

对上述高频词做进一步的突显分析,可发现研究主题的热点变化状况,见表 9-4。

表9-4　日本英文教育类论文关键词

关键词前10					
频率	中心性	关键词	频率	中心性	关键词
57	0.10	学生	23	0.05	模型
54	0.16	英语	23	0.07	教室
38	0.23	习得	19	0.25	知识
37	0.13	动力	18	0.17	指示
29	0.12	学习者	18	0.08	第二语言
24	0.13	感知能力			

从图9-4关键词的突显情况看,日本英文教育类论文近期的热点是英语学习,这与发文作者的学科领域有较为密切的关系。进一步对统计的引用数前九的参考文献分析,前沿还是主要集中在两类,即英语学习的相关研究以及大数据分析(见图9-5)。

总体而言,日本的英文教育类论文数量较少,发文作者在日本教育学术圈的地位名声也并不突出,研究的热点虽然在大数据、学生发展等领域,体现了当前日本教育发展的关注焦点,尤其是文科省的政策导向,但这一趋向更多地与发文作者的学科背景有关,与日本政府的政策引导并无直接的关联。可以说,日本的英文教育类论文反映了日本教育研究国际化的一个方面,但不能从整体上体现日本教育科学研究的主流状况。

Top 9 References with the Strongest Citation Bursts

References	Year	Strength	Begin	End	2009—2019
context	2009	2.981 6	2009	2012	
classroom	2009	3.089 8	2009	2012	
language	2009	2.508 9	2009	2010	
2nd language	2009	4.713 8	2010	2012	
children	2009	3.093 6	2010	2012	
belief	2009	2.995 9	2011	2014	
strategy	2009	2.881 5	2012	2014	
word	2009	2.705 2	2013	2017	
knowledge	2009	2.662 3	2014	2016	

图9-4　日本英文教育类论文的热点突显状况

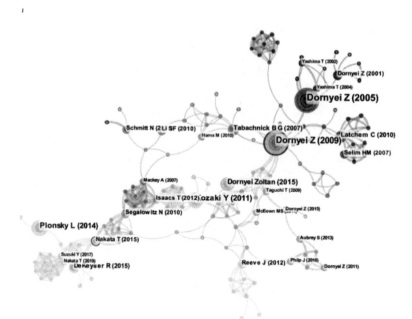

图 9-5　日本英文论文的引文突显分析情况

二、近 20 年日本国内教育论文的计量分析

日本国立教育政策研究所的教育研究数据库收录了 1982 年至 2016 年间日本国内的教育研究机构发表论文的总计 57 000 余篇（https://erid. nier. go. jp/）。对其进行计量分析，有如下特点①。

1. 研究关注的热点

图 9-6 是对频率出现排名前 10 的高频词的检测分析。从高频词反映的研究主题看，2002 年及 2011 年词频出现频率较高的是"学习"和"活动"，这和 2002 年及 2011 年文科省修订《学习指导要领》，推进日本学校教育改革的时间及修订重点高度吻合。

进一步对 2002 年《学习指导要领》修订的核心关键词在教育研究论文中出

---

① 本部分文献统计及分析结果主要借鉴与引用自吉冈亮衛. 教育研究所・教育センター刊行論文情報データベースのあらまし—1982 年度から 2016 年度までに蓄積されたデータの分析を通して-[J]. 国立教育政策研究所紀要，148，2019(3).

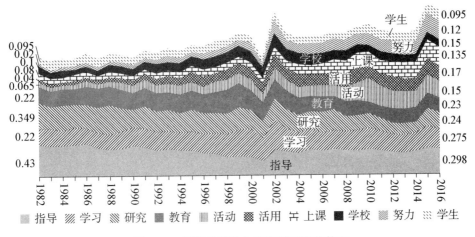

图9-6　日语教育论文的高频词变化状况

现频次进行检测(见图9-7),发现综合时间、生活力等词语均在2000—2002年前后达到顶峰,此前此后均迅速滑落,说明教育研究机构发表的研究论文与教育政策关注的实践重点有较高的重合。

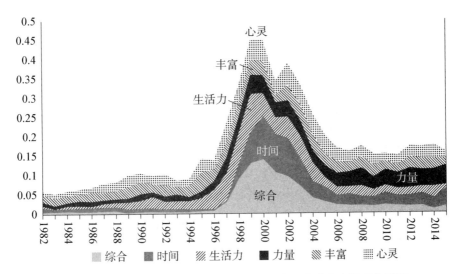

图9-7　2002年学习指导要领关键词在教育研究论文中的变化状况

2. 研究主题的变化状况

图9-8和图9-9分别检测了教育类论文中出现频率上升与下降较为明显

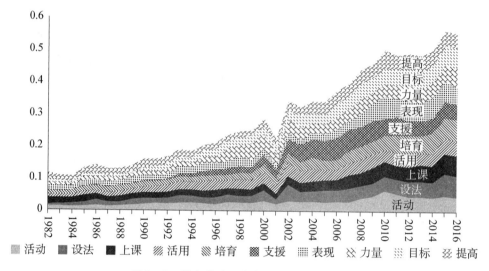

图9-8 教育类论文中出现频率上升的词汇

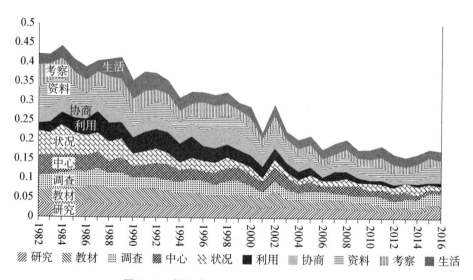

图9-9 教育类论文中出现频率下降的词汇

的词汇。从检测结果看,无论出现频次上升或是下降的词汇均主要是面向教师行为的词汇。其中词频出现率上升明显的主要有面向、提高、设法、育成、支援等动词,而出现频次下降较为明显的则是研究、调查、资料、考察等与研究高度相关的词汇。从研究内容看,有关教师教学实践指导能力训练的论文比例有所提高,与此相比,有关教育教学理论研究的论文比例相对下降。考虑到国立教育政策研究所的教育研究数据库主要收录日本国内各地教育研究所、教育研究中心所刊发的论文,可以认为这一研究重点的变化与各地教育研究机构的定位与教学研究向教师研修转型有一定的关系。

3. 信息技术变革相关的主题词变化

教育领域引进信息技术进行内容与方式的变革是近期教育政策关注的重点。但从教育类论文发表的状况看,相关的研究在日本较为薄弱。其中在高频词前 100 的词汇中,教育技术相关词汇出现频率最高的是"电脑",57 000 余篇论文中出现频次 1 500 余次,排名第 63 位,仅及排名第一的"指导"一词出现频次的8%。而且,教育技术词频出现的峰值集中在 1997—1998 年前后,此后迅速回落。总体而言,仅从论文高频词的状况看,日本的教育技术研究在日本教育研究中的地位相对滞后,与教育实践发展以及教育政策的需求之间有较大的落差(见图 9 - 10 及表 9 - 5)。

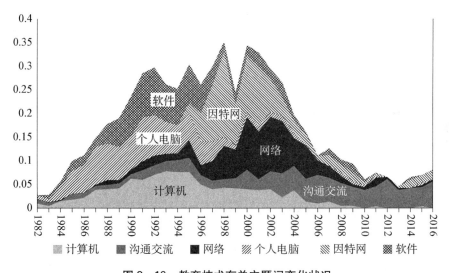

图 9 - 10 教育技术有关主题词变化状况

表 9 - 5 日文教育论文高频率词汇表

排位	关键词	频次	排位	关键词	频次	排位	关键词	频次	排位	关键词	频次
1	指导	19 059	3	研究	14 679	5	活动	8 027	7	上课	6 635
2	学习	14 919	4	教育	13 026	6	活用	6 846	8	学校	6 533

（续表）

排位	关键词	频次	排位	关键词	频次	排位	关键词	频次	排位	关键词	频次
9	设法	5 939	32	运用	2 507	55	环境	1 611	78	协同	1 306
10	学生	5 610	33	学习	2 317	56	语文	1 610	79	时间	1 275
11	培育	4 775	34	社区	2 234	57	算数	1 607	80	案例	1 270
12	儿童	4 773	35	中心	2 115	58	上学	1 584	81	体验	1 252
13	实践	4 753	36	目标	2 113	59	效果	1 543	82	关系	1 247
14	教材	4 711	37	状况	2 082	60	思索	1 527	83	方法	1 224
15	状态	4 337	38	意愿	2 080	61	研习	1 525	84	基本	1 178
16	培养	4 288	39	协商	2 050	62	自我	1 522	85	思考	1 164
17	孩子	4 283	40	能力	2 000	63	计算机	1 501	86	特别	1 148
18	调查	4 225	41	制作	1 990	64	充实	1 481	87	自己	1 128
19	提高	3 335	42	学力	1 897	65	英语	1 479	88	向上	1 116
20	小学	3 280	43	基础	1 863	66	谋划	1 476	89	创造	1 116
21	力量	3 174	44	课题	1 842	67	个体	1 469	90	养育	1 109
22	支援	3 133	45	改善	1 820	68	生存	1 463	91	经营	1 094
23	研发	3 086	46	运用	1 803	69	资料	1 450	92	吸收	1 070
24	社会	2 966	47	丰富	1 797	70	高等	1 435	93	教师	1 065
25	班级	2 942	48	心灵	1 741	71	道德	1 428	94	家庭	1 037
26	评价	2 927	49	认识	1 686	72	数学	1 415	95	报告	1 032
27	表现	2 860	50	考察	1 683	73	障碍	1 404	96	分析	1 019
28	信息	2 757	51	问题	1 661	74	年级	1 400	97	整合	1 018
29	生活	2 742	52	综合	1 660	75	实态	1 335	98	展开	1 008
30	初中	2 683	53	主体	1 625	76	语言	1 334	99	解决	970
31	理科	2 530	54	理解	1 617	77	实验	1 325	100	人	967

　　相比 Web of Science 上收录的英文教育论文，日本国立教育政策研究所的教育研究数据库所收录的日文教育论文数量达到前者的 90 余倍，而且研究领域覆盖齐全，因此在一定程度上相比前者更能反映日本国内教育科学研究的全貌与主流现状。需要指出的是，教育研究数据库主要收录日本各地教育研究所、教

育研究中心所刊发的论文,大学学报等的研究成果并未包含在内,这使其中有关高等教育领域的研究论文数量较少,大部分研究主要集中于基础教育领域。

从研究内容看,由于教育研究所、研究中心的职能定位,其研究基本能反映日本教师教育、基础教育的发展状况,回应国家教育政策,特别是学习指导要领修订所关注的热点问题,这也是日本教育研究的传统优势领域。但在教育技术等新的反映时代及技术发展趋势的领域,上述教育研究机构的研究并未能体现出较为紧密的关联性。

三、近十年智库教育政策研究的特点分析

相比教育研究机构的相对独立性,国立教育政策研究所作为文科省直属的研究机构,其研究关注点理应与政府的政策有更高的关联度。对表9-6的国立教育政策研究所2009—2018年发表的年度政策报告的标题主题词进行检测,所得到结果如图9-11所示。

表9-6　国立教育政策研究所近十年研究报告主题汇总

年份	主题				
	行政财政	初等中等	教师	高等教育	终身学习
2018	2	4	1	1	1
2017	1	2	1		
2016	1		1	1	
2015		4	1		
2014	1	2		2	1
2013	2	1	1	1	1
2012	1	4			
2011	1	3	2	1	3
2010	1.5	3		1.5	
2009		3	1		1

数据来源:国立教育政策研究所.プロジェクト研究成果[EB/OL]. https://www.nier.go.jp/05_kenkyu_seika/seika_digest_bk.html

从图9-11显示的结果看,出现频次较高的核心关键词主要有:素质、终身

学习、学习、评价、课程、学习、成果评估、实践等，这与前述第三期教育振兴基本
计划等政策文本关注的重点基本吻合。

图 9-11　国立教育政策研究所年度政策报告的高频词统计

从图 9-12 的政策报告热点突显情况看，"学习"在 2009—2018 整个分析周
期始终受到高度关注，"终身学习"集中在 2009—2010 年，"教师"集中出现在
2010 年之前及 2014 年之后，这与表 9-1 的教育政策关注重点有一定的重合，但
是表 9-1 的教育政策重点关注的教育技术、教育财源开拓等重点问题始终未出
现在图 9-11 及图 9-12 的高频词检测中，说明即使是作为文科省直属研究机
构的国立教育政策研究所，其政策研究仍然有其自身的惯性，并非完全受到教育
政策导向的左右。

	2009	2010	2011	2012	2013	2014	2015	2016	2017	2018
素养										
终身学习										
教师										

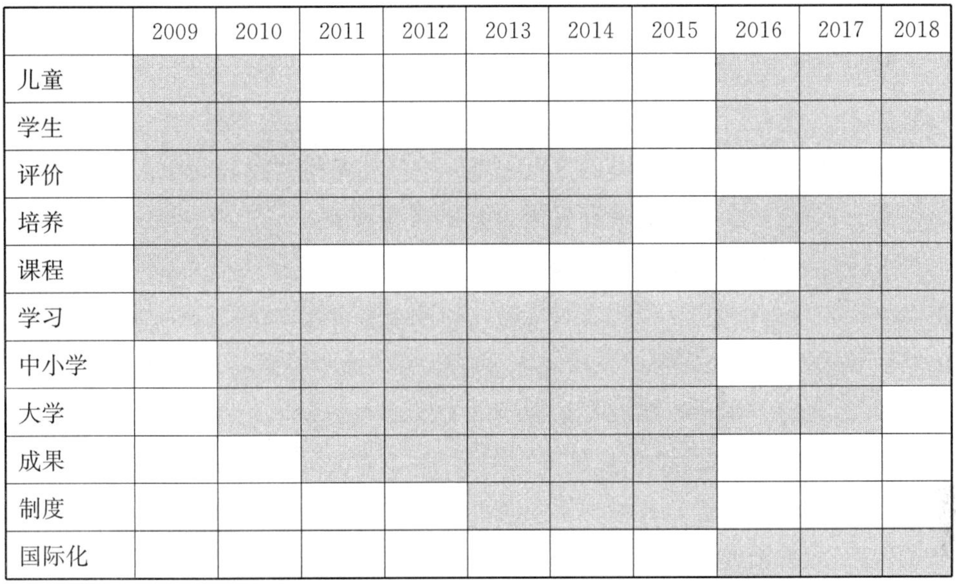

	2009	2010	2011	2012	2013	2014	2015	2016	2017	2018
儿童	■	■						■	■	■
学生	■	■						■	■	■
评价	■	■	■	■	■	■	■			
培养	■	■	■	■						
课程	■	■	■							
学习	■	■								
中小学								■		
大学							■	■	■	■
成果						■	■	■		
制度							■	■	■	
国际化										■

图 9‑12　国立教育政策研究所年度政策报告的热点突显状况

第三节　日本政策导向的教育研究趋势

学术研究具有一定的独立性,主要反映研究者个人的研究兴趣、研究动机,与政策导向并无直接的关联。但教育研究作为高度应用性、实践性的研究,其本身无法回避教育实践中遇到的问题与难点,要求其与教育政策的趋势走向保持一定的关联。

从日本的教育政策走向看,基于政策制定的科学性及实施有效性的视角,教育研究有直接而明确的要求,即应基于日本社会转型、技术变革对教育目标、内容、工具手段等产生的冲击进行实证性与前瞻性的研究,以为政策的制定与进一步的实践提供支撑与保障。而无论从日本国内的教育研究还是其从对外发表的英文论文的研究内容看,教育研究并未较好地回应教育政策的上述导向要求,对教育政策的制定与实施的支撑保障作用相对有限。也是基于上述现状,2015 年6 月,日本政府以时任文科大臣下村博文的名义给所有国立大学校长发出通知,要求大学关停一半以上的人文社会科学专业,除非其能够更好地转型,进入满足社会需求的领域服务。这实质上也反映了教育研究的生命力在于解决教育实践难题,引领教育政策的走向。

　　基于文科省上述政策的明确示警信号,可以认为,未来日本教育研究的重心与趋势,除了保持既有的学术研究惯性外,将不可避免地更加紧密地转向政策驱动,积极回应与解决社会变革的重点问题。这些趋势将主要表现在:

　　第一,对应社会变革的教育发展趋势的相关研究。日本教育政策的首要重点是对应社会发展需求的人才培养及人力资源开发,这使得教育科学研究需要重点解构今后 10—20 年间巨变时代的人的核心素质能力、相应的学习能力提升的路径模式以及与此关联的教育教学治理机制及外部环境。

　　第二,新的技术革命对教育的影响及冲击的相关研究。新的技术发展作为工具及内涵究竟对教育产生何种程度的影响,教育生态与形态需要如何进行调整,这是教育政策期望教育科学研究做出探索的第二个重要领域。具体而言,即人工智能、大数据等前沿技术的进步究竟对教育的目的、教育的方式手段产生何种程度的变革影响? 在教育实践领域新的前沿技术可以催生何种新的学习模式与教育形态? 教育的哪些核心要素是目前的技术发展仍然无法替代的?

　　第三,对教育政策制定及实施的科学性、合理性及有效性的关注与追求促使教育科学研究在方法上更加看重数量化的实证性的研究。与此同时,从政策实施的保障效率考虑,精准化、可视化的质量评估指标开发、教育财政机制及绩效的研究也成为教育政策设计与研究关注的重点。

（汪　辉　张　露）

第十章
基于国际组织文件的教育研究现状与趋势

　　随着全球化的推进,国际组织和区域联盟在教育政策形成、制定与实施中发挥日益重要的角色。通过发布一系列与教育相关的文件与报告,国际组织全球教育治理对世界各地的教育政策及教育改革产生了显著影响。为探究国际组织教育政策的最新动向和发展趋势,本研究选取联合国教科文组织、经合组织、世界银行和欧盟为研究对象。其中,联合国教科文组织是联合国系统唯一具有法定教育授权的国际组织;经合组织是发达国家俱乐部,在全球教育治理进程中影响力日益凸显;世界银行是当今世界最为重要的教育发展合作资金来源;欧盟是当今世界区域教育一体化发展程度最高的区域性组织,其教育政策与报告对其他区域性组织具有重要启示。通过对四个国际组织近十年(2010—2019年)发布的、在全球范围内产生重要影响的政策和报告进行内容分析,本研究认为主要国际组织除了关注传统的教育公平与质量问题外,儿童早期教育、创新创业教育、职业技术教育与培训、教师教育等领域也受到越来越多的重视。其政策报告呈现出以下几点共同的趋势:追踪教育可持续发展目标的进展;重视终身学习;提升师生的技能水平;强调教育平等;推动学习与教育效果评估。对于国际组织教育研究趋势的分析有利于我国更好地理解国际教育发展动向与趋势,加快教育对外开放步伐,以及有效参与全球教育治理等。

第一节　国际组织教育政策提出的背景

一、社会与经济危机

2008 年全球金融危机以来,各国面临着严峻的社会及经济危机。相关数据显示,经合组织国家的公民对政府和人际之间的信任度处于历史最低点。一方面,经合组织国家中仅不到一半的公民(42%)对本国政府有信心;另一方面,"世界价值观调查"(World Values Survey)的数据显示,与 1981—1994 年的水平相比,大约一半的经合组织国家在 2005—2014 年间经历了人际信任水平的下降。[①] 人际信任和制度信任的普遍下降对社会凝聚力、政治稳定和社会经济进步产生严重的消极影响。因此,经合组织国家尝试将构建高质量的教育系统作为提升公民制度信任和人际信任的重要途径。在过去十多年里,教育系统中出现了多层次的治理,不同利益相关者对教育问题和解决方案的解释各不相同。与此同时,受教育程度越高的父母越有能力获得更多信息,也更有权利对政府、学校和教师问责。但是,不同行动者之间的联系没有被明确界定,父母感到被排除在子女的教育之外,这种不信任要求教育系统改革传统治理模式,促使不同利益相关者参与教育决策和实践过程。

欧盟成员国也面临着经济发展疲软、劳动力老龄化、难民危机和青年高失业率等问题的挑战。第一,金融危机之后,欧洲经济内外交困,无论是全球日益紧张的贸易局势,还是欧盟内部技能供给不足都导致了欧盟经济前景恶化。第二,老龄化、抚养率上升和生产性人口减少,威胁着欧盟社会政策公共预算的可负担性和可持续性。第三,难民潮的涌入也影响欧盟成员国的经济或财政状况。欧盟指出,教育和培训在促进思想言论自由、社会包容、尊重他人以及防止歧视方面起着重要作用。但与此同时,欧盟教育和培训体系面临着如何在难民危机中确保弱势群体获得优质教育的平等机会,以及整合不同背景学生促进社会融合

---

① OECD. Education Policy Outlook 2019：Working Together to Help Students Achieve their Potential [R]. Paris：OECD Publishing，2019：29.

的挑战。① 第四,高失业率影响欧盟国家经济和综合国力。尽管金融危机以来失业状况有所好转,但是地区差距和性别差距仍旧很大。

联合国教科文组织 2015 年发表的报告《反思教育:向"全球共同利益"的理念转变?》(*Rethinking Education: Towards a Global Common Good?*)指出,"当今世界相互联系,相互依存,各种变化使得复杂性、紧张不安和矛盾冲突达到了前所未有的程度,并由此产生了不容忽视的新的知识前景。"② 报告指出了四项挑战和矛盾:第一,当前的经济增长模式以及人口增长和城市化发展正在消耗不可再生的自然资源,同时环境污染造成不可逆转的生态破坏和气候变化;第二,经济全球化程度加深,减少了全球贫穷,但也造成了就业增长率低、青年失业率高和就业形势脆弱,同时加深了不同国家之间以及各国内部的不平等现象;第三,技术发展增进了人们之间的相互关联,为彼此交流、合作与团结开辟出了新的渠道,但文化和宗教不宽容、基于身份的政治鼓动和冲突日益增多;第四,国际人权框架在过去几十年中得到加强,但这些人权规范的落实和保护仍然是一项挑战。

与此同时,危机中也蕴藏着转机。在后金融危机时代,世界上主要经济体大力发展高附加值、高科技新兴产业来争取发展优先权,这就对教育治理体系提出了更高的要求。20 世纪 70 年代末以来,西方公共部门引入以"经济、效率和效益"为特征的新公共管理理念,强调私营部门的观念、技术和价值观,如绩效管理、市场化、企业家精神等,从而更好地符合公民期望。③ 在金融危机、官僚主义、行政程序繁琐以及公众信任水平持续下降的背景下,新公共管理理念由英美两国推动,迅速成为西方国家教育改革的重要逻辑。2008 年的金融危机强化了新公共管理理念,使原来相对保守的国家也纷纷引入一系列市场化改革、预算改革、绩效改革和治理改革。④ 为实现欧盟未来规划的"智能型增长、可持续增长

① European Commission. New Priorities for European Cooperation in Education and Training [R]. Brussels: European Commission, 2015: 25 - 26.

② 联合国教科文组织. 反思教育:向"全球共同利益"的理念转变? [M]. 巴黎:联合国教科文组织, 2015.

③ FERLIE E, MUSSELIN C, ANDRESANI G. The Steering of Higher Education systems—A Public Management Perspective [J]. Higher Education, 2008, 56(3): 325 - 348.

④ BROUCKER B, DE WIT K, LEISYTE L. Higher Education Reform: A Systematic Comparison of Ten Countries from a New Public Management Perspective [A]. In PRITCHARD R, PAUSITS A, WILLIAMS J. Positioning Higher Education Institutions: From Here to There [C]. Rotterdam: Sense Publishers, 2016: 19 - 40.

和包容性增长"的经济发展战略(欧洲 2020 战略)，欧盟将教育与培训视为欧洲未来发展最好的投资，认为教育与培训通过为人们提供创新和繁荣所需要的前瞻性知识、技能和能力，不仅有助于促进增长、加强创新和创造就业，而且在促进社会包容、尊重多样化、构建积极的公民身份和欧盟基本价值观方面发挥至关重要的作用。[①]

二、全球学习危机

低下的学习效果、教学关系失灵和教育系统失效等直接和深层次原因共同导致了全球学习危机的出现。世界银行在《2018 世界教育报告——学习以实现教育承诺》中指出了全球学习现状中存在的三个误区，呼吁增强全球学习危机意识。[②] 首先，进入学校并不等于获得学习。例如，在印度农村，近四分之三的三年级学生不会做两位数的退位减法，而且到了五年级仍然有一半的人不会做；在巴西，尽管近年来巴西学生的知识技能有所提高，但以目前的速度，其数学成绩 75 年内都无法达到富裕国家现在的水平，在阅读方面需要 260 多年的时间才能赶上富裕国家学生的水平。[③] 同样，在其他很多国家，学习效果低下仍是一个隐藏的问题。

其次，教育尚未实现其减贫和促进繁荣的承诺，且隐藏着巨大的机会不公。最需要通过良好的教育来改变生活取得成功的孩子，往往也是最被社会所忽视的孩子。此外，不同国家的弱势学生在学习成绩上与富裕群体差距悬殊。例如，乌拉圭六年级的贫困学生在数学方面被评价为"能力不足"的比率是富裕学生的五倍。[④] 然而，这个结果只是对那些有幸可以去上学的儿童和青少年而言，有许多孩子甚至都没有机会进入小学或中学，贫困儿童、女孩、残疾儿童、少数族裔儿童等弱势群体极有可能辍学，这些严峻的问题造成了学习危机。

---

① European Commission. Promoting Socioeconomic Development and Inclusiveness in the EU through Education [EB/OL]. (2016 - 02 - 04)[2019 - 10 - 20]. http://data. consilium. europa. eu/doc/document/ST-5685-2016-INIT/en/pdf.

② World Bank. World Bank's World Development Report 2018—Learning to Realize Education's Promise [R]. Washington D. C. : World Bank，2017：3.

③ World Bank. World Bank's World Development Report 2018—Learning to Realize Education's Promise [R]. Washington D. C. : World Bank，2017：3.

④ World Bank. World Bank's World Development Report 2018—Learning to Realize Education's Promise [R]. Washington D. C. : World Bank，2017：4.

　　早在 2000 年 4 月，联合国教科文组织在《达喀尔行动纲领》(*Daker Framework for Action*)中就提出了到 2015 年要实现的六项全民教育(Education for All)目标，内容涉及幼儿保育和教育、普及初等教育、青年和成人的技能、成人扫盲、性别平等以及教育质量。2000 年 9 月的联合国千年首脑会议上，世界各国首脑表决通过了联合国《千年宣言》(*The Millennium Delaration*)，并确立了八项千年发展目标(Millennium Development Goals)，其中包括与实现普及初等教育和教育中的性别平等有关的两项具体目标。自 2000 年全民教育目标和千年发展目标确立以来，尽管世界各国在教育发展上都取得了积极的进展；但在 2015 年到期时，上述目标仍未能完全实现。2015 年联合国教科文组织《全民教育全球监测报告》(*Education for AU Global Monitoring Report*)的统计显示，尽管入学率有了明显增长，但是 2012 年仍有 5 800 万名儿童失学；到 2015 年，低收入国家和中等收入国家中仍有六分之一的儿童(相当于 1 亿人)无法完成初等教育。此外，初等教育学习质量不高致使数以百万计的儿童在离开学校时没有掌握基本技能。2013—2014 年度《全民教育全球监测报告》指出，在 2.5 亿名未掌握基本阅读和计算技能的儿童中，有 1.3 亿名至少读过四年小学而未达到最低学习标准。在成人扫盲方面，2015 年至少有 7.5 亿成人未能掌握最基本的读写能力，其中将近三分之二是女性。教育中的不平等加剧，世界最贫穷的儿童无缘上学的可能性与不能读完小学的可能性分别高于世界最富裕儿童的四倍和五倍。[①] 因此，迫切需要一个新的、前瞻性的教育议程，在完成未竟事业的同时，指引教育在深度和广度上超越当前的目标。

　　全球学习危机不仅存在于发展中国家，也存在于中等收入国家和发达国家的不发达地区及其处境不利群体中。例如，欧盟教育在过去十年中存在教育效率低下和投入产出失衡的问题。具体表现为：一是近十年来欧盟中小学在校生总人数下降了 7%，东欧国家下降的比例更是高达 26%～37%；二是 20% 的学生在阅读、数学和科学技能方面存在严重困难，即使是表现最好的欧盟成员国，其 PISA 总体表现也落后于亚洲国家，并且低成就学生比例还在不断上升；三是提前退学问题严重。2014 年有 11.1% 年龄在 18 至 24 岁之间(约 440 万)的学

---

① 联合国教科文组织. 2000—2015 年全民教育：成就与挑战[M]. 北京：教育科学出版社,2015.

生未完成高中课程；①四是高等教育阶段不仅学习年限延长，而且过去十年 25～29 岁人口接受教育的比例由 20％降到了 10％左右；五是教育经费主要依靠公共投入，占比高达 79.4％。② 此外，欧洲教育和培训体系在提供正确的就业技能方面仍存在不足，并且缺乏与企业或雇主充分合作，无法使学生的学习经验更接近现实。③ 教育系统内部效率低下严重影响了欧盟各国高技能人才的培养。

　　学习危机并非不可避免。如果国家能够制定明确目标并以事实经验为依据付出大量努力，那么就有可能取得巨大进步。这在教育史上有迹可循。例如，20 世纪 50 年代初韩国还处于饱受战争摧残、社会识字率极低的阶段，但到 1995 年已经实现了全民普及的高质量中等教育。并且韩国年轻人在国际学生评估中的表现一直都处于领先水平。再比如越南。尽管越南人均收入相对较低，但在 2012 年国际学生评估项目（PISA）中，越南 15 岁学生的分数与德国同龄学生处于同一水平线。同样，在 2009 年到 2015 年期间，协调一致的政策行动和制度改革让秘鲁成为整体学习效果方面进步最快的国家之一。④ 基于全球学习困境和各国积极寻求学习危机解决的背景下，教育科学研究问题成为各个国际组织共同关心的议题。

三、全球化与数字化带来新的挑战

　　随着人工智能、机器人、云计算和区块链等新技术的迅速发展，数字转型正在成为各国面临的新挑战，这对教育系统改革提出了新的要求。与以往的重大技术进步一样，数字化深刻影响着人们的生活、互动、学习和工作方式。原有的工作岗位将被取代或改造，新的工作岗位将被创造。据统计，16～74 岁的欧洲公民中，44.5％缺乏足够的数字技能参与社会和经济活动；即使是活跃的劳动

---

① European Commission. Reducing Early school Leaving and Promoting Success in School [R]. (2015 - 12 - 15)[2019 - 12 - 20]. https://eur-lex. europa. eu/legal-content/EN/TXT/PDF/? uri＝CELEX：52015XG1215(03)&from＝EN.

② 陈时见,冉源懋. 欧盟教育政策的历史演进与发展走向[J]. 教师教育学报,2014,1(5)：95 - 105.

③ European Commission. Strengthening European Identity through Education and Culture [R]. (2017 - 11 - 14）[2019 - 10 - 20]. https://ec. europa. eu/commission/sites/beta-political/files/communication-strengthening-european-identity-education-culture_en. pdf.

④ World Bank. World Bank's World Development Report 2018—Learning to Realize Education's Promise [R]. Washington D. C. ：World Bank,2017：4.

力,这个数字也超过了三分之一(37%)。此外,欧洲还缺乏信息通信技术专家填补经济各部门日益增多的职位空缺。欧洲的教育和培训体系显然未能使年轻人尤其是弱势群体充分适应数字转型的需要。首先,基础设施建设有待进一步优化,2015 年仍有 18%左右的欧盟中小学没有接入宽带;其次,女童对信息和通信技术以及科学、技术、工程和数学(STEM)方面的学习缺乏兴趣,将有可能加剧性别不平等;最后,教师使用数字工具来支持教学的能力不足,欧盟需要充分反思如何利用数字手段推进个性化教学,提升学习成果和效率。[①] 此外,数字技术也将带来诸如虚假信息、数据隐私泄漏、言论激进化、网络欺凌等问题的挑战。据统计,11~16 岁的欧洲年轻人中,有 12%左右曾遭受网络欺凌。[②] 因此,有必要考虑社会经济背景对学生基本和数字技能表现的影响,对教育和培训系统进行现代化的改造,培养学生的媒体素养和批判性思维,并转向终身学习的方式,使人们能够根据需要不断更新和优化自身的技能。可以说,互联网连接、移动技术和其他数字媒体的飞速发展以及开放公共教育机会和发展多种形式的私营办学,正在改变着社会、民间和政治参与的模式。[③]

　　全球化和知识经济促使各国教育系统日渐复杂化与多元化。首先,学生群体呈现多样化趋势。经合组织明确了五种主要的学生群体:移民学生;少数民族学生;有残疾、学习障碍和精神健康的学生;不同性别的学生;天赋学生。根据2018"教师教学国际调查"(TALIS),接近三分之一的教师课堂上,10%以上的孩子有特殊需求;超过 20%的教师课堂上,10%以上的学生非本土学生;20%的教师课堂上,超过 30%的孩子来自社会经济处境不利的家庭;在平均科学成绩方面,男生比女生超出 4 个百分点,本国学生比移民学生高出 43 个百分点,条件优越的学生比处境不利的学生高出 88 个百分点。[④] 确保所有孩子取得优异成绩是经合组织各国面临的重要挑战。其次,知识经济和数字经济引发劳动力市场

---

① European Commission. Digital Education Action Plan [R]. (2018 - 01 - 17)[2019 - 10 - 20]. https://eur-lex. europa. eu/legal-content/EN/TX T/? uri=COM:2018:22:FIN.

② European Commission. DigComp 2.0:The Digital Competence Framework for Citizens [R]. Brussels:European Commission,2016:5.

③ 联合国教科文组织. 反思教育:向"全球共同利益"的理念转变? [M]. 巴黎:联合国教科文组织,2015.

④ OECD. Education Policy Outlook 2019:Working Together to Help Students Achieve their Potential [R]. Paris:OECD Publishing,2019:58.

的结构性变化,对学生的能力发展也提出了更高需求。据统计,1995—2015 年中等技能工作的数量平均减少了 10％,高技能工作约增加 8％。[1] 第四次工业革命要求教育系统不仅仅培养学生基本的知识和技能,更需要突出批判性思维、系统思维、创业能力和文化敏捷性等高阶技能的培养。[2] 在此背景下,提升教育公平与质量、确保学习者终身学习能力和核心素养的养成成为国际组织教育改革的重要关切点。

四、国际组织的重要角色

就全球治理而言,教育是其基本的治理内容,而国际组织、民族国家和公民社会组织(包括非政府国际组织)则是这一治理结构中最重要的三个组成部分。[3] 国际组织在世界教育发展中发挥着引领和前瞻的作用。国际组织不仅在引进教育理念、教育资源、开展国际合作项目上发挥特殊作用,而且各个国际组织建立了一种积极互动的关系,彼此相互学习、互相影响,共同促进世界教育的发展。近十年来,教育成为国际组织关注的焦点之一,联合国教科文组织、经合组织、欧盟、世界银行等积极推进全球教育发展,并尝试采取一系列教育双边主义、多边主义措施,力图共同面对全球的教育问题,弥合教育发展差距、确保各国的教育都能得到永续发展。[4]

在联合国系统各机构中,联合国教科文组织是唯一在教育领域具有法定授权的专门机构。其宗旨在于通过教育、科学及文化来促进各国间的合作,对和平与安全作出贡献,以增进对正义、法治及联合国宪章所确认之世界人民不分种族、性别、语言或宗教均享人权与基本自由之普遍尊重。[5] 联合国教科文组织承担着以下职能:①作为思想实验室,在其主管领域提供创新建议和政策咨询;②通过政策分析、监督和基准制定等方式,制定并加强其主管领域的全球议程;

---

① 玛雅·比亚利克,查尔斯·菲德尔.人工智能时代的知识:核心概念与基本内容[J].开放教育研究,2018(3):13-22.

② AOUN J E. Robot-Proof: Higher Education in the Age of Artificial Intelligence [M]. Cambridge, MA: The MIT Press, 2017: 54-73.

③ 杜越.联合国教科文组织与全球教育治理[J].全球教育展望,2011(5):60-64.

④ MUNDY K. Global Governance, Educational Change [J]. Comparative Education, 2007,43(3):342-347.

⑤ 联合国教科文组织.基本文件(2018 年版)[M].巴黎:联合国教科文组织,2018:8.

③制定其主管领域的准则和标准，并支持和监督其落实；④在其主管领域加强国际和地区合作，促进结盟、智力合作、知识共享和业务伙伴关系；⑤为政策的制定和实施提供咨询意见，并提高机构和人员的能力。① 在 2015 年 9 月召开的联合国大会第七十届会议上，各成员国通过了《2030 年可持续发展议程》。该议程是一项政府间承诺，是"为人类、地球与繁荣制订的行动计划"，其中包含 17 个可持续发展目标和 169 个具体目标。所有国家和所有利益攸关方将携手合作，共同执行这一计划。② 教育既是 2030 年可持续发展议程中一项独立的目标（目标4），也是实现所有可持续发展目标的关键所在，在其他几个可持续发展目标中——特别是关于健康、增长与就业、可持续消费和生产、气候变化的可持续发展目标——也有关于教育的具体目标。借助可持续发展目标 4 及其相关具体目标，全世界制定了 2015 年至 2030 年期间普及教育议程，落实该议程的路线图是《2030 年教育仁川宣言和行动框架》。③《仁川宣言》授权联合国教科文组织牵头和协调可持续发展目标 4 的相关工作。

　　此外，其他国际组织也积极参与全球教育发展，如世界银行关注"全民学习"，通过知识、技术、资金援助帮助改善全球学习贫困，促进全球教育发展；欧盟对其成员国进行了经费投入、指派专家参与指导等，对其成员国的教育发展产生了重要的影响；经合组织每年就世界各地的教育现状进行了调查，并发布《教育政策分析》（*Education Policy outlook*）报告，出版《教育概览》（*Education at a Glance*）等，形成了较为完善的教育导航系统和数据指标体系。随着欧盟一体化进程的推进，欧盟通过一系列超国家性质的基础性法律、派生性法律、判例和法的一般原则以及趋同性政策来加强欧盟范围内的教育交流与合作，进而推动欧盟一体化进程，逐步塑造和建立"欧洲教育与研究区"，成为教育一体化程度最高的地区。

　　本研究选取联合国教科文组织、经合组织、欧盟与世界银行 2010—2019 年十年间发布的、在全球范围内产生重要影响的政策和研究报告。通过研究国际

---

① UNESCO. 2014—2021 年中期战略［R］. https://unesdoc. unesco. org/ark: /48223/pf0000227860_chi? pos InSet=1&queryId=e744ca9e-2086-4bf2-aa40-56cf8bcc0088, 2014.

② 联合国. 变革我们的世界：2030 年可持续发展议程［EB/OL］.（2015 - 09 - 25）［2019 - 10 - 20］. https://www. un. org/zh/documents/treaty/files/A-RES-70-1. shtml.

③ 联合国教科文组织. 2030 年教育：仁川宣言和行动框架［EB/OL］.（2015 - 11 - 04）［2020 - 02 - 20］. https://unesdoc. unesco. org/ark: /48223/pf00002456 56_chi.

组织的政策报告，一方面有助于抓住全球教育政策发展的核心事项，另一方面有助于把握全球教育发展趋势，从而为我国未来的教育研究需求分析提供依据。

第二节　国际组织教育政策的核心议题

通过对联合国教科文组织、经合组织、欧盟与世界银行近十年制定的教育政策进行系统分析，本研究认为其核心关注议题主要集中在以下五大领域：一是关注儿童早期教育；二是重视教育的公平与质量；三是促进职业教育与培训现代化；四是建立高素质教师队伍；五是推动创新创业教育议程。

一、关注儿童早期教育

关注儿童早期教育对于一个国家消除极端贫困、促进共同繁荣、创造经济多样性和增长所需的人力资本至关重要。幼儿时期的经历对大脑发育有着非常深远的影响，包括学习、健康和行为等方面，最终影响个体的收入水平。[①] 国际组织在过去十年间纷纷发布系列政策报告，强调了儿童早期教育的重要性，并提出了具体的行动措施。

2010 年世界幼儿教育与保育大会通过《莫斯科行动与合作纲领：善用国家财富》(The Moscow Framework for Action and Cooperation)，将"扩展幼儿教育与保育"视为实现其他全民教育目标、千年发展目标、联合国可持续发展教育十年目标的先决条件。《莫斯科行动与合作纲领》中列举了一系列幼儿教育与保育所面临的挑战，包括幼儿教育与保育政策没有纳入所有国家的社会经济发展计划，也没有体现为一种综合的、协调一致的方式；缺乏基础设施以及始终存在的文化和贫困所带来的障碍剥夺了几百万边缘化儿童的幼儿教育与保育权，包括那些生活在被占领土以及受冲突和灾害影响地区的儿童；各个层次以及各相关方面的能力不足削弱了幼儿教育与保育计划。因此，大会呼吁各国政府、捐助者和联合国教科文组织在幼儿教育与保育方面采取更多行动，包括动员各国政府对幼儿教育与保育作出更坚定的承诺；进一步实施切实有效的幼儿教育与保

---

① World Bank. Education Sector Strategy 'Learning for All': Investing in People's Knowledge and Skills to Promote Development [R]. Washington, DC: The International Bank for Reconstruction and Development, 2011: 3.

育计划；用好资源为幼儿教育与保育服务；开展合作。[①]

　　经合组织近十年来一直持续追踪儿童早期教育问题，密切关注儿童早期教育和保育的质量和过渡问题。2011 年 12 月，经合组织发布《强势开端Ⅲ：儿童早期教育和保育的优质工具箱》报告，提出在儿童早期教育和保育上的五个政策层级。一是设定质量目标和规章，并在战略上使资源首先被用于优先领域；二是设计并实施课程和标准，包括确定目标和内容，使其与学校一级的框架相一致；三是提高资格、培训和工作条件，包括较高的师生比和较小的班级规模，有竞争性的工资和其他福利，合理的日程表和工作量，良好的物理环境，以及有能力的并具有支持性的管理者；四是鼓励家庭和社区参与其中，包括增强其对早期教育和保育的认识和动力，合理协调参与时间，考虑父母类型和社区群体的多样性；五是推动数据收集、研究和监控，包括儿童发展数据、工作人员业绩数据、服务质量数据、课程实施数据、家长满意度数据以及劳动力供应和工作条件数据，这可以帮助建立事实、趋势和证据，说明儿童是否有公平的机会获得高质量的教育生态系统并从中受益。[②]

　　2015 年 10 月，经合组织发布《强势开端Ⅳ：监控儿童早期教育和保育的质量》报告，对如何监测儿童早期教育和保育的质量提出了九点政策建议。一是明确监测的目的；二是通过有效实践促进对质量的理解；三是发展一个针对不同情境的、连贯的监控框架；四是给予地方部门监控质量的责任；五是设计一个既能为政策提供信息也能为公众提供资讯的监控框架；六是将员工工作质量和专业成长的监控相联系；七是确保不低估对工作人员的监测要求；八是重视来自员工、父母和儿童的反馈；九是对支持儿童发展的教学战略予以持续监测。[③]

　　2017 年 1 月，经合组织发布《强势开端Ⅴ：从儿童早期教育和保育过渡到初等教育》报告，针对从幼儿教育过渡到初等教育提出了五点政策建议。一是组织和治理，强调从有关教育部门层面重视过渡的衔接性和流畅性，制定恰当的政策

① 联合国教科文组织. 莫斯科行动与合作纲领：善用国家财富［R］.（2010 - 09 - 29）［2019 - 10 - 15］. https://unesdoc. unesco. org/ark:/48223/pf00 00189882_chi.

② OECD. Starting Strong Ⅲ：A Quality Toolbox for Early Childhood Education and Care［R］. Paris：OECD Publishing，2010.

③ OECD. Starting Strong Ⅳ：Monitoring Quality in Early Childhood Education and Care［R］. Paris：OECD Publishing，2015.

并开展有效的实践；二是专业的持续性，即在幼儿教师和小学教师之间构建桥梁，在教育阶段的过渡上提供支持和培训；三是课程和教学的连续性，使幼儿课程和小学课程具有衔接性，从而在过渡的过程中保证教学手段和策略的稳定；四是发展的连续性，学校通过与社区的合作以及儿童专家的支持，让家长意识到过渡过程的重要性，促进幼儿教师和小学教师的相互合作和理解；五是对政策制定的启示，包括聚焦学校为儿童做好准备而非儿童为学校做好准备，消除对于学段过渡的疑惑和误解，探索解决合作和连续性上的结构性障碍的方法，以及为更好的政策决议提供支持性研究和监测。①

世界银行也非常重视儿童早期教育。当前，日益数字化的经济对推理能力、持续学习能力以及有效沟通和协作能力提出了更高要求。然而，至今仍然有数以亿计的儿童因营养不良、缺乏早期教育对其发展造成负面影响。根据世界银行数据，在世界各地的中低收入国家，2.5亿五岁以下儿童由于贫穷和发育不良，影响其发展潜能；在非洲有三分之一的儿童发育不良；在世界范围内，三至六岁的儿童中只有一半有机会接受学前教育；世界上每200名儿童中就有一名流离失所；在撒哈拉以南非洲，只有2%的教育预算用于学前教育，而在拉丁美洲，政府对5岁以下儿童的支出仅占6至11岁儿童的三分之一。②

对幼儿的身体、认知、语言和社会情感发展进行投资对于个体发展以及国家发展经济、提高生产力和竞争力至关重要。世界银行在早期教育投资中的实践经验表明，投资早期儿童营养、早期刺激和延长完成学业项目，对改善学习成果具有重要作用，并最终提高成人收入水平。例如，世界银行通过对12个国家早期儿童教育长期效益的分析发现，接受过学前教育的儿童平均在校时间要长近一年，更有可能从事高技能工作。③鉴于具有令人信服的证据表明投资于幼儿的益处，为满足各国日益增长的需要，世界银行通过国家、区域和全球各级融资、政策咨询、技术支持和伙伴关系活动，增加对世界各地幼儿教育倡议的支持。在2018年世界发展报告《学习以实现教育的承诺》中，世界银行强调三种方法：第

---

① OECD. Starting Strong Ⅴ：Transitions from Early Childhood Education and Care to Primary Education ［R］. Paris：OECD Publishing，2017.

② World Bank. Early Childhood Development ［EB/OL］. （2017 - 10 - 24）［2019 - 10 - 15］. https：//www. worldbank. org/en/topic/earlychildhood development.

③ World Bank. Early Childhood Development ［EB/OL］. （2017 - 10 - 24）［2019 - 10 - 15］. https：//www. worldbank. org/en/topic/earlychildhood development.

一,在幼儿出生后的前 1000 天,也即大脑发育的关键时期,对母亲及其婴儿进行健康营养干预;第二,提高刺激的频率和质量,扩大家庭学习的机会,以改善儿童的认知、社会情感和语言发展;第三,确保高质量的幼儿保育中心和 3 至 6 岁儿童的学前计划。①

二、注重教育公平与质量

1. 教育公平与资源平等

确保教育惠及全体,让人人享有平等和个性化的受教育机会,这几乎是所有国家都面临的挑战。2019 年,联合国教科文组织《确保教育包容性和公平性指南》(*A Guide for Ensuring Inclusion and Equity in Education*)详细解释了四个相互交织、对建立具有包容性和公平性的教育体系至关重要的维度(概念、政策声明、结构和系统、实践),并提供了一个政策审查框架,以支持各国将包容性和公平性纳入教育政策(见表 10 - 1)。

表 10 - 1 《确保教育包容性和公平性指南》审查框架

维度	关 键 特 征
概念	① 包容性和公平性是指导所有教育政策、计划和实践的首要原则。 ② 国家课程设置以及相关评估体系的设计有效地满足所有学习者的需求。 ③ 与学习者及其家庭成员一起工作的所有合作伙伴都理解并支持国家在促进教育包容性和公平性方面的政策目标。 ④ 建立了教育体系内所有学习者享有学习机会、参与学习过程并取得学习成果情况进行监测的机制。
政策声明	① 国家重要教育政策文件大力强调包容性和公平性。 ② 国家、地区和学校高层在推动教育包容性和公平性方面发挥领导作用。 ③ 各级政府对于促进包容性、公平性教育实践的政策目标表述一致。 ④ 各级领导对非包容性、歧视性和不公平的教育实践提出挑战。
结构和系统	① 为弱势学习者提供高水平的支持。 ② 所有涉及学习者及其家庭的服务项目和部门机构共同协调推动包容和公平的教育政策与实践。 ③ 人力资源和财政资源的分配方式对潜在弱势学习者有利。 ④ 特殊学校和特殊教育机构在促进教育包容性和公平性方面扮演明确角色。

① World Bank. World Bank's World Development Report 2018—Learning to Realize Education's Promise [R]. Washington D. C. : World Bank. 2017: 5.

（续表）

维度	关　键　特　征
实践	① 学校和其他学习中心制定战略，鼓励当地社区学习者享有学习机会、参与学习过程并取得学习成果。 ② 学校和其他学习中心为面临成绩不佳、被边缘化和排斥等风险的学习者提供支持。 ③ 教师和支持人员在培训初期做好应对学习者多样性的准备。 ④ 教师和支持人员有机会获得关于包容性和公平性做法方面的持续教育和专业培训。

资料来源：联合国教科文组织. 确保教育包容性和公平性指南［M］. 巴黎：联合国教科文组织，2019.

　　欧盟也在为推动地区教育的公平做出不懈努力。2016 年《理事会关于通过教育促进欧盟社会经济发展和包容性的决议》（*Resolution of the Council on Promoting Socioeconomic Development and Inclusiveness in the EU through Education*）指出，欧盟成员国应该着重在以下几个方面进行改革：一是关注教育和社会处境不利人群，使所有年轻人都有机会接受教育并发挥全部潜力，促进其包容性、社交技能和批判性思维的发展；二是充分利用欧盟一级的财务工具，确保在各级教育上进行适当的投资，以发现和解决技能差距并完善其效果；三是改善职前和在职教师教育与培训，确保各成员国建立高质量的教师队伍；四是鼓励同伴学习和分享最佳实践；五是监测教育与培训 2020 目标和重点的进展。[①] 2015 年，欧盟《加强青年工作以确保凝聚力社会》（*Reinforcing Youth Work to Ensure Cohesive Societies*）报告也重申，特别需要与边缘化的青年以及那些没有就业、教育或培训的青年保持联系。[②] 欧盟强调，应该根据学生的特殊需要，为所有学生提供必要的支持，包括来自弱势社会经济背景的学生、具有流动人口背景的学生、有特殊需要的学生和最有天赋的学生；并鼓励成员国在自愿的基础上，有效运用"欧洲特殊需要和全纳教育署"的资源，在其教育系统中实施

---

① European Commission. Promoting Socioeconomic Development and Inclusiveness in the EU through Education ［EB/OL］.（2016 - 02 - 04）［2019 - 10 - 15］. http://data. consilium. europa. eu/doc/document/ST-5685-2016-INIT/en/pdf.

② European Commission. Reinforcing Youth Work to Ensure Cohesive Societies ［R］.（2015 - 05 - 23）［2019 - 10 - 20］. https://eur-lex. europa. eu/legal-content/EN/TXT/PDF/? uri ＝ CELEX：52015XG0523(01)&from＝EN.

和监测成功的全纳教育途径。①

　　此外,各个国际组织都倡导开放知识和数据,提供全球发展前沿知识的获得途径,促进资源的开放与数字化时代背景下的教育公平。联合国教科文组织支持开放教育资源(OER)的开发和利用。开放式教育资源是指以各种媒介为载体的任何形式的学习、教学和研究资料,这些资料在公有领域提供,或以开放许可授权的形式提供,允许他人免费获取、再利用、转用、改编和重新发布。②《2012 年开放教育资源巴黎宣言》(2012 Paris OER Declaration)建议成员国采取以下十大行动:①提高对开放式教育资源的认识,促进对开放式教育资源的利用;②为使用信息通讯技术(ICT)创造有利环境;③进一步制定有关开放教育资源的战略和政策;④促进对开放许可授权的了解和应用;⑤支持能力建设,促进优质学习材料的可持续开发;⑥促进形成开放教育资源的战略联盟;⑦鼓励用各种语言开发和改编以各种文化为背景的开放式教育资源;⑧鼓励对开放教育资源开展研究;⑨便利开放教育资源的搜索、获取和共享;⑩鼓励对利用政府资金开发的教育材料实行开放许可授权。③ 2017 年,第二次世界开放式教育资源大会发布《卢布尔雅那开放教育资源行动计划》(Ljubljana OER Action Plan),明确提出了在五个战略领域开展具体行动,推动实现开放教育资源主流化,以促进实现关于优质教育的可持续发展目标 4。战略领域具体包括:①增强使用者寻找、再利用、创造和分享开放式教育资源的能力;②语言问题和文化问题;③确保包容和公平地获取优质开放教育资源;④开发可持续发展模式;⑤营造有利的政策环境。④ 2019 年,教科文组织大会第四十届会议通过了《关于开放教育资源的建议书》,提出了五项目标和行动领域:①增强利益攸关方创建、获取、再利用、改编和重新发布开放教育资源的能力;②制定支持政策;③鼓励有效、包容、

① European Commission. Promoting Common Values, Inclusive Education, and the European Dimension of Teaching [R]. (2018 - 05 - 22)[2019 - 10 - 20]. https://eur-lex. europa. eu/legal-content/EN/TXT/? uri=CELEX％3A32018H0607％2801％29.

② 联合国教科文组织. 第四十届会议大会纪录第一卷:决议[R]. 巴黎:联合国教科文组织,2020.

③ 联合国教科文组织. 2012 年开放式教育资源巴黎宣言[EB/OL]. (2012 - 06 - 22)[2020 - 02 - 20]. https://unesdoc. unesco. org/ark:/48223/pf0000246687_chi? posInSet=1&queryId=671dad38-662e-4980-a333-749ba431fe7e.

④ UNESCO. Ljubljana OER Action Plan 2017[EB/OL]. (2017 - 09 - 20)[2019 - 10 - 20]. https://en. unesco. org/sites/default/files/ljubljana_oer_action_plan_2017. pdf.

公平地获取优质开放教育资源；④促进创建可持续的开放式教育资源模式；⑤促进并加强国际合作。①

世界银行积极关注教育领域的议程设置和政策设计等机制，逐渐向"柔性治理"（softer governance）的方向倾斜，最具代表性的是"知识库"战略。② 世界银行为全球教育知识的交流与互动提供平台，参与全球教育治理。2010 年以来，世界银行实施"知识开放议程"，力图提供全面、广泛的知识内容。该议程的发展体现在三个方面：①实施开放数据倡议，免费提供世界银行数千个发展指标及世界银行项目和财政的相关信息，包括教育发展指标及大量的教育贷款项目财务数据；②实施信息获取政策，这是世界银行向公共提供发展前沿数据信息的突破性变革；③推出"公开知识文库"（OKR），通过扩大、改善世界银行知识产品的获取途径，鼓励知识创新并鼓励贫困的人利用知识改善贫苦的生活。③ 世界银行不断更新其数据库的报告、数据及研究成果，其中，自"公开知识文库"推出以来，出版物下载量已有数百万份，获得了"学术出版和学术资源联盟"（SPARC）的"开放获取创新者"奖。

随着时间的推移，世界银行教育知识数据不断获得发展与完善，"知识银行"角色也得以构建和树立。2011 年，世界银行在其教育部门战略中指出，"世界银行不仅需要足够强大的指导者——'全球知识库'，而且需要将新知识和旧知识合成'发动机'"。④ 这对世界银行在教育战略的把握乃至全球教育战略格局上都具有重要的影响。世界银行积极寻求增加其成为全球教育知识一站式服务的潜能，实施的一系列措施改变了其内部管理、知识呈现和教育知识转移，如数据收集方式及管理单元之间数据的交换方式、教育知识的可获取性和可用性、教育知识通用的实现性等。⑤ 这些举措都为减少数字鸿沟，推动惠及全球的知识教育作出了重大贡献。

---

① 联合国教科文组织. 第四十届会议大会纪录第一卷：决议［R］. 巴黎：联合国教科文组织，2020.

② ZAPP M. The World Bank and Education：Governing（through）Knowledge［J］. International Journal of Educational Development，2017. 3（53）：1-11.

③ World Bank. About Open Knowledge Repository ［EB/OL］. ［2020-02-20］. https：//openknowledge. worldbank. org/about.

④ World Bank. World Bank Education Sector Strategy 2020：Learning for All［R］. Washington，DC：World Bank，2011：9.

⑤ ZAPP M. The World Bank and Education：Governing（through）Knowledge［J］. International Journal of Educational Development，2017. 3（53）：1-11.

2. 教育质量与学习成效

学习危机的出现和教育系统的日益复杂化,使教育的质量和学习成效问题备受关注。教育评估与教育质量保障越发受到各个国际组织的重视。

经合组织自 2000 年起开展的"国际学生评估项目"(PISA)是全球最具影响力的评估项目之一。该项目每三年一次对 15 岁学生的阅读、数学、科学素养进行测评。近年来,PISA 的参与国不断增加,评估内容和手段也随着时代变化发展。例如,2015 年评估中采用了基于计算机的测试,2018 年评估新增有关"全球胜任力"的测试,在即将到来的 2021 年评估中将首次引入创造性思维测评。[①]

经合组织根据 PISA 结果,对各国如何成功开展学校教育提出相关政策建议。2012 年 12 月,经合组织发布了《等级期望:分数和教育政策如何塑造学生的抱负》(*Grade Expectations: How Marks and Education Policies Shape Students' Ambitions*),对学校教育提出了相关政策建议:一是应该为表现不佳的学生提供严格的学业培训,并促进家校互动;二是满足希望在高中阶段完成学业的学生的需求,使其能够顺利过渡到下一阶段;三是平衡劳动力市场,控制毕业生人数和市场所需劳动力之间的匹配,减少供大于求或供不应求的现象发生;四是科学评定分数和等级,引导学生合理塑造自身的教育期望。

2016 年 12 月,在《PISA2015 结果(第二卷):成功学校的政策和实践》(*PISA 2015 Results (Volume Ⅱ): Policies and Practives for Successful Schools*)中,经合组织根据 PISA2015 的结果提出了一些政策建议:①对学生成绩进行差异统计,了解学校和教育系统之间学生成绩的差异;②给每一个 15 岁的孩子一次在学校学习科学的机会。经合组织国家中有 6% 的学生报告说他们不需要在学校上任何科学课,而这会导致学生缺乏科学素养和科学知识;③确保学习时间富有成效,以便学生可以平衡地发展他们的学术、社交和情感技能;④通过教育改革推动教学变革,比如通过赋予学校更多的课程自主权从而使教师能够使用更多样化的教学策略;⑤确保科学实验室活动的意义性,这有赖于实验室硬件设施状态良好,教师设计结构合理的实验室活动并帮助学生在动手实践、科学构想和现实问题之间建立联系;⑥为所有人创造积极的学习环境,这有利于学生、教师、校长、父母等在教育过程中表现良好;⑦鼓励学校使用多种类型

---

① 安奕,任玉丹,韩奕帆,韦小满. PISA2021 创造性思维测评及启示[J]. 中国考试,2019(11):71-78.

的评估，即有策略地组合多种类型的评估，包括由教师设计的传统笔试、口试、教师的判断、协作式问题解决、长期项目或标准化考试等；⑧建立富有经验且专业的教师队伍；⑨吸引且留住合格的教师并确保他们在整个职业生涯中继续学习；⑩运用问责制平衡学校自主权并发展地方能力；⑪努力在每个社区都有出色的学校，并使所有学生都有机会入学，这关系到教育的公平和质量；⑫在财政资源有限的情况下调整学校和班级的规模；⑬为成绩不佳的学生提供更好的支持，在校内或校外增加指导时间和学习时间以及建立清晰、具有挑战性和可实现的目标；⑭为所有儿童提供高质量的早期教育，通过立法赋予每个孩子参加学前教育的权利，发展或资助免费的学前教育中心网络以减轻处境不利家庭的经济负担；⑮为弱势学校提供额外的支持。处境不利的学校往往面临着水平较低的师资、更多学生纪律问题以及生源在家庭社会经济地位上的弱势地位，因此需要相应的差异化解决方案来达成教育公平和教育质量。①

　　21 世纪以来，欧盟推出的"欧洲教育与培训 2020 战略"（ET2020）将提升教育与培训的质量和效率视为四项核心战略之一，并确立了教育质量的优先地位。首先，在尊重多样性基础上加强教育评估。如 2014 年《欧洲在学校教育质量评估方面的合作》（*European Cooperation with Regard To the Qualitative Assessment of School Education*）指出，教学的重点是提高质量，建议所有利益相关者参与学校自我评估和外部评估；但与此同时，欧盟一级的任何评估必须考虑到每个欧盟成员国特有的社会文化、历史和政治因素。② 其次，为高质量教育提供卓越的师资保障。欧盟在 2014 年《有效教师教育》（*Effective Teacher Education*）报告中强调了有效教师教育的六个基本原则：①职前教师教育应为准教师提供高质量教学所需的核心能力，并激发他们在整个职业生涯中获得与更新能力的动力；②教师教育计划应该更多考虑帮助学习者获得关键能力（key competencies）的有效方法；③职前教师以教育结果为导向，保障质量与内容相关性；④加强综合型高等教育院校在提供教师教育方面的枢纽作用；⑤建立教师

① OECD. PISA 2015 Results（Volume Ⅱ）：Policies and Practices for Successful Schools［R］. Paris：OECD Publishing，2016.

② European Commission. European Cooperation with Regard to the Qualitative Assessment of School Education［EB/OL］.（2017 - 06 - 11）［2019 - 11 - 15］. https：//eur-lex. europa. eu/legal-content/EN/TXT/？uri＝LEGISSUM%3Ac11038b.

教育提供者、劳动力市场、社区之间的伙伴关系；⑥教师教育和持续的教师专业发展均应基于良好的教学研究，并确保教师有定期的机会更新学科知识和教学技能。① 最后，通过新技术和开放教育资源，创新教与学的方式。2013 年，欧盟《通过新技术和开放式教育资源为所有人提供创新的教与学》(*Innovative Teaching and Learning For All Through New Technologies and Open Educational Resource*)提出，要将新技术和数字内容应用于教学过程，构建开放的学习环境，为学生提供更高质量的教育。②

世界银行认为，教育系统绩效衡量是改善学习成果的基石，成功的教育政策更加需要准确的数据支持，为此世界银行收集了大量的教育经验、监测数据及实证研究等数据，力图基于大量的证据完善教育系统，进行全球教育治理。基于证据有利于了解国家教育系统绩效，为明确国家教育政策变化方向提供支持。世界银行指出，教育系统需要高质量、全方位的数据证据来监控、促进学习效果的实现，同时也需要对教育投入、政策实践及学习成果之间的关系进行分析以提供更进一步的动态数据。21 世纪以来，越来越多的国家将国内学习评估与国际定期大规模的学习评估相结合寻找本国教育系统的优势与不足，如 PISA、TIMSS 和 PIRLS。近年来，世界银行加强了与教育结果相关的教育融资，至 2018 年，世界银行近 40％的业务都是通过基于结果的融资计划。③ 世界银行通过对学校和地区的教育费用进行指导，使用遵循流程的数据、证据和干预措施以提高教育投资效率。

世界银行对于完善教育系统的愿景，根植于其全球教育战略"全民学习"及联合国制定的 2030 年可持续发展目标。为此，世界银行通过使用指标来识别取得成果的区域和学校、识别良好实践、了解最为有效的方法、为所有人提供所需要的最佳学习方法等。例如，世界银行推出全球公共产品指标，用来积累可以跟

① European Commission. Effective Teacher Education [EB/OL]. (2014 - 06 - 14)[2019 - 10 - 20]. https://eur-lex. europa. eu/legal-content/EN/TXT/PDF/? uri＝CELEX：52014XG0614(05)&from＝EN.

② European Commission. Innovative Teaching and Learning for All through New Technologies and Open Educational Resource [EB/OL]. (2013 - 09 - 30)[2020 - 02 - 15]. https://www. cedefop. europa. eu/en/news-and-press/news/opening-education-innovative-teaching-and-learning-all-through-new-technologies.

③ 刘骥. 如何应对全球学习危机——世界银行《2018 世界发展报告》述评[J]. 全球教育展望. 2018(6)：3 - 14.

踪的分析内容，包括审查政策的标准、衡量管理能力的方法以及分析师生互动的工具等，为各国提供了教育政策、教育质量的可比数据，以帮助各国加强教育系统建设。

三、促进职业教育与培训现代化

职业技术教育和培训对于推动学生全面发展以有效应对劳动力市场中的就业问题，为公民提供特定职业和劳动力市场所需的知识、技能和能力都起着关键性作用，是近十年来各个国际组织所关注的重点议题之一。

联合国教科文组织积极促进职业技术教育与培训的创新性转型。2012年联合国教科文组织在上海举办了第三届国际职业技术教育与培训（TVET）大会，通过了《上海共识》（Shanghai Consensus），为将职业技术教育与培训体系分析与预期发展成果相联系提出了一个构想，并且为职业技术教育与培训体系改革和政策制定提出了重要建议。[①]《上海共识》提出了七点行动建议，具体包括：①增强职业技术教育与培训的针对性；②扩大机会，提高质量，增进公平；③调整资质，开发途径；④改善证据基础；⑤加强管理，扩大伙伴关系；⑥增加职业技术教育与培训投资，实现多样化融资；⑦宣传职业技术教育与培训。[②] 2015年，联合国教科文组织大会通过2015年《关于职业技术教育与培训建议书》（2015 Recommendation Concerning Technical and Vocational Education and Training），从政策和治理、质量和相关性、监测和评估、研究和知识管理以及国际合作五个方面为会员国提供指导。与此前的文书相比，2015年建议书采用的职业技术教育与培训概念涵盖面更广，也更加关注终身学习和可持续发展。[③]

2010—2015年间，联合国教科文组织实施了《职业技术教育与培训战略（2010—2015年）》（UNESCO Strategy for TVET 2010 - 2015），其工作主要分为三个核心领域：提供上游政策咨询和相关能力发展；技能发展的概念澄清和

---

① UNESCO. 职业技术教育与培训（TVET）战略（2016—2021年）[R]. （2016 - 07 - 15）[2019 - 10 - 20]. https://unesdoc. unesco. org/ark：/48223/pf0000245239_chi? posInSet=1&queryId=63b8f453-a034-41c3-acef-4e2856f3f0c1.

② 联合国教科文组织. 职业技术教育与培训的转型：培养工作与生活技能：上海共识[R]. （2012 - 05 - 16）[2019 - 12 - 20]. https://unesdoc. unesco. org/ark：/48223/pf0000217683_chi.

③ 联合国教科文组织. 关于职业技术教育与培训（TVET）的建议书2015[R]. （2015 - 11 - 13）[2020 - 02 - 15]. https://unesdoc. unesco. org/ark：/48223/pf0000245178_chi.

监测的改进；充当信息交流中心，为全球职业技术教育与培训辩论提供信息。[①]2016 年，联合国教科文组织发布《职业技术教育与培训战略（2016—2021 年）》(*UNESCO Strategy for TVET*(2016 - 2021))，旨在支持会员国努力增强职业技术教育与培训系统的针对性，培养所有青年和成年人掌握实现就业、找到体面工作、创业和终身学习所需的必备技能，并推动整体落实《2030 年可持续发展议程》。战略确定了三大优先领域：促进青年就业和创业；促进公平和性别平等；促进向绿色经济和可持续社会转变。[②]2015 年《关于职业技术教育与培训建议书》与《职业技术教育与培训战略（2016—2021 年）》的共同点在于强调促进就业，尤其是体面工作，强调公平和获取，强调促进向绿色经济和社会转变。

2014 年 11 月，经合组织发布《学校之外的技能——综合分析报告》(*Skills Beyond School：Synthesis Report*)，针对职业技术教育提出六项政策建议：①发掘职业教育和培训的隐藏世界，包括充分认识中等职业教育和培训在乡村技能体系中的作用，对需要六个月以上全日制教育的中等职业课程进行审查，与社会团体合作确保培训内容符合劳动力市场的需求，关注中学后阶段的过渡等；②提升职业教育和培训的形象，包括运用更恰当的命名方式提升行业形象和品牌印象，克服机构壁垒和资金壁垒，改善职业教育和培训的国际统计比较等；③把握质量的三个关键要素，包括在中学后课程项目中系统实现基于工作的学习，职业教师需具备教学技能以及最新的行业知识和经验，重视基本技能在劳动力市场和进一步学习中的关键作用等；④提高学习成果的透明度，包括构建强有力的资格框架体系，运用基于能力的方法，以及开展有效评估等；⑤为学习者提供更清晰的路径，包括为高中职业教育毕业生延伸学习道路，为成人学习者提供灵活的学习方式，克服从职业教育和培训过渡到学术课程的高难度，通过有效的职业指导来帮助学生选择这些途径等；⑥建立有效的职业体系，包括调查供需关

① UNESCO. Report By The Director-General On The Execution Of The Programme Adopted By The General Conference：Progress On The Implementation Of The Strategy For Technical And Vocational Education And Training (TVET) And The Revised Version Of The Strategy [EB/OL]. (2019 - 08 - 03)[2019 - 12 - 20]. https://unesdoc. unesco. org/ark:/48223/pf0000183317.

② UNESCO. Strategy for Technical and Vocational Education and Training (TVET)(2016 - 2021) [R]. Paris：UNESCO，2016.

系以确定职业课程项目的组合和内容，向学习者高质量传授职业技能，通过学习成果评估、认证和开发，为职业教育和培训的政策、实践和机构提供支撑等。[①]

欧盟将职业教育和培训（VET）作为终身学习系统的关键要素，为公民提供特定职业和劳动力市场所需的知识、技能和能力。2010 年《职业教育和培训优先事项（2011—2020 年）》（*Priorities for Vocational Education and Training 2011 - 2020*）指出，到 2020 年，欧盟职业教育和培训系统应更具吸引力和普适性，成为与劳动力市场高度相关的优质教育。[②] 2012 年《反思教育：投资技能以取得更好的社会经济成果》（*Rethinking Education：Investing in Skills for Better Socio-economic Outcomes*）提出职业教育与培训需要更好地提供欧盟劳动力市场所需的技能和资格，[③]职业教育与培训现代化成为欧盟各国教育合作的重要领域。

首先，加强不同教育系统、不同国家之间的职业教育流动。《职业教育和培训优先事项（2011—2020 年）》指出，职业教育与培训政策必须足够灵活以允许不同教育系统（学校教育、高等教育等）之间的渗透，同时应该增加在国外接受部分职业教育或培训的选择。[④] 2013 年《欧盟的教育、培训、青年和体育计划》（*The EU Programme for Education，Training，Youth and Sport*）指出，扩大职业教育和培训的流动范围，对于提升就业能力、教学质量、教育培训机构的创新能力和体系现代化都有益处，欧盟与伙伴国家职业教育、培训机构之间应保持伙伴关系，扩大教育和培训的国际范围。[⑤] 2015 年《里加结论》对欧洲职业教育与培训 2011—2014 年期间可交付成果的审查，列出了 2015—2020 年五个优先领域，其中包括通过建立更灵活、更具渗透性的系统，提高所有人获得职业教育

① OECD. Skills Beyond School：Synthesis Report，OECD Reviews of Vocational education and training [R]. Paris：OECD publishing，2014.

② European Commission. Priorities for Vocational Education and Training（2011 - 2020）[EB/OL]. (2015 - 09 - 24)[2019 - 12 - 25]. https：//eur-lex. euopa. eu/summary/EN/ef0028.

③ European Commission. Rethinking Education：Investing in Skills for Better Socio-economic Outcomes [EB/OL]. (2012 - 11 - 20)[2019 - 12 - 20]. https：//www. cedefop. europa. eu/files/com669_en. pdf.

④ European Commission. Priorities for Vocational Education and Training（2011 - 2020）[EB/OL]. (2015 - 09 - 24)[2019 - 12 - 15]. https：//eur-lex. europa. eu/summary/EN/ef0028.

⑤ European Commission. The EU Programme for Education，Training，Youth and Sport [EB/OL]. (2014 - 11 - 20)[2020 - 02 - 15]. https：//europehouse-kosovo. com/wp-content/uploads/2016/10/EDUCATION-TRAINING-YOUTH-AND-SPORT. pdf.

和培训的资格。[①]

　　其次,提升职业教育与培训的吸引力,通过培养关键能力来提升职业教育与培训学生的未来适应能力。2010 年《布鲁日公报》(*Bruges Communiqué*)倡导职业教育与培训向灵活、高质量发展,加强关键能力以适应未来行业和管理的变化。[②]《欧洲职业教育和培训合作的新动力》(*A New Impetus for European Cooperation in Vocational Education and Training to Support the Europe 2020 Strategy*)为提高职业教育与培训的质量、效率和吸引力提出四项措施:①根据欧洲职业教育和培训质量保证参考框架,实施国家级别的质量保证体系;②审查培训师和教师的技能;③通过基于工作的学习来发展关键能力;④开发工具使技能与现有工作相匹配以增强劳动力市场的相关性。[③]

　　再次,将欧洲职业培训发展中心设为联盟机构,构建了优质学徒制治理的基本框架,以推动学徒制的有效实施。2019 年《建立欧洲职业培训发展中心》(*Establishing a European Centre for the Development of Vocational Training*)将欧洲职业培训发展中心(Cedefop)特设为联盟机构,其目标是制定和实施欧盟职业教育与培训的政策及资格框架。在欧洲历史悠久的学徒制经验基础上,欧盟构建了"优质学徒制治理的基本框架",旨在分享各国学徒制的重要经验,包括法律框架、职能分配、多元主体参与、质量保证、实施导向、资金保障制度安排等六个方面。[④]

　　最后,运用金融工具支持职业教育与培训政策。欧盟通过多重金融工具,为政策落实提供资金保障。2014—2020 年期间,"伊拉斯谟＋计划"(Erasmus＋)为职业教育与培训提供了近 30 亿欧元的经费,每年支持约 13 万名学习者和

---

① European Commission. Riga Conclusions [EB/OL]. (2015 - 06 - 22)[2020 - 02 - 20]. https://www. efvet. org/wp-content/uploads/2016/08/riga conclusions_revised_21-06. pdf.

② European Commission. Bruges Communiquéon on Enhanced European Cooperation in Vocational Education and Training [EB/OL]. (2010 - 12 - 07)[2019 - 12 - 15]. https://www. efvet. org/wp-content/uploads/2016/08/bruges-communique. pdf.

③ European Commission. A new impetus for European cooperation in Vocational Education and Training to support the Europe 2020 Strategy [EB/OL]. (2010 - 10 - 06)[2020 - 02 - 20]. https://www. cedefop. europa. eu/en/news-and-press/news/new-impetus-european-cooperation-vocational-education-and-training-support.

④ CEDEFOP. Governance and Financing of Apprenticeships [R]. Luxembourg: Publications Office of the European Union, 2016: 113.

2 万名教师的跨境流动与合作。欧洲社会基金（ESF）是职业教育和培训的重要财务杠杆。2014—2020 年欧洲社会基金分配近 150 亿欧元用于改善终身学习的平等机会，促进灵活的途径，提升教育与培训系统对劳动力市场的相关性。

四、建设高素质教师队伍

高素质教师是确保学生获得 21 世纪技能的必要条件。建立一支高素质的教师队伍涉及招聘、选拔和入职过程，工资和工作条件，早期教师教育和专业发展机会，教师职业发展，反馈与评估以及协同工作等事项。[1] 世界银行《学习以实现教育的承诺》指出，教师缺乏开展有效教学的技能或动力，大多数教育体系吸引不到优秀的人才来从事教师行业，以及贫困国家中存在教师旷工或课堂时间不够等情况，直接影响到学生的学习效果。[2] 因此，国际组织从多个维度提出了建设高素质教师队伍的政策。

《联合国教科文组织教师战略（2012—2015 年）》（*UNESCO Strategy on Teachers 2012 - 2015*）提出了包括教师短缺（填充重点国家的教师缺口，特别是撒哈拉以南非洲国家）、教师素质（提高教学质量）和研究知识的产生和传播（用比较的证据为关于教学的全球辩论提供信息）在内的三大优先行动领域。[3] 2013/2014 年全民教育全球监测报告《教学与学习：实现高质量全民教育》（*Teaching and Learning: Achieving High Quality Education for All*）提出了为全体儿童接受高质量教育贡献最优师资的四种策略：吸引最优秀的教师；改善教师教育，让所有儿童都能够学习；让教师到最需要的地方去；提供激励政策，留住最优秀的教师。[4]

联合国教科文组织《2014—2021 年中期战略》（*Medium-Term Strategy 2014 - 2021*）提出将通过能力建设，尤其是师资培训机构的能力建设，以及传播

---

① OECD. Education Policy Outlook 2018: Putting Student Learning at the Centre [R]. Paris: OECD Publishing, 2018: 24.

② World Bank. World Bank's World Development Report 2018—Learning to Realize Education's Promise [R]. Washington D. C. : World Bank. 2017: 6 - 7.

③ UNESCO. UNESCO Strategy on Teachers (2012 - 2015)[EB/OL]. (2012 - 06 - 05)[2020 - 02 - 20]. https://unesdoc. unesco. org/ark: /48223/pf0000217775? posInSet = 1&queryId = 83e280a7-a25e-4ec1-ac62-9bec39d51c1d.

④ 联合国教科文组织. 教学与学习：实现高质量全民教育[M]. 北京：教育科学出版社，2014：233 - 275.

旨在改善教师效力的创新教学法，为教师的专业发展提供支持，应对多个国家严重缺乏合格教师的问题。[①] 2016 年，联合国教科文组织发布由全民教育教师问题国际工作组制定的《教师政策制定指南》(*Teacher Policy Development Guide*)，旨在协助各国政策制定者和决策者及教育部门官员对照本国的发展计划和战略，制定有实证依据的国家教师政策，作为国家教育部门计划或政策的一项必要内容。2019 年，联合国教科文组织大会第四十届会议通过制定教师培训计划国际标准分类(ISCED-T)的决议，编制关于教师培训计划和教师入职途径的国际可比数据。

　　联合国教科文组织还积极推动信息通信技术方面的教师标准和职业发展。2018 年，联合国教科文组织发布第 3 版《教师信息和通信技术能力框架》(*ICT Competency Framework for Teachers*)，旨在为师资培训政策和方案提供依据，以加强信通技术在教育中的应用。《教师信息和通信技术能力框架》包含 18 项能力，涉及教师专业实践的六个方面，涵盖教师将信通技术用于教学目的的三个不同阶段。教学的三个连续阶段分别为"获取知识""深化知识"和"创造知识"，教师专业实践的六个方面分别是：了解关于信通技术应用于教育领域的相关政策；课程和评估；教学方法；应用数字技能；组织和管理；教师的专业学习。具体内容如表 10 - 2 所示。

表 10 - 2　联合国教科文组织教师信息和通信技术能力框架

专业实践	获取知识	深化知识	创造知识
了解信通技术在教育领域的应用	了解政策	实施政策	政策创新
课程和评估	基础知识	应用知识	知识社会技能
教学方法	信通技术辅助教学	解决复杂问题	自我管理
应用数字技能	应用	教导	转型
组织和管理	标准课堂	协作小组	学习型组织
教师的专业学习	数字素养	建立网络	锐意创新的教师

资料来源：联合国教科文组织.联合国教科文组织教师信息和通信技术能力框架(第 3 版)[M].巴黎：联合国教科文组织,2018.

[①] 联合国教科文组织.2014—2021 年中期战略[R].巴黎：联合国教科文组织,2014.

2018 年 1 月,经合组织发布《有效的教师政策:来自 PISA 的观察》(*Effective Teacher Policies：Insights from PISA*)报告,指出教师是当今学校最重要的资源,优秀教师具有很强的不可替换性,并对教师发展提出四点政策建议:①通过精心选择、审慎实施教师政策来打造高质量的教师队伍;②教师必须成为终身学习者和富有好奇心的专家,不断提高自己的专业知识,设计多样的教学方法;③为应对优势学校和弱势学校之间或城乡学校之间教师质量的差异,教师管理体制分散的国家可能需要加强学校资金的重新分配,并尽可能将最优秀的学校领导者和师资分配给最具挑战性的学校,并对这类教师提供针对性的经济补助和社会支持;④吸引表现最好的学生从事教师职业,需要确保薪水与工作质量相匹配。[①] 2019 年经合组织发布《一起工作和学习:重新考虑学校的人力资源政策》(*Working and Learning Together：Rethinking Human Resource Policies for Schools*),其中涉及五个政策措施来支持改善教师工作环境:①设计职业发展机会的职业结构。职业结构可以为教师专业发展提供纵向和横向的机会。沿垂直方向,教师的职业可以采取阶梯的形式,围绕一系列具有不同任务并逐渐增加课堂责任感的正式职位或角色进行组织;沿水平方向,职业结构可以为教师提供机会专注于教室内部或外部的特定专业领域并承担责任。这种“职业格子结构”使教师可以通过横向多元化来专门从事特定的角色,并通过纵向发展来促进其职业发展;②建立吸引新手并奖励不断发展的资深教学人员的薪级表。一方面将薪资与年资相挂钩,另一方面根据其职责和绩效来区分工资,比如教师可以因保持持续的专业发展而获得经济奖励;[②]③审查学校的人员组合和工作时间安排。教师的工作非常复杂,涉及各种各样的职责和活动,除了定期的课堂教学外,通常还期望教师备课,批改学生的作业,与其他教师合作,为学生提供咨询,与父母沟通,从事专业学习和助力整个学校发展;④确保学校员工的有效和公平分配。能够有效提高学生认知能力的教师不一定能有效地支持学生发展其非认知能力、如复原力、成长心态、自我效能感和课堂行为。[③] 因此,在招聘

① OECD. Effective Teacher Policies：Insights from PISA [R]. Paris：OECD Publishing, 2018：11 - 14.

② OECD. Education at a Glance 2019：OECD Indicators [R]. Paris：OECD Publishing, 2019：357 - 446.

③ GERSHENSON S. Linking Teacher Quality, Student Attendance, And Student Achievement [J]. Education Finance and Policy, 2016,11(2)：125 - 149.

过程中应考虑广泛的能力包括情感和动机技能;⑤支持持续的专业学习和协作。专业学习需要与个别教师的实践或学校中的问题建立特定联系,教师将不会仅仅通过理解理论和证据而获得进步,而是通过观察、示范、实践和反馈等众多活动来获得进步。协作有赖于有效的学习团队,这需要定期安排工作时间表中的学习时间,设置领导角色,以协议的方式为工作流程提供支持等。①

2014 年,世界银行推出了"更好的教育成果系统"(SABRE),该系统包含知识研究、科学产出、知识科学化、知识组合和应用、教学组合等多个层面,因其详细的指标和全面的数据收集成为世界上最全面的国家级教育数据和政策信息账户。该系统的目标之一便是为教师管理提供标准化基准和政策工具②。例如,SABER 系统提供课堂教学观察工具,以评估教师在课堂中的活动是否反映了教学实践对改善认知及社交情感学习的有效性;在职教师培训调查工具可以将现有的培训计划与最佳实践计划进行对比。

五、推动创新创业教育

创新创业教育是以培养人们创新创业精神和能力为基本价值取向的教育。在人工智能时代的背景下,数字技术正在深刻地改变我们的工作、交流和享受的方式,但教育和学习的世界还没有经历与其他部门相同的技术驱动的创新过程。经合组织和欧盟都十分强调发展和培养新思想和新技术的技能以实现创新的重要性,经合组织的创新战略呼吁全球重视创新以促进生产力增长和人类福祉建设,欧盟的创新创业教育侧重借此提升欧洲竞争力、促进可持续经济发展和社会凝聚力。

2016 年 9 月,经合组织发布《教育创新和创新教育:数字技术和技能的力量》(Innovating Education and Education for Innovation: The Power of Digital Technologies and Skills)报告,提出在数字技术的时代下教育应具有的变革包括:①创新性的教学模式,比如基于游戏的教学、在线实验室以及实时评估,这些已被证明能够提高高阶思维技能和概念理解,并在很多情况下提升了学

---

① OECD. Working and Learning Together: Rethinking Human Resource Policies for Schools [R]. Paris: OECD Publishing, 2019: 19 - 37.

② World Bank. The What, Why, and How of the Systems Approach for Better Education Results [R]. Washington, DC.: World Bank, 2013: 4.

生的创造力、想象力和解决问题的技能；②模拟功能，比如远程或模拟在线实验室，以相对低的成本灵活实现经验学习；③国际合作，通过数字技术克服地理和时间的障碍，让学生洞察其他文化，体验多元文化交流；④实现形成性评估和基于技能的评估，使教师能够监测学生的学习情况，并根据情况调整他们的教学，这也可以使更多的学生积极参与课堂讨论，而且技术支持的评估能够更全面地监测技能发展；⑤网络学习，为学习者提供开放的教育资源和大量的在线开放课程。[①] 2019 年 10 月，经合组织发布《培养学生的创造力和批判性思维：这在学校中意味着什么》(*Fostering Students' Creativity and Critical Thinking：What it Means in Schools*)报告，指出创造力和批判性思维是日益全球化和数字化的经济社会的关键技能，因为在人工智能时代，容易被自动化的技能很可能丧失其价值，而不太容易被自动化的技能的价值则得到提升，所以在学校教育中如何培养学生的创造力和批判性思维成为一项重要议程。[②] 2019 年 12 月，经合组织发布《迷失的创业者 2019：发展更具包容性的创业政策》(*Missing Entrepreneurs 2019：Policies for Inclusive Entrepreneurship*)报告，指出公共政策应该帮助创业者克服创业障碍，并创造渠道使处境不利群体(包括妇女、青年、失业者和移民等人口)找到工作，这有利于支持创业、经济增长和社会包容的氛围形成。而且该报告提出了六点政策优先事项：一是尽早降低创业上的性别差距，在创业的性别比例上女性大约只有男性的一半，这一方面是由于女性在技能和资金方面遇到的障碍(比如据调查女性创业者使用银行贷款的比率为男性的 75%)，另一方面则在于社会缺乏对女性创业的支持；二是在人均寿命更长的时代背景下鼓励老年创业，人口老龄化对养老金和医疗保障造成了压力，而老年创业则有助于减轻这些压力并有利于延伸富有意义的工作生活；三是支持外来移民者创业，需要为这一群体提供语言训练并形成更强大的创业网络；四是鼓励年轻人有更坚定的创业抱负，目前年轻人的创业成功率较低而且所能提供的就业岗位较少，因此需要政策支持来提高其成功率；五是为失业者提供商业创造的机会，使其走出失业困境；六是运用网络创业提升其广泛性，在网上创业的起步

---

① OECD. Innovating Education and Educating for Innovation：The Power of Digital Technologies and Skills [R]. Paris：OECD Publishing，2016：9 - 10.

② OECD. Fostering Students' Creativity and Critical Thinking：What it Means in School [R]. Paris：OECD Publishing，2019：16 - 17.

成本和准入要求更低，从而使更多人群愿意加入到创业中，同时需要加强网上创业环境的支持和规范。[①]

发展欧洲公民和组织的创业能力是欧盟及其成员国的关键政策目标之一。欧盟通过以下举措推动创新创业教育议程。

首先，欧盟鼓励成员国制定创新创业教育战略，将创新创业能力纳入不同教育阶段，培养学生识别机会、采取行动并转化为经济、社会和文化价值的能力。欧盟指出，成员国应该从小学开始，通过培养创业型师资，采取创新的教育方法来培养学生的创业意识；同时在中等教育和高等教育阶段，注重将创业作为职业目标。在职业教育与培训领域，欧盟鼓励职业教育与培训机构、高等教育机构以及设计、艺术、研究和创新中心之间的伙伴关系，向职业教育和培训机构提供有关新技术的必要设备，以促进实践经验，鼓励企业家精神。在高等教育领域，欧盟鼓励各成员国开展基于问题的学习并将真实世界的经验嵌入到所有学科中。欧盟与经合组织合作开发了"高等教育创新计划"（HEInnovate），从领导力与治理、组织能力、创业教育与学习、支持创业者、数字转型与能力、知识交流与合作、国际化、影响力八个方面推动各成员国创业型大学的建设与自我评估。[②]

其次，明确创业教育能力框架和生态系统要素，为欧盟创新创业教育的开展提供系统指导。2016 年，欧盟公布《创业能力框架》（*EntreComp：The Entrepreneurship Competence Framework*），旨在为创新创业教育提供共享的概念模型，促进欧盟范围内更好地理解创业能力，并在教育和工作之间架起桥梁。该框架包括三个能力维度："创意与机会"（Ideas ＆ opportunities）、"资源"（Resources）和"采取行动"（Into action）（见表 10-3）。其中，"创意与机会"维度涵盖发现机会、创造力、建立愿景、重视创意、符合伦理和可持续发展要求等五个具体能力；"资源"维度涵盖自我意识和自我效能感、动机与坚持、整合资源、金融与经济素养、动员他人等五个具体能力；"采取行动"维度涵盖主动意识、计划与管理、应对不确定性、与他人合作、通过体验学习等五个具体能力。[③] 在此基础

---

① OECD. The Missing Entrepreneurs 2019：Policies for Inclusive Entrepreneurship［R］. Paris：OECD Publishing，2019：27-29.

② European Commission and OECD. HEInnovate［EB/OL］.［2020-02-20］. https://heinnovate.eu/en.

③ European Commission. EntreComp：The Entrepreneurship Competence Framework［R］. Brussels：European Commission，2016：12-13.

上,欧盟还提出各成员国应该从政策、资源、合作伙伴、教师、课程、学习模式、评价、职业/创业支持等八个方面构建创业能力培养的生态系统。

表 10-3　欧盟创业能力框架模型

维度	能力	内涵	具体指标
创意与机会	发现机会	运用想象力和能力识别机会以创造价值	识别和抓住机会;识别需求和挑战;建立新的连接以创造机会
	创造力	发展具有创造性和目的性的创意	发展创意应对挑战;对创新性的解决方法进行实验;整合知识与资源实现有价值的影响
	愿景	为未来愿景而努力	想象未来;开发能够将创意转化为行动的愿景;设想未来场景指导行动
	重视创意	充分利用各种创意和机会	从社会、文化和经济角度判断价值;认识到创意的潜在价值
	符合伦理和可持续发展要求的思考	评估创意、机会和行动的结果与影响	评价创意和行动对目标社区、市场、社会与环境的影响;反思可持续的社会、文化与经济目标以及选择的行动路线;采取负责任的行动
资源	自我意识和自我效能感	相信自己,不断发展	反思自我在短期、中期和长期的需求、抱负及愿望;评估个人与团队的优势与劣势;相信自我有能力影响事件进程
	动机与坚持	保持专注	下定决心将创意转化为行动;保持耐心,努力实现个人与团队的长期目标;在压力和逆境情况下保持复原力
	整合资源	整合与管理创业所需资源	获取和管理创业所需的物质、非物质与数字资源;充分利用有限资源;获取和管理创业过程中的技术、法律、税收和数字能力
	金融与经济素养	发展金融与经济素养	评估创业成本;计划、实施和评估财务决策;管理资金以确保创业活动的可持续性
	动员他人	激励他人参与	激励利益相关者参与;获取必要的支持;展示有效的沟通、说服、谈判和领导能力
采取行动	采取主动	采取行动	启动创造价值的过程;接受挑战;独立行动与工作
	计划与管理	设立优先级,组织与跟进	制定中长期目标、确定优先级与行动计划;根据不可预知的变化作出调整

（续表）

维度	能力	内涵	具体指标
采取行动	应对不确定性、模糊性和风险	在应对不确定性、模糊性和风险的过程中作出决策	作出决策；减少失败风险；迅速灵活地处理快速变化的情况
	与他人合作	组成团队，开展合作，形成网络	与他人合作产生创意；组建网络；积极解决冲突和应对竞争
	通过体验学习	做中学	将任何创造价值的活动作为学习机会；向同伴和导师学习；反思成功的经验和失败的教训

资料来源：European Commission. EntreComp: The Entrepreneurship Competence Framework[R]. Brussels：European Commission，2016.

最后，统筹欧盟层次的资源，支持创新创业教育。欧盟努力挖掘"伊拉斯谟＋计划"在支持创新创业教育方面的潜力，探索欧洲社会基金等欧盟层次的资源如何更好地支持创业精神培育，以及探索创建免费和开放的数字资源以增强创新和创业技能的潜力。此外，欧盟还呼吁各成员切实采取一系列举措，提升创新创业教育的效果：①打通教育部和其他部委，出台一致性和相关的创新创业教育政策；②完善支撑体系建设，支持学生的创业计划，为有抱负的学生提供有针对性的指导和孵化器支持；③完善企业家参与学生创业学习过程的体制和机制；④追踪毕业生信息，评估创业教育与培训的质量和有效性。[①]

第三节　国际组织教育政策的发展趋势

根据联合国教科文组织、经合组织、欧盟和世界银行近几年的教育战略文件和重要报告，国际组织在未来的教育政策趋势将围绕着联合国所提出的可持续发展目标及其理念，以终身学习为基本原则，致力于提高师生在数字时代的技能水平，强调教育平等，并利用技术手段加强对教育效果的测量与评价。

---

① European Commission. Council Conclusions on Entrepreneurship in Education and Training[EB/OL]. (2015 - 01 - 20)[2019 - 12 - 20]. https：//op. europa. eu/en/publication-detail/-/publication/3c57613a-a073-11e4-872e-01aa75ed71a1.

一、追踪教育可持续发展目标的进展

2015年9月联合国大会第70届会议上，成员国通过了新的全球发展议程《改变我们的世界：2030年可持续发展议程》(*Transforming Our World：The 2030 Agenda for Sustainable Development*)，为各国的教育规划与教育发展提供了指导。① 其中，可持续发展目标4(SDG4)提出"确保到2030年人人享有公平、包容的良好教育和终身学习机会"，包括7个全球具体目标，范围涉及幼儿保育和教育、基础教育、成人和青年扫盲、工作和生活技能、全球公民和可持续发展技能、教师以及教育筹资。联合国"可持续发展目标"所倡导的全民教育、终身教育、优质教育等理念深刻地影响着各个国际组织制定政策的趋势走向，也将持续影响各国教育改革的开展。

2018年全球教育会议评估了自2015年以来取得的进展和仍然存在的挑战，发表了《布鲁塞尔宣言》(*Brussels Declaration*)。该宣言指出，"尽管在全球范围内取得了一些进展，我们却难以在2030年前实现可持续发展目标4的各项具体目标"，为此呼吁加强集体行动，实现可持续发展目标4，并指出了今后四年中需要持续关注的八个优先领域：①使教育和培训系统更加公平和包容；②"不让任何一个人掉队"；③通过正规、非正规教育和培训消除文盲现象；④将移民、流离失所者和难民纳入教育和培训系统；⑤提供促进性别平等的优质教育和培训；⑥加强全球公民意识教育和可持续发展教育；⑦建设开放、灵活且与时俱进的教育与培训系统，以满足新的技能需求；⑧提高教师、教育工作者和学校领导的地位并加强其培训、专业发展及国内资源筹集，增强国际合作。② 2018年全球教育大会为2019年高级别政治论坛和联合国大会提供了关键信息。《兑现承诺：各国能否如期实现可持续发展目标4的各项具体目标？》(*Meeting Commitments：Are Countries on Track to Achieve the SDG 4 Targets?*)对目标4整体进展进行了分析，认为世界在实现对教育的国际承诺方面进展缓慢。几

---

① 联合国. 变革我们的世界：2030年可持续发展议程[EB/OL]. (2015 - 09 - 25)[2020 - 02 - 20]. https://www. un. org/zh/documents/treaty/files/A-RES-70-1. shtml.
② 联合国教科文组织. 联合国教科文组织在全球/地区范围内协调和支持落实可持续发展目标4 - 2030年教育[EB/OL]. (2019 - 10 - 08)[2020 - 02 - 15]. https://unesdoc. unesco. org/ark：/48223/pf0000370917_chi? posInSet=1&queryId=58c3de7f-844c-4f17-aeae-892e52ae38ab.

年来只有二分之一的年轻人完成中学教育；在校学生中，不到二分之一的学生在小学结束时达到了最低水平的阅读和数学水平；在撒哈拉以南非洲，只有十分之一的学生达到这一水平，且受过培训的教师的比例正在下降。低收入国家的基础设施存在一些最严重的缺陷，需要外部援助，但十年来援助一直停滞不前。按照当前趋势，到 2030 年，仍将有超过 2.2 亿儿童、青少年和青年失学，只有六成年轻人将完成中学学业。[①]

高级别政治论坛(HLPF)是可持续发展目标后续行动和审查机制的最高机构，每年审查五至六个目标，确保在四年周期内对所有目标进行审查。[②] 2019 年高级别政治论坛首次对可持续发展目标 4 进行了审查，发出一个紧迫的信息，强调需要加强政治承诺、伙伴关系以及变革和创新，使教育有能力应对国家和全球性挑战。同年，在《可持续发展教育全球行动计划》(GAP)即将结束之际，联合国教科文组织大会第四十届会议批准了 2019 年后可持续发展教育实施框架——"2030 年可持续发展教育"(ESD for 2030)，该框架所涉时期为 2020—2030 年，侧重于加强可持续发展教育对实现所有 17 个可持续发展目标的贡献。该框架将保持全球行动计划现阶段的主要结构元素，并为"2030 年可持续发展教育"进行一些调整，五个合作伙伴网络将合并为一个包容性合作伙伴网络，以便于跨部门工作，也为网络中多个不同合作伙伴群体参与的活动提供计划支持。[③]

首先，联合国教科文组织积极利用信息通讯技术，以促进可持续发展目标 4 的实现。2015 年《青岛宣言》(*Qingdao Declaration*)是全球第一份针对教育信息通讯技术的宣言，阐明了信息通信技术支持 2030 年教育的不同方式。宣言指出："信息通讯技术的巨大进步和互联网连接的迅速扩展已经使今天的世界日益互联互通，也使男女老少了解和熟悉信息通信技术变得至关重要。为了在 2030 年之前实现包容、公平的优质教育和终身学习这一目标，必须利用包括移动学习

① UNESCO. Meeting Commitments: Are Countries on Track to Achieve SDG 4? [R]. Paris: UNESCO, 2019.

② 联合国教科文组织. 超越承诺：各国如何实现可持续发展目标 4[M]. 巴黎：联合国教科文组织, 2019: 3.

③ 联合国教科文组织. 2019 年后可持续发展教育实施框架[EB/OL]. (2019 - 09 - 03)[2020 - 02 - 20]. https://unesdoc.unesco.org/ark:/48223/pf0000370215_chi? posInSet=1&queryId=0a238720-6496-4f3f-989a-653aec72b639.

在内的信息通信技术，强化教育体系、知识传播、信息获取、优质和有成效的学习，提供更高效的服务。"①2017年《青岛声明》指出，"信息通信技术在各国政府努力实现可持续发展目标4方面发挥着推动作用，也对其他可持续发展目标具有推动作用"，并针对优先重视信息通信技术的公平获取和利用、通过信息通信技术提高学习质量及相关性的政策、贯穿可持续发展目标4各个领域以及所有可持续发展目标的综合性信息通信技术解决方案、促进教育领域信息通信技术本土化解决方案的发展以及加强地区和国际合作的协调机制等方面提供了建议。②

其次，联合国教科文组织在促进健康和福祉教育进程中作出了巨大贡献。联合国教科文组织的目标是支持国家教育部门为消除艾滋病和促进所有儿童和青年的健康和福祉作出贡献，这反过来将有助于实现可持续发展目标，特别是与教育、卫生和性别平等有关的目标。为此，2016年《联合国教科文组织健康和福祉教育战略》(UNESCO Strategy on Education for Health and Well-Being)确定了两大战略优先事项：一是确保所有儿童和青年受益于包括艾滋病毒教育在内的高质量、全面的性教育；二是确保所有儿童和青年都能获得安全、包容、健康的学习环境。具体而言，前者的主要成果包括预防艾滋病毒和其他性传播感染，促进对艾滋病毒检测、了解个人状况和艾滋病毒治疗的认识，加强青春期教育，预防早孕和意外怀孕以及培养态度、价值观和技能，促进健康和相互尊重的关系。后者的主要成果包括消除与学校有关的暴力和欺凌，防止对学习者和教育工作者的健康和性别歧视，提高对良好营养和高质量体育教育重要性的认识以及防止使用有害物质。③ 在艾滋病及性教育方面，2018年联合国教科文组织与联合国艾滋病规划署秘书处等多家机构出版第二版《国际性教育技术指导纲要：采取循证方式》(International Technical Guidance on Sexuality Education:

---

① UNESCO. Qingdao Declaration，2015：Seize Digital Opportunities，Lead Education Transformation [EB/OL]．（2015 - 05 - 25）[2020 - 02 - 20]．https://unesdoc. unesco. org/ark：/48223/ pf0000233352? posInSet＝1&queryId＝c68695c4-4261-442a-b16a-1cfc5ac30430.

② UNESCO. 2017 Qingdao Statement：strategies for leveraging ICT to achieve Education 2030 [EB/OL]．（2017 - 07 - 11）[2019 - 12 - 15]．https://unesdoc. unesco. org/ark：/48223/pf0000253061? posInSet＝1&queryId＝097ef9cd-b289-4a46-a07c-51f6cde4d355.

③ UNESCO. UNESCO Strategy on Education For Health and Well-Being：Contributing to the Sustainable Development Goals [R]．Paris：UNESCO，2016.

An Evidence-informed Approach),阐述了全面性教育的定义和基本原理以及最新的证据基础,介绍了核心概念(关系;价值观、权利、文化和性;理解社会性别;暴力与安全保障;健康与福祉技能;人体与发育;性与性行为;性与生殖健康)和主题,以及按年龄阶段制定的教学目标,并对如何为全面性教育争取支持及如何开展有效的性教育提供了建议。①

二、重视终身学习

在人均寿命不断延长的当代社会,终身学习的发展成为大势所趋,这有助于人们获得更饱满、更富有意义的生命体验。

成人学习与教育是终身学习的核心内容,包含旨在确保所有成人都能够参与其所属社会及劳动市场的各种形式的教育和学习。2015 年 11 月,联合国教科文组织大会第三十八届会议通过了《关于成人学习与教育的建议书》(Recommendation on Adult Learning and Education),取代了 1976 年《关于发展成人教育的建议书》。2015 年建议书确定了成人学习与教育的三个重点学习和技能领域,包括:扫盲和基本技能;继续教育和职业技能;自由教育、大众教育和社区教育以及公民技能,并阐述了五个横向行动领域,即 2009 年第六次国际成人教育大会《贝伦行动框架》(Belem Framework for Action)所提出的政策、治理、筹资、参与、包容和公平,以及质量,并为会员国的国际合作提供了建议。②

扫盲是成人学习与教育的重要组成部分,包括读写能力,运用印刷和书面材料进行识别、理解、解读、创造、交流和计算的能力,以及在技术日益发达、信息日渐丰富的环境中解决问题的能力。③ 自 1946 年创立以来,联合国教科文组织一直站在全球扫盲工作的最前沿,积极推动扫盲运动。《联合国教科文组织 2014—2021 年中期战略》目标 1 指出"支持会员国发展教育系统,促进包容和高质量的全民终身学习",将扫盲作为第一个四年期中优先考虑的子门类之一,提

---

① 联合国教科文组织. 国际性教育技术指导纲要:采取循证方式[M]. 巴黎:联合国教科文组织. 2018.

② 联合国教科文组织. 关于成人学习与教育的建议书[EB/OL]. (2015 - 11 - 13)[2019 - 12 - 15]. https://unesdoc. unesco. org/ark:/48223/pf0000245179_chi? posInSet=1&queryId=887a1392-1bca-4382-9baf-3c889130d2e2.

③ 联合国教科文组织. 关于成人学习与教育的建议书(2015)[EB/OL]. (2015 - 11 - 13)[2019 - 12 - 15]. https://unesdoc. unesco. org/ark:/48223/pf0000245179_chi? posInSet=1&queryId=887a1392-1bca-4382-9baf-3c889130d2e2.

出将加强扫盲措施，特别是针对青年和成人的扫盲措施。在联合国扫盲十年
（UNLD）取得的成果基础上，联合国教科文组织将为文盲人口最多的国家提供
支持，包括九个人口大国。活动将侧重于扩大国家扫盲计划，包括 21 世纪技能
的学习和全球公民意识教育，并采用新的实施方法，例如促进通信技术辅助教
学。[1] 2019 年联合国教科文组织大会第四十届会议批准了《联合国教科文组织
青年和成人扫盲战略（2020—2025 年）》（*UNESCO Strategy for Youth and
Adult Literacy 2020—2025*）。该战略着眼于促进青年和成人扫盲，注重创建识
字环境，并将特别关注全球扫盲联盟（Global Alliance for Literacy）的成员国。
战略主要涉及四个战略优先领域：①支持会员国制定国家扫盲政策和战略；
②满足弱势群体，特别是妇女和女童的学习需求；③利用数字技术扩大学习机
会，改善学习成果；④监测进展情况，评估识字技能和扫盲计划。[2]

　　2019 年 2 月，经合组织发布《掌握正确的技能：为未来做准备的成人学习系
统》（*Getting Skills Right：Future-Ready Adult Learning Systems*）报告指出，
新技术、全球化以及人口老龄化对现存工作的类型和质量产生深远影响，并且针
对成人学习系统的实现提出全面的政策议程：①通过帮助成人作出决策、解决
参与问题和鼓励雇主提供训练来提升成人学习的覆盖面和包容性；②通过收集
和充分利用技能评估和预测信息来使训练内容和劳动力市场所需技能充分挂
钩；③通过评估提供者的质量，使质量监测信息公开化并鼓励对工作组织实践的
应用来提升训练条款的质量和影响；④充分且可持续的资金需要到位，包括公众
资助、雇主和个人的捐赠；⑤加强管理机制以提升不同行动者参与成人学习系统
中的纵横合作。[3] 2019 年 9 月，经合组织和联合国发展项目发布《G20 对 2030
议程的贡献：进程和前进方向》（*G20 Contribution to the 2030 Agenda：
Progress and Way Forward*）报告，强调在数字化时代下，人类寿命的延长和工
作性质的迅速变化增加了对成人学习的需求。因此，培训和教育系统必须升级
和调整，比如提供正确的学习工具和可转让的技能，保障基础教育、职业培训以

---

①　联合国教科文组织. 2014—2021 年中期战略[R]. 巴黎：联合国教科文组织，2014.
②　联合国教科文组织.《联合国教科文组织青年和成人扫盲战略》（20202025 年）[EB/OL].（2019 - 11 -
08）[2020 - 02 - 15]. https://unesdoc. unesco. org/ark:/48223/pf0000371411_chi.
③　OECD. Getting Skills Right：Future-Ready Adult Learning Systems [R]. Paris：OECD Publishing，
2019：13 - 18.

及终身学习的机会向所有人开放，改变或者提高原有的技能。除此以外，该报告还提出针对未来全球共同行动的四大政策优先事项：①创造更多和更高质量的工作，采取综合办法实现充分就业和生产性就业，并为所有人提供高质量的工作；②通过教育、高质量学徒制和培训支持人力资源开发，以加强职业技能发展和终身学习；③通过缩小性别差距增加劳动力市场的包容性；④为有特殊需要的群体寻找解决办法，如发展中国家的农村青年以及妇女和女童。① 2020 年 2 月，经合组织发布《制定政策的系统思维：运用系统分析的潜力应对 21 世纪全球政策挑战》（*Systemic Thinking for Policy Making：The Potential of Systems Analysis for Addressing Global Policy Challenges in the 21st Century*）报告，指出教育有利于老年人在认知技能、健康和残疾教育方面的福祉，有助于增强劳动者的市场竞争力和终身学习的意识。② 2020 年 3 月，经合组织《提升成人学习参与：从成功改革中学习》（*Increasing Adult Learning Participation：Learning From Successful Reforms*）报告进一步强调，需扩大和升级成人学习系统以帮助人们适应未来的工作世界。③

欧盟将终身学习视为支撑整个教育政策框架的基本原则，旨在涵盖从幼儿教育、学校教育到高等教育、职业教育和培训以及成人教育等各个层次，包括正式、非正式和非正规等各种形式的学习。2009 年，欧盟"教育与培训 2020 战略"将终身学习视为欧洲教育政策的四个战略目标之一；2012 年颁布《终身学习计划指南》（*Lifelong Learning Programme Guide*），为终身学习提供系统指导；2017 年《欧洲终身学习资格框架》（*European Qualifications Framework for Lifelong Learning*）修订了欧洲资格框架（EQF），确保涵盖所有类型和级别的资格证书，旨在提高欧洲资格的透明度和可比性，促进教育与培训系统的现代化，并提高工人和学习者的就业能力、流动性和社会融合。

欧盟教育政策以终身学习为基本原则，主要基于以下考虑。一方面，经过多年的发展，无论是在理念还是实践的层面，终身学习计划都提升了欧盟教育治理

① OECD. G20 Contribution to the 2030 Agenda：Progress and Way Forward［R］. Paris：OECD Publishing，2019：21 - 22.

② OECD. Systemic Thinking for Policy Making：The Potential of Systems Analysis for Addressing Global Policy Challenges in the 21st Century［R］. Paris：OECD Publishing，2020：15 - 16.

③ OECD. Increasing Adult Learning Participation：Learning from Successful Reforms［R］. Paris：OECD Publishing，2020：10 - 11.

的良好形象；另一方面，个人具备终身学习能力是应对经济发展和社会转型的关键。[①] 因此，终身学习这一具有普世共识和弹性的政策将被欧盟长期使用，从而深入推进欧盟范围内高技能人才的培养和可持续发展目标的实现。未来欧盟将着重加强早期儿童教育与投资、完善技能和框架服务水平等方面推进终身学习计划。首先，学习是一个渐进的过程，优质的早期教育是今后更高水平能力发展、教育成功和社会融合的先决条件，这对于来自弱势群体的儿童尤其重要。欧盟将整合的早期儿童发展政策视为减少贫困和促进社会融合的重要工具。2019年欧盟《高质量早期儿童教育与保育系统》（*High-Quality Early Childhood Education and Care System*）提出以下建议：①确保高质量早期儿童教育与护理的可获得性、可负担性和包容性；②支持幼儿教育工作人员与领导的专业化；③加强早期儿童教育课程开发，以符合儿童的兴趣，满足每个儿童的独特需要和潜力；④进行透明和连贯的监测与评估，以制定和执行相关政策；⑤确保提供足够的资金和法律框架；⑥报告有关早期儿童和护理系统的经验与进展。[②] 其次，完善技能和框架服务水平。2018年《关于为技能和资格提供更好服务的通用框架》（*A Common Framework for the Provision of Better Services for Skills and Qualifications*）要求对欧洲通行证（Europass）进行修订，从而建立一个欧洲框架，以支持在正式、非正式和非正规环境（如实践经验、跨国流动与志愿服务等）中获得的技能和资格都能够得到认可。[③]

三、提升师生的技能水平

在数字化时代背景下，教师和学生都面临着新的挑战，这不仅仅涉及教育内容、方法、手段、策略以及过程等方面的变化，同时也包括一些更微妙的教育观念上的变革。教师如何运用技术去促进学生的个性化学习，师生如何配备相应的数字能力以更好地适应人工智能时代和更具竞争性的教育环境，是各个国际组

① 陈时见，冉源懋. 欧盟教育政策的历史演进与发展走向[J]. 教师教育学报，2014，1（5）：95 - 105.

② European Commission. Council Recommendation on High-Quality Early Childhood Education and Care System［EB/OL］.（2019 - 05 - 22）［2020 - 02 - 20］. https：//eur-lex. europa. eu/legal-content/EN/TXT/HTML/？uri＝CELEX：32019H0605(01)＆from＝EN.

③ European Commission. A Common Framework for the Provision of Better Services for Skills and Qualifications (Europass)［EB/OL］.（2018 - 04 - 18）［2020 - 02 - 15］. https：//eur-lex. europa. eu/legal-content/EN/TXT/HTML/？uri＝CELEX：32018D0646＆from＝en.

织共同关注探讨的新兴话题。

当前背景下,技术颠覆给人类福祉带来巨大希望。未来教育愈发需要采取人文主义方法,强化人文科学在技术和数据主导的环境中的作用。同时,数据和知识的创建、拥有、传播、分析和使用方式的根本性变化正在改变着教育。技术颠覆的影响要求我们重新审视教育的未来,即在当前的变革背景下重新思考教育的宗旨和学习的组织。在这一背景下,联合国教科文组织发起了"教育的未来"(The Futures of Education)倡议,旨在重新思考教育并塑造未来,以及推动一场关于如何在日益复杂、不确定和动荡的时代重新构想知识、教育和学习的全球辩论。[①]

近年来,联合国教科文组织举行一系列国际会议,发表《青岛宣言》《青岛声明》《卢布尔雅那开放教育资源行动计划》《北京共识》(*Beijing Consensus*)等文件,以发挥信息通信技术的潜能,促进教育和可持续发展目标的实现。联合国教科文组织积极探索人工智能的潜力,以加快实现可持续发展目标4——2030年教育的进程。2019年的《北京共识》是史上第一份为科学运用人工智能技术以落实2030年教育议程提供指导与建议的文件,致力于引领实施适当的政策应对策略,通过人工智能与教育的系统融合,全面创新教育、教学和学习方式,并利用人工智能加快建设开放灵活的教育体系,确保全民享有公平、适合每个人且优质的终身学习机会,从而推动可持续发展目标和人类命运共同体的实现。《北京共识》从以下十大领域为会员国政府及其他利益攸关方提供了行动建议:规划教育人工智能政策;人工智能促进教育的管理和供给;人工智能赋能教学和教师;人工智能促进学习和学习评价;培养人工智能时代生活和工作所需的价值观和技能;人工智能服务于提供全民终身学习机会;促进教育人工智能应用的公平与包容;性别公平的人工智能和应用人工智能促进性别平等;确保教育数据和算法使用合乎伦理、透明且可审核;监测、评估和研究。[②]

2019年10月经合组织发布《教育二十一世纪儿童:在科技时代中的情感健康》(*Educating 21st Century Children*: *Emotional Well-being in the Digital Age*)报告,聚焦这一问题并提出相关的教育政策发展趋势:①关注教育政策制

---

① 联合国教科文组织. 可持续发展目标4—2030年教育,第Ⅲ部分,"教育的未来"报告[EB/OL]. (2019 - 03 - 080[2020 - 02 - 20]. https://unesdoc.unesco.org/ark:/48223/pf0000366976_chi.

② UNESCO. Beijing Consensus on Artificial Intelligence and Education [R]. Paris:UNESCO, 2019.

定中遇到的重要挑战，比如数字公民权、网络霸凌、儿童情感幸福测量指标的制定趋势以及影响制定趋势发展的积极和消极因素；②关注儿童关系和在儿童生活中起帮助作用的重要群体，比如积极性和支持性对儿童关系的重要性，如何处理线上和线下之间的关系，儿童在家庭中的教育实践，全球气候变化、灾害迁移、日益增长的个人主义和数字化改革对儿童的影响等；③从儿童福祉的角度来思考网络环境产生的机遇和风险对其产生的影响，比如调查儿童的线上时间使用情况，审视数字化成果与社会不平等现状的联系以及从公共政策和立法领域对儿童权益进行保护；④通过政策和合作促进儿童数字化素养和适应力，比如培养儿童对自我隐私、网络礼节和建设自我适应力上的认知，制定使线上用户降低网络犯罪风险的国家政策，积极发挥教师教育和教育合作在此方面的作用。①2020 年 2 月，经合组织发布《科学、技术和创新数字化：关键发展和政策》(*The Digitalization of Science*，*Technology and Innovation*：*Key Developments and Policies*)报告，提出人工智能时代下教育政策走向包括两大趋势：一是需要开发新的课程从而跟上数字技术带来的迅速变化；二是终身学习是不可或缺的组成部分，需要政府与社会伙伴之间加强合作并且制定和资助适当的方案。②

数字能力也是欧洲终身学习关键能力参考框架的一部分，是所有公民都应该具备的能力。欧盟将数字能力界定为对数字技术的自信和批判性使用，涵盖了所有公民在快速变化发展的数字社会中所需的知识、技能和态度。2007 年，欧盟制定《21 世纪的数字技能》战略；2013 年，欧盟颁布《欧洲公民数字能力框架》，旨在改进欧洲公民的数字能力，帮助政策制定者更好地出台支持数字能力提升的政策。2016 年，《欧洲公民数字能力框架 2.0》(*DigCom 2.0*：*The Digital Competence Framework for Citizens*)颁布，提出要掌握五种关键的数字能力，即信息和数据素养、沟通和协作能力、数字内容创作能力、数字安全能力和解决问题能力。③ 相比于 2013 年的框架，新框架尤其关注数据素养、协作、数据内容等维度。2018 年 1 月，欧盟出台"数字教育行动计划"(Digital Education

---

① OECD. Educating 21st Century Children：Emotional Well-being in the Digital Age [R]. Paris：OECD Publishing，2019：13 - 14.

② OECD. The Digitalisation of Science，Technology and Innovation：Key Developments and Policies [R]. Paris：OECD Publishing，2020：30 - 31.

③ European Commission. DigComp 2.0：The Digital Competence Framework for Citizens [R]. Brussels：European Commission，2016：8 - 9.

Action Plan），提出"更好地利用数字技术进行教学""发展相关的数字能力与技能促进数字化转型""通过更好的数据分析和前瞻来改善教育"三个优先事项和11项具体行动（见表10-4）。

表10-4　欧盟数字教育行动计划(2018)

优先事项	行动	举措
更好地利用数字技术进行教学	行动1：确保学校的宽带连接	通过公平和高质量的数字基础设施建设,改善所有受教育儿童获得技术和连接的机会是减少不平等和排斥的起点。主要通过三个途径：①提高欧洲学校对采用高容量宽带益处的认识,并提供欧盟支持宽带连接经费资助的信息；②开发以弱势地区为重点的"学券计划"；③公关进度数据。
	行动2：为学校提供自我反思工具和辅导计划	加强普通学校和职业学校教师与学习者的数字能力,推广自我反思工具；通过欧盟层面的平台,推动国家/区域层面的辅导计划。
	行动3：提供数字认证的资格证书	提供一个框架来颁发数字认证的资格证书和验证数字技能；该框架将与欧洲终身学习资格框架(EQF),欧洲技能、能力、资格和职业分类框架(ESCO)保持一致。
为数字转型发展相关的数字能力与技能	行动4：打造数字高等教育中心	打造全欧洲范围内的数字高等教育平台,并促进合作。这个由"伊拉斯谟＋"支持的新平台将在各类高等教育机构提供包括在线学习、混合移动、虚拟校园、最佳实践交流等方面的一站式服务。
	行动5：加强开放科学技能	通过试点培训,包括持续开设关于开放科学的专业发展课程,加强欧洲的开放科学和公民科学。
	行动6：举行欧盟编程周	在欧洲所有学校开设编码课程,增加学校对欧盟编码周的参与。
	行动7：应对教育中的网络安全	通过开展以下活动应对数字转型的挑战：①在全欧盟范围内开展以教育工作者、家长和学习者为对象的意识提升运动,以促进网络安全、网络卫生和媒体素养；②建立在公民数字能力框架基础上的"网络安全教学计划",培养学生自信而负责任地使用技术的能力。
	行动8：为女童提供数字和创业技能培训	通过提升女童的数字和创业能力,进一步缩小技术和创业部门的性别差距；动员利益相关者的参与。

（续表）

优先事项	行动	举措
通过更好的数据分析和前瞻来改善教育	行动9：教育中的ICT研究	评估将ICT纳入教育主流的进展情况，从而提供关于学校系统发展ICT和数字技能的依据。
	行动10：人工智能与分析	从2018年起启动教育领域的人工智能和学习分析试点，更好地利用现有数据，帮助解决具体问题，改善教育政策的实施和监控；为成员国开发相关的工具包和指南。
	行动11：战略前瞻	与成员国专家密切合作，利用全欧盟教育与培训的合作渠道，对未来教育系统数字化转型的主要趋势进行战略预测。

资料来源：European Commission. *Digital Education Action Plan*[EB/OL]. (2018 - 1 - 17)[2020 - 02 - 20]. https://eur-lex. europa. eu/legal-content/EN/TXT/? uri=COM：2018：22：FIN.

在日益全球化的经济中，欧盟需要一支高技能的劳动力队伍，以实现最高的生产率和持续的创新。当前，仍有7 000万欧洲人缺乏足够的读写能力；1 200万长期失业者中有超过一半被认为是低技能者。由于教育与培训体系提供的技能与劳动力市场所需要技能之间的不匹配状况依旧严重，40%左右的欧洲雇主很难找到发展和创新所需的高技能人才。[1] 欧盟希望通过有效的教育与培训，使劳动力技能更好地适应欧盟经济繁荣和社会融合的需求。欧盟认为，技能既包括计算能力和读写能力，这是进一步学习和职业发展的基础；也包括终身学习所需要的各种关键能力和高阶能力，如数字能力、创业能力、批判性思维、解决问题能力、学习能力等，这是应对复杂性和不确定性、开展创造性劳动所必需的。首先，提高技能的质量和相关性：①改善欧洲低技能成年人的就业机会，建立提高技能的途径；②帮助更多人掌握核心技能，当前欧盟已经开发了创业能力框架和数字能力框架，未来将进一步促进欧盟成员国对这些关键能力形成共识，并将其纳入到教育和培训体系中；③使职业教育与培训成为第一选择；④加强数字技能和工作联盟建设，确保欧洲劳动力具备足够的数字技能。其次，使技能和资格更加可见和具有可比性：①通过修订欧洲资格框架，使劳动力更好地理解资格和相关技能；②整合包括难民在内的新进移民，一方面记录其技能、资格和经验，另

---

[1] European Commission. A New Skills Agenda for Europe [R]. (2016 - 10 - 06)[2019 - 12 - 15]. https://eur-lex. europa. eu/legal-content/EN/TXT/H TML/? uri=CELEX：52016DC0381&from=EN.

一方面为其提供语言支持。最后,改善技能的智能和信息水平,以获得更好的职业选择:①完善欧洲通行证在线平台,记录和共享有关技能与资格的信息,并提供免费的自我评估工具;②针对人才外流问题,提出问题解决的方案和分享最佳实践;③建立欧盟层次的技能合作伙伴关系;④帮助学生和教育提供者评估学习机会的相关性,并开展高等教育机构毕业生追踪,以支持欧盟成员国了解毕业生在劳动力市场的信息。[①]

四、强调教育平等

长久以来,教育中的公平与平等问题受到国际组织的广泛关注。其中,性别平等历来是联合国教科文组织在教育公平议题上关注的焦点和重心。《联合国教科文组织性别平等优先行动计划(2014—2021 年)》(*UNESCO Priority Gender Equality Action Plan 2014 -2021*)指出,性别平等与促进全民受教育权的教育计划有着密不可分的关系。教育计划旨在消除持续存在的性别差距,在整个教育系统中促进以下方面的性别平等:参与教育(获取教育)、教育过程(内容、教学与学习环境和做法、办学方式以及评估)和教育结果(学习成绩、生活和工作机会)。[②]《从享有教育机会到通过教育赋权:联合国教科文组织促进教育领域性别平等及通过教育促进性别平等战略(2019—2025)》(*From Access to Empowerment*:*UNESCO Strategy for Gender Equality in and through Education 2019 -2025*)明确了"加强教育系统,实现性别变革,促进性别平等"以及"通过教育增强女孩和妇女的权能,创造更美好的生活和未来"两大战略目标,并提出三大主题优先事项:①提供更好的数据,采取知情行动;②完善法律、政策和规划框架,推进权利的实现;③改进教与学的实践,增强权能。联合国教科文组织在性别平等上以期实现的愿景为"建设一个已经实现教育中的性别平等和通过教育促进性别平等的世界,即确保女孩和男孩、妇女和男子享有平等接

① European Commission. A New Skills Agenda for Europe [R]. (2016 - 10 - 06)[2019 - 12 - 15]. https://eur-lex. europa. eu/legal-content/EN/TXT/H TML/? uri = CELEX：52016DC0381&from = EN.

② 联合国教科文组织. 联合国教科文组织性别平等优先行动计划(2014—2021 年)[R]. 巴黎:联合国教科文组织,2014.

受教育的权利与机会，以及拥有塑造生活和未来的权力和机制"。① 2019 年，联合国教科文组织发起了"她的教育，我们的未来"（Her Education，Our Future），将通过三个行动领域加快联合国教科文组织在女童和妇女教育方面的工作，为联合国教科文组织的教育性别平等战略作出贡献。第一，收集更好的数据为行动提供信息，包括数据收集、分析和传播，以及教育领域性别不平等全球报告的年度出版。第二，促进更好的立法、政策和权利的计划，包括支持促进性别平等的教育政策和计划，审查国家立法，禁止歧视性做法和教育障碍（如童婚和童工）等方面。第三，推进更好的教学和学习实践，推进旨在改善教学、学习和安全学习环境的创新干预措施和包括 STEM 教育、识字、技能培训、全面的性教育以及解决与学校相关的基于性别的暴力。②

　　联合国教科文组织还密切关注受危机影响群体（IDP）的教育需求。2019 年全民教育全球教育监测报告《迁徙、流离失所和教育》（*Migration，Displacement and Education*）呼吁各国政府拿出对待本国人口的关注力度，满足包括难民、移民和境内流离失所者及其子女在内的教育需求，具体包括保护移民和流离失所者的受教育权；将移民和流离失所者纳入国家教育系统；了解移民和流离失所者的教育需求，并为其做出规划；在教育中准确表述移民和流离失所者的历史，以消除偏见；培养移民和流离失所者的教师，使其学会应对多样和艰苦的工作条件；利用移民和流离失所者的潜力；利用人道主义援助和发展援助支持移民和流离失所者的教育需求。③ 联合国教科文组织 2019 年通过的《承认高等教育相关资历全球公约》（*Global Convention on the Recognition of Higher Education Qualifications*）涉及对难民和流离失所者的部分学程和资历的承认。目前，联合国教科文组织正在建立"联合国教科文组织资历护照"（UQP），该制度将凸显教育在构建和平、捍卫难民尊严和保障难民生计方面的作用，有利于实施全面的难民救助并加强全球移民治理。同时，"资历护照"有望成为一个现代

① 联合国教科文组织. 从享有教育机会到通过教育赋权联合国教科文组织促进教育领域性别平等及通过教育促进性别平等战略（2019—2025）[M]. 巴黎：联合国教科文组织，2019.

② UNESCO. Her Education，Our Future：UNESCO Fast-Tracking Girls' And Women's Education [R]. Paris：UNESCO，2019.

③ 联合国教科文组织. 全球教育监测报告 2019：移徙、流离失所和教育：要搭建桥梁，不要筑起高墙 [M]. 北京：教育科学出版社，2019.

化的、普遍的工具,促进有学历的难民和弱势移民流动。另外,"资历护照"还有望成为落实未来的《承认高等教育相关资历全球公约》的补充手段。[①]

2015 年 3 月,经合组织发布《教育中的两性平等 ABC:能力、行为、信心》(*The ABC of Gender Equality in Education:Aptitude,Behaviour,Confidence*)报告,针对教育中的两性平等问题提出三点政策建议:①降低学科领域中对性别的刻板印象,比如传统观念认为男性在数学和科学上表现更优秀,而女性则在阅读上表现更好;②让教师意识到自己的性别偏见。教师可能有意识或无意识地形成对学校科目中的男女生的定型观念,并通过他们给出的不同评价,在学生心中和学生的家庭中强化这些观念;③建立女生的信心。女生在数学、科学和解决问题方面缺乏自信和对数学的焦虑可能是造成在这些方面表现不佳的主要原因,教师可以为女生提供积极的反馈和强化。[②] 2017 年 7 月,经合组织发布《经合组织理事会关于教育、就业和创业方面两性平等的建议》(*Gender Equality in Education,Employment and Entrepreneurship*),指出未来需要进一步促进教育中性别平等的实现,这有助于实现女性在就业、社会生活中确立平等地位。[③] 2017 年 10 月,经合组织发布《追求两性平等》(*The Pursuit of Gender Equality*)报告,提出教育领域的性别不平等问题包括:①性别刻板印象导致了男女生在 STEM 领域熟练程度和参与度的性别差距。在经合组织范围内,15 岁的男生希望从事工程师、科学家或建筑师工作的可能性平均是女生的两倍多;在高等教育中,年轻女性在 STEM 中的代表性也不足,如在高等计算机科学课程中女性所占比例不到 20%,在工程类课程中女性所占比例仅为 18%;②女性在金融教育上处于弱势地位,具备较少的金融知识,经济复原力和经济独立性都处于较低的水平。因此需要将其纳入教育政策举措,比如通过数字金融服务的培训提高其金融素养。[④] 2018 年 10 月,经合组织《教育公平:打破社会

① 联合国教科文组织. 联合国教科文组织难民和弱势移民学历护照全知晓[EB//OL]. (2019 - 11 - 15) [2020 - 02 - 20]. https://zh. unesco. org/news/jiao-ke-wen-zu-zhi-nan-min-he-ruo-shi-yi-min-xue-li-hu-zhao-quan-zhi-xiao.

② OECD. The ABC of Gender Equality in Education:Aptitude,Behaviour,Confidence [R]. Paris:OECD Publishing. 2015:13 - 15.

③ OECD. 2013 OECD Recommendation of the Council on Gender Equality in Education,Employment and Entrepreneurship [R]. Paris:OECD Publishing,2017:3 - 7.

④ OECD. The Pursuit of Gender Equality:An Uphill Battle [R]. Paris:OECD Publishing,2017:24 - 29.

流动障碍》(*Equity in Education：Breaking Down Barriers to Social Mobility*)
报告提出针对未来实现教育公平的九大政策优先事项：①支持弱势儿童、青少
年和年轻人的教育，尽早为这些群体提供支持；②为弱势儿童提供优质的早期教
育计划，从而为其带来更高的学历和职业成就、更少的犯罪活动、更好的健康状
况以及更牢固的家庭和个人关系；③设定有抱负的目标并监控弱势学生的学习
进度，比如根据具体情况设定学业达标基准；④培养教师发现学生需求和管理多
样化教室的能力，比如向学生提供职业指导和咨询，了解弱势学生面临的障碍；
⑤将额外资源用于弱势学生和学校，当来自处境不利家庭的学生进入处境不利
的学校时将面临双重不利条件，因此需要更多额外投资，比如改善学校基础设
施、教师培训和支持以及补习和家庭作业辅助服务等；⑥降低特殊学校中弱势学
生的集中度，比如使学校选择更加多样化，禁止使用经济、社会、种族、宗教或学
术标准来规范学生入学；⑦培养学生的幸福感，这包括学生的自我效能感、对学
校的归属感以及对学校的态度等；⑧营造有利于良好学习和幸福感形成的氛围，
学校应准备有效策略应对欺凌和暴力等其他反社会行为以及自卑、抑郁和悲伤
等不良的心理状态；⑨鼓励家长与老师之间的沟通并让家长参与到教育中去，这
不仅能帮助父母了解到对孩子的教育是有价值的和有期望的，而且对于那些被
动的、自我效能感相对较弱的父母可能尤其重要。①

五、推动学习与教育效果评估

尽管在过去的 50 年中，大多数中低收入国家的教育规模迅速扩大，但依然
有很多学生被排除在初等教育之外。即使是在受教育程度较高的国家，贫穷、种
族、残疾和地理位置等因素都对全球教育的繁荣发展产生阻碍。在这种背景下，
有效的学习成果可以使很多社会问题都迎刃而解。对个体而言，教育能够促进
就业、增加收入、提高身体素质；对社会而言，教育能推动长期的经济增长、激励
创新、增强社会凝聚力。然而，面对有限的资源和低效的教育改革实践，世界银
行指出学习效果低下是教育投资最大的败笔。

基于此，世界银行认为针对学习效果的改革是国家教育体系努力的重要方

---

① OECD. Equity in Education：Breaking Down Barriers to Social Mobility [R]. Paris：OECD
Publishing，2018：39 - 46.

向。在基础教育领域强调学习效果是世界银行对教育的一项重要贡献。正如世界银行所强调的,通过教育获得的技能,而不是上学时间的长短,是推动经济增长并使个体具备工作和生活能力的基础。世界银行指出,如果能将墨西哥或土耳其等中等收入国家所有学生的学习水平提高至巴西普通学生的学习水平,就可以使这些国家的长期增长率提高大约 2 个百分点。[①] 同样,科技的快速发展使基本的知识技能变得更为重要,因为这些技能可以提供应对新机遇的能力。因此,当众多的青少年儿童进入学校,对于各国来说已经是一个良好的开端。现在亟需提升所有学生的学习效果以实现教育的承诺。教育可以为社会和个人赋权,但教育作用的发挥受到经济和其他部门的影响。同时,如果教育体系管理不善,教育将可能成为社会退步的加速器,如不合理的教育可能加速贵族阶级和弱势群体的分裂;领导者或许会利用教育系统实现政治目的,并以某种方式强化专制,加深某些群体的社会排斥等。因此,世界银行强调对整个教育系统进行有效治理,每一个环节都可能造成学习质量低下,必须调动和协调相关工作人员,让整个教育系统都发挥作用。

为了实现全民学习并保证全民学习的质量,世界银行致力于在全球层面构建一个高质量的知识数据库,即"教育检测与信息系统"(EMIS)。该系统的主要功能是通过可比的数据来衡量学业成果,并监测教育系统的运作效率;为国家政策制定提供理论建议、政策咨询,从而指明国家教育系统运行的正确方向。

世界银行认为,有效的学习测量和评估具有六个技巧。第一,衡量学习差距。建立国家评估系统,才能测量出学习方面的不均衡水平。这种评估必须充分围绕社会经济地位、性别或疾病状态等重要分析维度,特别是要保证有社会或经济排斥风险群体的代表性。第二,跟踪评估进度。跟踪学生学习效果变化,对学习趋势的引导及测试学习差距非常重要。第三,测试学生学习。学生评估的重点是确保他们在学习初期获得基本的技能,即识字、计算、批判性思维,使他们的学习获得最大效益,而只有对学生的学习进行测试,才能了解到他们获得基本技能的水平。第四,平衡学习指标。学习指标应该被视为一种工具系统,因此有其使用的目的和途径,没有哪种学习指标是永远有效或者可以过度使用的。第

---

① World Bank. World Bank's World Development Report 2018—Learning to Realize Education's Promise [R]. Washington D. C. : World Bank. 2017: 45.

五，促进设计行动。良好的学习方法不应停留在设计层面，要用于政策制定，体现在行动和应用中，这种学习方法是各种利益相关者合作制定的学生评估体系。第六，充分利用全球学习测评。合理利用国际评价项目如 PISA 和 TIMSS，不仅能够跟踪本国学生学习水平的变化，而且实现了国家和国际社会评估标准的关联，实现有意义的全球学习跟踪。[①]

　　欧盟也认为，推动教育效果的评估对于服务地区性教育区的建立有着重要意义。注重教育与培训是欧盟更广泛的社会经济议程的重要方面，被认为是加强"欧洲维度"（European Dimension）和欧洲认同的重要途径。欧盟通过"教育与培训 2020 战略"框架下的"伊拉斯谟＋计划"和欧洲结构与投资基金，为成员国提供支持。"教育与培训监测"通过年度综合评估监测欧盟教育的整体走向和2020 战略的实现程度。欧盟提供建立欧洲教育区的愿景，以加强教育成果和学习流动性，促进共同价值并促进跨境文凭的相互认可。《通过教育和文化加强欧洲认同》（*Strengthening European Identity through Education and Culture*）指出，充分利用教育和文化的潜力来推动创造就业机会、社会公平、积极的公民身份和经济增长，以及以各种方式体验欧洲身份的做法，符合所有欧盟国家的利益。因此，该报告建议与欧盟国家共同努力，基于信任、相互认可、合作的原则，共享最佳实践经验，加强流动性，在 2025 年建成欧洲教育区。[②] 未来欧盟将进一步推动欧洲维度的教学、文凭互认、语言教育、构建合作网络等方式，构建欧洲教育区。首先，加强欧洲维度的教学。一是鼓励了解欧洲的背景、共同的遗产与价值，并意识到欧盟以及成员国在社会、文化和历史上的统一性和多样性；二是理解欧盟的起源、价值与功能。其次，鼓励学生与教师参与跨境流动和跨国项目。借助"伊拉斯谟＋计划"，欧盟从推动高等教育领域的流动开始，逐渐拓展到中学生、职业学生、青年专业人员以及教师层面的跨国流动，取得了显著的成绩。2018 年欧盟呼吁成立了"欧洲团结青年自愿军"，为 18～30 岁的欧洲青年人提供志愿服务、培训和工作机会，旨在加强欧洲年轻人的流动与合作，在服务社会的同时，提升个人技能和工作经验。此外，欧盟尝试在博洛尼亚进程基础上，开

---

① World Bank. World Bank's World Development Report 2018—Learning to Realize Education's Promise ［R］. Washington D. C. ：World Bank. 2017：26 - 27.

② European Commission. Strengthening European Identity through Education and Culture ［R］. Brussels：European Commission，2017.

始学生和教师跨国流动的新的进程,并为相互承认高等教育和学校文凭奠定基础。第三,改善语言教育。旨在确保到 2025 年,所有完成中学教育的欧洲年轻人都对母语以外的两种语言有很好的了解。[①]第四,注重欧盟成员国建立合作网络,加强信息交流。欧盟强调信息交流应特别注重方法的开发和最佳实践的挖掘,尤其是通过使用新技术、组织研讨会、数据收集、开发工具并发布结果等方式。

第四节　国际组织教育政策对教育研究的需求

本章根据国际组织教育政策的核心议题和趋势,提出对未来教育科研的需求:

第一,加强对国际组织教育政策的研究。国际组织是全球教育治理的重要组成部分和参与主体。在教育问题越来越成为全球共同问题的背景下,需要通过对国际组织教育政策与教育战略的关注来把握全球教育发展的趋势。首先,需要对主要国际组织教育领域的政策文件和研究报告等进行及时和系统的收集、整理、研究和分析,形成对国际教育发展现状与趋势准确的认知和理解,以更好地为我国教育理论研究与教育政策实践提供有益的参考。其次,要通过对我国成功教育实践的总结,以国际通用的话语进行传播,加强参与国际组织相关规则和政策的制定,更好地发挥中国在全球教育发展领域的话语权和影响力,为构建全球教育共同体贡献中国智慧和中国方案。

第二,加强儿童早期教育相关研究。早期投资对于个人发展和国家繁荣具有重要价值。未来有必要加强以下问题研究:一是儿童早期教育的政策与投资研究,确保清晰的国家政策框架;二是儿童早期教育的理念、目标、课程、师资培训、合作共同体建设、数据收集等方面的研究;三是儿童早期教育质量监测研究;四是从早期教育顺利过渡到初等教育相关问题研究,如组织和治理问题、教师培训的衔接性问题、课程与教学的连续性、家长的参与等。

第三,现代技术与教育发展关系问题研究。现代技术特别是教育技术是否

---

① European Commission. Strengthening European Identity through Education and Culture ［R］. Brussels：European Commission，2017.

提升了教育质量,以及在多大程度上改进了教学质量一直是一个悬而未解的问题。一方面,教育系统需要加强如何利用不断更新迭代的信息技术,促进学习方式的变革,提升学生学习的个性化和主动性,改进创新技术支持的灵活且包容的学习空间建设,以及学习测量的革新等方面的研究;另一方面,厘清现代教育技术在教育教学过程中的边界,强调师生互动和生生互动,促进学生价值观和积极社会情感技能的养成。同时,在数字时代,"数字鸿沟"已成为新的教育平等问题而引起广泛关注。未来需着重研究的问题可能包括:数字基础设施建设的科学性与公平性问题研究;通过数据分析和前瞻,对未来教育系统数字化转型的主要挑战与趋势进行战略预测的研究等。

第四,人工智能在教育中应用的伦理问题研究。智能时代人与人的关系、人与机器的关系都将被重新定义。联合国教科文组织早在1996年《教育——财富蕴藏其中》里就提出,"教育应当促进每个人的全面发展,即身心、智力、敏感性、审美意识、个人责任感、精神价值等方面的发展。应该使每个人尤其借助于青年时代所受的教育,能够形成一种独立自主的、富有批判精神的思想意识,以及培养自己的判断能力,以便由他自己确定在人生的各种不同的情况下他认为应该做的事情"。这一愿景在智能时代面临新的挑战,正如苹果公司首席执行官库克指出,"我所担心的并不是人工智能能够像人一样思考,我更担心的是人们像计算机一样思考,没有价值观,没有同情心,没有对结果的敬畏之心。"随着人工智能越来越广泛地应用到教育领域,有必要加强对人工智能应用风险和伦理问题的研究,例如,智能时代儿童与青少年隐私保护、网络霸凌等现状的研究;针对儿童与青少年网络犯罪的政策研究;保障智能时代儿童与青少年情感健康的家庭、学校、社会等支持体系研究等。

第五,终身学习问题研究。在数字化时代,随着人类寿命的延长和工作性质的迅速变化,终身学习问题的重要性日渐凸显。相关研究问题可能包括:终身学习经费投入问题研究;教育与培训系统如何变革以应对新技术、全球化和人口老龄化的挑战;如何开发恰当的学习工具和可迁移的技能;如何缩小性别差异增加劳动力市场的包容性;如何开发融合了正式、非正式和非正规环境中获得的技能和资格的"数字通行证",促进劳动力资格的认可和流动等。

（梅伟惠　阚　阅　马文婷　郑　璐　杨浦云　俞晨欣　方　洁）

 科教管理与创新战略研究文库

 主　编：顾建民
副主编：吴　伟

全球教育研究演进与趋势
下篇：领域和专题报告

Evolution and Trend of
Global Education Research

顾建民　李　艳　主编

 上海交通大学出版社
SHANGHAI JIAO TONG UNIVERSITY PRESS

目 录

第三编　研究领域分析

第四编　实证调查研究

第五编　一流学科探讨

第三编

研究领域分析

第十一章
国际教育政策与管理研究的热点主题和前沿演进

教育事业的发展需要教育政策的指导与支撑,而"教育政策的科学化、民主化、绩效化依赖于教育政策研究的深入和发展,依赖于科学的教育政策制定和有效的教育管理和执行"①。教育政策已成为教育研究中最令人关注的焦点之一。本章利用 CiteSpace 和 Vosviewer 工具对教育政策相关的 SSCI 源刊的 2 173 篇文献(2000—2019 年)展开文献计量和可视化分析,并对其展开质性解读,以期为该领域学术和实践的发展提供有益的知识贡献和建议。

第一节 研究背景与意义

国际上,教育政策的研究发轫于 19 世纪末富兰克林(Franklin)的《社会发展的逻辑过程:社会学视野的教育政策理论基础》(*Logical Process of Social Development, a Theoretical Foundation for Education Policy from the Standpoint of Sociology*)一书的问世②。至 20 世纪 60 年代,国际教育政策研究领域的专著出版数量逐年增长,标志着教育政策研究形成相对独立的研究领域。在 60 余年的发展历程中,国际教育政策的研究成果异彩纷呈。在 Web of Science 平台中以"教育政策(education policy)"为主题词进行检索,自 20 世纪伊始至 2019 年共有 92 087 篇相关文献,其中 93% 的研究成果产生于 21 世纪的

① 袁振国. 中国教育政策评论[M]. 北京:教育科学出版社,2001.
② 涂端午,陈学飞. 西方教育政策研究探析[J]. 清华大学教育研究,2006(5):49-54.

前二十年间(2000—2019 年)。国际教育政策研究的丰富成果为后续研究提供了扎实的知识基础,但如何从海量研究成果中科学地识别知识基础与研究主题,追溯研究前沿与变迁,进而预测该领域的研究趋势,是本章讨论的重点。

文献计量和信息可视化分析技术为本章从海量研究成果中梳理研究知识基础、分析学科结构、探测前沿趋势提供了可能性。目前,已有部分学者利用该技术进行教育政策领域的相关研究,如刘小瑜等对美国《教育政策》(*Educational Policy*)期刊论文作者的出现频次、所在机构及其国别分布状况进行统计,进而透视全球化背景下西方教育政策领域的知识生产格局[1];俞玮奇等对 SSCI 数据库收录的教育政策研究文献的关键词、研究主题和热点进行挖掘,总结出国际教育政策研究的基本特点[2];任玉丹等对改革开放 40 年来我国民族教育政策的研究主体、主题、领域和发展阶段进行了可视化的研究[3]。上述研究为本章开拓了研究思路,但也存在过于倚重量化分析结果的描述而缺少对其深入质性挖掘的不足。

基于此,本章利用 CiteSpace 和 Vosviewer 工具对教育政策相关的 SSCI 源刊的 2 173 篇文献(2000—2019 年)展开文献计量和可视化分析,并对其展开质性解读以解决以下研究问题:①国际教育政策领域关注的研究主题、热点及其知识基础是什么? ②过去二十年间这些领域的研究前沿如何伴随教育政策与实践的发展而变迁? ③我们如何描述引导上述研究的核心力量及其合作网络? ④该领域未来的研究趋势如何?

第二节　研究方法与数据来源

一、研究方法

本章有意识地结合了 Vosviewer 和 CiteSpace 在文献计量学中的不同侧重

---

① 刘小瑜,魏峰. 美国《教育政策》杂志作者分布与合作状况可视化研究——基于 CiteSpace 对 2005—2015 年《教育政策》论文作者的实证分析[J]. 比较教育研究,2017(11):56 - 62.

② 俞玮奇,曹燕. 21 世纪以来国际学界教育政策研究的热点、趋势与走向——基于 2000—2017 年 SSCI 数据库"教育政策"主题词知识图谱的可视化分析[J]. 比较教育研究,2018(8):61 - 69.

③ 任玉丹,韦小满. 改革开放 40 年来我国民族教育政策研究的可视化分析[J].民族教育研究,2018(5):24 - 30.

点和优势算法,首先对国际教育政策研究展开文献共被引、主题词共现与合作网络分析,并在此基础上深入识别阅读核心文献,在"量"和"质"的双重考察下建构教育政策研究的知识基础、研究热点、前沿演变与研究主体(见图 11-1)。基于上述分析,本章为学者在该领域的未来研究提出建议和可供参考的方向。

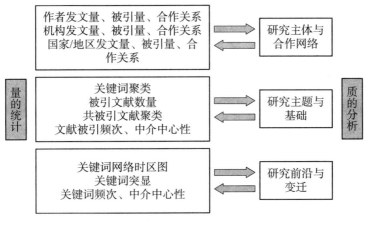

图 11-1　本章的研究设计

二、数据来源

本章的数据来源于教育政策领域学术期刊,之所以选择期刊主要是基于研究的时效性、主题的广泛性和方法的多样性[①]。在综合"质"与"量"两个维度后,本章从诸多教育政策相关期刊中将研究的样本期刊锁定在《教育政策期刊》(*Journal of Education Policy*)、《教育评估与政策分析》(*Educational Evaluation and Policy Analysis*)和《教育管理季刊》(*Educational Administration Quarterly*)三本期刊(见图 11-2)。从"质"的向度看,上述三本期刊近五年(2015—2019 年)平均影响因子分别为 2.19、2.3 和 1.6,能从研究质量上展现该领域的最高水平研究成果;从"量"的向度看,三本期刊近二十年(2000—2019 年)年载文量共 2173 篇,能从研究数量上较全面地展示该领域的研究成果。具体而言,本研究的样本检索策略见表 11-1。

---

① 侯海燕.基于知识图谱的国际科学计量学研究前沿计量分析[J],科学管理,2009(1):164-170.

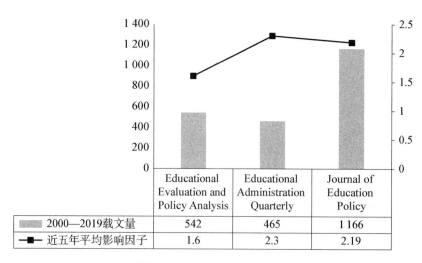

图 11-2　三本期刊的年均载文量和近五年年均影响因子

表 11-1　文献数据检索策略表

信息项目	信息来源
文献信息获取平台	Web of science 经典合集
数据库	SSCI、SCIE
来源期刊	*Educational Evaluation and Policy Analysis* *Journal of Education Policy* *Educational Administration Quarterly*
时间跨度	2000—2019 年
文献类型	期刊论文、会议论文、传记、书评等
题录信息	作者、关键词、摘要、参考文献、机构、国家

第三节　研究结果

一、研究主体与合作网络

本章利用 Vosviewer 软件从宏观到微观上对国际上近二十年教育政策与管理研究的文献的科研合作网络中的国家、机构和作者的发文量、被引量和合作关系进行分析。同时，从上述国际概览中梳理出中国在该领域的参与情况，对其进行详细分析。

1. 核心作者群

从作者发文量和被引量来看，近二十年共有3 098位作者在本研究的三大期刊上发文，其中单个作者最大发文量为18篇。本章进一步根据普赖斯定律 $M = 0.749 \times \sqrt{N_{max}}$（nmax 为杰出科学家中最高产作者发表论文数，m 为杰出科学家中最低产作者发表论文数）计算出该领域的主要作者最低产发文量为3篇，一共有234位作者构成该领域的主要作者群（见图11-3）。需要指出的是，3 098位作者中2 464位作者为合作作者，占总作者数的80%左右，足见"并肩作战"已经成为该领域研究的主要形式。

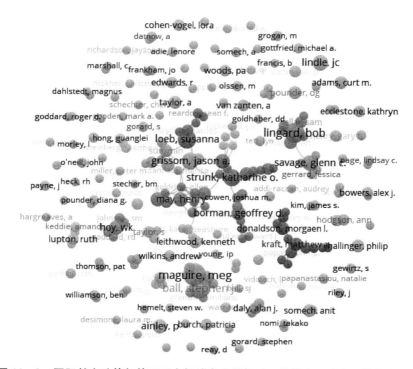

图11-3　国际教育政策与管理研究领域发文量超过3篇的主要作者群整体合作网

在主要作者群中鲍尔·约翰·史蒂文（Stephen John Ball）和鲍勃·林加德（Lingard Bob）两位是发文量和被引量同时排名前三的作者（见表11-2）。鲍尔·约翰·史蒂文是英国伦敦大学教育学院的教授，致力于教育政策研究多年，曾著书《全球化与教育政策的流动性》(*Edu. net：Globalisation and education policy mobility*)。林加德·鲍勃是澳大利亚昆士兰大学教育学院的教授研究员，曾发表《全球-地区教育政策交融：基于孟加拉社会学教学的思考》(*Global-local imbrications in education policy：Methodological reflections on researching the sociology of Teach for Bangladesh*)一文，提供了一种创新的方法论和一套合适的分析词汇，作为研究东南亚背景下的教育政策动向的社会学尝试。

表 11-2 发文量及被引量排名前十的 15 位作者一览表

序号	作者姓名	发文量	被引量	工作单位
1	马奎尔·梅格(Maguire Meg)	18	223	伦敦国王学院(英)
2	鲍尔·史蒂芬(Ball Stephen J)	15	692	伦敦大学(英)
3	林加德·鲍勃(Lingard Bob)	14	601	昆士兰大学(澳)
4	勒布·苏珊娜(Loeb Susanna)	12	461	斯坦福大学(美)
5	格里森·杰森(Grissom Jason A)	10	158	范德堡大学(美)
6	斯塔克·凯瑟琳(Strunk Katharine O)	10	102	南加利福尼亚大学(美)
7	萨瓦格·格林(Savage Glenn C)	9	95	西澳大学(澳)
8	林德尔·简·克拉克(Lindle Jane Clark)	9	6	克莱姆森大学(美)
9	布劳恩·安妮特(Braun Annette)	7	237	伦敦大学(英)
10	梅·亨利(May Henry)	7	379	宾夕法尼亚大学(美)
11	博尔曼·杰弗里(Borman Geoffrey D)	7	238	威斯康星大学(美)
12	利思伍德·肯尼斯(Leithwood Kenneth)	6	630	多伦多大学(加)
13	塞拉·山姆(Sellar Sam)	5	369	曼彻斯特城市大学(美)
14	威科夫·詹姆斯(Wyckoff James)	5	294	弗吉尼亚大学(美)
15	泰勒·桑德拉(Taylor Sandra)	5	267	昆士兰大学(澳)

　　从主要作者合作网络看(见图 11 - 4),位于重要连接点的格里森·杰森(Grissom Jason A)、斯塔克·卡瑟琳(Strunk Katharine O)和勒布·苏珊娜(Loeb Susanna)等人均在发文量或被引量排名前十的 15 位作者行列,其学术产出和学术影响力可见一斑。同时,主要作者合作网络也从侧面反映作者所处机构间的合作关系,即形成了以斯坦福大学、范德堡大学和南加利福尼亚大学等一系列美国著名高校紧密联系的高校作者学术合作网络。

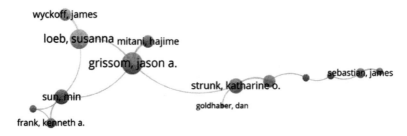

图 11 - 4　国际教育政策与管理研究领域主要作者合作关系网

　　本章中的中国作者是指其发文时的任职机构为中国机构,故而外籍在华机构工作者属于此处的"中国作者"。依据这一标准,中国共有 44 个作者参与三本期刊的发文,其中发文量超过 2 篇的 7 位作者均为在我国香港高校任职的学者,且其中 4 位作者为外籍,剩下的 3 位作者分别是香港中文大学的蔡宝璟教授,香港教育学院的莫家豪和王文中教授(见表 11 - 3)。

表 11 - 3　国际教育政策与管理研究领域中国发文量超过 2 篇的作者

序号	作者	发文量	被引量	任职机构
1	(美)哈林格·菲利(Hallinger Philli)	6	213	香港教育学院亚太领导力与变革研究中心
2	(中国香港)蔡宝璟(Choi Po King)	2	91	香港中文大学,教育行政与政策学系
3	(英)莫里斯(Morris P)	2	68	香港教育学院
4	(加)关·保拉(Kwan Paula)	2	20	香港中文大学,教育行政与政策学系

（续表）

序号	作者	发文量	被引量	任职机构
5	（英）沃克·艾伦（Walker Allan）	2	58	香港中文大学，教育行政及政策学系
6	（中国香港）莫家豪（Mok Ka Ho）	2	39	香港教育学院，艺术与科学学院
7	（中国香港）王文中（Wang Wen-Chung）	2	33	香港教育学院，教育与心理测量中心

13 位在内地机构任职作者中有 3 位来自北京师范大学、2 位来自华东师范大学、2 位来自浙江大学，剩余作者分别来自清华大学、华中科技大学、中国海洋大学、广西大学、重庆大学，此外，作者胡伟同时任职于南京师范大学和江苏第二师范大学（见表 11 - 4）。从上述作者任职的学系看，教育类学系和语言类学系是中国该领域作者主要供职院系，这在一定程度上说明教育学和语言学是中国参与该领域研究的重要学科。

表 11 - 4 国际教育政策与管理研究领域中国内地作者

序号	作者	发文量	被引量	任职机构
1	吴小馨	1	26	广西大学，外国语学院
2	刘蕴秋	1	14	华东师范大学，外语学院
3	杨小微	1	14	华东师范大学，基础教育改革与发展研究所
4	雅培·马尔科姆（Abbott Malcolm）	1	11	重庆交通大学
5	陈慧娟	1	10	北京师范大学，中国基础教育质量监测协同创新中心
6	李凌艳	1	10	北京师范大学，中国基础教育质量监测协同创新中心
7	郑巧	1	10	北京师范大学，中国基础教育质量监测协同创新中心
8	叶赋桂	1	10	清华大学，教育研究院

（续表）

序号	作者	发文量	被引量	任职机构
9	潘苏燕	1	8	华中科技大学,教育科学研究院
10	刘胜男	1	3	中国海洋大学,教育系
11	倪好	1	0	浙江大学,中国西部发展研究院
12	张文军	1	0	浙江大学,教育科学与技术研究所
13	韩笑	1	0	岭南大学,亚太研究与人口老龄化研究中心
14	胡伟	1	0	南京师范大学,教育科学学院、江苏第二师范学院,学前教育学院

从作者合作关系网看(见图11-5),中国在该领域共有19篇论文为作者独撰,剩余22篇为作者合作完成,这一42.4%的合作率远远低于国际上高达80%的合作率。在22篇合作作者中,仅8篇是中国作者与国际作者合作完成,且上

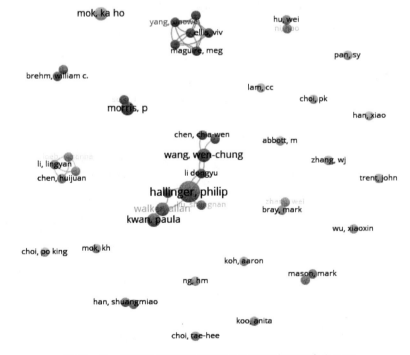

图11-5　国际教育政策与管理研究领域中国作者合作网

述国际合作论文仅 3 篇为内地高校与国际作者合作完成,分别是中国海洋大学的刘胜男与泰国玛希隆大学的哈林格·菲利普(Hallinger Philip)合作;清华大学的叶赋桂与牛津大学的韩双淼合作;北京师范大学的陈慧娟、李凌艳、郑巧与斯坦福大学的勒布·苏珊娜(Loeb Susanna)合作。

2. 主要研究机构

从机构发文量和被引量看,近二十年来自 58 个国家的 831 所机构在三大期刊上展示了学术研究成果,其中有 152 所机构的发文量超过 5 篇且被引用量超过 20 次,有 54 所机构的发文量超过 13 篇(见图 11 - 6)。

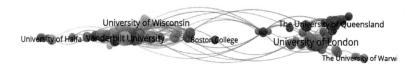

图 11 - 6　国际教育政策与管理研究领域发文量超过 13 篇的 54 个机构整体合作网

上述机构中,来自英国的伦敦大学和来自美国的威斯康星大学表现尤为突出。这两所院校无论是发文量还是被引量均位列世界前三,其发文量和被引量之和分别占发文量或被引量排名前十的 13 个机构总量的 27.5% 和 28.3%(见表 11 - 5)。值得关注的是,发文量或被引量排名前十的 13 个机构均为世界一流大学,其中有 9 个机构都来自美国,2 个机构来自英国,共占机构总数的 84.6%,这与上述主要研究国家为美英的调查结果一致。

表 11 - 5　国际教育政策与管理研究领域发文量或被引量排名前十的 13 个机构一览表

序号	机构	所属国家	发文量	被引量
1	伦敦大学(University of London)	英国	91	3 968
2	伦敦国王学院(King's College London)	英国	54	1 120
3	威斯康星大学(University of Wisconsin)	美国	53	2 101
4	范德堡大学(Vanderbilt University)	美国	51	1 796
5	斯坦福大学(Stanford University)	美国	41	2 227
6	密歇根大学(University of Michigan)	美国	40	1 772

（续表）

序号	机构	所属国家	发文量	被引量
7	密歇根州立大学（Michigan State University）	美国	36	1 306
8	华盛顿大学（Washington University）	美国	34	917
9	昆士兰大学（Queensland University）	澳大利亚	32	1 015
10	北卡罗来纳大学教堂山分校 （University of North Carolina at Chapel Hill）	美国	31	811
11	芝加哥大学（University of Chicago）	美国	21	1 846
12	多伦多大学（University of Toronto）	加拿大	23	1 302
13	西北大学（Northwest University）	美国	17	1 281

　　从研究机构间的合作关系看（见图 11 - 7），国际上基于地缘等因素形成了两大学术机构合作圈：分别是以伦敦大学为核心的与伦敦国王学院、昆士兰大学紧密联系的英澳学术机构合作圈；以威斯康星大学为核心的与范德堡大学、多伦多大学联系密切的北美学术机构合作圈。

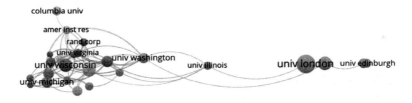

图 11 - 7　国际教育政策与管理研究领域最大机构合作关系网

　　中国共有 16 个机构参与该领域三本期刊近二十年的发文（见表 11 - 6）。从具体发文机构看，呈现出香港机构与内地机构发文量严重失衡的态势。发文量排名前三的中国机构均为香港高校，分别是香港教育学院（11 篇）、香港中文大学（5 篇）和香港大学（5 篇），累计发文 21 篇，占中国发文总量的63.6%。除上述三个香港教育机构外，内地仅浙江大学发文 2 篇，剩余 12 个机构均只有 1 篇发文。可见，在为数不多的中国发文中，香港为中国在该领域的中流砥柱。

表 11 - 6　国际教育政策与管理研究领域中国研究机构一览表

序号	机构名称	发文量	被引量
1	香港教育学院	11	328
2	香港中文大学	5	119
3	香港大学	5	38
4	浙江大学	2	0
5	香港城市大学	1	39
6	广西大学	1	26
7	华东师范大学	1	14
8	重庆交通大学	1	11
9	北京师范大学	1	10
10	清华大学	1	10
11	香港理工大学	1	8
12	华中科技大学	1	8
13	中国海洋大学	1	3
14	江苏第二师范学院	1	0
15	岭南大学	1	0
16	南京师范大学	1	0

3. 主要研究国家/地区

从国家发文量和被引量看,教育政策领域的研究国家分布广泛,涵盖了除南极洲以外的亚洲、欧洲、北美洲、南美洲、非洲、大洋洲六大洲。具体而言,近二十年共有 58 个国家对三大期刊发文作出贡献,其中 23 个国家的期刊发文量超过 6 篇(见图 11 - 8),39 个国家发文的被引量超过 10 次。

上述国家中,美国在该领域的研究成果无论是数量还是质量都占据该领域的半壁江山：发文量 987 篇,占总发文量 49.7%;被引量 28 207 篇,占发文量或被引量排名前十的 10 个国家总被引量的 54.2%。除此之外,英国在发文量和被引量上也紧随其后,发文量 509 篇,占总发文量的 25.6%;被引量 12 066 篇,占发文量或被引量排名前十的 10 个国家总被引量的 23.2%(见表 11 - 7)。

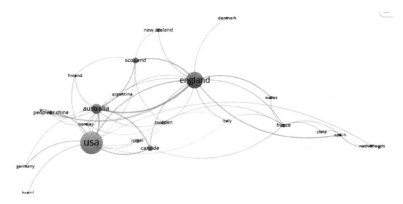

图 11-8 国际教育政策与管理研究领域发文量超过 6 篇的 23 个国家整体合作网络

表 11-7 国际教育政策与管理研究领域发文量或被引量排名前十的国家（或地区）

序号	国家（或地区）	发文量	被引量
1	美国	987	28 207
2	英国	509	12 066
3	澳大利亚	184	3 851
4	苏格兰	72	2 493
5	加拿大	68	2 100
6	以色列	44	922
7	中国	33	614
8	瑞典	33	588
9	荷兰	31	847
10	法国	28	373

　　从主要国家合作关系网络看，近二十年该领域形成了以美国、英国和澳大利亚为核心的三足鼎立之势的国家合作网络，与瑞典和加拿大间形成密切的合作关系（见图 11-9）。总体来看，教育政策研究水平较高国家的合作研究的意识也更强。美国在该领域的突出表现首先得益于其本身在教育政策领域卓越的研究实力，如智库这一非赢利、独立性的从事教育政策研究的机构，在美国教育政

策制定过程中发挥着重要作用,对决策者和大众都产生了广泛的影响力①。同时,也得益于另外两方面,一是其作为移民国家的多元文化背景,推动其在教育政策领域积极与其他国家间进行合作与交流;二是本章所选的三本期刊中,两本期刊的出版商来自美国,即便是来自英国出版商的《教育政策期刊》(*Journal of Education Policy*)编辑委员会成员中也有不少来自哈佛大学(Harvard University)、罗切斯特大学(University of Rochester)、印第安纳大学(Indiana University)等美国高校的教授。

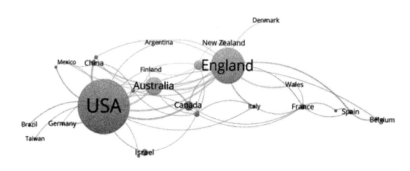

图 11 - 9   国际教育政策与管理研究主要国家合作关系网

从国际发文量和被引量的国家排名看,中国近二十年的发文量排名第七位,被引量排名第八位,在该领域的国际研究中占有一席之地。然而,就具体的发文数量而言,中国近二十年在三本期刊上先后发文 33 篇,仅占国际发文总量的 1.5%。且从国家合作关系网络看,中国仅与美国、英国和澳大利亚等发文量充足的国家展开合作,且处于合作网络的边缘。可见,中国在该领域的研究依然处于弱势地位。

二、研究主题与基础

学科领域的知识基础主要以经典文献为载体,这些经典文献是指与本学科发展水平、发展动向密切相关的一些文献,其最重要的量化测评指标之一就是文献影响因子。通常文献影响因子与被引频次呈正相关,因而文献共被引分析可以在海量的被引参考文献中高效便捷地定位出研究领域的经典文献。

---

① 黄忠敬. 美国教育的"智库"及其影响力[J]. 教育理论与实践,2009,29(13):20 - 23.

1. 基于关键词共现的主题分析

课题组利用 Vosviewer 软件对近二十年教育政策与管理研究的文献中所有关键词进行词频统计和共现分析。共分析关键词 4 477 个,将出现频次小于 15 的关键词剔除,得到高频关键词 132 个,再对其进行聚类分析。从高频关键词共现分析的节点分布和大小看,该领域形成了以教育(education)、领导力(leadership)、成就(achievement)、学校(school)"为核心的四大聚类(见图 11 - 10)。聚类内部以连接强度和频次筛选出相关热点关键词,它们与核心关键词共同形成了四大研究主题(见表 11 - 8)。

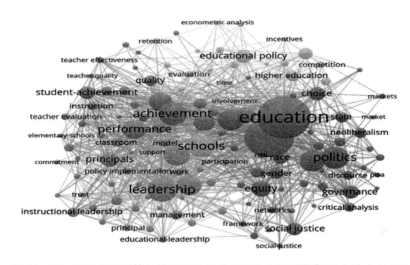

图 11 - 10　国际教育政策与管理研究相关文献的关键词聚类图(频次大于 15)

表 11 - 8　国际教育政策与管理研究相关文献关键词聚类内部热点词汇

主题	序号	核心关键词	频次	相关热点关键词(聚类内连接强度、出现频次前五)
一	聚类 1	教育(education)	273	政策(policy)、政治(politics)、社会公正(social justice)、公平(equity)、性别(gender)、种族(race)、选择(choice)
二	聚类 2	领导力(leadership)	131	教师(teachers)、校长(principals)、改革(reform)、表现(performance)、班级(classroom)
三	聚类 3	成就(achievement)	131	影响(impact)、学生(students)、学生成就(student-achievement)、质量(quality)

（续表）

主题	序号	核心关键词	频次	相关热点关键词（聚类内连接强度、出现频次前五）
四	聚类4	学校 （schools）	118	教育政策（education policy）、高等教育（higher education）、激励（incentives）、政策分析（policy analysis）

　　研究主题一聚焦教育政策中的公平问题。聚类1的核心关键词是"教育（education）"，与之连接强度较大的热点关键词主要围绕教育公平的相关词汇，如"社会正义（social justice）""公平（equity）""选择（choice）"和"种族（race）"等。一方面，立足于区域间的教育政策差异，索蒂利亚·格雷克（Sotiria Grek）考察了欧洲的政策参与者对国际学生评估计划（PISA）的认知。研究发现，PISA直接影响欧洲及其他地区的国家教育系统，是数字管理的重要方式之一①。另一方面，立足种族间的教育公平，大卫·吉尔伯恩（David Gillborn）剖析英国教育政策中内隐的种族主义倾向，即白人至上的政策行为，提出要警惕白人特权在教育政策中的泛滥②。

　　研究主题二围绕利益相关者的政策领导力。聚类2的核心关键词是"领导力（leadership）"，其研究热点主要扎根于"学校（schools）"各项"改革（reform）"中的利益相关者——"学生（student）""教师（teacher）"和"校长（principals）"三重角色。关于学生，马丁·卡诺伊（Martin Carnoy）等考察外部问责制对学生学习成绩的影响，发现教育政策实施中采用问责制的学校，教师和管理者拥有更高的责任感，且学生成绩更优秀③。关于教师，格雷戈里·J. 帕拉迪（Gregory J. Palardy）发现"高素质教师"的筛选标准是教师的背景资历，但此标准却难以筛选出能有效提高学生成绩的教师，因此他提出上述方案中应增设教学实践和教师道德等指标④。关于校长，迈克尔·A. 科普兰（Michael A. Copland）针对

① GREK S. Governing by numbers：the PISA 'effect' in Europe [J]. Journal of Education Policy，2009（1）：23 - 37.

② GILLBORN D. Education policy as an act of white supremacy：whiteness，critical race theory and education reform [J]. Journal of Education Policy，2005（4）：485 - 505.

③ CARNOY M，LOEB S. Does external accountability affect student outcomes? A cross-state analysis [J]. Educational Evaluation and Policy Analysis，2002（4）：305 - 331.

④ PALARDY G J，RUMBERGER R W. Teacher effectiveness in first grade：The importance of background qualifications，attitudes，and instructional practices for student learning [J]. Educational Evaluation and Policy Analysis，2008（2）：111 - 140.

湾区学校改革合作组织的校长行为进行研究，发现基于角色的领导策略基本上无法应对复杂的学校变革，因而呼吁对学校系统内的所有角色进行新审视，并考虑在全校范围内分配和维持领导职能①。

　　研究主题三聚焦以提升学生成就为核心的教育政策。该主题下的核心关键词是"成就（achievement）"，与之连接强度较大的热点关键词分别为"影响（impact）""学生成就（student-achievement）"和"质量（quality）"。帕西·萨尔伯格（Pasi Sahlberg）以芬兰教育政策为案例，认为芬兰从 20 世纪 50 年代的农业国步入知识型经济为主导的国家，主要依赖其卓越的教育政策，即以学生成绩提升为目标，强调"教"与"学"，重视问责和营造良好学习环境②。洪光磊等研究发现在幼儿园实施成绩保留政策并不能提高学生数学或阅读方面的平均成绩③。德文·卡尔森（Deven Carlson）等研究发现统计数据能帮助学校选择有确凿证据的数学学习策略和阅读计划，并显著提高学生的数学成绩和阅读成绩④。

　　研究主题四关注以高等教育为核心的学校教育政策。该主题下的核心关键词是"学校（schools）"，与之连接强度较大的热点关键词除了"教育政策（education policy）"和"政策分析（policy analysis）"，还有"高等教育（higher education）"，可见关注中观学校层面制定的政策以及特定的高等教育阶段的政策是这一聚类的重点。迈克尔·K.麦克伦登（Michael K. McLendon）等从高等教育治理的角度，探讨各州社会政治制度的变迁如何影响其在高等教育中实施问责制的政策，发现影响政策采纳的主要驱动因素是各州立法机关的力量和高等教育的管理安排⑤。朱利安·瓦斯奎兹·海利格（Julian Vasquez Heilig）等考

① COPLAND M A. Leadership of inquiry：Building and sustaining capacity for school improvement [J]. Educational Evaluation and Policy Analysis，2003(4)：375 - 395.

② SAHLBERG P. Education policies for raising student learning：the Finnish approach [J]. Journal of Education Policy，2007(2)：147 - 171.

③ HONG G L，RAUDENBUSH S W. Effects of kindergarten retention policy on children's cognitive growth in reading and mathematics [J]. Educational Evaluation and Policy Analysis，2005(3)：205 - 224.

④ CALSON D，BORMAN G D，ROBINSON M. A multistate district-level cluster randomized trial of the impact of data-driven reform on reading and mathematics achievement [J]. Educational Evaluation and Policy Analysis，2011(3)：378 - 398.

⑤ MCLENDON M K，HEARN J C，DEATON R. Called to account：Analyzing the origins and spread of state performance-accountability policies for higher education [J]. Educational Evaluation and Policy Analysis，2006，28(1)：1 - 24.

察了得克萨斯州的小学、初中和高中施行问责政策的影响,发现"根据学生平均分数对学校进行奖励和惩罚"的制度规定导致小学阶段学校故意排斥成就较差学生参加评估,高中阶段减少了非裔美国人和拉丁美洲学生受教育机会①。

2. 基于文献共被引网络的知识基础分析

课题组利用 CiteSpace 软件对参考文献(reference)进行共被引分析(co-citation analysis),即针对至少两篇文献共同引用了至少一篇的第三方对象的情况进行分析。共被引出现频次越多的两个文献,说明其相似度越高,如在研究主题或研究方法等方面存在高度同质性,这些同质性的内容成为该领域不断被引用的素材,也就构成了该领域后续研究的知识基础。

1) 宏观的总引文数量

从宏观的总引文数量看,该领域三本期刊近二十年的 2173 篇文献共引用了83202 条参考文献,平均每篇文献引用 38 篇文献,可见教育政策领域的引用文献较多,研究基础扎实(见图 11-11)。

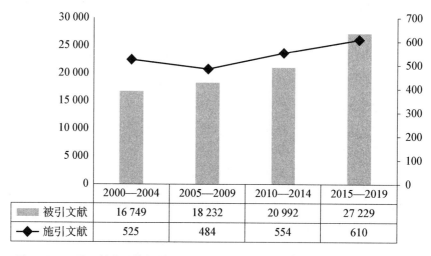

	2000—2004	2005—2009	2010—2014	2015—2019
被引文献	16 749	18 232	20 992	27 229
施引文献	525	484	554	610

图 11-11　国际教育政策与管理研究三本期刊分年度施引文献和被引文献数量

---

① HEILIG J V, LINDA DH. Accountability Texas-style: The progress and learning of urban minority students in a high-stakes testing context [J]. Educational Evaluation and Policy Analysis, 2008(2): 75-110.

2）中观的引文聚类

从中观上引文的聚类看，该领域共被引超过 5 次的 29 篇文献形成了四大引文聚类（见图 11 - 12）。上述聚类既是教育政策领域的知识基础，也是该领域研究主题的外显，即围绕不同的知识基础形成了教育政策研究领域的多样化研究热点主题。

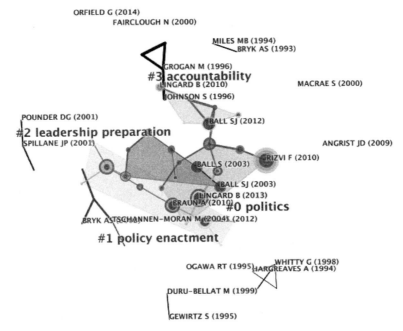

图 11 - 12　国际教育政策与管理研究领域的共被引文献聚类视图

引文聚类一是 Politics（政治）。聚类 1 的共被引文献主要从国家政治层面分两个维度进行研究和探讨。第一个维度聚焦高校教育政策对国家教育改革议程的重要影响，鲍勃·林加德（Bob Lingard）等以澳大利亚的全国读写与计算能力评价项目（NAPLAN）为案例，分析问责制下各州采取的"负面行动"，如各州倾向于制定较低的发展目标[①]。第二个维度则是剖析全球化的趋势对于民族国家的本土教育政策的变革性影响，里兹维·法扎尔（Rizvi Fazal）等人所著的高

---

① LINGARD B, SELLAR S. 'Catalyst data': perverse systemic effects of audit and accountability in Australian schooling [J]. Journal of Education Policy，2013(5)：634 - 656.

被引书籍《全球教育政策》(*Globalizing Education Policy*)中探讨了全球教育政策变化的关键驱动力——即霸权主义的全球化观点以及它对民族国家发展和制定教育政策的话语领域的变革性影响，而这也从根本上改变了我们思考教育治理的方式①。

引文聚类二是 Policy enactment(政策制定)。聚类 2 的共被引文献基于学校教育政策的制订展开。安妮特·布劳恩(Annette Braun)等人开展了一项对英国四所中学的政策环境的研究，通过对政策制定过程的研究阐释了制定政策不仅是"颁布"政策，更要做到各种政策参与者能在学校环境中"解释"和"翻译"政策②。乔治·西奥哈里斯(George Theoharis)尝试构建提倡社会公正的校长领导制，指导学校改变文化、课程、教学方法、氛围和学校范围内的优先事项，以使边缘化的学生受益③。

引文聚类三是 Leadership preparation(领导力准备)。聚类 3 的共被引文献聚焦于对领导力相关主体进行研究，以建构出学校领导力综合模型，推动教育政策的落地。关注教师领导，罗杰·D. 戈达德(Roger D. Goddard)等人对集体教师效能建设进行了理论和实证分析构建了一种集体效能模型，在供学校使用的同时，开发并测试一系列操作指标④。关注学校领导，肯尼斯·莱斯伍德(Kenneth Leithwood)等测试并构建了"四个路径模型"——理性路径、情感路径、组织路径和家庭路径，进一步发现理性路径是其他三种路径最终实现对学生影响的"中转站"⑤。

引文聚类四是 Accountability(责任制)。聚类 4 的共被引文献聚焦责任制，但不局限在这一制度，更多的研究是以责任制作为"窗口"，展现了全球化浪潮影响下，全球范围内教育政策的改革、流动和融合。斯蒂芬·J·鲍尔(Stephen J. Ball)在所著的经典书籍《全球教育公司：新政策网络与新自由主义想象》

---

① FAZAL R, LINGARD B. Globalizing education policy [M]. New York：Routledge，2010.

② BRAUN A, MAGUIRE M, BALL S J. Policy enactments in the UK secondary school：examining policy, practice and school positioning [J]. Journal of Education Policy，2010(4)：547 - 560.

③ THEOHARIS G. Social justice educational leaders and resistance：Toward a theory of social justice leadership [J]. Educational Administration Quarterly，2007(2)：221 - 258.

④ GODDARD R D, HOY W K, HOY A W. Collective teacher efficacy：Its meaning, measure, and impact on student achievement [J]. American Educational Research Journal，2000(2)：479 - 507.

⑤ LEITHWOOD K, SUN J P, SCHUMACKER R. How school leadership influences student learning：A test of "the four paths model" [J]. Educational Administration Quarterly，2020(4)：570 - 599.

（*Global Education Inc：New policy networks and the neo-liberal imaginary*）中探讨了置身于知识经济时代和全球化的浪潮中的教育推动了大批"知识型"公司和"顾问型"公司的兴起，而这进一步加剧了国家对于领导力培养政策、学校选择政策和问责制等一系列政策的重视①。

　　3）微观的经典文献

　　微观上依据共被引文献的共被引频次、中介中心性、突显率和半衰期遴选出近二十年该领域的经典文献。需要说明的是，上述指标中的"半衰期"是指某一学科文献从出版到50％的文献因内容老化，而失去参考价值所经历的时间②。通常一篇文献的半衰期越长则老化速度越慢，则其在该领域"活跃"时间越久。普赖斯建议以引文周期长短来区分软科学与硬科学，在一个学科里如果有超过42％的参考文献是在5年之内发表的，则该学科属于硬科学；如果只有不到42％的参考文献是在5年内发表的，则该学科属于软科学。据此推断出一个学科领域文献从出版到50％的文献因内容老化是在6年内或超过6年即为生命周期长的文献。

　　本章以"共被引频次≥20或突显率≥8或半衰期≥6"为遴选标准，遴选出该领域的11份经典文献（见表11-9）。上述经典文献中专著7本，论文4篇，这在一定程度上说明专著是该领域的主要引用源。从经典文献的发表时间看，平均发表时间为2007年，可见该领域引文周期长，一部经典之作往往被引用数十余年。

表 11-9　国际教育政策与管理研究领域的经典文献

序号	频次	突显率	中介中心性	半衰期	作者	文献类型	年份	文献名称
1	43	8.3	0	5	法扎尔（Fazal R）、鲍勃（Bob L）	专著	2010	全球化教育政策（*Globalizing Education Policy*）

① BALL S J. Global education inc：New policy networks and the neo-liberal imaginary［M］. London：Routledge，2012.

② 刘建明，王泰玄等. 宣传舆论学大辞典［M］，北京：经济日报出版社，1993：3.

（续表）

序号	频次	突显率	中介中心性	半衰期	作者	文献类型	年份	文献名称
2	30	11.7	0.3	4	鲍勃（Bob L）、山姆（Sam S）	论文	2013	数据催化剂：澳大利亚学校教育中审计和问责的反常系统效应（Catalyst data：Perverse systemic effects of audit and accountability in Australian schooling）
3	26	6.7	0.1	3	史蒂芬（Stephen B）	专著	2012	全球教育公司：新政策网络与新自由主义想象（Global Education Inc：New Policy Networks and the Neo-Liberal Imaginary）
4	25	10.7	0.1	6	史蒂芬（Stephen B）、梅格（Meg M）、布劳恩（Braun A）	专著	2012	学校如何制定政策：中学政策制定（How Schools Do Policy：Policy Enactments in Secondary Schools）
5	22	11	0	6	史蒂芬（Stephen B）	论文	2003	教师的灵魂与表演（The teacher's soul and the terrors of performativity）
6	21	8.4	0.3	5	布劳恩（Braun A）、梅格（Meg M）、史蒂芬（Stephen B）	论文	2010	英国中学的政策制定：基于政策、实践和学校定位的考察（Policy enactments in the UK secondary school：Examining policy，practice and school positioning）
7	20	12.5	0	4	史蒂芬（Stephen B）	专著	2003	课堂策略与教育市场：中产阶级与社会优势（Class Strategies and the Education Market：The Middle Classes and Social Advantage）
8	19	8.6	0.3	6	布里克（Bryk A S）	专著	2010	芝加哥改进课程学校的组织（Organizing Schools for Improvement Lessons From Chicago）

（续表）

序号	频次	突显率	中介中心性	半衰期	作者	文献类型	年份	文献名称
9	14	8.8	0.1	7	利思伍德（Leith wood K A）、海滨（Seashore L K）、安德森（Anderson S）	专著	2004	领导力如何影响学生学习（*How Leadership Influences Student Learning*）
10	5	0	0	8	戈达德（Goddard R D)、霍伊（Hoy W K)	论文	2000	集体教师效能：意义、衡量标准和对学生成绩的影响（*Collective teacher efficacy：Its meaning，measure，and impact on student achievement*）
11	5	0	0	7	乔治·西奥哈里斯（Theoharis G）	专著	2007	社会正义教育领导者与抵抗：走向社会正义领导理论（*Social Justice Educational Leaders and Resistance：Toward a Theory of Social Justice Leadership*）

　　值得关注的是，这些经典文献的作者与上文中核心作者部分重合，如上文中发表量和被引量高居榜首的三位作者马奎尔·梅格、鲍尔·史蒂芬和林加德·鲍勃均为此处经典文献的作者，其中鲍尔·史蒂芬参与了 5 份经典文献的研究，马奎尔·梅格参与了 2 份经典文献的研究，林加德·鲍勃也参加了 2 份经典文献的研究。

　　本章进一步运用 MapEquation 软件绘制了近二十年三本期刊所载文献的冲积图（见图 11‑13）。冲积图是依据每一年份中高被引文献对下一年份中高被引文献的影响绘制而成，即上一年份的研究成果是下一年份研究的参考文献，由此观察先期研究对后续研究形成的冲击流。Page Rank 是冲积图的重点指标，其依据文献的被引量，尤其是被下一年份中高被引文献的引用量，后经折合计算而成，其数值越高表示文献的影响力越强。据此，本章依据列举出近二十年三本期刊中 Page Rank 排名最前的十篇文献（见表 11‑13）。

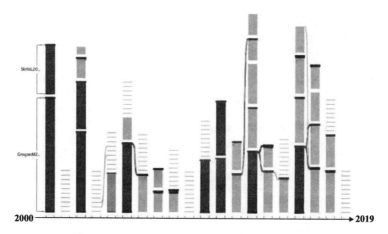

图 11‑13　国际教育政策与管理研究领域近二十年三本期刊载文的冲积图

*注：图中每个色块代表一篇文献，其中黑色色块为排名最前的十篇文献

表 11‑10　国际教育政策与管理研究领域的 Page Rank 排名最前的十篇文献

序号	Page Rank	作者	年份	文献
1	6.2%	格罗根（Grogan M）	2000	从后现代主义女权视角重新认识监督（*Laying the groundwork for a reconception of the superintendency from feminist postmodern perspectives*）
2	4.3%	格罗根（Grogan M）、安德鲁斯（Andrews R）	2002	基于未来定位准备和专业发展（*Defining preparation and professional development for the future*）
3	3.7%	林加德乙（Lingard B）、罗沃勒（Rawolle S）、泰勒（Taylor S）	2005	全球教育政策社会学：基于布迪厄理论视角（*Globalizing policy sociology in education：working with Bourdieu*）
4	3.6%	安娜（Anna H）、山姆（Sam S）、鲍勃（Bob L）	2016	商业化比较：Pearson 将 TLC 置于软资本主义（*Commercialising comparison：Pearson puts the TLC in soft capitalism*）
5	3.3%	杰西卡（Jessica G）、莱斯利（Lesley F）	2013	"人民"课程政策制定：通过制度民族志和布迪厄领域分析研究教育治理（'*Peopling' curriculum policy production：researching educational governance through institutional ethnography and Bourdieuian field analysis*）

（续表）

序号	Page Rank	作者	年份	文献
6	2.9%	富勒（Fuller E）、米歇尔（Michelle Y）、布鲁斯（Bruce B D）	2011	校长预备课程是否通过校长建立教师团队资格来影响学生的成绩？一项探索性分析（*Do principal preparation programs influence student achievement through the building of teacher-team qualifications by the principal? An exploratory analysis*）
7	2.9%	弗吉尼亚（Virginia）、史密斯（Smith L W）、詹姆斯（James B）	2011	学校领导政策的趋势和发展：权宜之计还是政策卓越？（*School leadership policy trends and developments：Policy expediency or policy excellence?*）
8	2.6%	斯卡拉（Skrla L）	2000	督学中性别的社会建构（*The social construction of gender in the superintendency*）
9	2.8%	约翰（John C）	2010	为什么英语中学会被社会隔离？（*Why are English secondary schools socially segregated?*）
10	2.5%	墨菲（Murphy J）	2002	重新打造教育领导专业：新蓝图（*Reculturing the profession of educational leadership：New blueprints*）

三、研究前沿与变迁

研究前沿的概念最早是由普瑞斯（Price D）于 1965 年引入的，用来描述一个研究领域的过渡本质，指一组突显的动态概念和潜在的研究问题。[1] 研究前沿的变迁折射出的是其实践领域中不断增加的问题，即实践中问题的出现与解决促进了该领域研究范式的非线性更迭。本章利用 CiteSpace 软件对关键词进行共现分析和突显关键词挖掘，根据图示总体趋势，对我国高等教育研究前沿变迁进行阶段划分，并梳理出渐强型研究前沿和趋弱型研究前沿。

---

① 潘黎，姜海男. 近十年来我国高等教育研究的热点领域与前沿主题[J]. 中国高等教育，2016(22)：60－62.

1. 研究前沿的宏观变迁

本章根据近二十年教育政策研究相关文献关键词共现网络时区图（见图 11-14）、时间轴图（见图 11-15）和高频、高中介中心性关键词（见表 11-11），梳理出该领域研究前沿的变迁规律。近二十年教育政策研究的前沿变迁历经了如下三个阶段。

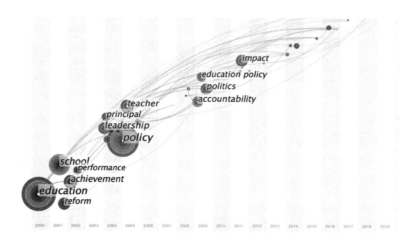

图 11-14　国际教育政策与管理研究领域相关文献的关键词共现网络时区图

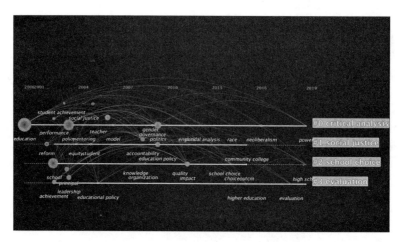

图 11-15　国际教育政策与管理研究领域相关文献的关键词共现时间轴图

表 11‑11　国际教育政策与管理研究领域前沿变迁三阶段的高频和高中介性关键词
（频次大于 5　中心性大于 0.1）

阶段划分	年份	高频、高中介性关键词
阶段一 2000— 2003 年	2000	教育（education）、政策（policy）、学校（school）、领导力（leadership）
	2001	改革（reform）、国家（state）、教室（classroom）、科学（science）
	2002	教师（teacher）、责任（accountability）、原则（principle）
	2003	教育政策（education policy）、学生（student）、公平（equity）
阶段二 2004— 2006 年	2004	社会公正（social justice）、治理（governance）、管理（management）
	2005	政治（politics）、影响（impact）、知识（knowledge）、社会学（sociology）
	2006	元分析（meta analysis）、网络（network）、政策分析（policy analysis）
阶段三 2007— 2019 年	2007	全球化（globalization）、学校领导（school leader）、学校（school）、改进（improvement）
	2008	话语（discourse）、指导（instruction）
	2009	表现（performativity）、治理性（governmentality）、语境（context）
	2010	人员流动（turnover）、流动性（mobility）、包容性（inclusion）
	2011	福柯（Foucault）、比较（comparative）、参与（engagement）
	2012	框架（framework）、激励（incentive）
	2013	小学（elementary）、作业（assignment）
	2014	混合式学习（blended learning）
	2015	自主性（autonomy）、复杂性（complexity）
	2016	全球治理（global governance）
	2017	国际化（internationlisation）
	2018	混合法（mixed method）、障碍（barrier）
	2019	未来（future）、公共教育（public education）

　　阶段一是微观视角下的学校改革政策研究（2000—2003 年）。20 世纪初，新兴产业和新兴科技的涌现，日益呼唤着知识更新以及教学和管理方式的优化，由此推动着学校内部管理改革，外显为这一时期的高频和高中介性关键词均围绕学校政策改革的利益主体。兰克福德（Lankford）等对纽约市各学校的教师任职资格政策的研究发现各校教师任职资格存在显著差异，表现出以低收入、成绩差

和非白人的学生为主要教育对象的学校通常会聘任教学技能较差的老师，呼吁改革和完善教师聘任制度①。巴克（Barker）回顾了英国自 1988 年《教育法》颁布以来的教育政策及其实施成效，发现此后 20 多年，教育界自上而下的大规模改革基本停滞，且政府机构已成为政策实施的一个重要障碍，因而建议对政策执行情况进行独立审查②。

　　阶段二是中观视角下的教育市场化政策研究（2004—2006 年）。受新自由主义市场竞争理念的影响，教育市场化和私有化已成为以西方国家为首的全球教育政策的主要理念，这也推动着国际教育政策的视角逐渐由微观上移为中观。这一时期的高频和高中介性关键词逐渐带有教育市场化的特征。例如，奥尔森（Olssen）等指出新自由主义的兴起促使各国高等教育机构加强与工商业的联系，高等教育政策强调学术产出、制定战略规划、强化绩效指标、关注质量保证和加强学术审计③。

　　阶段三是宏观视角下教育全球化政策研究（2007—2019 年）。全球化以国际贸易和资本的流动为源头，延伸出人文、技术和价值观的世界性传播，重构了国家和世界生活，扩展并加深了国家和世界多种形式的互相关系④。全球化浪潮下，多国对教育政策进行调整，体现出不同程度的市场化、民营化、分权化和问责制走向，最终形成了宏观视角下国际教育政策的第三阶段。布朗（Brown）等研究全球人才争夺战和全球精英主义的兴起，指出该趋势可能会破坏一些国家教育政策的基础假设和目标，并引起人们对平等的思考和追求⑤。

2. 研究前沿的微观变迁

　　近二十年国际教育政策研究领域形成了 28 个突显关键词（见图 11-16）。突显关键词是 CiteSpace 软件根据词频增长算法对短时间内快速增长的专业词

① LANKFORD H, LOEB S, WYCKOFF J. Teacher Sorting and the Plight of Urban Schools: a Descriptive Analysis [J]. Educational Evaluation and Policy Analysis, 2002, 24(1): 37-62.
② BARKER B. School Reform Policy in England Since 1988: Relentless Pursuit of the Unattainable [J]. Journal of Education Policy, 2008, 23(6): 669-683.
③ OLSSEN M, PETERS M A. Neoliberalism, Higher Education and the Knowledge Economy: From the Free Market to Knowledge Capitalism [J]. Journal of Education Policy, 2005, 20(3): 313-345.
④ HELD D, MCGREW A G. The Global Transformations Reader: an Introduction to the Globalization Debate [M]. UK: Polity Press, 2000: 47-74.
⑤ BROWN P, TANNOCK S. Education, Meritocracy and the Global War for Talent [J]. Journal of Education Policy, 2009, 24(4): 377-392.

汇进行检测并统计得出的,可以反映研究领域在时间上的发展变化趋势,即研究前沿的微观变迁。

关键词	年份	强度	开始	结束	2000—2019
education	2000	20.794 7	2000	2007	
performance	2000	13.372 2	2002	2007	
policy	2000	8.863 5	2003	2007	
reform	2000	11.353 5	2005	2007	
school	2000	6.258 2	2006	2008	
leadership	2000	3.045 9	2007	2009	
social justice	2000	12.330 2	2008	2013	
equity	2000	7.060 3	2008	2010	
accountability	2000	3.337 1	2008	2010	
polities	2000	6.933 1	2009	2012	
propensity score	2000	5.916 9	2009	2010	
state	2000	5.387 8	2009	2011	
education policy	2000	7.156 1	2011	2014	
quality	2000	5.341 5	2011	2013	
critical analysis	2000	10.017 6	2012	2014	
professional development	2000	5.373 8	2013	2015	
student	2000	3.648 6	2013	2015	
race	2000	5.628 9	2014	2015	
higher education	2000	4.677 2	2014	2019	
choice	2000	3.803 1	2014	2019	
outcm	2000	6.758 9	2015	2017	
children	2000	3.342 8	2015	2019	
neoliberalism	2000	8.553 2	2016	2019	
network	2000	4.120 6	2016	2019	
governance	2000	3.706 6	2016	2019	
performativity	2000	3.138 3	2016	2019	
school leadership	2000	3.117 5	2016	2019	
educational leadership	2000	6.156 1	2017	2019	

图 11 - 16　国际教育政策与管理研究领域的突显关键词图

1) 渐强型研究前沿

渐强型前沿是指在高突显率关键词历史曲线的图示中,以时间为参考坐标,突显率整体上随着时间的推移成上升趋势的文献数据所反映的研究主题①。从高突显关键词历史曲线图看,"教育(education)""政策(policy)""学校(school)""高等教育(higher education)"四个关键词处于渐强趋势(见图 11 - 17、11 - 18、11 - 19、11 - 20)。其中"教育(education)"和"政策(policy)"两个关键词为本领

---

① 潘黎,姜海男. 近十年来我国高等教育研究的热点领域与前沿主题[J]. 中国高等教育,2016(22): 60 - 62.

域研究的主题词,故而本章不进行分析,而是重点分析"学校(school)""高等教育(higher education)"两个关键词。

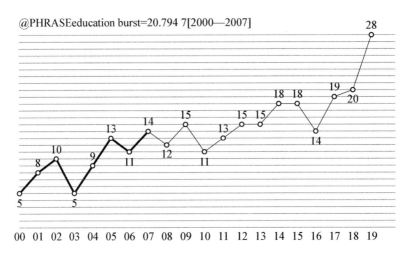

图 11‐17　"教育(education)"使用历史曲线

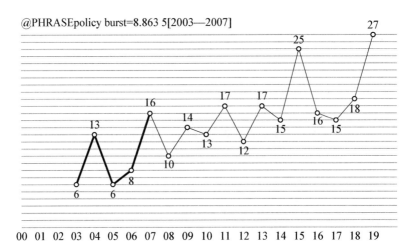

图 11‐18　"政策(policy)"使用历史曲线

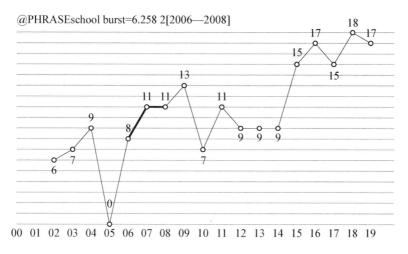

图 11‑19　"学校(school)"使用历史曲线

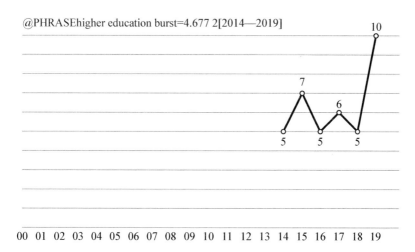

图 11‑20　"高等教育(higher education)"使用历史曲线

一是"学校(school)"的研究聚焦于"择校(school choice)"和"治理(governance)"。在过去几十年里,世界各地的教育系统以各种形式实施了择校政策,如美国的"剑桥计划"、荷兰的"中央订阅系统"和瑞典的"学校券"等。上述国家中,瑞典自 1992 年实施"学券计划",为家长提供择校券。所谓"学券计划"是指政府为私立学校提供相当于公立学校中学生所需的教育费用,这些钱足以供给学生就读于私立学校,以此赋予学生家长在公立和私立学校之间进行选择的权利。"学券计划"在瑞典实行将近二十年后，尼哈德（Bunar Nihad）采用实证的方式对瑞典择校政策实施成效进行检验，发现这一政策对瑞典的教育质量提升和教育公平的影响甚微，继而进一步提出在市场力量主导的新形势下，瑞典的择校政策应顺势改革。① 关于学校治理政策的研究重点在于多元利益主体的关系协调。20 世纪 70 年代，在新自由主义思想强势席卷全球各领域的境况下，扎根于新自由主义的治理理论也迅速成为各领域倡导的管理理念。在学校领域，安德鲁（Wilkins Andrew）认为学校自治的前提是管理者角色变迁，联邦政府建构一种新的国家干预模式，如中央政府通过专门化的检查制度来监督州政府的行为②。

二是"高等教育（higher education）"的研究关注深层的教育"变革（reform）"。20 世纪八九十年代，新管理主义将商业部门的管理理念和方法引进公共服务领域，进而引发公共服务领域追求"效率和效能"的变革。这一变革同样波及高等教育领域，导致追逐经济效益的市场逻辑替代探究高深学问的学术逻辑，"学术资本主义"应运而生③。在内部"学术资本主义"倾向和外部知识经济时代的双重推动下，高等教育领域引入竞争意识和绩效管理的同时也探求经费来源渠道多样化。多样化的经费来源折射出不同利益主体对发展高等教育的诉求。这一背景下，问责制成为政府、社会、家长、学生对经费使用效益考量的途径。维多维奇（Vidovich）和斯雷（Slee R）比对了澳大利亚和英国高等教育问责制的异同，发现两国政策目标和话语的趋同，如都强调问责制是教育改革的核心，认为对付费利益者的问责势在必行，但两国宏观层面的政策意图与机构层面的反应和做法之间存在脱节现象④。

2）趋弱型研究前沿

趋弱型前沿是指在高突显率关键词历史曲线的图示中，以时间为参考坐标，

---

① BUNAR N. Choosing for Quality or Inequality：Current Perspectives on the Implementation of School Choice Policy in Sweden ［J］. Journal of Education Policy，2010，25（1）：1 - 18.

② WILKINS A. Professionalizing School Governance：the Disciplinary Effects of School Autonomy and Inspection on the Changing Role of School Governors ［J］. Journal of Education Policy，2015，30（2）：182 - 200.

③ OLSSEN M，PETERS M A，Neoliberalism，Higher Education and the Knowledge Economy：From the Free Market to Knowledge Capital ［J］. Journal of Education Policy，2017，50（2）：397 - 402.

④ VIDOVICH L、SLEE R，Bringing Universities to Account? Exploring Some Global and Local Policy Tensions ［J］. Journal of Education Policy，2001，16（5）：431 - 453.

突显率整体上随着时间的推移成下降趋势的文献数据所反映的研究主题[①]。从高突显关键词历史曲线图看,"结果(outcome)"、"社会公正(social justice)"两个关键词处于渐弱趋势(见图 11 - 21、11 - 22)。

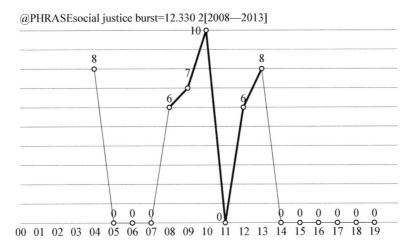

图 11 - 21 "结果(outcome)"使用历史曲线

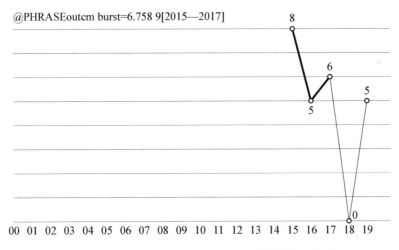

图 11 - 22 "社会公正(social justice)"使用历史曲线

① 潘黎,姜海男.近十年来我国高等教育研究的热点领域与前沿主题[J].中国高等教育,2016(22):60 -62.

一是"结果(outcome)"的研究集中于领导力与学生"成绩(achievement)"的影响。戴克里·斯托弗(Day Christopher)等人通过对 20 所中小学展开深入的案例调查,发现成功的校长能结合变革型领导和指导型领导的领导特质来制定学校发展策略,通过隐性的校园文化建设和显性的政策规训共同提升学生成绩。① 弗吉尼亚(Roach Virginia)等对 50 个州校本教育中学校领导的"有凝聚力的领导系统"进行考察,研究了制定标准、批准项目、评估实施、指导和推动持续发展这五方面的政策规定,发现上述五个领域存在的趋同现象,如统一的标准、不断强化的评估和问责制。研究进一步以制度同构理论解释上述趋同现象,并指出未来该领域寻求替代范本的政策空间的缩小。②

二是"社会公正(social justice)"的研究源于实践中的缺失。七十多年前,著名历史学家卡特·伍德森(Carter G. Woodson)在他的经典著作《对黑人的错误教育》(*The Miseducation of the Negro*)中指出了黑人儿童成功接受教育的社会障碍,如课程内容不准确、计划不严、去政治化、缺乏资源,以及师资力量薄弱、缺乏职业道德等。历史上,黑人教育领袖通过社会批判著作、演讲权力和激进主义来缓解黑人教育的严酷现实,然而他们的叙述和批评并没有被纳入学校管理和改革的重要政策中。③ 正如马歇尔(Marshall C)曾指出教育领域的社会公平流于表面,如教师对不同种族学生差异关注不足等现象比比皆是。④ 贝基(Francis Becky)等人探讨了教育中社会公正的困境,指出对该问题的研究往往缺乏教育政策制定的建设性意见,而这在一定程度上可以归因于学界尚未形成何谓公正的教育体系的清晰认识。⑤

---

① DAY C, GU Q, SAMMONS P. The Impact of Leadership on Student Outcomes: How Successful School Leaders Use Transformational and Instructional Strategies to Make a Difference [J]. Educational Administration Quarterly, 2016,52(2): 221 - 258.

② ROACH V, SMITH L, BOUTIN J. School Leadership Policy Trends and Developments: Policy Expediency or Policy Excellence? [J]. Educational Administration Quarterly, 2011,47(1): 5 - 15.

③ MURTADHA K, WATTS D M. Linking the Struggle for Education and Social Justice: Historical Perspectives of African American Leadership in Schools [J]. Educational Administration Quarterly, 2005,41(4): 591 - 608.

④ MARSHALL C. Social Justice Challenges to Educational Administration: Introduction to a Special Issue [J]. Educational Administration Quarterly, 2004,40(1): 5 - 15.

⑤ FRANCIS B, MILLS M, LUPTON R. Towards Social Justice in Education: Contradictions and Dilemmas [J]. Journal of Education Policy, 2017,32(4): 414 - 431.

第四节 结论与展望

一、主要结论

结合文献计量统计和质性分析,本章梳理近二十年国际教育政策研究的基本格局。从研究力量看,鲍尔·史蒂芬和林加德·鲍勃是最重要的作者,以伦敦大学和威斯康星大学为代表的世界一流大学是最主要的研究机构,以美国和英国为代表的老牌教育发达国家是核心研究国家。同时,中国在该领域的研究略显薄弱,国际合作和国际影响力均有待提升。从研究主题来看,高共被引文献围绕"教育(education)""领导力(leadership)""成就(achievement)""学校(school)"四大聚类形成了相关研究热点主题,并从中观上形成了"政治(politics)""政策制定(policy enactment)""领导力准备(leadership preparation)"和"责任制(accountability)"四大引文聚类。研究前沿经历了微观视角下的学校改革政策研究、中观视角下的教育市场化政策研究和宏观视角下教育全球化政策研究,呈现"学校(school)""高等教育(higher education)"渐强型研究前沿。基于以上分析,本章提出该领域未来研究趋势,指明可供研究的主题和方向,以为学者和实践者提供有益的知识贡献和建议。

二、未来展望

一是推动教育政策本土化和全球化的对话,促进全球化背景下教育政策的落地。全球化和国际化已成为教育发展不可忽视的力量。在此背景下,如何在变革中调整冲突,在适应中取得平衡是各国转化全球教育影响的重要考虑,这一变化亦反映在国家政策对全球教育影响的调节过程中。全球化的影响本身都要经历本土化的洗礼,其实践的程度则取决于本国文化深层结构、人民心理结构、先验图式和既定的兴趣取向。[①] 同时,各国教育政策对全球教育影响的接受范围和程度在政策结构、内容和类型上也显示出微妙的差异[②]。因此要促进教育

[①] SCHRIEWER J. Editorial: Meaning Constellations in the World Society [J]. Comparative Education, 2012(4): 411-422.

[②] 陈婧. 全球教育影响与国家教育政策的对接机制研究[J]. 教育发展研究,2017,37(1): 16-24.

政策本土化与全球化的对话，在冲突与适应中寻求平衡，促进教育政策的落地。

二是要关注技术驱动下教育政策过程中的不同利益相关者。教育政策的制定与执行离不开对政策适用范围内利益相关者的考量，故而微观上关注政策相关利益者的认知与策略，中观上关注利益集团和国家间的关系是教育政策研究中的重点。技术的发展促进了不同利益主体对于教育政策制定、执行与评估过程的参与，进一步成为教育科学化和教育民主化的有益助力，对于以"人"为主体的强调及各利益相关者的权利协调和博弈成为政策过程的核心。

三是高等教育领域成为教育政策研究的重要阵地。"新自由主义"的发展及其市场化、竞争化和产业化趋势日益渗透到教育管理理念，对高等教育的影响最为深刻。在高等教育领域，国家层面的政策与政治、中观层面的战略管理与问责制、微观层面利益相关者政策认知差异等都是该领域值得关注的话题。

中国教育政策研究起步较晚，但实践的发展为教育政策研究提供了丰富的土壤。进入 21 世纪以来，以中国为首的发展中国家教育政策研究在全球范围内处于弱势地位，因而发展中国家亟待提升政策研究能力。就中国提升教育政策研究能力而言，不仅要做到研究内容上关注经典、聚焦热点、紧随前沿，更要在研究方式上加强国际交流与合作，在合作中拓宽研究视野，构建中国话语体系，提升国际影响力。

（韩双淼　姚　超　谢　静）

第十二章
国际课程与教学研究的热点主题
和前沿演进

    课程与教学是教育实践和研究的核心议题。教育思想的贯彻,教学内容的传授最终都要落脚于体现教学过程的课程与教学。自 1918 年《课程》(*The Curriculum*)问世以来,课程与教学作为独立研究领域发展至今,其研究的进展究竟如何? 研究成果的多少可以量化,而思想的形成却非格物所能达至,因而此时一种超越研究数量的增长,而深入追思其内含价值和意蕴的努力就显得十分必要。本章从近二十年(1999—2018 年)该领域纷繁的研究成果中抽离出研究的核心力量、聚类主题和经典成果,在深层解析知识演进脉络中梳理本领域研究的价值转变,在转变中探寻未来趋向。

第一节　研究背景与意义

    21 世纪以来,世界范围内的教育改革不再限于单纯的教育体制革新,同样诉诸课程与教学这一微观层面的突破,即在师生日常学习生活中寻求教育超越[①]。这一教育改革的动向促使诸多发达国家和地区以反思本国教育弊端为切入点,把课程与教学改革作为增强国力,积蓄未来竞争力的战略措施加以推行。如美国进入 21 世纪以来先后开展了两次课程与教学改革,其中 2013 年改革以《新一代科学教育标准》(*Next Generation Science Standards*)为载体,希望通过制定科学、规范的科学教育标准来提高教育水平和学术的科学素养,进而增强国

---

① 冯育民.美国和英国基础教育课程改革现状与趋势[J].教书育人,2005(29):59-60.

家人才竞争力①；英国自 2000 年实施国家课程起，便踏上持续的渐进式课程改革之路，并于 2013 年发布《改革资格和课程以更好地为学生毕业后的生活做准备》(*Reforming qualifications and the curriculum to better prepare pupils for life after school*)，旨在增强课程和教学对未来社会的适应性②。

　　在我国，课程与教学改革不仅是教育变革的核心，更是社会文化变革的缩影。进入 21 世纪以来，全球化和信息化成为我国社会最鲜明的特征。社会转型中的深刻变革以及对人的生产方式所产生的渗透式影响，激发以课程与教学为核心的教育改革③。在基础教育领域，我国于 2011 年颁布《基础教育新课程标准》，并以此为依托启动了史上波及范围最广、影响最深刻的一次课程与教学改革；高等教育领域新一轮的本科教学改革提出，深化课程与教学改革是提高人才培养质量的重中之重④。就我国课程与教学改革的本质而言，是对实践领域现实问题的自我反思、破解和重构，其推动了教育研究的深入发展，继而促进教育决策科学化和课程与教学由经验型走向科学型。

　　实践领域如火如荼的课程与教学改革催生了该议题下丰硕的研究成果。以"curriculum and teaching(课程与教学)"为主题词在 Web of Science 数据库中共检索到 89 097 篇相关文献。如何从海量研究文献中梳理出该领域的研究基础，以便后续研究能"站在巨人的肩膀上"成了该领域研究的新困境。近些年，文献计量学方法的引入为该问题的解决提供了新视角。姜丽希和孙芙蓉运用 SPSS20.0 和 Bicomb 软件对 930 篇 CSSCI 期刊论文进行共词分析，发现教学与课程改革研究、新课改的宏观与微观研究是 2001—2014 年间的两大研究主线⑤；孙婧和张蕴甜以 CiteSpace5.0 为分析软件，对 3 096 篇 CSSCI 期刊进行研究，发现 2007—2017 年间该领域研究热点为人才培养模式、通识教育、工程教育、创新创业教育、课程与教学改革等⑥；除了上述对期刊论文的研究，孙芙蓉、

① 罗一然. 美国《新一代科学教育标准》述评[J]. 安阳工学院学报，2013，12(6)：122 - 126.

② 张鑫鑫. 2013 年英国中学新课程改革的新动向及其启示[J]. 学园，2014(5)：37 - 38.

③ 叶澜. 21 世纪社会发展与中国基础教育改革[J]. 中国教育学刊，2005(1)：2 - 7＋11.

④ 刘宝存. 抓好课程与教改的"七寸"[N]. 光明日报：2019 - 12 - 03.

⑤ 姜丽希，孙芙蓉. 新课程改革研究热点和演进——基于 2001 年以来 930 篇 CSSCI 期刊论文知识图谱分析[J]. 教育理论与实践，2015(20)：37 - 40.

⑥ 孙婧，张蕴甜. 我国大学课程研究的知识基础和热点问题——基于高等教育领域 13 本 CSSCI 期刊 2007—2017 年刊载文献的分析[J]. 高等教育研究，2018(11)：79 - 84.

潘龙飞、胡红珍还对 2000 年以来 CNKI 收录的 435 篇硕博论文进行了可视化分析，发现中小学课程的研究主要分为新课程改革的路径和方向探索、课程管理体系的构建、课程的结构和要素分析、中外课程改革的比较、新课改面临的问题及其解决策略等五个领域[①]。

纵览上述研究，尽管文献计量学为厘清该领域研究成果提供了新的探索工具，但该工具的应用多限于对国内研究成果的梳理，而对国外该领域研究的探讨甚微。基于这一研究背景，本章对近二十年(1999—2018 年)课程与教学领域的国际研究成果进行可视化分析，有效识别近年来国际上该领域的主要研究力量、研究主题和研究前沿演变规律，以期在该领域知识演进脉络中窥视未来研究趋向。

第二节　研究方法与数据来源

一、研究方法

随着信息可视化技术勃兴，并有效应用于学科发展历史梳理、学科结构分析、前沿趋势探测等诸多科学计量学领域，科学计量学被广泛应用于社会科学研究中。近十年来，基于可视化工具的科学知识图谱绘制为文献计量学的应用带来了新的活力[②]。科学知识图谱分析的基本原理是从文献中提取知识单元之间的关系，并将其矩阵化和可视化[③]。这一基于关系的表达本质上是一种矩阵的网络化表达，当前使用基于网络的聚类方法对科学知识图谱进行聚类的主流科学知识图谱软件包括 CiteSpace 和 Vosviewer。CiteSpace 由美国德雷塞尔大学陈超美开发，其最具特色的功能是通过时区图展示学科领域的演进路径，借助文献共被引分析筛选关键文献，以突变探测发掘科学研究的重要节点；[④]

[①] 孙芙蓉，潘龙飞，胡红珍. 新课改以来我国中小学课程研究热点知识图谱——基于中国知网 1516 篇期刊论文和 435 篇博硕论文的分析[J]. 当代教育与文化，2018(4)：52 - 57.

[②] 赵丹群. 试论科学知识图谱的文献计量学研究范式[J]. 图书情报工作，2012(6)：107 - 110.

[③] 李杰. 科学知识图谱原理及应用——Vosviewer 和 CitNetExplorer 初学者指南[M]. 北京：高等教育出版社，2018：11,22.

[④] CHEN C. CiteSpace Ⅱ：Detecting and visualizing emerging trends and transient patterns in scientific literature [J]. Journal of the American Society for Information Science and Technology, 2006(3)：359 - 377.

Vosviewer 由荷兰莱顿大学的尼斯·扬·范·埃克（Nees Jan van Eck）和卢多·沃尔特曼（Ludo Waltman）开发，其几乎具备所有的文献计量分析功能，如文献耦合、共被引、合作和共词分析等①。

本章有意识地选择并结合了 Vosviewer 和 CiteSpace 在文献计量学中的不同侧重点和优势算法，从量的角度对世界范围内过去二十年间课程与教学研究的作者、机构、关键词、被引量等进行统计。在此基础上，结合传统文献梳理方法，对其中的主要研究力量、研究主题和前沿热点展开深入的质的探讨。本章研究设计如图 12-1 所示。

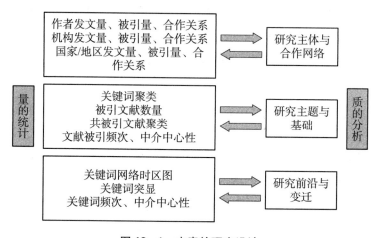

图 12-1　本章的研究设计

二、数据来源

本研究检索出课程与教学领域期刊影响因子排名前五的五本 SSCI 来源期刊（见图 12-2），在综合"质"与"量"两个维度后将本研究的样本期刊锁定在《学习与教学》（*Learning and instruction*）、《科学教学研究》（*Journal of research in science teaching*）和《元认知与学习》（*Metacognition and learning*）三本期刊。从"质"的向度看，上述三本期刊近五年（2014—2018 年）平均影响因子分别为3.83、3.15 和 2.60，能从研究质量上展现该领域的最高水平研究成果；从"量"的

---

① 李杰.科学知识图谱原理及应用——Vosviewer 和 CitNetExplorer 初学者指南［M］.北京：高等教育出版社，2018：11，22.

向度看,三本期刊近二十年(1999—2018 年)年载文量共 2 266 篇,占该领域 5 本
SSCI 期刊发文总量的 59.9%,能从研究数量上较全面地展示该领域的研究成
果。具体而言,本章的样本检索策略如表 12 - 1 所示。

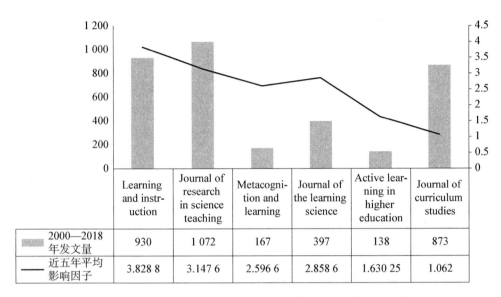

图 12 - 2　五本 SSCI 来源期刊近二十年发文量和近五年平均影响因子

表 12 - 1　文献数据检索策略表

信息项目	信 息 来 源
文献信息获取平台	Web of science 核心合集
数据库	SSCI、SCIE
来源期刊	《学习与教学》(*Learning and instruction*) 《科学教学研究》(*Journal of research in science teaching*) 《元认知与学习》(*Metacognition and learning*)
时间跨度	1999—2018 年
文献类型	期刊论文、会议论文、传记、书评等
题录信息	作者、关键词、摘要、参考文献、机构、国家

第三节　研究结果

一、研究主体与合作网络

目前，学界对主要研究力量的测评依据发文量和被引量两大指标，前者能直观反映学术活跃度；后者与学术影响力呈正相关关系①。基于此，本节利用Vosviewer 软件从宏观到微观上对近二十年课程与教学研究相关文献的科研合作网络中的国家、机构和作者的发文量、被引量和合作关系进行分析。

1. 核心作者群

从作者发文量和被引量来看，近二十年共有 4365 位作者在本章的三大样本期刊上发文，其中发文量超过 5 篇，被引量超过 25 次的作者达到 115 人（见图 12 - 3）。

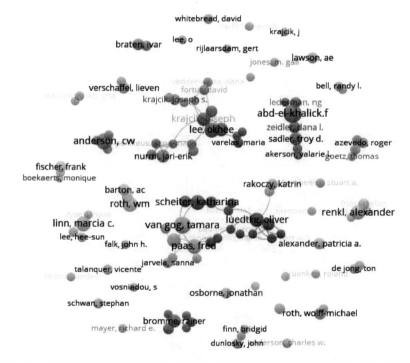

图 12 - 3　国际课程与教学研究发文量超过 5 篇且被引量超过 25 次的作者合作关系网

---

① 郝若扬. 如何测度学科核心作者［N］. 中国社会科学网，2016 - 9 - 20.

上述作者中福阿德·阿卜杜勒·哈利克（Fouad Abd-el-khalick）和塔玛拉·梵高（Tamara Van Gog）不仅发文量排名前三，而且被引量排名前三（见表 12-2）。其中福阿德·阿卜杜勒·哈利克无论是"量"还是"质"均独占鳌头。福阿德·阿卜杜勒·哈利克是北卡罗莱纳大学教育学院的院长，致力于课程与教学研究多年，曾著书《全球视野下基于科学本质视角的教科书研究》（*Textbook Research Based on the Perspective of the Nature of Science from a Global Perspective*）。值得关注的是，在发文量或被引量排名前十的 15 位作者中诺曼·莱德曼（Norman G Lederman）的发文量仅 8 篇，但是其被引量达到 1 874 次，位列作者被引量的第二位。从最大作者合作网络看，形成了以塔玛拉·梵高为核心的网络连接（见图 12-4）。塔玛拉·梵高是乌特勒支大学教育心理学教授，专注于在医学教育和各级教育中开展批判性思维训练。

表 12-2　国际课程与教学研究发文量或被引量排名前十的 15 位作者一览表

作者姓名	发文量	被引量	工作单位
福阿德·阿卜杜勒·哈利克（Fouad Abd-el-khalick）	22	1 970	北卡罗莱纳大学（美国）
塔玛拉·梵高（Tamara Van Gog）	19	1 008	乌特勒支大学（荷兰）
查尔斯·安德森（Charles Anderson）	18	85	密歇根州立大学（美国）
沃尔夫·迈克尔·罗斯（Wolff-Michael Roth）	15	776	维多利亚大学（加拿大）
凯瑟琳·谢特尔（Katharina Scheiter）	15	667	图宾根大学（德国）
弗雷·德帕斯（Fred Paas）	14	798	鹿特丹大学心理与教育研究系（荷兰）
马西娅·林恩（Marcia Linn）	14	413	加州大学伯克利分校（美国）
约翰·加拉赫（John Gallagher）	14	21	宾夕法尼亚大学（美国）
李玉熙（Okhee Lee）	14	399	纽约大学（美国）
奥利弗·卢德特克（Oliver Lüdtke）	13	299	洪堡大学心理研究所（德国）
诺曼·莱德曼（Norman Lederman）	8	1 874	伊利诺理工大学（美国）
大卫·福特斯（David Fortus）	7	629	魏兹曼科学研究院（以色列）

（续表）

作者姓名	发文量	被引量	工作单位
海蒂·卡隆（Heidi Carlone）	5	617	北卡罗来纳大学格林斯伯勒分校（美国）
约瑟夫·克拉伊契克（Joseph Krajcik）	6	609	密歇根州立大学（美国）
斯特拉·沃斯尼亚杜（Stella Vosniadou）	5	587	弗林德斯大学（澳大利亚）

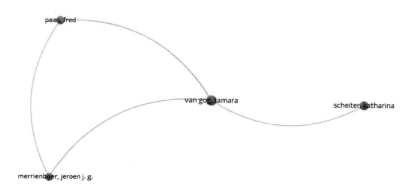

图 12-4　国际课程与教学研究最大作者合作网络

2. 主要研究机构

从机构发文量和被引量看，近二十年来自 62 个国家的 1 075 所大学或研究机构在三大期刊上展示了学术研究成果（见图 12-5），其中有 199 所机构的发文

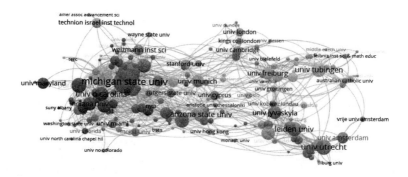

图 12-5　国际课程与教学研究发文量超过 5 篇且被引量超过 17 次的 199 所机构合作关系图

量超过 5 篇且被引量超过 17 次。

　　具体而言,三所美国的研究型大学——密歇根州立大学、密歇根大学和伊利诺伊大学表现突出(见表 12‐3)。这三所院校无论是发文量还是被引量均位列前三,其发文量和被引量之和分别占发文量或被引量排名前十的 15 个机构总量的 31.9% 和 30.9%。值得关注的是,在发文量或被引量排名前十的 15 个机构中有 10 个机构都来自美国,占机构总数的 66.7%,这与上述主要研究国家为美国的调查结果相契合。从研究机构间的合作关系看,国际上形成了以上述三所研究型大学为核心的最大机构合作关系网(见图 12‐6)。同时也形成了以莱顿大学、图宾根大学等荷兰和德国大学为中心的合作关系网。可见,各研究机构间基于地缘关系形成了相对固定的研究合作关系。

表 12‐3　国际课程与教学研究发文量或被引量排名前十的 15 个机构一览表

机构	发文量	被引量
密歇根州立大学(美国)	60	2 282
密歇根大学(美国)	57	3 592
伊利诺伊大学(美国)	52	2 775
乌得勒支大学(荷兰)	36	1 339
亚利桑那州立大学(美国)	35	1 224
普渡大学(美国)	34	1 202
维多利亚大学(加拿大)	32	1 246
图宾根大学(德国)	33	990
北卡罗莱纳大学教堂山分校(美国)	31	1 574
莱顿大学(荷兰)	32	2 151
俄勒冈州立大学(美国)	19	2 150
佐治亚大学(美国)	29	1 970
印地安那大学(美国)	30	1 983
加州大学‐圣塔芭芭拉分校(美国)	23	1 828
慕尼黑大学(德国)	27	1 619

图 12 - 6   国际课程与教学研究的最大机构合作网络

3. 主要研究国家/地区

从国家发文量和被引量看，近二十年共有 62 个国家在三本样本期刊上发文，主要集中在北美洲、大洋洲、南美洲和欧洲的国家和地区。上述国家和地区中，29 个国家的期刊发文量超过 5 篇（见图 12 - 7），56 个国家发文的被引量超过10 次。

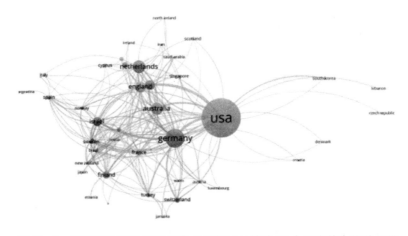

图 12 - 7   国际课程与教学研究发文量超过 5 篇的 29 个国家的合作关系网

具体而言，美国发文量和被引量几乎占据总量的半壁江山，总发文量1 078 篇，占总发文量 47.6%；被引量 48 194 篇，占发文量或被引量排名前十的 12 个国家总被引量的 48.2%（见表 12 - 4）。紧随其后的是德国与荷兰，其中德国的被引量 13 387 篇，是全球该领域研究成果被引量超过一万篇的两个国家之一。从机构合作关系网络看，近二十年该领域形成了以美国为绝对核心地位的国家合作网络，其与德国、荷兰、英国和加拿大间形成密切的合作关系（见图 12 - 8）。

表 12‑4　国际课程与教学研究发文量或被引量排名前十的 12 个国家

国家	发文量	被引量
美国	1 078	48 194
德国	327	13 387
荷兰	183	8 908
澳大利亚	149	7 181
英国	131	5 730
加拿大	115	3 866
以色列	100	4 370
芬兰	67	2 573
瑞士	45	1 145
法国	42	1 183
比利时	42	2 265
西班牙	40	1 217

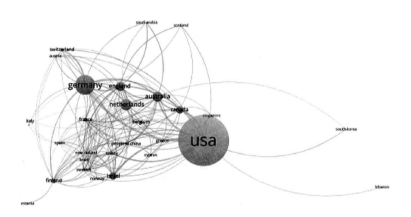

图 12‑8　国际课程与教学研究的最大国家合作网络

二、研究主题与基础

1. 基于关键词共现的主题分析

研究主题是有内在联系的、数量相对较多的一组文献所探讨的热门问题或专题，反映的是该领域对某个特定问题的关注。利用 Vosviewer 软件对近二十年课程与教学研究相关文献中的 5 747 个所有关键词进行词频统计和共现分析，从所有关键词共现分析的节点分布和大小看，该领域形成了以"表现（performance）""学生（students）""知识（knowledge）""成就（achievement）"为核心的四大聚类（见图 12-9）。聚类内部以连接强度和频次筛选出相关热点关键词，它们与核心关键词共同从过程、结果和方法三个维度构成该领域的三大研究主题（见表 12-5）。

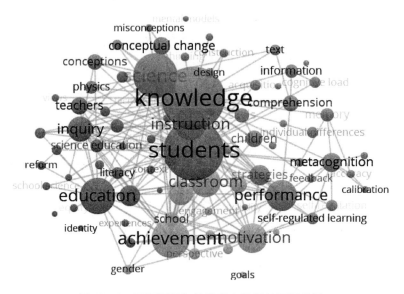

图 12-9　国际课程与教学研究的关键词聚类图

表 12-5　课程与教学教育研究领域关键词聚类内部热点词汇

主题	序号	核心关键词	频次	相关热点关键词（聚类内连接强度、出现频次前五）
主题一	聚类 1	表现（performance）	207	自主学习（self-regulated learning）、策略（strategies）、元认知（metacognition）、理解（comprehension）
	聚类 2	学生（students）	237	探究（inquiry）、教育（education）、科学教育（science-education）、信念（beliefs）、教师（teachers）、影响（impact）

（续表）

主题	序号	核心关键词	频次	相关热点关键词（聚类内连接强度、出现频次前五）
主题二	聚类 3	知识（knowledge）	429	学生（student）、科学（science）、概念转变（conceptual change）、概念（conceptions）、框架（framework）
主题三	聚类 4	成就（achievement）	250	教室（classroom）、动机（motivation）、数学（mathematics）、模型（model）、学校（school）

研究主题一是过程中注重对内外部影响因素的探讨。聚类 1 的核心关键词是表现（performance），与之连接强度较大的热点关键词主要是与学生自我调节相关的词汇，涉及自主学习（self-regulated learning）和元认知（metacognition），从内部视角挖掘了学生主观能动性对课程与教学的影响。已有研究或基于对元认知的识别开发自我调节模型，如戴维·怀特布雷德（David Whitebread）等人研究出一项观察方法，用于识别和评估 3—5 岁年龄段儿童的元认知和自我调节[①]；或深入中小学课堂调查教学干预对自我调节的影响，如夏洛·特迪格纳特（Charlotte Dignath）等人研究中小学教学干预对促进学生自我调节的影响，发现在数学课程中进行的干预要比在其他学科上的干预效果更好[②]；萨斯基亚·奇斯特纳（Saskia Kistner）等人研究教师对学生自我调节的直接和间接促进作用，发现大量的隐性教学策略有助于学生增强元认知，而提高元认知的显性策略则匮乏[③]。

聚类 2 的核心关键词是课程与教学主体——学生（student），聚类内连接强度较大的热点关键词从外部视角探究影响学业的外部因素，如不同学科的教育方式（science-education）和教师干预（teachers）。如霍夫曼（L Hoffmann）对男女学生在物理学科中的学业成就进行研究，发现教师的教学大纲和行为方式更

① WHITEBREAD D, COLTMAN P, PASTERNAK D P, et al. The development of two observational tools for assessing metacognition and self-regulated learning in young children [J]. Metacognition and Learning，2009(1)：63 – 85.

② DIGNATH C, BUETTNER G. Components of fostering self-regulated learning among students. A meta-analysis on intervention studies at primary and secondary school level [J]. Metacognition and Learning，2008(3)：231 – 264.

③ KISTNER S, RAKOCZY K, OTTO B, et al. Promotion of self-regulated learning in classrooms： investigating frequency，quality，and consequences for student performance [J]. Metacognition and Learning，2010(2)：157 – 171.

关注男孩的兴趣、知识和能力，直接导致男女生物理学业成就差异[①]；在数学学科中，克里斯汀·克拉耶夫斯基（Kristin Krajewski）等人的研究发现学龄前数学能力与小学数学成绩呈现明显的正相关性[②]。

研究主题二是在结果上呈现对概念建构、科学素养的关注。已有研究一方面对课程与教学促进学生知识习得（knowledge）、概念转变（conceptual change、conceptions）和科学素养养成（science）高度关注。如玛格丽塔·利蒙（Margarita Limón）研究发现，将学生的先验知识与即将学习的新知识联系起来是实现概念转变的关键，也是解决认知冲突，制定促进概念转变策略的出发点[③]；克里斯蒂娜·施瓦兹（Christina V. Schwarz）认为建模是科学的核心实践，是科学素养的核心组成部分，既包括构建、使用、评估和修改科学模型等实践性的要素，又包括理解模型的性质和目的等激励实践的元知识[④]。另一方面对学习结果测量进行模型构建。如菲利普·萨德勒（Philip M. Sadler）采用心理计量学模型测量学生认知发展，该模型通过由干扰因素驱动的多项选择测试将定性研究与定量评估结合起来[⑤]。

研究主题三是在方法上探讨班级教学中的模式建构和媒介。该主题下的研究一是关注多样化的教学模式（model），包括具体学科教学中产生的专业模式和适用于全部学科的教学模式。如吉塔·塔索布希拉兹（Gita Taasoobshirazi）基于安德森的自适应控制思想理性（ACT-R）理论，研究了一种解决化学问题的专业模式，展示了概念化、自我效能和策略如何相互作用，并成功地解决了计量

① HOFFMANN L. Promoting girls' interest and achievement in physics classes for beginners [J]. Learning and Instruction, 2002(4)：447－465.

② KRAJEWSKI K, SCHNEIDER W. Early development of quantity to number-word linkage as a precursor of mathematical school achievement and mathematical difficulties：Findings from a four-year longitudinal study [J]. Learning and Instruction, 2009(6)：513－526.

③ LIMON M. On the cognitive conflict as an instructional strategy for conceptual change：a critical appraisal [J]. Learning and Instruction, 2011(11)：357－380.

④ SCHWARZ C V, REISER B J, DAVIS E A, et al. Developing a learning progression for scientific modeling：Making scientific modeling accessible and meaningful for learners [J]. Journal of research in science teaching, 2009(6)：632－654.

⑤ SADLER P M. Psychometric models of student conceptions in science：Reconciling qualitative studies and distractor-driven assessment instruments [J]. Journal of research in science teaching, 1998(3)：265－296.

学、热化学和溶液性质等领域部分的化学问题[①]；佘晓青基于知识双重情境化的特征，即真实情境和主体情境，建构了一种双情境学习模式（DSLM），强调学习者在现实生活情境中经历学习过程，才能建立或纠正第二重主体情境[②]。二是研究新兴学习媒介对知识获取的影响，如沃尔夫冈·施诺茨（Wolfgang Schnotz）等人研究超媒介学习主题相对于超文本学习主题对学生心理模型的影响，发现呈现图形的学习策略并不总是有利于知识获取[③]。

2. 基于文献共被引网络的知识基础分析

经典文献是指与本学科发展水平、发展动向密切相关的一些文献，通常能反映某个研究领域重要的知识基础，其最重要的量化测评指标之一就是文献影响因子。通常文献影响因子与被引频次呈正相关，因而文献共被引分析可以在海量的被引参考文献信息中高效便捷地定位出研究领域的经典文献。

1）宏观的总引文数量

从宏观的总引文数量看，该领域三本期刊近二十年的 2 266 篇文献共引用了 66 508 条参考文献，平均每篇文献引用 29 篇文献，可见课程与教学领域的引用文献较多，研究基础扎实。

2）中观的引文聚类

从中观上引文的聚类看，该领域共被引超过 10 次的 103 篇文献形成了 9 个引文聚类（见图 12-10）。按照具体聚类内容，上述 9 个聚类从三个方面构成了本领域的知识基础。

引文主题一是以"学法"为核心的学习方式研究。该主题共包含三个与学生的学习紧密相关的聚类，包括自主学习（self-regulated learning）、元认知（meta-cognition）和深入思维方式（think-aloud method）。聚焦元认知，弗兰斯·J·普林斯（Frans J. Prins）等人在高被引文献《智力和元认知对学习的影响：对问题性理论阈值的新支持》（*The impact of intellectual ability and metacognition*

① TAASOOBSHIRAZI G, GLYNN S M. College students solving chemistry problems: A theoretical model of expertise [J]. Journal of Research in Science Teaching, 2009(10): 1070-1089.

② SHE H C. Fostering radical conceptual change through dual-situated learning model [J]. Journal of Research in Science Teaching, 2009(6): 632-654.

③ SCHNOTZ W, BANNERT M. Construction and interference in learning from multiple representation [J]. Learning and Instruction, 2003(2): 141-156.

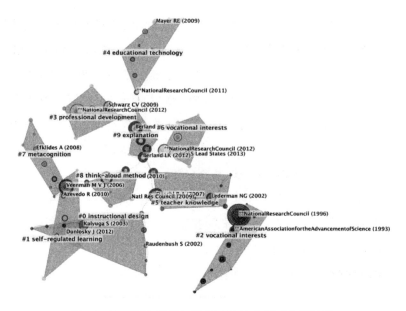

图 12 - 10 国际课程与教学研究的共被引文献聚类

on learning：New support for the threshold of problem aticity theory）中比较
了三种元认知能力和学习之间不同关系的模型，发现当学习者在自己的知识范
围内工作时，元认知的技巧而非智力就显得至关重要①；阿纳斯塔西娅·埃夫克
莱德斯（Anastasia Efklides）也在他的高被引文献《自我调节学习中元认知与动
机和情感的相互作用：MASRL 模型》（Interactions of metacognition with
motivation and affect in self-regulated learning：The MASRL model）中研究
了元认知和动机对于自我调节学习的相互作用，发现元认知在自下而上的自我
调节中起着重要作用②。扎根学生自我评估，约翰·邓洛斯基（John Dunlosky）
等人的研究指出，过度自信会导致成就不佳，而不正确的自我评估会损害学生的
学习和保持能力③。

---

① PRINS F J，VEENMAN M VJ，ELSHOUT J J. The impact of intellectual ability and metacognition
on learning：New support for the threshold of problematicity theory [J]. Learning and Instruction，
2006(4)：374 - 387.
② EFKLIDES A. Interactions of metacognition with motivation and affect in self-regulated learning：The
MASRL model [J]. Educational Psychologist，2011(1)：6 - 25.
③ Dunlosky J，Rawson K A. Overconfidence produces underachievement：Inaccurate self evaluations
undermine students' learning and retention [J]. Learning and Instruction，2012(4)：271 - 280.

引文主题二是以"教法"为核心的教学策略研究。该主题下三个聚类紧密围绕教师的教学展开，分别是教学设计（instructional design）、教育技术（educational technology）和教师知识（teacher knowledge）。安德鲁·斯图尔（Andrew T. Stull）等人在其高被引文献《通过交互式三维图形学习解剖学》（*Getting a handle on learning anatomy with interactive three-dimensional graphics*）中通过实验提出，在生物解剖课上，教师使用手持控制器旋转三维骨骼模型这一交互式三维图形教法，会显著提升学习效果①；约翰·斯威勒（John Sweller）等人在高被引文献《认知架构与教学设计》（*Cognitive architecture and instructional design*）中认为认知负荷理论应该被用来设计课堂中各种新颖的教学程序，以减少学生工作记忆负荷并鼓励学生进行模式构建②。

引文主题三是以"师生"为核心的身份建构研究。该主题下包含的 3 个聚类和教师与学生的身份建构联系紧密，包括教师专业发展（professional development）、教师职业兴趣（vocational interests）和学习者身份的解释（explanation）。关注学生学习者身份的解释，克里斯蒂娜·施瓦兹（Christina V. Schwarz）试图剖析学习者在学习过程中对于自己身份和行为的建构，梳理其内在解释机制，以推动构建科学的精确的模型，并运用这些模型预测学习者的相关行为③；帕梅拉·阿施巴赫（Pamela R. Aschbacher）等人的研究发现高中生对于其未来科学家身份愿望的构建，发现学校内外的科学实践，以及家庭中经历不同的互动和经验，会塑造他们的科学身份认同甚至影响其以后的人生轨迹④；关注教师发展，阿卜杜勒·哈利克·福阿德等人在高被引文献《科学的本质与教学实践：使非自然成为自然》（*The nature of science and instructional practice：Making the unnatural natural*）中指出职前教师需要做到将科学概念转化为教

---

① STULL A T, HEGARTY M, MAYER R E. Getting a handle on learning anatomy with interactive three-dimensional graphics [J]. Journal of Educational Psychology，2009(4)：803 - 816.

② SWELLER J，VAN-MERRIENBOER J JG，PAAS F G WC. Cognitive architecture and instructional design [J]. Educational Psychology Review，1998(3)：251 - 296.

③ SCHWARZ C V，REISER B J，DAVIS E A. Developing a learning progression for scientific modeling：making scientific modeling accessible and meaningful for learners [J]. Journal of Research in Science Teaching，2009(6)：632 - 654.

④ ASCHBACHER P R，LI E，ROTH E J. Is science me? High school students' identities，participation and aspirations in science，engineering，and medicine [J]. Journal of Research in Science Teaching，2010(5)：564 - 582.

学计划和课堂实践的因素，使非自然"自然"，才能实现更好地专业发展①。

3）微观的经典文献

利用 CiteSpace 软件，得到共被引频次高于 15 且中介中心性高于 0.1 的被引文献，其中专著 5 本，专著绪论 1 篇，期刊论文 4 篇（见表 12 - 6），能在一定程度上量化参考文献的学术影响力。

表 12 - 6　国际课程与教学研究的经典期刊论文文献

被引频次	作者	年份	论文题目
548	马塞尔 · 维曼（Marcel V. J. Veenman），巴姆夫 · 霍特 · 沃尔特斯（Bhamv Hout-Wolters），彼得 · 阿弗莱巴赫（Peter Afflerbach）	2006	元认知与学习：概念与方法论思考（*Metacognition and learning：Conceptual and methodological considerations*）
483	约翰 · 斯威勒（John Sweller），保罗 · 艾尔斯（Paul Ayres），斯拉瓦 · 卡柳加（Slava Kalyuga），etc	2011	专业知识逆转效应（*The expertise reversal effect*）
385	克里斯蒂娜 · 施瓦茨（Christina V. Schwarz），布莱恩 · 莱泽（Brian J. Reiser），伊丽莎白 · 戴维斯（Elizabeth A. Davis），etc	2009	开发科学建模的学习进程：使科学建模对学习者来说易于理解和有意义（*Developing a learning progression for scientific modeling：Making scientific modeling accessible and meaningful for learners*）
137	约翰 · 邓洛斯基（John Dunlosky），凯瑟琳 · 罗森（KatherineA. Rawson）	2012	过度自信导致成绩不佳：不准确的自我评估会破坏学生的学习和记忆（*Overconfidence produces underachievement：Inaccurate self evaluations undermine students' learning and retention*）

《元认知与学习：概念与方法论思考》（*Metacognition and learning：Conceptual and methodological considerations*）是《元认知与学习》（*Metacognition and learning*）杂志的导论，详述了元认知领域的十大问题，分别是元认知的定

① ABD-EL-KHALICK F，BELL R L，LEDERMAN N G. The nature of science and instructional practice：Making the unnatural natural [J]. Science Education，1998(4)：417 - 436.

义、元认知与其他个体差异的关系、元认知的组成、元认知与认知之间的复杂关系、有意识与无意识的元认知过程、元认知的一般性与领域特异性、元认知的发展过程、元认知的评估、元认知的习得条件与教学、神经心理学研究。期刊编辑马塞尔·维曼（Marcel V. J. Veenman），巴姆夫·霍特·沃尔特斯（Bhamv Hout-Wolters）和彼得·阿弗勒巴赫（Peter Afflerbach）在导论最后部分提出对跨领域的元认知研究论文的认可，"渔民在雾蒙蒙的湖面上开着他们的小船。他们都把宝贵的捕获物带上岸，但在不同的港口有不同的鱼。元认知与学习旨在弥补这一差距，我们认可跨领域的元认知研究论文"①。

《专业知识逆转效应》（The expertise reversal effect）基于图式理论和认知资源有限理论提出"专业知识逆转"的概念，即一些对刚接触某领域的学习者或某领域知识储备匮乏的学习者卓有成效的教学方法并不适用于在该领域知识积累丰富的学习者，甚至会产生反作用。新手学习者在学习新知识时，难以从已有长时记忆中获取类似认知图式，其内部认知符合加重，因而需要外部帮助以实现知识习得。相反，专家型学习者可以利用长时记忆中存储的大量知识和认知图式，建立起与新知识间的联系，从而不超出学习者的认知负荷②。

《开发科学建模的学习进程：使科学建模对学习者来说易于理解和有意义》（Developing a learning progression for scientific modeling：Making scientific modeling accessible and meaningful for learners）通过中小学生建模能力的纸笔测验、反思性访谈及课堂建模活动考察科学建模能力的进阶变化③。研究发现，学生建模能力进阶划分为四个阶段，依次为能构建和应用描述单一现象的模型，将模型视为一种表征现象的方式；能构建并应用与实际情况一致的模型来说明和解释现象，将模型视为表达他们对现象理解的手段；能构建多重模型从多方面对现象作出解释，将模型视为可以支持他们思考和认识各类现象的工具；能够

———————————

① VEENMAN M VJ, HOUT-WOLTERS B HAM, AFFLERBACH P. Metacognition and learning：Conceptual and methodological considerations [J]. Metacognition and Learning，2006(1)：3-14.

② SWELLER J, AYRES P, KALRUGA S. The expertise reversal effect [J]. Cognitive Load Theory，2011(1)：155-170.

③ SCHWARZ C V, REISER B J, DAVIS E A, et al. Developing a learning progression for scientific modeling：Making scientific modeling accessible and meaningful for learners [J]. Journal of Research in Science Teaching，2009(6)：632-654.

自发构建和应用模型,并通过不同的模型来理解现象,生成新问题①。

《过度自信导致成绩不佳:不准确的自我评估会破坏学生的学习和记忆》(*Overconfidence produces underachievement*: *Inaccurate self evaluations undermine students' learning and retention*)的研究发现,良好的自信判断、自信发展,能使学生通过元认知、自我调节等策略提升学业。过度自信的学生与客观准确性高的学生相比缺少学习动力和时间投入。因而教师要通过培养学生的元认知及自我调节能力,引导学生做出正确的自信判断②。

课题组进一步运用 MapEquation 软件绘制了近二十年三本期刊所载文献的冲积图(见图 12 - 11)。冲积图是依据每一年份中高被引文献对下一年份中高被引文献的影响绘制而成,即上一年份的研究成果是下一年份研究的参考文献,先期研究对后续研究形成的冲积流。

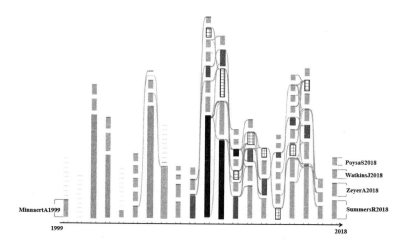

图 12 - 11　国际课程与教学研究近二十年三本期刊冲积流图

从生成的冲积图看,样本文献中相互被引用的高被引文献主要出现在 2009 年以后。图中黑色模块和线条是以《在基于文档的学习过程中管理认知负荷》(*Managing cognitive load during document-based learning*)为初始文献形成了一

① 姚楠.科学建模学习进阶:从理论走向实践[J].物理通报,2019(11):109 - 112.
② DUNLOSKY J,RAWSON K A. Overconfidence produces underachievement:Inaccurate self evaluations undermine students' learning and retention [J]. Learning and Instruction,2012(4):271 - 280.

条长达五年的被引冲积流;深灰色模块和线条以《儿童对学校成就信念的年龄和学校类型差异》(*Age and school-type differences in children's beliefs about school performance*)为初始被引文献,形成了一条长达九年的被引冲积流;条格块以《元认知监控五个测量指标的概念分析》(*A conceptual analysis of five measures of metacognitive monitoring*)为初始文献形成了一条长达九年的被引冲积流。

网页排序(Page Rank)是冲积图的重点指标,其依据文献的被引量,尤其是被下一年份中高被引文献的引用情况折合计算而成,其数值越高表示文献的影响力越强。图中蓝色模块显示的三篇文献为近二十年三本期刊中 Page Rank 排名最前的三篇文献,其与上面三篇文献共同构成了样本文献中的经典文献(见表 12-7)。

表 12-7　国际课程与教学研究样本期刊内的经典文献

序号	Page Rank	作者	年份	文献
1	19%	安德烈亚斯·克拉普 (Andreas Krapp)	2005	基本需求、兴趣和内在动机取向的发展 (*Basic needs and the development of interest and intrinsic motivational orientations*)
2	17%	莎伦·林奇 (Sharon Lynch)	2001	"全民科学"不等于"一刀切":语言文化多样性与科学教育改革 (*"Science for all" is not equal to "One size fits all": Linguistic and cultural diversity and science education reform*)
3	11%	安德烈亚斯·克拉普 (Andreas Krapp)	2002	兴趣发展的结构和动态方面:从本体论角度的理论思考 (*Structural and dynamic aspects of interest development: theoretical considerations from an ontogenetic perspective*)
4	17%	让·弗朗索瓦·鲁埃 (Jean-François Rouet)	2009	基于文本学习过程管理认知负荷 (*Managing cognitive load during document-based learning*)
5	4.0%	拉尔斯·埃里克·马姆伯格 (Lars-Erik Malmberg),布里吉特·万纳 (Brigitte Wanner),托德·利特尔 (Todd D. Little)	2008	儿童的学校表现信念的年龄和学校类型差异 (*Age and school-type differences in children's beliefs about school performance*)

（续表）

序号	Page Rank	作者	年份	文献
6	1.3%	格雷戈里·施劳（Gregory Schraw）	2009	元认知监控的五种测量指标的概念性分析（*A conceptual analysis of five measures of metacognitive monitoring*）

三、研究前沿与变迁

研究前沿的概念最早是由普瑞斯（Price D）于 1965 年引入的，用来描述一个研究领域的过渡本质的概念，指一组突显的动态概念和潜在的研究问题[①]。课程与教学研究前沿的变迁折射出的是其实践领域中不断增加的问题，即实践中问题的出现与解决促进了该领域研究范式的非线性更迭。课题组利用 CiteSpace 软件对关键词进行共现分析和突显关键词挖掘，根据图示总体趋势，对我国高等教育研究前沿变迁进行阶段划分，并梳理出渐强型研究前沿和趋弱型研究前沿。

1. 研究前沿的宏观变迁

利用 CiteSpace 软件，可以得到近二十年课程与教学研究相关文献关键词共现网络时区图（见图 12‐12）和突显关键词（见图 12‐13）能在一定程度上反映

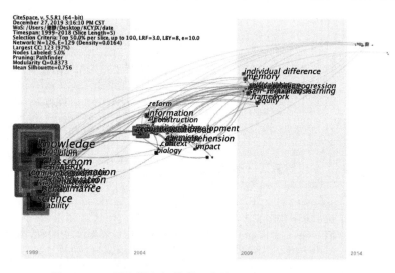

图 12‐12　国际课程与教学研究的关键词共现网络时区图

---

① 潘黎,姜海男. 近十年来我国高等教育研究的热点领域与前沿主题[J]. 中国高等教育,2016(22)：60‐62.

Top 24 Keywords with the Strongest Citation Bursts

Keywords	Year	Strength	Begin	End	1999—2018
curriculum	1999	8.155	1999	2010	
cognition	1999	5.008 8	1999	2004	
misconception	1999	7.557 1	1999	2004	
thinking	1999	4.353 7	1999	2003	
conception	1999	8.439 3	1999	2005	
science	1999	10.846 3	1999	2004	
gender	1999	7.112 2	2000	2007	
conceptual change	1999	6.733 8	2001	2007	
physics	1999	7.165 9	2001	2008	
view	1999	8.837 6	2002	2007	
acquisition	1999	5.132 9	2002	2007	
chemistry	1999	10.293 3	2002	2010	
design	1999	8.884	2004	2010	
representation	1999	4.133 9	2005	2010	
reform	1999	9.087 9	2005	2010	
biology	1999	13.746 4	2006	2010	
language	1999	5.867 5	2008	2013	
metacognition	1999	3.88	2009	2016	
experience	1999	3.959 9	2010	2016	
environment	1999	8.010 5	2011	2016	
self regulation	1999	8.630 3	2011	2016	
framework	1999	7.172 9	2011	2018	
argumentation	1999	6.770 1	2012	2018	
judgment	1999	9.857 4	2012	2018	

图 12 - 13　国际课程与教学研究的突显关键词表

该领域研究前沿的变迁规律。概而言之,近二十年课程与教学研究的前沿变迁历经了如下三个阶段(见表 12 - 8)。

表 12 - 8　国际课程与教学研究前沿变迁三阶段的高频、高中介性关键词和突显关键词

年份		高频、高中介性关键词（当年度排名前三）	突显关键词
阶段一 1999— 2005 年	1999	知识(knowledge)、学生(student)、科学(science)、成就(achievement)、能力(ability)	课程（curriculum）、认知(cognition)、错觉(misconception)、思维(thinking)、概念(conception)、科学(science)、性别(gender)、概念转换(conceptual change)、物理学(physics)、观点(view)、获得(acquisition)
	2000	动机(motivation)、儿童(children)	
	2004	探究(inquiry)、元认知(metacognition)、专业发展(professional development)、信息(information)、认知负荷(cognitive load)、表征(representation)	

（续表）

年份		高频、高中介性关键词 （当年度排名前三）	突显关键词
	2005	理解（comprehension）、化学（chemistry）、语境（context）、语言（language）	
阶段二 2006— 2008年	2006	影响（impact）、教学设计（instructional design）	化学（chemistry）、设计（design）、表现（representation）、改革（reform）、生物学（biology）、语言（language）
	2007	普通科学（general science）、学院（college）	
阶段三 2009— 2018年	2009	记忆（memory）、个体差异（individual difference）、自我调节学习（self-regulated learning）、公平（equity）、个人认识论（personal epistemology）	元认知（metacognition）、经验（experience）、环境（environment）、自我调节（self-regulation）、框架（framework）、论证（argumentation）、判断（judgment）
	2010	目标（goal）	
	2014	投入（engagement）、情绪（emotion）、学术成就（academic achievement）、自我调节（self-regulation）	
	2015	图片（picture）、成果（outcome）	

阶段一是技术范式下的目的取向阶段（1999—2005年）。 当课程目标确定后，如何选择和组织课程内容是一项技术活，其遵循"目标—技术—行为—结果"这一单向的线性逻辑。在这一逻辑线的牵引下，选择和组织课程内容的目的在于促进理论学习和理论应用。理论学习视域下的教学是一种知识本位的价值取向，认为客观的、确定的学科知识是课程的核心内容，教学就是传授系统的、体系化的理论课程；理论应用视域下的教学是一种技能本位的价值取向，关注知识运用的能力，强调通过程序化的训练培养熟练的技术操作者。从20世纪初的高频、高中介性关键词和突显关键词看，关注知识（knowledge）、信息（information）、认知（cognition）、概念（conception）和能力（ability）的技术范式曾是这一阶段的研究热点。如海蒂·卡隆（Heidi B. Carlone）所言"知识和技能是教学的主要成果"①；朴顺惠（Soonhye Park）将教学内容分为五种知识，分别是

---

① CARLONE H B, HAUN-FRANK J, WEBB A. Assessing equity beyond knowledge- and skills-based outcomes: A comparative ethnography of two fourth-grade reform-based science classrooms [J]. Journal of Research in Science Teaching, 2011(5): 459 – 485.

教育的目标、用于学生理解的知识、教学策略与表征知识、科学课程知识和评估科学学习的知识①。上述技术范式强调知识的获取和技能的习得，却忽视了培养对象的内在精神塑造和技能运用的情境，直接导致价值理性的遮蔽和理论与实践的脱节。

　　阶段二是实践范式下的过程取向阶段（2006—2008 年）。随着技术范式的弊端突显，世界范围内的课程与教学开始遵循实践范式以摆脱技术范式下工具理性的束缚，规避理论与实践脱节的弊端。实践范式下的课程与教学注重课程过程中学生的课堂参与与体验，关注学生在真实的情境中解决实际问题的能力。这一时期的高频、高中介性关键词和突显关键词表明改革（reform）是这一时期的主旋律，改革的重点在于教学设计（instructional design），且关注具体学科（biology、chemistry）中的实践教学。如迈克尔·格拉泽·齐库达（Michaela Gläser-Zikuda）认为教学设计中应充分考虑学生的兴趣和情绪，并基于此建构了一种以学生情感为中心的生态学习法（ECOLE），旨在提高教学质量，增加积极情绪和成就②。斯蒂芬·理查德·比利特（Stephen Richard Billett）将职业技能定义为实践中的知识，认为知识是个体与社会实践的相互作用和解释性建构的产物，而不是抽象的学科知识或剥离的社会文化工具③。尽管实践范式的本意在于弥合理论与实践间的沟壑，其指导下的课程具有理解和互动的特性，然而实践范式内隐着"制造"的隐喻，将师生视为教学的机械执行者，忽视了师生本身对课程与教学具有反思的能力。

　　阶段三是解放范式下的自主取向阶段（2009—2018 年）。传统的课程与教学被视为提升学生知识和技能的量化过程，只关注对客观知识的占有与传输，训练学生模仿固定化的实践，难以触及学生的内心世界，更遑论深刻的价值关怀。这一背景下，强调人的主体性、交往性和社会性的解放范式成为重构课程与教学

---

①　PARK S, CHEN Y C. Mapping out the integration of the components of Pedagogical Content Knowledge (PCK)：Examples from high school biology classrooms [J]. Journal of Research in Science Teaching，2012(7)：922 - 941.

②　GLASER-ZIKUDA M, FUSS S, LAUKENMANN M. Promoting students' emotions and achievement-instructional design and evaluation of the ECOLE-approach [J]. Learning and Instruction，2005(5)：481 - 495.

③　BILLETT S. Knowing in practice：re-conceptualising vocational expertise [J]. Learning and Instruction，2001(6)：431 - 452.

研究的路径。正如尤尔根·哈贝马斯(Jürgen Habermas)所言"技术与实践的认识兴趣作为指导认识的兴趣,只有同理性反思的解放性认识兴趣相联系,才不会被误解"①。在解放范式下,学生获得更多的主体意识,课程与教学不再固守于预成的目标,而是在师生互动中不断解构与重构教学目标与内容,在"创生"中实施教学。这一阶段的高频、高中介性关键词和突显关键词聚焦于学生个体差异(individual difference),包括学生个体经历(experience)、元认知(metacognition)、自我调节(self-regulation)等。如弗朗茨·伊曼纽尔·魏纳特(Franz Emanuel Weinert)等对4—12岁儿童进行长期追踪调查,发现早在小学阶段,学习成绩和记忆能力就相当稳定,而稳定性越高,对新知识的获取就越依赖于先前的知识,继而造成学生在不同类型的记忆任务和不同的学术领域存在巨大的个体差异②;布拉查·克拉马尔斯基(Bracha Kramarski)对64名以色列小学教师进行元认知辅导,发现受辅导教师更善于在代数学习过程中进行自我监控,也能更好运用代数知识解决现实中问题③。

2. 研究前沿的微观变迁

1) 渐强型研究前沿

渐强型前沿是指在高突显率关键词历史曲线的图示中,以时间为参考坐标,突显率整体上随着时间的推移呈上升趋势的文献数据所反映的研究主题④。从高突显关键词历史曲线图看,"知识(knowledge)""成就(achievement)"两个关键词处于渐强趋势(见图12-14、图12-15)。

一是"知识(knowledge)"的研究聚焦课程知识。自课程概念产生以来,知识始终是与课程内容息息相关的核心概念之一。学界关于课程的概念,大体上分成学科知识的课程取向、学生兴趣或经验的课程取向、社会改造或社会适应的课程取向三种⑤。尽管上述三种取向表述不同,但就其本质取向并无差异,即都强

---

① 尤尔根·哈贝马斯. 认识与兴趣[M]. 郭官义,李黎,译. 上海:学林出版社,1999:11-14+201.

② WEINERT F E, HELMKE A. The neglected role of individual differences in theoretical models of cognitive development [J]. Learning and Instruction,1998(4):309-323.

③ KRAMARSKI B. Promoting teachers' algebraic reasoning and self-regulation with metacognitive guidance [J]. Metacognition and Learning,2008(2):83-99.

④ 潘黎,姜海男. 近十年来我国高等教育研究的热点领域与前沿主题[J]. 中国高等教育,2016(22):60-62.

⑤ 艾兴. 建构主义视野下的课程知识研究[D]. 重庆:西南师范大学,2004.

@PHRASEknowledge burst=21.813 8[2000—2006]

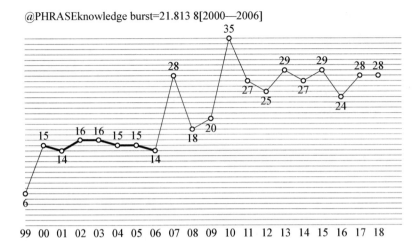

图 12－14　"知识(knowledge)"使用历史曲线

@PHRASEachievement burst=3.903[1999—2003]

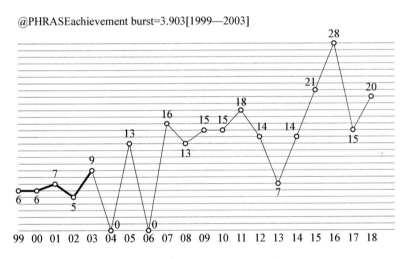

图 12－15　"成就(achievement)"使用历史曲线

调课程作为一种知识为主的综合体系,"课程知识"的概念也因之产生,并成为该领域的研究议题,即对组成课程内容的知识体系进行研究。杰弗里·约翰·拉夫兰(Jeffrey John Loughran)等人研究了如何从科学中提取用于教学的知识,提出从获取特定学科内容知识和专业经验知识两个维度获取知识用以丰富教学内容①。克劳迪娅·冯·奥夫施奈特(Claudia von Aufschnaiter)等人以个案研究的方式调查社会科学课程中辩证方式促进学生学习的影响，通过微观层面学生话语的分析发现学生在讨论过程中能汲取前人的知识和经验；巩固现有知识的基础上，在相对较高的抽象层次阐释对科学的理解②。

二是"成就(achievement)"的研究关注成就导向。成就导向的课程与教学设计的逻辑起点在于以"学生获得什么"为起点，即一改往日以教师为中心的传统思维，关注学生的学习成就。这一导向的课程与教学设计因教学目标明确、内涵丰富，能有效提升学生学习能力等特征，成为人才培养的有效方式方法。目前学界对成就导向的研究不再限于对结果产生影响的因素分析，而是关注成就导向下学生的学习心理体验。赫塔·托米宁·索尼(Heta Tuominen-Soini)等人的调查发现不同成就目标取向的学生在主观幸福感方面存在差异，建议将幸福感的测量纳入成就目标③。成就导向不仅关注课堂上的学习成就，同样关注课后的学习。乌尔里希·特劳特温(Ulrich Trautwein)通过对家庭作业时间、频率、努力程度与学生学习成绩间的关系进行研究，发现家庭作业的频率、努力程度与成绩呈正比，但家庭作业的时间和成绩无关④。

2）趋弱型研究前沿

趋弱型前沿是指在高突显率关键词历史曲线的图示中，以时间为参考坐标，突显率整体上随着时间的推移呈下降趋势的文献数据所反映的研究主题⑤。从高突显关键词历史曲线图看，"设计(design)""语言(language)"两个关键词处于渐弱趋势（见图 12-16、图 12-17）。

一是"设计(design)"的研究关注教学设计。目前学界关于教学设计的理论

① LOUGHRAN J J, MULHALL P, BERRY A. In search of pedagogical content knowledge in science: Developing ways of articulating and documenting professional practice [J]. Journal of Research in Science Teaching, 2004(4): 370-391.

② AUFSCHNAITER C V, ERDURAN S, OSBORNE J, et al. Arguing to learn and learning to argue: Case studies of how students' argumentation relates to their scientific knowledge [J]. Journal of Research in Science Teaching, 2008(1): 101-131.

③ TUOMINEN-SOINI H, SALMELA-ARO K, NIEMIVIRTA M. Achievement goal orientations and subjective well-being: A person-centred analysis [J]. Learning and Instruction, 2008(3): 251-266.

④ TRAUTWEIN U. The homework-achievement relation reconsidered: Differentiating homework time, homework frequency, and homework effort [J]. Learning and Instruction, 2007(3): 372-388.

⑤ 潘黎,姜海男.近十年来我国高等教育研究的热点领域与前沿主题[J]. 中国高等教育,2016(22): 60-62.

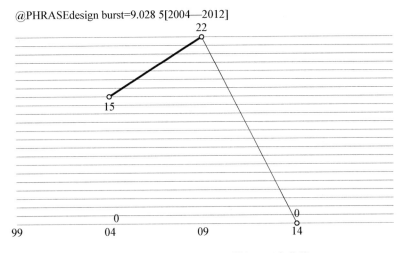

图 12-16　"设计(design)"使用历史曲线

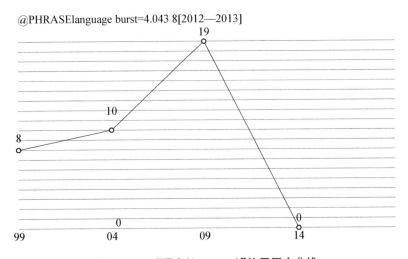

图 12-17　"语言(language)"使用历史曲线

已经发展相对成熟,围绕课堂为中心、产品为中心和系统为中心形成了三种教学设计模式①。课堂为中心的教学设计多依据认知理论进行课堂教学设计改革,保罗·克什纳(Paul A. Kirschner)提出根据认知负荷理论改革教学设计,以图

① 乌美娜.教学设计[M].北京:高等教育出版社,1994:45-50.

式的形式展示学习内容，便于学生构建知识结构①；产品为中心教学设计研究中多媒体教学产品是研究重点，理查德·梅耶（Richard E. Mayer）等人提出对多媒体教学进行情感化设计，包括使用类人特征和独特的颜色呈现课程图形使之更具有吸引力②；系统为中心的教学设计研究以埃里卡·德·弗里斯（Erica de Vries）为代表，他研究了如何将专业任务和学习工具融合进课堂教学环境，以构建良性的基于设计的学习环境③。

二是"语言（language）"的研究关注科学语言。 科学语言作为科学思想的"外衣"，其本身也是科学知识的重要组成，因而科学教育中绕不开科学语言能力的训练。布莱恩·布朗（Bryan A. Brown）等秉持"内容第一"的原则，使用教学软件引导学生先理解日常现象，在此基础上再进行科学语言学习，结果发现这一教学方式能显著提升学生的理解能力④。沃尔夫·迈克尔·罗斯（Wolff-Michael Roth）等研究手势在经验与科学语言间的桥梁作用，发现手势可以成为科学语言的载体，其通过降低认识负荷，能更好地帮助学生理解科学现象⑤。

第四节　结论与展望

一、主要结论

基于文献计量统计和质性分析的双重视角，梳理了近二十年国际课程与教学研究的基本格局。从研究力量看，美国是该领域最核心的研究国家，其国内的密歇根州立大学、密歇根大学和伊利诺伊大学是最主要的研究机构，福阿德·阿卜杜勒·哈利克和塔玛拉·梵高是最重要的作者。从研究主题看，研究围绕着

---

① KIRSCHNER P A. Cognitive load theory: implications of cognitive load theory on the design of learning [J]. Learning and Instruction, 2002(1): 1-10.

② MAYER R E, EATRELLA G. Benefits of emotional design in multimedia instruction [J]. Learning and Instruction, 2014(33): 12-18.

③ VRIES E D. Students' construction of external representations in design-based learning situations [J]. Learning and Instruction, 2006(3): 213-227.

④ BROWN B A, RYOO K. Teaching science as a language: A "Content-First" approach to science teaching [J]. Journal of Research in Science Teaching, 2008(5): 529-553.

⑤ ROTH W M, WELZEL M. From activity to gestures and scientific language [J]. Journal of Research in Science Teaching, 2001(1): 103-136.

"表现（performance）""学生（students）""知识（knowledge）""成就（achievement）"为核心的四大聚类形成了三大研究主题,即过程中注重对内外部影响因素的探讨、结果上呈现对概念建构、科学素养的关注和方法上探讨班级教学中的模式建构和媒介。从研究前沿变迁看,经历了技术范式下的目的取向阶段、实践范式下的过程取向阶段和解放范式下的自主取向阶段三大变迁历程。

二、未来展望

近二十年课程与教学研究的国际经验为后继学者在该领域的"深耕细作"打下了扎实的基础,更揭示了未来课程与教学建设的趋向。

一是课堂改革"后模式时代"下更要推动学生自主学习。有学者将当前课堂教学的基本状态描述为"后模式时代",即每一种课堂教学模式都能找到自身发挥作用的空间,每个学校和教师也都可以是课堂教学模式的创立者[①]。体现"自主""合作""探究"等学习理念和"生本"课堂理念的教学模式,在中小学课堂中呈现异常繁荣的态势。如山东师范大学基础教育课程研究中心于 2012 年 10 月至 2013 年 6 月对山东省中小学课堂教学现状进行调研发现,课堂教学相关模式多达 40 个,且在课堂中学生自主学习、小组合作等学习形式的出现率基本达到 100％,探究学习达到 70％左右[②]。当今课程与教学在课堂教学的"后模式时代"下更强调激发学生的主观能动性,培养学生自主学习能力。

二是推动"互联网＋教育"的深度融合,促进课堂与教学多样化。近些年,在"互联网＋教育"背景下,注重学生自主发展和创新能力培养的教学模式改革层出不穷。2011 年,重庆聚奎中学在高三中随机选取两个实验班,对语文、数学、英语、化学、物理、政治等 8 个学科实施翻转课堂教学实验,并创生出"四步五环"翻转课堂模式;2012 年,深圳南山实验教育集团在 59 个班级、12 个学科领域开展翻转课堂实验,并提炼出"三步五环节"学习模式;2013 年,作为翻转课堂中国化实践与理论创新产物的"微课程教学法"开始在中小学教学中实验[③]。可见,顺势而为,借助"互联网＋教育"的深度融合,成为课程与教学改革的不二选择。

三是推动科学大概念的普及深化,更新科学教材编写的逻辑基础。随着社

① 徐继存."后模式时代"课堂教学的选择与重建[J].当代教育科学,2013(23)：15 – 16.
② 高盼望.中小学课堂教学模式的调查与思考[J].课程・教材・教法,2014(2)：124.
③ 金陵.翻转课堂中国化的实践与理论创新[J].中国教育信息化,2014(14)：9 – 11.

会对人才需求的变化，以往偏重于知识线索的科学教材体系已经不能满足当今时代的需求，因而进行教材结构的更新设计成为当下课程与教学改革的关键①。2017 年 2 月，教育部颁布《义务教育小学科学课程标准》，在阐述学习评价的方式中指出"在小学阶段并不要求学生对科学概念有深入的理解，但是学生必须明确与科学概念相关的自然现象和过程，能够用科学的或接近科学的术语对自然的事物或现象进行描述和解释，能够知道某些科学概念之间的联系，以及各个科学概念的应用范围"。这一背景下，科学大概念应运而生，即对科学核心内容进行精炼与整合，并在此基础上搭建概念层次框架，围绕科学建构学科课程体系②。因此，我国新时期科学教材编写的逻辑基础应当从单纯的学科知识转变为科学大概念，强调对科学观念的全面纳入。

　　四是构建学习性评价导向下的高效课堂，加强学习者在课堂中的获得感。"学习性评价"高度关注每一节课的学习目标和学业成功标准，并对学生的学习情况进行有效、高效的反馈，为学生取得较高的学业成就提供帮助③。我国新时期的课程与教学改革应当构建学习性评价导向下的高效课堂，突出学生在课堂评价的主体地位，围绕课程目标，从提问、思考、表达、合作等不同维度设计具有层次性的评价标准，以加强学习者在课堂中的获得感。

（韩双淼　谢　静　姚　超）

---

① 李刚，吕立杰.科学教育中的大概念：指向学生科学观念的获得[J].自然辩证法研究，2019(9)：121 - 127.

② 金鑫.科学大概念教学的缘起、价值及实践路径[J].教学与管理，2019(24)：8 - 10.

③ 邓颖.巧用"实现指标"构建高效课堂——用学习性评价提高学生物理学业成就的探索[J].中学物理教学参考，2016(19)：67 - 69.

第十三章
国际教师教育研究的热点主题和前沿演进

近几十年来,教师教育被认为是世界范围内教育领域的重点[1]。在知识经济时代,学校教育发挥着越来越重要的作用,教师素质成为学校教育与经济发展的纽带[2]。提高教师素质的主要途径是将教师教育建立在强大的研究基础上[3],然而,教师教育的研究基础经常被指责为缺乏指导[4]。这一问题的原因之一是当代学者很少对教师教育研究进行全面的回顾和总结,特别是缺乏对研究热点和研究趋势的梳理和深入分析,并且使用定量分析方法进行大规模的文章综述也很少。文献计量制图旨在分析科学研究的结构和动态,是文献计量学领域的重要研究方法[5],为填补当前教师教育大规模综述性研究的空白提供了可行路径。绘制教师教育的研究结构及其随时间的演变趋势,将使研究者、实践者和政

① CONNELLY F M, YU J, & HAN Z. Teacher education reform and the landscape of education [J]. Journal of Teacher Education, 2014(1): 5 - 12. (in Chinese)

② BEACH D, BAGLEY C. The weakening role of education studies and the re-traditionalisation of Swedish teacher education [J]. Oxford Review of Education, 2012(3): 287 - 303.

③ COONEY T J. Research and teacher-education—in search of common ground [J]. Journal for Research in Mathematics Education, 1994(6): 608 - 636.

④ ZIMPHER N, ASHBURN E. Countering parochialism among teacher candidates [M]. In M. Dilworth (Ed.), Diversity in teacher education. San Francisco: Jossey-Bass, 1992: 40 - 62.

⑤ BÖRNER K, CHEN C, BOYACK K. Visualizing knowledge domains [J]. Annual Review of Information Science and Technology, 2003: 179 - 255.
VAN ECK N J V, WALTMAN L. Software survey: VOSViewer, a computer program for bibliometric mapping [J]. Scientometrics, 2010(2): 523 - 538.

策制定者更好地了解现状，并指导他们未来的研究和实践①。根据科学期刊文献布拉德福德定律，大多数关键研究将发表在少数核心期刊上，且核心期刊上的文章在一定程度上会导向对某一主题的研究②，代表了该领域最前沿的研究特征和演变趋势。本章节的研究采用文献计量学方法，系统综述了四种国际顶尖教师教育研究期刊上发表的文献，旨在揭示教师教育领域的研究热点、研究趋势，并对未来的研究提出建议。

第一节　研究方法

一、数据来源

本研究选取《教师教育杂志》（*Journal of Teachers Education*，5 年影响因子＝4.953）、《教学与教师教育》（*Teaching and Teacher Education*，5 年影响因子＝3.591）、《教师与教学》（*Teachers and Teaching*，5 年影响因子＝2.958）和《欧洲教师教育杂志》（*European Journal of Teachers Education*，5 年影响因子＝2.305）进行分析。四个核心期刊都符合纳入研究的标准，因为它们关注教师教育，并且长期以来一直被 SSCI 索引收录③，在教师教育领域享有较高的声望。此外，根据 2019 年《期刊引用报告》的教育与教育研究领域，这四本期刊被划分在 Q1 区，每本期刊都采用了严格同行评审过程，论文录取率很低，这通常被认为是衡量质量的一个关键指标④。因此，这些知名期刊发表的文章在一定程度上代表了该领域的热点话题和研究趋势。

本研究通过 Web of Science 核心数据库检索，纳入以上四本期刊 2000 至

① ÖZÇıNAR H. Mapping teacher education domain：A document co-citation analysis from 1992 to 2012 [J]. Teaching and Teacher Education，2015：42-61.
② BROOKES B C. Bradford's law and the Bibliography of Science [J]. Nature，1969：953-956.
　叶协杰. 我国图书情报学高被引论文热点分析[J]. 图书情报工作，2007(12)：138-141.
③ ÖZÇıNAR H. Mapping teacher education domain：A document co-citation analysis from 1992 to 2012 [J]. Teaching and Teacher Education，2015：42-61.
④ HUTCHINSON S R，& LOVELL C D. A review of methodological characteristics of research published in key journals in higher education：Implications for graduate research training [J]. Research in Higher Education，2004(4)：383-403.

2019 年间的数据，建立具有代表性的文献语料库。该数据库通过文档类型"article"进行筛选，最终得到 3 891 份文档用于本次研究。对于保留的每一篇文献，作者提取了文献的标题、摘要、关键词、发表年份、被引次数、作者、机构/附属机构、国家、期刊和被引文献的文献计量元数据。

二、研究方法

文献计量制图软件工具，有时被称为科学制图软件工具，是为文献计量制图分析而开发的①。许多文献计量制图软件工具已经被创建并应用于学术领域。常用的可视化工具有 CiteSpace、VOSviewer、HistCite、NetDraw、Ucinet、Pajek、Bibexcel、SCI2 等。本研究采用 VOSviewer 1.6.13 和 CiteSpace 5.5.R2(64 位)进行分析，前者用于审查和可视化主要作者、机构和国家/地区及其合作网络，后者被用于审查和可视化高影响的文章，关键词聚类和研究阶段。本研究主要进行以下分析：

合作者分析。合作关注的是文献中作者之间的相互关系，而不是单个出版物②，这将有助于概述教师教育研究的全球地图，并快速掌握该领域的主要研究力量。在对作者、机构和国家/地区进行频率统计之后，有必要通过 VOSviewer 1.6.13 对作者、机构和国家/地区之间的科学合作模式进行一系列的合著者分析。在这种分析中，节点的大小表示给定作者、机构和国家/地区的出版物数量。两个主体之间合作的强度由它们之间的距离和连接它们的线的粗细来表示。两位作者合作得越多，他们在地图上的距离就越近，他们之间的连线也就越粗。

共被引分析。在文献共被引分析方面，它已被用于绘制各种科学学科的智力结构，基于开创性文献及其联系进行识别③。共被引分析是运用数理统

① COBO M J, LÓPEZ-HERRERA A G, HERRERA-VIEDMA E, & HERRERA F. Science mapping software tools: Review, analysis, and cooperative study among tools [J]. Journal of the American Society for Information Science and Technology, 2011(7): 382 - 1402.

② CHEN C. Visualising semantic spaces and author co-citation networks in digital libraries [J]. Information Processing & Management, 1999(3): 401 - 420.

③ BAYER A E, SMART J C, & MCLAUGHLIN G W. Mapping intellectual structure of a scientific subfield through author cocitations [J]. Journal of the American Society for Information Science, 1990 (6): 444 - 452.

计的方法，通过比较、归纳、抽象、概括等方法对科学文献的引文进行分析，揭示其数量特征和规律。在文献计量学术语中，被引用的文章构成了研究前沿和知识基础[①]。在完成共被引分析后，本研究确定了该领域最具影响力的文献。

共现与聚类分析。共现关系由两个关键字在文档中同时出现的频率决定。它们在文档中一起出现的频率越高，它们的共现性就越强。经常同时出现的关键词可能有助于识别特定时期内文章中使用的最流行的词。值得注意的是，这些词的变化可以捕捉到潜在主题流的运动[②]。在研究的后续阶段，对数据中的关键词进行共现和聚类分析，揭示教师教育研究的趋势主题。"结果和讨论"部分提供了更多信息，以方便对聚类的解释。

突显分析。突发性既不是规则的，也不是完全随机的，但被认为是人类互动的模式，其产生过程远比产生熟悉的二项、泊松和高斯统计分布的简单相加和平均要复杂得多[③]。以突发性的方式发现教师教育研究的发展趋势，更容易识别规律性的分形，把握复杂研究现象中的潜在规律。科学文献的突发趋势和突变既与内部因素有关，也与外部原因有关[④]。因此，突发项分析可能意味着新的发现和科学突破，或者是社会环境的变化导致新的社会问题。研究的最后阶段由CiteSpace 5.5 对关键词的频率计数和关键词突发检测组成。经常使用的关键词表明了每年重复提及的研究领域。突显词分析可以定位在短期内发生重大变化的关键词，作为每年探索新主题的一种手段。结合这两个结果，可以总结出各阶段的研究重点。

① PERSSON O. The intellectual base and research fronts of JASIS 1986 - 1990 [J]. Journal of the American Society for Information Science，1994(1)：31 - 38.

② CHEN C. CiteSpace Ⅱ：Detecting and visualizing emerging trends and transient patterns in scientific literature [J]. Journal of the American Society for Information Science and Technology，2006(3)：359 - 377.

③ BARABÁSI A, & GELMAN A. Bursts：The hidden pattern behind everything we do [J]. Physics Today，2010：46.

④ CHEN C. CiteSpace Ⅱ：Detecting and visualizing emerging trends and transient patterns in scientific literature [J]. Journal of the American Society for Information Science and Technology，2006(3)：359 - 377.

第二节 研究结果

一、研究力量构成

1. 主要研究机构与主要研究国家/地区

数据集中的3891篇文章由82个国家/地区的1743个机构发表。发表和引用的文章数量是衡量一个研究机构或一个国家生产力和影响力的重要指标。

表13-1列出了按发文量和被引量排列的机构。乌特列支大学、密歇根州立大学、赫尔辛基大学、莱顿大学发文量靠前,密歇根大学、俄亥俄州立大学、斯坦福大学、华盛顿大学被引量突出。

表 13-1 主要研究机构

以出版量排序			以被引量排序		
机构	发文量	被引量	机构	发文量	被引量
乌特列支大学	92	2954	密歇根大学	51	3647
密歇根州立大学	80	2551	俄亥俄州立大学	38	3546
赫尔辛基大学	57	1226	斯坦福大学	38	3432
莱顿大学	52	2331	华盛顿大学	41	3324
密歇根大学	51	3647	乌特列支大学	92	2954
莫纳什大学	49	2033	密歇根州立大学	80	2551
根特大学	48	834	莱顿大学	52	2331
于韦斯屈莱大学	47	676	莫纳什大学	49	2033
海法大学	45	1148	威斯康星大学	41	1870
阿姆斯特丹自由大学	43	1482	阿姆斯特丹自由大学	43	1482

表13-2数据表明出版物和引文数量上,美国处于领先地位,其刊文和引文数量明显高于其他国家;按出版物数量排列的国家/地区与按引文排列的国家/地区几乎一致。换句话说,美国、荷兰、澳大利亚、英国、加拿大、以色列和中国的

出版物和引文数量都很高。

表 13 - 2　主要研究国家或地区

以出版量排序			以被引量排序		
国家或地区	出版量	被引量	国家或地区	出版量	被引量
美国	1 591	49 577	美国	1 591	49 577
荷兰	317	9 372	荷兰	317	9 372
澳大利亚	301	7 853	澳大利亚	301	7 853
英国	264	5 780	英国	264	5 780
加拿大	174	4 734	加拿大	174	4 734
以色列	170	3 096	以色列	170	3 096
中国	162	2 838	中国	162	2 838
芬兰	148	2 524	比利时	105	2 805
德国	117	2 437	芬兰	148	2 524
挪威	115	2 003	德国	117	2 437

总的来说,研究结果表明,北美(即美国、加拿大)、欧洲(即荷兰、芬兰、英国)、大洋洲(即澳大利亚、新西兰)和亚洲(即以色列、中国)的国家在这一领域的研究成果的产出和传播方面明显处于领先地位。

2. 主要研究机构合作网络

本研究进行了一系列合著分析以探讨各机构和国家/地区在教师教育领域的科学合作模式。

图 13 - 1 显示了数据集中有 10 篇以上出版物的机构之间的科学网络($n =$ 140)。从中可以看出,美国密歇根州立大学、荷兰乌得勒支大学、芬兰赫尔辛基大学、中国香港教育学院、澳大利亚昆士兰科技大学、以色列海法大学等已形成重要研究机构合作小组。结果表明,主要研究机构分布在美国、欧洲(荷兰、芬兰)、澳大利亚、中国和以色列。

图 13 - 2 显示了所研究的主要国家/地区的合作网络图。结果显示,美国是教师教育研究的中心。美国与大多数国家保持着联系,特别是澳大利亚、中国。

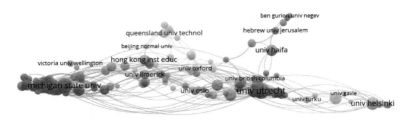

图 13‐1 主要研究机构合作网络

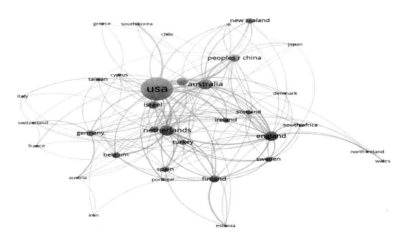

图 13‐2 主要研究国家/地区合作网络

英国、荷兰和德国连接着欧洲的国家和地区。墨西哥、伊朗和爱沙尼亚与其他地区的距离表明,它们与其他国家/地区的网络联系薄弱。

二、领域高共被引文章

高被引文献不仅代表了早期的成果,而且肯定了某一知识领域的重要性,为辩证地看待知识发展提供了依据。由频率计数和突发检测得到的经典文献如表 13‐3 所示。这些文献涵盖了多种主题,从教师教育的本质(如概念化、专业共同体)、教师教育的认识论(如第三空间理论)和教师教育计划(如核心概念、核心教育学),到使用定量工具评估具体问题。此外,一些出版物审查了教师的专业发展,如专业学习、通过促进和合作进行的调整、影响其职业发展的条件和因素以及专业发展的有效性。一些出版物还讨论了使用 Mplus 软件分析教师教育问题的多阶段结构方程模型。他们认为,结构方程模型等统计方法在国际教师教育领域的应用前景是光明的,国际教师教育研究正向实证研究方向发展。这些文献巩固了教师教育的研究基础,标志着教师教育发展的一个转折点。

表 13 - 3　高频次、中心性与突显性的经典文献

作者	共被引频次	中心性	突显性	年份	文献
Beatrice Avalos	78	0.04	17.825 2	2011	论文,《十年来教师专业发展与教师教育》(*Teacher professional development in Teaching and Teacher Education over ten years*)
Ken Zeichner	76	0.06	17.957 4	2010	论文,《对高校教师教育中校本课程与校外实践联系的再思考》(*Rethinking the Connections Between Campus Courses and Field Experiences in College- and University-Based Teacher Education*)
Laura M. Desimone	74	0.03	22.498 5	2009	论文,《改进教师专业发展的影响研究:走向更好的概念和措施》(*Improving Impact Studies of Teachers' Professional Development: Toward Better Conceptualizations and Measures*)
Marilyn Cochran-Smith, Kenneth M. Zeichner	65	0.08	20.203 6	2005	论文,《教师教育研究:AERA 研究与教师教育小组的报告》(*Studying Teacher Education: The Report of the AERA Panel on Research and Teacher Education*)
V. Darleen Opfer, David Pedder	60	0.02	17.603 9	2011	论文,《概念化教师专业学习》(*Conceptualizing Teacher Professional Learning*)
Linda Darling-Hammond, John Bransford	58	0.05	17.594 9	2005	图书,《让教师为不断变化的世界做好准备》(*Preparing Teachers for a Changing World*)
Linda K. Muthén, Bengt Muthén	54	0.04	17.997 5	2017	图书,《Mplus 用户指南》(*Mplus User's Guide*)(7th ed.)

（续表）

作者	共被引频次	中心性	突显性	年份	文献
Catherine Beauchamp, Lynn Thomas	53	0.02	16.046	2009	论文，《理解教师身份：教师教育文献中的议题与启示综述》(Understanding Teacher Identity：An Overview of Issues in the Literature and Implications for Teacher Education)
Vicki Vescio, Dorene Ross, Alyson Adams	49	0.02	14.857 1	2008	论文，《专业学习社区对教学实践和学生学习影响的研究综述》(A Review of Research on the Impact of Professional Learning Communities on Teaching Practice and Student Learning)
Maria Assunção Flores, Christopher Day	46	0.03	17.769 2	2006	论文，《塑造和重塑新教师身份的多视角研究》(Contexts which Shape and Reshape New Teachers' Identities：A Multi-perspective Study)

三、教师教育研究的热点主题

如图 13 - 3 所示，时间轴视图中的 7 个集群由 283 个节点和 2 661 行组成。节点表示具有高频率计数的项，线表示节点之间共现的强度。大小是指集群中包含的高频关键词的数量。集群的序列号也由大小决定。根据 CiteSpace LLR

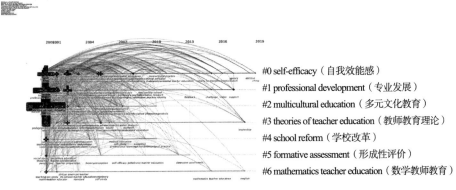

#0 self-efficacy（自我效能感）
#1 professional development（专业发展）
#2 multicultural education（多元文化教育）
#3 theories of teacher education（教师教育理论）
#4 school reform（学校改革）
#5 formative assessment（形成性评价）
#6 mathematics teacher education（数学教师教育）

图 13 - 3　教师教育热点主题的时间线图

算法计算的权重，聚类关键词有一定的顺序。根据聚类关键词，结合具有相应关键词的相关文章，可以对关键词进行总结，或者提取权重最大的关键词作为每个聚类的名称。需要注意的是，虽然关键词属于一个特定的集群，但它们与其他关键词是相互关联的。因此，各集群的研究内容也是相互关联、相互交叉的。

结果表明，教师的**自我效能感**是研究者最关心的问题。自我效能感及其相关心理因素的重要性、教师发展的不同阶段以及教师自我效能感的相关理论都得到了广泛的关注。在影响因素中，**韧性、工作满意度、教学承诺、工作倦怠**等心理因素备受关注。值得注意的是，教师的专业发展也是一个备受关注的课题。进一步研究表明，该聚类包括影响因素、评价方法、发展战略等。此外，聚类 2 可以概括为对多元文化教师教育的研究，包括多元文化意识的影响因素和多元文化意识的培养策略。教师教育理论的结果在聚类 3 中列出。教师的批判性思维、正规学习和教育反思的相关理论受到了极大的关注。聚类 4 展示了学校改革研究的概况，包括学校改革的主要力量和原因以及相应的措施。此外，形成性评价与数学教师教育研究是相对边缘的集群。但这并不一定意味着它们的重要性降低，因为它们的大部分研究内容已经包含在上述聚类中。

四、教师教育研究的前沿演进

进化周期的阶段可能不能完全描述当前的研究状态，但这个周期似乎是理解当前研究状态的一个合理的代理[①]。一个研究领域通常从一个探索性问题开始，然后提出一个概念框架并进行测试。该框架经历了行业暴露，最终成为最佳实践和一致术语的集合[②③]。自 20 世纪 30 年代 Ashbaugh[④] 提出以教师教育取

① NEELY A. The evolution of performance measurement research：Developments in the last decade and a research agenda for the next ［J］. International Journal of Operations and Production Management，2005(12)：1264 - 1277.

② NEELY A. The evolution of performance measurement research：Developments in the last decade and a research agenda for the next ［J］. International Journal of Operations and Production Management，2005(12)：1264 - 1277.

③ STONE K B. Four decades of lean：A systematic literature review ［J］. International Journal of Lean Six Sigma，2012(2)：112 - 132.

④ ASHBAUGH E J. Teacher education ［J］. The Journal of Educational Research，1931(3)：250 - 251.

代教师培训以来,教师教育研究经历了近 90 年的发展。在此过程中出现了许多实践和术语。教师教育研究中的高频关键词和突显词如表 13 - 4 所示,作为划分近 20 年教师教育研究发展阶段的依据。

表 13 - 4　各时段教师教育的高频词与突显词

阶段	年份	高频关键词	突显词
阶段一 (2000— 2005)	2000	teacher education(教师教育); professional development(专业发展); teacher(教师)	learning to teach(学习教育);pre-service teacher education(职前教师教育); teachers' development(教师发展)
	2001	teachers' belief(教师信念);teacher knowledge(教师知识); reflection(反思)	teachers' belief(教师信念); reflection(反思);case study(案例研究)
	2002	teachers' learning(教师学习); teacher educator(教师教育者); inclusive education(全纳教育)	inclusive education(全纳教育); school culture(学校文化);action research(行动研究)
	2003	pre-service teacher(职前教师);pre-service teacher education(职前教师教育);reflective practice(反思性实践)	teacher research(教师研究); professional development school(专业发展学校); educational reform(教育改革)
	2004	teacher identity(教师身份认同); mentoring(导师制); teacher preparation(教师培养)	mentoring(导师制)
	2005	social justice(社会公正);multicultural education(多元文化教育);e-motion(情感)	multicultural education(多元文化教育)
阶段二 (2006— 2013)	2006	motivation(动机);science education(科学研究);identity(身份认同)	constructivism(建构主义理论)
	2007	professional learning(专业学习); literacy(读写能力);assessment(评估)	learning(学习);self-study(自主学习);literacy(读写能力)
	2008	mathematics education(数学教育); initial teacher education(职前教师教育);teacher training(教师培训)	teacher training(教师培训); mathematics education(数学教育)

（续表）

阶段	年份	高频关键词	突显词
阶段二 （2006— 2013）	2009	educational policy（教育政策）；teachers' professional development（教师专业发展）；early childhood education（早期教育）	teacher education（教师教育）；teacher induction（教师入职培训）；reflective practice（反思性实践）
	2010	teachers' self-efficacy（教师自我效能感）；feedback（反馈）；attitude（态度）	community of practice（实践社区）；feedback（反馈）
	2011	instructional practice（教学实践）；secondary education（中等教育）；urban teacher education（城市教师教育）	/
	2012	resilience（抗逆力）；preservice education（职前教育）；teacher resilience（教师抗逆力）	teachers' resilience（教师抗逆力）；emotion（情感）
	2013	formative assessment（形成性评价）；quantitative research（量化研究）；tension（张力）	novice teacher（新手教师）；quantitative research（量化研究）
阶段三 （2014— 2019）	2014	school（学校）；elementary teacher education（小学教师教育）；video analysis（录影分析）	school（学校）；video analysis（录影分析）
	2015	teacher education preparation（教师教育准备）；teacher agency（教师代理）；accountability（可计量性）	teacher agency（教师代理）；classroom management（课堂管理）；accountability（可计量性）
	2016	data use（数据使用）；education policy（教育政策）；dialogic teaching（对话教学）	teacher practice（教师实践）；equity（公平）；teacher collaboration（教师合作）
	2017	teacher attrition（教师流失）；student-teacher（学生－教师）；elementary education（初等教育）	primary school（小学）；teacher attrition（教师流失）；instructional practice（教学实践）
	2018	China（中国）；newly qualified teacher（新聘教师）；primary school（小学）	teacher educator（教师教育者）；multicultural teacher education（多元文化教师教育）；China（中国）

第一阶段(2000—2005)教师心理因素和质性研究在教师教育中占据主导地位。 我们的研究发现,教师职业情感包括教师的认同感、自我效能感、自主性、灵活性和信念等心理因素。它不仅直接影响教学实践和教学质量,而且与教育改革的方向密切相关。有效的包容性实践在一定程度上取决于教师的教育信念以及他们在与有特殊教育需要的学生合作时的角色和责任。特别是培养教师的多元文化意识和提供全纳教育的理念,将成为形成社会公正的潜在力量。当然,教师的背景会影响职业认同的形成。为了探究这一点,个案研究、叙事研究等定性研究对教师内心情感的探究非常有帮助。

第二阶段(2006—2013)的证据表明,该阶段注重教师教育实践,研究方法多种多样。 新教师和在职教师的专业素质在教学实践中不断发展。实践共同体已成为这类研究的突出研究焦点。实践社区又称专业社区,其核心理念是通过同伴反馈来改善教学。这是一个进一步的研究,以弥合学术界、实践者和社区专家之间的差距,促进三个群体的非等级互动。此外,定性研究、定量研究等术语暗示了这一阶段的研究方法是多种方法的组合。

教师教育研究的第三阶段(2014—2019)聚焦完善教师教育的精准策略,基于技术或推测的研究方法,以及中国的教育。 从这一阶段高频关键词和突发词的角度来看,教育的宏观实践如问责制、教育政策、教师流失等,教育的微观实践如教师代理、对话教学、课堂管理等是研究的热点。在中国,也有高频词和新兴词。在抽样文献中,有15篇研究中国教育的文章,包括专业学习社区、家庭教育和转学等实际问题。此外,数据使用、视频分析、历史分析等高频词和新兴词是这一阶段的研究方法。他们既注重用技术手段对教学实践进行精确分析,又注重从教育史的角度进行批判性研究。

第三节　讨　论

研究结果表明,该领域尚未形成一个成熟的核心作者群体,大多数作者近二十年来仅在这四种核心期刊上发表一到两篇文章。这意味着在教师教育领域还没有形成一个稳定的、足够大的贡献者群体。对某一领域的发展作出重大贡献的作者被认为是核心作者,他们在某一领域聚集,形成一个核心作者组。一个领域的核心作者群体可以提供关于其结构及其社区性质的重要数据①。核心作者群体的成熟度是衡量该领域成熟度的重要指标②。缺乏核心作者群体意味着该领域的研究团队不够稳定，缺乏足够的高水平研究人员在教师教育领域保持兴趣并发表较强的论文③。此外，这也意味着该领域还不成熟，需要进一步推广④。

教师教育的复杂性和广泛性可能是原因所在。本研究结果显示，影响较大的文献涵盖了从自然、认识论、政策、教师教育专业发展到结构方程建模等诸多领域。同时，热点话题主要包括教师自我效能感与专业发展、多元文化教师教育、教师教育理论研究与学校改革。这些都反映了教师教育研究的复杂性和广泛性。这与Özçınar⑤的结论是一致的，教师教育研究有很多专门的领域，但它们是分散的，没有充分发展形成主要趋势。该领域的研究结构零散，难以进行长期或纵向研究⑥。此外，研究的复杂性和广泛性可能会阻碍研究者对大多数研究主题和方向达成广泛共识，这表明该领域的研究还处于不成熟的阶段⑦。具体来说，他们分散了该领域的研究力量，导致研究者兴趣分散，难以形成该领域的主导研究方向⑧。

尽管教师教育领域前 10 位作者的发表量和被引量存在差异，但对所有作者而言，作者发表的文章数量与其被引量成正比。这与先前的研究是一致的⑨。学术出

① SILVERMAN R J. Higher education as a maturing field? Evidence from referencing practice [J]. Research in Higher Education, 1985(2): 150 - 183.

② ZHANG M, & SHEN X. Core author group's maturity in international knowledge discovery research field [J]. Journal of Intelligence, 2014(8): 111 - 117.

③ LIN J, WANG J, GUO S, & ZHAO W. Bibliometric Study on the Maturity of Higher Education Researcher in China [J]. University Education Science, 2011(3): 88 - 95.

④ ZHANG M, & SHEN X. Core author group's maturity in international knowledge discovery research field [J]. Journal of Intelligence, 2014(8): 111 - 117.

⑤ ÖZÇıNAR H. Mapping teacher education domain: A document co-citation analysis from 1992 to 2012 [J]. Teaching and Teacher Education, 2015: 42 - 61.

⑥ ÖZÇıNAR H. Mapping teacher education domain: A document co-citation analysis from 1992 to 2012 [J]. Teaching and Teacher Education, 2015: 42 - 61.

⑦ ZHANG M, & SHEN X. Core author group's maturity in international knowledge discovery research field [J]. Journal of Intelligence, 2014(8): 111 - 117.

⑧ ÖZÇıNAR H. Mapping teacher education domain: A document co-citation analysis from 1992 to 2012 [J]. Teaching and Teacher Education, 2015: 42 - 61.

⑨ BJARNASON T, & SIGFUSDOTTIR I D. Nordic impact: article productivity and citation patterns in sixteen Nordic Sociology departments [J]. Acta Sociologica, 2002(4): 253 - 267.
BORNMANN L, DANIEL H D. Multiple publication on a single research study: does it pay? The influence of number of research articles on total citation counts in biomedicine [J]. Journal of the American Society for Information Science and Technology, 2007(8): 1100 - 1107.

版是作者学术组织能力和学术影响力的重要体现。研究表明,发表了大量文章的作者将拥有更大的个人学术网络,这使得他们的被引数量更高①。其他研究也表明,一个作者发表的论文越多,科学界就能更深入地了解他,从而可能会被高度引用②。

根据这项研究,教师教育领域的进步主要是由来自北美国家、欧洲国家、澳大利亚、以色列和中国的一小部分作者推动的。其他国家的研究人员在这一领域的贡献非常有限。一方面,英语语言的偏见和障碍可能是原因③。值得注意的是,本研究使用的是 WoS 数据库,英语文章占大多数,非英语出版物很少被研究。这可能会忽视对其他国家或地区的其他语言教师教育的研究。此外,其他国家有语言障碍的作者也很难在这些期刊上发表文章。另一方面,来自北美、欧洲和澳大利亚的作家保持着比较密切的合作关系,而来自其他国家的作家很难融入这个密切的学术圈子。学术界的形成反映了研究者之间社会关系网络的构建。一方面,这有助于资源共享,提高学者对本国文化的了解④。研究合作通过整合知识、资金和方法等资源促进跨学科研究⑤和国际合作⑥。因此,尽管以色列和中国发展迅速,但北美、欧洲和澳大利亚仍然是这一研究领域的中心。总体结构与社会科学研究的"核心-外围"结构一致⑦。然而,另一方面,也存在着封

① BJARNASON T, & SIGFUSDOTTIR I D. Nordic impact: article productivity and citation patterns in sixteen Nordic Sociology departments [J]. Acta Sociologica, 2002(4): 253 - 267.

② BORNMANN L, DANIEL H D. Multiple publication on a single research study: does it pay? The influence of number of research articles on total citation counts in biomedicine [J]. Journal of the American Society for Information Science and Technology, 2007(8): 1100 - 1107.

③ MARTIN B R. The evolution of science policy and innovation studies [J]. Research Policy, 2012(7): 1219 - 1239.

FONSECA - MORA M C, & AGUADED I. Scientific Journals as Platforms to Publish Research of Excellence in Education: Strategies to Attract Researchers [J]. Relieve, 2014(2): 1 - 11.

④ MAEDA M. Heightened awareness of a researcher's own culture through carrying out research on development cooperation [J]. Comparative Education, 2011(3): 355 - 365.

⑤ GODEMANN J. Knowledge integration: A key challenge for transdisciplinary cooperation [J]. Environmental Education Research, 2008(6): 625 - 641.

⑥ NKIMBENG M, CUDJOE J, HAN H, & RODNEY T. Creating a community of researchers: Fostering global collaboration for doctoral prepared nurses and nursing students [J]. Journal of Professional Nursing, 2020.

OLMEDO I, & HARBON L. Broadening our sights: Internationalizing teacher education for a global arena [J]. Teaching Education, 2010(1): 75 - 88.

⑦ SEDITA S R, CALOFFI A, & LAZZERETTI L. The invisible college of cluster research: A bibliometric core-periphery analysis of the literature [J]. Industry and Innovation, 2018(5): 562 - 584.

闭的隐患。这是因为社会关系不仅提高了社区成员之间资源交换的便利性和效率，而且暗中限制了外部人士[①]。来自机构和国家（或地区）的大多数作者与地理、文化和社会上的密切合作伙伴进行合作。Boschma[②] 认为地理、认知、系统、组织和社会的邻近性是影响知识流动和科研合作的 5 个显著因素。这可以反映在他们的合作模式中[③]，并可能排除其他地理和文化研究。

　　教师的自我效能感是近二十年来备受关注的问题。这是因为教师的自我效能感已经被证明影响了许多有意义的教育结果（如教师的坚持、热情、投入和教学行为）[④]和学生的结果（如成就、动机和自我效能感）[⑤]。此外，对教师发展不同阶段的自我效能感也进行了深入研究。Bandura 的自我效能理论表明，教师的效能感可能在学习的早期阶段最具可塑性，因此教师的前几年的教学对其效能感的长期发展至关重要，有必要对教师的早期经验进行纵向研究[⑥]。此外，教师自我效能感的相关理论也越来越受到重视。社会认知理论、角色外行为理论等理论可以增强教师自我效能研究的说服力[⑦]。

　　教师的专业发展也受到了极大的关注。内部因素和外部因素被认为是影响教师专业发展的重要因素。内部因素包括教师的信念和个人实践、视野、归属感和认同感等，外部因素包括新技术、师生互动等[⑧]。研究表明，可以通过教师的

① WALDINGER，& ROGER. The 'other side' of embedded ness：A case-study of the interplay of economy and ethnicity [J]. Ethnic & Racial Studies，1995(3)：555 – 580.

② BOSCHMA R. Proximity and innovation：A critical assessment [J]. Regional Studies，2005(1)：61 – 74.

③ ZITT M, BASSECOULARD E，& OKUBO Y. Shadows of the past in international cooperation：Collaboration profiles of the top five producers of science [J]. Scientometrics，2000(3)：627 – 657.

④ TSCHANNEN-MORAN M，& HOY A W. Teacher efficacy：Capturing an elusive construct [J]. Teaching and Teacher Education，2001(7)：783 – 805.

⑤ STRONGE J H, WARD T J，& GRANT L W. What makes good teachers good? A cross-case analysis of the connection between teacher effectiveness and student achievement [J]. Journal of Teacher Education，2011(4)：339 – 355.

⑥ HOY A W，& SPERO R B. Changes in teacher efficacy during the early years of teaching：A comparison of four measures [J]. Teaching and Teacher Education，2005(4)：343 – 356.

⑦ STRONGE J H, WARD T J，& GRANT L W. What makes good teachers good? A cross-case analysis of the connection between teacher effectiveness and student achievement [J]. Journal of Teacher Education，2011(4)：339 – 355.

⑧ FAIRBANKS C M, DUFFY G G, FAIRCLOTH B S, HE Y, LEVIN B, ROHR J，& STEIN C. Beyond knowledge：Exploring why some teachers are more thoughtfully adaptive than others [J]. Journal of Teacher Education，2010(1 – 2)：161 – 171.

反思、课堂观察和对学生表现的持续评价来评估专业发展①。由于影响教师专业发展的因素不同,教师专业发展存在不同的发展策略。研究表明,结构化或半结构化的过程(如一线教师和研究人员之间的伙伴关系,学习社区)或非正式环境(如工作场所的互动)②有助于学习,并刺激教师改变或加强教学和教育实践。

多元文化教师教育中多元文化意识的影响因素和多元文化意识的培养策略也是研究的重点。人格因素(包括对多样性的开放、自我意识/自我反思和对社会公正的承诺)和经验因素(包括跨文化经验、支持团体经验和教育经验)影响教师的多元文化意识③。多元文化意识发展策略包括职前准备,如招生和选拔学生,跨文化沉浸体验,多元文化教育课程和课程重组,以及在职发展,如海外教师教育项目。研究发现,多元文化主义和面向服务的社会正义学习,可以使未来的教师面对不公正,开始放弃根深蒂固的生活态度,发展新的社会正义视角。

更值得注意的是高频词和突发词中研究方法的演变。教师和教育者不仅需要"学习"新事物,而且要"抛弃"旧思想。研究方法的多样化为其思想转变提供了有效的支持。基于观察和访谈的质性研究在教师教育研究中占有相当大的比重。叙事不仅反映叙述者的身份,呈现教师的观点,也促使人们重新审视规范、概念和信仰。这尤其适用于跨文化和社会公平的内容。近年来,探索调节和中介效应的定量研究也逐渐增多。这些研究整合了心理学方法,论证了行为与心理的关系,同时也为教学实践或教师准备提供了启示④。值得注意的是,人工智能和互联网的发展为教师教育研究奠定了坚实的基础,包括眼球追踪模式、课堂视频分析等新兴的数据收集和分析方法。视频分析等分析可以更准确地监控师生互动过程中的情绪状态、教师的教学状况、教师的专业能力和专业偏好。此

---

① FISHMAN B J, MARX R W, BEST S, & TAL R T. Linking teacher and student learning to improve professional development in systemic reform [J]. Teaching and Teacher Education,2003(6): 643 – 658.

② KWAKMAN K. Factors affecting teachers' participation in professional learning activities [J]. Teaching and Teacher Education,2003(2): 149 – 170.

③ GARMON M A. Changing preservice teachers' Attitudes/Beliefs about diversity: What are the critical factors? [J]. Journal of Teacher Education,2004(3): 201 – 213.

④ SCHIEFELE U. Classroom management and mastery-oriented instruction as mediators of the effects of teacher motivation on student motivation [J]. Teaching and Teacher Education,2017: 115 – 126.
NETO R C A, RODRIGUES V P, & PANZER S. Exploring the relationship between entrepreneurial behavior and teachers' job satisfaction [J]. Teaching and Teacher Education,2017: 254 – 262.

外，借助技术手段的反思性研究可以使教师在互动中实现教学目标，促进教师专业发展，有选择地关注学生。

中国已经成为教师教育研究的第三阶段（2014—2019）的高突显词，这是有原因的。首先，研究人员的国际合作和流动帮助中国学者在提高研究标准、把握前沿和消除语言障碍方面取得了显著进展①。其次，随着中国影响力的扩大，中国的教育问题和经验越来越受到关注。与此同时，中国学者也分享了他们在全球教师教育问题上的经验，如教学策略、替代教师准备项目、改革背景下教师认同的发展等。此外，中国建设"世界一流大学"的国际战略促使大学鼓励学者在国际高影响力期刊上发表他们的研究，这已成为衡量高等教育排名系统的重要指标②。因此，教师教育研究在国际出版物上发表是提高高等教育排名的重要渠道，也是中国大学教师参与国际化的有效方法③。

第四节　建　议

本研究首次绘制了近二十年来教师教育研究的知识图谱，可以系统地回顾教师教育研究，并为今后的研究提供前瞻性的建议。研究发现：教师教育研究的核心作者群体尚未形成，可能影响其可持续发展。北美、欧洲等研究活跃的国家或地区原因更为全面，其整体结构符合社会科学研究的"核心-外围"结构。在全球化、国际化的背景下，2018 年蓬勃发展的中国也成为教师教育研究的贡献力量。教师教育的范围非常复杂和广泛，教师自我效能感与专业发展、多元文化教师教育、教师教育理论研究、学校改革等话题受到广泛讨论。虽然定性研究的观察和访谈在教师教育领域占有很大的比重，但定量研究、人工智能和互联网的

① JOHNSTONE C J & JI L L（eds.）The rise of China-U. S. international cooperation in higher education：views from the field［M］. Rotterdam, The Netherlands：Sense Publishers, 2018.
WU H, & LI M. Internationalization Process of China's Educational Research：Based on the Perspective of International Scholars［J］. Educational Development Research, 2019：25 - 32.
② DELGADO-MÁRQUEZ B L, HURTADO-TORRES N, & BONDAR Y. Internationalization of Higher Education：Theoretical and Empirical Investigation of Its Influence on University Institution Rankings：Revista de Universidad y Sociedad del Conocimiento［J］. International Journal of Educational Technology in Higher Education, 2011(2)：265 - 284.
③ LI B, & TU Y. Motivations of faculty engagement in internationalization：a survey in China［J］. Higher Education, 2016(1)：81 - 96.

发展为进一步的研究奠定了坚实的基础。

本研究的结果启示我们应该继续深化教师教育领域的研究，为培养高素质的教师奠定基础。该领域的核心作者群体仍需扩大，研究人员的专业性和稳定性仍需提高。期刊特别是核心期刊和学术团体应发挥指导和鼓励学者研究的重要作用，改变教师教育领域过度分散的状况。期刊不仅可以"镜像"它们的领域，还可以"创造"它们的领域①。他们是研究发表过程中的"过滤器"，在一个领域的规范建立、价值引导和信息供给中起着关键作用②。

在国际合作日益频繁、多元文化盛行的背景下，从包容的视角探讨跨文化教师教育也十分重要。从教师的叙事语言（如反思性文件）中把握对学校改革的理解更有帮助。因此，教师专业发展是影响教育质量的关键因素，研究者应不断探索教师教育策略，以此作为促进教师教育发展的手段。此外，采用不同的研究方法（定性研究、定量研究和技术手段）可以帮助探索不同层次的教师教育现状，研究者应该比较和选择合适的方法来促进教师教育的改善。

（王树涛　陈瑶瑶）

---

① SILVERMAN R J，& ROBERT J. How we know what we know：A study of higher education journal articles [J]. Review of Higher Education，1987(1)：39－59.
HUTCHINSON S R，& LOVELL C D. A review of methodological characteristics of research published in key journals in higher education：Implications for graduate research training [J]. Research in Higher Education，2004(4)：383－403.
② LUO W，& JIANG B. The Collaborative Development of Discipline Construction and Academic Journals：A Case Study of the Education Discipline and University-Based Education Journals in China [J]. Journal of Soochow University (Educational Science Edition)，2020：12－20.

第十四章
国际科学教育研究的热点主题和前沿演进

近年来,由于教育全球化的发展趋势和科学技术的飞速进步,科学教育变得日益重要[①]。科学、技术、工程和数学(STEM)的发展对一个国家的各个方面起到至关重要的作用,因此,STEM 教育也成为国家战略布局的重要组成部分[②]。科学教育的目的是让所有学生成为具备较高 STEM 素养的劳动力,且少数极具天赋的个人能够进入科学和工程领域[③]。除了知识层面的作用外,科学知识上的批判性思维能力能够让学生和民众在探讨科学问题时站出来,发现争论的谬

① TRNA J, TRNOVA E. The Current Paradigms of Science Education and Their Expected Impact on Curriculum [J]. Procedia—Social and Behavioral Sciences, 2015: 271-277.
POTKONJAK V, GARDNER M, CALLAGHAN V, et al. Virtual laboratories for education in science, technology, and engineering: A review [J]. Computers & Education, 2016(4): 309-327.
YANEZ G A, THUMLERT K, CASTELL S D, et al. Pathways to sustainable futures: A "Production Pedagogy" Model for STEM Education [J]. Futures, 2019(4): 27-36.
SAHIN D, & YILMAZ R M. The effect of augmented reality technology on middle school students' achievements and attitudes towards science education [J]. Computers & Education, 2020: 103710.
② SAXTON E, BURNS R, HOLVECK S, KELLEY S, PRINCE D, RIGELMAN N, SKINNER E A. A common measurement system for K-12 STEM education: Adopting an educational evaluation methodology that elevates theoretical foundations and systems thinking [J]. Studies in Educational Evaluation, 2014: 18-35.
THOMAS B, WATTERS J J. Perspectives on Australian, Indian and Malaysian Approaches to STEM Education [J]. International Journal of Educational Development, 2015: 42-53.
GRANT M J, BOOTH A. A typology of reviews: An analysis of 14 review types and associated methodologies [J]. Health Information & Libraries Journal, 2009(2): 91-108.
③ TRNA J, TRNOVA E. The current paradigms of science education and their expected impact on curriculum [J]. Procedia-Social and Behavioral Sciences, 2015: 271-277.

误,并就社会问题提供理性和合乎逻辑的决定①。然而,科学教育也面临着教师补偿和专业发展不足、学生缺乏动力等挑战②,尤其是科学认识论作用的缺失,对科学教育构成了威胁③。随着研究者越来越认识到科学教育的挑战,科学教育的相关研究也越来越多,全面审查科学教育的研究现状随之越发重要。但是,迄今为止,还没有专门针对科学教育的文献进行文献计量学评论。本章节的研究旨在通过概述过去 20 年中在科学教育领域的研究的现状和发展情况来填补这一空白。

第一节　研究方法

一、数据来源

与科学教育紧密相关的期刊《科学教育研究》(*Studies in Science Education*)、《科学教学研究》(*Journal of Research in Science Teaching*)、《科学教育》(*Science Education*)近五年(2014—2018)的影响因子分别为 5.133、4.172 和 3.662,能够代表该领域最高水平的研究成果,本研究选择这三本期刊的文献作为研究对象。搜索时间跨度为 2000 年至 2019 年,在 2020 年 3 月的第二周进行。本文使用 WoS 数据库中的三个引文索引:科学引文索引扩展版、社会科学引文索引和人文艺术引文索引。将《科学教育研究》《科学教学研究期刊》和《科学教育研究》三种刊物的名称输入数据库,形成具有代表性的调查文献语料库。最后,根据文档类型"article"对数据库进行过滤,得到 2 559 个文档,最终保留并用于本研究的分析。在搜索中没有设置语言限制。对于每一份保留的文献,作者提取了有关发布年份、被引用次数、作者、机构/所属机构、国家、期刊和被引参考文献的文献计量元数据;检索了文献的标题、摘要和关键词。

① FORAWI S A. Standard-based science education and critical thinking [J]. Thinking Skills and Creativity,2016:52-62.

② NWANA H S. The computer science education crisis:Fact or illusion? [J]. Interacting with Computers,1997(1):27-45.

③ KAPTAN K,TIMURLENK O. Challenges for science education [J]. Procedia—Social and Behavioral Sciences,2012:763-771.

二、分析工具

　　文献计量学是通过对已发表的研究进行统计分析以及如何使用出版物中的知识来提取可测量数据的过程①。常见的知识图谱可视化研究工具有 Ucinet、NetDraw、Pajek、bibexcel、VOSviewer、CiteSpace 等。与通常用于文献计量制图的程序（例如 SPSS 和 Pajek）不同，VOSviewer 特别注意文献计量制图的图形表示②，且 CiteSpace 具备突显词、时区图等特定功能，因此本研究利用 VOSviewer 1.6.13 和 CiteSpace 5.5.R2（64 - bit）两个软件，从合作网络、共现网络和共被引分析角度对科学教育研究的主要研究力量及其合作网络、经典文献、热点主题、前沿演进进行分析。此外，本文也通过 Web of Science 来获得部分研究结果。

第二节　研究结果

　　出版物的数量表明了研究者对该领域的研究兴趣。图 14 - 1 显示了科学教育出版物在不同年度的动态增长和在不同期刊的动态增长。分析显示，从 2000 年到 2008 年，科学教育方面的研究在出版物方面保持不变。然而，自 2009 年以

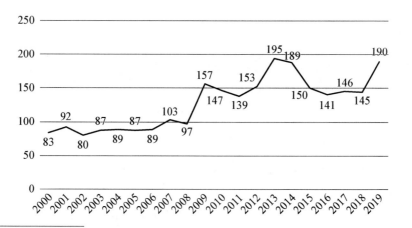

① AGARWAL A, DURAIRAJANAYAGAM D, TATAGARI S, et al. Bibliometrics: tracking research impact by selecting the appropriate metrics [J]. Asian Journal of Andrology, 2015(2): 296 - 309.
② ECK N, WALTMAN L. Software survey: VOSviewer, a computer program for bibliometric mapping [J]. Scientometrics, 2010(2): 523 - 538.

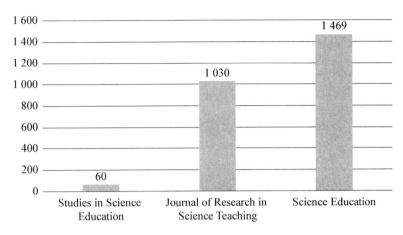

图 14 - 1　科学教育研究的年度分布和期刊分布

来,学界对该领域的兴趣呈波动增长,出版物数量显著增加。因此,在 2009 年,数据库包括 157 篇相关主题出版物,而在 2010 年,文章数量增加到 195 篇。2019 年是数据集包含全年数据的最后一年,发表了 163 篇文章。

一、主要作者、机构和国家(或地区)

数据集中的 2 559 篇文章已由全球 66 个国家/地区的 1 181 个机构的 4 279 位作者发表。学术界对于核心作者的典型测评方法是根据作者的发文量和被引量两个指标进行的。发文量指标按照美国著名的科学史学家德里克·德·索拉·普莱斯(Derek J. De Solla Price)的经典理论:发文量是科研活动的重要表现形式,能直观地反映出作者的学术活跃度[①②]。被引量则是根据美国著名情报学家尤金·加菲尔德(Eugene Garfield)的观点,文献被引数量与作者的影响力呈正相关关系[③]。表 14 - 1 描述了领导科学教育研究的作者。

更进一步地说,普赖斯定律中核心作者的计算公式为 $M \approx 0.749 \times \sqrt{N_{max}}$,其中 M 指论文数量,N_{max} 指该领域最高产作者的论文数量。当某一作者发表

① PRICE D J S. Networks of scientific papers [J]. Science, 1965(3683): 510 - 515.

② PRICE D. Citation measures of hard science, soft science, technology, and nonscience [M]. Lexington, MA: Heath, 1970.

③ SMALL, HENRY. Characterizing highly cited method and non-method papers using citation contexts: The role of uncertainty [J]. Journal of Informetrics, 2018(2): 461 - 480.

的论文数量大于 M 时,该作者即被视为所在领域的核心作者,当全部核心作者撰写的论文达到该领域全部论文的 50%,说明核心作者群已经形成。结合表 14-1,本研究中发表 3 篇以上的作者为该领域的核心作者。对样本文献进行分析后发现发文 3 篇以上的学者有 420 人。这些人共发表文章 1 911 篇,约占样本文献的 74.68%,远超该样本文献的 50%。可见科学教育研究的核心作者群已经形成。

表14-1　国际科学教育研究发文量和被引量领先的作者(单位：篇)

发文量降序排列信息			被引量降序排列信息		
作者	发文量	被引量	作者	发文量	被引量
Mcneill, Katherine L.	21	1 062	Osborne, J	5	2 306
Roth, Wolff-Michael	21	429	Lederman, Ng	10	2 134
Abd-El-Khalick, Fouad	16	350	Abd-El-Khalick, F	8	2 044
Linn, Marcia C.	15	446	Reiser, Brian J.	6	1 063
Barton, Angela Calabrese	14	557	Mcneill, Katherine L.	21	1 062
Lee, Okhee	14	450	Osborne, Jonathan	10	792
Roth, Wm	14	756	Roth, Wm	14	756
Sadler, Troy D.	13	627	Brickhouse, Nw	9	722
Hammer, David	12	595	Akerson, Vl	6	701
Krajcik, Joseph	12	654	Krajcik, Joseph	12	654

　　表 14-2 列出了引领科学教育研究发展的机构,有 102 家机构的发表文章数量是 10 篇以上。在这一领域发表论文最多的是密歇根州立大学和密歇根大学,其次是伊利诺伊大学和维多利亚大学。密歇根大学和伦敦国王学院是该领域引用次数最多的院校,其次是伊利诺伊大学和密歇根州立大学。发表论文较多的机构与被引用较多的机构并不一致,由此可见机构的产量与影响力并不成正比。很明显,排名中的大多数大学来自美国,只有三个其他国家或地区有代表性,分别是加拿大、以色列和英国。亚洲、南美、非洲、中东和独立国家联合体(CIS)的大学都没有出现在表格中。

表 14－2　国际科学教育研究发文量和被引量领先的研究机构（单位：篇）

发文量降序排列信息			被引量降序排列信息		
研究机构	发文量	被引量	研究机构	发文量	被引量
密歇根州立大学	79	2 845	密歇根大学	63	4 346
密歇根大学	63	4 346	伦敦国立学院	29	3 330
伊利诺伊大学	53	3 248	伊利诺伊大学	53	3 248
北卡罗来纳大学	50	1 987	密歇根州立大学	79	2 845
维多利亚大学	43	1 423	印第安纳大学	42	2 648
印第安纳大学	42	2 648	西北大学	29	2 353
加州大学伯克利分校	42	1 569	伊利诺伊理工大学	21	2 162
密苏里大学	42	1 288	弗吉尼亚大学	28	2 156
魏茨曼科学研究院	41	2 100	魏茨曼科学研究院	41	2 100
亚利桑那州立大学	40	1 424	斯坦福大学	39	2 058

在表 14－3 中，科学教育研究的领先国家是按照出版物数量和被引用次数排名的，美国在该领域似乎是绝对的领导者，占 62％的出版物和近 50 000 次的数据库引用。另外三个其他国家/地区贡献了该数据集，发表了 200 多篇论文，被引用了 5 000 次。这些国家分别是荷兰、澳大利亚和英国，它们的总发文量占数据集的 34％，总被引用次数接近 23 000 次。排名中的国家/地区大多位于北美和欧洲，不过还有三个国家位于亚洲和大洋洲，包括以色列、中国和澳大利亚。

表 14－3　国际科学教育研究发文量和被引量领先的研究国家（或地区）（单位：篇）

发文量降序排列信息			被引量降序排列信息		
国家（或地区）	发文量	被引量	国家（或地区）	发文量	被引量
美国	1 591	49 577	美国	1 591	49 577
荷兰	317	9 372	荷兰	317	9 372

（续表）

发文量降序排列信息			被引量降序排列信息		
国家（或地区）	发文量	被引量	国家（或地区）	发文量	被引量
澳大利亚	301	7 853	澳大利亚	301	7 853
英国	264	5 780	英国	264	5 780
加拿大	174	4 734	加拿大	174	4 734
以色列	170	3 096	以色列	170	3 096
中国	162	2 838	中国	162	2 838
芬兰	148	2 524	比利时	105	2 805
德国	117	2 437	芬兰	148	2 524
挪威	115	2 003	德国	117	2 437

　　总体而言，北美（如美国、加拿大）、欧洲（如英国、荷兰）在该领域的科学研究的生产和传播方面处于明显的领先地位，其次是各个大陆上的某些国家，如澳大利亚、以色列、中国。对于这些结果，有几种合理的解释。其一，英语作为学术通用语言已占主导地位①②③，本研究采用的 WoS 数据库中以英语作为占据主要地位的语言，其他语言发表的论文不具有优势。其二，除了语言，各个国家（或地区）对于在国际期刊上发表论文也面临着选择研究主题、感知偏差等挑战④。最后，与其他国家相比，这些国家的科学教育政策非常活跃并持续

① DUSZAK A，LEWKOWICZ J. Publishing academic texts in English：A Polish perspective［J］. Journal of English for Academic Purposes，2008（2）：108－120.

② P MARTÍN，REY-ROCHA J，BURGESS S，et al. Publishing research in English-language journals：Attitudes，strategies and difficulties of multilingual scholars of medicine［J］. Journal of English for Academic Purposes，2014：57－67.

③ SOLER J. Academic publishing in english：Exploring linguistic privilege and scholars' trajectories ［J］. Journal of Language，Identity & Education：Destabilizing Critical "Assumptions" in（English）Language Teaching，2019（6）：389－399.

④ MIN，HUI-TZU. Participating in International Academic Publishing：A Taiwan Perspective［J］. Tesol Quarterly，2014（1）：188－200.

变革①②③。

二、主要研究力量的合作网络

为了研究作者、机构和国家(或地区)之间在科学教育研究方面的科学合作模式,进行了一系列合著者分析。图 14-2 展示了在数据集中发文量 5 篇以上的作者之间的协作网络($n=135$)。结果表明,在科学教育领域,研究人员之间存在多种科学合作网络。这些网络由三到五名研究人员组成,研究人员实力较为平均(由于节点大小相当)。图中形成了 10 个较为显著的核心作者群,以发文量和被引量较高的 Katherine L. McNeill、Joseph Krajcik、Troy Sadler 为中心。可见核心作者群之间连接良好,合作成果的数量和质量都较为突出。

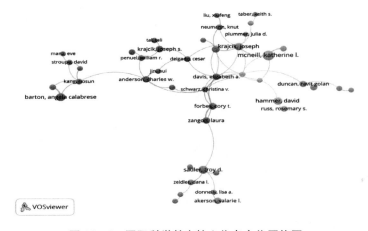

图 14-2　国际科学教育核心作者合作网络图

图 14-3 显示了在数据集中发文量 10 篇以上的机构之间的科学网络($n=140$)。从图中可以看出,形成了 12 个较为显著的主要研究机构合作群,分别以

① SAXTON E, BURNS R, HOLVECK S, et al. A common measurement system for K-12 STEM education: Adopting an educational evaluation methodology that elevates theoretical foundations and systems thinking [J]. Studies in Educational Evaluation, 2014: 18-35.

② THOMAS B, WATTERS J J. Perspectives on Australian, Indian and Malaysian approaches to STEM education [J]. International Journal of Educational Development, 2015(11): 42-53.

③ GRINIS I. The STEM Requirements of 'Non-STEM' Jobs: Evidence from UK Online Vacancy Postings and Implications for Skills & Knowledge Shortages [J]. Social Science Electronic Publishing, 2017: 144-158.

上述发文量和被引量领先的研究机构为核心。可见主要研究机构合作群分布在
北美和欧洲。属于同一聚类的机构之间存在多种联系，但属于不同聚类的机构
之间的联系较少。

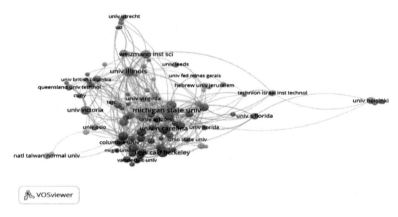

图 14-3　国际科学教育研究主要研究机构合作网络图

图 14-4 显示了主要研究国家（或地区）合作网络图。结果表明，美国处于
科学教育研究的中心。美国与大多数国家保持联系，特别是与属于同一集群的
澳大利亚和加拿大保持联系。英国、瑞士、芬兰将欧洲其他国家（或地区）、中国、
巴西连接在一起，它们之间有着丰富的联系。阿根廷、意大利、苏格兰，塞浦路
斯、希腊距离所有其他国家（或地区）较远，这表明它们与其他国家/地区的网络
联系薄弱。

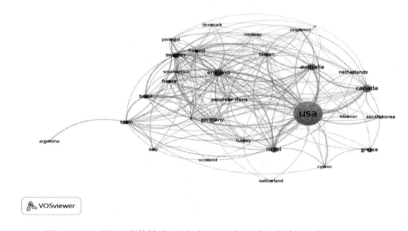

图 14-4　国际科学教育研究主要研究国家（或地区）合作网络图

三、经典文献

识别国际科学教育研究的经典文献有助于巩固前期知识成果，为辩证看待知识发展提供基础。表 14-4 列出了科学教育研究的经典文献。这些文献涉及各种主题。首先是科学教育标准。19 世纪 80 年代是美国科学教育标准运动开始的十年，目标是确定学生应该知道和能够做的事情。到 19 世纪 80 年代，科学教育的议程开始从对"科学为科学家"的关注转移到更广泛的"全民科学"。《国家科学教育标准》《K-12 科学教育框架：实践、横切概念和核心思想》和《下一代科学标准》指引了美国科学教育标准的方向。第二个主题是从实践中探究提升科学素养的有效教育方法。美国国家研究委员会（2007）编著的报告《将科学带到学校：在 K-8 年级学习和教授科学》重新定义了"精通科学"（be proficient in science）的含义，提倡融合科学内容与科学过程。Berland 和 Reiser[1] 提出要关注课堂互动，由于科学知识学习包括三个目标：意义表达、阐明和说服他人接受他们的理解，学生们通常忽略第三个目标。这是由于说服他人理解需要社交互动，而传统的课堂互动往往会抑制社交互动。建模也应该被关注，它是科学的核心实践活动，建模能力随着理解能力的提高而改变[2]。再者，科学教育不仅依赖实践，更依靠反思。Lederman[3] 明确指出科学本质概念最好通过明确的、反思性的指导来学习，而不是通过简单的"做"科学的经验来含蓄地学习。Allchin[4] 提出进行科学本质教育不仅要依靠课程，更要从建构主义角度利用有关当代新闻案例和历史案例的问题来培养具体环境中的科学素养，也即要以开放式形式进行基于问题的和基于案例的学习，让学生在认知失调的情况下进行深入思考。经典文献为未来的研究打好知识基础，为创新知识提供基石。

① BERLAND L K, REISER B J. Making sense of argumentation and explanation [J]. Science Education, 2009(1)：26-55.

② SCHWARZ C V, REISER B J, DAVIS E A, et al. Developing a learning progression for scientific modeling：Making scientific modeling accessible and meaningful for learners [J]. Journal of Research in Science Teaching, 2010(6)：632-654.

③ LEDERMAN N G. Nature of Science：Past, Present, and Future [A]. Abell, S. K. & Lederman, N. G. Handbook of research on science education [C]. New York, London, Routledge, Taylor & Francis Group, 2010：831-880.

④ D ALLCHIN. Evaluating knowledge of the nature of (whole) science [J]. Science Education, 2011 (3)：518-542.

表 14 - 4　科学教育研究的经典文献

序号	作者	被引频次	中心性	突显性	发文年份	文献性质和名称
1*	National Research Council	233＝145＋88	0.02/0.04	61.901 4	2012	政策,《K-12 科学教育框架：实践、交叉概念和核心思想》（*A Framework for K - 12 Science Education：Practices，Crosscutting Concepts，and Core Ideas*）
2*	NGSS Lead States	208＝135＋18＋51＋4	0.05/0.00/0.00/0.00	48.970 5	2013	政策,《下一代科学标准：为了各州，来源于各州》（*Next Generation Science Standards：For States，By States*）
3*	National Research Council	131＝129＋2	0.00/0.00	62.960 3	1996	政策,《国家科学教育标准》（*National Science Education Standards*）
4	National Research Council	80	0.07	26.915 3	2007	著作,《将科学带到学校：在 K-8 年级学习和教授科学》（*Taking Science to School：Learning and Teaching Science in Grades K - 8*）
5	Norman G. Lederman	61	0.11	20.501 3	2007	章节,《科学的本质：过去、现在和未来》（*Nature of Science：Past，Present，and Future*）
6	Douglas Allchin	59	0.04	13.864 3	2011	论文,《评价(整个)科学本质的知识》（*Evaluating Knowledge of the Nature of（Whole）Science*）
7	Christina V. Schwarz，Brian J. Reiser，Elizabeth A. Davis，et al	51	0.04	15.950 9	2009	论文,《为科学建模开发一个学习进程：使科学建模对学习者来说是容易的和有意义的》（*Developing a Learning Progression for Scientific Modeling：Making Scientific Modeling Accessible and Meaningful for Learners*）

（续表）

序号	作者	被引频次	中心性	突显性	发文年份	文献性质和名称
8	Norm G. Lederman，Fouad Abd-El-Khalick，Randy L. Bell，et al	48	0.15	17.687	2002	论文，《科学本质观问卷：对学习者科学本质观的有效和有意义的评价》（*Views of Nature of Science Questionnaire：Toward Valid and Meaningful Assessment of Learners' Conceptions of Nature of Science*）
9	Leema K. Berland，David Hammer	41	0.06	9.460 7	2012	论文，《科学论证的框架》（*Framing for Scientific Argumentation*）
10	Leema Kuhn Berland，Brian J. Reiser	38	0.04	12.193	2009	论文，《理解论证和解释的意义》（*Making Sense of Argumentation and Explanation*）

* 注：1996 年出版的《国家科学教育标准》、2012 年出版的《K-12 科学教育框架：实践、横切概念和核心思想》和 2013 年出版的《下一代科学标准》为高被引文献，由于其被引名称不同，在共被引网络中多次出现。本研究将合并其被引频次，进行重新排序，其中心性和突显值取最高值。

四、热点主题

关键词共现图谱有助于发现科学教育研究内容间的知识网络关系，挖掘科学教育研究领域的核心知识节点，展示当前科学教育学科领域的知识结构、研究范式、研究主题和研究热点，揭示科学教育研究领域的历时发展与变化。表 14-5 显示了科学教育研究频次和中心性排名靠前关键词。除去 science education（科学教育）这一个指向不明确的高频关键词，排名靠前的高频关键词为探究（inquiry）、公平（equity）、专业发展（professional development）、科学本质（nature of science）、学习进展（learning progression），排名靠前的中心性较高的关键词为中学科学（middle school science）、物理科学（physical science）、环境教育（environmental education）、科学实践（science practice）、地球科学（earth science），可以模糊归纳出近二十年的国际科学教育研究主要关注科学教育理念和科学教育实践。

表 14－5　国际科学教育研究频次和中心性排名靠前关键词

频次降序排列信息				中心性降序排列信息			
关键词	频次	中心性	初现年份	关键词	频次	中心性	初现年份
science education（科学教育）	87	0.36	2008	middle school science（中学科学）	11	0.03	2008
inquiry（探究）	52	0.19	2007	physical science（物理科学）	9	0.03	2008
equity（公平）	50	0.25	2007	environmental education（环境教育）	7	0.03	2010
professional development（专业发展）	36	0.08	2007	science practice（科学实践）	6	0.03	2016
nature of science（科学本质）	34	0.15	2009	earth science（地球科学）	6	0.03	2008
learning progression（学习进展）	33	0.05	2009	interest（兴趣）	5	0.03	2013
assessment（评价）	33	0.11	2009	discourse（话语）	5	0.03	2019
general science（基础科学）	31	0.04	2007	natural selection（自然选择）	4	0.03	2017
chemistry（化学）	31	0.07	2007	conceptual change（概念转变）	22	0.02	2007
achievement（成就）	29	0.12	2007	physics（物理）	16	0.02	2007
secondary（中等的）	23	0.09	2007	elementary（初等的）	14	0.02	2007
conceptual change（概念转变）	22	0.02	2007	attitude（态度）	13	0.02	2007
biology（生物）	22	0.04	2007	science literacy（科学素养）	10	0.02	2010
argumentation（论证）	20	0.06	2012	energy（能量）	9	0.02	2012
motivation（动机）	20	0.08	2009	engineering（工程）	9	0.02	2018
evolution（演化）	19	0.07	2008	teacher education（教师教育）	9	0.02	2008
science education（科学教育）	87	0.36	2008	technology（科技）	8	0.02	2010

主题焦点有助于发掘科学教育研究的核心知识节点。图 14－5 展现了科学教育研究热点主题变迁的时间线，图中包括节点 251 个，连线 2 626 条，形成 7 个聚类。本研究根据每个聚类中权值较大的标识词和文献进行聚类分析，结果显示，科学教育研究的热点主题主要包括性别公平、科学观念转变、科学本质观、科学素养、物理科学课堂教学、科学教育交流方式。

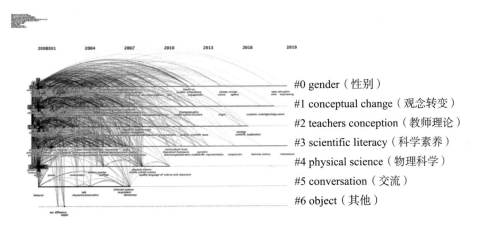

图 14－5 科学教育研究热点主题变迁的时间线视图

表 14－6 科学教育研究热点主题 7 大聚类的核心关键词（LLR 算法）

聚类	规模	轮廓	平均年份	LLR 算法下的核心关键词
0	76	0.564	2006	gender(性别)；identity(身份认同)；equity(公平)；choice(选择)；urban education(城市教育)
1	55	0.619	2004	conceptual change(概念转变)；model(模型)；science education(科学教育)；learning progression(学习进展)；graph(图表)
2	44	0.483	2003	teachers conception(教师概念)；students view(学生观念)；knowledge(知识)；ecology(生态学)；children(儿童)
3	43	0.675	2005	scientific literacy(科学素养)；ethics(伦理)；teacher beliefs(教师信念)；globalization(全球化)；science curriculum(科学课程)
4	21	0.773	2003	physical science（物理科学）；genetics（遗传学）；prior knowledge(先验知识)；mental capacity(意识能力)；cognitive development(认知发展)

（续表）

聚类	规模	轮廓	平均年份	LLR算法下的核心关键词
5	9	0.97	2005	conversation（交流）；field trips/excursions（实地郊游）；informal science（非正式科学）；museum education（博物馆）；elementary（初等的）
6	2	0.955	2002	object（物体）；sex difference（性别差异）；population（人口）；alternative framework（另有架构）；self assessment（自我评估）

从聚类的节点个数来看，排名首位的聚类包含 76 个节点。根据该聚类的最大标识词——性别，可以将这一聚类概括为关于性别公平的研究，研究内容包括科学成就的性别差异、影响投身科学行业的人格特质的性别差异、身份等。科学领域存在公认的性别鸿沟。首先，尽管男女学生的学习动机相差无几[①]，但科学领域的性别成就差距受到能力信念[②]、学习环境、多媒体案例和角色扮演[③]、教学实践方式[④]等因素的影响。其次，交际身份[⑤]、社会结构[⑥]、科学身份叙述[⑦]等因素都影响女性退出科学教育。从事 STEM 职业的自我效能感也有性别差异，掌握经验是男性自我效能感的主要来源，社会说服力和替代经验是女性自我效能

① ZEYER A，CETIN-DINDAR A，ZAIN A，et al. Systemizing：A cross-cultural constant for motivation to learn science [J]. Journal of Research in Science Teaching，2013(9)：1047 - 1067.

② VINCENT-RUZ P，SCHUNN C D. The increasingly important role of science competency beliefs for science learning in girls [J]. Journal of Research in Science Teaching，2017(6)：790 - 822.

③ KANG H，LUNDEBERG M A. Participation in science practices while working in a multimedia case-based environment [J]. Journal of Research in Science Teaching，2010(9)：1116 - 1136.

④ HAZARI Z，SONNERT G，SADLER P M，et al. Connecting high school physics experiences, outcome expectations, physics identity, and physics career choice：A gender study [J]. Journal of Research in Science Teaching，2010(8)：978 - 1003.

⑤ ONG M，SMITH J M，KO L T. Counterspaces for women of color in STEM higher education：Marginal and central spaces for persistence and success：COUNTERSPACES FOR WOMEN OF COLOR IN STEM EDUCATION [J]. Journal of Research in Science Teaching，2018(2)：206 - 245.

⑥ CARLONE H B，JOHNSON A，SCOTT C M. Agency amidst formidable structures：How girls perform gender in science class [J]. Journal of Research in Science Teaching，2015(4)：474 - 488.

⑦ TAN E，BARTON A C，KANG H，et al. Desiring a career in STEM-related fields：How middle school girls articulate and negotiate identities-in-practice in science [J]. Journal of Research in Science Teaching，2013(10)：1143 - 1179.

感信念的主要来源①。评估科学教育的公平性不应当只关注成就差距，而需要关注文化背景和规范性身份②。身份的作用对于性别和科学问题至关重要，因为学习涉及在实践社区进行文化培养的过程。科学身份模型根据有色人种女性的科学学习和从事科学相关事业经历分为研究科学家、无私的科学家和中断的科学家，强调了女性在科学身份轨迹中获得他人认可的重要性③。研究有色人种女性在科学领域的身份过程有助于找到支持相似女性的方法，研究科学内外的不平等动态④。

第二个聚类包含 55 个节点，根据"概念转变（conceptual change）"这个最大标识词，这一聚类可以被推断为关于科学概念转变的研究。在认知革命中出现的概念转变观点描述了学习者是如何带着对周围世界的不同概念进入学习情境的，这些现有的概念被认为是学习新概念的脚手架或障碍。大量关于观念转变的文献关注详细描述学习者现有概念的性质，以及教师如何通过教学来促进学习者概念的改变，这种丰富的研究传统极大地促进了知识获取和知识改变的观点。有研究从具体的科学问题上描述教师⑤或学生的科学假设学习进展⑥，并提出教学策略，帮助师生建立有条理的综合知识结构，为他们准备科学的新观念，并帮助他们建立对科学的理解。促进学生科学观念转变的手段多样，包括科学

① AL ZELDIN, SL BRITNER, F PAJARES. A comparative study of the self-efficacy beliefs of successful men and women in mathematics, science, and technology careers [J]. Journal of Research in Science Teaching, 2008(9): 1036 - 1058.

② CARLONE H B, HAUN-FRANK J, WEBB A. Assessing equity beyond knowledge- and skills-based outcomes: A comparative ethnography of two fourth-grade reform-based science classrooms [J]. Journal of Research in Science Teaching, 2011(5): 459 - 485.

③ CARLONE H B, JOHNSON A. Understanding the science experiences of successful women of color: Science identity as an analytic lens [J]. Journal of Research in Science Teaching, 2007(8): 1187 - 1218.

④ JOHNSON A, BROWN J, CARLONE H, et al. Authoring identity amidst the treacherous terrain of science: A multiracial feminist examination of the journeys of three women of color in science [J]. Journal of Research in Science Teaching, 2011(4): 339 - 366.

⑤ AKERSON V L, MORRISON J A, MCDUFFIE A R. One course is not enough: Preservice elementary teachers' retention of improved views of nature of science [J]. Journal of Research in Science Teaching, 2006(2): 194 - 213.

⑥ STEVENS S Y, DELGADO C, KRAJCIK J S. Developing a hypothetical multi-dimensional learning progression for the nature of matter [J]. Journal of Research in Science Teaching, 2010(6).

语境中的论证教学[①]、教师提问方式[②]、科学课程计划[③]、教学模式[④]。科学观念在不同群体中具有差异性，这些群体不同的认知标准的根源在于他们不同的文化实践领域[⑤]。

第三个聚类包含 44 个节点。根据"教师概念（teachers conception）"和"学生观念（students view）"这两个关键词和包含这两个关键词的文献，可以将这一聚类总结为关于科学本质的研究。科学教育改革始终坚持让学生理解科学的本质，包括科学知识的本质和创造科学知识的方法。一方面，帮助学生形成科学本质观一直是并将继续是幼儿园到 12 年级（K‒12）科学教育的中心目标。认知工具、科学探究环境[⑥]、显性和反思性教学[⑦]可以在支持学生的科学探究中发挥独特的作用，是研究学生科学认识论的有效手段。此外，美国[⑧]和韩国[⑨]等国家开发了评估中小学学生科学本质观的开放式问卷。另一方面，科学本质也在不断被反思并形成新的模式。从 20 世纪 60 年代开始，学校科学探究的性质逐渐发生了变化。有学者认为发现学习、过程学习和建构主义教学等运动都歪曲了

① OSBORNE J, ERDURAN S, SIMON S. Enhancing the quality of argumentation in school science [J]. Journal of Research in Science Teaching, 2004(10): 994‒1020.

② CHRISTINE, CHIN. Teacher questioning in science classrooms: Approaches that stimulate productive thinking [J]. Journal of Research in Science Teaching, 2007(6): 815‒843.

③ KESIDOU S, ROSEMAN J E. How well do middle school science programs measure up? Findings from Project 2061's curriculum review [J]. Journal of Research in Science Teaching, 2002(6): 522‒549.

④ KEYS C W, BRYAN L A. Co-constructing inquiry-based science with teachers: Essential research for lasting reform [J]. Journal of Research in Science Teaching, 2001(6): 631‒645.

⑤ HOGAN K, MAGLIENTI M. Comparing the epistemological underpinnings of students' and scientists' reasoning about conclusions [J]. Journal of Research in Science Teaching, 2010(6): 663‒687.

⑥ SCHWARTZ R S, LEDERMAN N G, Crawford B A. Developing views of nature of science in an authentic context: An explicit approach to bridging the gap between nature of science and scientific inquiry [J]. Science Education, 2004(4): 610‒645.

⑦ Khishfe R, F Abd-El-Khalick. Influence of explicit and reflective versus implicit inquiry-oriented instruction on sixth graders' views of nature of science [J]. Journal of Research in Science Teaching, 2002(7): 551‒578.

⑧ LEDERMAN N G. Nature of Science: Past, Present, and Future [A]. Abell, S. K. & Lederman, N. G. Handbook of research on science education [C]. New York, London, Routledge, Taylor & Francis Group, 2010: 831‒880.

⑨ KANG S, SCHARMANN L C, NOH T. Examining students' views on the nature of science: Results from Korean 6th, 8th, and 10th graders [J]. Science Education, 2005(2): 314‒334.

研究科学的性质,提出了基于模型的探究,即根据科学家从事的核心知识生产活动考虑当前的课堂实践①。也有研究区分了两种科学本质观,一种是教师在科学课和活动中提出"基于共识的启发式原则",第二种是学习者在长时间沉浸式单元和学习过程中的评论和交流活动中"建立和完善基于模型的科学实践"②。

　　第四个聚类包含 43 个节点。根据该聚类的最大标识词——"科学素养(scientific literacy)",可以将这一聚类概括为关于科学素养的研究。培养具有科学素养的个人已在当代科学教育文献中引起了广泛关注。关于科学素养的研究主要包括三个方面:促进课堂科学素养的方式、扩大公民的科学素养和 PISA 评估。第一,正式部门和非正式部门之间加强合作③、科学教育与生活相结合④、以日常术语促进学生对科学概念的理解⑤等方式都能提升课堂上的科学素养。第二,少数研究人员已经开始将科学教育和更广泛的公众参与与科学联系起来⑥。实际上,科学教育可以让学生以合法的方式参与社区生活,而不是为放学后的生活做准备,从而为跨越正规学校与校外日常生活之间的现有界限提供不间断的终身学习的起点⑦。第三,国际学生评估项目(PISA)为 15 岁学生的技能和知识提供了以政策为导向的国际指标,揭示了一系列有助于学生、学校和教育系统取得成功的因素。PISA 2006 科学评估的中心目标是科学能力,明确了 15 岁学生应该知道和能够在适当的个人、社会和全球环境下做什么⑧。从社会科学问题(SSI)运动角度来看,PISA 从概念上让学生为生活和公民身份做好准备,

① MARK, WINDSCHITL, JESSICA, et al. Beyond the scientific method: Model-based inquiry as a new paradigm of preference for school science investigations [J]. Science Education, 2008(5): 941-967.

② DUSCHL R A, DUSCHL R A, GRANDY R, GRANDY R. Two views about explicitly teaching nature of science [J]. Science & Education, 2013(9): 2109-2139.

③ STOCKLMAYER S M, RENNIE L J, GILBERT J K. The roles of the formal and informal sectors in the provision of effective science education [J]. Studies in Science Education, 2010(1): 1-44.

④ STUCKEY M, HOFSTEIN A, MAMLOK-NAAMAN R, EILKS I. The meaning of 'relevance' in science education and its implications for the science curriculum [J]. Studies in Science Education, 2013(1): 1-34.

⑤ BROWN B A, RYOO K. Teaching science as a language: A "content-first" approach to science teaching [J]. Journal of Research in Science Teaching, 2008(5): 529-553.

⑥ FEINSTEIN N. Salvaging science literacy [J]. Science Education, 2011(1): 168-185.

⑦ ROTH W M, LEE S. Science education as/for participation in the community [J]. Science Education, 2004(2): 263-291.

⑧ BYBEE R, MCCRAE B, LAURIE R. PISA 2006: An assessment of scientific literacy [J]. Journal of Research in Science Teaching, 2009(8): 865-883.

进行复杂的推理和反思实践，深刻理解科学本质，但从具体操作上与 SSI 运动的意图相去甚远①。

第五个聚类包含 21 个节点。根据该聚类最大标识词——"物理科学（physical science）"，可以将这一聚类概括为关于物理科学课堂教学的研究。该聚类下的研究内容以物理科学教学为背景，与其他聚类交叉较多，包括相关性研究和提高策略研究。相关性研究多是以物理科学为背景，探讨影响学习或教学的心理因素，如学生的自我效能感②、教师的教学信念等③。科学探究本质上是获取相关数据，将数据首先转化为证据，然后转化为解释，从而解决特定的科学问题。因此，物理科学的解释质量④、论证⑤、情境化教学⑥、课堂互动⑦等因素会影响教学的解释结构和课堂话语的形式，从而影响教学质量。

第六个聚类包含 9 个节点。根据该聚类最大标识词——"交流（conversation）"，可以将这一聚类概括为关于科学教育交流方式的研究。近年来，与情境认知范式相关的研究者们认为，实践活动在某种程度上提供了具体的环境，使话语活动在物质活动中得以展开。该聚类主要关注不同形式的交流方式，如正式教育与非正式教育，语言与非语言。课堂共同体是正式教育中的重要组织，课堂

① SADLER T D, ZEIDLER D L. Scientific literacy, PISA, and socioscientific discourse: Assessment for progressive aims of science education [J]. Journal of Research in Science Teaching, 2009(8): 909 - 921.

② BRITNER S L. Motivation in high school science students: A comparison of gender differences in life, physical, and earth science classes [J]. Journal of Research in Science Teaching, 2008(8): 955 - 970.

③ BARRETT S E, NIESWANDT M. Teaching about ethics through socioscientific issues in physics and chemistry: Teacher candidates' beliefs [J]. Journal of Research in Science Teaching, 2010(4): 380 - 401.

④ RUIZ-PRIMO M A, LI M, TSAI S, SCHNEIDER J. Testing one premise of scientific inquiry in science classrooms: Examining students' scientific explanations and student learning [J]. Journal of Research in Science Teaching, 2010(5): 583 - 608.

⑤ CLARK D B, SAMPSON V. Assessing dialogic argumentation in online environments to relate structure, grounds, and conceptual quality [J]. Journal of Research in Science Teaching, 2008(3): 293 - 321.

⑥ RIVET A E, KRAJCIK J S. Contextualizing instruction: Leveraging students' prior knowledge and experiences to foster understanding of middle school science [J]. Journal of Research in Science Teaching, 2008(1): 79 - 100.

⑦ AGUIAR O G, MORTIMER E F, SCOTT P. Learning from and responding to students' questions: The authoritative and dialogic tension [J]. Journal of Research in Science Teaching, 2010(2): 174 - 193.

互动、课堂文化和课堂话语影响着课堂结构、本质和学习①。也有研究期望建立正式教育与非正式教育的联系，如使用精心设计的学习单可能会增加学生在参观博物馆期间对课程的接触②。除了语言外，手势也不仅仅是语言结构的一个方面，而是更广泛的交际系统中的相关特征③。

五、前沿演进

出版物可被视为科学系统的微观运作，根据不断发展的科学文献对科学传播的发展进行分析，这提供了一个演进模型，使这些演化过程易于测量④。高频词和突显词能够在一定程度上涵盖国际科学教育研究发展阶段的特征。表 14-7 显示了科学教育研究的高频关键词和突显词，大致可分为以下三个阶段。

表 14-7　科学教育研究的高频关键词和突显词

阶段	年份	排名前四高频词	突显词
阶段一（2000—2005）	2000	science（科学）；knowledge（知识）；student（学生）；education（教育）	behavior（行为）；perspective（视角）；children（儿童）
	2001	inquiry（调查）；literacy（读写能力）；chemistry（化学）；evolution（进化）	molecule（分子）；constructivism（建构主义）；pedagogy（教学法）；matter（物质）；world（世界观）；gender difference（性别差异）
	2002	view（视角）；gender（性别）；epistemology（认识论）；natural selection（自然选择）	issue（议题）；conception（概念）；constraint（约束）
	2003	professional development（专业发展）；experience（经验）；explanation（说明）；motivation（动机）	tool（工具）；project（项目）；text（文本）；scientific knowledge（科学知识）；school student（学生）；museum（博物馆）

---

① ENYEDY N, GOLDBERG J. Inquiry in interaction：How local adaptations of curricula shape classroom communities [J]. Journal of Research in Science Teaching，2004(9)：905-935.

② MORTENSEN M F, SMART K. Free-choice worksheets increase students' exposure to curriculum during museum visits [J]. Journal of Research in Science Teaching，2007(9)：1389-1414.

③ ROTH W, LEE S. Science education as/for participation in the community [J]. Science Education，2004(2)：263-291.

④ LUCIO-ARIAS D, LEYDESDORFF L. The dynamics of exchanges and references among scientific texts，and the autopoiesis of discursive knowledge [J]. Journal of Informetrics，2009(3)：261-271.

（续表）

阶段	年份	排名前四高频词	突显词
阶段一 （2000— 2005）	2004	argumentation（论证）；equity（公平）；culture（文化）；high school（中学）	program（项目）；reform（改革）；students conception（学生观念）；culture（文化）
	2005	identity（身份认同）；representation（表现）；history（历史）；perception（感知）	representation（表现）；perception（感知）；worldview（国际视野）；dilemma（困境）
阶段二 （2006— 2013）	2006	impact（影响）；community（社群）；work（工作）；citizenship（公民身份）	community（社群）；idea（构思）
	2007	design（设计）；diversity（多样性）；general science（普通科学）；secondary（中等的）	elementary（初等的）；genetics（遗传学）；secondary（中等的）；laboratory science（实验室科学）；general science（普通科学）；biology（生物学）；college/university（大学）；chemistry（化学）
	2008	socioscientific issue（社会科学议题）；argument（论证）；quality（质量）；middle school science（中学科学）	quality（质量）；physical science（物理科学）；urban education（城市教育）；natural selection（自然选择）；middle school science（中学科学）
	2009	learning progression（学习进展）；participation（参与）；nature of science（科学本质）	nature of science（科学本质）；scientific literacy（科学素养）
	2010	discovery（发现）；acceptance（接受）；girl（女孩）；language of science and classroom（科学语言和课堂）	mental model（心理模型）；college student（大学生）
	2011	middle school（中学）；globalization（全球化）；goal（目标）；sociocultural issue（社会历史问题）	impact（影响）；middle school（中学）；participation（参与）
	2012	engagement（投入）；assessment（评价）；explicit（清晰）；socio scientific issue（社会科学议题）	philosophy（哲学）；strategy（策略）；implementation（实施）；assessment（评价）；language（语言）；diversity（多样性）
	2013	scientific argumentation（科学论证）；question（问题）	identity（身份认同）；history（历史）

（续表）

阶段	年份	排名前四高频词	突显词
阶段三 （2014— 2019）	2014	origin（起源）；choice（选择）	learning progression（学习进展）；school science（学校科学）；women（女性）；engagement（投入）
	2015	agency（中介）；climate change（气候变化）；progression（进展）	explanation（解释）；agency（中介）；framework（框架）；gender（性别）；scientist（科学家）
	2016	scientific explanation（科学解释）；ecology（生态学）	scientific argumentation（科学论证）；professional development（专业发展）；scientific explanation（科学解释）；socioscientific issue（社会科学议题）
	2017	learning science（学习科学）；students understanding（学生理解）	/
	2018	race（种族）；STEM；higher education（高等教育）	/
	2019	engineering（工程学）；intervention（干预）；stem education（STEM教育）	/

阶段一（2000—2005年）关注科学教育知识学习、性别问题和非正式教育。从这一阶段的高频词和突显词来看，科学知识、表示、直觉、化学、进化、自然选择、知识、物质、问题、概念、分子、认识论、世界观等科学知识学习词汇，性别、性别差异、身份等性别词汇，博物馆等非正式教育词汇成为这一阶段的主要研究对象。科学知识学习包括三个目标：意义表达、阐明和说服他人接受他们的理解[1]，当前研究从科学具体问题的理解、解释和论证及课堂互动等角度进行研究，如有研究评估了生物学专业学生和非生物学专业学生对生物学核心概念"自然选择"的理解[2]。性别问题也是该阶段科学教育研究中的重要主题，研究对象

---

[1] BERLAND L K, REISER B J. Making sense of argumentation and explanation [J]. Science Education, 2009(1)：26 - 55.

[2] ANDERSON D L, FISHER K M, NORMAN G J. Development and evaluation of the conceptual inventory of natural selection [J]. Journal of Research in Science Teaching, 2002(10)：952 - 978.

多是有色人种、女性等重要人群①。非正式科学教育包括在博物馆、科技馆、水族馆等校外环境进行科学知识的学习。有研究支持先前的知识、兴趣、动机、选择和控制、群体内和群体间的社会互动、定位、高级组织者、建筑和展览设计等因素会影响博物馆访问者学习②。

　　阶段二（2006—2013 年）关注科学素养和正式教育。从这一阶段的高频词和突显词来看，社区、公民身份、科学素养等科学素养词汇，科学语言和课堂、小学、中学、实验室科学、生物学、遗传学、学院、大学、自然科学、普通科学等正式教育词汇是这一阶段研究的重点。科学素养不仅是正式教育的目标，而且已经扩大为民众的科学素养，因此当前研究关注科学素养的非正式教育方式，如以公众能够理解的方式解决误解或解释科学现象是科学推广的一个主要目标，应当在科学培训中得到重视③。正式教育仍是科学教育的主流，此类研究以各个学段的科学教育实践为基础，探讨科学教育目标、学习环境设计、科学教育理论和教学策略。

　　阶段三（2014—2019）关注环境教育和 STEM 教育、科学解释和从社会科学问题角度思考科学教育。从这一阶段的高频词和突显词来看，生态、气候变化、STEM、STEM 教育、工程等环境教育和 STEM 教育词汇，科学的解释、解释、科学论证、学生的理解、学习科学、学习进展等科学解释词汇，能动性、社会科学问题、性别、身份、历史等社会科学问题词汇成为这一阶段研究的重点。随着对科学的了解和熟悉成为当代生活和公民意识的一个日益重要的方面，科学课程设置逐渐广泛涉及生活、社区和学生的日常经验，环境教育和 STEM 教育就是重要方面。在当代科学教育改革工作中，特别是在过去的十年中，对科学探究的重视已经从认识科学作为一种专注于探索和实验的活动转变为将其主要实践视为论证和解释的建构。论证在学生学习科学的过程中起着重要作用，促使学生参

① JOHNSON A, BROWN J, CARLONE H, CUEVAS A K. Authoring identity amidst the treacherous terrain of science: A multiracial feminist examination of the journeys of three women of color in science [J]. Journal of Research in Science Teaching, 2011(4): 339 - 366.

② FALK J, STORKSDIECK M. Using the contextual model of learning to understand visitor learning from a science center exhibition [J]. Science Education, 2005(5): 744 - 778.

③ BESLEY J C, DUDO A, STORKSDIECK M. Scientists' views about communication training: SCIENTISTS' VIEWS OF COMMUNICATION TRAINING [J]. Journal of Research in Science Teaching, 2015(2): 199 - 220.

与高质量的解释的构建可能与更高水平的学生表现有关,但在以科学探究为基础的课堂上构造解释的机会是有限的①。为了让学生参与科学家的推理和话语实践,该领域研究的重点是设计学习环境,以尝试并促进科学论证,如协作性小组讨论②、探究性实验室活动③、教师教学实践④,在此类过程中,学生参与提问,协调证据和主张以建立论点和解释,以及提出建议、批判和评估彼此的想法。结构和能动性是相互构成的,在科学教育领域,结构是由于个人和群体的选择和行动而改变的,社会结构(例如种族、阶级、性别和性取向)和教师结构(如狭义的参与实践)会影响个人从事科学工作的能动性⑤。科学教育的社会科学问题研究集中在学生或科学家的能动性和可能影响他们的结构性约束。

第三节 结 论

首先,科学教育研究核心作者主要分布在美国和加拿大,且形成了科学教育研究的核心作者群。核心机构主要来自美国,只有三个其他国家或地区有代表性,分别是加拿大、以色列和英国。核心国家(或地区)是美国、荷兰、澳大利亚、英国、以色列和中国。可见,主要研究力量集中在北美和欧洲国家,澳大利亚、以色列和中国的研究实力也较为领先。其次,经典文献主要涉及科学教育标准、科学教育实践、科学教育反思三个方面。再者,科学教育研究的热点主题主要包括性别公平、科学观念转变、科学本质观、科学素养、物理科学课堂教学、科学教育

① RUIZ-PRIMO M A,LI M,TSAI S,SCHNEIDER J. Testing one premise of scientific inquiry in science classrooms:Examining students' scientific explanations and student learning [J]. Journal of Research in Science Teaching,2010(5):583-608.

② CHIN C,OSBORNE J. Students' questions and discursive interaction:Their impact on argumentation during collaborative group discussions in science [J]. Journal of Research in Science Teaching,2010 (7):883-908.

③ YACOUBIAN H A,BOUJAOUDE S. The effect of reflective discussions following inquiry-based laboratory activities on students' views of nature of science [J]. Journal of Research in Science Teaching,2010(10):1229-1252.

④ MCNEILL K L,KRAJCIK J. Scientific explanations:Characterizing and evaluating the effects of teachers' instructional practices on student learning [J]. Journal of Research in Science Teaching,2008 (1):53-78.

⑤ CARLONE H B,JOHNSON A,SCOTT C M. Agency amidst formidable structures:How girls perform gender in science class [J]. Journal of Research in Science Teaching,2015(4):474-488.

交流方式。最后，近二十年的科学教育研究分为三个阶段，阶段一关注科学教育知识学习、性别问题和非正式教育，阶段二关注科学素养和正式教育，阶段三关注环境教育和 STEM 教育、科学解释和从社会科学问题角度思考科学教育。

第四节　启　示

第一，研究要注重科学教育的概念澄清和哲学研究。例如，科学素养不仅需要理解科学概念和过程，还需要科学努力的性质、精神和品格。科学的本质包括理解和欣赏科学知识的建构和验证的本质、科学家的工作、科学的过程以及科学的社会学。因此，澄清科学教育概念奠定了科学教育研究的基石。

第二，将科学教育与社会科学问题联系起来。角色、身份、结构、能动性是社会科学问题的重要概念。角色和身份认同为学生明确在课堂或社会群体中的位置提供支持。当学生就他们认为拥有科学身份的人进行明确交流并努力理解他们时，角色将为他们提供支持，以交流有关科学的人（或他们自己）的本质。当前研究应该关注社会科学问题。

第三，重视科学解释在科学教育的重要作用。科学解释反映了课堂上互动的、相互联系的思维方式，教师在学生讲话、手势和动作等动态流程中听取学生的思想，从而不断塑造学生与科学之间关系的可能空间，使教学朝着积极响应式理解的关系转变。科学解释提供了与诊断性立场截然不同的学习和参与可能性。教师的科学解释力来源于其与科学知识和实践、学习与发展、语言使用和文化资源之间的发展关系，因此要不断探索科学解释的各个方面的内容。

第四，重视科学教育的正式教育的研究。具有单元间连贯性的课程使学生能够在数年而不是数周的时间内反复接触这些概念，从而使跨单元概念的发展成为更广泛，更深入的理解，方法是让一个单元中构建的知识成为可以从中构建的先验知识。为了使课程具有单元间的连贯性，必须满足以下条件：课程材料必须与学习目标保持一致；单元间具有连贯性；必须明确提及概念和活动。当前研究要重视正式教育中的连贯性。

第五，重视科学教育的学习环境设计。基于模型的教学方式根据教师的教学推理和指导性支架来支持学生的建模实践。这种教学方式的设计将深入了解如何利用学生表现出的特定领域的认知特征和概念优势，以及为学生使用模型推理科学知识而设计的脚手架。迄今为止，有关评估实践的许多研究更多地侧重于方法和策略，而较少关注理科教师必须参与的推理类型，因此当前研究要构架对学生理解能力的评估，同时在从事形成性评估实践时要注意学生的思想的重要性。

（王树涛　陈瑶瑶）

第十五章
国际教育技术研究的热点主题和前沿演进

　　进入 21 世纪以来，信息技术的发展给人们的工作、学习、生活的方式带来了巨大改变，因此，很多发达国家都将信息技术作为促进教育变革、提高教育质量、培养创新人才的有效工具，并从国家层面进行教育信息化建设的战略部署。美国教育部在 1996 到 2016 年期间发布了五个版本的《国家教育技术规划》（*National Educational Technology Plan*，简称 NETP），目的是希望通过教育技术的推广应用变革美国基础教育[①]；新加坡教育部分别于 1997 年、2003 年和 2008 年发布了三期基础教育信息化发展规划（Master Plan1、2、3），以期推动信息化在基础教育的发展[②]；韩国从 1996 开始相继发布了五份教育信息化规划（Master Plan Ⅰ、Ⅱ、Ⅲ、Ⅳ、Ⅴ），目标在于构建中小学教育信息化体系[③]；英国高校联合信息系统委员会（Joint Information System Committee，简称 JISC）在 2009 年发布的《JISC2010—2012 战略》为高等和继续教育信息化发展提供了顶层指导[④]。中国教育信息化建设在经历了几十年的起步、应用阶段之后，目前正处于从深度融合向创新应用的转变阶段，而以《教育信息化十年发展规划

---

① 王媛媛，何高大. 美国《国家教育技术计划》的创新及其启示——基于五轮（1996—2016）教育技术发展规划的比较与分析[J]. 远程教育杂志，2016，35（2）：11 - 18.

② 朱莎，张屹，杨浩，吴砥. 中、美、新基础教育信息化发展战略比较研究[J]. 开放教育研究，2014，20（2）：34 - 45.

③ 尉小荣，吴砥，余丽芹，饶景阳. 韩国基础教育信息化发展经验及启示[J]. 中国电化教育，2016（9）：38 - 43.

④ Joint Information Systems Committee. JISC Strategy 2010 - 2012 [EB/OL]. (2009 - 12 - 01)[2020 - 03 - 10]. http://www.jisc.ac.uk/aboutus/strategy.aspx.

(2011—2020)》①《教育信息化 2.0 行动计划》②《中国教育现代化 2035》③为代表的政策规划从国家层面对利用信息技术变革教育进行了整体设计和全面部署，进而为信息技术与教育的深度融合以及创新人才的培养指明了方向。

在教育领域，世界各国教育技术的研发及应用也因此得到了迅猛的发展，相关的理论和实践研究成果主要集中发表在国际和各国的教育技术专业期刊之中。因此，研究者可以通过对国内外教育技术学领域的核心文献进行分析，由此揭示教育技术研究的现状、发展脉络以及前沿趋势。本研究尝试利用可视化文献分析软件 CiteSpace 和 VOSviewer 对国际教育技术领域最具影响力的五本 SSCI 收录期刊以及国内教育技术领域最具影响力的七本 CSSCI 收录期刊近 20 年(2000—2019)所刊载论文进行可视化分析，以此了解国内外教育技术领域近 20 年间的研究现状，并在论文关键词分析的基础上，结合社会网络分析法，实现数据可视化，以期把握该领域的研究热点与发展趋势。

第一节　研究方法及数据来源

一、研究方法

本研究基于知识图谱可视化分析技术视角，利用文献计量法、内容分析法、引文空间法等对文献数据进行定量研究，并在可视化分析基础上进一步定性分析。本研究利用美国德雷塞尔大学信息科学与技术学院教授陈超美开发的科学文献的可视化分析软件 CiteSpace④，以及荷兰莱顿大学科学技术研究中心的 Eck 和 Waltman(2020)开发的可视化文献计量网络的软件工具 VOSviewer⑤，

① 教育部. 教育信息化十年发展规划(2011—2020 年)[EB/OL]. (2012 - 03 - 13)[2020 - 02 - 25]. http://www. moe. gov. cn/srcsite/A16/s3342/201203/t20120313_133322. html.

② 教育部. 教育信息化 2.0 行动计划[EB/OL]. (2018 - 04 - 13)[2020 - 03 - 10]. http://www. gov. cn/ zhengce/zhengceku/2018-12/31/content_5443362. htm.

③ 国务院. 中国教育现代化 2035[EB/OL]. (2019 - 02 - 23)[2020 - 02 - 13]. http://www. gov. cn/ xinwen/2019-02/23/content_5367987. htm.

④ 陈悦,陈超美,刘则渊,胡志刚,王贤文. CiteSpace 知识图谱的方法论功能[J]. 科学学研究,2015,33 (2): 242 - 253.

⑤ Eck N, Waltman L. Software survey: VOSviewer, a computer program for bibliometric mapping [J]. Scientometrics, 2010,84(2): 523 - 538.

从国际和国内教育技术学的主要研究力量、热点主题、前沿演进三方面进行分析。首先，本研究从合作网络分析角度出发，从核心作者群、主要研究机构、主要研究国家等维度进行国际和国内教育技术学研究的文献计量与内容分析，以探究国际和国内教育技术学研究的高产学者及学术群体派系特征、学术机构分布及演变特征、国家（地区）分布特征及演进趋势。其次，本研究从共现网络分析角度出发进行国际教育技术学研究的关键词共现与聚类分析，绘制关键词共现聚类图谱，以探测国际和国内教育技术学研究的热点主题。再者，本研究从共被引分析角度出发，对突显文献（Burst Article）、突显词（Burst Terms）、施引文献（Citing Articles）进行分析，以探究当前教育技术研究的学科权威学者、前沿文献、前沿演进及变迁等问题。

二、数据来源

Bradford 在 20 世纪 30 年代提出了"文献离散规律"，又称"布氏定律"，即"大多数关键文献往往集中发表于少数核心期刊"[①]。因此，本文选取国际教育技术学领域当前最有影响力的五本 SSCI 收录期刊（*Internet and Higher Education*、*Computers & Education*、*British Journal of Educational Technology*、*Journal of Computer-Assisted Learning* 以及 *International Journal of Computer-Supported Collaborative Learning*）和国内教育技术学领域当前最有影响力的七本 CSSCI 收录期刊（《电化教育研究》《开放教育研究》《现代教育技术》《现代远程教育研究》《远程教育杂志》《中国电化教育》《中国远程教育》）作为研究对象，分析教育技术研究的热点、发展脉络及前沿趋势。国际期刊论文的数据源自"美国科学技术信息情报所 ISI"所提供的"Web of Science"（简称 WOS），论文发表的时间段为 2000—2019 年，选择"全记录与引用的参考文献"并以纯文本的形式下载 2000—2019 年间的文献题录数据，共收集到文献题录数据 7 807 条，其中包括期刊论文、会议论文、传记以及书评等，国际期刊近五年平均影响因子和近 20 年的发文量如表 15-1 所示。

---

① 张斌贤，陈瑶，祝贺，罗小莲. 近三十年我国教育知识来源的变迁——基于《教育研究》杂志论文引文的研究［J］. 教育研究，2009，30（4）：17-25.

表 15-1 五本教育技术学领域 SSCI 收录期刊近五年平均影响因子和近 20 年的发文量

国际教育技术 SSCI 收录期刊	2019 年影响因子	发文量（篇）
Internet and Higher Education	7.048	392
Computers & Education	5.902	3 208
British Journal of Educational Technology	2.588	2 878
Journal of Computer-Assisted Learning	2.451	1 010
International Journal of Computer-Supported Collaborative Learning	2.206	319

国内期刊论文数据全部来源于中国期刊全文数据库（CNKI），以《电化教育研究》《开放教育研究》《现代教育技术》《现代远程教育研究》《远程教育杂志》《中国电化教育》《中国远程教育》为文献来源，论文发表的时间段同样为 2000—2019 年。经过去重、删除有关会议通知、广告/文件等非学术类文献，最终得到有效文献 24 732 篇，国内期刊的影响因子和发文量如表 15-2 所示。

表 15-2 七本教育技术学领域 CSSCI 收录期刊综合影响因子和近 20 年的发文量

国内教育技术 CSSCI 收录期刊	综合影响因子	近 20 年发文量（篇）
《电化教育研究》	2.721	6 849
《开放教育研究》	3.084	1 905
《现代教育技术》	1.889	2 970
《现代远程教育研究》	2.772	1 505
《远程教育杂志》	4.389	1 566
《中国电化教育》	3.133	6 255
《中国远程教育》	1.593	3 682

第二节　国际教育技术研究热点与前沿

一、国际教育技术研究的主要力量

1. 核心研究者

对某一研究领域的核心作者群进行统计分析可以揭示该研究领域的主要代表性学者和研究团队。伴随着研究者对国际教育技术学领域的持续关注,该主题研究者队伍逐步扩大。本研究基于 CiteSpace 分析软件,对文献资料中的作者信息进行可视化处理,呈现出近二十年国际教育技术学研究的核心作者及作者之间的合作关系。研究以"Author"为节点类型,将时间选定为 2000—2019,将时间切片设置成 1,并设置 Top $N=50$,即筛选对象为每一年内频次排名前 50 的数据。然后点击运行,得到结果"Nodes＝841；Links＝449",网络密度为 0.0013。这表明近 20 年国际教育技术学研究领域有关键作者 841 位,他们之间存在着 449 次组合作关系。

普赖斯定律中核心作者的计算公式为 $M \approx 0.749 \times \sqrt{N_{max}}$,其中 M 指论文数量,N_{max} 指对应年限中论文发表数量最多作者的论文数量,当发表的论文数量在 M 篇以上时,并且核心作者撰写的论文达到该领域全部论文的 50%,说明核心作者群已经形成[①]。根据表 15 – 3 可知,N_{max} 为 87,将其带入公式中得出 M 为 6.98,即发表 6 篇以上的作者为该领域的核心作者。对样本文献进行分析后发现,在近 20 年,在此五本期刊上发文 6 篇及以上的学者有 107 人,共发文 1 504 篇,占样本文献(3 123 篇)的 48.16%,未达到该样本文献的 50%,可见国际教育技术学研究的核心作者群尚未形成。如表 15 – 3 所示,发文量排名前 7 位的学者分别为:Cowan、Hwang、Rushby、Tsai、Deeson、Dettori 以及 Stahl,发文量均达到了 50 篇以上,其中学者 Cowan 发文量高达 87 篇,在该领域研究中具有一定的引领性。

---

① D·普赖斯,张季娅. 洛特卡定律与普赖斯定律[J]. 科学学与科学技术管理,1984(9):17 – 22.

表 15-3　2000—2019 年期间五本教育技术学领域 SSCI 收录期刊作者列表(前 15 位)

序号	作者	发文数量(篇)	序号	作者	发文数量(篇)
1	Cowan J	87	10	Latchem C	36
2	Hwang G. J	77	11	Cress U	35
3	Rushby N	74	11	Hartley J	35
4	Tsai C. C	63	12	Nussbaum M	34
5	Deeson E	58	13	Chen N. S	32
6	Dettori G	55	14	Johnson M	30
7	Stahl G	51	14	Van B	30
8	Smyth R	49	15	Teo T	29
9	Mishra S	46			

　　通过 VOSviewer 进行分析,结果发现了 392 个节点,意味着有 392 位作者,除去两者之间没有联系的作者节点,其中最大的作者群体由 170 个作者节点组成,如图 15-1 所示。整个图谱中有 335 条连接线,表示该作者群体之间初步形成严密的合作关系,而且合作范围广泛,如 Hwang 与 Tsai 等 19 位学者,Nussbaum 与 Van 等 12 位学者,Stahl 与 Cress 等 7 位学者分别开展过合作。

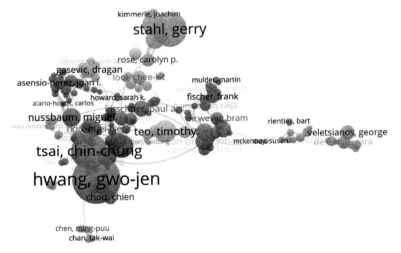

图 15-1　近 20 年五本教育技术学领域 SSCI 收录期刊核心作者的合作关系网络

值得注意的是，发文量排名第一位的 Cowan 来自英国开放大学，其主要以发表书评(book review)内容为主，且大多独立完成。

2. 主要研究机构

对某一研究领域的核心发文机构进行统计分析可以揭示该研究领域的主要研究机构与研究团队，从而更快地深入了解这一研究领域。为进一步识别该领域的高产机构及机构间合作关系，本研究在 CiteSpace 中选择节点类型为"Institution"，设置"Top $N=50$"，运行软件并进行可视化，节点个数为 580，连线数为 791，网络密度为 0.004 7，得到研究机构分布及合作图谱。这表明 2000—2019 年关于国际教育技术学研究的关键机构共有 580 个，存在 791 种合作。

根据研究机构出现的频次统计(见表 15 - 4)，2000—2019 年发文量 50 篇以上的研究机构有 17 个，主要分布在英国、中国台湾地区和荷兰的高校中。近二十年国际学界关于国际教育技术学研究发文量达到 100 篇以上的机构分别为：英国开放大学(英国)、台湾师范大学(中国台湾)、台湾科技大学(中国台湾)、南洋理工大学(新加坡)以及台湾中央大学(中国台湾)。

表 15 - 4　近 20 年五本教育技术学领域 SSCI 收录期刊发文量 50 篇以上的研究机构

研究机构	国家/地区	发文量	研究机构	国家/地区	发文量
英国开放大学	英国	216	根特大学	比利时	74
台湾师范大学	中国台湾	159	乌得勒支大学	荷兰	61
台湾科技大学	中国台湾	136	国家研究委员会	意大利	56
南洋理工大学	新加坡	126	奥斯陆大学	挪威	56
台湾中央大学	中国台湾	121	国立中山大学	中国台湾	55
香港大学	中国香港	98	悉尼大学	澳大利亚	54
台湾交通大学	中国台湾	92	荷兰开放大学	荷兰	51
台湾成功大学	中国台湾	87	德雷塞尔大学	美国	50
特文特大学	荷兰	85			

绝大多数高校与其他高校开展合作，如在样本文献中发文量排名第一的英

国开放大学与哥伦比亚大学、佛罗里达州立大学等 43 个研究机构开展合作。此外,主要研究机构的发文量最多(N_{max})为 216,根据普赖斯定律,M 为 11.008,即发表 11 篇以上的机构为该领域的核心机构。对样本文献进行分析后发现,发表 11 篇以上论文的机构有 133 个,由此可知,近 20 年内国际教育技术领域核心发文机构有 133 个。此外,根据普赖斯定律,核心作者单位发文量约占总发文量的 50% 时,学科的高产作者单位群才可以形成,133 家核心发文机构发文频次总计 3 913 篇,占样本文献(5 411 篇)的 72.32%,高于普赖斯定律的发文比值。因此,近年来国际教育技术学研究的核心机构群已经日渐成熟。

3. 主要研究国家(地区)

对国际教育技术学的主要研究国家的分析,可以揭示该领域研究的地域分布状况,从而为深入了解该领域的发展情况提供有力的数据参考。本研究在 CiteSpace 中选择节点类型为"Country",设置"Top $N=50$",运行软件并进行可视化,节点个数为 98,连线数为 504,网络密度为 0.106,得到主要研究国家(地区)分布及合作图谱。

根据研究国家(地区)出现的频次统计(见表 15 - 5),2000—2019 年发文量 100 篇以上的研究国家(地区)有 19 个,发文量最高的分别是美国、英国、中国台湾、澳大利亚以及中国大陆,说明以美国、英国领衔的发达国家/地区的科研成果影响力较广泛。中介中心性数值的高低体现了其在整个网络中的地位的重要性[①]。因此从中介中心度来看,英国为 0.44,美国为 0.28,荷兰为 0.16,澳大利亚为 0.14,均大于 0.10,表明这些国家起着重要的媒介作用,对资源的控制能力较强。

表 15 - 5　近 20 年五本期刊发文量 30 篇以上的研究国家/地区(单位: 篇)

国家/地区	发文量	中介中心性	国家/地区	发文量	中介中心性
美国	1 517	0.28	土耳其	215	0.02
英国	1 089	0.44	意大利	173	0.08
中国台湾	941	0.03	新加坡	155	0.01

---

① 陈超美,陈悦,侯剑华,等. CiteSpace Ⅱ: 科学文献中新趋势与新动态的识别与可视化[J]. 情报学报,2009,28(3): 401 - 421.

（续表）

国家/地区	发文量	中介中心性	国家/地区	发文量	中介中心性
澳大利亚	497	0.14	韩国	142	0.01
中国大陆	432	0.08	希腊	139	0.01
荷兰	376	0.16	比利时	135	0.01
西班牙	346	0.04	芬兰	127	0.04
德国	277	0.09	以色列	121	0.01
加拿大	268	0.07	挪威	104	0.01
苏格兰	216	0.05			

此外，由表 15-5 可得主要研究国家的 N_{max} 为 1 517，根据普赖斯定律，M 为 29.173，即发表 29 篇以上的机构为该领域的核心国家。对样本文献进行分析后发现，发表 29 篇以上论文的国家有 32 个，可知核心发文国家有 32 个。此外，根据普赖斯定律可知当核心国家发文量约占总发文量的 50％时，学科的高产国家才可以形成，32 个核心发文国家发文频次总计 3 970 篇，占样本文献的 94.57％，远远高于普赖斯定律的发文比值。其他 66 个国家的发文量为 1 篇至 30 篇之间，反映出大多数机构对于该领域的研究保持着持续性的关注。因此，近年来国际教育技术学研究的核心国家群已经成型。

其中，对于我国而言，最值得注意的是台湾和大陆的发文情况。图 15-2 呈现了中国台湾在 20 年中的发文量，可以发现其发文量整体上处于稳步增加的状态。从 2000 年期初的 1 篇，逐渐提升到年均十多篇；2007 年之后发文量得到了迅速的攀升，并在 2010 年达到了顶峰（90 篇），之后逐渐减少至 2018 年的 45 篇，随后逐渐上升至 2019 年的 64 篇。图 15-3 呈现了中国大陆在二十年中的发文量，整体上也是呈现稳步上升的趋势。从期初的 1 篇开始，至 2009 年期间维持在 10 篇以内的发文量；2009 年之后逐渐迎来了第一个发文的高峰，即 2010 年发表了 36 篇文章；随后几年保持在 30 篇左右的发文量，一直到 2017 年后迎来了第二个直线增长的发文量，到 2019 年达到了 76 篇的发文量。按照图像的走势预计，在未来，中国大陆的发文量将逐渐得到提升。

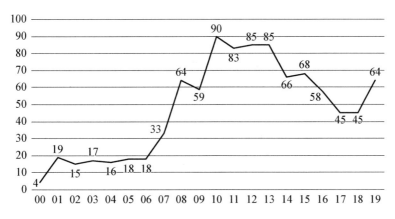

图 15-2　近 20 年中国台湾的发文量

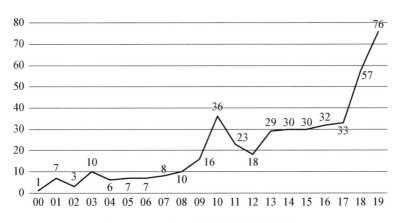

图 15-3　近 20 年中国大陆的发文量

二、国际教育技术研究的热点主题

关键词共现图谱分析有助于发现国际教育技术学研究内容间的知识网络关系,挖掘国际教育技术学研究领域的核心知识节点,展示当前国际教育技术学领域的知识结构、研究范式、研究主题和研究热点,揭示国际教育技术学研究领域的历史发展与变化。本文用 CiteSpace 软件对 2000—2019 年国际教育技术学领域五本核心期刊文献进行了关键词共现词频分析以及文献共被引分析等。

1. 国际教育技术学领域研究关键词共现分析

表 15-6 呈现了频次为 200 以上的国际教育技术学研究高频关键词统计

表，频次在 200 以上的关键词共有 33 个。排名前十位的高频关键词为学生、技术、教育、教学策略、交互式学习环境、学习表现、设计、教学问题、知识以及模式。根据这些高频关键词可以模糊归纳出，近二十年的国际教育技术学研究主要关注教学的要素（如教学策略、学习表现、提升课堂教学、学习动机、协作学习等）以及技术的使用（如技术、交互式教学环境、系统、教育媒体等），其中高等教育是国际教育技术学研究领域关注的重中之重。

表 15 - 6　近 20 年五本教育技术学领域 SSCI 收录期刊高频关键词（频次 200 以上）

关键词	频次	初现年份	关键词	频次	初现年份
学生	690	2000 年或之前	合作/协作学习	267	2000 年或之前
技术	641	2000 年或之前	在线	265	2001 年
教育	598	2000 年或之前	教室	257	2000 年或之前
教学策略	505	2002 年	系统	255	2001 年
交互式学习环境	502	2000 年或之前	教育媒体	255	2000 年或之前
学习表现	495	2000 年或之前	科学	250	2000 年或之前
设计	399	2000 年或之前	成就	241	2001 年
教学问题	393	2000 年或之前	框架	239	2007 年
知识	363	2000 年或之前	小学教育	217	2002 年
模式	338	2001 年	教师	215	2000 年或之前
提升课堂教学	337	2000 年或之前	初中教育	215	2001 年
动机	316	2000 年或之前	信息	212	2000 年或之前
计算机为媒介的通信	293	2002 年	策略	210	2001 年
高等教育	280	2000 年或之前	感知	208	2005 年
教学	280	2002 年	模拟	207	2000 年或之前
影响	278	2000 年或之前	计算机	203	2000 年或之前

表 15 - 7 呈现了在国际教育技术学领域突显持续时间至 2019 年的关键词，并按照突显强度获取了排名前 20 的关键词（突显强度代表了该文献的引用频次

在短期内的变化[①])。可以看出,参与度、慕课、学习分析、学习干预、社交媒体、荟萃分析以及游戏化等研究点为国际教育技术学领域近年来关注的前沿问题,一定程度上反映了教育技术学研究的发展趋势。

表 15 - 7 五本教育技术领域 SSCI 收录期刊中突显持续时间至 2019 年的关键词
(前 20 位)

序号	关键词	突显强度	突显出现年份	序号	关键词	突显强度	突显出现年份
1	参与度	19.48	2015	11	检验	7.21	2014
2	慕课	14.22	2016	12	竞争力	6.63	2016
3	学习分析	13.51	2015	13	设备	6.56	2017
4	学习干预	9.69	2014	14	挑战	6.53	2014
5	社交媒体	8.96	2017	15	整合技术的学科教学知识	6.53	2014
6	荟萃分析	8.94	2017	16	警示器	6.47	2016
7	高等教育	8.77	2016	17	学习表现	6.14	2017
8	游戏化	8.52	2015	18	自我调节学习	5.58	2014
9	情绪	7.75	2016	19	学科教学知识	5.25	2016
10	工作记忆	7.57	2013	20	反馈	5.16	2015

2. 国际教育技术学领域研究热点主题

为了更清晰地剖析国际教育技术学领域研究的热点,本研究利用 CiteSpace 软件对样本文献数据信息进行可视化分析。文章选取 2000—2019 年的文献数据的引文为样本数据,选择 CiteSpace 软件提供的 LLR 算法计算,运行得到国际教育技术学研究的文献关键词网络图谱,网络图谱中包括节点 1 412 个,连线 5 945 条(见图 15 - 4),这表明 2000—2019 年国际教育技术学研究文献中高被引有 1 412 篇,并且这 1 412 篇文献中存在 5 945 组共被引关系。同时权值最大的标识词代表了具体聚类的主要的研究热点主题。从图中可以看出,一共发现了

[①] 陈超美,陈悦,侯剑华,等.CiteSpaceⅡ:科学文献中新趋势与新动态的识别与可视化[J].情报学报,2009,28(3):401 - 421.

图 15 - 4　近 20 年五本教育技术学领域 SSCI 收录期刊引文聚类(LLR 算法)

19 个聚类。

　　本研究选取内部文献节点数量位列前 5 位的聚类,并标示出每个聚类内部的高频术语(见表 15 - 8),同时结合施引文献的分析,当前国际教育技术学研究的热点主题主要包括教育游戏与学习环境、质性研究、计算机支持的协作学习、移动学习、翻转课堂以及数字化学习等研究领域。

表 15 - 8　近 20 年五本教育技术学领域 SSCI 收录期刊研究前 5 项聚类

聚类名称	大小	平均发文年份	热点术语(LLR)
交互式学习环境	130	2009	虚拟现实(31.45),模拟(28.99),多媒体学习(25.3),基于游戏的学习(19.83),学科应用(14.1)
质性研究	124	2000	以计算机为媒介的交流(6.45),协作(13.60),变革(10.96),以学生为中心(8.53),同步(8.53)

（续表）

聚类名称	大小	平均发文年份	热点术语（LLR）
计算机支持的协作学习	120	2007	同伴反馈（13.45），内容分析（11.65），改善课堂教学（11.07,0.001），社交网络分析（9.18），协作脚本（8.96）
移动学习	112	2009	网络分析系统（14.33），基于移动的评估（14.33），无处不在的学习（14.31），增强现实（11.87）；移动技术（10.03）
翻转课堂	99	2014	慕课（20.63），参与度（15.7），学习表现（15.46），专业学习（11.13），自我调节学习（10.64）

从聚类结果的节点个数情况来看，排名首位的聚类包含130个节点，聚类平均轮廓值（S值）为0.711（S>0.7意味着聚类是令人信服的），发表平均年份为2009年。根据该聚类的最大标识词"交互式学习环境"，研究高频术语主要包括虚拟现实、基于计算机仿真的学习、多媒体学习、基于游戏的学习、学科应用等。此外，在高被引文献节点来看，Connolly研究了有关计算机游戏和数字严肃游戏的文献，发现游戏对14岁及以上用户存在潜在的积极影响，尤其是在增强学习技能和提高参与感方面，最常见的是知识获取、内容理解以及情感和动机方面的提升（76次）[1]。Papastergiou从性别方面，探究了在希腊高中计算机学科中游戏学习效果和学生学习动机方面的差异。研究发现，游戏方法能够增进学生对计算机概念的了解，并且更具激励性。不论性别，教师都可以将具有教育性的计算机游戏开发成为有效的学习环境（65次）[2]。此外，Gee指出，电子游戏中包含了一套完整的学习规则，这些规则可以应用于学校或家庭使用游戏来增强学习的情境中（55次）[3]。著名学者梅耶（Mayer）为多媒体内容的设计和多媒体学习认知理论提供了7条原则（多媒体认知原则，空间接近原则，时间接近原则，一致

---

[1] CONNOLLY, T. M., BOYLE, E. A. Macarthur E, et al. A systematic literature review of empirical evidence on computer games and serious games. Computers & Education，2012,59（2）：661 - 686.

[2] PAPASTERGIOU, M. Digital Game-Based Learning in high school Computer Science education：Impact on educational effectiveness and student motivation [J]. Computers & Education，2009,52（1）：0 - 12.

[3] GEE, J. P. What Video Games Have to Teach Us About Learning and Literacy [J]. Cyber Psychology & Behavior，2007,12(1).

性原则,通道原则,冗余原则,以及个体差异原则),并提出将文字和图片一起使用以促进人类理解的潜力(54 次)①。Sweller 在《学习科学,教学系统和性能技术的探索》中指出,将新兴技术用于改善人类学习的各个学术团体之间存在一定的分散性,相关的研究和开发工作变得越来越复杂和具有挑战性。对于所有教育人员来说,紧跟新技术并将其整合以改善社会状况是一个持续的挑战(44 次)②。综上所述,可将聚类一概括为关于教育游戏与学习环境的研究。

排名第二位的节点包含 124 个节点,S 值为 0.796,发表平均年份为 2000 年。该聚类的最大标识词为"质性研究",研究高频术语主要包括以计算机为媒介的交流、协作、变革、以学生为中心、同步等。从高被引文献来看,Kreijns 探讨了 CSCL 学习环境中,有时候参与者在社交互动的同时,忽略了社交网络的社会(心理)维度;提出建立以群体凝聚力、信任、尊重和归属感为特征的学习,以及建立学习共同体的社交互动,并指出了一些应规避的风险(25 次)③。Garrison 在 2003 年出版的《21 世纪数字化学习》中,为理解高等教育中的数字化学习提供了一个连贯的、全面的、基于经验的框架。该实用模型可以帮助教育者实现数字化学习的全部潜力(24 次)④。Wenger 在著作《实践社区:学习,意义和身份》中提供了一个实践社区的框架,此框架包括意义(meaning)、实践(practice)、社区(community)以及身份(identity),它具有开创性的社会学习理论,不仅对研究产生了深远影响,而且对促进人们学习具有深远的意义(24 次)⑤。此外,Bereiter 在《知识时代的教育与思想》一书中指出,当今的知识时代,教育工具不足以应对教育挑战和时代机遇,而认知科学中的连接主义以及后实证主义认识论的发展可以解决这些问题。因此,作者探讨了这种观念产生根本性变化的理论基础和

---

① MAYER, R. E. Multimedia Learning [M]. Cambridge, UK: Cambridge University Press, 2001.
② SWELLER, J., AYRES, P., KALYUGA, S. Cognitive Load Theory [M]. New York: Springer, 2011.
③ KREIJNS K., KIRSCHNER P. A., JOCHEMS W. Identifying the pitfalls for social interaction in computer-supported collaborative learning environments: a review of the research [J]. Computers in Human Behavior, 2003,19(3): 335 - 353.
④ GARRISON D. R., ANDERSON T. E-Learning in the 21st Century: A Framework for Research and Practice [J]. Routledge, 2003.
⑤ WENGER, T. E. Communities of Practice: Learning, Meaning, and Identity [M]. Cambridge, UK: Cambridge University Press, 1998.

实践意义(24 次)①。Lipponen 等在 23 名五年级学生中研究了虚拟网络学校(VWS)介导的参与和话语模式。结果表明,参与者之间的互动密度很高,但是参与者的活动及其在互动网络中的位置存在很大差异(23 次)②。综上所述,尽管高被引文献的研究主题涵盖范围较广,但是可以发现,这类文章主要是从质性分析的角度进行研究,以理论与实践为支撑,进而提出一系列理论框架和实践范式。

第三个聚类包含 120 个节点,S 值为 0.719,发表平均年份为 2007 年。该聚类的最大标识词为"计算机支持的协作学习",研究高频术语主要包括同伴反馈、内容分析、改善课堂教学、社交网络分析以及脚本化协作等。从高被引文献来看,斯塔尔在"小组认知"中探索了实现 CSCL 知识构建所需的技术和社会重构。此外,作者还提供了软件设计原型,分析了协作学习的经验案例,并详细阐述了协作学习的理论(59 次)③。Wever 等以 CSCL 中常用的模型为样本,对 15 项研究进行讨论,并介绍了不同的内容分析工具。研究发现,在工具中,理论基础与操作之间的连贯性存在问题,工具有效性的经验基础受到限制。因此需要改进现有的理论和经验基础,以提高 CSCL 研究的整体质量(57 次)④。Weinberger 和 Fischer⑤ 提出了一种多维方法来分析 CSCL 中的争论式的知识构建学习,即从话语语料的采样和细分到四个过程维度,分别是参与(participation),认知(epistemic),论证(argumentative)和社交模式(social mode)。Suthers 提出了主体间意义建构(intersubjective meaning making)的研究⑥,提出了一种实验、描

① BEREITER C. Education and Mind in the Knowledge Age [J]. Computer-Mediated Communication Magazine, 2002,5: 11-27.

② LIPPONEN L. R. Patterns of participation and discourse in elementary students' computer-supported collaborative learning [J]. Learning and Instruction, 2003,13(5): 487-509.

③ STAHL, G. Group Cognition: Computer Support for Building Collaborative Knowledge [M]. Cambridge, MA: The MIT Press, 2006.

④ WEVER B. D., SCHELLENS T., VALCKE M., et al. Content analysis schemes to analyze transcripts of online asynchronous discussion groups: A review [J]. Computers & Education, 2006,46(1): 6-28.

⑤ WEINBERGER A., Fischer F. A framework to analyze argumentative knowledge construction in computer-supported collaborative learning [J]. Computers & Education, 2006,46(1): 71-95.

⑥ SUTHERS D. D. Technology Affordances for Intersubjective Meaning Making: A Research Agenda for CSCL [J]. International Journal of Computer-Supported Collaborative Learning, 2006,1(3): 315-337.

述和设计方法的混合，以提供主体间含义的有效定义，并围绕该框架进行分析方法之间的对话（47 次）。Kirschner 等指出，实证研究表明缺乏引导的教学与强调学习过程指导的教学方法相比效率较低。只有当学习者具有足够高的先验知识以提供"内部"指导时，指导教学的优势才逐渐消失（44 次）①。由此可见，这一聚类的主题与 CSCL 相关理论和实践密切相关，分析各类 CSCL 环境下的工具、方法以及教学策略，从而更好地开展协作学习。

　　第四类聚类包含 112 节点，S 值为 0.71，发表平均年份为 2009 年。该聚类的最大标识词为"移动学习"，研究高频术语主要包括网络分析系统、基于移动的评估、无处不在的学习、增强现实以及移动技术等。从高被引文献来看，Liu 和 Chu 展示了一个手持式英语语言学习环境（HELLO），该环境可以帮助学生参与基于 ARCS 动机理论的学习活动，其中涉及了各种教学策略，包括无处不在的基于游戏的学习、协作学习和情境感知学习。研究表明，将游戏融入英语教学比非游戏方法能获得更好的学习结果和动机（35 次）②。Sung 等对集成移动设备在教学中的作用进行了综述，对 1993—2013 年期间发表的 110 篇实验文章进行了编码和分析。研究发现，将移动设备应用于教育的平均效应规模中等，并归纳了移动学习的优缺点（31 次）③。Hwang 从情境感知泛在学习的角度介绍了智能学习环境的定义和标准，还提出了一个框架来解决智能学习环境的设计和开发问题。此外，还介绍了一些可能有助于智能学习环境以及智能学习发展的新兴技术，以及与智能学习有关的研究问题（29 次）④。Evans 以播客（podcasting）的形式描述了移动学习对本科生教学效果的研究。研究发现，学生认为播客学习比课本更好，其自带的修订功能比自己做笔记更有效，这预示着为高等教育的

① KIRSCHNER P. A, SWELLER J., CLARK R. E. Why Minimal Guidance During Instruction Does Not Work: An Analysis of the Failure of Constructivist, Discovery, Problem-Based, Experiential, and Inquiry-Based Teaching [J]. Educational Psychologist，2006，41(2)：75 – 86.

② LIU T. Y., CHU Y. L. Using ubiquitous games in an English listening and speaking course: Impact on learning outcomes and motivation [J]. Computers & Education，2010，55(2)：630 – 643.

③ SUNG Y. T., CHANG K. E., LIU T. C. The effects of integrating mobile devices with teaching and learning on students' learning performance: A meta-analysis and research synthesis [J]. Computers & Education，2016，94(C)：252 – 275.

④ HWANG, G.-J. Definition, framework and research issues of smart learning environments—a context-aware ubiquitous learning perspective [J]. Smart Learning Environments，2014，1(1)：4.

成人学习者提供创新学习工具似乎具有巨大的潜力(27 次)①。经济合作与发展组织(OECD)基于 PISA 2012 的结果,讨论了 ICT(信息技术与通信技术)的获取和使用差异(统称为"数字鸿沟"),这些差异与学生的社会经济地位、性别、地理位置和学校有关。报告还强调了增强学生浏览数字文本能力的重要性,所有学生首先都必须具备基本的识字和计算能力,以便充分参与 21 世纪数字化社会的高度联系(26 次)②。综上所述,该聚类文献大多关注移动学习技术的应用对学习产生的影响,以及通过开发的学习环境或新的学习方法促进学生学习。

第五类聚类包含 99 个节点,S 值为 0.8,发表平均年份为 2014 年。该聚类的最大标识词为"翻转课堂",研究高频术语主要包括慕课、参与度、学习表现、专业学习以及自我调节学习等。从高被引文献来看,Breslow 对 edX 上的"电路和电子产品"课程进行了研究,该课程由视频讲座、互动问题、在线实验室和讨论论坛组成。研究调查了学生表现和学习毅力有关的因素,以及学生与教学策略的相互作用如何提高他们在课程中的成功水平(33 次)③。Bergmann 和 Sams 实施了翻转课堂教学,学生们观看录制的家庭作业讲座,并在与老师互动的情况下完成了课堂作业、实验和测试。研究发现,相比于传统的教学方法,学生表现出了对学习内容更深刻的理解(31 次)④。Galindo 和 Israel 等对有关翻转教室的出现,以及教学策略和教学成果的联系进行了全面的概述。结果表明,有很多间接的证据证明,翻转课堂改进了学习成绩以及学生和教育者对翻转方法的满意度,这种方法有助于培养终身学习和其他 21 世纪技能(25 次)⑤。Liyanagunawardena 等对 2008—2012 年刊发的有关慕课的文献进行了系统的综述。研

① EVANS C. The effectiveness of m-learning in the form of podcast revision lectures in higher education [J]. Computers & Education, 2008,50(2): 491-498.

② OECD. Students, Computers and Learning: Making the Connection. PISA. Revised. [J]. Oecd Publishing, 2015.

③ BRESLOW L., PRITCHARD D. E., DEBOER J., et al. Studying Learning in the Worldwide Classroom Research into edX's First MOOC [J]. Research & Practice in Assessment, 2013,8: 13-25.

④ BERGMANN, J., SAMS, A. Flip Your Classroom: Reach Every Student in Every Class Every Day [M]. Washington DC: International Society for Technology in Education, 2012.

⑤ GALINDO, ISRAEL. Flip Your Classroom: Reach Every Student in Every Class Every Day. By Jonathan Bergmann and Aaron Sams. Alexandria, Va.: The Association for Supervision and Curriculum Development. Teaching Theology & Religion, 2014,17(1): 82-83.

究将文献归类为八个不同的兴趣领域，包括入门、概念、案例研究、教育理论、技术、关注参与者以及关注提供者等。同时还根据出版物类型、出版年份对出版物进行了定量分析，探索了未来的研究方向（23次）[①]。Kim等研究了跨不同学科的三个翻转教室实例，并提取了特定的设计原则[②]，开发了一个翻转的教室设计框架，并确定了以学生学习为中心的四个方面，包括教学存在（teaching presence），学习者存在（learner presence），社会存在（social presence）以及认知存在（cognitive presence），共九项设计原则（22次）。由此可见，该聚类主要探索了翻转课堂的方法和模式，并通过实证研究验证了这一方法的有效性。

三、国际教育技术研究的前沿演进

研究前沿的概念最早由耶鲁大学的学者Price于1965年提出，是一个用来描述研究领域过渡过程的概念。在特定领域，研究前沿指的是科学家积极引用文章的主要部分。根据普赖斯界定，一个研究前沿大概由40—50篇最近发表的文章组成[③]。由此可知，研究前沿可看作是在某一时段内以突显文献（Burst Article）为知识基础的一组文献所探讨的科学问题或专题。研究前沿必须在分析突显文献和突显词（Burst Terms）的基础上，结合对施引文献（Citing Articles）的分析，进行综合判断和探测，从而揭示某研究领域的知识结构、知识基础和研究前沿[④]。

在本文的分析中，根据突显文献被引突显的时间和趋势，将研究前沿的概念划分为三种不同类型，即渐强型研究前沿、渐弱型研究前沿和最新研究前沿。在国际教育技术学研究的文献共被引网络图谱中形成了若干突显节点，按照节点的突显性进行排序，表15-9中列出的突显节点文献是近年来共被引频次突变的文献（取前10位），即被国际学术界高度关注的代表性文献。需要注意的是，

① LIYANAGUNAWARDENA T. R., ADAMS A A, WILLIAMS S A. MOOCs：A Systematic Study of the Published Literature 2008 - 2012 [J]. International Review of Research in Open & Distance Learning，2013，14(3)：202 - 227.

② KIM M. K., KIM S. M., KHERA O., et al. The Experience of Three Flipped Classrooms in an Urban University：An Exploration of Design Principles [J]. Internet & Higher Education，2014，22：37 - 50.

③ PRICE D. Networks Of Scientific Papers [J]. Science，1965，149(3683)：510 - 515.

④ 陈悦，陈超美，刘则渊，胡志刚，王贤文. CiteSpace知识图谱的方法论功能[J]. 科学学研究，2015，33(2)：242 - 253.

最新研究前沿的筛选规则是基于发表于 2015 年以来的，突显强度较高的文献，因此本文将分开对其进行探讨。此外，本文结合相关突显词（来源关键词）和施引文献信息深度剖析这些突显节点文献的被引历史折线，进一步厘清国际教育技术学研究领域近年来关注的前沿问题及其演进情况。

表 15-9　近 20 年五本期刊文献共被引网络中突显节点文献信息列表

序号	作者	被引频次	突显性	发文年份	突显时间	研究前沿类型	文献名称
1	Gee JP	55	22.90	2003	2007—2011	渐弱型	《电子游戏必须教给我们关于学习和素养》（*What video games have to teach us about learning and literacy*）
2	Dillenbourg P	40	18.51	2002	2006—2010	渐弱型	《CSCL 中过度地使用协作脚本：将协作学习与教学设计融合在一起的风险》（*Over-scripting CSCL：The risks of blending collaborative learning with instructional design*）
3	Mayer RE	33	17.62	2001	2006—2009	渐弱型	《多媒体学习》（*Multimedia learning*）
4	Laurillard D	38	17.02	2002	2005—2010	渐弱型	《大学教学的反思》（*Rethinking university teaching：A conversational framework for the effective use of learning technologies*）
5	Mishra P	50	15.59	2006	2010—2014	渐弱型	《技术教学内容知识：教师知识框架》（*Technological pedagogical content knowledge：A framework for teacher knowledge*）
6	Bennett S	62	15.17	2008	2010—2014	渐弱型	《在高等教育中实施 Web 2.0 技术：集体案例研究》（*Implementing web 2.0 technologies in higher education：A collective case study*）

（续表）

序号	作者	被引频次	突显性	发文年份	突显时间	研究前沿类型	文献名称
7	Wenger E	24	14.98	1998	2003—2006	渐弱型	《实践社区：学习，意义和身份》(Communities of practice：learning，leaning，and identity)
8	Ertmer PA	53	14.66	2005	2008—2013	渐弱型	《教师教学信念：我们寻求技术整合的最终目标?》(Teacher pedagogical beliefs：The final frontier in our quest for technology integration?)
9	Fischer F	35	14.53	2013	2015—2019	渐弱型	《在计算机支持的协作学习中引导脚本理论的发展》(Toward a script theory of guidance in computer-supported collaborative searning)
10	Sung YT	31	14.27	2016	2017—2019	渐强型	《将移动设备与教与学结合对学生学习成绩的影响：荟萃分析和综合研究》(The effects of integrating mobile devices with teaching and learning on students' learning performance：A meta-analysis and research synthesis)

1. 渐强型研究前沿

本文分析的渐强型节点文献主要是在高突显率文献中，其被引频次从整体上看处于上升趋势的节点文献，具体包括 Sung 于 2016 年发表在《计算机与教育》(Computers & Education) 的文章《将移动设备与教与学结合对学生学习成绩的影响：荟萃分析和综合研究》(The effects of integrating mobile devices with teaching and learning on students' learning performance：A meta-analysis and research synthesis)（见图 15－5）。

这篇文章对 1993—2013 年间发表的 110 篇有关整合移动设备在教学中应用的实证论文进行了综述和研究。研究发现，总体而言，将移动设备应用于教育的平均效应大小为 0.523，移动设备的硬件、软件和干预持续时间的许多不同组

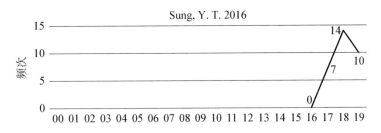

图 15-5 渐强型节点文献被引历史折线图

合已应用于不同年龄段,手持设备的使用效果比笔记本更好;在探究式学习中的用法要比在讲座、自主学习、合作学习和基于游戏的学习中更为有效;非正式的教育环境比正式的教育环境更为有效;中长期干预措施优于长期干预措施。此外,研究还提出了三个建议,通过精心设计的教学场景来更好地利用移动设备的教学效果,提高移动干预实验设计的质量,以及通过移动设备、软件和教学设计的编排赋予教育从业人员更大的能力①。从节点的被引历史折线来看,该论文自发表以来,从 2016 年开始出现被引频次的突增,2018 年达到第一个被引频次高峰(14 次),2019 年稍有下降。结合前文研究分析发现,"移动学习"作为研究领域的第四大聚类,而移动设备作为支持移动学习开展的必备条件,说明了有关移动设备在教育中应用的相关研究一直以来就是国际教育技术学研究的重心。同时这也体现在这篇文章刊发后一直处于高被引状态,并且近年来出现逐步增强态势。

2. 渐弱型研究前沿

本文界定的渐弱型研究前沿主要是指由被引频次的逐年分布从整体上看处于下降趋势的节点文献所反映的研究主题(见图 15-6)。需要说明的是,渐弱型研究前沿文献并不代表相关研究渐弱,其所反映的研究主题仍是国际教育技术学研究领域的研究热点。

在渐弱型节点文献中,突显率处于第一位(22.90)的是来自威斯康星大学的学者 Gee 于 2003 年发表的文章《电子游戏必须教给我们关于学习和素养》

---

① SUNG Y. T., CHANG K. E., LIU T. C. The effects of integrating mobile devices with teaching and learning on students' learning performance: A meta-analysis and research synthesis [J]. Computers & Education, 2016, 94(C): 252-275.

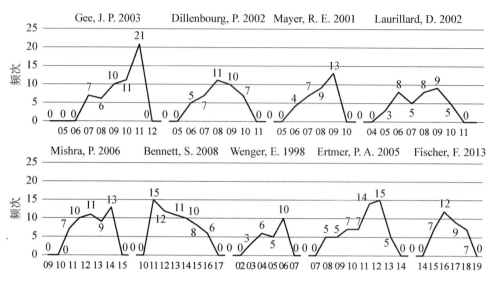

图 15 - 6　渐弱型节点文献被引历史折线图

（*What video games have to teach us about learning and literacy*）。从被引频次折线图来看，属于渐弱型研究前沿。作者认为学校、家庭和研究人员有很多要从电子游戏中学习的知识。电子游戏包含了一套完整的学习原则，这些原则可以应用在学校学科教学中。实际上，好的游戏所包含的学习原理也得到了当代认知科学研究的大力支持。如同游戏中需要不断变更玩法来促进玩家参与，在教育领域也需要思考类似重要的问题，即成年人（通常是年轻人）如何保持学习和掌握具有挑战性事物的热情，并享受其中的乐趣。在工作场所或家庭中都可以使用游戏来增强学习。实际上父母可以通过让小孩子玩游戏积极思考游戏与媒体、文字和真实世界的联系[①]。该专著自出版以来就引起学界的高度关注，从数据库的被引频次来看，2003 年专著出版，从 2006 年开始得到了越来越多的关注，并在 2011 年到达了顶峰（21 次），而此后则呈现了减弱的被引趋势。

突显率第二的是关于计算机支持的协作学习（CSCL）与教学设计的研究，由瑞士联邦理工学院学者迪伦堡（Dillenbourg）刊发的文章《CSCL 中过度地使用协作脚本：将协作学习与教学设计融合在一起的风险》（*The risks of blending*

---

① GEE, J. P. （2007）. What Video Games Have to Teach Us About Learning and Literacy ［J］. CyberPsychology ＆ Behavior, 2007,12(1).

collaborative learning with instructional design）。作者指出自由协作不会系统地产生学习效果，提高合作学习效率的一种方法是通过让学生使用协作脚本来开展互动。协作脚本说明了学生应如何组成小组，应如何互动和协作以及应如何解决问题。在 CSCL 中，脚本的定义构成了教育学与社会文化方法之间的融合，但它容易偏离协作学习的真正概念。我们需要思考，设计的基本原理是什么，脚本设计人员期望通过哪种核心机制来促进交互和学习[①]。这本著作自 2002 年发表以来，2006 年开始得到了逐年递增的引用，并在 2008 年到达顶峰，之后几年慢慢开始渐弱。另一个关注 CSCL 的渐弱型节点文献是位列突显率第九位的文章，由慕尼黑大学学者菲希尔（Fischer）等于 2013 年发表的文章《在计算机支持的协作学习中引导脚本理论的发展》（*Toward a script theory of guidance in computer-supported collaborative learning*）。作者介绍了用于 CSCL 脚本的指导原则。借助脚本 4 种类型的组成部分（播放，场景，角色和脚本）和 7 条原则，解决了参与学习者动态配置的内部协作脚本如何塑造 CSCL 实践的问题，还解释了如何通过参与 CSCL 实践来开发内部协作脚本，强调了在 CSCL 实践中积极应用主题知识的重要性。此外，该理论还解释了外部协作脚本如何修改 CSCL 做法以及它们如何影响内部协作脚本的开发。并且指出了概念上的挑战和未来的研究方向[②]。从发布之后的被引频次来看，2014 年开始逐年递增，并在 2016 年达到顶峰（12 次），此后两年经历了逐年的递减（9 次，7 次），之后至 2019 年被引频次骤降至 0 次，整体上看近年来出现渐弱型被引趋势。以上两篇渐弱型节点文献均是有关 CSCL 的研究，均指出 CSCL 中协作脚本创建的重要性，并提出了相关的理论和方法，这些观点也是国内外学者研究的重要基础。

　　突显值位于第三位的是由著名多媒体学习认知理论创建者 Mayer 的著作《多媒体学习（2001）》（*Multimedia learning*）。在本书中，作者探索了将单词和图片结合起来以进行有效教学的方法。网络上充斥着结合了单词和图片的消息，这些形式对学习者的学习是否有帮助，如何更好地利用多媒体进行学习？通

---

① DILLENBOURG P. Over-scripting CSCL：The risks of blending collaborative learning with instructional design.［J］. Three worlds of CSCL can we support CSCL，2002.

② FISCHER F.，KOLLAR I.，STEGMANN K.，et al. Toward a Script Theory of Guidance in Computer-Supported Collaborative Learning［J］. Educational Psychologist，2013，48(1)：56 - 66.

过 10 年的研究,作者为多媒体内容的设计和多媒体学习认知理论提供了 7 条原则,并总结了旨在实现多媒体学习前景的研究(即将文字和图片一起使用以促进人类理解的潜力)①。该著作一直是国际教育技术学领域研究的经典文献,自 2001 年刊发第一版以来,目前已经连续出版了 3 版(第三版于 2021 年 7 月刊发),从发布之后的被引频次来看,从 2006 年开始引用次数一路攀升,并在 2009 年达到顶峰(13 次),此后至 2019 年被引频次骤降至 0 次,整体上看近年来出现渐弱型被引趋势。

突显率排第四、第五、第八位的文献均是跟“教师教学”有关的研究。其中,第四位是关于“新技术与大学教学”的研究,由 Laurillard 于 2002 年撰写的著作《大学教学的反思》(*Rethinking university teaching：A conversational framework for the effective use of learning technologies*)。作者指出,从事高等教育的教师在教学方法上必须变得更加专业,以配合他们的研究水平。本书的第一版旨在帮助教师做准备和接受质量审核和评估,以促进他们实现个人的目标,即改善他们的教学和学生的学习,本书为大学教学中设计和使用学习技术提供了良好的理论基础。第二版中包含了有关学习技术的重大变革,并包括了针对大学环境使用技术的新含义,这是一种在机构层面管理学习的新方法②。从本书 2002 年刊发之后的被引频次来看,共出现了两次被引高峰,分别为 2006 年 (8 次)、2009 年(9 次),此后至 2010 年被引频次骤降至 0 次,整体上看近年来出现渐弱型被引趋势。

第五篇同样关注 Shulman“教学内容知识(TPCK)”的研究,密西根州立大学学者 Mishra 和 Koehler 等在 2006 年发表的论文《技术教学内容知识：教师知识框架》(*Technological pedagogical content knowledge：A framework for teacher knowledge*)中进行了论述③。文章基于 TPCK 提出了教育技术的概念框架,并扩展到教师将技术纳入其教学法的现象。文章假定了学习环境的三个主要组成部分的复杂角色和相互影响：内容,教学法和技术。该模型可以为理

---

① MAYER, R. E. Multimedia Learning [M]. Cambridge, UK：Cambridge University Press, 2001.

② LAURILLARD D. M. Rethinking University Teaching：A Conversational Framework for the Effective Use of Learning Technologies [M]. 2002.

③ MISHRA P. , KOEHLER M. J. Technological Pedagogical Content Knowledge：A Framework for Teacher Knowledge [J]. Teachers College Record, 2006,108：1017 - 1054.

论、教学和方法论多个层面的技术集成讨论提供帮助。此外,文章还描述了框架背后的理论,提供了基于框架的教学方法示例,以及这项工作所产生的方法论贡献。从发布之后的被引频次来看,从 2009 年开始引用次数一路攀升,并在 2012 年达到顶峰(11 次),此后在 2013 年有所下降(10 次),而后在 2014 年继续攀升(13 次),此后至 2019 年被引频次骤降至 0 次,整体上看近年来出现渐弱型被引趋势。

　　第八篇文献则关注“教师教学信念”的研究,是 Ertmer 于 2005 年刊发的文章《教师教学信念:我们寻求技术整合的最终目标?》(*Teacher pedagogical beliefs:The final frontier in our quest for technology integration?*)。文章指出以前的研究人员已经注意到教师的教学信念对课堂教学的影响,特别是数学、阅读和科学方面,但很少有研究建立与教师在课堂上使用技术的连接。作者主张从概念上概述教师的教学信念,定义并描述了教师信念的性质,包括它们可能如何影响教师的课堂实践,以及对教师专业发展的重要意义与建议[①]。从发布之后的被引频次来看,2007 年开始逐年递增,并在 2010 年达到第一次顶峰(7 次),此后三年经历了大量的被引,至 2013 年达到了 15 次,之后至 2019 年被引频次骤降至 0 次,整体上看近年来出现渐弱型被引趋势。以上三篇节点文献均是关注教师的研究,虽然自引用高峰年后共被引频次有下降,但这些节点文献在研究主题上高度一致,折射了当前国际教育技术学领域的一个渐弱型研究前沿,即教师教学与新技术的研究。

　　此外,有关于新技术的研究也是研究热点之一,第六篇文献是关于“Web2.0 技术”的研究,代表文献是由伍伦贡大学学者 Bennett 等人于 2006 年发布的文章《在高等教育中实施 Web 2.0 技术:集体案例研究》(*Implementing web 2.0 technologies in higher education:A collective case study*)。文章介绍了对澳大利亚高等教育中六个 Web 2.0 实现的集体案例研究。该研究旨在了解当今的学生如何使用信息和通信技术来支持他们的学习。为了收集可比较的数据,研究使用了共同的评估策略。研究发现大多数学生以前没有使用过相关技术的经验,但很多人看到了使用 Web 2.0 技术进行学与教的价值,这两者对于设计适

---

① ERTMER P. A. Teacher pedagogical beliefs:The final frontier in our quest for technology integration? [J]. Educational Technology Research & Development,2005,53(4):25 - 39.

当的学习任务都具有重要意义。但 Web 2.0 技术的应用与教育实践之间还存在一些内在矛盾①。从发布之后的被引频次来看，2011 年达到顶峰（15 次），此后逐渐递减，至 2018 年后被引频次骤降至 0，整体上看近年来出现渐弱型被引趋势。

突显率第七的是有关"实践社区"的研究，代表文献是由瑞士学者 Wenger 于 1998 年出版的著作——《实践社区：学习，意义和身份》（*Communities of practice：Learning，meaning，and identity*）。本书提出学习已成为当务之急，但是，思考如何以创新的方式促进学习并不总是那么容易。因此本书提供了一个实现这一目标的框架，包括意义（meaning），实践（practice），社区（community）以及身份（identity），它具有开创性的但可访问的社会学习理论，不仅对研究产生深远影响，而且对所有为了促进学习的人都具有深远的意义②。从发布之后的被引频次来看，2002 年开始逐年递增，并在 2004 年达到顶峰（6 次），此后 2005 年下降到 5 次，2006 年上升到 10 次，之后至 2019 年被引频次骤降至 0 次，结合五种期刊文献信息可以认为实践社区相关的研究属于渐弱型前沿。

3. 最新研究前沿

本文的最新研究前沿是指于近年来（2015 年以来）发表的，出现被引频次突增并且持续到 2019 年的节点文献，由此文章筛选出了三篇符合要求的文献（如图 15-7 所示）。在三篇最新研究前沿的文献中，一篇文献发表于 2016 年，其他两篇节点文献均发表于 2012 年，其中第三篇文献引用频次位列所有突显文献第一（76 次）。从被引突显的折线图来看，三篇文献均在 2017 或 2018 出现被引频次的高峰，属于本文界定的最新研究前沿。从文献研究的主题来看，这三篇文献探究了移动设备教学应用、翻转课堂、计算机游戏等相关主题，这也说明这些问题正在成为当前国际教育技术学研究的最新前沿。

值得注意的是，其中第一篇由 Sung 于 2016 年发表在《计算机与教育》的文

---

① BENNETT Sue, BISHOP Andrea, DALGARNO Barney, WAYCOTT Jenny, KENNEDY Gregor. Implementing web 2.0 technologies in higher education：A collective case study［J］. Computers & Education，2012，59(2)：524-534.

② WENGER，T. E. Communities of Practice：Learning，Meaning，and Identity［M］. Cambridge，UK：Cambridge University Press，1998.

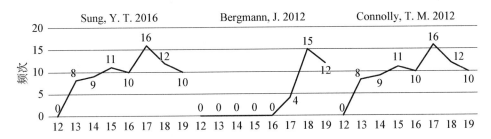

图 15-7　最新研究前沿节点文献被引历史折线图

章《将移动设备与教与学结合对学生学习成绩的影响：荟萃分析和综合研究》（*Communities of practice：Learning，meaning，and identity*），同样也是本次分析得出的唯一一篇渐强型节点文献。由此可见，移动设备与教学结合的研究领域一直以来，以及在未来仍然是一个研究前沿和热点。该文从 2016 年共被引突增，2018 年共被引频次达到最高峰（14 次），并呈上升趋势。因此，本研究认为"移动学习"是国际教育技术学领域的研究前沿。

此外，第二篇的是来自 Bergman 和 Sams 编写的图书《翻转教室：每天吸引每个班的每个学生》（*Flip your classroom：Reach every student in every class every day*）①。学生需要他们的老师在场回答问题或在遇到作业时提供帮助，他们不需要在场的老师来听讲座或评论内容。学生们观看录制的家庭作业讲座，并在与老师互动的情况下完成了课堂作业、实验和测试。作者发现他们的学生比以往任何时候对材料都表现出了更深刻的理解。读者可以了解什么是翻转教室以及它为什么起作用，并获得翻转教室所需的信息。此外大家还将学习翻转的精通模型，在该模型中，学生可以开展自定步调的学习。该文从 2016 年共被引突增，2018 年共被引频次达到最高峰（15 次），该文的共被引频次呈上升趋势，因此"翻转课堂"仍然是当前国际教育技术学领域的研究前沿。

第三篇高突显率的文章是关于计算机游戏的研究，是西苏格兰大学学者康诺利（Connolly）等学者于 2012 年发表的论文《关于计算机游戏和严肃游戏的经验证据的系统文献综述》（*A systematic literature review of empirical evidence on computer games and serious games*）。文章研究了有关计算机游戏和严肃

---

① BERGMANN，J.，SAMS，A. Flip Your Classroom：Reach Every Student in Every Class Every Day[M]. Washington DC：International Society for Technology in Education，2012.

游戏的文献，探讨了游戏对 14 岁及以上用户的潜在积极影响，尤其是在学习、技能增强和参与方面。研究探讨了 129 篇论文，报告了有关计算机游戏和严肃游戏在学习和参与方面的影响和成果的经验证据，并开发了多维方法对游戏进行分类。研究结果表明，玩电脑游戏与一系列感知、认知、行为、情感和动机的影响和结果有关，最常见的结果和影响是知识获取/内容理解以及情感和动机[①]。该文自 2012 年发文以来，被引频次一路攀升，于 2017 年达到最高峰（16 次），整体共被引频次呈现明显的上升趋势。结合施引文献和突显词发现，"计算机游戏"等相关主题是当前国际教育技术学领域关注的最新研究前沿。

第三节　国内教育技术研究热点与前沿

一、国内教育技术研究的主要力量

本文利用 VOSviewer 软件对七本教育技术学领域 CSSCI 收录期刊近二十年载文的核心作者、核心研究机构的发文量与合作关系进行统计分析。

1. 核心研究者

表 15 - 10 展示了近 20 年七本教育技术学领域 CSSCI 收录期刊发文量排名前二十的作者，从表 2 可以看出，祝智庭、黄荣怀、陈丽、余胜泉、顾小清、何克抗等是发文量排名前六的作者，他（她）们的发文量均超过 140 篇，有 11 位作者的发文量超过 100 篇。来自华东师范大学的祝智庭是近二十年来在国内教育技术学领域 CSSCI 收录期刊中发文量最多的作者，总共发表了 198 篇，该作者发文量多的可能原因有以下几点，第一是研究开始的比较早，如早在 20 世纪 80 年代初期他就开始研究计算机辅助教学，20 世纪 90 年代初期开始研究网络教育；第二是研究方向广，祝智庭的研究领域涉及教育信息化理论与系统规划、数字化教育系统架构与技术标准、信息化教学变革与创新、信息化环境下的教师专业发展、网络远程教育、技术与信息文化等；第三是研究合作关系广，如和发文量比较靠前的顾小清、王佑美、余胜泉等都有合作关系。

---

① CONNOLLY, T. M., BOYLE, E. A. Macarthur E., et al. A systematic literature review of empirical evidence on computer games and serious games. Computers & Education, 2012, 59(2): 661 - 686.

表 15 - 10　近 20 年七本教育技术学领域 CSSCI 收录期刊发文量排前 20 的作者

序号	作者	发文量	序号	作者	发文量
1	祝智庭	198	11	杨改学	101
2	黄荣怀	178	12	赵呈领	89
3	陈丽	155	13	钟志贤	88
4	余胜泉	153	14	张伟远	87
5	顾小清	141	15	丁新	87
6	何克抗	140	16	丁兴富	83
7	李艺	129	17	杨现民	81
8	肖俊洪	118	18	郑旭东	79
9	陈琳	111	19	王佑镁	72
10	任友群	105	20	杨开城	72

本文利用 VOSviewer 软件对作者间的合作关系进行可视化分析,软件共检测到 18 538 个作者,其中发文量在 20 次及以上的作者共有 273 位,对这 273 位作者进行可视化分析。图 15 - 8 是利用 VOSviewer 提供的四种视图之一的"Label View(标签视图)"作图的结果,节点和标签表示数据,即作者;节点之间的连线代表了节点共同出现过;节点与字体大小代表了该点的权重,字体和节点越大,权重越大,在本文中是指合作次数越多。图 15 - 8 中共存在 257 个节点和 638 条连接线,即 257 位作者形成了 638 个合作关系,共计合作的次数是 2 297 次,其中黄荣怀的合作次数最多,和 26 位作者合作了 139 次,如胡永斌、周颖、刘晓琳等都是合作次数比较高的作者;其次是陈丽,和 18 位作者合作了 116 次,如郑勤华、王志军、赵宏等都是合作次数比较高的作者;排名第三的是祝智庭,和 16 位作者合作 114 次,如管珏琪、顾小清、郁晓华等都是合作次数比较高的作者。

2. 核心研究机构

从研究机构发文量看,五所师范院校——北京师范大学、华东师范大学、华南师范大学、华中师范大学和西北师范大学是排名前五的发文机构(见表 15 - 11)。

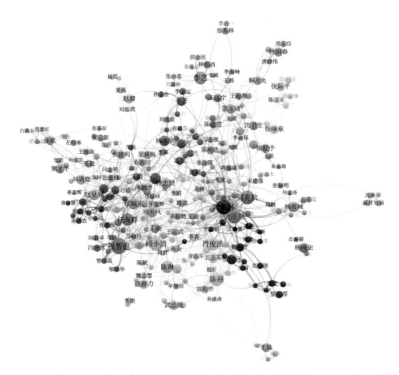

图15-8　近20年七本教育技术学领域 CSSCI 收录期刊核心研究者合作
网络

这些机构的发文量之所以比较高，可能是由于以下原因：第一是学科发展稳固，如华南师范大学1983年创建了新中国第一个教育技术学的本科专业，其教育技术学是国家级重点学科、国家"211工程"重点建设学科等。北京师范大学是我国第一个教育技术学博士点，在历年的学科评估中，教育技术学都被列为"A＋＋"等级的二级学科第一名；第二是形成了系统化的研究机构，如华中师范大学的教育信息技术学院、国家数字化学习工程技术研究中心、教育信息化协同创新研究中心、教育大数据应用技术国家工程实验室等；第三是具有核心研究人员，从列举的核心研究者可以看出，黄荣怀、陈丽、余胜泉、何克抗都在或者曾在北京师范大学任职，祝智庭、顾小清都在或者曾在华东师范大学任职。此外，从表15-11还可以看出，教育技术领域的核心研究机构主要集中在师范类院校。最后，一些综合性大学，如中央广播电视大学也是发文量排名比较靠前的研究机构。

表 15‐11　近 20 年七本教育技术学领域 CSSCI 收录期刊发文量最多的十个研究机构

序号	研究机构	发文量	序号	研究机构	发文量
1	北京师范大学	1 690	6	东北师范大学	554
2	华东师范大学	1 132	7	南京师范大学	377
3	华南师范大学	1 024	8	中央广播电视大学	374
4	华中师范大学	776	9	首都师范大学	325
5	西北师范大学	648	10	陕西师范大学	309

　　本文利用 VOSviewer 软件提供的四种视图之一的“Label View（标签视图）”对发文量排名前十的核心研究机构间的合作关系进行可视化分析（如图 15‐9 所示），由图可知共存在 10 个节点和 34 条连接线，即 10 个核心研究机构形成了 34 个合作关系，共计合作的次数是 150 次，北京师范大学的合作次数最多，和其他 8 个研究机构共计合作 93 次，其中和首都师范大学合作的次数最多（36 次）；其次是首都师范大学，和其他 8 个研究机构共计合作 46 次，其中和北京师范大学合作的次数最多（36 次）；排名第三的是华南师范大学，和其他 8 个研究机构共计合作 27 次，其中和华中师范大学合作次数最多（7 次）。

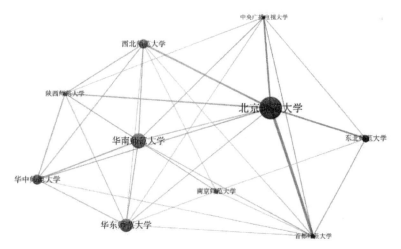

图 15‐9　近 20 年七本教育技术学领域 CSSCI 收录期刊核心研究机构合作网络

二、国内教育技术研究的热点主题

1. 国内教育技术学领域研究关键词共现分析

文献的关键词是反映文献研究主题概念的词或词组,高频关键词能在一定程度上反映学科领域的研究热点[①]。本文利用 VOSviewer 软件对七本教育技术学领域 CSSCI 期刊二十年(2000—2019)载文的高频关键词和关键词共现情况进行统计分析。表 15-12 列举了近 20 年七本教育技术学领域 CSSCI 收录期刊中出现频次排名前二十的关键词,从表 15-12 可以看出,远程教育、信息技术、教育技术、教育信息化、教学设计是排名前五的关键词,这些关键词的出现频次都在600 以上,其中远程教育的出现频次超过了 1 000,为 1 390 次。总结而言,这 20 个高频关键词既包含多样化的教学形式,如远程教育、移动学习、翻转课堂、MOOC等,也涉及技术和教学资源,如信息技术、网络、现代教育技术、网络课程等。

表 15-12　近 20 年七本教育技术学领域 CSSCI 收录期刊出现频次最高的 20 个关键词

序号	关键词	频次	序号	关键词	频次
1	远程教育	1 390	11	远程教学	301
2	信息技术	763	12	教育技术学	301
3	教育技术	723	13	网络教学	281
4	教育信息化	712	14	现代远程教育	271
5	教学设计	643	15	开放教育	258
6	教学模式	481	16	翻转课堂	252
7	MOOC*	457	17	网络	246
8	网络课程	441	18	设计	244
9	网络教育	358	19	自主学习	228
10	移动学习	307	20	现代教育技术	225

注：MOOC 也包含慕课、大规模开放在线课程。

[①] 姜春林,杜维滨,李江波.经济学研究热点领域知识图谱：共词分析视角[J].情报杂志,2008(9)：78-80+157.

　　一般认为,同时出现的事物具有一定的相关性①。关键词共现是指两个或多个关键词在同一篇文献中同时出现,因此,共现的关键词之间具有一定的关系,这对揭示领域内知识的相关性和挖掘隐形关联知识具有重要价值②③。图15-10 是利用 VOSviewer 软件提供的四种视图之一的"Label View(标签视图)"对出现频次在 30 及以上的关键词共现进行可视化分析,由图可知,共存在450 个节点和 13 919 条连接线,即 450 个关键词形成了 13 919 个共现关系,共计共现的次数是 28 281 次。

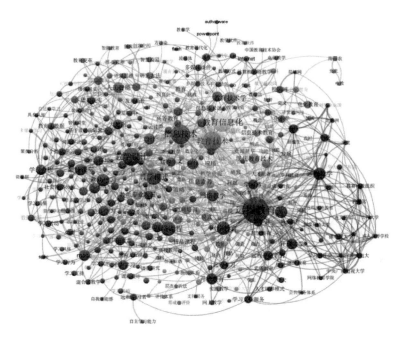

图 15 - 10　近 20 年七本教育技术学领域 CSSCI 收录期刊中关键词共现知识图谱

　　为了进一步了解关键词共现的详细信息,本文以共现次数排名前十的关键词为例进行说明(见表 15 - 13),由表可知,共现次数排名第一的是"远程教育",和其他 329 个关键词共现 1 956 次,其中和"远程教学"共现的次数最多,为 179

① 田红梅.试论图书馆从信息服务走向知识服务[J].情报理论与实践,2003(4)：312 - 314.
② BLONDEL V. D., SENELLART P. P. Automatic extraction of synonyms in a dictionary [J]. Proceedings of the Siam Text Mining Workshop, 2002.
③ 曹志杰,冷伏海.文献隐性关联知识发现研究[J].情报学报,2010,29(4)：605 - 613.

次；排名第二的是"信息技术"，和其他 269 个关键词共现 1031 次，其中和"整合"共现次数最多，为 81 次；排名第三的是"教育信息化"，和其他 256 个关键词共现 909 次，其中和"智慧教育"共现次数最多，为 34 次。

表 15 – 13   近 20 年七本教育技术学领域 CSSCI 收录期刊共现次数最多的十个关键词

序号	关键词	共现次数	共现关键词数量	核心共现关键词(共现次数)
1	远程教育	1956	329	远程教学(179)、远程学习(54)、开放大学(45)、学习者(37)、学习支持服务(31)
2	信息技术	1031	269	整合(81)、课程整合(57)、教育技术(32)、教育信息化(30)、教学模式(29)
3	教育信息化	909	256	智慧教育(34)、信息技术(30)、基础教育(25)、教育技术(21)、教育现代化(16)
4	教育技术	895	250	电化教育(47)、信息技术(32)、教学设计(28)、教育信息化(21)、远程教育(21)
5	教学设计	865	259	网络课程(33)、建构主义(29)、教育技术(28)、教学策略(20)、信息技术(19)
6	远程教学	758	162	远程教育(179)、远程开放教学(29)、远程学习(28)、学习者(27)、中央电大(16)
7	教学模式	734	236	翻转课堂(41)、信息技术(29)、远程教育(22)、教学设计(18)、网络教学(16)
8	网络课程	580	212	教学设计(33)、设计(24)、网络教育(18)、远程教育(17)、网络教学(13)
9	网络教育	474	196	远程教育(23)、网络课程(18)、精品课程(11)、现代远程教育(10)、资源建设(7)、教学资源(7)、网络教学(7)
10	学习者	464	179	远程教育(37)、远程教学(27)、远程学习(13)、自主学习(12)、网络教学(9)、网络课程(9)

2. 国内教育技术学领域研究热点主题

文献的关键词能够反映文献研究的主题概念，因此，通过分析关键词能够反映领域内的研究发展情况。本研究利用 CiteSpace 的聚类功能对 24 732 篇文章的关键词进行聚类，聚类依据关键词的共词关系(基于一组关键词两两出现在一篇文献中的次数判定亲疏关系),每一个聚类代表一组经常共同出现的关键词组成的基本话题。因此,笔者首先对关键词进行了去除与合并,如将"慕课""大规模在线开放课程"合并为"MOOC"等,然后在"Time slice(时间切片)"中选择时间跨度为 2000—2019 年;在"Years Per Slice"选择 4 年为一个时间分区,共 5 个时间分区;在"Node Type"中选择节点类型为关键词(Keyword);在阈值设定上,选择"Top N Per Slice"为系统默认值 50,即分析对象是每个时间分区内出现频次排名前 50 的关键词,通过"Minimum Spanning Tree(最小生成树算法)"剪径,并以"关键词"为聚类标签,采用 log-likelihood ratio 加权算法,选择权值最大的关键词标识每个聚类的主题,共形成 1 148 个节点(节点代表达到阈值的关键词),2 095 条连线(连线代表关键词共现关系),19 个聚类的知识图谱(见图 15 - 11)。对每个聚类而言,一般认为聚类的平均轮廓值大于 0.5 的聚类是合理的,大于 0.7 是令人信服的,CiteSpace 软件分析的结果表明,19 个聚类的平均轮廓值均大于 0.7,因此,聚类结果是令人信服的。19 个聚类的名称和平均发表年份

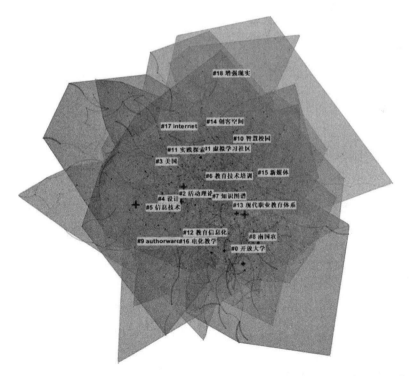

图 15 - 11　近 20 年七本教育技术学领域 CSSCI 收录期刊关键词聚类知识图谱

分别为：开放大学(2003)、虚拟学习社区(2009)、活动理论(2005)、美国(2003)、设计(2004)、信息技术(2005)、教育技术培训(2007)、知识图谱(2006)、南国农(2006)、authorware(2005)、智慧校园(2009)、实践探索(2006)、教育信息化(2009)、现代职业教育体系(2005)、创客空间(2005)、新媒体(2009)、电化教学(2003)、网络(2003)、增强现实(2012)。

以聚类中节点数量为排名依据，接下来通过对排名前五(见表15-14)的聚类分析来具体说明我国教育技术领域二十年的研究热点。

表15-14　近20年七本教育技术学领域CSSCI收录期刊节点数量最多的五个聚类

聚类名称	热点关键词	大小	平均轮廓值	平均年份
开放大学	远程教育、上海电视大学、终身学习、中央广播电视大学、远程教学	117	0.83	2003
虚拟学习社区	网络学习、Moodle、知识建构、非正式学习、内容分析	75	0.77	2009
活动理论	学习活动、学习成效、设计研究、同伴互评、学习环境	72	0.80	2005
美国	北美洲、启示、远程教育、课程教学、教育技术	71	0.81	2003
设计	技术、教育、教学、课程设计、制作	71	0.79	2004

排名第一的聚类名称是"开放大学"，聚类内连接强度较大的热点关键词分别为"远程教育""上海电视大学""终身学习""中央广播电视大学""远程教学"。从与该聚类高度相关的文献来看，徐皓[1]重点分析了上海开放大学的发展目标，如培养自主学习和终身发展能力的应用型专门人才等；发展思路，如建立"学分认证"制度等；重点任务，如提高师资水平等。沈书生[2]首先对集结式教学(统一校舍、作息时间和教学进度的教学)和远程教学(基于卫星电视和基于计算机网络的教学)特点进行了总结与分析，然后提出了两者的融合方式，如借鉴集结式教学中丰富的教育资源编制远程教学课件、远程教学与集中面授结合等。2008

---

[1] 徐皓.开放大学在上海学习型城市建设中的定位与发展研究[J].开放教育研究，2013，19(1)：24-30.
[2] 沈书生.远程教学与集结式教学的融合[J].中国远程教育，2001(6)：18-21+79.

年中国香港地区的终身学习立交桥(资历架构)正式通过立法推行,张伟远和傅璇卿重点分析了其七大任务,如建立资历架构质量保证及评审机制、建立级别区分和统一能力标准等,以期为大陆终身学习立交桥的建设提供参考①。冯琳和孔磊对第 21 次"中国远程教育学术圆桌"上的讨论内容进行了描述,该讨论以中国北方一个海岛依托广播电视大学培养人才、建设学习型社会为例,进而扩展到广播电视大学、远程教育、教育信息化在社会发展中的作用,并针对远程教育未来发展提出了建议②。黄清云分别从功能定位、概念辨析、教育效益等方面对我国现代远程教育进行了全面剖析③。由此可见,该聚类关注的是远程教育,如开放大学建设、终身学习体系和远程教学模式构建等。

排名第二的聚类名称是"虚拟学习社区",聚类内连接强度较大的热点关键词分别为"网络学习""Moodle""知识建构""非正式学习""内容分析"。从与该聚类高度相关的文献来看,郁晓华和祝智庭提出了三种微博社会网络教育应用的模式,即聚焦模式、关联模式和发散模式,然后在三种模式的基础上又列举出典型的教育应用活动,如组建班级社区等④。由于虚拟学习社区中海量的资源可能会增加人们的认知负荷,杨丽娜以电子文献阅读为例,设计了针对虚拟学习社区的个性化推荐系统,该系统不仅能够为用户推荐相关的文献,还可以推荐具有类似研究主题、兴趣的社区成员⑤。李建生和张红玉的实证研究表明在网络学习社区中,教师参与程度、交互时间限制是影响社会性交互次数和内容的关键因素⑥。武和平等人探究了网络论坛中的交往模式以及在线讨论的参与度对草根英语教师专业成长的影响,结果表明,草根教师能够在知识的显性与隐形转变、内化和外化的螺旋循环过程中构建知识,进而提高自身专业水平⑦。朱哲和

① 张伟远,傅璇卿. 搭建终身学习立交桥的七大任务:基于香港的实践[J]. 中国远程教育,2013(10):5 - 10＋95.

② 冯琳,孔磊. 第 21 次"中国远程教育学术圆桌"综述社会发展进程中的广播电视大学(续)——中国北方一个海岛的样本意义[J]. 中国远程教育,2010(2):5 - 16.

③ 黄清云. 关于我国远程教育若干问题的再思考[J]. 开放教育研究,2000(2):7 - 9.

④ 郁晓华,祝智庭. 微博的社会网络及其教育应用研究[J]. 现代教育技术,2010,20(12):97 - 101.

⑤ 杨丽娜,刘科成,颜志军. 虚拟研究社区中的知识分享与个性化知识推荐[J]. 中国电化教育,2010(6):108 - 112.

⑥ 李建生,张红玉. 网络学习社区的社会性交互研究——教师参与程度和交互模式对社会性交互的影响[J]. 电化教育研究,2013,34(2):36 - 41.

⑦ 武和平,高军德,张维民. 在线共同体环境下草根教师专业成长的个案研究[J]. 中国电化教育,2013(5):47 - 53.

甄静波将日常使用的社会性软件与非正式学习结合,构建了针对大学生的非正式学习模型,该模型包含知识获取、知识发布与共享、交流协作和个人知识管理四个部分[①]。综上所述,虚拟学习社区中教育模式构建、虚拟学习社区中的交互、虚拟学习社区中学习效果影响因素探究是该聚类关注的话题。

排名第三的聚类名称是"活动理论",聚类内连接强度较大的热点关键词分别为"学习活动""学习成效""设计研究""同伴互评""学习环境"。从与该聚类高度相关的文献来看,范玉凤和李欣[②]首先从活动理论视角对虚拟学习共同体的学习主体、课程知识、规则、工具等七个构成要素进行了重新审视,然后基于这七个要素构建了虚拟学习共同体。赵立影[③]在对学习环境和活动理论分析的基础上提出了活动理论指导下的、以学生为中心的学习环境设计流程,该流程包含确定目标、分析基本组成要素、分析子系统运行情况、分析活动结构、设计活动情景、评价和修改六个部分。为了给学生提供良好的学习环境,贺平和武法提分别以分布式认知理论、活动理论和情景认知理论为例,详细分析了它们对于学习环境设计的指导作用[④]。马秀芳等人基于活动理论设计了以活动为中心的"ATCLoS"专题协作学习系统,实证研究的结果表明该系统基本能够体现以活动为中心的思想[⑤]。况姗芸基于学习活动理论并运用动机激发策略提出了"动机视角下的CSCL学习活动设计模式",实证研究的结果表明该模式能够有效提升学生学习动机[⑥]。由此可见,该聚类的研究主要是基于活动理论对学习环境或学习活动进行设计,进而体现以学习者为中心的思想,提高学习效率。

排名第四的聚类名称是"美国",聚类内连接强度较大的热点关键词分别为"北美洲""启示""远程教育""课程教学""教育技术"。从与该聚类高度相关的文献来看,刘美凤等人首先从目标、内容、实施模式和评价等方面对中美高校的教育技术学领域课程设置进行了对比分析,然后提出了优化我国教育技术专业课

---

① 朱哲,甄静波. 基于社会性软件的大学生非正式学习模式构建[J]. 电化教育研究,2010(2):84-87.
② 范玉凤,李欣. 活动理论视角下的虚拟学习共同体构建研究[J]. 中国电化教育,2013(2):43-47.
③ 赵立影. 从活动理论看以学生为中心的学习环境设计[J]. 现代教育技术,2004(4):19-21.
④ 贺平,武法提. 论学习环境设计的理论基础[J]. 现代教育技术,2006(6):36-39.
⑤ 马秀芳,柯清超,曹玉. 以活动为中心的专题协作学习系统设计[J]. 中国电化教育,2005(5):55-56+74.
⑥ 况姗芸. 动机视角下的CSCL学习活动设计研究[J]. 电化教育研究,2012,33(3):80-87.

程设置的意见,如建立动态课程体系、增加硕士和博士招生数量等①。朱莎等人分别以"教育信息化十年发展规划(2011—2020 年)"、美国国家教育技术规划、新加坡教育信息化发展规划为例,对中、美、新基础教育信息化的发展在时代背景、战略目标、发展任务等方面进行了比较研究,然后总结了三国不同的发展特征②。也有研究从研究内容和研究方法两个方面对美国在 1977—2001 年间的教育技术博士学位论文进行了元分析,分析发现,新技术的不断产生提高了研究内容的灵活性,人们主要关注新技术在教育中应用、评价以及与传统技术的对比。研究方法经历了从实证研究到注重定性研究的转变,案例研究方法逐步受到重视而对比研究的受关注度逐步减弱③。2013 年,美国远程教育学会举办了主题为"远程教育:一个开放的新纪元"的学术年会,马晓玲等人④就会议讨论的话题,如网络课程建设、技术和工具运用、教师能力发展、质量保证等进行了分析,基于此对中国远程教育的发展提出了意见。申培轩通过对美国社区学院的基本特点、职能、体制和发展趋势的分析,提出我国高等教育中要注重针对和实用性、发展高等职业教育、创办"社区学院"等建议⑤。从以上列举的文献可以看出,该聚类的研究关注点为对美国政策规划、发展现状、相关研究的解读分析,进而为我国教育技术发展提供借鉴和参考,这也从侧面体现了我国善于吸取国外的先进经验,经过本土化之后更好地服务于教育技术的发展。

排名第五的聚类名称是"设计",聚类内连接强度较大的热点关键词分别为"技术""教育""教学""课程设计""制作"。从与该聚类高度相关的文献来看,吴伟民和李婷提出信息技术与小学语文学科整合的关键点在于创建具体场景、启发深层次思考、促进学生间合作交流⑥。高东怀和裴立妍基于网络资源的信息化教学模式将课堂分为两部分,网络部分包含课前预习、学生自学和

① 刘美凤,吕巾娇,董丽丽,马晓玲.中美教育技术学专业课程设置比较研究[J].开放教育研究,2016,22(3):53-62.
② 朱莎,张屹,杨浩,等.中、美、新基础教育信息化发展战略比较研究[J].开放教育研究,2014(2):34-45.
③ 祝智庭,孟琦.从美国博士学位论文元分析看教育技术研究趋向[J].电化教育研究,2002(12):47-50.
④ 马晓玲,曹盼,邢万里,彭飞燕,杨飞,吴永和.远程教育:一个开放的新纪元——透视美国远程教育2013 年会[J].远程教育杂志,2014,32(2):67-75.
⑤ 申培轩.美国社区学院及对发展我国高等教育的启示[J].开放教育研究,2000(2):39-41.
⑥ 吴伟民,李婷.关于信息技术与小学语文课程整合的思考[J].电化教育研究,2009(9):106-111.

交互评价，课堂部分则主要开展讲授、实践操作等学习活动①。刘梦莲将基于问题式学习（problem-based learning，简称 PBL）的设计策略和实施步骤分为三个阶段，第一是起锚阶段，包含确定教学目标、分析内容和提出主要问题。第二是支持阶段，包括总体讨论、组织小组和开始问题。第三是隐退阶段，包含搜集资料推理问题、分析资料初定方法、确定方法、小组汇报等②。李建伟等人设计了针对现代远程教育的、基于学习分析的自适应网络教学系统，该系统基于学生学习过程中产生的数据分析出其实际水平，然后自动推荐与学生能力匹配的学习策略③。南国农首先对信息技术教育和创新人才培养两个概念进行了分析，然后提出两条运用信息技术促进创新人才培养的建议，第一条是不断完善"三件"（硬件、软件、潜件）建设，为创新人才的培养提供基础设施等条件支撑，第二条是积极开展现代信息技术环境下创新教育模式的研究与实验④。由此可见，该聚类主要关注利用信息技术对教学模式、学习资源、学习环境、人才培养模式等进行设计，帮助学生充分发挥主体性，为学生学习提供个性化支持。

三、国内教育技术研究的前沿演进

研究前沿是指一组突显的动态概念和潜在的研究问题，它代表了研究领域中某段时间内突然出现、骤增但并不稳定的研究趋势，而前沿关键词能够反映文献研究主题核心和精髓，是对研究主题的高度概括和凝练。本文通过 CiteSpace 的"Burstness"菜单对近 20 年七本教育技术学领域 CSSCI 收录期刊的 24 732 篇载文关键词进行突显处理，并以突显率最高的 10 个关键词为代表进行考察（见表 15-15），然后通过系统自带的引文历史（citation history）功能输出这些关键词出现频次随时间变化的态势图，结合二次文献法，厘清我国教育技术领域近二十年来研究前沿的变迁。

---

① 高东怀，裴立妍. 基于网络课程的教学模式构建与应用[J]. 现代教育技术，2013，23(1)：80-83.

② 刘梦莲. 基于问题式学习（PBL）的设计[J]. 现代远程教育研究，2003(1)：39-43+64.

③ 李建伟，苏占玖，黄赟茹，勾学荣. 基于学习分析的自适应网络教学系统设计[J]. 现代教育技术，2016，26(6)：113-118.

④ 南国农. 信息技术教育与创新人才培养（下）[J]. 电化教育研究，2001(9)：14-18.

表 15 - 15　近 20 年七本教育技术学领域 CSSCI 收录期刊突显率最高的十个关键词

突显关键词	突显率	起止年份	突显关键词	突显率	起止年份
翻转课堂	103.33	2013—2019	开放大学	45.86	2011—2016
学习分析	79.99	2014—2019	移动学习	41.40	2009—2015
大数据	70.49	2014—2019	课件	39.83	2000—2004
远程教育	60.26	2003—2006	现代远程教育	38.56	2000—2006
远程教学	58.83	2000—2004	精品课程	36.55	2007—2013

1. 渐强型研究前沿

图 15 - 13 展示了"学习分析"和"大数据"这两个关键词出现频次随时间变化的态势,由图可知,这两个关键词的出现频次整体都呈递增的态势。因此,近二十年国内教育技术领域研究的渐强型演进主题包含"学习分析"和"大数据"。

"学习分析"是突显率排名第二的关键词,突显率是 79.99,突显时间是 2014—2019 年。"大数据"是突显率排名第三的关键词,突显率是 70.49,突显时间也是 2014—2019 年。图 15 - 12 展示了关键词为"学习分析"和"大数据"的出现频次随时间变化情况,其中"学习分析"共计 212 次,"大数据"共计 185 次。可以看出,学习分析和大数据在 2014 年呈现骤增趋势,该现象可以从以下角度理解,随着互联网的快速发展,特别是近年来社交网络、物联网、云计算以及多种传感器的广泛应用促使了大数据时代到来,教育是大数据应用的领域之一,国务院在 2015 年发布的《促进大数据发展行动纲要》也提出要重视教育大数据[1]。对于教育领域而言,众多学习管理系统的部署导致大量教育数据被积累,而如何有效地利用这些数据、挖掘深层次信息,如情感分析、预测评估、趋势分析、适应性和个性化、结构发现和关系挖掘等,进而提高教育质量,成为学界关注的点,因此,学习分析技术应运而生并成为研究热点。从以"学习分析"和"大数据"为关键词的高被引文献来看,其研究主要集中在借鉴国外发展经验[2]、研究现状总结

---

[1] 国务院. 促进大数据发展行动纲要[EB/OL]. (2015 - 09 - 05)[2020 - 02 - 10]. http://www.gov.cn/xinwen/2015-09/05/content_2925284.htm.

[2] 徐鹏,王以宁,刘艳华,张海. 大数据视角分析学习变革——美国《通过教育数据挖掘和学习分析促进教与学》报告解读及启示[J]. 远程教育杂志,2013,31(6): 11 - 17.

分析①、本质解读②、实践应用③等。

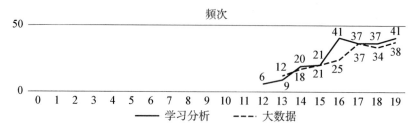

图 15‐12　2000—2019 年七本教育技术学领域 CSSCI 收录期刊渐强型研究前沿历史曲线图

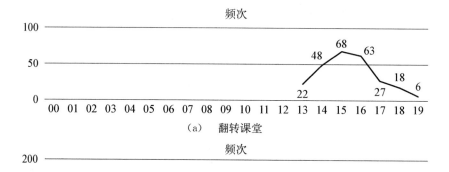

（a）　翻转课堂

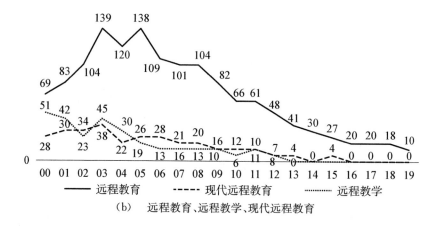

（b）　远程教育、远程教学、现代远程教育

————————

① 魏顺平.学习分析技术：挖掘大数据时代下教育数据的价值[J].现代教育技术,2013,23(2)：5-11.

② 顾小清,张进良,蔡慧英.学习分析：正在浮现中的数据技术[J].远程教育杂志,2012,30(1)：18-25.

③ 王帅国.雨课堂：移动互联网与大数据背景下的智慧教学工具[J].现代教育技术,2017,27(5)：26-32.

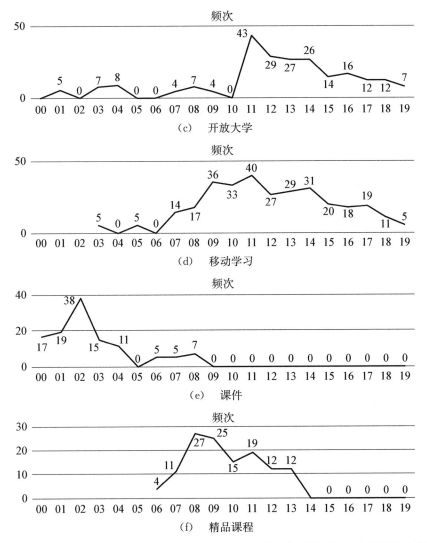

图 15 - 13　2000—2019 年七本教育技术学领域 CSSCI 收录期刊渐弱型研究前沿历史曲线图

2. 渐弱型研究前沿

图 15 - 13 展示了"翻转课堂""远程教育""远程教学""开放大学""移动学习""课件""现代远程教育"和"精品课程"八个关键词出现频次随时间变化的态势,从图 15 - 13 可以看出,这八个关键词的出现频次整体都呈递减的态势。因此,近二十年国内教育技术领域研究的渐弱型演进主题包含"翻转课堂""远程教育""远程教学""开放大学""移动学习""课件""现代远程教育"和"精品课程"。

　　"翻转课堂"是突显率排名第一的关键词，突显率是 103.33，突显时间是 2013—2019 年。图 15-13(a)展示了二十年来七本期刊中关键词为"翻转课堂"的出现频次随时间变化情况，共计 252 次。从图 15-13(a)可以看出，2013 年翻转课堂开始出现(注：这里的出现只是达到软件所设定的阈值)，2013—2015 年间呈现上升趋势，但在 2015 年之后表现出下降趋势，在 2015 年达到了峰值，为 68 次。造成这一现象的可能原因是，翻转课堂从 2012 年开始引入中国，之后便引起了广泛关注并引发一系列实践，如山东省潍坊昌乐一中课堂全翻转等。此外，一些组织机构的成立(2013 年成立的"C20 慕课联盟"等)也推动了翻转课堂的发展。然而，在经历了"翻转课堂热"之后，人们开始对翻转课堂教学中的泡沫化应用进行反思，如翻转课堂定位的审思、技术应用的审思等，即进入 2015 年的冷思考时期[①]，这也是导致 2015 年之后以"翻转课堂"为关键词的研究减少的原因之一。从以"翻转课堂"为关键词的高被引文献来看，其研究包含翻转课堂教学设计模型构建[②③]、翻转课堂本质解读和应用反思[④⑤]等。

　　"远程教育""远程教学""现代远程教育"都是关于远程教育主题的关键词，突显率排名分别为第四、第五和第九，突显率依次为 60.26、58.83 和 38.56，突显时间依次为 2003—2006、2000—2004、2000—2006。图 15-13(b)展示了二十年来七本期刊中关键词为"远程教育""远程教学""现代远程教育"的出现频次随时间变化情况，其中"远程教育"共计 1 390 次，"远程教学"共计 301 次，"现代远程教育"共计 271 次。从图 15-13(b)中可以看到，2000—2008 年间三者出现的频次都相对较高，究其原因，对于高等教育领域而言，中国教育和科研计算机网为现代远程教育的开展提供了网络等条件支撑，而一系列政策的颁布，如《关于支持若干所高等学校建设网络教育学院开展现代远程教育试点工作的几点意见》促使了现代远程教育试点院校的扩增，其数

① 容梅，彭雪红. 翻转课堂的历史、现状及实践策略探析[J]. 中国电化教育，2015(7)：108-115.
② 张金磊，王颖，张宝辉. 翻转课堂教学模式研究[J]. 远程教育杂志，2012，30(4)：46-51.
③ 钟晓流，宋述强，焦丽珍. 信息化环境中基于翻转课堂理念的教学设计研究[J]. 开放教育研究，2013，19(1)：58-64.
④ 何克抗. 从"翻转课堂"的本质，看"翻转课堂"在我国的未来发展[J]. 电化教育研究，2014，35(7)：5-16.
⑤ 卢强. 翻转课堂的冷思考：实证与反思[J]. 电化教育研究，2013，34(08)：91-97.

量由 2000 年前的 4 所扩增到 2001 年的 45 所。对于基础教育领域而言,中小学"校校通"工程和农村中小学现代远程教育等工程的实施也促进了远程教育的发展。从图 15 - 13(b)还可以看出,三个关键词的出现频次在 2008 年之后均呈现下降趋势,造成这一现象可能的原因有以下两点,第一是远程教育以其他方式(移动学习等)出现,这一点也在图 15 - 13(d)中得到了证实(移动学习从 2006 开始成为突显关键词)。此外,慕课等也均是远程教育的体现。第二是教育技术领域的研究关注其他类型的教学情景,如真实课堂的教学,围绕如何将信息技术与课程整合提高教育质量进行探讨。从以"远程教育""远程教学""现代远程教育"为关键词的高被引文献来看,其研究主要关注远程教育中的教学交互[1][2]、远程教学实施模式[3]等。

　　"开放大学"是突显率排名第六的关键词,突显率为 45.86,突显时间为 2011—2016 年。图 15 - 13(c)展示了二十年来七本期刊中关键词为"开放大学"的出现频次随时间变化情况,共计 221 次。从图 15 - 13(c)中可以看出,"开放大学"的出现频次在 2011 年之前整体表现为波动中上升,其中 2010—2011 年出现的次数最多,为 43 次,同时整体也达到了 43 次的峰值。虽然 2011 年之后呈下降趋势,但 2011 年之后历年出现的频次整体多于 2011 年之前。这可能是由于国家层面的顶层设计推动了开放大学的相关研究,教育部在 2010 年颁布的《国家中长期教育改革和发展规划纲要(2010—2020 年)》强调要办好开放大学[4],这也是"开放大学"首次出现在我国官方的正式文件中,之后,国家开放大学、北京开放大学、上海开放大学三所开放大学举行了正式的揭牌仪。2016 年教育部颁布的《关于办好开放大学的意见》又为进一步办好开放大学提出具体指导[5]。从以"开放大学"为关键词的高被引文献来看,其研究包含开放大学建设理念分析[6]、教学模

① 陈丽. 术语"教学交互"的本质及其相关概念的辨析[J]. 中国远程教育,2004(3):12 - 16+78 - 79.
② 陈丽. 远程学习的教学交互模型和教学交互层次塔[J]. 中国远程教育,2004(5):24 - 28+78.
③ 祝智庭,孟琦. 远程教育中的混和学习[J]. 中国远程教育,2003(19):30 - 34+79.
④ 教育部. 国家中长期教育改革和发展规划纲要(2010—2020 年)[EB/OL]. (2010 - 07 - 29)[2020 - 02 - 15]. http://www. moe. gov. cn/srcsite/A01/s7048/201007/t20100729_171904. html.
⑤ 教育部. 关于办好开放大学的意见[EB/OL]. (2016 - 01 - 21)[2020 - 02 - 23]. http://www. moe. gov. cn/srcsite/A07/moe_726/201602/t20160202_229322. html.
⑥ 桑新民,李曙华,谢阳斌. 21 世纪:大学课堂向何处去?——"太极学堂"的理念与实践探索[J]. 开放教育研究,2012,18(2):9 - 21.

式构建①、发展反思②等。

　　"移动学习"是突显率排名第七的关键词，突显率为 41.40，突显时间是 2009—2015 年。图 15 - 13(d)展示了二十年来七本期刊中关键词为"移动学习"的出现频次随时间变化情况，共计 307 次。从图 15 - 13(d)中可以看出，"移动学习"的出现频次在 2011 年之前整体呈上升趋势，2011 年达到了峰值，为 40 次。值得注意的是，2006—2009 年"移动学习"的出现频次几乎呈直线上升态势，增幅达 36 次，这也为后续"移动学习"成为 2009—2015 年的突显关键词奠定了基础，其骤增原因可以从以下两个角度理解，第一是通信技术的发展。2006 年，以博客为代表的 Web2.0 概念的出现标志互联网新媒体发展进入新阶段，网民能够通过论坛、社区等在互联网上发表意见，创造内容；第二是诸如手机等移动设备的发展。2006 年，我国手机上网用户为 1 300 万人③，但到 2009 年，手机上网用户已经达到了 1.55 亿人④，短短四年内增加了近十倍。此外，2009 年我国开始大规模部署 3G 移动通信网络，2014 年又开始大规模部署 4G 移动通信网络，这些都为移动学习的开展提供网络等基础设施方面的支撑，促使"移动学习"成为 2009—2015 年间的突显关键词。从图 15 - 13(d)还可以看出，2017 年之后"移动学习"的出现频次呈下降状态，这可能是由于技术等的进步促使移动学习进一步发展，如和其他形式的教育模式结合，支持游戏化学习、协作学习等，或者是移动学习演变为泛在学习等。从以"移动学习"为关键词的高被引文献来看，其研究主要关注移动学习理论探究⑤、移动学习活动设计与实施⑥、移动学习现状分析⑦。

---

① 吕静静. 开放大学混合式教学新内涵探究——基于 SPOC 的启示[J]. 远程教育杂志，2015，33(3)：72 - 81.

② 王一兵，陈丽，阿莎·坎瓦尔，等. 开放大学的改革与发展：反思与展望[J]. 开放教育研究，2016，22(2)：4 - 16.

③ 中国互联网络信息中心. 第 18 次中国互联网络发展状况调查统计报告(2006 年 7 月)[EB/OL].(2006 - 07 - 22)[2020 - 03 - 15]. http://www. cnnic. net. cn/hlwfzyj/hlwxzbg/200906/P020120709345356258945. doc.

④ 中国互联网络信息中心. 第 24 次中国互联网络发展状况调查统计报告(2009 年 7 月)[EB/OL].(2009 - 07 - 16)[2020 - 03 - 15]. http://www. cnnic. net. cn/hlwfzyj/hlwxzbg/200907/P020120709345315706062. pdf.

⑤ 叶成林，徐福荫. 移动学习及其理论基础[J]. 开放教育研究，2004(3)：23 - 26.

⑥ 王萍. 微信移动学习的支持功能与设计原则分析[J]. 远程教育杂志，2013，31(6)：34 - 41.

⑦ 叶成林，徐福荫，许骏. 移动学习研究综述[J]. 电化教育研究，2004(3)：12 - 19.

"课件"是突显率排名第八的关键词,突显率为 39.83,突显时间是 2000—2004 年。图 15-13(e)展示了二十年来七本期刊中关键词为"课件"的出现频次随时间变化情况,共计 117 次。从图 15-13(e)中可以看出,关键词"课件"的高出现频次集中在其突显时间段(2000—2004 年),究其原因,可能是由于计算机辅助教学发展的推动,教育部在 2000 年实施的"校校通"工程增加了中小学的计算机配置比,这为开展计算机辅助教学提供了条件,而计算机辅助教学主要通过课件、计算机辅助教学软件等丰富学生的课堂学习活动。2004 年之后"课件"的出现频次逐步减少,该现象可能是由于课件在教学过程中扮演角色的转变引起的,因为课件逐步扮演辅助性的角色支持其他教学方式的实施。从以"课件"为关键词的高被引文献来看,其研究包含课件设计[1]、课件在教学中的应用探究[2]等。

"精品课程"是突显率排名第十的关键词,突显率为 36.55,突显时间是 2007—2013 年。图 15-13(f)展示了二十年来七本期刊中关键词为"精品课程"的出现频次随时间变化的情况,共计 125 次,从图中可以看出,"精品课程"的出现频次在 2008 年之前呈上升趋势,而在 2007—2008 年增加的频次最多,为 16 次,同时整体也达到了最高值,即 27 次。我国精品课程建设正式开启于 2003 教育部所颁布的《教育部关于启动高等学校教学质量与教学改革工程精品课程建设工作的通知》[3],其中"精品课程建设工程"打算利用 5 年时间(2003—2007)建设 1 500 门国家级精品课程,作为工程的收官之年,2007 我国精品课程已经初成体系,2008 年国家精品课数量已达 1 678 门,精品课程建设推动了相关研究的开展。2008—2013 年间"精品课程"出现频次整体呈下降趋势,但出现频次整体高于 2008 年之前,即高于 2006—2008 年的出现频次,究其原因,我国在精品课程在前期建设的基础上又采取措施进一步推动了其发展,2011 年,教育部在十

---

① 付智怡. 注意规律在课件设计制作中的运用[J]. 中国电化教育,2002(2):47-49.
　　郑小军,王屹,卢文华. 论多媒体 CAI 课件(积件)开发的模式和多媒体素材库(积件库)的规划与建设[J]. 电化教育研究,2000(9):49-52.
② 柯速约. CAI 课件在课堂教学中应用的分析[J]. 中国电化教育,2002(6):30-31.
　　王天锚. 课堂教学用 CAI 课件的设计方法[J]. 中国电化教育,2000(5):44-46.
③ 教育部. 教育部关于启动高等学校教学质量与教学改革工程精品课程建设工作的通知[EB/OL]. (2003-04-08)[2020-02-13]. http://www. moe. gov. cn/s78/A08/gjs_left/s5664/moe_1623/s3843/201010/t20101018_109658. html.

二五期间开展了"国家精品开放课程"项目，用5年时间组织高校建设5000门精品资源共享课和1000门精品视频公开课。但是，精品课程建设过程中也遇到诸多问题，如重申报轻建设、重共享轻视应用、重评估轻教学等[①]可能会影响相关研究的开展。从以"精品课程"为关键词的高被引文献来看，其研究关注的点有国际比较研究[②]、精品课程应用现状分析[③]等。

3. 最新研究前沿

为了了解我国教育技术领域最新的研究前沿，本文通过 CiteSpace 的"Burstness"菜单对七本教育技术学领域 CSSCI 收录期刊最近五年（2015—2019）载文的关键词进行突显处理，并以突显率最高的五个关键词作为代表进行考察（见表15-16），再次通过引文历史（citation history）功能输出这些关键词出现频次随时间变化的态势图，结合二次文献法，厘清我国教育技术领域最新研究前沿的变迁，然后通过高被引文献的描述来说明其研究内容。

表 15-16　2015—2019 年间七本教育技术学领域 CSSCI 收录期刊中突显率最高五个关键词

序号	突显关键词	突显率	起止年份
1	人工智能	35.78	2018—2019
2	翻转课堂	18.61	2015—2016
3	MOOC*	17.61	2015—2016
4	教育信息化2.0	9.44	2018—2019
5	微课	9.15	2015—2015

注：MOOC 也包含慕课、大规模开放在线课程。

"人工智能"是突显率排名第一的关键词，突显率为 35.78，突显时间是 2018—2019 年。图15-14 展示了近五年来七本期刊中关键词为"人工智能"的

---

① 王佑镁.高校精品课程网络资源教学有效性的缺失与对策[J].中国电化教育，2010(8)：80-84.

② 罗双兰，李文华.国家精品课程与麻省理工学院开放课程的比较与思考[J].现代远程教育研究，2006(2)：41-44+72.
王爱华，汪琼.精品课程与国外开放课程共享利用的对比研究[J].中国远程教育，2010(6)：16-21+74.

③ 王佑镁.高校精品课程网络资源教学有效性的缺失与对策[J].中国电化教育，2010(8)：80-84.
许坦，石长征.精品课程发展现状综述[J].中国电化教育，2007(5)：53-56.

出现频次随时间变化情况,共计 175 次。从图 15 - 14 中可以看出,以"人工智能"为关键词的出现频次呈上升态势,因此,"人工智能"属于国内教育技术领域最新研究前沿中的渐强型。从以"人工智能"为关键词的高被引文献来看,闫志明等人对教育人工智能分别从内涵、关键技术、应用领域以及未来发展趋势进行了全面解析,文章认为教育人工智能是人工智能和学习科学的结合,其关键技术有自然语言处理情感计算、机器学习等,智能测评、学习分析等是其主要的应用领域以及未来发展趋势①。也有研究构建了包含应用形态(智能校园、线上线下一体化的提供个性化学习场所等)、通用技术(数据层、算法层和服务层)、业态趋向(第三方教育服务对接企业产品与用户需求等)因素组成的"人工智能＋教育"

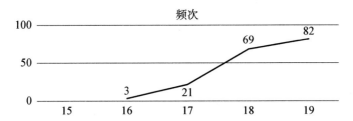

图 15 - 14　2015—2019 年七本教育技术学领域 CSSCI 收录期刊
渐强型研究前沿历史曲线图

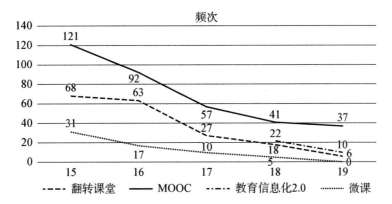

图 15 - 15　2015—2019 年七本教育技术学领域 CSSCI 收录期刊渐弱型
研究前沿历史曲线

① 闫志明,唐夏夏,秦旋,张飞,段元美.教育人工智能(EAI)的内涵、关键技术与应用趋势——美国《为人工智能的未来做好准备》和《国家人工智能研发战略规划》报告解析[J].远程教育杂志,2017,35(1):26 - 35.

生态系统①。余胜泉首先阐述了人类要以理性的态度看待人工智能,然后分析了人工智能在未来教育中可能会扮演的角色,如帮助学生解决个性化学习问题的智能导师、基于数据的决策助手、智能化批改的助教等②。由此可见,2015—2019 年间以"人工智能"为关键词的研究聚焦人工智能本质探究、功能分析、未来发展展望等。

图 15-15 展示了"翻转课堂""MOOC""教育信息化 2.0"和"微课"四个关键词的出现频次随时间变化的态势,从图 15-15 中可以看出,这四个关键词的出现频次整体都呈递减趋势,因此,国内教育技术领域最新研究前沿的渐弱型演进主题包含"翻转课堂""MOOC""教育信息化 2.0"和"微课"。

"翻转课堂"是突显率排名第二的关键词,突显率为 18.61,突显时间是 2015—2016 年。图 15-15 展示了近五年来七本期刊中关键词为"翻转课堂"的出现频次随时间变化情况,共计 182 次。从以"翻转课堂"为关键词的高被引文献来看,祝智庭等人通过对六所中小学开展的翻转课堂教学实践的分析,指出微课在翻转课堂中的应用,课前学生的"先学"质量,课内学生高阶思维能力的培养,教师的专业素养储备等问题均成为实践面临的难题③。有研究将 MOOC 应用于翻转课堂构建了"MOOC 视频＋自制视频"、MOOC 视频替代、二次开发三类翻转课堂教学模式④。祝智庭关注智慧教育和翻转课堂的结合,在分析了翻转课堂智慧亮点的基础上提出了促进翻转课堂转变为智慧课堂的具体途径⑤。综上所述,2015—2019 年间以"翻转课堂"为关键词的研究集中在翻转课堂应用反思、教学模式探究、未来发展展望等方面。

"MOOC"是突显率排名第三的关键词,突显率为 17.61,突显时间是 2015—2016 年。图 15-15 展示了近五年来七本期刊中关键词为"MOOC"的出现频次随时间变化情况,共计 348 次。从以"MOOC"为关键词的高被引文献来看,有研究在对 MOOC 与 SPOC(Small Private Online Course,简称 SPOC)关系分析的

① 吴永和,刘博文,马晓玲. 构筑"人工智能＋教育"的生态系统[J]. 远程教育杂志,2017,35(5)：27-39.
② 余胜泉. 人工智能教师的未来角色[J]. 开放教育研究,2018,24(1)：16-28.
③ 祝智庭,管珏琪,邱慧娴. 翻转课堂国内应用实践与反思[J]. 电化教育研究,2015,36(6)：66-72.
④ 曾明星,周清平,蔡国民,王晓波,陈生萍,黄云,董坚峰. 基于 MOOC 的翻转课堂教学模式研究[J]. 中国电化教育,2015(4)：102-108.
⑤ 祝智庭. 智慧教育新发展：从翻转课堂到智慧课堂及智慧学习空间[J]. 开放教育研究,2016,22(1)：18-26＋49.

基础上(继承、完善、超越),分别从"时间—空间—学习形式"三个维度对 SPOC 和传统课程路径进行了对比,进而为开展 SPOC 教学实践提供了指导①。陈然和杨成设计了针对高校的 SPOC 混合学习模式,该模式由包含学情分析和资源设计开发的前期准备阶段、以问题为驱动的混合学习活动阶段、能够提供及时反馈的学习活动实施与评价阶段三个阶段组成②。曾明星等人对基于 MOOC 的翻转课堂进行了探究③。通过以上高被引文献可以看出,2015—2019 年关键词为"MOOC"的研究主要关注"后 MOOC 时代"典型课程范式——SPOC 以及将MOOC 融入其他教学模式中。

"教育信息化 2.0"是突显率排名第四的关键词,突显率为 9.44,突显时间是2018—2019 年。图 15-15 展示了近五年来七本期刊中关键词为"教育信息化2.0"的出现频次随时间变化情况,共计 32 次。从以"教育信息化 2.0"为关键词的高被引文献来看,任友群等人对我国教育信息化发展的两个阶段——1.0 的"兴"时代和 2.0 的新时代——分别进行了解读,并对新时代下教育信息化的发展理念、建设方式提出了建议④。祝智庭和魏非重点阐述了智能技术、智能教育和智慧教育在教育信息化 2.0 时代中所扮演的重要角色,即智能技术是核心技术、智能教育是实践路径、智慧教育是航标⑤。王珠珠首先从提出背景和核心要义对《教育信息化 2.0 行动计划》进行了解读,然后对新时代下教育信息化工作的开展提出了建议,如建立新型教和学关系、构建智能化环境、保障网络安全等⑥。由此可见,新时代下教育信息化特征分析、建设和发展路径是以"教育信息化 2.0"为关键词的研究关注的点。

"微课"是突显率排名第五的关键词,突显率为 9.15,突显时间是 2015 年。图 15-15 展示了近五年来七本期刊中关键词为"微课"的出现频次随时间变化情况,共计 63 次。从以"微课"为关键词的高被引文献来看,祝智庭等人对微课

① 贺斌,曹阳. SPOC:基于 MOOC 的教学流程创新[J]. 中国电化教育,2015(3):22-29.
② 陈然,杨成. SPOC 混合学习模式设计研究[J]. 中国远程教育,2015(5):42-47+67+80.
③ 曾明星,周清平,蔡国民,王晓波,陈生萍,黄云,董坚峰. 基于 MOOC 的翻转课堂教学模式研究[J]. 中国电化教育,2015(4):102-108.
④ 任友群,冯仰存,郑旭东. 融合创新,智能引领,迎接教育信息化新时代[J]. 中国电化教育,2018(1):7-14+34.
⑤ 祝智庭,魏非. 教育信息化 2.0:智能教育启程,智慧教育领航[J]. 电化教育研究[J]. 2018,39(9):5-16.
⑥ 王珠珠. 教育信息化 2.0:核心要义与实施建议[J]. 中国远程教育,2018(7):5-8.

在翻转课堂中的定位进行了讨论[1]。也有研究在辩证性地看待微课在翻转课堂中的作用的基础上设计了针对中小学机器人教学的"微课导学"教学模式,该模式借鉴了翻转课堂理念,包含课前准备(教师进行学习、教学内容分析等,学生阅读研学案、观看微课视频等)、课中学习(教师分组、答疑解惑等,学生自主探究、交流讨论等)、课后反思提升(教师反思、跟踪指导等,学生反思、总结提炼等)[2]。庞敬文等人利用微课构建了针对初中数学不同课型(新课、练习课和复习课)的智慧课堂教学模式,然后通过具体的应用案例对该教学模式进行了实践[3]。综上所述,将微课与多种教学模式(翻转课堂等)结合进而提高教学效率是 2015—2019 年以"微课"为关键词的研究关注的重点。

第四节　全球教育技术研究总结与启示

一、研究总结

本研究采用科学计量的方法,利用可视化文献分析软件 CiteSpace 和 VOSviewer 对五本国际 SSCI 收录期刊和七本 CSSCI 收录期刊于 2000 年至 2019 年间所刊载的论文进行可视化分析,标示出国内外教育技术学领域的研究热点、变迁以及前沿等。文献计量分析的主要发现包括:

第一,2000—2019 年这 20 年间五本国际教育技术学期刊核心研究群体正在初步形成。国际教育技术学研究的核心作者群尚未形成,但 Cowan、Hwang、Rushby、Tsai 以及 Deeson 等学者及其经典文献在国际教育技术学领域颇具影响力。国际教育技术学研究的核心机构群已经日渐成熟,英国开放大学、台湾师范大学、台湾科技大学、南洋理工大学以及新加坡国立中央大学等研究机构发文量均达到 100 篇以上。国际教育技术学研究的核心国家群已经成型,发文量最高的前五个国家/地区分别是美国、英国、中国台湾、澳大利亚以及中国大陆地

---

① 祝智庭,管珏琪,邱慧娴. 翻转课堂国内应用实践与反思[J]. 电化教育研究,2015,36(6)：66 - 72.

② 王同聚."微课导学"教学模式构建与实践——以中小学机器人教学为例[J]. 中国电化教育,2015(2)：112 - 117.

③ 庞敬文,张宇航,王梦雪,樊雅琴,解月光.基于微课的初中数学智慧课堂构建及案例研究[J]. 中国电化教育,2016(5)：65 - 71.

区,其科研成果影响力较广泛。

第二,近二十年的教育技术学研究主要关注教学的要素(如教学策略、学习表现、设计、教学问题、提升课堂教学、学习动机以及协作学习等)以及技术的使用(如技术、交互式教学环境、系统以及教育媒体等),其中高等教育是国际教育技术学研究领域关注的重中之重。此外,从研究热点变迁分析发现,有关参与度、慕课、学习分析、学习干预、社交媒体、荟萃分析以及游戏化等研究关键词已经成为国际教育技术学领域近年来关注的前沿问题,一定程度上反映了国际教育技术学研究的发展趋势。本研究选取了 5 项聚类中权值最大的标识词,并结合施引文献的分析,总结出当前国际教育技术学研究热点主要包括教育游戏与学习环境、质性研究、计算机支持的协作学习、移动学习以及翻转课堂等研究领域。

第三,在本文的分析中,根据突显文献被引突显的时间和趋势,将研究前沿概念划分为三种不同类型,即渐强型研究前沿、渐弱型研究前沿和最新研究前沿。在国际教育技术学研究中,属于渐弱型前沿的有教育游戏、计算机支持的协作学习、多媒体学习、教师教学、实践社区等研究;属于最新前沿的是移动学习、翻转课堂以及计算机游戏等方面。

第四,我国教育技术研究领域从研究力量看,过去的二十年间,国内涌现了一大批活跃的教育技术研究者,其中,华东师范大学的祝智庭教授是这 20 年间在中国教育技术学领域期刊上发文最多的作者,而北京师范大学是目前在国内教育技术学领域发文最多的研究机构。

第五,我国教育技术研究领域从研究热点看,过去的二十年,中国教育技术领域研究的五大主题非常突出,它们分别是开放大学、虚拟学习社区、活动理论、美国和设计。

第六,我国教育技术研究领域从研究前沿演变来看,学习分析和大数据属于渐强型的研究前沿,而翻转课堂、远程教育、远程教学、开放大学、移动学习、课件、现代远程教育和精品课程属于渐弱型的研究前沿。而对于最新的研究前沿而言(2015—2019 年),人工智能属于渐强型的研究前沿,而翻转课堂、MOOC、教育信息化 2.0 和微课属于渐弱型的研究前沿。

二、研究启示

对国内外教育技术研究的知识图谱进行分析有助于反思和审视教育技术学研究的问题，探索教育技术学研究的发展方向。

第一，了解教育技术学领域的主要研究国家（地区）、国际学术群体和领军人物，进行权威人物学术思想解读研究。通过对教育技术学领军人物学术思想和实践的系统研究，可以构建国内外学者进行学术交流的思想桥梁，促进学术思想的扩散与传播，缩短我国教育技术学研究与国外研究的差距，增进国内外学者间的交流与沟通。根据国际教育技术学领域权威学者群、机构、国家（地区）的聚类图谱，对 Cowan 和 Hwang 等权威学者及其学术思想进行历史和逻辑的考察与解读、批评与阐释，也是教育技术学理论研究重点聚焦的一个研究方向。

第二，引入科学的知识图谱分析等量化研究方法，开展系统的教育技术学方法论元研究，拓展教育技术学研究方法多元化发展渠道。知识图谱分析方法主要是借助信息技术的手段，以可视化的表现形态揭示学科发展的知识图谱，并对学科发展的轨迹与脉络进行历时性与共时性分析，聚焦前沿课题与热点问题，讨论与邻近学科的知识网络关系，发现学术群体与学术贡献，重建知识基础、研究范式和理论体系。国际教育技术学研究方法已经出现了转向，开始注重"多元化发展和独特研究范式的构建"，以便形成教育技术学研究的基本立场和学术规范，完善学科的话语体系。

第三，动态监测教育技术学学科知识结构的分化，面向实践需求及时调整研究主题，以缩小国内教育技术学研究与国际水平的差距，破解国内教育技术学研究实证较为缺失等现实问题。从国际教育技术学研究主题与研究热点来看，主要聚焦教育游戏与学习环境、质性研究、计算机支持的协作学习、移动学习、翻转课堂以及数字化学习等研究领域。动态监测教育技术学学科知识结构的分化与变化，面向教育技术学实践的新需求和我国教育技术学的实际状况和现实问题，动态调整教育技术学研究的主题与研究热点，逐步缩小国内与国际教育技术学研究水平与研究质量的差距，才能够更好地破解国内教育技术学研究的困境。

第四，理论与实证研究结合共同促进教育技术的发展。先进理论是指导教育技术实践、深刻和科学把握教育技术本质的关键。七本期刊也一直将教育技术理论研究作为重要选题之一，目前已有的理论研究多是借鉴教育理论、技术理论、系统理论等,然后运用到教育技术领域,而对于利用教育信息化推动教育现代化、技术变革教育的教育技术理论和方法仍然有很大的发展空间。究其原因,人们通常将教育技术看成是建设和实践,从而忽视了理论研究的重要性。为了缓解当前理论研究缺乏的现状,采取措施促使人们转变意识、在借鉴内化的基础上创新是解决这一问题的有效途径之一,如参照国外先进的理论和实践并依据我国特征本土化①、在借鉴教育等领域理论基础上结合教育技术特征构建教育技术理论体系。此外,加强理论指导下的研究的落地性,避免大而虚,也是推动教育技术发展的关键因素。具体而言就是将思辨研究和实证研究结合,利用实证研究的实践经验不断完善理论,而完善的理论又可以反过来指导实践,形成"理论—实践—理论"的良性循环。近年来,国家等相关部门也采取了一系列行动发展实证研究,如从 2015 年开始的"全国教育实证研究专题论坛"至今已经成功举办了五届,该论坛对于提高教育研究质量,推进教育研究范式转型有重要影响。因此,理论和实证研究结合是教育技术可持续发展的重要保证。

第五,加强对多样化教学方式的设计和评价,培养创新人才。近些年,在"互联网+教育"背景下,注重学生自主发展和创新能力培养的教学模式如雨后春笋般出现,如翻转课堂、MOOC、创客教育等都是近年来教育技术领域关注度比较高的话题,而这些教学模式能够促进创新人才培养的前提是要具备合理的教学设计。以创客教育为例,李克强总理在 2015 年的全国两会上提出"大众创新,万众创业"的"双创"战略极大地推动了创客教育的发展,全国各地的创客教育实践也如火如荼的开展,温州中学开设了多种创客课程让学生在实践活动中提高创造力。但如何让小学阶段的学生以游戏化的方式实现玩中学、初中阶段的学生通过探究达到做中学的效果、高中阶段的学生能够在基于设计、基于问题的学习中实现干中学是创客教育实施的关键②。当然,这也对教师的教学设计能力提出了更高要求。因此,可以通过专项培训(介绍典型案例)等方式指导教师开展教学实践。此外,对教学模式的评价能够促使其不断改进,而评价指标体系是主要的评价工具之一。因此,建立科学的、权威的、规范的教学模式评价指标体系是后续关注的点。需要注意的是,由于学生的综合能力(问题解决、独立自主、创

---

① 陈琳,王丽娜. 走向智慧时代的教育信息化发展三大问题[J]. 现代远程教育研究,2017(6):57-63.
② 黄荣怀,刘晓琳. 创客教育与学生创新能力培养[J]. 现代教育技术,2016,26(4):12-19.

新能力)的提升并不是短时间内能够表现出来的,这也对评价指标体系的构建提出了更大的挑战。所以,提高多样化教学模式的质量是充分发挥信息技术教育价值的有效途径。

第六,运用先进技术助力教学、管理和科研的精准化。近年来,人工智能、大数据、学习分析逐步应用于教育领域,为落实教育精准化提供了技术保障,促使了教学过程的个性化、教育管理的科学化、教育评价的过程化、教育服务的人性化[①]。基于教育大数据的学习分析能够为学生提供量身定做的学习环境和个性化支持,如科大讯飞研发了智能评测系统——"智学网",该系统以考试阅卷为基础,通过对数据的分析为学生自动匹配对应的微课讲解和难度适中的习题资源,实现对学生学习过程的发展性评价。此外,智能导师系统、虚拟学伴、教育游戏和教育机器人等是人工智能服务于教学、提高教学效率的表现。佐治亚理工学院计算机学院使用的虚拟助教 Jill Watson 能够直接跟学生沟通并进行反馈等活动,其正确率高达 97%。最后,先进技术也能够助力教育管理精准化,大数据等技术的运用不仅能够以可视化的形式展示教育过程中的教学活动、人员信息等数据,还可以基于数据分析开展科学决策,进而实现实时监控下的安全预警和控制。西安电子科技大学资助中心联合其他部门对学生校园卡的消费数据进行了统计分析,学校基于分析结果对消费水平低于全校平均水平的学生开展"隐性"资助,进而确保了资助的科学精准化。由此可见,基于人工智能、大数据等技术的精准化教育是利用信息技术提高教育质量的不二选择。

(陈娟娟　李　艳　翟雪松　陈新亚　孙　丹)

---

① 杨现民,唐斯斯,李冀红. 发展教育大数据:内涵、价值和挑战[J]. 现代远程教育研究,2016(1):50-61.

第十六章
国际学前教育研究的热点主题和前沿演进

学前教育是终身教育体系的重要一环,对儿童的早期教育在某种程度上会起到影响终身的作用[1]。在过去的研究中,学前教育的重要意义越来越得到证实,接受学前教育的学生相较于其未接受的同伴会表现出更好的学业成绩、学习能力与更少的行为问题[2]。从长期来看,学前教育具有高于其他教育阶段的投资回报率[3],其正外部性和社会外溢性使之有助于促进社会公平,维护社会秩序[4]。然而,当前我国学前教育也面临城乡差距大[5]、师资配备不均[6]、在社会公共服务

① DAPHNA, BASSOK, CHLOE, et al. Preschool and Children's Outcomes in Elementary School: Have Patterns Changed Nationwide Between 1998 and 2010? [J]. Child Development, 2018: 1 – 23.
LAURIE M, ANDERSON, et al. The effectiveness of early childhood development programs: A systematic review [J]. American Journal of Preventive Medicine, 2003(3): 32 – 46.
② PRESKITT J, JOHNSON H, BECKER D, et al. The persistence of reading and math proficiency: the benefits of Alabama's pre-kindergarten program endure in elementary and middle school [J]. International Journal of Child Care and Education Policy, 2020(1).
ANSARI A, PIANTA R C, WHITTAKER J V, et al. Starting Early: The Benefits of Attending Early Childhood Education Programs at Age 3[J]. American Educational Research Journal, 2019(4): 1495 – 1523.
③ HECKMAN JAMES J. Polices to foster Human Capital [J]. Research in Economics, 2000(3): 3 – 56.
④ 徐海娇,柳海民. 近年美国学前教育改革项目成效、特点及启示[J]. 现代教育管理,2017(04): 124 – 128.
冯晓霞,蔡迎旗,严冷. 世界幼教事业发展趋势:国家财政支持幼儿教育[J]. 学前教育研究,2007,(005): 3 – 6.
RAMON I, CHATTOPADHYAY S K, BARNETT W S, et al. Early Childhood Education to Promote Health Equity: A Community Guide Economic Review [J]. Journal of Public Health Management and Practice, 2017(1): 1.
⑤ 张朝,于宗富. 农村学前教育的困境与出路[J]. 教育发展研究,2009,29(24): 32 – 36.
⑥ 庞丽娟,张丽敏,肖英娥. 促进我国城乡幼儿园教师均衡配置的政策建议[J]. 教师教育研究,2013(03): 31 – 36.

体系中定位不明[①]等诸多现实困境亟需解决。关于国际经验的研究和概括分析对促进我国学前教育的发展具有重要的参考价值[②]，因此，分析国际学前教育的研究热点与前沿演进，能够有益启示我国学前教育的理论与实践发展。科学知识图谱是领域分析与可视化的通用过程[③]，而各领域的顶尖学术期刊代表着该学科最前沿的演变趋势[④]，本章节的研究以国际学前教育领域顶尖期刊刊文为数据，以知识图谱为途径，力图呈现国际学前教育领域二十年间的研究发展趋势。

第一节　研究方法

一、数据来源

本文选择 Web of Science 核心合集数据库，索引方式设定为出版物，输入学前教育领域知名核心刊物名 *Early Childhood Research Quarterly*（5 年 IF 影响因子 3.963）与 *Early Education and Development*（5 年 IF 影响因子 2.066），选取年份为 2000 年至 2019 年。根据索引结果，*Early Childhood Research Quarterly* 文献条目为 1066 条，*Early Education and Development* 文献条目为 720 条（检索时间为 2020 年 4 月 16 日），将总计的 1786 篇文献以 txt 格式导出，即为本文分析的数据。

二、分析流程

知识图谱是通过可视化对文献进行分析研究的方式。本文综合应用了 VOSviewer 与 CiteSpace 两种软件进行分析，其中，VOSviewer 被用于构建作

---

① 庞丽娟，韩小雨. 中国学前教育立法：思考与进程[J]. 北京师范大学学报（社会科学版），2010（05）：14 - 20.

② 庞丽娟，夏靖，孙美红. 世界主要国家和地区弱势儿童学前教育扶助政策研究[J]. 教育学报，2010（05）：50 - 55.

③ CHEN C M. Science Mapping：A Systematic Review of the Literature [J]. Journal of Data and Information Science，2017（2）：1 - 40.

④ 王树涛，顾建民. 国际教育科学研究范式的演变与趋势——基于 2010—2019 年文献计量的分析[J]. 教育研究，2020（09）：135 - 145.

者、国家或地区、机构的共被引图谱,CiteSpace 则被用于构建学科的关键词共现图谱与进行关键文献共被引分析。本文的研究结果展示共包含三个部分,分别是主要研究力量、热点主题以及前沿演进和关键文献。

在第一部分,即国际学前教育领域的主要研究力量部分中,应用 VOSviewer 软件,对核心作者群、主要研究机构和主要研究国家(或地区)进行分析。在对核心作者群的分析中,根据普赖斯定律中核心作者的计算公式 $M \approx 0.749 \times \sqrt{N_{max}}$ (其中 M 指论文数量,N_{max} 指对应年限中论文发表数量最多作者的论文数量),设定划分本领域核心作者的依据,而在计算每位作者发文量时,作者数计算选择"Full counting",即每篇文章无论有几位作者,每位作者都被计为一次。在对主要研究机构的分析中,根据各机构的累计发文量与累计被引量进行降序排列,并绘制各机构间的合作关系网络。在对主要研究国家(或地区)的分析中,根据各国家(或地区)的累计发文量与累计被引量进行降序排列,并绘制各国家(或地区)间的合作关系网络。

在第二部分,即对国际学前教育研究的热点主题分析中,应用 CiteSpace 软件,采用共词图谱并配合突显词进行说明。共词(特征词或关键词)图谱更有利于人们分析研究热点及热点的演变,尤其配合突显词功能的使用[①]。突变词指在较短时间内出现较多或使用频率较高的词,根据突显词的词频变化可以判断研究领域的前沿与趋势。将研究数据导入 CiteSpace 软件,设定年份区间为 2000 到 2019 年,时间切片为 1,"Time source"勾选"Title""Abstract""Author Keyword" "Keyword Plus(ID)"; "Node Types"勾选"Keyword";以"Top 50"为筛选标准,勾选"Pathfinder" "Pruning sliced networks",其余为默认选项,在可视化界面中选择 LLR 算法,时间线视图,得到关键词频次与中心性降序排列信息,见表 16-4,时间线视图,见图 16-4,及时间线视图各聚类的核心关键词见表 16-5。根据得出的结果进行分析。

在第三部分,即对国际学前教育研究的前沿演进与关键文献的分析中,同样应用 CiteSpace 软件,在前沿演进分析中采取了时区图与关键词和突显词相结合的方式。在关键文献的分析中,根据共被引频次降序统计得出领域内的十篇关键文献。

---

① 陈悦,陈超美,刘则渊. CiteSpace 知识图谱的方法论功能[J]. 科学学研究,2015(2):242-253.

第二节　研究结果

一、领域的研究力量分布

本研究对研究力量的构成主要从三个主体出发进行分析，分别是核心作者群、主要研究机构与国家的研究贡献及合作网络分析，各部分分析如下。

1. 核心作者群：发文量、合作关系网络

按照美国著名的科学史学家普赖斯（Price）的经典理论，发文量是科研活动的重要表现形式，能直观地反映出作者的学术活跃度，普赖斯定律中核心作者的计算公式为 $M \approx 0.749 \times \sqrt{N_{max}}$，其中 M 指论文数量，N_{max} 指对应年限中论文发表数量最多作者的论文数量，当发表的论文数量在 M 篇以上，并且核心作者撰写的论文达到该领域全部论文 50% 时，说明核心作者群已经形成。根据表 16-1 可知此时 $N_{max}=36$，代入计算可得 $M \approx 4.494$，本文取 $M=4$，即发表论文 4 篇以上的作者为该领域的核心作者。对样本文献进行分析后可知，在全部 3 965 位作者中，发文在 4 篇以上的作者有 257 位。

经过运算，学前教育领域研究作者信息按发文量与被引量降序排列见表 16-1，可以看出 Justice，Laura M.、Pianta，Robert C.、Burchinal，Margaret、Howes，Carollee 以及 Mcclelland，Megan M. 五位作者无论是在发文量还是被引量都居于前五位，是研究该领域时可以重点关注的作者图 16-1 展示了各主要作者间的合作关系。

表 16-1　国际学前教育研究发文量和被引量领先的作者（单位：篇）

发文量降序排列信息			被引量降序排列信息		
作者	发文量	被引量	作者	发文量	被引量
Justice, Laura M.	36	1317	Pianta, Robert C.	31	1929
Pianta, Robert C.	31	1929	Howes, Carollee	25	1815
Burchinal, Margaret	26	1688	Burchinal, Margaret	26	1688

（续表）

发文量降序排列信息			被引量降序排列信息		
作者	发文量	被引量	作者	发文量	被引量
Howes，Carollee	25	1 815	Mcclelland，Megan M.	23	1 472
Mcclelland，Megan M.	23	1 472	Justice，Laura M.	36	1 317
Vernon-feagans，Lynne	20	310	Pianta，Robert	9	1 059
Locasale-crouch，Jennifer	18	714	Downer，Jason T.	17	1 002
Downer，Jason T.	17	1 002	Bryant，Donna	11	984
Winsler，Adam	17	354	Clifford，Richard	6	907
Hamre，Bridget K.	16	778	Early，Diane	5	806

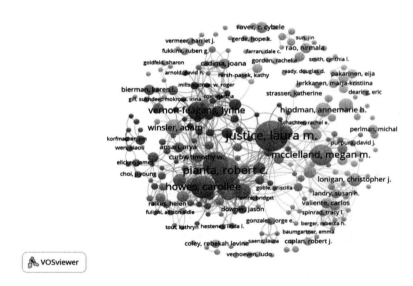

图 16－1　国际学前教育研究主要作者合作网络图

2. 主要研究机构：发文量、合作关系网络

对研究机构的可视化研究有助于我们了解领域内主要研究机构及其合作关系。本研究的样本文献中的研究机构共有 924 家，发文量 5 篇及以上有 146 家，10 篇及以上有 78 家。根据发文量与被引量降序排列信息见表 16－2。可以看出，美国北卡罗来纳大学（Univ N Carolina）和弗吉尼亚大学（Univ Virginia）无

论发文量与被引量都远远高于其他高校，是国际学前教育领域需要首要关注的两所机构。图 16-2 展现了各主要研究机构间的合作关系。

表 16-2　国际学前教育研究发文量和被引量领先的研究机构（单位：篇）

发文量降序排列信息			被引量降序排列信息		
研究机构	发文量	被引量	研究机构	发文量	被引量
北卡罗来纳大学	140	5 289	弗吉尼亚大学	137	6 043
弗吉尼亚大学	137	6 043	北卡罗来纳大学	140	5 289
纽约大学	61	1 109	加州大学洛杉矶分校	35	2 018
俄亥俄州立大学	58	1 144	密歇根大学	36	1 747
哥伦比亚大学	44	1 165	俄勒冈州立大学	33	1 701
普渡大学	44	891	哈佛大学	31	1 322
宾夕法尼亚州立大学	44	809	乔治梅森大学	37	1 321
内布拉斯加大学	41	1 149	哥伦比亚大学	44	1 165
亚利桑那州立大学	40	929	内布拉斯加大学	41	1 149
天普大学	39	911	俄亥俄州立大学	58	1 144

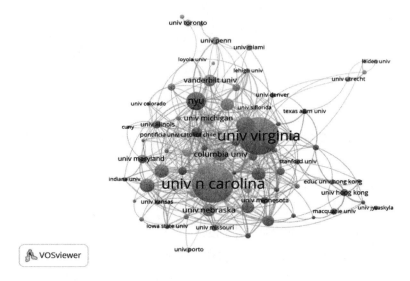

图 16-2　国际学前教育研究主要研究机构合作网络图

3. 主要研究国家(地区):发文量、合作关系网络

本研究样本文献中包括 54 个国家(或地区),其中发文量 5 篇以上有 26 个国家(或地区),10 篇以上有 18 个国家(或地区)。发文量与被引量降序排列信息见表 16 - 3,可以看出,在学前教育领域这两本期刊中,美国的发文量与被引量远远高于其他国家,是唯一发文量过千、被引量过万的国家。图 16 - 3 展示了各主要国家间的合作关系。

表 16‑3 国际学前教育研究发文量和被引量领先的研究国家(或地区)(单位:篇)

发文量降序排列信息			被引量降序排列信息		
国家(或地区)	发文量	被引量	国家(或地区)	发文量	被引量
美国	1 382	32 116	美国	1 382	32 116
加拿大	100	2 465	加拿大	100	2 465
中国	75	670	荷兰	50	1 169
澳大利亚	65	807	澳大利亚	65	807
荷兰	50	1 169	中国	75	670
德国	29	587	德国	29	587
英国	28	494	英国	28	494
智利	20	110	芬兰	20	385
芬兰	20	385	新西兰	12	305
韩国	18	203	以色列	18	256

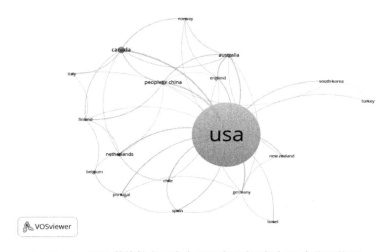

图 16‑3 国际学前教育研究主要研究国家(或地区)合作网络图

二、国际学前教育研究的热点主题

表 16 - 4 列出了在不同时段内国际学前教育领域研究的主要关键词，表 16 - 5 列出了各聚类下的特征词，用以结合时间线（Timeline）图 16 - 4 分析各阶段热点演进。时间线视图侧重于勾画聚类之间的关系和某个聚类中文献的历史跨度[①]。在图 16 - 4 中可以看到，聚类 0 和聚类 3 的历史跨度最长，横跨了整个研究时段，说明这类研究具有较强的生命力，聚类 0 与聚类 1 在不同时段内有大量节点生成，且连线数量众多，说明聚类研究活跃程度较高，处于良性发展状态。聚类 5 的节点数目与连线数量在 2013 年以前较多，之后较少，说明这类研究可能会相对淡化。此外，各聚类并非独立，聚类之间的连线可以显示出彼此间的联系，各聚类间的连线密集程度反映了彼此间关系的紧密与否。

表 16 - 4　国际学前教育研究频次和中心性排名靠前关键词

频次降序排列信息				中心性降序排列信息			
关键词	频次	中心性	初现年份	关键词	频次	中心性	初现年份
学前（preschool）	282	0.13	2001	学前（preschool）	282	0.13	2001
幼儿园（kindergarten）	270	0.03	2000	学龄前儿童（preschooler）	86	0.12	2003
儿童（children）	265	0.08	2000	家庭（family）	134	0.1	2000
入学准备（school readiness）	231	0.05	2006	干预（intervention）	171	0.09	2000
质量（quality）	215	0.07	2000	幼儿（young children）	166	0.09	2002
语言（language）	213	0.04	2000	风险（risk）	76	0.09	2003
成就（achievement）	197	0.08	2000	儿童（children）	265	0.08	2000
行为（behavior）	186	0.07	2000	成就（achievement）	197	0.08	2000
干预（intervention）	171	0.09	2000	能力（competence）	80	0.08	2000
幼儿（young children）	166	0.09	2002	质量（quality）	215	0.07	2000

---

① 陈悦，陈超美，刘则渊. CiteSpace 知识图谱的方法论功能［J］. 科学学研究，2015（2）：242 - 253.

（续表）

频次降序排列信息				中心性降序排列信息			
关键词	频次	中心性	初现年份	关键词	频次	中心性	初现年份
技能（skill）	161	0.03	2000	行为（behavior）	186	0.07	2000
学校（school）	135	0.06	2000	认知能力（literacy）	132	0.07	2004
家庭（family）	134	0.1	2000	学前儿童（preschool children）	115	0.07	2002
教育（education）	134	0.02	2003	母亲（mother）	79	0.07	2002
幼儿期（early childhood）	134	0.04	2003	父母（parent）	67	0.07	2000

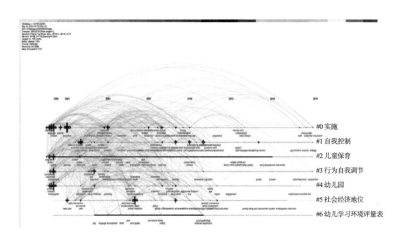

#0 实施
#1 自我控制
#2 儿童保育
#3 行为自我调节
#4 幼儿园
#5 社会经济地位
#6 幼儿学习环境评量表

图 16-4　学前教育研究热点主题变迁的时间线视图

表 16-5　国际学前教育研究热点主题 7 大聚类的核心关键词（LLR 算法）

聚类	规模	平均年份	LLR 算法下核心关键词
0	41	2006	实施（implementation）（17.71，0.000 1）；早期读写能力（emergent literacy）（12.03，0.001）；环境（setting）（8.76，0.005）；预防（prevention）（8.76，0.005）；干预（intervention）（8.18，0.005）
1	37	2007	自我控制（effortful control）（10.75，0.005）；双语学习者（dual language learners）（10.27，0.005）；学前儿童（preschool children）（7.76，0.01）；语言（language）（7.2，0.01）；行为障碍（behavior problem）（6.87，0.01）

（续表）

聚类	规模	平均年份	LLR 算法下核心关键词
2	35	2005	儿童保育(child care)(19.25,0.0001)；关于质量(relationship quality)(15.55,0.0001)；家庭(family)(11.13,0.001)；母亲(mother)(8.52,0.005)；童年中期(middle childhood)(8.52,0.005)
3	28	2005	行为自我调节(behavioral self-regulation)(7.82,0.01)；头-脚-肩膀-膝盖任务(head-toes-knees-shoulders task)(htks)(7.82,0.01)；预测因子(predictor)(7.82,0.01)；风险(risk)(7.55,0.01)；学龄前(preschool)(4.84,0.05)
4	27	2006	幼儿园(kindergarten)(8.5,0.005)；调节(adjustment)(7.12,0.01)；男孩(boy)(7.12,0.01)；社交能力(social competence)(6.62,0.05)；幼儿期(early childhood)(5.39,0.05)
5	21	2007	社会经济地位(socioeconomic status)(9,0.005)；开端计划(head start(7.74,0.01)，early head start)(5.25,0.05)；家庭投入(family involvement)(5.25,0.05)；认知发展(cognitive development)(5.25,0.05)
6	9	2006	ECERS(13.45,0.001)；语言发展(language development)(9.19,0.005)；噪声可变性(noise variability)(6.7,0.01)；非语言认知发展(nonverbal cognitive development)(6.7,0.01)；家庭照顾孩子(home-based childcare)(6.7,0.01)

聚类 0 共包含 41 个节点，平均出现年份为 2006 年，在类聚类中最大的标识词为"实施"(implementation)，可将这一类研究概括为对学前教育的实践性研究。通过对该聚类中较重要的文献进行归纳分析，可以发现以下两个方向的研究占有重要地位：一是学前教育与儿童各项技能或能力之间的关系，即对学前教育成效的评估。研究表明，入学可被视为儿童过渡的时期，而学前教育对增强儿童入学准备与提高儿童学业成就具有一定作用。具体而言，学前教育课堂中，课堂容量及师生互动质量对于儿童的学习与社交技能的发展具有重要作用[①]。

① HOWES C, BURCHINAL M, PIANTA R, et al. Ready to learn? Children's pre-academic achievement in pre-Kindergarten programs [J]. Early Childhood Research Quarterly, 2008(1): 27 - 50.

然而,这种积极作用的时效性也得到了质疑,有研究发现,绝大多数早期教育和护理计划对认知发展具有相当大的积极的短期影响,而长期影响却较小①,这或许是因为学前教育的长期影响至少部分取决于学校上学第一年的课堂经历,即较高的课堂质量(如较小的班级容量与较好的教师指导)能够弥补由学前教育引起的技能差距②。二是学前教育计划在促进教育公平中起到的作用。由于经济状况不佳、单亲家庭、抚育者受教育水平较低等不利条件的存在,部分儿童遭受由包含以上的各项风险导致的劣势局面。同时,在不同时段暴露出来的风险对儿童的影响也有所不同,其中以婴幼儿时期的家庭与社会风险对儿童入学的危害最大③。总之,虽然学前教育计划被期望为不同社会背景的儿童建立平等的受教育机会,但为所有孩子提供高质量的学习机会在现实中仍面临挑战④。

聚类 1 共包含 37 个节点,平均出现年份为 2007 年,其最大标识词为"自我控制"(effortful control);聚类 3 共包含 28 个节点,平均出现年份为 2005 年,最大标识词为"行为自我调节"(behavioral self-regulation)。两大聚类均关注了学前教育内儿童身心发展的相关研究,在一定程度上反映了学前教育领域研究与心理学的结合,且都涉及对学前儿童社会性的关注,总体上来说这两大聚类的研究体现了对儿童个体发展的重视。首先,在对儿童心理相关的研究上,两类研究较多涉及对儿童自我调节、管控功能与其学业成就之间的关系,如自我调节与学业能力⑤,努力

① BURGER K. How does early childhood care and education affect cognitive development? An international review of the effects of early interventions for children from different social backgrounds [J]. Early Childhood Research Quarterly,2010(2):140-165.
② MAGNUSON K A,RUHM C,WALDFOGEL J. The persistence of preschool effects:Do subsequent classroom experiences matter? [J]. Early Childhood Research Quarterly,2007(1):18-38.
③ MISTRY R S,BENNER A D,BIESANZ J C,et al. Family and social risk,and parental investments during the early childhood years as predictors of low-income children's school readiness outcomes [J]. Early Childhood Research Quarterly,2010(4):432-449.
④ LOCASALE-CROUCH J,KONOLD T,PIANTA R,et al. Observed classroom quality profiles in state-funded pre-kindergarten programs and associations with teacher,program,and classroom characteristics [J]. Early Childhood Research Quarterly,2007(1):3-17.
⑤ SMITH-DONALD R,RAVER C C,HAYES T,et al. Preliminary construct and concurrent validity of the Preschool Self-regulation Assessment (PSRA) for field-based research [J]. Early Childhood Research Quarterly,2007(2):173-187.

控制与学业成绩①，自我调节、努力控制与学业成就等②。接着，在对于学前儿童社会性的关注上，研究证实儿童与学习相关的社交技能（包括人际交往能力和与工作相关的技能）的各个方面有助于早期学校的表现③。此外，师生关系与家庭背景作为儿童人际关系的重要组成部分，其对于学前儿童学业成就的作用也得到了较多探讨④。

聚类 2 共包含 35 个节点，平均出现年份为 2005 年，其最大标识词为"儿童保育"（child care），可将这一类研究归类为关于儿童保育的相关研究。儿童保育向来是学前教育领域研究的重要主题，在这类关于儿童保育的研究中，值得注意的有以下几类研究：一是早教教师专业发展相关研究。早教项目前景在很大程度上取决于早教教师在职专业发展和关键教学与互动技巧的培训上⑤，Ruben G. Fukkink 和 Anna Lont⑥ 对 1980 年至 2005 年间发表的研究的回顾表明，专门培训对保育员在儿童保育方面的能力具有明显的积极影响。因此"我的教学

① LIEW J，QI C，HUGHES J N. Child Effortful Control，Teacher-student Relationships，and Achievement in Academically At-risk Children：Additive and Interactive Effects [J]. Early Childhood Research Quarterly，2010(1)：51 - 64.

② LIEW J，MCTIGUE E M，BARROIS L，et al. Adaptive and effortful control and academic self-efficacy beliefs on achievement：A longitudinal study of 1st through 3rd graders [J]. Early Childhood Research Quarterly，2008(4)：515 - 526.

③ MCCLELLAND M M，MORRISON F J，HOLMES D L. Children at risk for early academic problems：the role of learning-related social skills [J]. Early Childhood Research Quarterly，2000(3)：307 - 329.

④ BURCHINAL M，VANDERGRIFT N，PIANTA R，et al. Threshold analysis of association between child care quality and child outcomes for low-income children in pre-kindergarten programs [J]. Early Childhood Research Quarterly，2010(2)：166 - 176.

MCCLELLAND M M，MORRISON F J. The emergence of learning-related social skills in preschool children [J]. Early Childhood Research Quarterly，2004(2)：206 - 224.

LOCASALE-CROUCH J，KONOLD T，PIANTA R，et al. Observed classroom quality profiles in state-funded pre-kindergarten programs and associations with teacher，program，and classroom characteristics [J]. Early Childhood Research Quarterly，2007(1)：3 - 17.

ANDERS Y，ROSSBACH H G，WEINERT S，et al. Home and preschool learning environments and their relations to the development of early numeracy skills [J]. Early Childhood Research Quarterly，2012(2)：231 - 244.

⑤ ROBERT C，PIANTA，et al. Effects of web-mediated professional development resources on teacher-child interactions in pre-kindergarten classrooms [J]. Early Childhood Research Quarterly，2008(4)：431 - 451.

⑥ FUKKINK R G，LONT A. Does training matter? A meta-analysis and review of caregiver training studies [J]. Early Childhood Research Quarterly，2007(3)：294 - 311.

伙伴(My Teaching Partner)"①与芝加哥入学准备项目(Chicago School Readiness Project)②等项目的启动为教师提高课堂表现助力,Sheridan等人③重点介绍了专业发展文献中各种形式/方法的代表性研究,讨论了与专业发展研究相关的广泛问题,包括对专业发展过程,参与者特征,关系和可持续性的考虑,提供了有关职业发展过程的研究议程;二是学前教育环境与儿童成就之间的关系。首先,从接受学前教育的场合来看,学前教育环境可被分为在家庭中接受和在专门的早教场所接受;其次,社会经济背景的差异影响着家庭对早教项目的决策,不同场所与质量的差异对儿童成就的影响也是这类研究的重要内容。

聚类4包含27个节点,平均出现年份为2006年,该聚类最大的标识词为"幼儿园(kindergarten)",可以将这一类研究概括为对早期教育的较为宽泛的研究。学前教育对儿童的入学过渡具有重要意义,接受学前教育有助于儿童获得一定优势,这种优势具体来说体现在两方面,一是学业能力,二是社交能力④。研究表明,儿童通过学前教育获得的优势可以通过师生关系的互动质量进行预测⑤,而这种优势的持续保持则与儿童在入学后至少第一年内接受的教育息息相关⑥。然而,有学者通过对政策的内容分析对政府关于早期教育的标准进行考量,发现政府对于语言与认知领域的关注更多,而对学习与发展的具体领域如

① ROBERT C, PIANTA, et al. Effects of web-mediated professional development resources on teacher-child interactions in pre-kindergarten classrooms [J]. Early Childhood Research Quarterly, 2008(4): 431 – 451.

② CC RAVER, JONES S M, LI-GRINING C P, et al. Improving preschool classroom processes: Preliminary findings from a randomized trial implemented in Head Start settings [J]. Early Childhood Research Quarterly, 2008(1): 10 – 26.

③ SHERIDAN S M, EDWARDS C P, MARVIN C A, KNOCHE L L. Professional development in early childhood programs: process issues and research needs. Early Education & Development, 2009(3): 377 – 401.

④ MCCLELLAND M M, MORRISON F J. The emergence of learning-related social skills in preschool children [J]. Early Childhood Research Quarterly, 2004(2): 206 – 224.
MCCLELLAND M M, MORRISON F J, HOLMES D L. Children at risk for early academic problems: the role of learning-related social skills [J]. Early Childhood Research Quarterly, 2000(3): 307 – 329.

⑤ CURBY T W, LOCASALE-CROUCH J, KONOLD T R, et al. The Relations of Observed Pre-K Classroom Quality Profiles to Children's Achievement and Social Competence [J]. Early Education & Development, 2009(2): 346 – 372.

⑥ MAGNUSON K A, RUHM C, WALDFOGEL J. The persistence of preschool effects: Do subsequent classroom experiences matter? [J]. Early Childhood Research Quarterly, 2007(1): 18 – 38.

社会情感等关注较少①。

聚类 5 包含 21 个节点，平均出现年份为 2007 年，该聚类的最大标识词为"社会经济背景"，可以将这一聚类概括为对学前教育与社会经济条件之间关系的相关研究。有研究②从对儿童幼儿园入学准备模式中分析出四个特征，分别是全面积极发展（30%），社会/情感和健康优势（34%），社会/情感风险（13%）和健康风险（样本的 22.5%），而其中具有两种"风险"特征之一的儿童更有可能来自具有多种社会经济劣势的家庭。事实上，家庭风险的影响因素通常有少数民族身份、低孕产妇教育、低平均家庭收入和高母亲抑郁等③，其中，母亲的受教育水平被认为是社会经济条件最显著的指标④。处于这些早期风险中的儿童在学业表现上往往处于劣势。

聚类 6 共包含 9 个节点，平均出现年份为 2006 年，其最大标识词为"幼儿学习环境评量表（ECERS）"，可以将这类研究看作是对学前教育评估方式的研究。

以上聚类内容的呈现有助于对学前教育研究热点进行分析，可以看出当前的学前教育具有明显的现实关照，学前教育的师幼互动、学前教育质量与环境、学前教育与社会经济背景、学前教育与社会公平、学前教育心理学等内容都是领域内研究的热点问题。

三、国际学前教育研究的前沿演进及关键文献

1. 前沿演进

对于学前教育研究前沿演进的研究采取了时区图与关键词和突显词相结合

① SCOTT-LITTLE C, KAGAN S L, FRELOW V S. Conceptualization of readiness and the content of early learning standards: The intersection of policy and research? [J]. Early Childhood Research Quarterly, 2006(2): 153 – 173.

② HAIR E, HALLE T, TERRY-HUMEN E, et al. Children's school readiness in the ECLS-K: Predictions to academic, health, and social outcomes in first grade [J]. Early Childhood Research Quarterly, 2006(4): 431 – 454.

③ SEKTNAN M, MCCLELLAND M M, A ACOCK, et al. Relations between early family risk, children's behavioral regulation, and academic achievement [J]. Early Childhood Research Quarterly, 2010(4): 464 – 479.

④ MISTRY R S, BIESANZ J C, CHIEN N, et al. Socioeconomic status, parental investments, and the cognitive and behavioral outcomes of low-income children from immigrant and native households [J]. Early Childhood Research Quarterly, 2008(2): 193 – 212.

的方式。使用 CiteSpace 软件做时区图 16-5,列出各年份频次排名前五的关键词(如有)和突显词见表 16-6。时区图上研究主题的所在位置为其在研究阶段内的首次出现时间,以图上 2000 年区间内的"语言(language)"点为例,关于"语言"的研究是本文研究阶段内的首次出现,在实际研究中可能出现在 2000 年及以前(未在本文研究时段内),因此该点落在 2000 年区间,当年包括其后整个研究阶段的出现频次都将影响这一点显示出的面积大小。在图中可以看出,在整个研究时段前期,大量面积较大的研究点呈现,可以推测这些研究主题自出现以来受到了较为广泛的关注,在中后期时区图上呈现的节点面积相对较小,造成这种差距的原因一方面可能是由于相关研究未被重视,另一方面也可能是与出现时间较短未能进行充分研究有关。因此将时区图与各年份涌现的主要关键词和突显词结合起来研究可以很好地发现各时区新涌现的研究前沿并关注到其的发展情况。

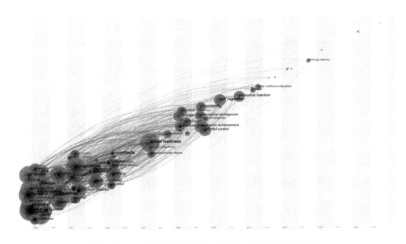

图 16-5　国际学前教育研究前沿演进时区图

表 16-6　国际学前教育研究不同阶段、年份关键词与突显词

	年份	频次排名前五关键词(如有)	突显词
阶段一 (2000— 2005)	2000	幼儿园(kindergarten);儿童(children);质量(quality);语言(language);成就(achievement);	质量(quality);经验(experience);学校(school);父母(parent);能力(competence);

（续表）

	年份	频次排名前五关键词（如有）	突显词
阶段一 （2000— 2005）	2001	学前的（preschool）；开端计划（head start）；教师（teacher）；选择（selection）	
	2002	幼儿（young children）；学龄前儿童（preschool children）；儿童保育（child care）；母亲（mother）；照料（care）	早期干预（early intervention）；依恋（attachment）；母亲（mother）；照料人（caregiver）；同伴（peer）；儿童保育（child care）
	2003	幼儿期（early childhood）；教育（education）；学龄前儿童（preschooler）；风险（risk）；性情（temperament）	过渡（transition）；游戏（play）；性别（gender）
	2004	读写能力（literacy）；数学（mathematics）；早期读写能力（emergent literacy）；教学（instruction）；预测因子（predictor）	收入（income）；支持（support）；语言发展（language development）；贫穷（poverty）；家（home）；参与（involvement）
	2005	婴幼儿（infant）；儿童（childhood）；幼儿（toddler）；意识（awareness）；稳定性（stability）	家庭（family）；意识（awareness）
阶段二 （2006— 2010）	2006	入学准备（school readiness）；社会经济地位（socioeconomic status）；社交能力（social competence）；感知（perception）	早期开端计划（early head start）；雇用（employment）；社交技能（social skill）
	2007	词汇（vocabulary）；学生（student）；儿童保育（child care）；质量（quality）；社会化（socialization）；师幼关系（teacher-child relationship）	
	2008	课堂质量（classroom quality）；知识（knowledge）；调节（adjustment）；个体差异（individual difference）；性别差异（gender difference）	政策（policy）；环境（setting）；美国的（American）
	2009	学业成就（academic achievement）；自我控制（effortful control）；专业发展（professional development）；联合（association）；幼儿园学龄前（prekindergarten）	一年级（1st grade）；表现（performance）；榜样（model）；行为障碍（behavior problem）

（续表）

	年份	频次排名前五关键词(如有)	突显词
阶段二 (2006— 2010)	2010	自我调节(self regulation);口语(oral language);非裔美国人(African American);实施(implementation);故事(story)	调节(adjustment);非裔美国人(African American)
阶段三 (2011— 2019)	2011	执行功能(executive function);行为调节(behavioral regulation);拟合指数(fit index);外化问题(externalizing problem);注意(attention)	
	2012	早期教育(early childhood education);影响(impact);习得(acquisition);领悟力(comprehension);家庭投入(family involvement)	个体差异(individual difference);习得(acquisition);教学(instruction);低收入(low income)
	2013	投入(engagement);家庭儿童保育(family child care)	儿童保育质量(child care quality);投入(engagement);性情(temperament)
	2014	早期读写能力(early literacy);双语学习者(dual language learner);元分析(metaanalysis);英语(English);读写技能(literacy skill)	词汇(vocabulary);信念(belief);双语学习者(dual language learner);性别差异(gender difference)
	2015	工作记忆(working memory);质量评级和改进系统(quality rating and improvement system);成长(growth)	社交能力(social competence);执行功能(executive function);自我控制(effortful control);早期教育(early childhood education);小学(elementary school)
	2016	科学(science);早期开发工具(early development instrument)	学生(student);环境(environment);早期读写能力(emergent literacy)
	2017	幼儿园教室(kindergarten classroom)	准备(readiness);影响(impact);学业成就(academic achievement);学龄前儿童(preschooler)
	2018	数学(math);随机对照实验(randomized controlled trial);入学准备(school readiness);心理学测量研究(psychometric property)	

（续表）

	年份	频次排名前五关键词（如有）	突显词
阶段三 （2011— 2019）	2019	学前课堂（preschool classroom）；视角（perspective）；缺失数据（missing data）；策略（strategy）	

首先，从时间上看学前教育领域的前沿演进，可以将 2000 到 2019 年的学前教育研究划分为三个阶段，第一阶段是从 2000 年到 2005 年，这一阶段可以看作是对学前教育基础问题的研究；第二阶段是从 2006 年到 2010 年，这一阶段可以看作是学前教育社会化时期，学前教育的社会关照，一方面体现在学前教育中社会关系的研究，如师生关系的相关研究得到更多关注，一方面是社会经济背景等社会因素对学前教育的影响，如移民背景等以及与此有关的社会与教育公平问题；第三阶段是从 2011 年到 2019 年，这一阶段可以看作是学前教育心理化时期，其心理学色彩一方面体现在研究内容上对儿童心理问题及行为的关注，一方面则体现在研究方法上不断的规范化等。

第一阶段（2000—2005 年），学前教育的基础研究阶段。这一阶段主要的研究前沿问题有儿童保育、学前教育质量、儿童认知发展、语言、学业成就、Head Start[①] 等，说明这些研究出现较早且得到了广泛重视。科技的发展强调个体知识运用的能动性，工作与教育场所都呼唤个体做好准备运用分析与创造性思维，而教育在培养思考能力方面的作用已被肯定[②]。因此，学前教育对儿童的关注涵盖对其身心发展的综合考量，要求帮助儿童在身体与思想上都为入学做好准备，更好地度过这一重要的过渡期。也正是基于学前教育的重要性，学前教育质量对儿童成就的影响受到重视，而对学前教育质量的关注也始终是研究的热点话题。学前教育质量重要的评估工具"课堂互动评估系统"（Class Assessment Scoring Sysiem，CLASS）在学前教育研究中被广泛应用，而阐述该手段的著作

---

① Head Start，早期开端计划，美国迄今为止规模最大的早期儿童发展项目。该计划由美国总统林登·约翰逊（Lyndon Baines Johnson）提出，自 1965 年开始实施，以联邦政府及州政府为主投入资金，由受过培训的教师对家庭条件不佳的儿童提供免费的学前教育。

② CLANCY, BLAIR. School readiness. Integrating cognition and emotion in a neurobiological conceptualization of children's functioning at school entry. [J]. The American psychologist, 2002(2)：111 - 127.

也是近二十年来的关键文献之一。Head Start 作为美国学前教育的重要项目,自推行以来在促进学前教育公平、弥合处境不利儿童与其处境优势同辈之间的差距等方面起到了重要作用,有关于该项目的研究为其提供了评估与建议。

第二阶段(2006—2010 年),这一阶段学前教育研究具有更为鲜明的社会性特征。从其关键词可见,入学准备、社会经济背景、个体差异、性别差异、教室质量、社会化、师幼关系等内容都是这一阶段的研究重点主题,可以发现,学前儿童的个体差异与社会化特征得到更多的关注。一方面,从学前教育中人际与社会关系的研究来看,有关师幼关系的研究得到更多的注意,研究表明师幼关系对于学前儿童的发展具有重要的作用,师幼关系能够预测儿童的学业成就、社会行为倾向等;另一方面,对社会经济背景及其影响下的社会公平、教育公平问题的相关探讨。以美国为例,有研究表明近年来美国学前教育的两大趋势越发明显①,其一是接受正规学前教育儿童的比重不断增加;其二是来自移民家庭的儿童占学龄儿童的比重不断增加。正式(formal)的学前教育通常具备独立于儿童家庭之外,由培训上岗的专业人员提供照料与教育的特征。移民家庭通常指在美国境外出生的第一代孩子或在国外出生的父母的第二代孩子。与移民家庭背景相伴的话题往往有语言与文化的多样性、弱势的社会经济地位等,而贫困问题被认为是非常重要的、几乎影响儿童发展全过程的重要因素。事实上,关于家庭社会经济地位对儿童学业成就的研究同样是学前教育研究领域的重要组成部分,如何为处于风险中的学前儿童创设更为友好的生活与学习氛围始终是政策制定者、研究者们和社会各界人士的共同追求。这一阶段的研究表现出了研究者们对社会现实更多的关照,学前儿童不仅仅是单个的个体,也是社会性的存在,其发展不仅是在自身的社会关系网络的互动中进行,也与更宏观的社会资本格局息息相关,学前教育研究对儿童社会性的注重有助于更加全面地理解和促进学前儿童的发展。

第三阶段(2011—2019 年),从时区图与词频图中可以看出,这一阶段的研究相较之前具有更明显的心理学色彩,一方面体现在心理学专业词汇的出现,如

---

① GOTTFRIED M A, KIM H Y. Formal versus informal prekindergarten care and school readiness for children in immigrant families: A synthesis review [J]. Educational Research Review, 2015: 85 - 101.

"执行功能(executive function)""工作记忆(working memory)"；另一方面则是体现在研究范式上对心理学研究方法的借鉴，如 psychometric property(心理学测量研究)。首先，教育学与心理学的交融由来已久，而随着学前教育与心理学学科的交叉不断深化，儿童的心理发展规律被越发清晰深入地认知并被用于学前教育的实践，儿童在学前阶段表现出的行为障碍等问题也被以心理学的视角诠释。对于学前儿童心理的探究实际上可以视为是对学前儿童更为内在的研究，是由外而内、由表及里的探索，体现出了对儿童作为独立主体的客观心理生长规律的尊重。心理学知识的应用是学前教育研究越发科学化的体现，学前教育研究由经验性的总结逐渐得到实证的支撑，这其中学前教育的研究范式同样受到心理学研究的影响，量化的研究方法得到更多的应用。知识结合与研究范式的应用相辅相成，共同推动国际学前教育研究的科学化进程。

值得注意的是，一些研究问题始终是学前教育领域难以割舍的热点，比如儿童保育、学前教育质量等相关问题贯穿了近二十年的学前教育研究。总之，学前教育领域研究的前沿演进呈现了多学科领域渐趋融合的特点，关注学前教育的外部性因素影响与内在性问题的多角度透析反映了学前教育研究日益鲜明的科学化特征。但新前沿的出现并不代表既往热点的冷却，且新热点在引起关注前可能也早有端倪。

2. 关键文献

根据被引频次降序统计可得出学前教育领域的关键文献，其中前十篇文章见表 16 - 7。

表 16 - 7　国际学前教育研究共被引网络中关键文献

序号	作者	被引频次	中心性	突显性	发文年份	文献性质与名称
1	Andrew J. Mashburn, et al.	132	0.02	21.316	2008	论文，《学前班和儿童的学业，语言和社交技能发展的课堂质量衡量》(*Measures of Classroom Quality in Prekindergarten and Children's Development of Academic, Language, and Social Skills*)

（续表）

序号	作者	被引频次	中心性	突显性	发文年份	文献性质与名称
2	Carollee Howes, et al.	102	0.03	12.398 3	2008	论文,《准备好学习了吗？儿童在学前课程中的学前成绩》（*Ready to learn? Children's pre-academic achievement in pre-Kindergarten programs*）
3	Greg J. Duncan, et al.	101	0.1	22.725 8	2007	论文,《入学准备与之后的成就》（*School Readiness and Later Achievement*）
4	Robert C. Pianta	100	0.05	21.327 9	2008	著作,《课堂互动评估系统》（*Classroom assessment scoring system Manual, Pre-K*）
5	Margaret Burchinal, et al.	69	0.08	11.847 6	2010	论文,《学前项目中低收入家庭儿童的托儿质量与儿童结果之间相关性的阈值分析》（*Threshold analysis of association between child care quality and child outcomes for low-income children in pre-kindergarten programs*）
6	Megan M. McClelland, et al.	68	0.05	18.307	2007	论文,《行为规范与学龄前儿童的素养,词汇和数学技能之间的联系》（*Links Between Behavioral Regulation and Preschoolers' Literacy, Vocabulary, and Math Skills*）
7	Bridget K. Hamre and Robert C. Pianta	59	0.06	15.850 2	2005	论文,《一年级课堂中的教学和情感支持能否对处于学习失败风险中的孩子有所帮助?》（*Can Instructional and Emotional Support in the First-Grade Classroom Make a Difference for Children at Risk of School Failure?*）
8	C. Cybele Raver, et al.	57	0.12	9.220 9	2011	论文,《CSRP对低收入学龄前儿童的学前技能的影响：自我调节作为中介机制》（*CSRP's Impact on Low-Income Preschoolers' Preacademic Skills: Self-Regulation as a Mediating Mechanism*）

（续表）

序号	作者	被引频次	中心性	突显性	发文年份	文献性质与名称
9	Clancy Blair and Rachel Peters Razza	57	0.05	13.827 2	2007	论文，《将努力控制，执行功能和错误信念理解与幼儿园新兴的数学和识字能力联系起来》（*Relating Effortful Control, Executive Function, and False Belief Understanding to Emerging Math and Literacy Ability in Kindergarten*）
10	Diane M. Early, et al.	56	0.01	7.964 5	2007	论文，《教师的教育，课堂质量和幼儿的学术技能：来自七项学前班研究的结果》（*Teachers' Education, Classroom Quality, and Young Children's Academic Skills：Results From Seven Studies of Preschool Programs*）

以上十篇经典文献中包含九篇期刊论文和一部著作，从学前教育课堂质量、学前儿童学习素养、情感等方面对学前教育进行了研究。

第三节　讨　论

从对学前教育领域的主要研究力量的分析来看，美国占据了主要地位。发文与被引量排名前五的五位作者的所在研究机构均位于美国。此外，从 VOSviewer 分析图中可以看到这些核心作者间存在较为紧密的联系。由此可见，学前教育领域主要的学术圈已形成[①]。学术圈的形成体现了研究者之间社会关系网络的构建，这一方面有助于资源共享，但另一方面也存在封闭的隐患。在经济领域内，由有限的团结和信任产生的社会资本是集团经济进步的核心[②]，同样的社会关系在增强社区成员之间经济交流的便利性和效率的同时隐含地限制了局外人[③]。这

---

① 兰国帅，程晋宽，虞永平. 21 世纪以来国际学前教育研究：发展与趋势——学前教育领域四种 SCI 和 SSCI 期刊的知识图谱分析[J]. 教育研究，2017(4)：125 - 135.

② PORTES A. Social Capital：Its Origins and Applications in Modern Sociology [J]. Annual Review of Sociology, 1998：1 - 24.

③ ROGER, WALDINGER. The 'other side' of embedded ness：A case-study of the interplay of economy and ethnicity [J]. Ethnic & Racial Studies, 1995(3)：555 - 580.

种圈层群体内暗含的对外排斥性放诸其他领域也依旧具有一定的适用性。

思想是话语的实质内容，话语是传达思想的互动过程①。学术话语权一方面体现为"权利"即资格，指拥有学术的"创造更新权、意义赋予权和学术自主权"②；另一方面体现为"权力"即影响力，表现为"引领学术发展的趋向、决定学术议题的设置、左右学术评判的尺度、主导学术交流的势态等诸多方面"③。美国在学前教育领域的明显优势实际上体现了美国对学前教育领域话语权的掌控。

从内容上看，学前儿童的发展是其自身、家庭与更广的社会环境交互作用的过程④。首先，在儿童自身发展方面，研究者们对儿童的身心发展规律进行探索或期望对儿童进行早期干预以改善儿童的发展状况。鉴于身体健康对良好的学习与发展至关重要⑤，学前儿童的身体素质教育应该得到重视⑥。实际上，在儿童早期提供的高质量的生活不仅是对儿童时期健康的投资⑦，也对其成年后疾病的预防大有裨益⑧。同样值得关注的还有儿童早期的社会情感发展，有研究表明儿童的社会情感能力可以预测其学业成就⑨。

家庭因素在学前儿童发展中具有举足轻重的作用，父母的经济、文化背景、受教育程度等因素会对儿童的发展起到影响。来自经济社会背景更有优势的家

① SCHMIDT V. Discursive Institutionalism：The Explanatory Power of Ideas and Discourse［J］. Social Science Electronic Publishing，2008(1)：303－326.

② 郑杭生. 学术话语权与中国社会学发展(英文)［J］. Social Sciences in China，2011(4)：27－34.

③ 沈壮海. 试论提升国际学术话语权［J］. 文化软实力研究，2016(1)：97－105.

④ LAURIE M，ANDERSON，et al. The effectiveness of early childhood development programs：A systematic review［J］. American Journal of Preventive Medicine，2003(3)：32－46.

⑤ WRIGHT P M，ZITTEL L L，GIPSON T，et al. Assessing Relationships Between Physical Development and Other Indicators of School Readiness Among Preschool Students［J］. Journal of Teaching in Physical Education，2019(4)：388－392.

⑥ ROSS，SUSAN M. Pre-k physical education：universal initiatives and teacher preparation recommendations［J］. Quest-Illinois-National Association for Physical Education in Higher Education，2013(1)：1－13.

⑦ SHONKOFF J P. Changing the narrative for early childhood investment.［J］. Jama Pediatrics，2014(2)：105.

⑧ F CAMPBELL，CONTI G，HECKMAN J J，et al. Early Childhood Investments Substantially Boost Adult Health［J］. Science，2014(6178)：1478.

⑨ CADIMA J，DOUMEN S，VERSCHUEREN K，et al. Child engagement in the transition to school：Contributions of self-regulation，teacher-child relationships and classroom climate［J］. Early Childhood Research Quarterly，2015：1－12.
MCCLELLAND M M，CAMERON C E，MD CONNOR，et al. Links between behavioral regulation and preschoolers' literacy，vocabulary，and math skills.［J］. Developmental Psychology，2007(4)：947－959.

庭的孩子往往表现出更优的学业成就与社会交往能力①，而与之相反的同龄儿童则处于入学准备不足的境遇②，但这些来自相对弱势家庭的孩子可以通过接受学前教育弥补这一差距③。

从更广的视角来看，政府对学前教育的关注从宏观上对学前儿童施加影响。美国的"开端计划"④⑤致力于提高学前教育质量与增强儿童入学准备；加拿大的学前教育形成了"强地方弱中央"的管理体系和趋向一体的幼儿教育与保育体系⑥。英国推进"有效学前教育项目（The Effective Provision of Pre-School Education Project，EPPE）以追求高质量、公平化的学前教育⑦。事实上，这些政策自实施以来的成果研究可以肯定其推行的积极意义，而既有的研究也表明无论是出于对学前教育重要性的认知还是对维护社会公平的考量，政府已对学前教育政策的出台给予了更高的关注。中国通过一系列政策法规保障如"学前教育三年行动计划"对学前教育的财政投入，完善学前教育的政策体系，对学前教

① BARBARIN O，et al. Children enrolled in public pre-K：the relation of family life，neighborhood quality，and socioeconomic resources to early competence. [J]. American Journal of Orthopsychiatry，2010(2)：265－276.

② WINSLER A，HUTCHISON L A，FEYTER J D，et al. Child，family，and childcare predictors of delayed school entry and kindergarten retention among linguistically and ethnically diverse children. [J]. Developmental Psychology，2012(5)：1299－1314.

③ MAGNUSON K，SHAGER H. Early education：Progress and promise for children from low-income families [J]. Children & Youth Services Review，2010(9)：1186－1198.

④ 徐海娇，柳海民. 近年美国学前教育改革项目成效、特点及启示[J]. 现代教育管理，2017(04)：124－128.

⑤ DOUGLASS A G，ROCHE K M，LAVIN K，et al. Longitudinal parenting pathways linking Early Head Start and kindergarten readiness [J]. Early Child Development and Care，2020(2)：1－20.

⑥ 吴小平，赵景辉. 加拿大学前教育政策：历史，经验与走向[J]. 外国教育研究，2015(4)：55－65.

⑦ SAMMONS P，I SIRAJ-BLATCHFORD，SYLVA K，et al. Investigating the Effects of Pre-School Provision：Using Mixed Methods in the EPPE Research [J]. International Journal of Social Research Methodology，2005(3)：207－224.

SYLVA K，MELHUISH E，SAMMONS P，et al. The Effective Provision of Pre-School Education (EPPE) Project：Findings from Pre-school to end of Key Stage1 Research brief [J]. Policy Science，2004(11)：995－1001.

BAKER W，SAMMONS P，SIRAJ-BLATCHFORD I，SYLVA K，MELHUISH E，TAGGART B. Aspirations，education and inequality in England：insights from the Effective Provision of Pre-school，Primary and Secondary Education Project [J]. Oxford Review of Education，2014(5)：525－542.

育的科学化、规范化发展起到重要作用①。总之,重视并确保学前教育良性发展已经逐渐成为世界范围内的社会共识。随着全球范围内联系的加深,全球视野的学前教育研究具有重要的实践价值,先进的、成功的学前教育经验的引进与本土化学习对相对落后的地区具有重要的指导意义。

从学前教育研究演进的历史趋势上来看,学前教育研究领域不断开阔,多学科交融的多元化研究特征愈发鲜明,这一点与先前的研究相吻合②。而这一跨学科研究特征可体现在两方面,一是一些长期以来的热点话题的研究因与其他学科范畴内知识的碰撞而拓宽视域,二是其他学科知识的新进展引发教育的变革,即教育借外部知识以探索和发展自身的寻求与外部新知在教育上的应用或对教育变革的诉求。然而,学科交融的特征不但深化了当前对教育现象与规律的研究,也使一些学者重温了以往对教育学学科独立性的辩护。从英国哲学家卡尔·波普尔(Karl Popper)"三个世界"的视角来分析教育研究的对象可发现,教育研究涵盖了物理客观物质世界、心理精神世界以及化为书本等载体的客观知识世界这三个层面③。从此视角出发,教育具有明显的包容性,而教育学与其他学科的交叉对教育学的发展也产生了一定的推动作用。

第四节　建　议

一、加强学前教育全方位多样化发展

关注学前教育在研究内容、研究方法、研究主体上的多样性发展。研究内容上需进一步促进交叉学科发展。融合社会学、心理学、生理学、脑科学等其他学科的研究进展,充分认识到学前儿童作为独立个体与社会性存在的特征;研究方

---

① 洪秀敏,朱文婷,张明珠. 我国学前教育政策研究的回眸与展望:价值取向,研究范式与核心主题[J]. 学前教育研究,2020(4):11-20.
杨莉君,黎玲. 我国学前教育研究热点:梳理、审思与展望——基于2010—2017年核心期刊学前教育主题类文章的分析[J]. 湖南师范大学教育科学学报,2018(6):112-119+129.
② 邱淞,潘黎,侯剑华. 21世纪国际学前教育研究的热点领域和前沿演进——基于SSCI中最有影响力的5种学前教育期刊文献的计量和可视化分析[J]. 学前教育研究,2014(6):10-20.
③ 许锡良. 制约"教育学"学科独立性的因素分析——兼论教育复杂性对教育学研究范式的影响[J]. 湖南师范大学教育科学学报,2005(4):24-29.

法上需多样化综合应用，关注潜在因素的测量，从而更充分地关注儿童各方面发展水平，探索不同成长背景、不同学业成就儿童的发展道路；研究主体上需要重视领域内学术共同体的建设。学术团体的形成有助于凝聚学术共识，提升团队的国际影响力。但与此同时也需注意学术团体的开放性，拓宽准入渠道，加强团体间的沟通交流。

二、构建学前儿童发展的教育支持系统

儿童的成长环境对其发展至关重要，家庭与社会应尽力为学前儿童创设健康友好的生长环境。首先，父母应注重对学前儿童成长过程的参与，培养良好的亲子关系，为学前儿童提供强有力的家庭情感支持，以帮助其社会情感能力得到更充分的发展，为之后的入学做准备。学前儿童的教育者应当接受更充分的培养，具备足够的知识技能并自觉提升自我发展能力，致力于建设和谐的师生关系，帮助处境不利儿童更好地成长。学前教育机构应当规范自身，提高教育质量，一方面注重教育人员的专业发展，一方面要关注机构硬条件的建设；政策制定者应当在宏观层面出台相关法律措施保障，探索适合国情的公共与私立的学前教育项目比重，关注学前教育的研究与现实进展，对学界与社会的反馈作出适宜的反应。政府或全国性教育组织协会应加快建立和完善学前教育教师的专业发展系统与评价体系。支持学前教育教师的专业发展对于提升其专业能力与技能起到重要作用，评价体系则起到规范和引导作用，倒逼学前教育教师的职业素养提升，与教师专业发展系统相辅相成，共同规范学前教育教师的准入渠道与发展路径。

（王树涛　吕鑫磊）

第十七章
国际高等教育研究的热点主题和前沿演进

　　高等教育是人才培养的关键环节,很多国家都十分重视高等教育的发展,并颁布多个文件从顶层角度提供具体指导。《我国关于高等学校加快"双一流"建设的指导意见》为高校落实"双一流"建设总体方案和实施办法提供了具体指导①;《高等学校人工智能创新行动计划》重点强调利用智能技术支撑人才培养模式的创新、教学方法的改革、教育治理能力的提升,构建智能化、网络化、个性化、终身化的教育模式②。美国新媒体联盟每年都会发布针对高等教育领域的地平线报告,就如何利用信息技术提高高等教育质量、促进创新人才培养等进行探讨③。正如钟秉林④所述,目前高等教育正处于从单纯的规模扩张时期到以提高质量和优化结构为核心的内涵式发展的过渡时期。因此,全面了解高等教育的发展有助于后续的创新式改革。

　　实践领域的改革促进了研究领域的发展,进而出现了许多关于高等教育领域研究的综述文章。陈新民⑤从文献计量学角度出发,综合运用词频统计法、知

① 教育部. 关于高等学校加快"双一流"建设的指导意见[EB/OL]. (2018). http://www.moe.gov.cn/srcsite/A22/moe_843/201808/t20180823_345987.html.
② 教育部. 高等学校人工智能创新行动计划[EB/OL]. (2018). http://www.moe.gov.cn/srcsite/A16/s7062/201804/t20180410_332722.html.
③ 李艳,姚佳佳. 高等教育技术应用的热点与趋势——《地平线报告》(2018高教版)及十年回顾[J]. 开放教育研究,2018,24(6):12-28.
④ 钟秉林. 完善高等教育质量保障体系建设的探索——《普通高校本科教学评估成效与改革取向》评价[J]. 山东社会科学,2013(11):193.
⑤ 陈新民. 我国高等工程教育的研究现状(2008—2012)——基于近五年的文献计量和内容分析[J]. 高等工程教育研究,2014(4):30-34.

识图谱分析法对近五年来(2008—2012)我国高等工程教育研究文献的产出分布、热点主题及动态趋势进行了客观的分析。也有研究以《中国高教研究》创刊30年来(1985—2014)刊载的7 781篇学术论文为研究对象,绘制了其关键词共现知识图谱,对核心研究作者、研究热点等进行了统计分析[①]。田依林[②]检索了CSSCI收录教育类的5种期刊在2003—2013年11年间发表的12 447篇载文,利用文献计量法对高等教育合作研究进行了统计与分析。陈贵梧[③]对2001—2010年间SSCI收录的10种高等教育研究期刊上的研究性论文进行文献计量和描述统计分析,分别从年度分布、国家/地区分布、研究机构分布、作者分布、研究前沿领域、知识基础及其演变过程、学科影响力等方面分析了高等教育研究的国际态势及其演变。

综上所述,虽然目前关于国内外高等教育领域研究的综述已经从多个角度开展,但是,较少有研究对国际上2000—2019年高等教育的研究进行统计计量分析,针对国际高等教育领域全貌的研究还比较欠缺。因此,本文试图通过对2000年至2019年的国际权威高等教育学术期刊的文献数据进行可视化分析,探索国际高等教育研究的主要研究力量、热点主题和前沿演进。

第一节　研究方法及数据来源

一、研究方法

文献计量学综合利用数学、统计学和文献学的方法,以定量的方式分析某一范围内文献总量分布、合作关系、影响力、关键词、引用关系网络,帮助研究者快速获取研究领域内的具有高影响力的国家、机构、学者信息、经典著作文献及领域内权威出版物,探索该领域研究热点与最新进展、前沿主题演进。常见的知识图谱可视化研究工具有Ucinet、NetDraw、Pajek、bibexcel、VOSviewer、

---

① 王硕旺,褚照锋.《中国高教研究》30年载文的文献计量和知识图谱分析(1985～2014年)[J]. 中国高教研究,2015(5): 20 - 26.

② 田依林. 我国高等教育合作研究团队的分析——基于部分CSSCI刊源教育类期刊载文研究[J]. 中国高教研究,2014(6): 23 - 26+42.

③ 陈贵梧. 高等教育研究的国际态势及其演变: 对2001～2010年SSCI论文的计量分析[J]. 高教探索,2013(2): 9 - 15.

CiteSpace 等。本研究利用荷兰莱顿大学科学技术研究中心的 Nees Jan van Eck 和 Ludo Waltman 开发的可视化文献计量网络软件工具 VOSviewer 1.6.13,以及美国德雷塞尔大学信息科学与技术学院教授陈超美开发的科学文献可视化分析软件 CiteSpace 5.5.R2(64 - bit),通过合作网络、共现网络和共被引分析角度对国际高等教育研究的主要研究力量、热点主题、前沿演进三方面进行分析。

二、数据来源

高等教育领域的 *Higher Education*、*Journal of Higher Education*、*Research in Higher Education*、*Studies in Higher Education* 四本期刊近五年(2015 年—2019 年)的影响因子分别为 3.420、0.982、2.780 和 1.458,能够代表该领域的最高水平的研究成果,因此,本研究选择此四本期刊的文献作为研究对象。本研究所使用的文献数据来自美国科学技术信息情报所(ISI)的 Web of Science 网站,选取 Web of Science 核心合集,其引文索引包括 SCI-EXPANDED (1900 年至今)、SSCI(1998 年至今)、A&HC(1998 年至今)、CPCI-S(1998 年至今)、CPCI-SSH(1998 年至今)和 ESCI(2015 年至今)。本研究设置出版物名称为 *Higher Education*、*Journal of Higher Education*、*Research in Higher Education*、*Studies in Higher Education*,时间跨度限定在 2000—2019 年,文献类型限定为 Article,最终得到 4 530 条结果,将此结果分批次以“全记录与引用的参考文献”为记录内容,分别以“纯文本”和“制表符分隔”为文件格式进行下载并保存(2020 年 5 月 9 日检索)。

第二节　结果分析

2000—2019 年间,国际高等教育研究从年度分布上看,研究成果数量呈现平稳增长趋势;从期刊分布上看,研究成果在 *Higher Education* 发布最多(见图 17 - 1)。此外,国际高等教育研究在主要研究力量、热点主题、前沿演进方面呈现出阶段性特征,本研究结合 CiteSpace 和 VOSviewer 在计量不同方面所具备的优势进行分析。

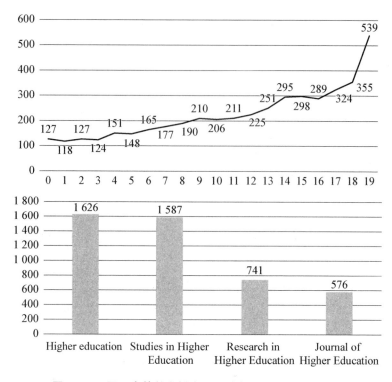

图 17-1 国际高等教育样本文献的年度分布和期刊分布

一、国际高等教育研究的主要力量

本文利用 Vosviewer 软件对四本高等教育领域 SSCI 收录期刊二十年（2000—2019）载文的核心作者、研究机构和研究国家或地区进行发文量与合作关系的统计分析。

1. 核心作者

核心作者是引领学术发展、推动学术创新、构建学术话语权的重要骨干力量，探究核心作者及其研究成果，可以有效识别该领域的高产学者及学术群体派系特征。学术界对于核心作者的典型测评方法是根据作者的发文量和被引量两个指标进行的①。本研究的样本文献中共有 8 330 位作者，表 17-1 展示了国际

---

① 郝若扬. 如何测度学科核心作者[EB/OL]. 中国社会科学报. 2016. http://www.cssn.cn/zx/201609/t20160920_3206551.shtml.

高等教育研究发文量和被引量领先的作者。

表 17‐1　国际高等教育研究发文量和被引量领先的作者（单位：篇）

序号	发文量降序排列信息			序号	被引量降序排列信息		
	作者	发文量	被引量		作者	发文量	被引量
1	Tight，Malcolm	57	171	11	Kuh，George D	23	2 661
2	Huisman，Jeroen	38	549	12	Marginson，Simon	16	1 495
3	Kezar，Adrianna	35	829	13	Umbach，Paul D	17	1 136
4	Kuh，George D	25	2 661	14	Terenzini，Patrick T	12	873
5	Mayhew，Matthew J.	24	332	15	Perna，Laura W.	12	859
6	Pascarella，Ernest T.	23	532	16	Trigwell，Keith	11	710
7	Bowman，Nicholas A	21	559	17	Yorke，Mantz	13	684
8	Deson，Nida	14	261	18	Hurtado，Sylvia	9	639
9	Kearney，Mary-louise	14	20	19	Pascarella，Ernest T	8	573
10	Lincoln，Daniel	14	20	20	Bowman，Nicholas A	21	559

从表 17‐1 可以看出，发文量排名前五位的分别是英国兰开斯特大学教育研究部的马尔科姆·泰特（Malcolm Tight）、比利时根特高等教育管理中心的惠斯曼·耶罗恩（Huisman，Jeroen）、美国南加州大学的凯扎尔·阿德里安娜（Kezar，Adrianna）、美国印第安纳大学的牛·乔治（Kuh，George D）、美国俄亥俄州立大学教育研究部的梅休·马修（Mayhew，Matthew J），他们的发文量都在 24 篇及以上。可见英国、美国和比利时高校的学者在高等教育领域研究成果比较丰硕。

从高被引文献来看，排名前五的作者分别是美国印第安纳大学的牛·乔治（Kuh，George D）、英国伦敦大学学院教育学院的西蒙·里德森（Marginson，Simon）、美国宾夕法尼亚大学的劳拉·佩纳（Laura W. Perna）、美国北卡罗来纳州立大学的保罗·乌姆巴赫（Paul D. Umbach）、美国宾夕法尼亚州立大学高等教育研究中心的帕特里克·特伦齐尼（Patrick T. Terenzini），这些作者的被引量均达到 859 次及以上，可见美国和英国高校的学者不仅发文量高，影响力也比较大。

发文量和被引量均较高的为美国印第安纳大学的牛·乔治（Kuh，George D)和美国爱荷华大学的帕斯卡雷拉·欧内斯特（Pascarella，Ernestt），发文量均在 20 篇以上，被引量均在 550 次以上。

从核心作者合作网络图来看（见图 17-2），在发文量 5 篇及以上的 208 位作者中，形成了 110 个合作关系，共计合作 227 次，形成了 10 个较为显著的核心作者群。其中，美国爱荷华大学的帕斯卡雷拉·欧内斯特（Pascarella，Ernestt）的合作次数最多，和其他 11 个作者合作 40 次；其次，美国俄亥俄州立大学教育研究部的梅休·马修（Mayhew，Matthew J)和比利时根特高等教育管理中心的惠斯曼·耶罗恩（Huisman，Jeroen）也属于合作次数比较多的作者，各自和其他 7 位作者合作 16 次。

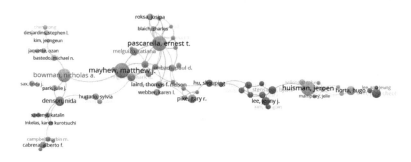

图 17-2　国际高等教育核心作者合作网络图

2. 研究机构

本研究的样本文献中的研究机构共有 2 010 家，发文量 10 篇及以上的有 215 家。发文量排名前五位的是美国的艾奥瓦大学（Univ iowa）、美国的密歇根大学（Univ Michigan）、美国的印第安纳州立大学（Indiana univ）、英国的开放大学（Open univ）、英国的兰卡斯特大学（Univ Lancnster）发文量都在 76 篇及以上。此外，美国加利福尼亚大学洛杉矶分校（Univ calif Los Angeles）的发文量和被引量也比较高，分别为 62 和 2 891；值得注意的是，英国的兰卡斯特大学（Univ Lancaster）、美国的佐治亚大学（Univ Georgia）和美国南加州大学（Univ So Calif）虽然发文量比较高，分别为 76、63 和 63，但被引量相对较低，分别为 1 409 次、1 453 次和 1 515 次，而英国格拉斯哥大学（Univ Glasgow）和思克莱德大学(Univ strathclyde)发文量虽然相对不高(24 篇和 23 篇),但其被引量相对较高,分别为 2 353 次和 2 118 次。由此可见,国际有影响力的高等教育研究机构主要集中在北美和欧洲(见表 17 - 2)。

表 17 - 2 国际高等教育研究发文量和被引量领先的研究机构(单位:篇)

序号	发文量降序排列信息			被引量降序排列信息		
	研究机构	发文量	被引量	研究机构	发文量	被引量
1	艾奥瓦大学	90	2 722	印第安纳大学	86	4 111
2	密歇根大学	88	2 302	加州大学洛杉矶分校	62	2 891
3	印第安纳大学	86	4 111	艾奥瓦大学	90	2 722
4	开放大学	77	2 231	中国香港大学	64	2 364
5	兰卡斯特大学	76	1 409	格拉斯哥大学	24	2 353
6	中国香港大学	64	2 364	密歇根大学	88	2 302
7	马里兰大学	63	2 046	宾夕法尼亚大学	63	2 236
8	佐治亚大学	63	1 453	开放大学	77	2 231
9	宾夕法尼亚大学	63	2 236	悉尼大学	53	2 123
10	南加州大学	63	1 515	恩克莱德大学	23	2 118

从主要研究机构合作网络图来看(见图 17 - 3),在发文量 10 篇以上的 215 家中有 211 个机构具有合作性,形成了 735 个合作关系,共计合作 1 084 次,形成 12 个较为显著的主要研究机构合作群。其中,爱荷华大学(Iowa University)的合作次数最多,和其他 35 个机构共计合作 80 次;其次,印第安纳州立大学(Indiana Univ)合作次数也比较多,和其他 23 个机构共计合作 49 次;最后,密歇根大学(Univ Michigan)合作次数也比较多,和其他 26 个机构共计合作 42 次。由此可见,国际高等教育主要研究机构合作群分布在北美。

3. 研究国家或地区

本研究样本文献中包括 96 个国家(或地区),其中发文量 10 篇以上有 41 个国家(或地区)。从表 17 - 3 可以看出国家(或地区)的发文量和被引量大致是成

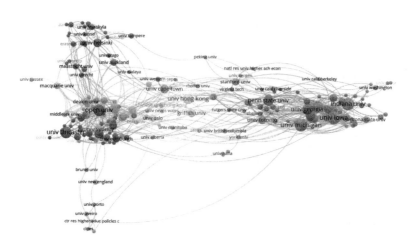

图 17-3　国际高等教育研究主要研究机构合作网络图

表 17-3　国际高等教育研究发文量和被引量领先的研究国家(或地区)(单位：篇)

序号	发文量降序排列信息			序号	被引量降序排列信息		
	国家/地区	发文量	被引量		国家/地区	发文量	被引量
1	美国	1 968	46 256	1	美国	1 968	46 256
2	英国	1 035	20 200	2	英国	1 035	20 200
3	澳大利亚	590	17 011	3	澳大利亚	590	17 011
4	中国	226	4 206	4	苏格兰	139	4 923
5	加拿大	170	3 561	5	荷兰	165	4 502
6	荷兰	165	4 502	6	中国	226	4 206
7	南非	148	1 670	7	加拿大	170	3 561
8	德国	142	2 160	8	芬兰	109	2 818
9	苏格兰	139	4 923	9	德国	142	2 160
10	西班牙	128	2 047	10	挪威	93	2 147

正比的,发文量和被引量排名前三位的国家(或地区)排序一致,均为美国、英国和澳大利亚,发文量达到 590 篇及以上,被引量达到 17 011 次及以上。此外,中国、加拿大、荷兰、德国、苏格兰也是发文量和被引量均比较靠前的国家。值得注

意的是,挪威虽然发文量相对而言不太高(93 篇),但被引量相对比较高,为 2 147 次。

从主要研究国家(或地区)合作网络图来看(见图 17-4),发文量 10 篇以上的 41 个国家(或地区)形成了 243 个合作关系,共计合作 766 次,形成了 8 个较为显著的合作网络群。其中,美国的合作次数最多,和其他 32 个国家(地区)合作了 208 次;此外,英国的合作次数也比较多,和其他 35 个国家合作 227 次;最后,中国合作次数也很多,和其他 27 个国家合作 104 次。

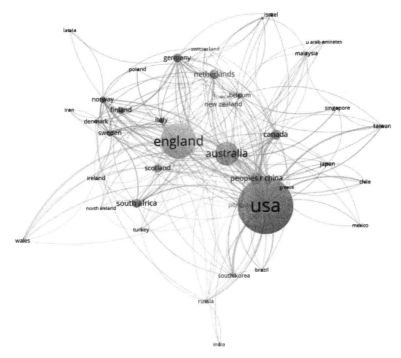

图 17-5　H 国际高等教育研究主要研究国家(或地区)合作网络图

二、国际高等教育研究的热点主题

关键词共现图谱分析有助于发现高等教育研究内容间的知识网络关系,挖掘高等教育研究领域的核心知识节点,展示当前高等教育学科领域的知识结构、研究范式、研究主题和研究热点,揭示高等教育研究领域的历史发展与变化。以 CiteSpace 软件为工具,本研究导入样本文献共计 4 530 条,设置时间切片为 2000—2019 年,在此期间每一年进行时间切片,文本处理选择标题、摘要和作者关键词和扩展关键词(由于某些年份没有作者关键词,因此选择两种关键词),节点类型选择关键词,其他为默认设置,软件运行得出基本图谱后进行作者关键词的 LLR 算法聚类(由于 LSI 算法和 MI 算法得出的多个聚类中的首个关键词重复,因此选择 LLR 算法)。

　　文献的关键词是反映文献研究主题概念的词或词组,高频关键词能够在一定程度上反映学科领域的研究热点[1]。本文利用 CiteSpace 软件对四本高等教育领域 SSCI 收录期刊二十年(2000—2019)载文的高频关键词进行统计分析。表 17 - 4 列举了四本高等教育领域 SSCI 收录期刊二十年(2000—2019)载文中出现频次排名前二十的关键词,从表 17 - 4 可以看出,高等教育(higher education)、高校(university)、学生(student)、教育(education)是排名前四的关键词,这些关键词的出现频次都在 350 次以上,其中高等教育(higher education)的出现频次超过了 1 000,为 1 227 次。总结而言,这 20 个高频关键词既关注师生的发展,如学生(student)、表现(performance)、教师(faculty)、质量(quality),也包含影响高等教育的因素,如影响(impact)、感知(perception)、性别(gender)等。

表 17 - 4　国际高等教育研究频次靠前关键词(前 20)

序号	关键词	频次	序号	关键词	频次
1	高等教育(higher education)	1 227	11	学院(faculty)	229
2	高校(university)	478	12	性别(gender)	218
3	学生(student)	439	13	科学(science)	169
4	教育(education)	355	14	质量(quality)	160
5	模型(model)	294	15	结果(outcome)	159
6	表现(performance)	273	16	成就(achievement)	157
7	影响(impact)	265	17	政策(policy)	149
8	感知(perception)	248	18	知识(knowledge)	142
9	经验(experience)	237	19	多样性(diversity)	139
10	学院(college)	232	20	工作(work)	138

[1] 姜春林.经济学研究热点领域知识图谱:共词分析视角[J].情报杂志,2008(9):78-81.

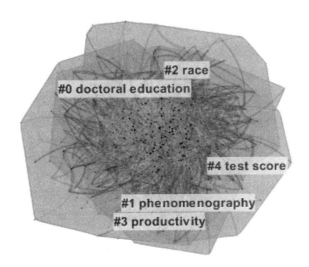

图 17－5　国际高等教育研究热点主题图

表 17－5　国际高等教育研究热点主题 5 大聚类的核心关键词(LLR 算法)

聚类	规模	轮廓	平均年份	LLR 算法下核心关键词
博士研究生教育 (doctoral education)	193	0.59	2009	合并(amalgamation),全球化(globalization),质量保证(quality assuance),合并(mergers)
现象学 (phenomenography)	172	0.643	2008	学习社区(learning communities),学习方法(approaches to learning),学习成果(learning outcomes),自我调节学习(self-regulated learning),影响(effect)
种族(race)	170	0.734	2007	政治(politics),大学入学率(college enrollment),转变(transfer),生存分析(survival analysis),大学选择(college choice)
生产率 (productivity)	89	0.739	2006	学院(faculty),就业能力(employability),评估(evaluation),科学(science),性别平等(gender equity)
考试成绩 (test score)	9	0.957	2003	自我报告(self-report),教育发展(educational development),学科(academic disciplines),教学反思(reflection on teaching),学生成绩(student outcomes)

从聚类结果的节点个数情况来看,排名首位的聚类的最大标识词为博士研

究生教育(doctoral education)，包含 193 个节点，中心性为 0.59，发表平均年份为 2009 年。该聚类的主要关键词为融合(amalgamation)、国际化(globalization)、质量保证(quality assurance)和合并(merger)。从与该聚类高度相关的文献来看，由于过去对高等教育的探究多集中在新自由主义、新公共管理主义等角度的宏观探索，而班塞尔(Bansel)[1]则从自己作为博士生和知识工作者的角度，关注高等教育的学术主体构成等微观层面，聚焦学术层面，对学术知识、学术工作和标准以及学术活动的制定、规范和具体体现等进行了剖析。美国的学术研究事业很大程度上依赖于外国公民的贡献，特别是大量的国际博士后受雇于美国大学。博士后是美国增长最快的学术人员群体之一，超过 50% 的美国博士后是临时签证持有者。基于此，坎特韦尔(Cantwell)和泰勒(Taylor)[2]设计了一个评估模型评估美国大学国际博士后就业的地方、国家和机构，并以 1989—2009 年间的数据为例进行分析。研究发现，时间的推移和联邦政府支持的研发支出是博士后就业的有力预测因素，制度特征只能预测私立大学子样本的变化。在国际上，高等教育机构合并的主要目的是在学术和行政上建立更大规模的综合体，诺格尔德(Norgård)和斯考德万(Skodvin)[3]运用网络理论和文化方法分析了挪威的一所国立高等院校——泰勒马克大学学院的合并，即学院各分院之间的地理距离和文化差异如何影响学术目标与行政目标达成程度。结果表明，基础设施(新技术等加强各部门人员联系)、社会(不同机构之间的合作，可以通过创建共同文化加强)和组织(先前的组织单位在新的中央管理下的延续是原因之一，重视行政和管理方面的架构)是不同部门有效融合、实现学术和行政目标的重要因素。塔达基(Tadaki)和特雷梅万(Tremewan)[4]试图对国际财团的变革潜力进行了探究，以一个来自亚太地区著名研究型大学的国际财团为案例进行了分析，文章强调应把国际财团理解为国际机构关系的价值基础，是一个可以将

① BANSEL P. Becoming Academic：A Reflection on Doctoral Candidacy [J]. Studies in Higher Education，2011,36(5)：543 - 556.

② CANTWELL B，Taylor B J. Internationalization of the Postdoctorate in the United States：Analyzing the Demand for International Postdoc Labor [J]. Higher Education：The International Journal of Higher Education and Educational Planning，2013,66(5)：551 - 567.

③ NORGÅRD J D，SKODVIN O J. The importance of geography and culture in mergers：A Norwegian institutional case study [J]. Higher Education，2002,44(1)：73 - 90.

④ TADAKI M，TREMEWAN C. Reimagining internationalization in higher education：International consortia as a transformative space? [J]. Studies in Higher Education，2013,38：367 - 387.

很多价值变得可见和有争议的空间,未来的注意力应集中于了解某些国际化的想法、项目和规范的来源以及运作过程,并基于此作出更大的改变。由于跨学科是在当前技术进步和全球化推动的知识快速传播和创造时代的一种可持续的前进方式,莱恩(Ryan)和纽曼(Neumann)[①]通过对澳大利亚商学院研究生的纵向研究,考察了政府政策和制度变化对跨学科教学和研究的影响。从以上文献可以看出,该主题的研究关注高层次人才(博士生、博士后)培养和就业、高校的国际化和融合(学院、跨学科合并)等。

　　第二个热点主题名称是现象图析学(phenomenography),包含 172 个节点,中心性为 0.643,发表平均年份为 2008 年。该聚类的主要关键词有学习共同体(learning communities)、学习方法(approaches to learning)、学习结果(learning outcomes)、自我调节的学习(self-regulated learning)和影响(effect)。从与该聚类高度相关的文献来看,库尤(Curseu)和普卢特(Pluut)[②]以 159 个学生群体为样本,利用模型探究了协同学习对群体学习效果的影响,模型将团队合作质量作为调节因素,探索其对几个因素(如性别、国籍、团队合作专业知识多样性,以及认知差异的需求)的调节作用。结果表明,团队合作质量确实起到了中介调节作用。派克(Pike)[③]等人关注大学生在课堂活动内外的学习共同体参与和学生参与之间的偶然关系,基于 2004 年国家学生参与度调查数据进行了分析,结果表明,无论是一年级学生还是高年级学生,学习共同体参与和学生参与有显著的正向关系。在某些类型的参与中,高年级学生的人际关系明显强于一年级学生。由于经验对学习有促进作用,尤其是在工程专业的领域,基尔戈尔(Kilgore)[④]等人以专业档案的形式探索了先前经验对教育的促进作用,11 名学生设计了作品

---

① RYAN S, NEUMANN R. Interdisciplinarity in an era of new public management: A case study of graduate business schools [J]. Studies in Higher Education. 2013,38(2):192-206.

② CURSEU P L, PLUUT H. Student groups as learning entities: The effect of group diversity and teamwork quality on groups' cognitive complexity [J]. Studies in Higher Education,2013,38(1):87-103.

③ PIKE G R, KUH G D, MCCORMICK A C. An Investigation of the Contingent Relationships Between Learning Community Participation and Student Engagement [J]. Research in Higher Education,2011,52(3):300-322.

④ KILGORE D, SATTLER B, TURNS J. From fragmentation to continuity: Engineering students making sense of experience through the development of a professional portfolio [J]. Studies in Higher Education,2013,38(6):807-826.

集并参与了定性访谈。结果显示,学生在作品制作等过程中增加了他们先前经验的教育价值。托伦贝克(Torenbeek)[①]等人的重点是课程特色(如讲座、实习)、自主学习、时间投入与成就之间的关系。利用结构方程模型对 200 名学士学位学生进行了研究。结果显示,排课次数和上课出勤率对学业成绩有不同程度的积极影响。与此同时,更多的讲座和实践活动导致了更低的出勤率和花在自学上的时间,自律和动机通过课堂出勤率间接地预测成绩。迪塞斯(Diseth)等人[②]以 442 名处于第一学期心理学本科学生为研究对象,探讨课程经验、学生学习方式、努力程度(花在学习上的时间)与先前学业成绩(高中平均绩点)的关系。相关分析的结果表明,这些因素均与考试成绩有关,结构方程模型的结果显示,表面和策略学习方法是课程经验和考试成绩之间的中介。因此,学习成绩既受到学生所经历的学习环境的间接影响,也直接受学生的努力、先前成绩和学习方法的影响。综上所述,该聚类主要关注影响学生学习中的各种影响因素以及彼此之间的关系,进而提高教学效率。

　　第三个热点主题的名称是种族(race),包含 170 个节点,中心性为 0.734,发表平均年份为 2007 年。该聚类主要关键词是政策(politics)、高校招生(college enrollment)、转变(transfer)、生存分析(survival analysis)和大学选择(college choice)。从与该聚类高度相关的文献来看,由于之前研究多关注大学生满意度和毕业率在种族/民族、性别和社会经济地位方面的差异,忽视了宗教信仰这个重要因素,鲍曼(Bowman)和斯梅德利(Smedley)[③]以 28 所大学的 3098 名本科生为研究对象,历时 4 年,采用分层线性模型分析了大学满意度随宗教信仰(或宗教信仰缺失)的变化程度。即使在控制各种个人和制度特征的情况下,不认同任何宗教团体的学生对大学的满意度最低,而新教学生的满意度最高。也有研究说明大学宗教与精神气候的几个心理与行为维度,包括精神支持与表达的空

① TORENBEEK M, JANSEN E, SUHRE C. Predicting undergraduates' academic achievement：The role of the curriculum, time investment and self-regulated learning [J]. Studies in Higher Education, 2013,38(9)：1393 - 1406.

② DISETH Å, PALLESEN S, BRUNBORG G, LARSEN S. Academic achievement among first semester undergraduate psychology students：The role of course experience, effort, motives and learning strategies [J]. Higher Education, 2010,59：335 - 352.

③ BOWMAN N A, SMEDLEY C T. The Forgotten Minority：Examining Religious Affiliation and University Satisfaction [J]. Higher Education, 2013,65(6)：745 - 760.

间、与世界观多样性的挑衅遭遇，以及具有挑战性的课程经验，都与学生的普世取向有关，但有些影响取决于学生的世界观①。塔瓦雷斯（Tavares）和卡多佐（Cardoso）②以学生作为消费者的隐喻为框架，探讨学生在选择高等教育时是否表现出理性的消费者行为。通过分析葡萄牙学生选择的定性研究结果表明，学生决定接受高等教育和选择某所大学时，他们往往表现得像理性的消费者，但当他们参加某一特定的学习项目时，理性程度就会减弱。在后一种情况下，学生在形成偏好之前，不是比较不同的学习计划和收集信息，而是先形成这种偏好，然后才收集信息。学生社会化过程是形成对学习计划的偏好和选择学习计划职业的一个关键因素。也有研究调查了西班牙裔和白人青年女性在大学入学考试中的优势，目的是探索社会资本（学业表现和取向除外）是否同样有助于解释女性上大学的可能性更高。研究的数据来自得克萨斯高等教育机会项目，结果表明，女孩在高中的较高学习成绩是她们大学入学率的性别优势背后的一个重要因素，尤其是西班牙裔学生。此外，与同种族的男性同龄人相比，西班牙裔和白人女孩拥有更高水平的社会资本，比如在高中更注重学业的友谊团体，这主要与较高的大学入学率有关。然而，更频繁地与高中辅导员讨论大学问题似乎只对西班牙裔学生的女性入学有帮助。对于两组人来说，所有因素对 2 年制大学入学考试中女性优势的解释都比 4 年制大学中女性优势的解释要少得多。总的来说，研究结果强调了需要进行更多的研究，以考虑性别和种族/民族在决定个人上大学道路的复杂过程③。巴尔（Bahr）④研究了种族差异对补救数学成功的影响，在成功的补救中，作者首先量化了先前未确认的种族差距，然后通过一组中介和调节变量来解释这一差距。此外，研究还测试了种族群体之间的补救的相对有效性。从以上列举的文献可以看出，该主题关注学生的人口学特征，如种族、宗教信仰、学生的择校自主性等。

① ROCKENBACH A B, MAYHEW M J. How the Collegiate Religious and Spiritual Climate Shapes Students' Ecumenical Orientation [J]. Research in Higher Education, 2013,54(4), 461 - 479.

② TAVARES O, CARDOSO S. Enrolment Choices in Portuguese Higher Education: Do Students Behave as Rational Consumers? [J]. Higher Education, 2013,66(3): 297 - 309.

③ RIEGLE-CRUMB C. More Girls Go to College: Exploring the Social and Academic Factors Behind the Female Postsecondary Advantage Among Hispanic and White Students [J]. Research in Higher Education, 2010,51(6): 573 - 593.

④ BAHR P R. Preparing the Underprepared: An Analysis of Racial Disparities in Postsecondary Mathematics Remediation [J]. Journal of Higher Education, 2010,81(2): 209 - 237.

　　第四个研究热点名称是生产率（productivity），包含 89 个节点，中心性为 0.739，发表平均年份为 2006 年。该聚类的主要关键词为教师（faculty）、就业能力（employability）、评估（evaluation）、科学（science）、性别平等（gender equity）。从与该聚类高度相关的文献来看，罗瑟（Rosser）[1]利用国家高等院校教师研究的数据库，探索了人口统计变量、工作生活质量以及满意度如何相互作用进而影响教师的离职意愿，结构方程模型的研究结果表明，教师对其工作生活的认知对其满意度有直接而有力的影响，并进而影响其离职意愿。阮[2]（Nguyen）的研究旨在了解越南高等教育中女性学术管理人员的地位，进而确定赋予其权力的战略。文章的重点是大学领导和女性院长对女性学术障碍的看法和女性院长对促进其职业发展的思考。研究发现，主要障碍是强大的家庭责任、对女性领导者的负面性别刻板印象，以及女性学者不愿担任管理职位，女性院长职业晋升的主要推动力量是自我努力、强大的家庭支持，以及被认为是有利或幸运的选择环境。此外，在赋予女性学术领导力方面，女性既是变革的推动者，也是变革的目标。宾利（Bentley）和基维克（Kyvik）[3]的研究关注研究型大学中全职教师的研究时间，调查了 13 个国家研究型大学的全职教师自我报告的研究时间，文章分析了教师个人研究时间的差异程度以及与个人差异相关的因素，包括：①大学关于教师个人研究工作时间分配的政策；②研究的个人动机；③家庭承诺。结果表明，虽然与额外研究时间相关的因素在不同的国家有所不同，但个人对研究的动机（相对于教学）在所有国家都很重要。大学的研究政策和个别教员的研究状况对个别研究时间的预测相对较弱，但在英语国家普遍存在较强的影响，研究时间通常会随着年龄的增长而减少，但在年长的群体中会趋于平稳或增加。家庭和性别是全职教师研究时间的弱预测因子。劣绅（Flashman）[4]对导致女性大学入学率的急剧上升的原因进行了探究，以 1972 年、1982 年和 1992 年三个高中毕业班

① ROSSER V J. Faculty Members' Intentions to Leave：A National Study on Their Worklife and Satisfaction [J]. Research in Higher Education，2004，45(3)：285-309.

② NGUYEN，THI L，HUONG. Barriers to and facilitators of female Deans' career advancement in higher education：An exploratory study in Vietnam [J]. Higher Education，2013，66(1)：123-138.

③ BENTLEY P J，KYVIK S. Individual Differences in Faculty Research Time Allocations Across 13 Countries [J]. Research in Higher Education，2013，54(3)：329-348.

④ FLASHMAN J. A Cohort Perspective on Gender Gaps in College Attendance and Completion [J]. Research in Higher Education，2013，54(5)：545-570.

为研究对象,研究了导致女性大学入学率变化的两种可能机制:学术成就的变化,以及进入大学并完成大学学业的途径。结果表明,成绩对大学入学率决定的影响的变化促使女性大学出勤率的增加。高等教育的扩大,特别是从两年制大学到四年制大学增加了入学的机会,女性不成比例地利用了这些机会。那些在过去没有上过大学的优秀女性,现在正在利用这些非传统途径来提高她们的大学入学率。西兰德(Silander)等人①关注性别与学科之间的关系,将高等教育中的性别研究与学术文化中的学科差异理论结合起来。该研究指出了性别构成学科之间的巨大差异。在性别构成方面,各学科之间存在着巨大的性别差异,尤其是在博士后期间离开学术界的可能性和对性别平等工作的态度方面。在博士后职业生涯中,男性和女性的行为在学科和性别上存在显著差异。学科对性别平等的影响需要进行更系统的研究。综上所述,该聚类关注大学教师(领导者)的发展、大学教育的扩展性、高等教育入学中的性别差异等。

第五个研究热点是成绩(test score),包含 9 个节点,中心性为 0.957,发表平均年份为 2003 年。该聚类的主要关键词为自我报告(self-report)、教育发展(educational development)、学术科目(academic disciplines)、教学反思(reflection on teaching)、学生结果(student outcomes)。从与该聚类高度相关的文献来看,卡布雷拉(Cabrera)等人②描述了一个评估项目的结果,该项目旨在为工科本科生制定学习收获的绩效指标。具体而言,文章重点探讨了课堂实践与学生专业能力收获之间的关系,7 所大学的 1 250 多名学生参加了活动。结果显示,教师互动与反馈、合作学习、清晰与组织的教学实践与学生自我报告的问题解决技能、团队技能和对工程作为一种职业的理解的收获显著正相关。特遂(Tsui)③使用案例研究法,通过课堂观察和访谈,探究了课堂上能够促进学生批判性思维提高的教学方法,结果表明,写作(写作的数量和写作任务的性质)和重写、课堂讨论都是有效的方式。写作需要更多的分析和更少的束缚。此外,对写

---

① SILANDER C, HAAKE U, LINDBERG L. The different worlds of academia: A horizontal analysis of gender equality in Swedish higher education [J]. Higher Education, 2013,66(2): 173-188.

② CABRERA A F, COLBECK C L, TERENZINI P T. Developing Performance Indicators for Assessing Classroom Teaching Practices and Student Learning [J]. Research in Higher Education, 2001,42(3): 327-352.

③ TSUI L. Fostering Critical Thinking through Effective Pedagogy: Evidence from Four Institutional Case Studies [J]. Journal of Higher Education, 2002,73(6): 740-763.

作的反馈可能会进一步促进批判性思维提升，特别是如果涉及重写作业。课堂讨论虽然可以增强批判性思维，但要求教师减少对被动学习方法的依赖，如讲课（本科教育中最常用的教学方法）。法韦罗（Favero）[①]研究了学术纪律与行政行为认知复杂性之间的关系，对全国范围内的研究机构和博士院校的院长进行调查。双变量回归显示，来自应用领域是一个显著的预测因素，而共识的影响不显著。当加入其他预测因子时，学科效应减弱，这表明当考虑其他因素时，一个人对其特定学科范式的了解程度变得比仅仅隶属于某一学科更重要。结果还表明，纪律的影响不能被限制在管理者的看法、领导背景和行为等框架约束中。约翰逊（Johnson）[②]关注临时教员和学生成果的关系，通过对同样的数据应用非聚合和聚合分析表明，临时教员对学生结果实际影响几乎没有关系。特伦齐尼（Terenzini）等人[③]探究了课堂中种族和民族多样性对学生学习的影响（如问题解决能力、合作能力等）以及课堂的多样性是否对课程中使用的合作等教学方法有促进作用，研究以 1258 名工程专业的学生（来自 49 个班级）为对象，问卷调查的结果表明，中等程度的多样性（大概 30％～40％）能够提高问题解决和合作能力，但是过低和过高的多样性可能会给学习带来消极影响。因此，该聚类的研究主要集中在提高课堂效率，对学习的评估、对学术纪律的探究等。

三、国际高等教育研究的前沿演进

研究前沿是指一组突显的动态概念和潜在的研究问题[④]，它代表了研究领域中某段时间内突然出现、骤增但并不稳定的研究趋势。在特定领域，研究前沿指的是科学家积极引用文章的主要部分。因此，研究前沿可看作是在某一时段内以突显文献（Burst Article）为知识基础的一组文献所探讨的科学问题或专

---

① FAVERO M D. An Examination of the Relationship Between Academic Discipline and Cognitive Complexity in Academic Deans' Administrative Behavior [J]. Research in Higher Education, 2006, 47 (3): 281 - 315.

② JOHNSON I Y. Contingent Instructors and Student Outcomes: An Artifact or a Fact? [J]. Research in Higher Education, 2011, 52(8): 761 - 785.

③ TERENZINI P T, CABRERA A F, COLBECK C L, BJORKLUND S A, PARENTE J M. Racial and Ethnic Diversity in the Classroom: Does It Promote Student Learning? [J]. Journal of Higher Education, 2001, 72(5): 509 - 531.

④ 陈超美. CiteSpace Ⅱ：科学文献中新趋势与新动态的识别与可视化[J]. 情报学报, 2009, (3): 401 - 421.

题。本文通过 CiteSpace 的"Burstness"菜单对四本高等教育领域 SSCI 收录期刊二十年(2000—2019)载文的参考文献进行突显处理,并以突显率最高的 10 篇文献为代表进行考察(见表 17-6),包括 6 本著作、3 篇文章和 1 份报告。然后通过系统自带的引文历史(citation history)功能,输出这些节点文献出现频次随时间变化的态势图,厘清国际高等教育领域近二十年来研究前沿的变迁。

表 17-6　国际高等教育研究共被引网络中突显节点文献

序号	文献名	作者	年份	突显率	突显时间
1	《大学如何影响学生:第三个十年的研究》	Pascarella E. T. , & Terenzini P. T.	2005	21.11	2006—2013
2	《卓越的大学教学》	Biggs J	1999	19.00	2001—2007
3	《创办创新的大学——组织变革的途径》	Clark B. R	1998	15.62	2000—2006
4	《学术漂泊:大学校园的有限学习》	Richard A. , & Josipa R	2011	10.46	2012—2019
5	《高等教育研究中的大规模二次数据分析:与复杂采样设计相关的潜在风险》	Thomas S. L. , & Heck R. H	2001	9.53	2003—2009
6	《学生在大学中的成功:创造重要条件》	Kuh G. D. , Kinzie J. , Schuh J. H. , & Whitt E. J	2005	9.08	2006—2013
7	《从 NSSE 中学到的关于学生参与度的知识:有效教育实践的基准》	George D. Kuh	2003	8.90	2005—2011
8	《学术学科:基于霍兰人格理论对大学师生的研究》	Smart J. C. , Feldman K. A. , & Ethington C. A	2000	5.73	2002—2008
9	《超越国家,市场和高等教育系统:政府机关的代理启发》	Marginson S. , & Rhoades G	2002	5.62	2004—2010
10	《澳大利亚高等教育评论:总结报告》	Bradley D. , Noonan P. , Nugent H. , & Scales B	2008	5.50	2010—2016

1. 渐强型研究前沿

图 17 - 6 展示了由美国纽约大学的理查德·阿鲁姆（Richard Arum）等人[1]出版的著作——《学术漂泊：大学校园的有限学习》的被引频次随时间的变化情况，从图 17 - 6 可以看出，该著作的被引频次随时间呈递增的态势，因此，《学术漂泊：大学校园的有限学习》属于渐强型研究前沿。该著作的突显率处于第四位（10.46），突显时间是 2012—2019。就其主要内容而言，书中认为尽管学费飞涨，每年还是有越来越多的学生上大学。如今，越来越多的职业都需要学士学位。一些父母从孩子一出生就开始为孩子上大学的费用做计划。但是，学生在大学期间究竟学到了什么？本书调查了 24 所学院和大学的 2 300 多名学生的学习情况。以学生学习的具体测量为重点，探索了与学习相关的因素：学生的人口统计背景和学术准备、大学的选择性以及学生在进入大学时的选择和行为对学习的影响。为此，作者分别从两个时间点：大学第一年开始和第二年结束时收集数据并开展评估，结果表明，学生在头两年的平均学习成绩提高很小，技能几乎没有得到发展，作者对此结果进行解释，如教师更关注研究而不是教学、大学更关注追求研究资金而不是教育学生、全日制大学生在学校有很多让他们分心的事情、不同学生利用时间具有差异等。本书价值在于成为讨论本科教育在高等教育体系中所扮演角色的宝贵资源，本科教育要真正给学生提供有价值、符合他们需求的东西。因此，该书主要关注大学的价值以及学生学习的评估。

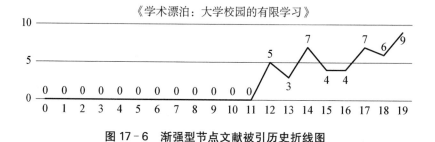

图 17 - 6　渐强型节点文献被引历史折线图

2. 渐弱型研究前沿

图 17 - 7 展示了《大学如何影响学生：第三个十年的研究》《卓越的大学教

---

[1] RICHARD A，JOSIPA R. Academically Adrift：Limited Learning on College Campuses［M］. Chicago：University of Chicago Press，2010.

学》《创办创新的大学——组织变革的途径》《高等教育研究中的大规模二次数据
分析：与复杂采样设计相关的潜在风险》《学生在大学中的成功：创造重要条件》
《从 NSSE 中学到的关于学生参与度的知识：有效教育实践的基准》《学术学科：
基于霍兰人格理论对大学师生的研究》《超越国家，市场和高等教育系统：政府
机关的代理启发》和《澳大利亚高等教育评论：总结报告》的被引频次随时间的
变化情况，从图 17 - 7 可以看出，这些著作（文章、报告）的被引频次随时间整体
呈递减的态势，因此，以上列举的著作、论文或报告属于渐弱型的研究前沿。

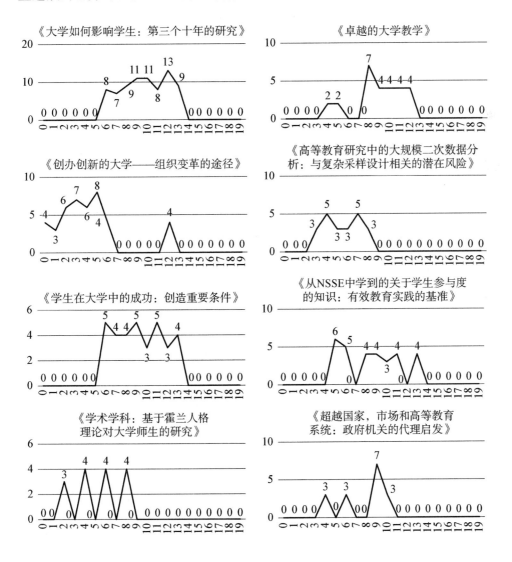

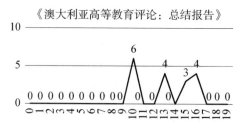

图 17-7　渐弱型节点文献被引历史折线图

在渐弱型节点文献中，突显率处于第一位（21.11）的是来美国艾奥瓦大学的帕斯卡雷拉·欧内斯特（Pascarella，Ernest T）等人[①]出版的专著——《大学怎样影响学生——第三个十年的研究》，突显时间是 2006—2013 年。本书对 1989 到 2001 年间的大约 2 500 篇论文进行了分析，其逻辑结构是不同类型的学习结果（大学的影响性），影响的主要内容分别与学生认知发展、个人成长、心理社会变化、态度和社会政治观点、公民参与、道德发展、教育收获和成就、坚持、职业和经济成就以及毕业后的生活质量相关。在这八章中，证据主要围绕以下六个问题分组阐述：①有什么证据表明，人在大学期间会发生变化？（大学期间改变）；②有什么证据表明大学期间的变化是上大学的唯一结果？（大学的净效应）；③不同的大学对学生的变化有哪些不同的影响？（大学之间的影响）；④有什么证据表明不同的经历会影响学生在机构内的变化？（在大学的影响）；⑤有什么证据表明大学对不同类型的学生有不同的影响？（有条件的影响）；⑥大学的长期影响是什么？（长期影响）。综上所述，该书关注的是大学对学生的全面的、综合性的影响。

突显率处于第二位（19.00）的是来自中国香港大学的约翰·比格斯（John Biggs）等人[②]出版的著作——《卓越的大学教学》，突显时间是 2001—2007 年。本书的基本观点是当学习成果、教学和学习活动以及评估具有一致性的时候，学习就是深刻的、有效的、有意义的，而不用被外界老师等压力迫使。相反，当学习活动与结果或评估无关时，或者当评估只是一个参照标准时，这本质是在比较学

① PASCARELLA，ERNEST T，TERENZINI P T. How college affects students：A third decade of research（Vol. 2）[M]. San Francisco：Jossey-Bass，2005.

② BIGGS J. Teaching for quality learning at university [M]. Buckingham，UK：The Society for Research into Higher Education and Open University Press，1999.

生之间的差异,而不是找出他们目前已经掌握了什么、可以做什么或他们如何表现。具体而言,该书主要内容包含:变革的理由、建设性的组合一致性、课程目标、良好教学的原则、大班教学、国际学生、评估、在线学习和反思。本书从大学教师和教育开发者的双重视角探索如何提高学生的学习,将教学视为一个整体,鼓励老师接受教学的学术方法,定义目标和寻求适当的解决方案,从本质上讲,就是要在个人行为和课程或课程单元的建设过程中,秉持建设性一致的精神。因此,该书主要关注如何促使学生开展积极主动的学习以及提高学生的学习效率和质量。

突显率处于第三位(15.62)的是来自美国加州大学洛杉矶分校的伯顿·克拉克(Burton R. Clark)①出版的著作——《创办创新的大学——组织变革的途径》,突显时间是 2000—2006 年。这本书记录了欧洲五所大学在十五年间的转变过程,总结而言,该过程具有五个特点:一个加强有力的指导核心、扩展的发展外围、多元化的拨款基础、活跃的学术中心以及创业文化,这些因素有助于大学克服国际大学中日益严重的环境需求与大学应对能力之间的不平衡性,即"改革的组织途径"。大学正面临更大的压力来改变其传统特征,进而变得更有创新性和创业精神,而成功的实施新的管理观点至关重要。大学需要将这些变化与传统的学术价值相协调。综上所述,该书主要关注大学的变革,该变革需要管理、资金、领导、学术等方面的创新。

突显率处于第五位(9.53)的是来自美国夏威夷大学的斯科特·托马斯(Scott L. Thomas)和罗纳德·H·赫克(Ronald H. Heck)②发表的论文——《高等教育研究中的大规模二次数据分析:与复杂采样设计相关的潜在风险》,突显时间是 2003—2009 年。由于高等教育研究中大多数使用复杂的调查样本进行设计,感兴趣的人口按若干个维度分层,并在某些层次内进行抽样。此外,这些复杂的样本设计通常将较低层次的单元(如学生)集中在较高层次的单元(如大学)中,以提高抽样的效率。在复杂的调查设计中,忽略采样(选择的不均

① CLARK B R. Creating entrepreneurial university organizations: Pathways of transformation [M]. Oxford: Pergamon, 1998.

② THOMAS S L, HECK R H. Analysis of Large-Scale Secondary Data in Higher Education Research: Potential Perils Associated with Complex Sampling Designs [J]. Research in Higher Education, 2001, 42(5): 517 – 540.

等概率)可能会带来问题,如数据不能代表它们所要推广到的人群。本文提供了一个使用复杂抽样调查数据的扩展示例,为研究人员解决设计中的基于观察数据的采样和聚类问题提供了参考。由此可见,该文章聚焦高等教育中的研究方法、数据处理方法的创新等。

突显率处于第六位(9.08)的是来自美国印第安纳大学的牛·乔治(Kuh, George D)等人①出版的著作——《学生在大学中的成功:创造重要条件》,突显时间是2006—2013年。该书调查了20所学生参与度和毕业率都高于预期的四年制大学(可能不是最好的,但每个大学都有其他大学可以学习的地方),然后提出了24条建议(5条重复),其中学术建议比较重要。作者还引用了一所学校的例子,该校将重点放在学术建议上,并将正式建议作为新生研讨班的一部分。此外,挑战和支持、合作、将学生置于首位、坚持完善课程、将障碍转化为机会、阐明实践机构的使命、了解学生学习、利用物理空间促进学习等也属于意见。总之,作者认识到学生的成功是复杂的,单一的蓝图或简单的调整不可能提高学生的成功率。因此,本书关注学生的成功并从多个角度对促进学生成功的因素进行了分析。

突显率处于第七位(8.90)的是来自美国印第安纳大学的牛·乔治(Kuh, George D)②发表的论文——《从NSSE中学到的关于学生参与度的知识:有效教育实践的基准》,突显时间是2005—2011年。文章关注与学习和个人发展相关的教育活动。调查收集了来自600多所四年制大学的28.5万名大一和大四学生的行为信息,分别从学术挑战、师生交互、协作情况、校园环境支持、增强教育体验五个方面对大学生进行了调查,对不同性质学校(规模较小参与性较好)、不同人员类别(全日制、社区学院学生等)的参与性等进行了详细阐述。综上所述,本书关注学生的学习体验、感受等。

突显率处于第八位(5.73)的是来自美国孟菲斯大学的约翰·C·舒马特(John C. Smart)等人③出版的著作——《学术学科:基于霍兰人格理论对大学

---

① KUH G D, KINZIE J, SCHUH J H, WHITT E J. Student success in college: Creating conditions that matter [M]. San Francisco: Jossey-Bass Higher & Adult Education, 2005.

② GEORGE D, KUH. What We're Learning About Student Engagement From NSSE: Benchmarks for Effective Educational Practices [J]. Change: The Magazine of Higher Learning, 2003, 35(2): 24 - 32.

③ SMART J C, FELDMAN K A, ETHINGTON C A. Academic disciplines: Holland's theory and the study of college students and faculty [M]. Nashville, TN: Vanderbilt University Press, 2000.

师生的研究》,突显时间是 2002—2008 年。作者对大学期间学术专业对学生的影响进行了深入而有说服力的实证研究,着重研究了霍兰德模型的三个不合理的假设:自我选择——学生选择与他们的人格类型相适应的学术环境;社会环境——强化和奖励不同的人才;一致性——人们在与他们的人格类型一致的环境中成长。作者对 1986 年和 1990 年同一所四年制大学的 2 309 名学生的纵向数据为基础,分析了荷兰学校环境的变化,分析结果支持了学生的自我选择,但存在一些性别差异。社会化和一致性假设也得到了支持,但在性别和专业领域有一些差异。综上所述,本书主要关注学术环境以及更全面地理解学生学习、变化和稳定的模式在大学的重要性。

　　突显率处于第九位(5.62)的是来自澳大利亚蒙纳士大学的西蒙·马金森(Simon Marginson)和美国亚利桑那大学的加里·罗德斯(Gary Rhoades)[1]发表的论文——《超越国家,市场和高等教育系统:政府机关的代理启发》,突显时间是 2004—2010 年。文章利用新的概念范畴和发展新的概念框架来解释高等教育中的跨国活动,对基于国家、市场和高等教育机构系统概念的模型进行了分析,提倡在全球化的背景下形成创新的高等教育研究;分析高等教育全球化的新框架,强调全球、国家和地方维度和力量的重要性以及将机构作为一个已建立的组织的意义,并将它与作为个人或集体行动的意义联系在一起。由此可见,该书关注高等教育的国际化,并提倡采用适合时代发展的新框架分析高等教育的国际化。

　　突显率处于第十位(5.50)的是来自澳大利亚高等教育质量和标准局的丹尼斯·布莱德利(Denise Bradley)等人[2]出版的报告——《澳大利亚高等教育评论:总结报告》,突显时间是 2010—2016 年。由于高等教育是培养澳大利亚熟练劳动力的主要贡献者,该报告主要关注教育,这个关键部门在结构、组织和资金方面是否足以使澳大利亚在新的全球化经济中实现有效竞争。对此,专家组的结论是,虽然教育系统有很大的优势,但是,它面临着重大的、正在出现的威胁,需要采取果断行动,如对金融机构(筹资)和监管机构(管理框架)进行重大改革,将

① MARGINSON S, RHOADES G (2002). Beyond national states, markets, and systems of higher education: A glonacal agency heuristic [J]. Higher Education, 2002,43(3):281-309.

② BRADLEY D, NOONAN P, NUGENT H, SCALES B. Review of Australian higher education [EB/OL]. Final report. 2008. https://www.voced.edu.au/content/ngv%3A32134.

大学毕业生的数量增加三分之一以上，并根据学生的需求使用学券制度来确定大学资助。影响职业教育和培训部门的建议包括发展高级阶段的通用术语和分级评估来加强学生的培养、澳大利亚政府与各州和各地区协商、在高等教育和兽医领域引入一种高等权利资助模式、设立一个单一的部长级理事会，负责所有高等教育和培训、改善劳工市场情报的范围和协调，使其涵盖整个第三产业等。因此，该报告为高等教育应对全球化过程中出现的问题提供了建议和意见。

第三节　结论与启示

一、研究结论

在研究的主要力量方面，学术界对于核心作者的典型测评方法是根据作者的发文量和被引量两个指标进行的，发文量排名前五位的作者分别来自英国、美国和比利时的高校，他们是马尔科姆·泰特、惠斯曼·耶罗恩、凯扎尔·阿德里安娜、牛·乔治和梅休·马修。被引量排名前三位的作者均来自美国和英国高校，分别是牛·乔治、西蒙·里德森、劳拉·佩纳、保罗·乌姆巴赫和帕特里克·特伦齐尼。发文量和被引量均较高的为美国学者，分别是牛·乔治和帕斯卡雷拉·欧内斯特。有影响力的国际科学教育的研究机构主要集中在北美。发文量和被引量排名前三位的国家（或地区）排序一致，均为美国、英国和澳大利亚。

在研究的热点主题方面，当前国际高等教育研究的热点主题主要包括博士研究生教育、现象图析学、种族、生产率和成绩等。

在研究的前沿演进方面，属于渐强型的研究前沿为理查德·阿鲁姆等人编写的《学术漂泊：大学校园的有限学习》一书，而渐弱型研究前沿包含帕斯卡雷拉·欧内斯特等人编写的《大学怎样影响学生—第三个十年的研究》、约翰·比格斯等人编写的《卓越的大学教学》、伯顿·克拉克编写的《创办创新的大学——组织变革的途径》、斯科特·托马斯编写的《高等教育研究中的大规模二次数据分析：与复杂采样设计相关的潜在风险》、牛·乔治编写的《学生在大学中的成功：创造重要条件》、牛·乔治发表的论文《从 NSSE 中学到的关于学生参与度的知识：有效教育实践的基准》、约翰·C. 舒马特编写的《学术学科：基于霍兰人格理论对大学师生的研究》、西蒙·马金森发表的论文《超越国家，市场和高等教育系统：政府机关的代理启发》、丹尼斯·布莱德利编写的《澳大利亚高等教育评论：总结报告》。

二、研究启示

第一是要重视教学设计。高校的使命是培养创新的、全方面发展的人才，因此，通过创新教学设计等方式是实现该目标的有效途径，但是，目前传统的教学模式仍占据主流地位，如"5＋4模式"，即由教师"教"的5个步骤（备课、讲课、提问、布置作业、批改作业）和学生"学"的4个步骤（预习、听课、代表回答、完成作业）还比较常见，这种"教师主导"的教学方式可能会在一定程度上限制学生能力的充分发挥。因此，组建学习共同体，促使学生在互相讨论、争辩等活动中碰撞出思维火花，提高思维的活跃度是有效的解决方式之一。此外，也可以借助信息技术的力量开展多样化的教学，如翻转课堂、创客教育等，让学生在亲身实践中提高综合能力。最后，多样化的评估方式也有助于提高学习效率。

第二是要重视国际化。随着社会的发展，目前国际化已经发生在全球、区域、国家、部门、院校、院系和个人七个层次[①]。高校的国际化步伐也在加速，如何正确看待国际化，让高校在国际化浪潮下真正发挥育人作用是当下需要关注的重点。那么如何在国际化的浪潮中既保留本质"特色"，又借鉴国外的先进经验不断提升自我，这就需要院校和国家在利用支持和激励机制调动师生国际化积极主动性的同时，也要具有清晰的目标定位和明确的价值取向，进而能够充分利用国际化提高院校和学生自身综合实力。

第三是重视种族和性别差异。高校的学生来源面非常广，包含不同国家和地区也包含不同的种族，同时也具有明显的性别差异（依据专业性质）。种族、性别等差异可能导致在某些层面的认知存在差异，比如，对于问题的看法和理解、择校倾向等、男女生可能对不同类型的教学方式接受程度不同等。因此，通过多样化的教学方式以满足不同类型学生的需求显得很有必要，今后更多的研究还需要考虑性别和种族/民族在决定个人走上大学道路的复杂作用。

第四是要重视跨学科的融合。跨学科是培养学生综合能力的有效途径，虽

---

① SANDERSON G. A foundation for the internationalization of the academic self [J]. Journal of Studies in International Education，2008，12(3)：276 - 307.

然目前很多高校都在提倡跨学科融合，并在实践层面进行了探究，但是，目前的探究还处于比较浅的理论等层次，学科与学科之间的结合还显得生硬和孤立，如何实现各学科的无缝衔接，让学生在综合活动中更"自然"的提高问题解决等能力是今后值得关注的点。因此，开发设计优质的综合性课程，如 STEM 等，或者利用新兴的信息技术，如人工智能等优势是实践跨学科无缝融合的有效途径。

（李　艳　陈新亚）

第十八章
国际与比较教育研究的热点主题和前沿演进

　　乌尔里希·泰希勒(U. Teichler)教授认为,国际与比较教育研究是"一座金矿",是"非常有潜力的领域"。[①] 进入21世纪以来,信息社会、全球化、知识经济、新自由主义等话语对国际与比较教育研究产生了重要影响,大数据的兴起更是对国际与比较教育研究范式的转型提出了挑战。[②] 在此背景下,有学者尝试运用文献计量分析方法,对国际与比较教育的研究重点和发展规律进行探究。例如:陈琪等对2001—2016年CSSCI期刊发表的7594篇比较教育类论文的高频关键词进行可视化分析,提出我国比较教育研究包括亚洲国家课程、教育政策、教育公平、高等教育等;[③]蔡娟对2000—2017年《比较教育》(*Comparative Education*)和《比较教育评论》(*Comparative Education Review*)两本SSCI期刊的773篇论文进行文献计量分析,认为国际与比较教育研究热点包括全球教育治理、发展教育、教育改革和教育公平四个主题;[④]福斯特(J. Foster)等对2004—2008年四本SSCI期刊的605篇论文进行量化分析,指出国际与比较教育研究在路径、理论和方法上呈现出多样性。[⑤] 本章尝试发挥CiteSpace和

① TEICHLER U. Comparative Higher Education: Potentials and Limits [J]. Higher Education, 1996, 32(4): 431 - 465.
② 刘宝存,杨尊伟. 大数据时代比较教育研究范式的转型[J]. 比较教育研究,2015(10): 1 - 5,18.
③ 陈琪,李延平. 21世纪以来我国比较教育研究热点与趋势——基于知识图谱的可视化分析[J]. 现代教育管理,2018(3): 116 - 122.
④ 蔡娟. 21世纪以来世界比较教育研究进展与趋势——基于《比较教育》和《比较教育评论》的可视化分析[J]. 比较教育研究,2017(1): 37 - 44,72.
⑤ FOSTER J, ADDY N, SAMOFF J. Crossing Borders: Research in Comparative and International Education [J]. International Journal of Educational Development, 2012,32(6): 711 - 732.

VOSviewer 两大软件的优势，探讨国际与比较教育研究的知识基础、研究主题和前沿演进，从而更好地剖析国际与比较教育领域近 20 年的主要研究内容和未来展望。

第一节　数据来源与研究方法

一、数据来源

选取《比较教育评论》、《比较》（Compare：A Journal of Comparative and International Education）以及《比较教育》三份期刊作为来源期刊。其中，《比较教育评论》是北美比较与国际教育学会（Comparative and International Education Society）会刊，《比较》是英国国际与比较教育协会（British Association for International and Comparative Education）会刊。《比较教育》虽不隶属于任何学会，但是在国际与比较教育领域有非常强的影响力。以 Web of Science 核心合集（WOS）为检索源，根据"出版物名称"检索三份期刊 2000—2019 年发表的文献。为提高研究质量，将文献类型限定为"研究论文"（article），最后筛选出 1 509 篇学术论文（检索日期为 2020 年 1 月 10 日）作为分析对象。从系统中导出"全记录与引用的参考文献"，文献格式为"纯文本"。

二、研究方法

本章综合运用文献计量学的知识图谱分析功能，剖析 2000—2019 年国际与比较教育领域的研究力量分布、知识基础、研究主题和研究前沿。知识图谱（Mapping Knowledge Domains）是集成了文献计量学、信息可视化技术的理论与方法，将科学技术前沿领域的海量数据转化为可视化图像，以显示科学知识的发展进程与结构关系的一种交叉科学研究方法。[①] 研究中采用的 CiteSpace 软件由美国德雷塞尔大学陈超美博士开发，提供了 11 种功能选择，包括针对施引文献的合作图谱和共现图谱（特征词、关键词、学科类别），以及针对被引文献的共引图谱（文献共被引、作者共被引和期刊共被引），其最大的特征是借助文献共

---

① 易高峰.中国高校学术创业：影响因素·实现机制·政策设计[M].北京：人民出版社，2017.

被引分析筛选关键文献,通过时区图展示学科领域的演进路径,以突变探测发掘科学研究的重要节点。[①] VOSviewer 软件由荷兰莱顿大学尼丝·扬·范艾克(N. J. van Eck)和卢多·沃尔特曼(L. Waltman)教授开发,能对文献进行合作网络分析、共现分析、引文分析、文献耦合分析和共被引分析。这两个文献分析软件可以进行优势互补。

第二节 国际与比较教育研究的时空分布

一、国家和地区发文量统计

2000—2019 年共有 108 个国家的学者在三本期刊上发文,发文量 18 篇以上的国家和地区共 16 个(见图 18-1)。其中,英国和美国属于第一梯队,发文量分别为 448 篇和 394 篇,共占比为 55.8%。中国学者的发文量位居第三,共 99 篇。紧随其后的是澳大利亚(76 篇)、加拿大(61 篇)、南非(58 篇)、德国(48 篇)

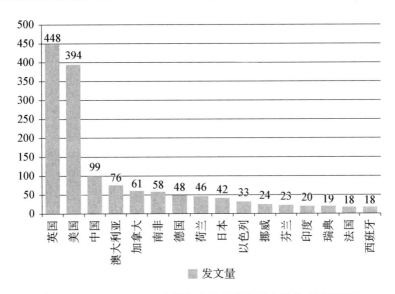

图 18-1 2000—2019 年国际与比较教育发文量前 16 的国家

---

① 陈悦,陈超美,刘则渊,胡志刚,王贤文. CiteSpace 知识图谱的方法论功能[J]. 科学学研究,2015(2):244-253.

和荷兰(46 篇)等国。除了欧美等传统研究强国外,作为金砖国家的中国、南非和印度等国的发文量均进入了前 15,正在成为国际与比较教育研究的重要力量。

二、主要研究机构及其影响力

2000—2019 年共有 906 个研究机构在三本期刊发文。表 18 - 1 显示了发文量或被引频次排名前十的 13 所大学(各大学的发文量与被引频次排名不完全一致)。其中,英国拥有 6 所,美国有 5 所,中国和荷兰各有 1 所。发文量和被引量均排名前四的大学分别为布里斯托大学(49 篇)、伦敦大学(48 篇)、牛津大学(34 篇)和哥伦比亚大学(33 篇)。其发文量占 13 个机构发文总量的 45.1%;被引频次占 13 个机构被引总量的 53.1%,这反映出上述四所机构不仅在发文量上表现突出,更是在被引频次上表现卓越,成果多且影响力较强。运用 VOSviewer 软件对发文量超过 5 篇的 90 所高校合作网络进行可视化分析,可以得出国际与比较教育研究机构的合作呈现出四个主要合作关系网(见图 18 - 2):首先是布里斯托大学、伦敦大学学院、巴斯大学、伯明翰大学等机构形成的合作关系网;其次是伦敦大学、牛津大学、爱丁堡大学、斯坦福大学等机构形成的合作关系网;第三是哥伦比亚大学、密歇根州立大学、洪堡大学、宾夕法尼亚大学等机构形成的合作关系网;第四是香港大学、香港教育学院、伦敦国王学院、北京师范大学等机构形成的合作群。

表 18 - 1　主要研究机构的发文量和被引频次

序号	机构	发文量	发文量占比	被引频次
1	布里斯托大学(英国)	49	3.25%	1 535
2	伦敦大学(英国)	48	3.18%	652
3	牛津大学(英国)	34	2.25%	601
4	哥伦比亚大学(美国)	33	2.19%	496
5	香港大学(中国)	31	2.05%	426
6	剑桥大学(英国)	30	1.99%	260
7	苏塞克斯大学(英国)	26	1.72%	355

（续表）

序号	机构	发文量	发文量占比	被引频次
8	伦敦大学学院（英国）	24	1.59%	165
9	斯坦福大学（美国）	23	1.52%	339
10	阿姆斯特丹大学（荷兰）	19	1.26%	226
11	哈佛大学（美国）	17	1.13%	447
12	宾夕法尼亚大学（美国）	16	1.06%	288
13	宾夕法尼亚州立大学（美国）	14	0.93%	400

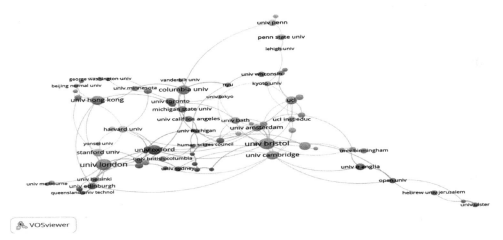

图 18-2　发文量超过 5 篇的 90 个机构合作网络图

三、核心作者群分析

2000—2019 年，共有 2 205 位作者在三本期刊上发文；发文量等于或超过 5 篇的共 16 人，发文频次等于或超过 3 篇的学者共 92 人。发文量或被引频次排名前十的作者中（共 12 位），英国有 5 位，美国有 2 位，澳大利亚有 2 位，德国、以色列和日本各 1 位。发文量排名前三的作者分别是伦敦大学学院的保罗·莫里斯（Paul Morris）教授、布里斯托大学的迈克尔·克罗斯利（Michael Crossley）教授和日本京都大学的杰里米·拉普利（Jeremy Rappleye）教授。被引频次排名前三的分别为澳大利亚昆士兰大学的鲍勃·林嘉德（Bob Lingard）教授、伦敦大学学院的保罗·莫里斯（Paul Morris）教授和亚利桑那州立大学的伊维塔·西洛瓦（Iveta Silova）教授。保罗·莫里斯教授曾在 2002—2007 年间担任香港教育学院院长，主要研究方向为政策借鉴、香港教育、学校课程等，2017 年当选为英国国际与比较教育协会主席，主要研究方向为国际与比较教育理论与方法、国际教育政策转移、国际合作能力评价等。拉普利教授先后在牛津大学获得硕士和博士学位，研究领域为教育政策借鉴和传播的过程与政治。篇均引用数最高的是林嘉德教授，虽然仅仅发表了 5 篇论文，但是共被引量达到了 347 次，主要研究方向为教育政策、PISA、亚太教育等。

表 18-2　发文量或被引量排名前十的 12 位作者一览表

作者	机构	发文量	被引频次
保罗·莫里斯（Paul Morris）	伦敦大学学院（英国）	11	197
迈克尔·克罗斯利（Michael Crossley）	布里斯托大学（英国）	10	133
杰里米·拉普利（Jeremy Rappleye）	京都大学教育研究院（日本）	9	156
安吉丽娜·巴雷特（Angeline Barrett）	布里斯托大学（英国）	8	144
伊莲·恩特哈特（Elaine Unterhalter）	伦敦大学教育学院（英国）	7	73
特里斯坦·麦科万（Tristan Mccowan）	伦敦大学学院（英国）	6	46
高山敬太（Keita Takayama）	新英格兰大学（澳大利亚）	6	128
米里·耶米尼（Miri Yemini）	特拉维夫大学（以色列）	6	57
鲍勃·林嘉德（Bob Lingard）	昆士兰大学（澳大利亚）	5	347
弗朗西斯·拉米雷斯（Francisco Ramirez）	斯坦福大学（美国）	5	95
伊维塔·西洛瓦（Iveta Silova）	亚利桑那州立大学（美国）	5	181
弗洛里安·沃尔多（Florian Waldow）	洪堡大学（德国）	5	156

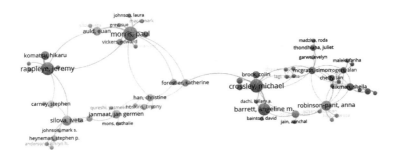

图 18‐3　国际与比较教育领域学者合作网络图

第三节　国际与比较教育研究的知识基础

针对某一研究领域知识基础的分析,主要通过对一组共被引频次和中心性都比较高的关键文献获得。被引频次和中心性高低可在一定程度上反映文献的学术影响力和经典程度,相关研究者往往将这些高被引文献内所包含的观点、知识作为开展下一步研究的知识基础。[①] 运用 VOSviewer 软件,对 2000—2019 年国际与比较教育研究领域的 60 820 篇被引文献进行共被引分析。其中,共被引超过 20 次的文献共有 36 篇。表 18‐3 列出了排名前 10 位的高被引文献,图 18‐4 展示了共被引频次超过 20 次的文献共被引网络。这些文献从比较教育理论与方法、政策转移与政策传播、全球化与学校教育等方面为国际与比较教育研究提供了知识基础。

表 18‐3　国际与比较教育研究的高被引文献

作者	发表年份	共被引频次	连接强度	文献
约翰·迈耶	1997	63	55.0	《全球社会与民族国家》(*World Society and the Nation-State*)
吉塔·斯坦纳·卡姆西	2004	49	44.0	《教育借鉴与输出的全球政治》(*The Global Politics of Educational Borrowing and Lending*)

[①] 邱均平,吕红. 近五年国际图书情报学研究热点、前沿及其知识基础——基于 17 种外文期刊知识图谱的可视化分析[J]. 图书情报知识,2013(3):4-15,58.

（续表）

作者	发表年份	共被引频次	连接强度	文献
阿马蒂亚·森	1999	42	13.0	《以自由看待发展》（Development as Freedom）
大卫·贝克	2005	36	29.0	《国家的差异性、全球的相似性：全球文化与学校教育的未来》（National Difference，Global Similarities：World Culture and the Future of Schooling）
安东尼奥·诺瓦	2003	35	24.0	《教育的比较研究：治理模式还是历史之旅》（Comparative Research in Education：A Mode of Governance or a Historical Journey）
凯瑟琳·安德森·莱维特	2003	32	26.0	《全球学校教育的地方意义：人类学与世界文化理论》（Local Meanings，Global Schooling：Anthropology and World Culture Theory）
皮埃尔·布迪厄	1977	33	8.0	《教育、社会与文化再生产》（Reproduction in Education，Society and Culture）
大卫·菲利普斯	2003	30	25.0	《教育政策借鉴的过程：解释与分析工具》（Processes of Policy Borrowing in Education：Some Explanatory and Analytical Devices）
阿尔君·阿帕杜	1996	30	18.0	《泛现代性：全球化的文化维度》（Modernity at Large：Cultural Dimensions of Globalization）
罗杰·戴尔	1999	29	22.0	《全球化对国家政策影响：聚焦于机制》（Specifying globalization effects on national policy：a focus on the mechanisms）

　　一是关于国际与比较教育的理论与方法。国际与比较教育学者善于借鉴其他学科的经典理论解释比较教育问题，如诺贝尔经济学奖获得者阿马蒂亚·森（Amartya Sen）的《以自由看待发展》、社会学家布迪厄（Pierre Bourdieu）的《教育、社会与文化再生产》是重要的共被引文献。在新制度主义视角下，斯坦福大学约翰·梅耶（John Meyer）教授提出"世界文化理论"（World Culture Theory），认为世界文化影响民族国家的属性、过程、特点和动态特性，可以用以解释全球

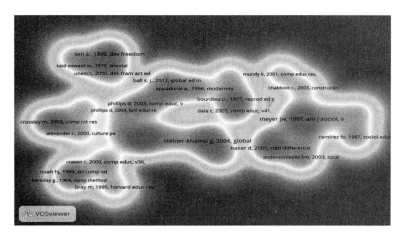

图 18-4　高被引文献的共被引网络(>20 次)

教育的趋同现象。[①] 加州大学洛杉矶分校的凯瑟琳·安德森·莱维特(Kathryn Anderson-Levitt)等学者从人类学等角度出发,强调不同国家和地区改革的能动性,聚焦全球教育改革的地方意义。[②] 也有学者尝试构建国际与比较教育领域独特的分析框架。如葡萄牙里斯本大学安东尼奥·诺瓦(Antonio Novoa)等分析了"比较作为一种治理模式"(mode of governance)和"比较作为历史之旅"(historical journey)两种立场与倾向,提出应该采用新的时空观,调和比较与历史之间的关系。[③]

　　二是关于政策转移与政策传播。早在 1900 年,英国比较教育学者迈克尔·萨德勒(Michael Sadler)就发表了题为《我们从对别国教育制度的研究中究竟能学到什么有价值的东西?》(*How Far Can We Learn Anything of Practical Value From the Study of Foreign Systems of Education?*)的演讲,指出比较教育要探索民族性和各种因素对教育政策与教育制度的影响。伦敦大学教育学院资深教授罗伯特·科文(Robert Cowen)重新审视了萨德勒的百年问题,指出教育不仅仅是政治行动的结果,更是重要政治和经济信息的精华,包括对过去的重

① MEYER J W，BOLI J，THOMAS G M，RAMIREZ F O. World Society and the Nation-State [J]. The American Journal of Sociology，1997，103(1)：144－181.

② ANDERSON-LEVITT K M. Local Meanings，Global Schooling：Anthropology and World Culture Theory [M]. New York：Palgrave MacMillan，2003.

③ NÓVOA A，YARIV-MASHAL T. Comparative Research in Education：A Mode of Governance or a Historical Journey? [J] Comparative Education，2003，39(4)：423－438.

新定义和对未来的展望。^① 新西兰奥克兰大学罗杰·戴尔（Roger Dale）比较了全球化背景下政策转移的八种机制，即政策借鉴、政策学习、教学、协调、传播、标准化、相互依赖、强制执行，并指出尽管全球化代表国家与超国家关系发生了质的变化，但并不一定意味着教育政策或实践的同质化。^② 牛津大学的大卫·菲利普斯（David Phillips）和金佰利·奥克斯（Kimberly Ochs）构建了政策借鉴的四阶段理论模式，认为政策借鉴是由"跨国吸引—作出决策—政策实施—内化/本土化"四阶段构成的循环往复的过程。^③ 第 52 任北美比较与国际教育学会主席、美国哥伦比亚大学吉塔·斯坦纳·卡姆西（Gita Steiner-Khamsi）教授指出，比较教育不仅有政策借鉴的悠久历史，而且有怀疑主义（skepticism）的强大传统，政策借鉴要考虑如何适应本地的需要。^④

三是关于全球化与学校教育。进入 21 世纪以来，全球化对各国学校教育产生了深远的影响。阿尔君·阿帕杜（Aljun Appadurai）是西方全球化研究的领军人物之一，他在著作《泛现代性：全球化的文化维度》（*Modernity at Large：Cultural Dimensions of Globalization*）中建构了全球文化分析的五个维度，即族群景观、媒体景观、技术景观、金融景观和意识形态景观，为分析全球化提供了理论思路。^⑤ 美国宾夕法尼亚州立大学的大卫·贝克（David Baker）和杰拉德·勒滕德（Gerald LeTendre）运用国际可比数据，探究全球化背景下数学教育、家校关系、课外补习、弱势学生、学校暴力、教师发展、家庭作业、教育治理、国际排名等九个学校教育问题，提出全球文化影响下学校功能的变化以及各国学校教育价值、内容和方法出现的新特征。^⑥

① COWEN R. Comparing Futures or Comparing Pasts [J]? Comparative Education，2000，36(3)：333 - 342.

② DALE R. Specifying Globalization Effects on National Policy：a Focus on the Mechanisms [J]. Journal of Education Policy，1999，14(1)：1 - 17.

③ PHILLIPS D，OCHS K. Processes of Policy Borrowing in Education：Some Explanatory and Analytical Devices [J]. Comparative Education，2003，39(4)：451 - 461.

④ STEINER-KHAMSI G. The Global Politics of Educational Borrowing and Lending [M]. New York：Teachers College Press，2004.

⑤ APPADURAI A. Modernity at Large：Cultural Dimensions of Globalization [M]. Minneapolis：University of Minnesota Press，1996.

⑥ BAKER D，LETENDRE G K. National Difference，Global Similarities：World Culture and the Future of Schooling [M]. CA：Stanford University Press，2005.

第四节 国际与比较教育研究的主题与前沿

一、研究主题

关键词是作者对文章核心研究内容的精炼，学科领域里高频次出现的关键词和从数据样本中对每一篇文献进行提取后分析出的名词短语可被视为该领域的研究热点。[①] 本章运用 CiteSpace 软件对关键词进行共现分析，剔除教育、政策等统摄性较高以及意义相近的关键词，共提取被引频次 15 次以上且中心性在 0.03 以上的 32 个高频关键词（见表 18-4）。结合关键词的中心性，得出国际与比较教育领域的高频关键词包括学校、全球化、政治、高等教育、成就、性别、质量、教师、改革、公平、治理等。

表 18-4 国际与比较教育研究的高频关键词

关键词	频次	中心性	出现年份	关键词	频次	突显性	出现年份
学校	81	0.1	2001	身份	29	0.06	2004
全球化	66	0.12	2000	英格兰	26	0.1	2001
政治	62	0.04	2001	知识	26	0.05	2001
高等教育	60	0.06	2005	治理	26	0.04	2002
成就	55	0.09	2000	课程	23	0.05	2000
性别	51	0.07	2002	国家	23	0.03	2002
质量	41	0.08	2001	国际教育	22	0.04	2001
教师	37	0.04	2009	社会	22	0.03	2002
改革	35	0.08	2002	教育政策	22	0.05	2004
比较教育	33	0.05	2000	绩效	21	0.03	2007
公平	32	0.05	2001	扩张	19	0.07	2000

[①] 赵蓉英,许丽敏.文献计量学发展演进与研究前沿的知识图谱探析[J].中国图书馆学报,2010(5)：60-68.

（续表）

关键词	频次	中心性	出现年份	关键词	频次	突显性	出现年份
儿童	32	0.06	2003	公民	19	0.05	2003
学生	32	0.05	2010	印度	17	0.04	2012
文化	31	0.06	2003	民主	16	0.06	2004
世界	30	0.04	2009	选择	15	0.04	2001
非洲	29	0.08	2000	视角	15	0.03	2003

除了关键词共现分析，本章还通过分析文献共被引网络的聚类结构，进一步探索国际与比较教育研究的热点主题。根据聚类的节点大小、中心性和核心标示词，本章认为近20年国际与比较教育研究主要聚焦于"国际大规模学业成就评价""教育公平与质量""教育政策转移与传播""全球教育治理"和"比较教育中的批判研究"等五个主题（见表18-5）。

表 18-5   国际与比较教育的聚类与研究主题

研究主题	聚类	名称	节点	中心性	平均发表年份	前五位标示词
主题一：国际大规模学业成就评价	聚类0	PISA	105	0.619	2013	TIMSS、政策借鉴、公共利益、比较研究、人力资本
主题二：教育公平与质量	聚类1	种族	103	0.948	1998	教育改革、项目证书、公平、青年、评价
	聚类3	性别	50	0.886	2006	教育质量、性别、能力、跨部门、多层次模型
主题三：教育政策转移与传播	聚类2	教育政策	61	0.855	2004	政策趋同、教育治理、教育财政、国际化、执行
主题四：全球教育治理	聚类4	比较与国际教育	50	0.87	2008	低成本私立学校、身份构建、人类学、入学、世界主义
	聚类5	教育-企业	48	0.811	2011	全球政策网络、地方特色、个人主义、集体主义、教育全球化

（续表）

研究主题	聚类	名称	节点	中心性	平均发表年份	前五位标示词
主题五：比较教育中的批判研究	聚类 6	批判历史研究	44	0.899	2013	多层次殖民主义、社会经济差距、比较历史、标准化、批判话语分析

1. 国际大规模学业成就评价

进入 21 世纪以来，以国际学生评价项目（Programme for International Student Assessment，以下简称 PISA）为代表的国际大规模学业成就评价对各国教育政策和教育实践的影响不断加强。与其他领域学者偏重于对 PISA 数据本身的分析不同，国际与比较教育学者更倾向于探讨数据背后的影响因素和潜在影响。有学者提出，PISA 调查有利于识别高绩效的学校系统。伦敦大学学院教育学院尤安·奥尔德（Euan Auld）等认为，研究国际大规模学业成就评价有利于识别高绩效学校系统，从而为其他国家的学校改革提供借鉴；他们提出的"确定行动逻辑—确定专业知识—限定分析焦点—草拟政策建议—优化政策建议"分析框架具有重要启发价值。[①] 澳大利亚昆士兰大学山姆·塞拉（Sam Sellar）等指出上海在 PISA2009 中的卓越表现产生了全球性的"PISA 冲击"（PISA-shock），将全球教育目标从芬兰转移到"东方"，使上海成为西方国家新的学习和借鉴对象。[②] 但是也有很多学者对人力资本导向的、忽视各国社会文化背景的 PISA 测验表示担忧。有 80 位学者联名指责 PISA 正在通过不断升级的测试、强调教育狭窄的可测量内容、影响教育政策采用"短期解决方案"以提升在排行榜中的位置等方式，危害全球的教育。[③] 莫里斯认为，国际大规模学业成就评价过于强调教育与经济之间的关联，而忽视了导致低收入、失业和就业不足的经济结构问题，国家经济发展政策问题，技能培养政策与全球劳动力市场流动问

---

① AULD E, MORRIS P. PISA, Policy and Persuasion：Translating Complex Conditions into Education 'Best Practice'［J］. Comparative Education，2016，56(2)：202 – 229.

② SELLAR A, LINGARD B. Looking East：Shanghai, PISA 2009 and the Reconstitution of Reference Societies in the Global Education Policy Field［J］. Comparative Education，2013，49(4)：464 – 485.

③ MORGAN C, VOLANTE L A. Review of the Organization for Economic Cooperation and Development's International Education Surveys：Governance, Human Capital Discourses, and Policy Debates［J］. Policy Futures in Education，2016，14(6)：775 – 792.

题等。①

2. 教育公平与质量

由于教育对个体和国家的重要作用，关于教育公平与质量的探讨引起了国际与比较教育学者的高度重视。英国伦敦大学教育学院伊莲·恩特哈教授的著作《性别、学校教育与全球社会正义》（*Gender，Schooling and Global Social Justive*）比较了人力资本理论、权利理论和能力理论对性别不平等问题的不同论述，并剖析了政府间组织和非政府组织在解决性别不平等问题中的作用。② 比利时鲁汶天主教大学文森特·杜普里兹（Vincent Dupriez）等以参加PISA 测验的欧洲国家为例，探讨了社会不平等、学校类型以及 9～10 岁学生成绩三组变量与教育机会不平等的关系，剖析社会结构和学校教育对机会不平等的影响。③ 有学者剖析了撒哈拉以南非洲 14 国家学校系统中农村与城市地区学生的学业差距，指出资源不足和学习方法差异是造成这些差距的重要原因，提出改进农村地区学生的学习质量应该成为欠发达国家整体教育政策的核心。④ 也有学者考查了 29 个国家青少年对教育期望的性别差异，指出家庭背景、学术能力、学习态度以及教育系统的结构是教育期望性别差异的重要预测变量。⑤

3. 教育政策转移与传播

教育政策转移与传播是比较政策学的核心研究领域。罗伯特·科文认为，比较教育的研究在过去 20 年里快速增长，关于教育理念、原则、政策与实践的跨国流动是重要的主题之一。⑥ 他比较了转移（transfer）、转化（translation）和转

① MORRIS P. Comparative Education PISA Politics and Educational Reform：A cautionary Note [J]. Compare：A Journal of Comparative and International Education，2015,45(3)：470 - 474.

② UNTERHALTER E. Gender, Schooling and Global Social Justice [M]. London and New York：Routledge，2007.

③ DUPRIEZ V, DUMAY X. Inequalities in School Systems：Effect of School Structure or of Society Structure? [J]. Comparative Education，2006,42(2)：243 - 260.

④ ZHANG Y H. Urban-Rural Literacy Gaps in Sub-Saharan Africa：The Roles of Socioeconomic Status and School Quality [J]. Comparative Education Review，2006,50(4)：581 - 602.

⑤ MCDANIEL A. Cross-National Gender Gaps in Educational Expectations：The Influence of National-Level Gender Ideology and Educational Systems [J]. Comparative Education Review，2010,54(1)：27 - 50.

⑥ COWEN R. The Exemplary, the Exotic and the Exact in Comparative and Intercultural Education [J]. Intercultural Education，2012,23(5)：397 - 405.

型(transformation)三者的区别,指出转移是教育理念或实践在超国家、跨国家或国际间的运动;转化指的是教育制度的形态转变或教育理念的重新理解;转型是新背景下社会和经济力量对最初移植的本土化或消亡。[1] 斯坦纳·卡姆西教授指出,政策借鉴研究既要重视空间维度,也要重视政策的时间维度或生命周期。[2] 她运用全球/地方联系框架剖析了蒙古教育工资改革的现象,指出教育政策研究中,全球/地方联结的时间维度没有得到充分研究,也没有得到令人信服的解释。[3] 奥尔德和莫里斯认为,英格兰的教育改革越来越呈现出通过借鉴"高绩效"学校系统的特征来达到世界一流的目标,但是支持这个改革倾向的证据来源偏离了比较教育研究的基本规范,存在政策借鉴过程中的方法论问题。[4]

4. 全球教育治理

比较教育在传统上采用以国家为分析单位、以民族性为方法论的教育政策研究。随着全球化的兴起和发展,国际组织的全球教育治理对国际与比较教育研究,尤其是比较教育政策研究具有理论和方法论上的影响。[5] 塞拉和林嘉德教授认为,经济合作与发展组织正在实施一种教育领域的认识论治理(epistemological governance),通过创建新的政策话语、开展同行评议和生成比较数据来影响全球教育政策。[6] 有学者关注国际组织全球教育治理可能产生的消极影响。如马里兰大学史蒂夫·克莱斯(Steve Klees)等在《世界银行与教育:批判与选择》(*The World Bank and Education: critiques and Alternatives*)一书中批判了世界银行的教育政策,指出这些政策主要受到新自由主义的影响,受

---

[1] COWEN R. The Transfer, Translation and Transformation of Educational Processes: and Their Shape-Shifting [J]? Comparative Education, 2009,45(3): 315 - 327.

[2] STEINER-KHAMSI G. The Politics and Economics of Comparison [J]. Comparative Education Review, 2010,54(3): 323 - 342.

[3] STEINER-KHAMSI G. The Global/Local Nexus in Comparative Policy Studies: Analysing the Triple Bonus System in Mongolia Over Time [J]. Comparative Education, 2012,48(4): 455 - 471.

[4] AULD E, MORRIS P. Comparative Education, the 'New Paradigm' and Policy Borrowing: Constructing Knowledge for Educational Reform [J]. Comparative Education, 2014,50(2): 129 - 155.

[5] LINGARD B, RAWOLLE S. New Scalar Politics: Implications for Education Policy [J]. Comparative Education, 2011,47(4): 489 - 502

[6] SELLAR S, LINGARD B. The OECD and the Expansion of PISA: New Global Modes of Governance in Education [J]. British Educational Research Journal, 2014,40(6),917 - 936.

限于经济导向的教育与学习观念，用人力资本理论取代了权利理论，忽视教育不平等问题并支持教育私有化。[①] 苏珊·罗伯逊（Susan Robertson）剖析了 20 世纪 60 年代以来国际组织的教师发展理念与话语，指出全球治理的新机制、新问责制度中教师话语的剥夺以及新自由主义教师政策的内在冲突可能对教师发展造成不利影响。[②]

5. 比较教育中的批判研究

比较教育学者运用批判话语，倡导打破西方中心主义，强调教育政策与实践的多样性。明尼苏达大学的弗朗西斯·瓦夫鲁斯（Frances Vavrus）和莫德·塞格斯（Maud Seghers）运用批判话语分析（Critical Discourse Analysis）三维框架，即话语作为文本、话语作为话语实践和话语作为社会实践，对坦桑尼亚减贫政策中"伙伴关系"进行微观、中观和宏观分析，探讨了将批判话语分析作为比较教育研究的分析框架和方法论的潜力。[③] 澳大利亚新英格兰大学高山敬太（Keita Takayama）运用福柯的权力话语理论，指出日本研究者和政策制定者"非批判地"接受了芬兰政府和媒体宣传的关于芬兰教育的主要经验，却缺乏实证研究对其进行验证。[④] 西洛瓦探讨了冷战后东南欧、中欧、苏联社会主义空间中比较教育知识生产的殖民性，指出应该打破西方中心知识的霸权，使比较教育更具有全球视角，对各种观点更具有包容性。[⑤] 正如德·索萨·桑托斯（De Sousa Santos）在其著作《南方认识论》（*Epistemologies of the South*）中指出：全球学者对世界的理解远远超过西方对世界的理解；世界变革不一定遵循西方中心主

① KLEES S，SAMOFF J，STROMQUIST N P. The World Bank and Education：Critiques and Alternatives [M]. Rotterdam：Sense Publishers，2012.

② ROBERTSON S L. Placing Teachers in Global Governance Agendas [J]. Comparative Education Review，2012，56(4)：584 - 607.

③ VAVRUS F，SEGHERS M. Critical Discourse Analysis in Comparative Education：A Discursive Study of "Partnership" in Tanzania's Poverty Reduction Policies [J]. Comparative Education Review，2010，54(1)，77 - 103.

④ TAKA YAMA K. Politics of Externalization in Reflexive Times：Reinventing Japanese Education Reform Discourses through "Finnish PISA Success" [J]. Comparative Education Review，2010，54(1)：51 - 75.

⑤ SILOVA I，MILLEI Z，PIATTOEVA N. Interrupting the Coloniality of Knowledge Production in Comparative Education：Postsocialist and Post Colonial Pialogues after the Cold War [J]. Comparative Education Review，2017，61(S1)：74 - 102.

义批判理论发展出来的"剧本"。① 针对全球教育政策的趋同现象,国际与比较教育学者以批判为工具,反思西方中心和后殖民背景下发展中国家的多样化和本土化发展。

二、研究前沿演变规律

在分析研究主题的基础上,本章还综合运用 CiteSpace 软件的关键词共现网络时区图(Timezone View)和突显词探测(Burst Detection)功能探究国际与比较教育研究前沿演变。前者能够反映国际与比较教育领域在不同时间段的演化轨迹(见图 18 - 5);后者能够检测特定年份发表的文献中骤增的专业术语(见表 18 - 6)。结合两种分析工具,本章认为近 20 年国际与比较教育研究前沿演变主要经历了三个阶段:2000—2006 年主要关注教育市场化与学校选择、教育分权、全球化与国际教育、教育改革等问题;2007—2014 年主要关注性别公平、教育质量、教师教育、学生学业表现、高等教育、教育政治等问题;2015 年以来更加关注大数据与全球教育治理、课程改革、批判话语分析、知识创新、中国教育改革等问题。

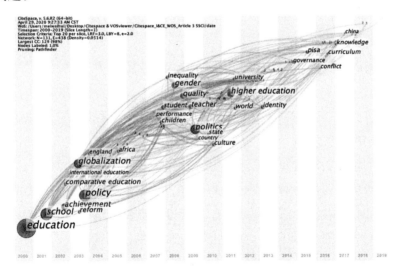

图 18 - 5　国际与比较教育研究关键词共现时区图

---

① DE SOUSA SANTOS B. Epistemologies of the South: Justice Against Epistemicide [M]. London and New York: Routledge, 2014.

表 18 - 6 2000—2019 年国际与比较教育研究突显词

序号	关键词	突显强度	起始年份	终止年份
1	学校	5.084 4	2002	2009
2	教育	9.259 6	2003	2005
3	国家	3.746 6	2006	2011
4	不公平	5.504 5	2012	2014
5	儿童	3.339 2	2012	2015
6	文化	3.244 0	2013	2015
7	教育治理	3.501 1	2014	2015
8	课程	3.081 4	2015	2019
9	PISA	4.073 8	2015	2019
10	挑战	5.142 4	2017	2019
11	知识	4.484 5	2017	2019
12	中国	5.190 8	2017	2019

第五节　结论与展望

本章运用文献计量工具 CiteSpace 和 VOSviewer，对 2000—2019 年国际与比较教育研究文献进行了可视化分析，着重探究了国际与比较教育研究的知识基础、热点主题和前沿演变。国际与比较教育学者运用经济学、社会学、人类学等学科理论，从不同视角解释全球教育问题，形成了充满活力和张力的研究领域。对于我国比较教育研究者来说，在开展相关研究过程中要更好地处理趋同与多元、时间与空间、量化研究与质性研究三对关系。

首先，关注全球化背景下世界教育的趋同与多元发展。世界文化学者，如梅耶与林嘉德等强调世界教育政策的趋同性；而人类学者强调国家与地区在教育改革中的能动性，批判世界文化学者不是描述和解释全球教育现象，而是有选择地识别或鼓吹反映西方尤其是北美教育理念的模型和范式，使其合法化并在全球扩散,存在损害全球教育的可能性。① 随着中国、南非、印度等国家教育改革实践和研究的推进,国际与比较教育学者除了要探究世界教育发展的一般规律和全球挑战,更应该呈现本国独特背景下的教育问题与教育实践。

其次,空间性和时间性是教育政策借鉴与转移的两个重要维度,未来须加强时间维度的研究。当前国际与比较教育学者不断尝试构建静态的空间类别,如全球/本土、国家/州、自我/他人等,而忽视时间维度在政策借鉴与转移过程中的动态作用机制。② 未来需要在比较研究的时间性上进一步创新。

最后,需要重新审视量化研究与质性研究的关系。克罗斯利指出,未来国际与比较教育面临三个主要挑战:一是对国际大规模学业成就调查(如 PISA、TIMSS 等)和排名结果的批判性分析;二是大数据运动对比较教育的影响与争论;三是西方主流教育研究与评价模式和低收入国家研究能力提升的关系研究。③ 20 世纪 70 年代以来,国际与比较教育研究经历了一系列范式转型,如开创了质性的田野研究、行动研究、批判理论的应用、叙事研究、后现代和后殖民视角的研究等。而进入 21 世纪之后,随着 PISA 等大规模国际调查项目的引入和大数据的兴起,"大科学"模式(big science)和方法获得了更多的关注。国际上对系统评价方法和定量研究策略的投资不断增加。尽管基于量化的研究可以更加客观地反映各国教育的进展与差距,提升教育改革的精确性和有效性,但是这些研究趋势也反映了新自由主义的政治力量和国家利益,可能影响研究的相关性和质量。国际与比较教育学者要警惕不加批判地接受新兴的西方研究范式、方法和策略,要利用质性研究和量化研究的共生关系,捍卫丰富和多样化的研究方法,鼓励跨越认识论和方法论边界的公开讨论。④

（梅伟惠　郑　璐）

① CARNEY S, RAPPLEYE J, MCGURTY I. Between Faith and Science:World Culture Theory and Comparative Education [J]. Comparative Education Review,2012,56(3),366 - 393.

② RAPPLEYE J, KOMATSU H. Living on Borrowed Time:Rethinking Temporality, Self, Nihilism, and Schooling [J], Comparative Education,2016,52(2):177 - 201.

③ CROSSLEY M. Global League Tables, Big Data and the International Transfer of Educational Research Modalities [J]. Comparative Education,2014,50(1):15 - 26.

④ FURLONG J. BERA at 30. Have We Come of Age? [J]. British Educational Research Journal,2004, 30(3):343 - 358.

第十九章
国际教育学科交叉研究的热点主题和前沿演进

作为应用性的社会科学,教育学因其研究问题的复杂性、研究对象的多样性和研究意义的重要性等因素共同呼唤着多学科、多角度和多方法的应用。教育学与其他学科间的交叉联系正是在这一背景下应运而生的。教育社会学、教育历史学、教育经济学和教育哲学是教育学四个最具交叉性质的学科领域。综合应用 CiteSpace 和 Vosviewer 软件,本章对近 20 年(2000—2019 年)来 SSCI 源刊中这四个学科领域的研究成果进行文献计量分析,对其研究合作网络、研究主题与热点和研究前沿问题进行了可视化呈现,从一个侧面揭示当前教育学科交叉研究的学术动态,展望该领域的未来研究图景。

第一节　研究背景和意义

学科交叉的思想和跨越不同学科知识边界进行科学研究的学术活动由来已久。关于学科交叉的概念,学术界并没有形成统一的界定。1926 年美国心理学家伍德沃斯(R. S. Woodworth)最早公开使用"学科交叉"(interdisciplinary)一词,开启了真正意义上的现代学科交叉运动[①]。此后,学科交叉的实践和研究活动经历了近百年的长足发展。

科学研究的跨学科性不仅是知识生产与学科发展的内在要求,也是全球经济和人类社会发展的客观需要。例如,2004 年,美国国家科学院(National

---

① 刘仲林.交叉科学时代的交叉研究[J].科学学研究,1993(2)：11－18＋4.

Academy of Sciences,简称 NAS)发表了《促进跨学科研究》(*Facilitating Interdisciplinary Research*)报告,全面分析了学科交叉研究发展的现状。该报告指出"由于研究跨越传统学科界限复杂问题的迫切需要及新技术发展所带来的改造现有学科和产生新学科的可能性,科学和工程学的发展日益要求来自多门不同学科学者之间的合作"[①]。2005 年,德国推出"卓越计划"(Excellence initiative),强调促进学科间的交叉、融合。该计划基于具体的项目开展,对大学实施三条资助线路,其中一条资助线路专门针对"所谓卓越集群,就是指跨学科、跨单位的研究项目"[②]。另一条资助路线研究生院项目的申请条件中明确指出,"研究生院不能局限于单个的、传统的学科专业,而是应该整合集成不同学科为一个整体"[③]。

　　我国学科交叉理论研究和实践活动虽起步较晚,但已经取得了长足发展。2006 年,国务院发布的《国家中长期科学和技术发展规划纲要(2006—2020)》指出,"基础学科之间、基础学科与应用学科、科学与技术、自然科学与人文社会科学的交叉与融合往往可以导致重大科学发现和新兴学科的产生,是科学研究中最活跃的部分之一,要给予高度关注和重点部署"[④]。2015 年,"世界一流大学和一流学科建设"战略(简称"双一流")发布以来,"学科"在中国大学建设中被置于前所未有的重要高度,一流学科建设是"双一流"建设的基础和核心,学科交叉是建设一流学科的重要途径[⑤]。如何促进学科间知识的交叉与融合,成为我国"双一流"建设推进无法回避的重要议题。

　　政策的关注与学者的努力共同推动着学科交叉研究在实践中的发展。以"interdisciplinary(跨学科)"或"cross-disciplinary(交叉学科)"为主题词在 Web of Science 和 CNKI 数据库中进行检索,与教育学相关的研究成果分别有 110 564 篇和 5 675 篇。已有学者开始应用文献计量学软件对这些浩瀚繁杂的研究成果进行分析和梳理。其中,李一杉对美国《人类学与教育季刊》(*Anthropol-*

---

① 程如烟. 美国国家科学院协会报告《促进跨学科研究》述评[J]. 中国软科学,2005(10):154－156.

② 陈洪捷. 德国精英大学计划:特点与特色[J]. 华东师范大学学报(教育科学版),2016(3):4－6.

③ 孔捷. 从平等到卓越——德国大学卓越计划评析[J]. 现代大学教育,2010(3):52－57＋111－112.

④ 中华人民共和国科学技术部. 国家中长期科学和技术发展规划纲要(2006—2020 年)[EB/OL]. (2006－02－09)[2020－02－17]. http://www. most. gov. cn/mostinfo/xinxifenlei/gjkjgh/200811/t20081129_65774_1. htm.

⑤ 刘献君. 学科交叉是建设世界一流学科的重要途径[J]. 高校教育管理,2020(1):1－7＋28.

ogy & Education Quarterly)2007—2016 年发表的文献进行文献计量分析，发现美国教育人类学注重从文化视角进行研究，同时注重对教学主体的研究[①]。魏新岗等使用 CiteSpace 可视化软件对美国《教育社会学》(*Sociology of Education*)期刊 2000—2011 年刊载的文献进行了分析，发现学者更注重对高中毕业生和大学新生的研究，研究范式正逐步实现实证主义和证验主义特别是解释学派的一些方法有效融合[②]。蔡蔚萍等也利用 CiteSpace 软件对该期刊 1996—2015 年刊载的文献进行了分析，发现近 20 年的研究热点有：少数族裔儿童、课外活动、废除种族隔离、教育机会平等和学校问题等[③]。胡顺顺等对《教育与经济》2011—2015 年所刊登的 318 篇文献进行分析，结果显示，我国教育经济学研究的热点问题主要集中在教育公平与教育资源配置、教育财政与投资以及大学生就业与创业等领域[④]。李锋亮等运用 CiteSpace 软件，对 CSSCI 数据库中 1998—2019 年的 446 篇研究生教育经济学相关文献进行分析，发现该领域主要议题包括研究生教育与经济的相互关系、研究生教育的投入与产出、成本与效益以及研究生教育资源的内外部配置等[⑤]。洪明等运用 HistCite 和 CiteSpace 软件，对五种教育史英文期刊在 2008—2019 年发表的论文进行分析，研究发现，妇女教育史、儿童教育史、教师教育史和学校教育史，尤其是大学校史是研究热点，教育视觉史或成研究新趋势[⑥]。

　　总体而言，上述研究彰显了文献计量学在社会科学研究回顾与综述方面的可行性与意义，但仍存在两点不足：一是现有研究多基于单一学科和教育学的交叉分析，或是基于单一期刊的分析，缺乏更加系统和综合的深层次挖掘。二是现有研究多集中于国内文献，对于国外社会科学研究中该议题的计量学和可视

① 李一杉. 对美国《Anthropology & Education Quarterly》的文献计量分析[D]. 华东师范大学, 2017.
② 魏新岗, 李德显, 周宁丽. 近十二年美国教育社会学的前沿主题与热点领域——基于《教育社会学》杂志刊载文献可视化分析[J]. 全球教育展望, 2012(8)：62 - 67.
③ 蔡蔚萍, 林曾. 近 20 年来美国教育社会学研究的热点论题与前沿演进——基于《Sociology of Education》1996—2015 年文献共被引网络图谱的分析[J]. 学术论坛, 2016(7)：100 - 109.
④ 胡顺顺, 刘志民. 我国教育经济学研究的热点问题追溯——基于《教育与经济》(2011—2015)相关数据的文献计量分析[J]. 教育与经济, 2016(4)：92 - 96.
⑤ 李锋亮, 王瑜琪. 我国研究生教育经济学研究发展回顾——基于 1998—2019 年 CSSCI 源刊文献的可视化分析[J]. 清华大学教育研究, 2019(6)：92 - 100.
⑥ 洪明, 赵森. 近十二年来国际教育史研究的特征、热点及走向——基于五种教育史英文期刊(2008—2019 年)的知识图谱分析[J]. 教育史研究, 2019(4)：133 - 146.

化分析较少。因此,综合应用 CiteSpace 和 Vosviewer 知识图谱软件,对近二十年教育学学科交叉领域的国际研究成果进行系统性的可视化分析,考察该复杂领域中的研究网络与核心力量、研究主题及其演进,以期在知识演进脉络中识别该领域的知识基础、研究前沿与研究趋向,为教育学科交叉研究与实践提供助益。

第二节　研究方法与数据来源

一、研究方法

随着信息数据的爆炸式增长,传统的文献检索、综述方法已经不能满足时代发展的需求。科学计量学的诞生大幅提升了人们获取信息和分析信息的能力,以文献知识为研究对象,对文献及其内容的知识单元进行可视化分析的科学知识图谱应运而生[①]。目前,主流科学知识图谱软件包括 CiteSpace 和 Vosviewer。本章充分结合两个知识图谱软件的不同侧重点和优势,从量的向度对世界范围内 2000—2019 年间教育学科交叉研究的作者、研究机构、研究国家、关键词和被引量等进行统计。在此基础上,辅以传统文献梳理方法,从质的向度对主要研究力量、研究主题和热点展开深入探讨。本章的研究设计如图 19-1 所示。

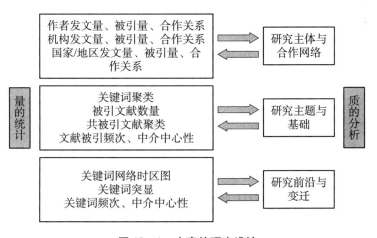

作者发文量、被引量、合作关系
机构发文量、被引量、合作关系
国家/地区发文量、被引量、合作关系 → 研究主体与合作网络

量的统计

关键词聚类
被引文献数量
共被引文献聚类
文献被引频次、中介中心性 → 研究主题与基础

质的分析

关键词网络时区图
关键词突显
关键词频次、中介中心性 → 研究前沿与变迁

图 19-1　本章的研究设计

---

① 陈悦,刘则渊,陈劲等. 科学知识图谱的发展历程[J]. 科学学研究,2008(3):449.

二、数据来源

通过 Web of Science 平台检索出教育学与其他学科交叉研究领域期刊中影响因子排名靠前的五本 SSCI 来源期刊（见图 19-2），在综合"质"与"量"两个维度后选取本研究的样本期刊：《教育社会学》（*Sociology of Education*）、《教育历史学》（*History of Education*）、《教育经济学评论》（*Economics of Education Review*）和《教育哲学与理论》（*Educational Philosophy and Theory*）。从"质"的维度看，四本样本期刊近五年（2014—2018 年）平均影响因子分别为 2.49、0.52、1.31 和 0.69，能从研究质量上展现该领域的较高水平研究成果；从"量"的维度看，四本样本期刊近二十年（2000—2019 年）的年载文量共 4 554 篇，占该领域 5 本 SSCI 期刊发文总量的 78.2%，能从研究数量上全面展示该领域的研究成果。

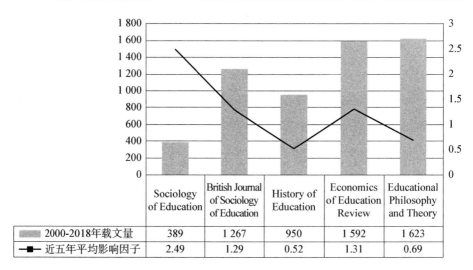

	Sociology of Education	British Journal of Sociology of Education	History of Education	Economics of Education Review	Educational Philosophy and Theory
2000-2018年载文量	389	1 267	950	1 592	1 623
近五年平均影响因子	2.49	1.29	0.52	1.31	0.69

图 19-2　五本 SSCI 来源期刊近二十年发文量和近五年平均影响因子

第三节　研究结果

一、研究主体与合作网络

课题组利用 Vosviewer 软件，依据发文量和被引量两大测评主要研究力量的指标,对近二十年四本样本期刊所有文献来源的国家、机构和作者的合作关系网络进行分析。

1. 核心作者群

从作者发文量和被引量来看,近二十年共有4 935位作者在四本样本期刊上发文,且其中发文量超过7篇的作者达到47人。具体而言,从发文量看,上述作者中迈克尔·彼得斯(Michael A Peters)的发文量(131篇)排在首位,占发文量排名前十的作者发文总量的43.5%,远高于其他作者,且是该领域唯一一位发文量超过百篇的作者(见表19-1)。从被引量看,在发文量或被引量排名前十的20位作者中埃里克·哈努谢克(Eric A. Hanushek)和苏珊娜·洛布(Susanna Loeb)的被引量分别为376次和336次,位列被引量的前二位。值得关注的是,这两位作者的发文量均未超过10篇;同时发文量排名前十位的作者中仅有一位被引量排名前十。可见,作者发文的“量”与“质”并非呈正比关系,有些作者的发文量虽然很多,但被引量、影响力并不高。

表19-1　教育学学科交叉研究发文量或被引量排名前十的20位作者一览表

作者姓名	发文量	被引量	工作单位
迈克尔·彼得斯(Michael A Peters)	131	254	北京师范大学
乔治娜·斯图尔特(Georgina Stewart)	21	37	奥克兰理工大学
丽兹·杰克逊(Liz Jackson)	19	40	香港大学
蒂娜·贝斯利(Tina Besley)	18	51	北京师范大学
彼得·康宁汉(Peter Cunningham)	18	20	怀卡托大学
马克·弗里曼(Mark Freeman)	18	39	伦敦大学
洪如玉(Ruyu Hung)	17	27	台湾嘉义大学
彼得·罗伯茨(Peter Roberts)	17	34	埃迪斯科文大学
露丝·瓦茨(Ruth Watts)	16	15	伯明翰大学
内斯塔·迪瓦恩(Nesta Devine)	13	26	奥克兰理工大学
卡尔·米卡(Carl Mika)	13	35	怀卡托大学
埃里克·哈努谢克(Eric A. Hanushek)	6	376	美国国家经济研究局

（续表）

作者姓名	发文量	被引量	工作单位
苏珊娜·洛布（Susanna Loeb）	5	336	布朗大学
阿曼达·格里菲斯（Amanda Griffith）	5	200	维克森林大学
道格拉斯·唐尼（Douglas B. Downey）	7	165	俄亥俄州立大学
格洛丽亚·达尔阿尔（Gloria Dall'Alba）	7	159	昆士兰大学
马库斯·温特斯（Marcus A. Winters）	7	148	科罗拉多大学斯普林斯分校
丹·戈德哈伯（Dan Goldhaber）	12	141	华盛顿大学
格特·比斯塔（Gert Biesta）	8	127	布鲁内尔大学
罗纳德·埃伦伯格（Ronald G. Ehrenberg）	7	104	康奈尔大学

此外，从最大作者合作网络看，形成了以迈克尔·彼得斯和乔治娜·斯图尔特（Georgina Stewart）为核心的网络连接（见图19-3）。迈克尔·彼得斯是北京师范大学教育学部教授、伊利诺伊大学香槟分校名誉教授，致力于教育哲学与理论方向。乔治娜·斯图尔特为奥克兰理工大学副教授，专注于语言、知识、文化和教育之间联系的研究。

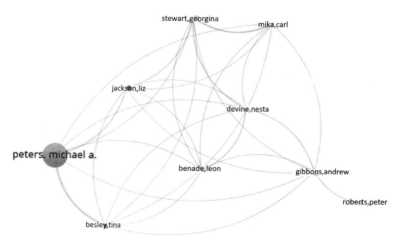

图19-3　基于Vosviewer软件的教育学学科交叉研究最大作者合作网络

2. 主要研究机构

从机构发文量和被引量看,近二十年来自 81 个国家的 1 707 所大学或研究机构在四本样本期刊上发表了学术研究成果,其中有 54 个机构的发文量超过 20 篇且被引量超过 20 次。

具体而言,从发文量来看,新西兰的怀卡托大学(83 篇)、英国的伦敦大学(82 篇)和德国的劳动经济学研究所(70 篇)表现突出,排在前三位(见表 19-2),其发文量之和占发文量或被引量排名前十的 18 个机构总量的 27%。从被引量来看,美国的哈佛大学(2 171 次)和斯坦福大学(1 471 次)表现突出,然而其发文量分别为 55 篇和 53 篇。值得关注的是,发文量排名前十的机构中仅有 2 个机构被引量排名前十,可见,各个机构在四本样本期刊中发文的"量"与"质"不相匹配。与此同时,发文量或被引量排名前十的 18 个机构中有 10 个机构都来自美国,占机构总数的 55.6%,且其中 9 个机构的被引量排名前十,这与上述形成了以美国为绝对核心地位的国家合作网络的调查结果相契合。

表 19-2 教育学学科交叉研究发文量或被引量排名前十的 18 个机构一览表

机构	发文量	被引量	机构	发文量	被引量
怀卡托大学	83	293	剑桥大学	48	155
伦敦大学	82	488	北卡罗来纳大学	45	1 664
德国劳动经济学研究所	70	736	杜克大学	23	1 206
北京师范大学	66	54	得克萨斯大学	21	1 203
奥克兰大学	60	157	阿姆斯特丹大学	30	1 189
伊利诺伊大学	57	623	哥伦比亚大学	43	1 182
哈佛大学	55	2 171	威斯康星大学	40	1 153
斯坦福大学	53	1 471	俄亥俄州立大学	28	1 115
墨尔本大学	49	484	加州大学-圣塔芭芭拉	17	976

从研究机构间的合作关系看,国际上形成了以德国的劳动经济学研究所、美国的国家经济研究局和新西兰的怀卡托大学为核心的最大机构合作关系网(见图 19-4)。同时基于国别,各研究机构在国家内部也形成了相对固定的研究合

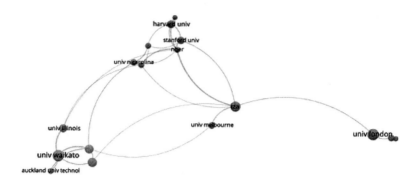

图 19 - 4　基于 Vosviewer 软件的教育学学科交叉研究最大机构合作网络

作关系网。

3. 主要研究国家/地区

从发文量看，近二十年共有 81 个国家/地区在四本样本期刊中发文，其中 46 个国家的发文量超过 5 篇；从被引量看，近二十年共有 55 个国家在样本期刊中发文的被引量超过 10 次。具体来看，美国发文量和被引量均位居榜首，远高于其他国家。其总发文量 1 788 篇，占四本样本期刊近二十年总发文量的 39.3%；被引量 33 210 次，占发文量或被引量排名前十的 12 个国家总被引量的 65.6%，是全球该领域唯一一个研究成果被引量超过万次的国家（见表 19 - 3）。位列二、三位的分别是英国和澳大利亚，其发文量（661；382）或被引量（3 821；3 195）都远低于美国。

表 19 - 3　教育学学科交叉研究发文量或被引量排名前十的 12 个国家（或地区）

国家（或地区）	发文量	被引量	国家（或地区）	发文量	被引量
美国	1 788	33 210	加拿大	174	1 902
英国	661	3 821	瑞典	100	736
澳大利亚	382	3 195	荷兰	97	2 344
新西兰	260	593	苏格兰	81	409
中国	192	816	意大利	58	699
德国	176	2 259	西班牙	80	627

　　从合作关系网络看,2000—2019 年该领域形成了以美国为绝对核心地位的国家合作网络,其与英国、澳大利亚、新西兰和中国之间形成了密切的合作关系(见图 19-5)。

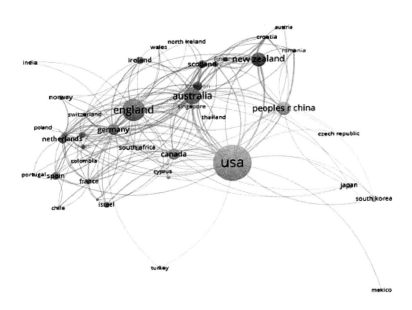

图 19-5　基于 Vosviewer 软件的教育学学科交叉研究最大国家合作网络

二、研究主题与基础

1. 基于关键词共现的主题分析

　　研究热点是某一时期有内在联系的、数量相对较多的一组文献共同探讨的科学问题或专题。关键词是对文章主题的高度概括与凝练。因此对文献的关键词进行分析,归纳总结出现频次较高的关键词,在一定程度上可以清楚地展示该领域的研究热点①。课题组利用 Vosviewer 软件对样本期刊的关键词进行共现分析,依据关键词共现的节点频次和分布结构,该领域形成了四个聚类,每个聚类内部筛选出了出现频次最高的核心关键词,分别为"人力资本(human capital)""学业成就(achievement)""教育经济学(educational economics)""高等

① 赵蓉英,徐灿.信息服务领域研究热点与前沿的可视化分析[J].情报科学,2013(12):9-14.

教育(higher education)"(见图 19 - 6)，以及频次排名前五的相关热点关键词。
通过对这些关键词的深入分析，提炼出该领域的两大研究主题(见表 19 - 4)，并
根据其中的核心文献进行了深入解读。

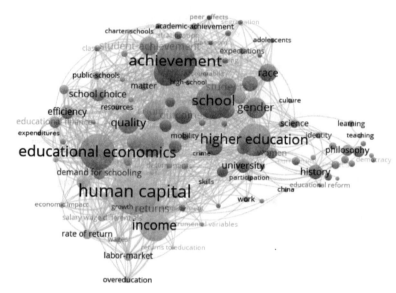

图 19 - 6 基于 Vosviewer 软件的教育学学科交叉研究关键词聚类图

表 19 - 4 教育学学科交叉研究领域关键词聚类内部热点词汇

主题	序号	核心关键词	频次	相关热点关键词(聚类内出现频次前五)
主题一	聚类 1	成就(achievement)	253	学校(school)、表现(performance)、性别(gender)、学生(students)、结果(outcomes)、种族(race)
	聚类 3	高等教育(higher education)	205	历史(history)、大学(university)、政策(policy)、哲学(philosophy)、教育学(pedagogy)
主题二	聚类 2	教育经济学(educational economics)	227	影响(impact)、质量(quality)、选择(choice)、学生成就(student-achievement)、模型(model)
	聚类 4	人力资本(human capital)	297	收入(income)、回报(returns)、生产力(productivity)、回报率(rate of return)、劳动力市场(labor-market)

研究主题一是探讨文化资本对教育结果的影响。文化资本既有显性特征，

又有隐性特征。聚类 1 的核心关键词是成就（achievement），聚类内与之连接强度较大的热点关键词涉及一些自身无法更改的隐性的文化资本，如性别（gender）、种族（race）等。已有研究大多探究这些文化资本对学生在校（school）的成就和表现的影响，如查尔斯·克洛特费尔特（Charles T. Clotfelter）等人的研究发现，新手教师在学校之间和校内的班级之间的分布方式不利于黑人学生取得良好的学业成就①；莫妮卡·柯克帕特里克·约翰逊（Monica Kirkpatrick Johnson）等人采用多层次模型，发现不同种族群体的学生在信念和学术参与方面存在重要差异，学校的种族构成是影响学生信念而非学术投入的重要因素②；阿曼达·格里菲斯（Amanda L. Griffith）的研究发现学生的背景和教育经历的差异在很大程度上解释了科学、技术、工程或数学（简称 STEM）专业的女性和少数族裔坚持率的差异③；苏珊·杜迈斯（Susan Dumais）提出了一种包括惯习指标在内的模型，发现无论是否控制了惯习这一变量，文化资本对女生的成绩都有积极、显著的影响④。

聚类 3 的核心关键词是高等教育（higher education），聚类内热点关键词主要探究高等教育如何推动显性文化资本的积累，从而影响个体学业成就。尼克·霍普伍德（Nick Hopwood）等人对高等教育领域进行模拟教学的社会物质基础进行描述，基于沙茨基的实践理论，扩展了将社会物质方法应用于教育现象的范围，验证了模拟作为将大学教育与专业实践结合起来的教学实践的潜力⑤。还有一部分学者从不同的学科教育视角（philosophy、pedagogy）探究教育的重要性。如罗纳德·巴尼特（Ronald Barnett）认为适当的高等教育哲学研究可以扩大大学概念范围，不仅有助于理解大学或捍卫大学，而且有助于改革大学⑥；

① CLOTFELTER C T, LADD H F, VIGDOR J L. Who teaches whom? Race and the distribution of novice teachers [J]. Economics of Education Review, 2005(4)：377 - 392.

② JONHSON M K, CROSNOE R, ELDER G H. Students' attachment and academic engagement：The role of race and ethnicity [J]. Sociology of Education, 2001(4)：318 - 340.

③ GRIFFITH A L. Persistence of women and minorities in STEM field majors：Is it the school that matters [J]. Economics of Education Review, 2010(6)：911 - 922.

④ DUMAIS S. Cultural capital, gender, and school success：The role of habitus [J]. Sociology of Education, 2002(1)：44 - 68.

⑤ HOPWOOD N, ROONEY D, BOUD D, et al. Simulation in higher education：A sociomaterial view [J]. Educational Philosophy and Theory, 2016(2)：165 - 178.

⑥ BARNETT R. Constructing the university：Towards a social philosophy of higher education [J]. Educational Philosophy and Theory, 2017(1)：78 - 88.

梅拉妮·沃克(Melanie Walker)主张将阿马蒂亚·森(Amartya Sen)发展的能力方法与批判教育学的思想结合起来,提出了大学教育中核心能力方法本土化的问题[①]。

　　研究主题二是关注经济资本与教育的关系。聚类 2 的核心关键词是教育经济学(educational economics),已有研究高度关注教师和学校质量(quality)对经济的影响。如埃里克·哈努谢克在概述教师素质和学生成绩关联的基础上,探讨成绩对个人收入的影响,以及教师效能对经济增长的影响[②];埃里克·哈努谢·克的另一篇研究强调认知技能对经济增长的重要性,他提出如果不提高学校教育质量,发展中国家将难以改善其长期落后的经济表现[③];马克·朗(Mark C. Long)以大学质量差异对学生毕业早期成就的影响为研究对象,发现大学质量对大学毕业生家庭收入有积极的影响,对时薪的影响越来越弱[④]。

　　聚类 4 的核心关键词是人力资本(human capital),凭借无限的创造性这一特征,人力资本成为经济资本中的核心资本。已有研究一方面重点关注教育对人力资本积累的影响。如安帕罗城堡·克莱门特(Amparo Castello-Climent)等人开发了一种人力资本投资理论,探究教育质量对人力资本的构成和增长的影响,发现高质量的教育增加了教育的回报,从而激励了人力资本的积累[⑤]。另一方面,聚焦收入(income),劳动力市场(labor-market)与教育的关系,如马克·朗估算了 20 世纪 70 年代、80 年代和 90 年代三组学生的变化,指出教育程度和大学质量可以提高收入,影响程度随时间越发显著[⑥];彼得·多尔顿(Peter Dolton)等人对英国毕业生劳动力市场进行调查,证实过度教育的学生毕业后的

① WALKER M. Critical capability pedagogies and university education [J]. Educational Philosophy and Theory,2010(8):898-917.
② HANUSHEK E A. The economic value of higher teacher quality [J]. Economics of Education Review,2011(3):466-479.
③ HANUSHEK E A. Economic growth in developing countries:The role of human capital [J]. Economics of Education Review,2013(37):204-213.
④ LONG M C. College quality and early adult outcomes [J]. Economics of Education Review,2008(5):588-602.
⑤ CASTELLO-CLIMENT A,HIDALGO-CABRILLANA A. The role of educational quality and quantity in the process of economic development [J]. Economics of Education Review,2012(4):391-409.
⑥ LONG M C. Changes in the returns to education and college quality [J]. Economics of Education Review,2010(3):338-347.

收入低于同龄人,并提出剩余教育的回报低于所需教育回报的结论①;西默斯·麦吉尼斯(Seamus McGuinness)根据英国毕业生的数据,对毕业生在劳动力市场上的不匹配问题进行研究,发现过度教育对男女均有不利影响,但技能熟练过度只对男性不利②;而托马斯·鲍尔(Thomas K. Bauer)通过分析 1984—1998 年德国的相关数据,发现教育程度的高低对劳动力市场的影响差异不大③。

2. 基于文献共被引网络的知识基础分析

学科领域的知识基础主要以经典文献为载体,经典文献就是与学科发展密切相关,能够反映某个研究领域重要知识基础的一些文献。在文献计量学中,文献共被引频次和中心性指征着该研究的关注度和相关性④,具有高被引频次和中心性的经典文献共同形成了该领域的知识基础。但需要指出的是,由于本章数据来源于教育社会学、教育经济学、教育历史学和教育哲学各交叉学科的综合数据,因此其知识基础通常缺乏一个清晰可见的演进脉络,故依托 CiteSpace 对此做简要分析,得到近二十年教育学科交叉研究领域高被引文献,即后续研究的知识基础。

1) 宏观的总引文数量

从宏观的总引文数量看,该领域四本样本期刊近二十年的 4 554 篇文献共引用了 101 619 条参考文献,平均每篇文献引用 22 篇文献,可见教育学科交叉研究领域的引用文献较多,研究基础扎实。

2) 中观的引文聚类

从中观的引文聚类看,该领域共被引超过 7 次的 17 篇文献形成了三大引文聚类(见图 19 - 7)。

引文聚类 1 是教师效能(teacher effectiveness)。此聚类 1 的共被引文献主要关注对教师效能的认证、评估和影响。乔纳·洛克夫(Jonah E. Rockoff)等人

① DOLTON P, VIGNOLES A. The incidence and effects of overeducation in the UK graduate labour market [J]. Economics of Education Review, 2000(2): 179 - 198.
② MCGUINNESS S, SlOANE P J. Labour market mismatch among UK graduates: An analysis using REFLEX data [J]. Economics of Education Review, 2011(1): 130 - 145.
③ BAUER T K. Educational mismatch and wages: a panel analysis [J]. Economics of Education Review, 2002(3): 221 - 229.
④ 陈东. 基于 CiteSpace 可视化工具的国外在线继续教育研究进展与发展趋势分析[J]. 当代继续教育, 2019(210): 56 - 66.

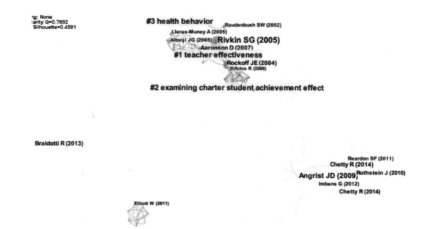

图 19-7　基于 CiteSpace 软件的教育学学科交叉研究共被引文献聚类视图

在其高被引文献《认证告诉我们什么教师效能的信息？来自纽约市的证据》
(*What does certification tell us about teacher effectiveness? Evidence from New York City*)中提到，具有相同经验和认证地位的教师间效能存在巨大差异，前两年的课堂表现是衡量教师未来效能的可靠指标，并且教师效能的提高可以抵消其高离职率带来的负面影响①。查尔斯·克洛特费尔特的高被引文献《师生匹配与教师效能评估》(*Teacher-student matching and the assessment of teacher effectiveness*)一文根据北卡罗来纳州五年级学生的数据得出，高素质、高效能的教师往往与优势学生相匹配，这种匹配偏向证实教师经验与学生学业成就相关联②。

　　引文聚类 2 是考察特许学生学业成就效果（examining charter student achievement effect）。此聚类的共被引文献重点关注美国特许学校的学生学业成就的影响因素。罗伯特·比弗科（Robert Bifulco）等人所著的高被引文献《特许学校对学生成绩的影响：来自北卡罗来纳州的证据》(*The impacts of Charter Schools on student achievement：Evidence from North Carolina*)发现，

① KANE T J, ROCKOFF J E, STAIGER D O. What does certification tell us about teacher effectiveness? Evidence from New York City [J]. Economics of Education Review，2008(6)：615 - 631.

② CLOTFELTER C T, LADD H F, VIGDOR J L. Teacher-student matching and the assessment of teacher effectiveness [J]. Journal of Human Resources，2006(4)：778 - 820.

与公立学校相比,特许学校的学生取得的成就较少,约 30％的特许学校的负面影响是由于学生流动率高①。乔纳·洛克夫的文章《教师个体对学生成绩的影响:来自面板数据的证据》(*The impact of individual teachers on student achievement:Evidence from panel data*)表明,教师之间存在较大差异,教师素质对学生学业成就存在显著影响②。

引文聚类 3 是健康行为(health behavior)。此聚类的共被引文献聚焦于教育与健康之间是否存在因果关系。大量的研究表明,健康状况与受教育年限之间存在很强的正相关关系,如玛丽·西尔斯(Mary A. Silles)的《教育与健康的因果关系:来自英国的证据》(*The causal effect of education on health:Evidence from the United Kingdom*)一文显示,健康与教育之间存在因果关系,接受更多的学校教育与更好的健康状况相关联③。阿德里安娜·莱拉斯·穆尼(Adriana Lleras-Muney)在其高被引文献《美国教育与成人死亡率的关系》(*The relationship between education and adult mortality in the United States*)中依据美国人口普查数据,探讨教育是否对健康有因果影响。结果表明,教育与死亡率有因果影响,而且这种影响是巨大的④。

3) 微观的经典文献

从微观的经典文献看,近二十年教育学科交叉研究领域共被引频次不低于10 且中介中心性高于 0.1 期刊论文有 3 篇(见图 19-8)。

其中,史蒂文·里夫金(Steven G. Rivkin)主要关注教师、校长素质,劳动力市场等议题。其《教师、学校和学业成就》(*Teachers,schools,and academic achievement*)一文的被引频次和中介中心性均居榜首,可见其研究为该领域作出了重要贡献。该文着重分析了学校和教师对学生学业成就的影响。研究发现,尽管教师素质的差异很少能用教育或经验等明显的特征来解释,但是教师对

① BIFULCO R, LADD H F. The impacts of Charter Schools on student achievement:Evidence from North Carolina [J]. Education Finance And Policy,2006(1):50-90.

② ROCKOFF J E. The impact of individual teachers on student achievement:Evidence from panel data [J]. American Economic Review,2004(2):247-252.

③ SILLES M A. The causal effect of education on health:Evidence from the United Kingdom [J]. Economics of Education Review,2009(1):122-128.

④ LLERAS-MUNEY A. The relationship between education and adult mortality in the United States [J]. Review of Economic Studies,2005(1):189-221.

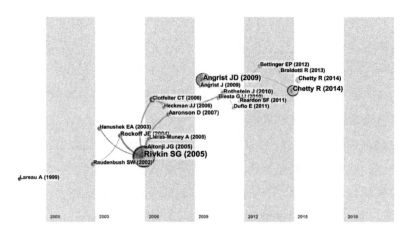

图 19 - 8　基于 CiteSpace 软件的教育学学科交叉研究文献共被引网络时区图
* 共被引频次不低于 10 且中介中心性高于 0.1 的文献共有 4 篇,其中 1 本为专著,3 篇为期刊论文。

学生阅读和数学成绩确实有显著的影响,教师效能对学校质量具有重要影响[①]。
2002 年以前,相关文献被引频次较低,表示该领域的研究尚未兴盛;2002 年开
始,该领域聚焦于教师工资(teacher salaries)这一主题,到 2004 年该主题关注度
减低;到 2005 年,史蒂文·里夫金的文献作为标志性文献,带动了关于教育影响
因素(education)的研究,到 2007 年该主题的关注度趋冷。

　　查尔斯·克洛特费尔特的《师生匹配与教师效能评估》一文被引频次排在第
二位。他本人主要的研究兴趣是教育经济学、非营利部门和公共财政,这篇文章
在上文已提及。该研究带动了 2006 年后利用函数公式(output distance
function)解决教育问题的研究;到 2009 年,乔舒亚·安格里斯特(Joshua D.
Angrist)的著作介绍了与许多社会科学领域相关的应用计量经济学方法[②],成为
该领域新的经典著作,多人引用其著作,由此带来了该领域的另一个研究繁
荣期。

　　被引频次排在第三位的是拉杰·切蒂(Raj Chetty)等人的《衡量教师的影
响 II：教师增值和学生成年后的成果》(*Measuring the impacts of teachers II：*

---

① RIVKIN S G, HANUSHEK E A, KAIN J F. Teachers, schools, and academic achievement [J].
　　Econometrica, 2005(2)：417 - 458.
② ANGRIST J D, PISHKE J S. Mostly harmless econometrics：An empiricist's companion [M].
　　Princeton：Princeton University Press, 2009.

Teacher value-added and student outcomes in adulthood）一文，该文通过对 100 多万名儿童的学校区域和纳税记录进行分析发现，具有长期提高学生成绩经验的高附加值教师培养的学生上大学和获取高收入的可能性大，且在青少年时期生育的可能性较小[①]。该成果带动了这一时期利用增值模型（Value-added models）评估教师素质的研究，此后该领域标志性文献不再出现，研究逐渐走向低谷。

三、研究前沿与变迁

1. 研究前沿的宏观变迁

关键词共现分析可以揭示某一研究领域的研究热点和前沿的演变趋势，而关键词共现网络时区图更是能反映关键词的年代分布及互相之间的影响关系。课题组利用 CiteSpace 软件对关键词进行共现分析和突显关键词挖掘，绘制了近二十年教育学学科交叉领域相关文献关键词共现网络时区图（见图 19 - 9），在一定程度上反映了该领域研究前沿的变迁规律。具体而言，近二十年教育学学科交叉研究领域的热点和前沿变迁可以归纳为三个阶段（见表 19 - 5）。

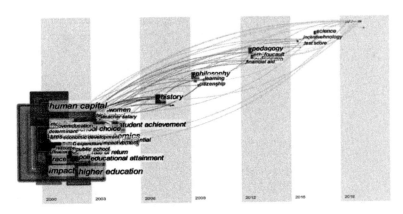

图 19 - 9　基于 CiteSpace 软件的教育学学科交叉研究关键词共现网络时区图

---

① CHETTY R, FRIEDMAN J N, ROCKOFF J E. Measuring the impacts of teachers II：Teacher value-added and student outcomes in adulthood [J]. American Economic Review，2014(9)：2633 - 2679.

表 19 - 5　教育学学科交叉研究前沿变迁三阶段的高频、高中介性关键词和突显关键词表

年份		高频、高中介性关键词 （当年度排名前三）	突显关键词
阶段一 2000— 2005 年	2000	教育（education）、人力资本（human capital）、成就（achievement）、种族（race）、美国（united states）	收入（earning）、教育财政（educational finance）、美国（united states）、效率（efficiency）、劳动力市场（labor market）、成就（attainment）、成本（cost）、教育经济学（educational economics）、生产力（productivity）、人力资本（human capital）、教育需求（demand for schooling）、回报（return）、回报率（rate of return）、受教育程度（educational attainment）、工资差别（salary wage differential）
	2001	教育需求（demand for schooling）	
	2003	高等教育（higher education）、受教育程度（educational attainment）、回报率（rate of return）、工资差别（salary wage differential）	
阶段二 2006— 2011 年	2006	学生（student）、结果（outcome）、模型（model）、择校（school choice）、公立学校（public school）	资源分配（resource allocation）、公立学校（public school）、择校（school choice）、模型（model）、决定因素（determinant）、身份（identity）、学校教育（schooling）、历史（history）、过度教育（overeducation）、教师工资（teacher salary）、分层（stratification）、工资（wage）、国籍（citizenship）、歧视（discrimination）、事项（matter）、知识（knowledge）、选择（selection）、资源（resource）、民主（democracy）、学院（college）
	2009	质量（quality）、学生成绩（student achievement）、学院（college）、选择（choice）、女性（women）、哲学（philosophy）	
	2010	儿童（children）、选择（selection）	
阶段三 2012— 2019 年	2012	教育学（pedagogy）、课程（curriculum）、伦理（ethics）、招生（enrollment）、项目（program）	健康（health）、流动性（mobility）、招生（enrollment）、青少年（adolescent）、教育学（pedagogy）、学术成就（academic achievement）、伦理（ethics）、福柯（foucault）、班级规模（class size）、体育（physical education）、数学（mathematics）、高中（high school）、政策（policy）、不平等（inequality）、考试成绩（test score）
	2015	科学（science）、技术（technology）、海德格尔（heidegger）、技能（skill）、语言（language）、问责制（accountability）	
	2018	回归不连续性设计（regression discontinuty design）、新自由主义（neoliberalism）	

阶段一是教育学与经济学交叉背景下的关注成本阶段（2000—2005 年）。21 世纪初期，教育学主要借鉴经济学成熟的研究方法与理论体系从事相关教育问题的研究。对教育成本与收益进行探讨和分析，能够为国家、家庭和个人的教育决策提供依据。如布鲁斯·约翰斯通（D. Bruce Johnstone）探讨了高等教育实行成本分摊的理由，但在极端紧缩的国家教育财政支出和高等教育收入多样化（包括某些形式的成本分担）的现实必然性下，欧洲和一些社会主义国家对此仍持反对意见①；道格拉斯·韦伯（Douglas A. Webber）等人利用多种计量经济学方法分析非教育性支出类别是否影响本科生的毕业率和入学第一年坚持率，指出将教学资金分配给学生服务支出可能会提高特定机构的学生入学持久性和毕业率②；罗伯特·劳里（Robert C. Lowry）基于美国 50 个州 428 个校园的数据，发现州政府在公立大学的资助和学费收入取决于政治和经济因素，个人接受高等教育的费用部分取决于相关决策者是州政府官员还是大学管理者③。

阶段二是教育学与社会学交叉背景下的关注结果阶段（2006—2011 年）。在教育公平、择校问题等社会问题凸显后，教育学与社会学融合的趋势日趋凸显。学校在社会分层中扮演着重要角色，它会依据学生所拥有的社会资本和文化资本复制社会阶层不平等的机制。萨拉·戈德里克·拉布（Sara Goldrick-Rab）探讨不同的大学入学模式中是否存在社会阶层差异，研究结果表明，学生上大学方式的差异代表了高等教育中的另一种分层④；艾伦·克尔霍夫（Alan C. Kerckhoff）介绍了分层、标准化、职业特殊性以及学生选择等用于解释学生进入劳动力市场，影响社会分层过程的特征。他强调利用教育解释社会分层过程还需要了解更多有关正规制度结构和非正式社会进程在学生过渡期间的轨迹

① JOHNSTONE D B. The economics and politics of cost sharing in higher education: comparative perspectives [J]. Economics of Education Review, 2004(4): 403 - 410.

② WEBBER D A, EHRENBERG R G. Do expenditures other than instructional expenditures affect graduation and persistence rates in American higher education [J]. Economics of Education Review, 2010(6): 947 - 958.

③ LOWRY R C. The effects of state political interests and campus outputs on public university revenues [J]. Economics of Education Review, 2001(2): 105 - 110.

④ GOLDRICK-RAB S. Following their every move: An investigation of social-class differences in college pathways [J]. Sociology of Education, 2006(1): 61 - 79.

中产生规律的方式①。

阶段三是教育学与自然科学交叉背景下的关注过程阶段（2012—2019 年）。近年来，新一代信息技术的快速发展和应用，为教育研究提供了数据获取、存储、分析和决策等方面的支持②，也推动了教育学这一人文社会科学与自然科学和工程科学之间的交叉联系，其中突出表现为 STEM 相关研究。詹姆斯·丹尼尔·李（James Daniel Lee）基于结构方程模型，对中小企业 320 名暑期学生进行纵向调查，研究发现，相比男孩女孩对项目的教育干预反应更灵敏，这很好地解释了较少女生在数学和工程领域表现出色③；理查德·穆南（Richard J. Murnane）等人测试了男性青少年三种类型的技能指标——学术技能，快速准确完成基本智力任务的技能，以及自尊——能够预测他们在 27 岁和 28 岁时的工资水平。结果表明，这三种技能都在预测未来工资中发挥作用，不同的技能在解释白人男性与黑人男性和西班牙裔男性的平均工资差距方面有着不同的重要性④；布赖恩·雅各布（Brian A. Jacob）发现大学入学率性别差异可以用男女特征的差异来解释，女性较高的非认知技能和大学学费是影响高等教育阶段性别差距的重要因素⑤。

2. 研究前沿的微观变迁

突显关键词是某一研究领域在特定时间内出现频次较高的词，分析突显关键词的动态趋势可以清楚地了解该领域研究前沿的演变。利用 CiteSpace 软件对近五年（2015—2019 年）教育学科交叉研究领域中施引文献突显率排名前五的突显关键词进行分析（见表 19 - 6），依据其突显时间和持续时间跨度，以及其出现频次的变化态势图，划分为渐强型研究前沿和趋弱型研究前沿两大类，以此呈现教育学科交叉研究领域的最新的研究前沿变迁。

---

① KERCKHOFF A. Education and social stratification processes in comparative perspective ［J］. Sociology of Education，2001(SI)：3 - 18.

② 杨现民，王柳卉，唐斯斯. 教育大数据的应用模式与政策建议［J］. 电化教育研究，2015(9)：54 - 61.

③ LEE J D. More than ability：Gender and personal relationships influence science and technology involvement ［J］. Sociology of Education，2002(4)：349 - 373.

④ MURNANE R J，WILLETT J B，BRAATZ M J，et al. Do different dimensions of male high school students' skills predict labor market success a decade later? Evidence from the NLSY ［J］. Economics of Education Review，2001(4)：311 - 320.

⑤ JACOB B A. Where the boys aren't：non-cognitive skills, returns to school and the gender gap in higher education ［J］. Economics of Education Review，2002(6)：589 - 598.

表 19 - 6　2015—2019 年间教育学学科交叉研究突显率排名前五的关键词表

突显关键词	突显率	起止年份
科学(science)	7.8	2017—2019
技术(technology)	6.3	2015—2019
教室(classroom)	6.2	2015—2019
政治(politics)	5.7	2016—2017
高校招生(college enrollment)	5.1	2015—2019

1) 渐强型研究前沿

渐强型前沿是指在高突显率关键词历史曲线的图示中,以时间为参考坐标,突显率整体上随着时间的推移呈上升趋势的文献数据所反映的研究主题。[①] 从高突显关键词历史曲线图看,"科学(science)"是突显率排名第一的突显关键词,2015—2019 年该关键词出现频次共 27 次,且出现频次整体呈现递增的态势(见图 19 - 10)。

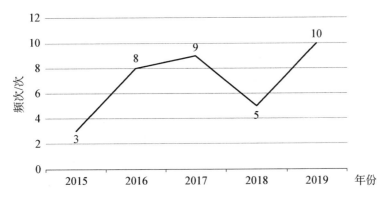

图 19 - 10　2015—2019 年间教育学学科交叉研究渐强型研究前沿历史折线图

鉴于科学、技术、工程和数学(STEM)职业在全球重要性的日益提高,以及 STEM 领域男女比例的失衡助长了经济和社会不平等现象,"科学(Science)"的

---

① 潘黎,姜海男. 近十年来我国高等教育研究的热点领域与前沿主题[J]. 中国高等教育,2016(22): 60 -
62.

研究聚焦于 STEM 领域性别差异问题，特别是造成这一现象的影响因素。玛莎·塞西莉亚·博塔（Martha Cecilia Botta）等人研究了女性高中数学和科学教师的比例，对学生进入大学选择主修 STEM 专业的影响。结果表明，教师的性别构成比例对女生选择 STEM 学位有很大的影响[①]。而达里奥·桑松（Dario Sansone）则认为虽然高中数学与科学教师的性别对 STEM 专业学生的兴趣和自我效能感有一定的影响，但是教师对男女学生能力的看法，以及对待男女学生的态度，比教师性别更重要[②]。

2）趋弱型研究前沿

趋弱型前沿是指在高突显率关键词历史曲线的图示中，以时间为参考坐标，突显率整体上随着时间的推移呈下降趋势的文献数据所反映的研究主题[③]。从高突显关键词历史曲线图看，"技术（technology）""教室（classroom）""政治（politics）""高校招生（college enrollment）"四个关键词的突显率排在 2 到 5 位，且出现频次整体呈现递减的态势（见图 19 - 11），属于教育学学科交叉研究领域中最新研究前沿中的渐弱型前沿主题。

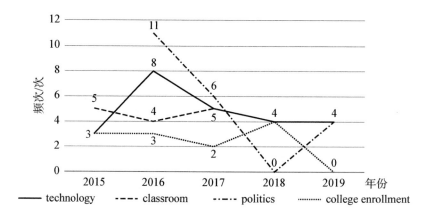

图 19 - 11　2015—2019 年间教育学学科交叉研究趋弱型研究前沿历史折线图

① BOTTIA M C, STEARNS E, MICKELSON R A, et al. Growing the roots of STEM majors: Female math and science high school faculty and the participation of students in STEM [J]. Economics of Education Review, 2015(45): 14 - 27.

② SANSONE D. Why does teacher gender matter [J]. Economics of Education Review, 2017(61): 9 - 18.

③ 潘黎，姜海男. 近十年来我国高等教育研究的热点领域与前沿主题[J]. 中国高等教育, 2016(22): 60 - 62.

　　"科技(technology)"主要关注科技对学生学业表现的影响。理查德·帕特森(Richard W. Patterson)等人根据准实验设计研究发现,大学课堂中计算机的使用对学生课程成绩有负面影响,并且这种负面影响集中在男生和成绩欠佳的学生中①。库尔特·图姆勒特(Kurt Thumlert)等人基于行动者网络理论的视角,重新审视了技术与教育理论的关系。研究发现,传统的教育技术理论倾向于注重新技术与现有课程目标和教育实践的统一,而新的教育技术理论则着眼于以技术为中介的新颖教学形式的经验②。

　　"教室(classroom)"重点讨论教室的存在合理性以及课堂参与对学生的影响。进入21世纪,为更好地适应知识经济时代的发展,对终身学习的呼吁更加高涨,学校教育不再适应教育发展的需求,教育需要扩展到社会的方方面面。学习型社会的构建过程中,教室是否过时,成为学者们关注的重点③。此外,有关"教室(classroom)"的研究还关注课堂参与对学生的影响。朱莉娅·伯迪克-威尔(Julia Burdick-Will)通过对芝加哥公立学校学生的数据进行分析,研究发现,遭受当地社区暴力与学生的行为和课堂参与有关,且同伴遭受社区暴力与个人成就之间的负相关关系是显著的④。

　　"政治(politics)"的相关研究主要关注身份政治、民族政治等议题。克里斯蒂娜·布鲁尼拉(Kristiina Brunila)等人将身份政治理解为一种强调集体但具有延展性的群体身份,是作为政治行动基础的政治形式,认为更仔细地审视身份政治与社会思潮之间的关系十分重要⑤。黛西·维尔杜斯科·雷耶斯(Daisy Verduzco Reyes)通过对学生组织的民族志田野调查和深度访谈,划分了三种不同形式的种族政治表达:深思熟虑的、分裂的和有争议的,提出强有力的大学合

① PATTERSON R W, PATTERSON R M. Computers and productivity: Evidence from laptop use in the college classroom [J]. Economics of Education Review, 2017(57): 66 – 79.

② THUMLERT K, CASTELL S D, JENSON J. Short cuts and extended techniques: Rethinking relations between technology and educational theory [J]. Educational Philosophy and Theory, 2015 (8): 786 – 803.

③ BENADE L. Is the classroom obsolete in the twenty-first century [J]. Educational Philosophy and Theory, 2017(8): 796 – 807.

④ BURDICK-Will J. Neighborhood violence, peer effects, and academic achievement in Chicago [J]. Sociology of Education, 2018(3): 205 – 223.

⑤ BRUNILA K, ROSSI L M. Identity politics, the ethos of vulnerability, and education [J]. Education Philosophy and Theory, 2018(3): 287 – 298.

并可能会自相矛盾地抑制拉丁裔学生在校外参与政治活动[①]。

"高校招生（college enrollment）"的研究源于高等教育的大规模扩张。尽管接受大学教育的机会增多，但来自弱势或非高知家庭背景的学生在大学中的比例仍然很低。弗拉克·彼得（Frauke H. Peter）等人基于这一背景进行研究，结果表明，通过向非学术家庭的学生提供相关信息，可以提高这部分群体的大学入学率，减少教育不平等[②]。托尼·塔姆（Tony Tam）等人针对中国高等教育扩张背景下，城市户籍与农村户籍学生大学入学率差距急剧扩大的问题，提出了结构性排斥假设，强调国家政策的意外后果[③]。

第四节 结论与展望

一、主要结论

基于 CiteSpace 和 Vosviewer 两个可视化软件的分析，本章从"量"和"质"的双重维度梳理了近二十年国际上教育学学科交叉研究领域的基本格局。具体而言，从研究力量来看，迈克尔·彼得斯是发文量最多的作者，埃里克·哈努谢克是被引量最高的作者；新西兰的怀卡托大学、英国的伦敦大学和德国的劳动经济学研究所是最主要的研究机构；美国是该领域最核心的研究国家。从研究主题来看，研究围绕以"人力资本（human capital）""成就（achievement）""教育经济学（educational economics）""高等教育（higher education）"为核心的四大聚类形成了两大研究主题，即探讨文化资本对教育结果的影响、关注经济资本与教育的关系；并从中观上形成了"教师效能（teacher effectiveness）""学生学业成就效果（examining charter student achievement effect）""健康行为（health behavior）"三大引文聚类。从研究前沿变迁看，经历了教育学与经济学交叉背景下的关注

① REYES D V. Inhabiting Latino Politics: How Colleges Shape Students' Political Styles [J]. Sociology of Education，2015(4)：302 – 319.

② PETER F H, ZAMBRE V. Intended college enrollment and educational inequality: Do students lack information [J]. Economics of Education Review，2017(60)：125 – 141.

③ TAM T, JIANG J. Divergent urban-rural trends in college attendance: State policy bias and structural exclusion in China [J]. Sociology of Education，2015(2)：160 – 180.

成本阶段、教育学与社会学交叉背景下的关注结果阶段和教育学与自然科学交叉背景下的关注过程阶段三大变迁历程，呈现"科学（science）"渐强型研究前沿和"技术（technology）""教室（classroom）""政治（politics）""高校招生（college enrollment）"趋弱型研究前沿。

二、未来展望

教育学学科交叉研究是未来教育学发展的趋势之一，是塑造教育学科外延和丰富学科内涵的重要力量，该领域未来有以下几个发展方向：

一是自然科学与教育学的交叉融合加强。随着科学技术的发展，全球科学研究呈现出更加复杂、更加开放、更多交叉的特征，并由此进入"大科学"涌现时代。随着全球生物多样性的急剧下降、世界海洋和水体状况的恶化等难题的增加，人类解决这些问题不仅需要自然科学之间的交叉融合，还需要自然科学与社会科学之间的紧密合作。2018年，国际科学理事会（International Council for Science）和国际社会科学理事会（The International Social Science Council）合并组成新的国际科学理事会（International Science Council），此举势必会加强自然和社会科学领域的全球合作[①]。因此，一些学科界限将会彻底打破，自然科学与社会科学的学科交叉融合会进一步增强，教育学与信息科学、神经科学、脑科学等领域研究范式的深度交叉融合也会被进一步激发。

二是更加关注复合型人才的培养。现如今，科学技术研究越来越依赖于不同学科之间的交叉与融合，只有具备多学科背景的复合型人才才能够准确把握学科交叉的整体研究态势，从而更好地推动学科交叉研究的进展。高素质复合型人才已然成为国家核心竞争力的标志，当前，发达国家普遍非常重视学科交叉研究与相关人才的培养，例如美国的"研究生教育与科研训练一体化项目"（Integrative Graduate Education and Research Traineeship Program）、英国的《高等教育的未来》（*The Future of High Education*）白皮书、德国的"大学卓越计划"等（Exzellenzinitiative），都在强调学科交叉研究的地位以及学科交叉人才培养的重要性。改革原有的单一学科培养模式，构建学科交叉研究所需人才的

---

① 中国科协国际联络部.国际科联和国际社科联将合并成立新的国际科学理事会[J].科技导报，2017（22）：10.

培养环境与机制,以此培养能够解决综合性问题的复合型创新人才,是当前高校人才培养模式改革的重要课题之一,也势必成为教育学学科交叉领域的研究趋势之一。

三是聚焦如何推动交叉学科的机制建设。学科建设是大学发展的核心内容。从世界一流大学的学科发展历史来看,学科间的交叉融合形成新兴的研究领域,进而发展完善形成新的学科,是一流学科形成和发展的重要规律。学科交叉研究和交叉学科建设是相辅相成、互相促进的一组概念。随着人类社会难题的不断产生和解决,各个领域均会衍生出越来越多的交叉学科,并由此催生出一批一流学科。与此同时,交叉学科还可以为培养复合型人才提供良好的培养环境。因此,如何推动交叉学科建设成为世界上许多国家、高校学科建设的重点,也成为教育学学科交叉研究领域日后研究的重点。

（韩双淼　赵　楠）

第二十章
国际教育研究范式特征和发展趋势

　　教育科学研究范式是影响教育研究质量的关键因素,反映的是教育科学知识生产的基本方法、研究导向及组织方式的总体特征。学科的发展离不开其知识生产方式的进步,而一门学科是否具有科学性,关键就在于它是否具有科学的、系统的且区别于其他学科的研究范式体系。当前,国际教育科学的研究范式、方法呈现出多元化、精细化、科学化的趋势,这些趋势在各个领域著名期刊上已发表的文章中得到较好的体现。正如西尔弗曼(Silverman,R. J.)所指出的,学术期刊既可以"镜像"现有领域,也可以"创造"未来领域[1]。各领域的顶尖学术期刊更是代表着该学科最前沿的研究范式特征及其演变趋势。因此,对这些学术期刊的研究成果进行研究范式的归纳提炼,对于把握教育科学研究范式的演变趋势,推进我国教育科学研究具有重要的启示意义。然而,当前对国际国内教育科学研究范式演变趋势的追踪研究仍然不足,现有相关研究文献尚难窥见教育科学研究范式演进之全貌。本章借鉴吉本斯(Gibbons,M.)的知识生产模式框架[2],从研究方法、研究导向、跨学科取向、参与者异质性等四个方面对国际教育科学的十个领域的十本社会科学引文索引(文中简称 SSCI)期刊的文章进行研究,以期发现当前国际教育科学研究范式的演变趋势。

---

① SILVERMAN R J. Higher Education as a Maturing Field? Evidence from Referencing Practices [J]. Research in Higher Education,1985(2):150-183.
② GIBBONS M, et al. The New Production of Knowledge:The Dynamics of Science and Research in Contemporary Societies [M]. London:Sage Publications,1994:179.

第一节　研究方法

一、数据来源

本研究从国际教育科学的综合类、学前教育类、高等教育类、教师教育类、课程教学类、科学教育类、教育政策与管理类、教育技术类、国际与比较教育类、学科交叉类等十个领域分别选取发表在《教育研究评论》(*Review of Educational Research*)、《早期教育与发展》(*Early Education and Development*)、《高等教育杂志》(*Journal of Higher Education*)、《教师教育杂志》(*Journal of Teacher Education*)、《学习与教学》(*Learning and Instruction*)、《科学与教育》(*Science&Education*)、《教育政策杂志》(*Journal of Education Policy*)、《互联网与高等教育》(*Internet and Higher Education*)、《比较教育》(*Comparative Education*)、以及《教育社会学》(*Sociology of Education*)等十本代表性 SSCI 期刊自 2010 至 2019 年共 4 096 篇同行评议文章作为研究对象。研究表明，方法学在 5 年内保持稳定的态势①。以 5 年为单位进行研究方法学的比较是较为常用的方式②。因此，本研究将呈现每年的研究范式及其变化趋势，并辅助以 5 年为单位进行 2010—2014 年和 2015—2019 年两个时段的比较。

二、研究框架与编码

在本研究中，研究方法关注总体研究方法、资料收集方法、思辨研究方法、质性研究方法及量化研究方法等。研究导向关注研究问题的生成、方法、设计是以实际应用问题还是以学科内部的基础问题为导向。跨学科取向关注研究内容和方法是否强调不同学科知识、方法的交叉融合。参与者异质性关注知识生产者身份的多元化，除高等学校外，企业、政府及其他机构是否也参与知识生产。在

---

① GOODWIN L D, GOODWIN W L. Statistical Techniques in AERJ Articles，1979—1983：The Preparation of Graduate Students to Read the Educational Research Literature [J]. Educational Researcher，1985(2)：5-11.

② WELLS R S, et al. "How We Know What We Know"：A Systematic Comparison of Research Methods Employed in Higher Education Journals，1996 - 2000v. 2006 - 2010 [J]. The Journal of Higher Education，2015(2)：171-198.

此框架基础上,笔者根据前人的研究制定了一份编码表①。编码表包括文章的一般信息(期刊名称、年份、标题)、方法学信息、研究导向信息、跨学科信息以及参与者异质性信息等。将编码数据导入 EXCEL 和 SPSS21.0 进行统计分析。

第二节　研究结果

一、国际教育科学研究方法特征及变化趋势

1. 总体研究方法特征及演变趋势

2010 年至 2019 年,除 2013 年外,量化研究一直是最重要的研究方法,占所有研究的 38.55%;其次是质性研究,占所有研究的 31.74%;思辨研究处于第三位,占所有研究的 20.12%;混合研究所占比例最小,占所有研究的 9.59%。从变化趋势来看,总体上量化研究占比有所上升,由 2010—2014 年的 36.77% 上升到 2015—2019 年的 40.17。质性研究占比总体上基本保持稳定,2010—2014 年占总体的比例为 31.74%,而 2015—2019 年为 31.73%。质性研究占比在经历 2013—2017 年逐渐衰退后,近两年又开始迅速增长。2019 年占比达到 35.27%,比 2017 年增长超过 8 个百分点,而比 2010 年增长超过 10 个百分点。思辨研究所占比例略有下降,由 2010—2014 年占总体的 20.62% 下降到 2015—2019 年的 19.66%,但如果比较 2019 年和 2010 年则下降近 4 个百分点;混合研究也有所下降,由 2010—2014 年占总体的 10.87% 下降到 2015—2019 年的 8.43%(见表 20-1)。

表 20-1　总体研究方法特征及变迁

年份类别		2010	2011	2012	2013	2014	2015	2016	2017	2018	2019	2010—2019	2010—2014	2015—2019
量化研究	频数	126	146	125	147	173	155	159	182	184	182	1579	717	862
	比例	42.00	37.73	33.33	32.38	39.86	38.85	39.65	42.72	42.01	37.76	38.55	36.77	40.17

---

① WELLS R S, et al. "How We Know What We Know": A Systematic Comparison of Research Methods Employed in Higher Education Journals, 1996 - 2000v. 2006 - 2010 [J]. The Journal of Higher Education, 2015(2): 171 - 198.

（续表）

年份类别		2010	2011	2012	2013	2014	2015	2016	2017	2018	2019	2010 — 2019	2010 — 2014	2015 — 2019
质性研究	频数	73	116	120	164	146	138	129	114	130	170	1 300	619	681
	比例	24.33	29.97	32.00	36.12	33.64	34.59	32.17	26.76	29.68	35.27	31.74	31.74	31.73
混合研究	频数	29	44	47	48	44	40	45	29	35	32	393	212	181
	比例	9.67	11.37	12.53	10.57	10.14	10.03	11.22	6.81	7.99	6.64	9.59	10.87	8.43
思辨研究	频数	72	81	83	95	71	66	68	101	89	98	824	402	422
	比例	24.00	20.93	22.13	20.93	16.36	16.54	16.96	23.71	20.32	20.33	20.12	20.62	19.66
汇总	频数	300	387	375	454	434	399	401	426	438	482	4 096	1 950	2 146
	比例	100	100	100	100	100	100	100	100	100	100	100	100	100

2. 资料收集方法特征及演变趋势

2010—2019 年，使用非介入的二手资料收集方法的文献占样本期刊所有研究的 44.97%，而使用一手资料的文献则占所有研究的 55.03%。在这些使用一手资料的文章中，调查法（问卷法、量表法）被应用最多，占总体研究的 25.51%；排第二至第四的依次是访谈法、观察法和实验法，分别占总体研究的 19.51%、14.75% 及 13.35%。纵向资料收集法目前应用仍较少，只占总体研究的 4.37%。

从发展趋势来看，纵向资料收集法是增长最快的资料收集方法，从 2010—2014 年仅占总体研究的 2.67% 增长到 2015—2019 年的 5.92%，尤其是 2018 年和 2019 年，纵向资料收集法分别占到总体研究的 8.68% 和 7.47%。访谈法、调查法也有较快增长，2015—2019 年相比 2010—2014 年占总体研究的比例分别增长了 2.48% 和 1.71%。观察法的使用在近十年保持相对稳定。非介入的二手资料收集法是下降最快的方法，2015—2019 年比 2010—2014 年下降近 8 个百分点。测验法和实验/准实验法也是下降较快的方法，2015—2019 年比 2010—2014 年分别下降了 7.19% 和 2.99%（见表 20 - 2）。

表 20 - 2　资料收集方法特征及变迁

年份类别		2010	2011	2012	2013	2014	2015	2016	2017	2018	2019	2010—2019	2010—2014	2015—2019
调查法	频数	80	113	80	95	112	116	134	102	107	106	1 045	480	565
	比例	26.67	29.20	21.33	20.93	25.81	29.07	33.42	23.94	24.43	21.99	25.51	24.62	26.33
测验法	频数	29	49	38	62	63	12	24	37	20	18	352	241	111
	比例	9.67	12.66	10.13	13.66	14.52	3.01	5.99	8.69	4.57	3.73	8.59	12.36	5.17
实验/准实验法	频数	46	59	49	61	76	62	59	50	37	48	547	291	256
	比例	15.33	15.25	13.07	13.44	17.51	15.54	14.71	11.74	8.45	9.96	13.35	14.92	11.93
观察法	频数	41	56	60	58	71	66	68	42	57	85	604	286	318
	比例	13.67	14.47	16.00	12.78	16.36	16.54	16.96	9.86	13.01	17.63	14.75	14.67	14.82
访谈法/焦点小组法	频数	48	75	66	93	73	72	94	76	85	117	799	355	444
	比例	16.00	19.38	17.60	20.48	16.82	18.05	23.44	17.84	19.41	24.27	19.51	18.21	20.69
非介入二手资料收集法	频数	153	198	214	211	182	167	152	182	186	197	1 842	958	884
	比例	51.00	51.16	57.07	46.48	41.94	41.85	37.91	42.72	42.47	40.87	44.97	49.13	41.19
纵向收集法	频数	12	8	8	10	14	19	12	22	38	36	179	52	127
	比例	4.00	2.07	2.133	2.20	3.23	4.76	2.99	5.16	8.68	7.47	4.37	2.67	5.92

3. 思辨研究方法特征及演变趋势

2010—2019 年间,哲学思辨是思辨研究中应用最多的研究方法,占到样本期刊所有研究的 14.33%;其次是文献综述,占比为 6.93%;经验总结和比较研究应用相对较少,占比分别为 3.52% 和 2.59%。从发展趋势上看,哲学思辨是应用下降最多的研究方法,从 2010—2014 年占样本期刊总体研究的 18.36%(358 项)下降到 2015—2019 年的 10.67%(229 项),减少 129 项,下降近 8 个百分点;文献综述和比较研究也都有下降,分别下降 3.89 和 1.13 个百分点。仅仅经验总结有所增长,但 2019 年占比与 2010 年相比仍然略有下降。可见,大多数思辨研究方法在国际教育研究的应用呈下降趋势(见表 20 - 3)。

表 20 - 3　思辨研究方法特征及变迁

年份类别		2010	2011	2012	2013	2014	2015	2016	2017	2018	2019	2010—2019	2010—2014	2015—2019
文献综述	频数	18	37	54	39	27	18	21	28	26	16	284	175	109
	比例	6.00	9.56	14.40	8.59	6.22	4.51	5.24	6.57	5.94	3.32	6.93	8.97	5.08
经验总结	频数	18	11	13	5	9	9	22	23	7	27	144	56	88
	比例	6.00	2.84	3.47	1.10	2.07	2.26	5.49	5.40	1.60	5.60	3.52	2.87	4.10
哲学思辨	频数	43	62	92	77	84	54	36	42	40	57	587	358	229
	比例	14.33	16.02	24.53	16.96	19.35	13.53	8.98	9.86	9.13	11.83	14.33	18.36	10.67
比较研究	频数	12	7	7	17	19	15	7	6	9	7	106	62	44
	比例	4.00	1.81	1.87	3.74	4.38	3.76	1.75	1.41	2.06	1.45	2.59	3.18	2.05

4. 质性研究方法特征及演变趋势

2010—2019 年,文本分析法是被应用最多的质性研究方法,样本期刊22.22%(910 项)的研究使用了该方法;其次是个案研究法,有 13.72%的研究(562 项)使用了该方法;历史研究、叙事研究、批判话语分析和扎根理论则分别位列第 3~6 位,占比分别为 3.44%、3.10%、2.54%和 2.44%。民族志研究、三角互证研究和行动研究目前应用尚少,分别占样本期刊总发文量的 1.90%、1.00%和 0.56%。从发展趋势看,扎根理论是增长最多的质性研究方法,从2010—2014 年仅占十本期刊总发文的 1.23%(24 篇)上升到 2015—2019 年的3.54%(76 篇),占比增长 2.31 个百分点。2019 年应用该方法的论文更是占总发文的 3.73%,是 2010 年占比(0.33%)的十余倍。民族志研究也有所增长,2015—2019 年比 2010—2014 年占比增长 0.60%,2019 年十本期刊发表了 14项民族志研究,是 2010 年(4 项)的 3 倍多。三角互证法(用于检验不同的资料来源或不同的资料收集方法以保证效度的质性研究方法)也不断受到重视,2015—2019 年(32 项)比 2010—2014 年(9 项)研究应用增长 2 倍多。

文本分析是使用占比下降最多的质性研究方法,该方法在 2015—2019 年比在 2010—2014 年的应用减少 4.68 个百分点;其次是个案研究、叙事研究和历史研究,它们在近5年占比相比2010—2014年分别下降3.47、2.31及1.85个百分点(见表20-4)。

表20-4　质性研究方法特征及变迁

年份类别		2010	2011	2012	2013	2014	2015	2016	2017	2018	2019	2010—2019	2010—2014	2015—2019
历史研究	频数	9	10	34	18	15	19	4	10	15	7	141	86	55
	比例	3.00	2.585	9.07	3.97	3.46	4.76	1.00	2.35	3.43	1.45	3.44	4.41	2.56
个案研究	频数	27	59	46	90	81	74	34	49	52	50	562	303	259
	比例	9.00	15.25	12.27	19.82	18.66	18.55	8.48	11.50	11.87	10.37	13.72	15.54	12.07
民族志研究	频数	4	8	5	8	6	8	7	9	9	14	78	31	47
	比例	1.33	2.07	1.33	1.76	1.38	2.01	1.75	2.11	2.05	2.91	1.90	1.59	2.19
行动研究	频数	1	3	4	2	2	4	1	1	4	1	23	12	11
	比例	0.33	0.78	1.07	0.44	0.46	1.00	0.25	0.23	0.91	0.21	0.56	0.62	0.51
叙事研究	频数	7	14	5	37	21	16	6	9	5	7	127	84	43
	比例	2.33	3.62	1.33	8.15	4.84	4.01	1.50	2.11	1.14	1.45	3.10	4.31	2.00
扎根理论	频数	1	6	0	13	4	17	14	15	12	18	100	24	76
	比例	0.33	1.55	0.00	2.86	0.92	4.26	3.49	3.52	2.73	3.73	2.44	1.23	3.54
批判话语分析	频数	4	17	10	25	12	10	0	6	8	12	104	68	36
	比例	1.33	4.39	2.67	5.51	2.77	2.51	0.00	1.41	1.82	2.49	2.54	3.49	1.68
文本分析	频数	82	123	103	94	79	86	88	84	76	95	910	481	429
	比例	27.33	31.78	27.47	20.70	18.20	21.55	21.95	19.72	17.35	19.71	22.22	24.67	19.99
三角互证	频数	0	3	0	3	3	1	3	6	9	13	41	9	32
	比例	0.00	0.78	0.00	0.66	0.69	0.25	0.75	1.41	2.06	2.70	1.00	0.46	1.49

5. 量化研究方法特征及演变趋势

本研究尝试从总体和具体两个方面来讨论量化研究方法的应用特征与演变趋势。总体来看,推断统计是被应用最多的量化研究方法,2010—2019年有1592篇样本期刊论文使用了该方法,占到总体研究的38.87%,有6.57%(269

篇)的期刊文章使用了描述统计方法。具体来讲，回归分析在 2010—2019 年被应用了 530 次，是这一期间被使用最多的具体量化研究方法，占总体研究的12.94％；其次是方差分析，被应用了 416 次，占总体研究的 10.16％。应用排在第 3～5 位的量化研究方法分别是结构方程模型(160 篇)、因子分析(109 篇)和元分析(86 篇)，分别占总体研究的 3.91％、2.66％和 2.10％。从变化趋势看，量化研究方法应用表现出五个基本变化。

第一，推断统计越来越受到重视。推断统计不仅是应用增长最多的量化研究方法，在所有类型研究方法中增长也最多。2015—2019 年相比 2010—2014年该方法增长了 5.28 个百分点，而描述统计则基本保持稳定。

第二，研究方法不断更新迭代。相比独立样本 t 检验、方差分析、相关分析等初级统计方法所占比重有所下降，回归分析处于增长态势，2015—2019 年比2010—2014 年所占比重增长 2.08％，2019 年则比 2010 年增长近 2 个百分点。而结构方程模型则是近十年增长最快的量化方法。虽然 2015—2019 年相比2010—2014 年占总体研究的比重仅增长 2.46％，但相比 2010 年仅有 5 篇文章使用结构方程，仅占总体研究的 1.67％，2019 年有 31 篇文章使用该统计方法，占总体研究的比重达到 6.43％，是 2010 年所占比重的约 3.85 倍。

第三，研究方法日益多元化。社会网络分析、文献计量分析等方法在近些年日益受到重视，2015—2019 年它们占总体研究的比率分别为 0.98％和 0.61％。元分析也是前五年使用较少的方法，2010—2014 年使用该方法的文章仅占总体的 1.33％，而近五年这一比重上升到 2.80％，2018 年更是占到总体研究的3.88％。另外，聚类分析、路径分析等统计方法也有小幅增长。

第四，研究方法日趋精细化、科学化。倾向得分匹配也是 2010—2012 年不曾被使用的方法，2010—2014 年五年仅有 3 篇文章使用了该方法，而 2015—2019 年则有 10 篇文献使用了该方法；双重差分也有小幅增长，断点回归以及工具变量等分析方法也开始出现，这说明因果推断中的内生性问题开始在教育研究中受到重视。另外，交互效应检验也呈增长态势，2010—2014 年交互效应检验只占总体研究的 0.10％，而 2015—2019 年这一效应检验占到总体研究的1.21％，2018 年更是占总体研究的 1.60％。这反映教育科学领域关系研究的干扰效应逐渐受到重视。

第五，研究方法去复杂化。一些高级复杂的统计分析模型，如多层线性模型等有下降趋势，2015—2019 年比 2010—2014 年占比分别下降了 0.33％和 0.37％，时间序列分析占比也有所下降，这可能反映了教育科学研究方法去复杂化的趋势（见表 20 - 5）。

表 20 - 5　量化统计方法特征及变迁

年份类别		2010	2011	2012	2013	2014	2015	2016	2017	2018	2019	2010—2019	2010—2014	2015—2019
描述统计	频数	33	24	18	24	23	28	35	30	33	21	269	122	147
	比例	11	6.2	4.8	5.29	5.3	7.02	8.73	7.04	7.53	4.36	6.57	6.26	6.85
推断统计	频数	131	142	127	143	161	169	196	163	178	182	1592	704	888
	比例	43.67	36.69	33.87	31.5	37.1	42.36	48.88	38.26	40.64	37.76	38.87	36.1	41.38
t 检验	频数	13	5	6	4	10	5	8	9	3	10	73	38	35
	比例	4.33	1.29	1.6	0.88	2.3	1.25	1.99	2.11	0.69	2.08	1.78	1.95	1.63
方差分析	频数	48	52	50	30	31	40	35	48	41	41	416	211	205
	比例	16	13.44	13.3	6.61	7.14	10	8.72	11.27	9.36	8.51	10.16	10.82	9.55
卡方检验	频数	7	7	3	3	1	6	2	4	9	6	48	21	27
	比例	2.33	1.81	0.8	0.66	0.23	1.5	0.5	0.94	2.06	1.24	1.17	1.08	1.26
相关分析	频数	3	5	5	3	4	4	5	4	1	5	39	20	19
	比例	1	1.29	1.33	0.66	0.92	1	1.25	0.94	0.228	1.04	0.95	1.03	0.89
回归分析	频数	39	48	49	44	51	50	58	57	63	71	530	231	299
	比例	13	12.4	13.1	9.69	11.8	12.5	14.46	13.38	14.38	14.7	12.94	11.85	13.93
因子分析	频数	19	13	7	14	12	7	11	9	7	10	109	65	44
	比例	6.33	3.36	1.87	3.08	2.77	1.75	2.74	2.11	1.6	2.07	2.66	3.33	2.05
路径分析	频数	1	1	2	6	9	8	5	3	4	3	42	19	23
	比例	0.33	0.26	0.53	1.32	2.07	2.01	1.25	0.7	0.91	0.62	1.02	0.97	1.07
结构方程模型	频数	5	11	9	13	13	13	17	20	28	31	160	51	109
	比例	1.67	2.84	2.4	2.86	3	3.26	4.24	4.7	6.39	6.43	3.91	2.62	5.08
多层线性模型	频数	2	3	1	3	2	1	0	3	1	0	16	11	5
	比例	0.67	0.78	0.27	0.66	0.46	0.25	0	0.7	0.23	0	0.39	0.56	0.23

（续表）

年份类别		2010	2011	2012	2013	2014	2015	2016	2017	2018	2019	2010—2019	2010—2014	2015—2019
交互效应检验	频数	0	0	0	0	2	3	4	6	7	6	28	2	26
	比例	0	0	0	0	0.46	0.75	1	1.41	1.6	1.24	0.68	0.1	1.21
倾向得分匹配	频数	0	0	0	1	2	0	0	4	2	4	13	3	10
	比例	0	0	0	0.22	0.46	0	0	0.94	0.46	0.83	0.32	0.15	0.47
双重差分	频数	2	1	1	1	0	1	2	2	5	4	19	5	14
	比例	0.67	0.26	0.27	0.22	0	0.25	0.5	0.47	1.14	0.83	0.46	0.26	0.65
聚类分析	频数	0	1	1	3	4	0	1	3	3	4	20	9	11
	比例	0	0.26	0.27	0.66	0.92	0	0.25	0.7	0.68	0.83	0.49	0.46	0.51
社会网络分析	频数	0	0	0	0	5	3	1	2	8	7	26	5	21
	比例	0	0	0	0	1.15	0.75	0.25	0.47	1.83	1.45	0.64	0.26	0.98
文献计量分析	频数	0	0	0	3	2	2	0	4	4	3	18	5	13
	比例	0	0	0	0.66	0.46	0.5	0	0.94	0.91	0.62	0.44	0.26	0.61
时间序列分析	频数	0	0	1	0	2	0	1	1	0	0	5	3	2
	比例	0	0	0.27	0	0.46	0	0.25	0.24	0	0	0.12	0.15	0.09
潜在增长模型	频数	1	1	0	3	5	1	0	0	2	0	13	10	3
	比例	0.33	0.26	0	0.66	1.15	0.25	0	0	0.46	0	0.32	0.51	0.14
元分析	频数	7	6	4	3	6	10	7	15	17	11	86	26	60
	比例	2.33	1.55	1.07	0.66	1.38	2.51	1.75	3.52	3.88	2.28	2.1	1.33	2.8

二、国际教育科学研究问题导向及演变趋势

2010—2019 年,教育科学研究领域中基础研究导向的论文占总体的 55.35％,而应用导向的研究论文则占总体的 44.65％。2015 年之前,二者的占比处于交替的过程,但在更多的年份应用导向的研究占主导地位。2010—2014

年,应用导向的论文占总体研究的 53.90%,基础研究导向的论文占总体研究的 46.10%。而 2015 年后,基础研究导向的论文逐渐上升,2018 年更是占到总体研究的 70.55%,2019 年虽有回落,也保持在 60% 以上的占比。而应用导向的研究比例则在 2015 年之后不断下降,2015—2019 年应用研究导向的论文占比下降到 36.25%,而基础研究导向的论文则占到总体研究的 63.75%。

三、国际教育科学研究的跨学科导向及演变趋势

2010—2019 年,跨学科导向是国际教育科学研究的重要特征,占总体研究的 61.77%,而非跨学科研究则仅占 38.23%。这十年间二者的占比基本上处于稳定态势,2010—2014 年跨学科研究占总体研究的 61.69%,2015—2019 年跨学科研究占总体研究的 61.84%,仅增长 0.15% 左右,而非跨学科研究则从 2010—2014 年的 38.31% 下降到 2015—2019 年的 38.16%。2010—2019 年,教育学科研究者在教育学这十本著名期刊上发表文章虽然最多,但也仅占 69.26%,而如果按照第一作者单位来统计,教育学科研究者所发表的论文仅占 56.6%。除了教育学,心理学科研究者在教育学这些著名期刊上发表文章最多,占总体的 16.48%;社会学学科研究者也比较多,所发表的文章占所有文章的 10.23%;第三至第十位分别来自商业、经济与管理、人类学、计算机与信息技术、政策学、家庭学、数学及医药健康等学科研究人员。

总体上看,近十年教育学科研究者对教育科学领域的学术影响力在增强,2010—2014 年教育学科研究者发表的文章占样本期刊所有文章的 66.92%,而 2015—2019 年这一比例上升到 71.39%;心理学科研究者的影响力也有所提升,从 2010—2014 年占比 15.38% 上升到 2015—2019 年占比 17.47%。人类学和政策学两个学科研究者所发表的文章占比也略有上升。而其他学科,如社会学、计算机、信息技术、商业、经济、管理、家庭学、医药健康及数学等学科研究者的发文占比都有不同程度的下降。

四、国际教育科学研究参与者异质性及演变趋势

2010—2019 年,大学教师或研究人员是从事教育科学研究的主要力量,其参与发表的论文占样本期刊所有论文的 91.97%,而非大学人员参与发表的论文占 8.03%。但从发展趋势上看,非大学人员参与教育学这些著名期刊的发文

比例在增大，从 2010—2014 年占所有研究的 6.51％上升到 2015—2019 年的 9.41％，而大学人员所占的比例则从 2010—2014 年的 93.49％下降到 2015—2019 年的 90.59％。

除大学外，参与教育学这十本著名期刊发文的人员中研究机构人员最多，约占大学外总发文量的 67％（227 篇）；第二是政府机构人员，约占总发文量的 8％（26 篇）；第三是公司人员，约占总发文量的 5％（18 篇）；第四是博物馆人员，约占总发文量的 4％（15 篇）；并列第五的是基金会人员和学术协会人员，他们都占总体的 3％。最后，中小学教师和医生的发文占总发文量的 2％（7 篇）。

第三节　结论与展望

一、量化研究和质性研究等实证研究是近十年国际教育科学研究应用最多的方法，且仍有增长趋势

实证研究在本研究中是相对于思辨研究而言的，它是基于证据的经验研究。近十年量化研究、质性研究等实证研究占样本期刊所有文章的 70.29％并在近些年仍有上升，而思辨研究仅占 20.12％且有所下降。这与之前的研究基本一致，实证研究处于国际教育科学研究的主导地位[①]。西方教育科学研究方法体系展现出强烈的实证主义倾向，这与其知识论传统不无关系。柏拉图（Plato）将知识定义为被确证的真信念，即经验是一切知识的基础，只有通过观察得到的知识才真实可靠，而确证是知识的必经之路。

二、国际教育科学研究越来越重视调查、访谈等一手资料的收集，纵向资料收集方法越来越受推崇

一手资料收集法逐渐成为国际教育科学研究资料收集的主要方法。相比二手资料，一手资料具有更好的适用性、针对性及更高的可信度，同时更具系统性和全面性以及更高的探索性等优点，国际上更多的学者倾向于使用一手资料进

---

① 陆根书，等. 中外教育研究方法比较——基于国内外九种教育研究期刊的实证分析[J]. 高等教育研究，2016(10)：55－65.

行研究①。此外,纵向资料收集法是近十年应用增长最多的资料收集方法。纵向资料收集法也称追踪资料收集法,是指相对长时间对同一研究对象进行重复性研究资料收集。横截面数据的使用会造成太多的遗漏变量,且忽视自变量影响的滞后效应,造成因果效应估计缺乏准确性,而纵向研究设计则有助于弥补这些不足②。

三、推断统计和扎根理论越来越受量化和质性研究的重视,而哲学思辨的应用比例不断下降

推断统计是近五年在量化研究中也是在所有类型研究中应用增长最多的研究方法,这反映了国际教育科学领域对探索因果关系,发现教育科学规律的日益重视。虽然总量不大,但扎根理论在 2019 年的应用是 2010 年的十余倍,这反映出国际教育学者日益重视在经验资料的基础上建构理论。扎根理论是质性研究中最早且最具影响力的研究路径之一,其以建构理论为目的但强调理论来源于经验材料,有一整套明晰的、可操作的技术、方法和步骤,有助于在经验资料和理论建构之间架起一座桥梁③。而思辨研究中哲学思辨的方法则是下降最多的研究方法。该方法常常运用辩证的哲学方法对事物或现象进行逻辑分析、阐述思想或建构理论,其以主观经验为论据对论点进行论证,说服力有待商榷④⑤。

四、量化方法不断更新迭代,呈现出多元化、精细化、科学化但去复杂化的趋势

首先,初级统计方法在近些年应用占比有所下降,回归分析有较多的增长,而结构方程模型增长最快。这反映出量化研究方法的更新迭代,回归分析有助于弥补 t 检验、方差分析、相关分析在控制无关变量、多变量分析、因果影响估计

① 苏敬勤,刘静.案例研究数据科学性的评价体系——基于不同数据源案例研究样本论文的实证分析[J].科学科研究,2013(10):1522-1531.
② ZHANG R P, et al. Parenting Styles and Internet Addiction in Chinese Adolescents: Conscientiousness as a Mediator and Teacher Support as a Moderator [J]. Computers in Human Behavior, 2019(101): 144-150.
③ 陈向明.扎根理论在中国教育研究中的运用探索[J].北京大学教育评论,2015(1):1-15.
④ 姚计海,王喜雪.近十年来我国教育研究方法的分析与反思[J].教育研究,2013(3):20-24.
⑤ 郑日昌,崔丽霞.二十年来我国教育研究方法的回顾与反思[J].教育研究,2001(6):17-21.

上的不足。但仅仅厘清相关关系是不够的，只有厘清是否具有因果关系及其背后的作用机制，理论的建构及对现象的解释才是完整的。区别于自然科学，教育科学的因果关系更多是概率估计，即一个变量多大程度上会导致另一变量增加①。因此，因果估计方法的科学性、合理性就变得十分重要。另外，教育科学的概念往往难以直接测量，结构方程采用多指标测量潜变量，有助于减少测量误差；并且因其可以同时处理多个因变量，容许自变量和因变量之间含测量误差，采用更有弹性的测量模型，这使得结构方程可以令整个模型因子间的关系估计较传统回归方法更为准确合理②。其次，社会网络分析、文献计量、元分析等新方法的涌现反映出教育科学研究领域研究方法的日益多元化，不仅传统的量化研究新方法不断出现，原本相对质性的文本分析新方法也开始频繁出现，并呈现出量化分析的趋势。再次，尽管占比仍很小，近十年倾向得分匹配、双重差分等处理因果估计中内生性问题的方法比重不断提升。近些年推断统计的盛行反映了学者们在探索教育规律、预测教育发展，推动教育研究科学化的努力，但统计推断中因果估计的内生性问题一直被教育科学研究者所忽视。包括倾向得分匹配、双重差分、工具变量、断点回归分析（尽管后三位目前应用仍较少）等统计分析方法的出现，无不反映教育科学研究者们开始重视这一问题。最后，与已有研究对1996—2000年和2006—2010年的统计分析表明高级统计方法或先进的方法被越来越多地应用相比，近十年呈现出研究方法去复杂化的倾向。

五、基础研究逐渐代替应用研究成为教育研究的主体

近十年教育科学基础研究和应用研究占比出现交叉互换，基础研究占比由前五年落后于应用研究发展到近五年远超应用研究。这在某种程度上反映出教育学的学科自觉意识开始增强，更加聚焦于学科内部基本问题、基本规律的探索。教育学科在整个社会科学中的地位不高，在某种程度上可能恰恰不是因为它对现实应用关注不足，而是与应用走得太近。这导致其对教育科学基本规律关注不够，研究方法更新太慢、科学性不足，研究结论令人难以信服。

---

① 柯政.教育科学知识的累积进步——兼谈美国教育实证研究战略[J].华东师范大学学报（教育科学版），2017(3)：37-46+168.

② 侯杰泰，成子娟.结构方程模型的应用及分析策略[J].心理学探新，1999(1)：54-59.

六、跨学科研究、多学科参与是当前国际教育科学研究的主要形式，但教育学科的主导权在逐渐增强

近十年跨学科研究是教育科学研究的主要部分。这反映了吉本斯的知识生产模式 II 的特征，即知识生产打破了学科壁垒，大量的跨学科研究进入到教育科学研究领域，使得教育科学研究呈现多元化、多视角的发展态势。除教育学外，心理学科研究者在教育学这些著名期刊上发表的文章最多，社会学等多个学科也是重要的研究参与者。但研究显示近十年教育学科研究者发文占比在持续增加，说明其学科主导权和控制力在增强。

七、教育科学研究参与者的异质性在增强，大学之外的机构和人员越来越多地参与教育科学研究

近十年来，大学教师及研究人员是国际教育科学研究的主要力量，其参与发表的论文占到样本期刊所有论文的 91.97%，而非大学人员参与发表的论文占8.03%。但从发展趋势来讲，非大学人员参与教育科学研究的比例在逐渐增大。这说明教育科学研究参与者的异质性在不断增强，体现了吉本斯所指出的知识生产从模式 I 向模式 II 转型的趋势，大学不再是知识生产的唯一来源，越来越多的企业、科研机构和民间组织参与到知识生产之中[1]。在放弃知识生产垄断地位的同时，大学通过形式和功能的进一步扩展和多样化组织协同促进自身的生存和发展[2]。大学—产业—政府"三重螺旋"模式以及将公众纳入其中的"四重螺旋"模式等开始成为知识生产的新样态。

第四节　建　议

一、加强实证研究，促进学科知识积累

证据原则是教育科学研究最基本和最重要的原则，教育实证主义的实质就

---

[1] GIBBONS M, et al. The New Production of Knowledge: The Dynamics of Science and Research in Contemporary Societies [M]. London: Sage Publications, 1994: 179.

[2] 李志峰，等. 知识生产模式的现代转型与大学科学研究的模式创新[J]. 教育研究，2014(3)：55-63.

是教育科学主义，其目的在于推动教育学科的"科学化"。有学者认为，要让教育学知识明显高于常识，成为一门知识快速积累和进步的学科，就必须大力加强实证研究①。这对我国教育学融入国际教育科学研究体系，从"跟跑""并跑"到实现"领跑"，讲好中国教育故事，传播中国教育声音，增强中国教育学的国际话语权不无启示意义。

二、加速方法迭代，提升学科科学性

在资料收集方法上，近些年基于纵向研究设计及资料收集的文献不断涌现，反映出学者们开始反思横截面数据使用在统计推断中的不足。在未来的学术研究中，加强一手资料的收集有助于研究准确性的提升。

在研究方法上，具备科学性、可操作性和清晰研究体系的方法越发得到重视。扎根理论与日益多元化、精细化、科学化的量化研究是当前教育学研究方法的前沿，在未来的研究中可以进一步发展。此外，量化研究方法的去复杂化可能反映出国际教育科学研究领域反思当前研究和论文写作过度追求数理模型的不良倾向，开始强调问题导向而不是技术导向的趋势。因此，为顺应国际趋势我国教育科学研究应不断推进量化分析方法的更新迭代，形成科学、多元、合理的量化研究趋势。

三、加强基础研究，增强学科自觉

教育学研究中应用研究与基础研究的比重失衡将导致对教育科学基本规律关注欠缺，研究方法更新滞缓，并影响研究结论的科学性和说服力。因此，教育学者需要加强学科自觉，将更多注意力放在学科内部基本问题与规律的探索上，加强基础研究。围绕基本问题，持续加强方法与理论的改进，推动教育学的再科学化，促进其获得更为可靠、科学的知识，更好地为教育改革与实践服务，更好地为增进人类知识作出贡献。

四、加强学科主导权，提升学科独立性

教育学在国际范围内一直存在着"学科论"和"领域论"之争，除了有无特殊

---

① 柯政. 教育科学知识的累积进步——兼谈美国教育实证研究战略[J]. 华东师范大学学报（教育科学版），2017(3)：37－46＋168.

的方法和理论研究范式是作为区分学科还是领域的重要判断依据和标志外,笔者认为,本学科学者对该领域研究是否具备足够的主导权和控制力也应是判断教育学是否是独立学科的重要依据和标志。因此,我国教育学者应在充分借鉴"他山之石"汲取其他学科方法营养的基础上,加强自身的理论与方法修养并进一步主导推进本学科的发展。与此同时,教育学学科研究也应顺应知识生产的新样态趋势,重视多主体在学科知识生产中的贡献,促进大学—产业—政府—公众"四重螺旋"模式的科学健康发展。

（王树涛　顾建民）

第二十一章
中外教育技术研究方法比较

为了更好地总结和指导国内教育技术领域的研究范式,本研究将国内外教育技术领域代表性的两本期刊作为研究对象,梳理了国内外教育技术研究方法现状,同时比较了国内外教育技术研究在方法运用上的特征与趋势。随着信息科学等技术与教育的深度融合,国内外教育技术研究领域都呈现出非常活跃的学术交流态势,多本教育技术专业期刊在国内外教育研究领域都具有较高的知名度和影响力。

国际教育技术领域 SSCI 收录代表性的期刊包括《计算机与教育》(*Computers & Education*,影响因子＝5.902)、《英国教育技术杂志》(*British Journal of Educational Technology*,影响因子＝2.588)、《计算机辅助学习杂志》(*Journal of Computer-Assisted Learning*,影响因子＝2.451)以及《国际计算机支持协作学习杂志》(*International Journal of Computer-Supported Collaborative Learning*,影响因子＝2.206)等。国内教育技术领域最具影响力的 CSSCI 收录期刊包括《电化教育研究》《开放教育研究》《现代教育技术》《现代远程教育研究》《远程教育杂志》《中国电化教育》《中国远程教育》。

本研究以近五年的影响因子、办刊历史、刊文量、主题分布以及社会影响力为评价指标,通过专家评估最终选择 *Computers & Education* 和《电化教育研究》作为研究对象。从近五年影响因子角度来看,*Computers & Education* 是近年来全球教育技术研究最有影响力的专业期刊,刊文的研究领域全面,研究国际化程度较高。《电化教育研究》创刊于 1980 年,是由西北师范大学、中国电化教育研究会主办的国家级学术刊物,同时也是中文核心期刊、CSSCI 来源期刊、

RCCSE 中国权威学术期刊,被称为"中国电化教育理论研究基地"。该期刊包含"理论探讨""学习环境与资源""课程与教学""学科建设与教师发展""网络教育""中小学电教""历史与国际比较"等多种栏目,基本涵盖了教育信息化的所有主题。分析近五年两本期刊论文中研究方法的使用可以帮助教育研究者把握国内外教育技术领域的研究范式特征及趋势,从而为进一步询证未来教育技术研究方法提供必要的数据支撑和理论基础。

第一节　数据来源与分析依据

一、数据来源

本研究的数据有两个来源,《电化教育研究》期刊数据来自中国期刊全文数据库(CNKI),以"电化教育研究"为文献来源,时间以 2015—2019 年作为检索条件。经过去重、删除有关会议通知、广告、文件等非学术类文献,最终得到有效文献 955 篇。*Computers & Education* 期刊数据源自"美国科学技术信息情报所(ISI)"所提供的"Web of Science"(简称 WOS),以 *Computers & Education* 为文献来源,时间以 2015—2019 年作为检索条件。删除非学术类文献,最终得到有效文献 1 022 篇。

二、研究方法的分类

本研究对两本期刊上发表论文的研究方法分析主要从三个纬度开展:①研究方法的三大基本类型(质性研究、量化研究、混合研究),并从资料分析的角度将现有的研究方法(描述性统计、t 检验、结构方程模型等)归类到三大基本类型中(见表 21-1);②研究的性质(基础研究或应用研究);③资料收集方法(问卷调查、实验法、准实验法等如表 21-2 所示)。课题组研究人员通过综述两本期刊在 2015—2019 年间发表的论文,对研究方法内容进行编码,统计每篇论文研究方法在三个纬度的分布情况,从而进行比对分析。

表 21 - 1　教育技术研究方法基本类型

质性分析方法（通过言辞辩论对事物性质进行探讨，包括文献综述、概念分析、理论研究等。）	哲学研究	即思辨研究或理论研究；论证方式：演绎法、归纳法、类比法；研究主题：本质研究、价值研究、批判研究。
	案例研究	对案例进行详细描述和阐释。
	历史研究	对历史文本资料进行分析阐释
	文本分析	以搜集到的文本资料为对象，对其进行比较、分析、综合，从而提炼出更深刻、全面的见解。
	行动研究	教育行动研究是在实际情景中，由实际工作者和专家共同合作，针对实际问题提出改进计划，通过在实践中实施、验证、修正而得到研究结果的一种研究方法。
质性分析方法（通过言辞辩论对事物性质进行探讨，包括文献综述、概念分析、理论研究等。）	叙事研究	通过故事叙述的形式来揭示研究对象的内在世界。
	民族志/人种志	重点关注组织或团体，它们是以规律的、结构化的方式互动的群体。如一所城区教师的日常生活研究，一所中心城区高中的决策研究，一所综合学校的学生关系研究。人种学研究包括多种资料收集方式，其中最基本的方法是观察，还有录像、访谈、重要文化报道等。
	话语分析	通过对实际使用中的语言的观察，探索语言的组织特征和使用特征，并从语言的交际功能和语言的使用者的认知特征方面来解释语言中的制约因素。
	扎根理论	在研究开始之前一般没有理论假设，直接从实际观察入手，从原始资料中归纳出经验概括，然后上升到系统的理论。
	德尔菲法	德尔菲法本质上是一种反馈匿名函询法，在对所要预测的问题征得专家的意见之后，进行整理、归纳、统计，再匿名反馈给各专家，再次征求意见，再集中，再反馈，直至得到一致的意见。
	其他	其他思辨性研究方法
定量分析方法（通过可测量的数据，在约定函数或模型里接受检验和预测的方法。）	描述性统计类	描述性统计属于低阶统计，主要以均值、标准差、比例等数据特征来反映数据的基本分布信息。如学习者的成绩分布特征，实验被试的分布状态等。
	机制分析类	机制分析类指建立自变量和因变量的函数关系，从而分析两者的相互影响机制，比较典型的应用有相关性分析、回归分析、结构方程模型、跨层次线性回归等。如寻求学习者学习绩效的前因变量，及这些变量的内在逻辑关系等。

（续表）

定量分析方法（通过可测量的数据，在约定函数或模型里接受检验和预测的方法。）	比对分析类	比对分析是对多组数据差异在统计意义上的显著性分析。常用于实验组与对照组的分析，或同一组别的前后测分析。比对分析根据数据是否为正态分布，又分为参数检验和非参数检验，参数检验的统计方法常见的有 t-test、ANOVA、ANCOVA 等；非参数检验常见的有 Wilcoxon 等秩检验方法。
定量分析方法（通过可测量的数据，在约定函数或模型里接受检验和预测的方法。）	行为分析类	行为分析是探索学习者行为特征的主要分析方法，主要体现在时间和空间两个维度的行为特征上，如学习者对于同一知识点的聚类情况，学习者在某一学习系统内的各个板块间的行为序列等。常见统计方法有滞后序列分析、聚类分析等。
	元分析类	元分析指根据既往研究数据进行综合分析从而判断效应是否具有显著性的方法，通常分固定模型和随机模型两种。元分析是基于二手数据的再分析，采集的数据对象主要来自先前研究的结论。
	深度学习机器学习类	利用现有数据和算法让系统不断优化提高识别能力的方法。通常需要大数据的支持，以获取优化的条件。
	其他	其他依靠高阶数据统计或模型建构的方法
混合研究		既采用质性研究方法，又采用定量研究方法的研究。

表 21-2　收集资料方法

方法	解　　释
实验法	操控变量并观察、测量其值，包括单被试实验设计、准实验设计，以及理论模型在现实中的探索或验证性试验等。
调查法	即量表（问卷）法，以事先准备的测试题目，收集所需资料。
访谈法	指通过访员和受访人面对面地交谈来了解受访人的观点、感受或行为的基本研究方法。
观察法	分为参与式观察与非参与式观察，观察者实际观察时的记录被称为现场笔记，主要有两种：描述式和分析式。描述式现场笔记记下了当时的情境和发生的事件。分析式现场笔记包括推论和解释，具体有传统的纸笔记录、录音、摄影、录像记录。
非介入性资料收集法	无需与他人接触，包括从文献数据库、书籍、政府和私人组织有计划编撰的统计资料、历史档案、新闻媒体信息、学校或政府相关档案、教案、日志、学生档案、成长记录、学习文件、学术文章等资料来源收集资料。

第二节　*Computers & Education* 期刊论文的研究方法描述

表 21 - 3 呈现的是 2015—2019 年间 *Computers & Education* 期刊论文的整体研究方法分布，从中可以看出，该期刊近年发表的论文中量化研究占一半左右，混合研究其次，质性研究相对最少，占每年总篇数的 1—2 成左右。每年都会有几篇综述，2018 和 2019 年的综述的数量有大幅度提升。

表 21 - 3　2015—2019 年 *Computers & Education* 期刊论文的整体研究方法分布

年份	总篇数	质性研究	量化研究	混合研究
2015	232	20	152	60
2016	163	7	88	68
2017	150	10	72	68
2018	212	46	112	54
2019	198	27	131	40
合计	945	100	555	290

由表 21 - 4 可知，*Computers & Education* 近五年里每年发表的论文中应用研究篇数略微多于基础研究。

表 21 - 4　2015—2019 年间 *Computers & Education* 期刊论文的研究导向分布

年份	总篇数	基础研究	应用研究
2015	232	93	138
2016	163	70	93
2017	150	70	80
2018	212	94	118
2019	198	88	110
合计	955	414	540

由表 21 - 5 可知，*Computers & Education* 近五年里发表的论文中用的最

多的收集资料方法为：问卷法（364）、实验法（285）、准实验法（193）、访谈法（127）、文献分析法（110）、非介入性资料收集法（52）。

表 21-5　2015—2019 年 *Computers & Education* 期刊论文的收集资料方法分布

收集资料方法		篇数
实验法		478
问卷调查法		364
访谈法		127
基于设计的方法		39
观察法		27
非介入性资料收集法	期刊数据库	110
	其他非介入性资料收集法	52

由表 21-6 可知，*Computers & Education* 近五年里发表的论文中用的最多的分析资料方法为：描述性统计（627）、t 检验（249）、内容分析（229）、方差分析（176）、回归分析（152）、相关性分析（79）、文献分析（69）、结构方程模型（68）、因子分析（28）、卡方检验（23）、系统设计（18）、聚类分析（13）、曼惠特尼 U 检验（13）、路径分析（12）、模型分析（11）、文本分析（11）、元分析法（8）、眼动分析（6）、主成分分析（5）、建模（5）、社会网络分析（5）等。

表 21-6　2015—2019 年 *Computers & Education* 期刊论文的分析资料方法分布

分析资料方法	使用次数	分析资料方法	使用次数
描述性统计	627	Kruskal Wallis 测试	1
t 检验	249	Kolmogorov Smirnov-Lilliefors （KSL）检验	1
内容分析	229	Wilcoxon 符号秩检验	1
方差分析	176	半监督极限学习机(SS-ELM)	1
回归分析	152	层次线性模型	1
相关性分析	79	差异项功能分析	1

（续表）

分析资料方法	使用次数	分析资料方法	使用次数
文献分析	69	成员分类分析	1
结构方程模型	68	部分归纳法	1
因子分析	28	对比分析	1
卡方检验	23	对应分析	1
系统设计	18	非参数统计	1
聚类分析	13	关联效应分析	1
曼惠特尼 U 检验	13	肌电图	1
路径分析	12	绩效评估指标	1
模型分析	11	系数估计	1
文本分析	11	一致性检验	1
元分析	8	可靠性分析	1
眼动分析	6	拉希分析	1
主成分分析	5	离群值分析	1
模型建构	5	马尔可夫链分析	1
社会网络分析	5	命题分析	1
PLS 分析	4	欧氏距离	1
对话分析	4	情绪分析法	1
滞后序列分析	4	全球敏感性分析	1
层次分析	3	热图分析	1
潜在类别分析	3	认知同步指数	1
事件序列分析	3	三角验证	1
层次分析	3	热图分析	1
潜在类别分析	3	认知同步指数	1

（续表）

分析资料方法	使用次数	分析资料方法	使用次数
数据挖掘	3	生存分析	1
一致性分析	3	双尾检验法	1
NVivo	2	随机森林法	1
F 检验	2	调解分析	1
编码分析	2	同伴评估方法	1
假设检验	2	文件相似度分析	1
项目分析	2	文字挖掘方法	1
脑电图	2	稳健性分析	1
日志分析	2	叙事分析	1
视频分析	2	异质性检验	1
适度分析	2	语篇分析	1
中介分析	2	语义分析	1
主题分析	2	组等效检查	1
Hotelling 追踪法	1	最大似然估计	1
KrKwic 分析法	1	系统文学评论（SLR）	1

第三节　《电化教育研究》期刊论文的研究方法描述

表 21－7 呈现的是 2015—2019 年间《电化教育研究》期刊论文（除去会议综述类论文）的整体研究方法分布，从中可以看出，该期刊近年发表的论文中思辨研究占的比重较大，其次是量化研究，质性研究和混合研究各占一成左右。每年都会有十篇左右综述类论文。

表 21-7   2015—2019 年间《电化教育研究》期刊论文的整体研究方法分布

年份	总篇数	质性研究	量化研究	混合研究
2015	213	126	61	35
2016	211	131	83	8
2017	224	146	69	20
2018	215	137	65	22
2019	192	128	58	19
总计	1 055	668	336	104

　　基础研究指为获得关于现象和可观察事实的基本原理及新知识而进行的实验性和理论性工作，它不以任何专门或特定的应用或使用为目的。当研究的目的是为了在最广泛的意义上对现象进行更充分的认识，和(或)当其目的是为了发现新的科学研究领域，而不考虑其直接的应用时，即视为基础研究。应用研究指为获得新知识而进行的创造性的研究，它主要是针对某一特定的实际目的或目标。应用研究就是将理论发展成为实际运用的形式。由表 21-8 可知，《电化教育研究》近五年里每年发表的论文中基础研究篇数略微多于应用研究。

表 21-8   2015—2019 年间《电化教育研究》期刊论文的研究导向分布

年份	总篇数	基础研究	应用研究
2015	213	132	81
2016	211	137	74
2017	224	155	69
2018	215	127	88
2019	192	111	81
总计	1 055	662	393

　　由表 21-9 可知，《电化教育研究》近五年里发表的论文中用的最多的收集资料方法为：非介入性资料收集法(416)、问卷调查(226)、访谈法(72)、实验法(62)、观察法(40)、基于设计的方法(27)。此外，文本分析法(4)、行动研究(4)、扎根理论(4)、视频录制(3)、会话分析法(2)、历史分析法等小众的研究方法也在

一些研究中出现过。

表 21-9 2015—2019 年间《电化教育研究》期刊论文的研究导向分布

收集资料方法	使用次数
非介入性资料收集法	416
问卷调查	226
访谈法	72
实验法	62
观察法	40
基于设计的研究	27

由表 21-10 可知,《电化教育研究》近五年里发表的论文中用的最多的分析资料方法为:概念化思辨(257)、描述性统计(230)、案例分析(97)、文献分析(87)、感悟性思辨(77)、t 检验(68)、内容分析(52)、模型构建(51)、文本分析(45)、哲学思辨(32)、相关分析(30)、结构方程模型(27)、回归分析(25)、方差分析(24)、可视化分析(18)、因子分析(17)、个人解读(16)、模式构建(19)、聚类分析(14)、视频分析(13)、差异分析(11)、比较分析(11)、数据挖掘(10)、层次分析(8)、德尔菲法(8)、话语分析(8)、系统开发(8)、指标体系构建(7)、社会网络分析(7)等,此外,归纳法、演绎法、课程开发、框架构建、卡方检验等方法也在一些研究中使用。

表 21-10 2015—2019 年间《电化教育研究》期刊论文的分析资料方法分布

分析资料方法	使用次数	分析资料方法	使用次数
概念化思辨	257	滞后序列分析法	2
描述性统计	230	演绎法	3
案例分析	97	偏差检验	2
文献分析	87	S-T分析法	1
感悟性思辨	77	SSAS顺序分析	1
t 检验	68	插件开发	1

（续表）

分析资料方法	使用次数	分析资料方法	使用次数
内容分析	52	多模态信息识别	1
模型构建	51	二阶诊断方法	1
文本分析	45	分项评分法	1
哲学思辨	32	路径分析	1
相关分析	30	配对样本非参数检验	1
结构方程模型	27	认知模拟	1
回归分析	25	时序列分析	1
方差分析	24	数据分析	1
可视化分析	18	随机森林算法	1
因子分析	17	网络分析法	1
个人解读	16	威氏配对符号秩次检验	1
模式构建	19	逐步回归法	1
聚类分析	14	项目分析法	1
视频分析	13	效应检验	1
差异分析	11	正态分布检验	1
比较分析	11	平均绝对偏差 MAE	1
数据挖掘	10	认知模型分析	1
层次分析	8	IRT 模型法	1
德尔菲法	8	独立样本双因子共变量	1
话语分析	8	非参数 K - W 检验	1
系统开发	8	模糊综合评价法	1
指标体系构建	7	路径分析法	1
社会网络分析	7	均值差检验	1
归纳法	6	曼惠特尼 U 检验分析	1

（续表）

分析资料方法	使用次数	分析资料方法	使用次数
课程开发	6	levene 检验	1
框架构建	4	SSAS 关联规则算法	1
卡方检验	4	参数分析	1
协方差分析	3	秩和检验方法	1
系统构建	2	均值检验	1

第四节　两本期刊论文的研究方法比较

一、近五年间两本期刊论文的整体研究方法比较

2015—2019 年间两本期刊论文的整体研究方法分布情况如图 21-1 所示，由图 21-1 可知，《电化教育研究》与 *Computers & Education* 在质性研究上数量相差不大，数量分别为 108 和 100。在量化研究方面，*Computers & Education* 的数量（555）几乎是《电化教育研究》（283）的两倍。对于混合研究而言，*Computers & Education*（290）是《电化教育研究》（104）的将近 3 倍。特别的，对于思辨研究而言，《电化教育研究》的数量为 560，而 *Computers &*

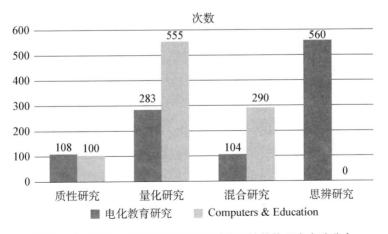

图 21-1　2015—2019 年间两本期刊论文的整体研究方法分布

Education 中没有思辨研究。

二、近五年间两本期刊论文的整体研究导向比较

2015—2019 年间两本期刊论文的整体研究导向分布图 21 - 2 所示，由图 21 - 2 可知，《电化教育研究》的基础研究（662）要多于 *Computers & Education* 的基础研究（414）。在应用研究方面，《电化教育研究》（393）则少于 *Computers & Education* 的数量（540）。此外，图 21 - 2 也反映出在《电化教育研究》的论文中，基础研究（662）是应用研究（393）的接近 2 倍，而在 *Computers & Education* 中，基础研究（414）和应用研究（540）的数量相差不大。

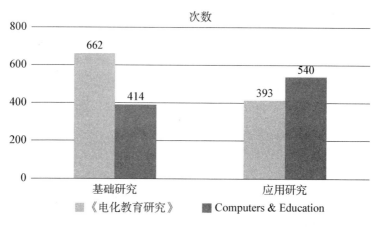

图 21 - 2　2015—2019 年间两本期刊论文的整体研究导向分布

三、近五年间两本期刊论文的收集资料方法比较

2015—2019 年间两本期刊论文的收集资料方法分布（以《电化教育研究》和 *Computers & Education* 排名前十为参考）如图 21 - 3 所示，由图 21 - 3 可知，非介入性资料收集法是《电化教育研究》和 *Computers & Education* 数量差距最大的方法，两本期刊中该方法的数量分别为 416 和 52。最后，对于大数据法和开发性研究方法而言，*Computers & Education* 没有提及这两种方法，而在《电化教育研究》中两种方法的数量分别为 76 和 74；而对于准实验法而言，《电化教育研究》中没有提及该方法，而 *Computers & Education* 中该方法的数量为 193

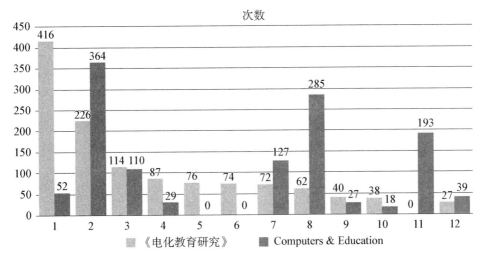

次数

图 21-3　2015—2019 年间两本期刊论文的收集资料方法分布

（这主要是因为《电化教育研究》将准实验法当做实验法进行编码）。

在图 21-3 中，1＝非介入性资料收集法；2＝问卷调查法；3＝文献分析法；4＝案例分析法；5＝大数据法；6＝开发性研究法；7＝访谈法；8＝实验法；9＝观察法；10＝内容分析法；11＝准实验法；12＝基于设计的研究方法。

四、近五年间两本期刊论文的分析资料方法比较

2015—2019 年间两本期刊论文的分析资料方法分布（以《电化教育研究》和 *Computers & Education* 排名前十为参考）如图 21-4 所示，由图 21-4 可知，描述性统计是《电化教育研究》和 *Computers & Education* 数量差距最大的方法，两本期刊中该方法的数量分别为 230 和 627。此外，两本期刊在因子分析方法上数量差距最小，分别为 17 和 28。最后，对于概念化思辨、案例分析、感悟性思辨和哲学思辨而言，*Computers & Education* 没有提及这四种方法，而在《电化教育研究》中四种方法的数量分别为 257、97、77 和 32。

在图 21-4 中，1＝概念化思辨；2＝描述性统计；3＝案例分析；4＝文献分析；5＝感悟性思辨；6＝t 检验；7＝内容分析；8＝模型构建；9＝文本分析；10＝哲学思辨；11＝方差分析；12＝回归分析；13＝相关分析；14＝结构方程模型；15＝因子分析；16＝卡方检验。

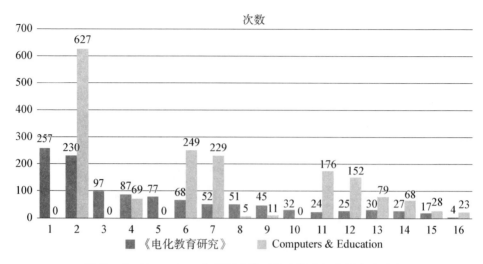

图 21 - 4　2015—2019 年间两本期刊论文的分析资料方法分布

第五节　中外教育技术研究方法结论与总结

本研究以近五年的影响因子、办刊历史、刊文量、主题分布以及社会影响力为评价指标，将国内外教育技术领域代表性的两本期刊 Computers & Education 和《电化教育研究》作为研究对象，梳理了国内外教育技术研究方法现状，同时比较了国内外教育技术研究在方法运用上的特征与趋势。

①在研究方法比较方面，Computers & Education 期刊论文中的量化研究论文远多于《电化教育研究》，而《电化教育研究》则是以思辨研究为主；②在整体研究导向比较方面，《电化教育研究》偏重基础研究，Computers & Education 偏重应用研究；③在收集资料方法比较方面，两本期刊在非介入性资料收集法的数量上差距最大，《电化教育研究》中使用非介入性资料收集法的论文数量远高于 Computers & Education，但对于准实验法的使用上，《电化教育研究》中没有提及该方法，而 Computers & Education 中使用该方法的论文数量为 193（这主要是因为《电化教育研究》将准实验法作为实验法进行编码）；④在分析资料方法的比较方面，Computers & Education 中使用描述性统计的论文数量（627）远高于《电化教育研究》（230）。此外，两本期刊中使用因子分析方法的论文数量差距最

小，但对于概念化思辨、案例分析、感悟性思辨和哲学思辨而言，*Computers &* *Education* 中的论文没有提及这四种方法，而《电化教育研究》使用这四种方法的论文数量较多。

本研究通过对国内外教育技术领域代表性的两本期刊 *Computers &* *Education* 和《电化教育研究》期刊中所使用到的研究方法进行了对比，总结了国内外教育技术领域的研究范式，为规范教育技术领域中研究方法的使用提供了参考。

（陈娟娟　李　艳　翟雪松　陈新亚　孙　丹）

第四编
实证调查研究

第二十二章
教育研究趋势的问卷调查报告

本章节旨在了解中国教育研究者对全球教育科学研究趋势诸多方面的一些看法,研究利用问卷调查法对当前中国教育研究者在教育科学研究中采用的研究方式、研究方法、合作习惯以及他们对"全球教育研究趋势"的态度进行调研。基于研究目的和问题进行研究设计,本研究主要从"教育研究者在教育科学研究中采用的研究方式与方法""教育研究者在教育科学研究中的合作习惯""教育研究者对'全球教育科学研究趋势'的态度"以及"有关教育科学研究趋势的开放题"四个方面进行了分析。

第一节 研究方法

一、研究对象

本次调查研究的目标人群是国内外高校从事教育科学研究的华人教师,研究拟采用随机抽样的方式邀请有着不同教育学科背景的老师填写问卷。

二、研究工具

本研究利用问卷调查法对教师进行调研。调研问卷包含五部分。第一部分是教师基本信息,包含学校、性别、年龄、教龄、学科、职称等。第二部分是有关教育研究者在教育科学研究中的方式与方法,包含两道选择题:①是否经常采用学科交叉融合的方式开展教育科学研究(单选题);②在教育科学研究中主要采用的研究方法(多选题)。第三部分是教育研究者在教育科学研究中的合作习惯,包含八道题：①在教育科学研究中,您与他人(校内老师等)的合作习惯如何(含六道题)？②在您的研究中,跨学科(一级学科)合作研究的情况如何？③您认为阻碍教育研究跨学科合作的主要原因是什么？第四部分是教育研究者对"全球教育科学研究趋势"的态度,包含 26 道题,其中有 21 道题是有关教育科学研究趋势的不同方面的陈述,教师通过五点 Likert 量表(1＝完全不同意；3＝态度中立；5＝完全同意)选择他们的态度,另外有五道是多选题：①您认为过去 10 年中国教育研究的热点主要有哪些(请最多选 5 个)？②您认为未来 5—10 年中国教育研究的前沿问题有哪些(最多选 5 个)？③您认为教育信息化技术最可能影响教育的哪个方面的公平性？④在线学习平台的使用是否会改变学生的学习策略？⑤在线学习平台的使用是否会改变学生的学习策略？问卷的第五部分包含三道开放题：①过去 10 年中国教育科学研究主要发生了什么改变？②在过去 10—20 年间,跨学科合作作为教育科学带来了哪些新的研究问题和研究领域？③您选择合作对象时的主要考虑因素是什么？

三、数据收集

查问卷通过公共在线问卷平台-问卷星(http://www.sojump.com)进行发放。研究团队将问卷链接发放至国内各专业的教师微信群,问卷回收时间段为 2020 年 8 月 26 日至 9 月 2 日,收回在线问卷共计 246 份,最终有效问卷为 246 份,问卷有效率为 100%。

四、人口统计变量分析

本研究为了获取较好代表性的样本,在性别、年龄、职称、教龄四个方面对受试群体做了合理的分布(见表 22-1)。由于本项调查主要针对中国教育研究者对于全球教育科学研究趋势的判断,因此,237 人(96.3%)来自中国大陆地区的高校,2 人(0.8%)来自港澳地区高校,7 人(2.9%)来自国外高校。

受试教师在专业背景在选择上以综合型和技术型为主。如表 22-1 所示,参与调研的教师学科主要分布在高等教育学(74 人,占比 30.08%)、教育技术学(68 人,占比 27.64%)和教育学原理(38 人,占比 15.45%)。高等教育学的教师数量居于首位,主要是因为高等教育学的核心研究方向从作为"组织"的大学的发展规律,后来逐步过渡到高等教育系统,而高等教育系统的关注面比较广泛,涉及高等教育的方方面面,由此导致高等教育学方向的教师数量增多。教育技术学的教师数量次之,这主要是因为教育技术学是一门年轻的、交叉性极强的学科,从其学科性质来说,教育技术学不仅关注一些理论问题,更应该关注教育教学实践中所遇到的各种问题,因而,实证研究也是近年来逐步被该领域重视的研究方法。

表 22-1　参与调研的老师基本情况分布(n=246)

学科	人数	百分比(%)
高等教育学	74	30.08
教育技术学	68	27.64
教育学原理	38	15.45
课程与教学论	17	6.91
教育史	14	5.69
比较教育学	14	5.69
教育经济与管理	7	2.85
其他(特殊教育学、小学教育、教师教育、教育心理学)	6	2.44
成人教育学	6	2.44
职业技术教育学	5	2.03
学习科学	2	0.81
学前教育学	2	0.81
性别	**人数**	**百分比(%)**
男	145	58.9
女	101	41.1
职称	**人数**	**百分比(%)**
教授/研究员	105	42.7
副教授/副研究员	80	32.5
助教/讲师	61	24.8

（续表）

年龄	人数	百分比（％）
25—29	11	4.5
30—34	47	19.1
35—39	38	15.4
40—44	59	24.0
45—49	30	12.2
50—54	31	12.6
55 或以上	30	12.2
教龄	人数	百分比（％）
0—5 年	47	19.1
6—10 年	40	16.3
11—15 年	37	15.0
16—20 年	36	14.6
21—25 年	24	9.8
25 年以上	62	25.2

第二节　结果分析

一、教育研究者在教育科学研究中采用的研究方式与方法

对于问题"您是否经常采用学科交叉融合的方式开展教育科学研究"，如表22－2所示，44.0％的老师（108 人）"较经常"采用学科交叉融合的方式开展教育科学研究，27.6％的老师（68 人）"经常"采用，23.6％的老师（58 人）"不太经常"采用，2.8％的老师（7 人）"从未"采用，以及 2.0％的老师（5 人）"不清楚"是否采用了学科交叉融合的方式。

由表22－2可得，大部分（71.6％）的教育研究者在教育科学研究中经常或较经常采用学科交叉融合的方式开展科学研究。之所以采用学科交叉融合的方式开展科学研究，一个重要的因素是教育问题逐步多样化和复杂化，跨学科研究

是解决这些复杂教育问题的必然选择。为推动跨学科的发展,我国也从政策制定、项目规划和人才培养多个角度进行了探索,国务院发布的《国家中长期科学和技术发展规划纲要(2006—2020年)》在学科发展方面提到,"对基础学科进行全面布局,突出学科交叉、融合与渗透,培育新的学科生长点";国家自然科学基金委在其"十一五"计划中,强调在源头创新上要推动学科交叉;国家层面实施的"千人计划"所引进的科技专家都是活跃在科研前沿,具有丰富的知识背景以及跨文化、跨学科协作能力的高端科研人才。

表22-2　关于"是否经常采用学科交叉融合的方式开展教育科学研究"的情况(n=246)

陈述	选项	人数	百分比(%)
您是否经常采用学科交叉融合的方式开展教育科学研究?	从未	7	2.8
	不太经常	58	23.6
	不清楚	5	2.0
	较经常	108	44.0
	经常	68	27.6

对于问题"在教育科学研究中,您采用的主要研究方法有哪些",如表22-3所示,参与调研的老师在教育科学研究过程中,最常采用的研究方法是混合研究方法,约三分之二(68.3%)的老师(168人)在教育科学研究过程中采用混合研究方法,其次是质性研究方法,一半(50.0%)的研究者(123人)采用该研究方法,最后是定量研究方法,选择该方法的人数约占41.9%(103人)。将近六成(59.8%)的老师(147人)研究中会固定使用某种研究方法(质性、定量或混合),而40.2%的老师(99人)会选择两种或以上的研究方法(质性、定量和/或混合)。

由表22-3的数据可以看出,一方面,混和研究方法在国内教育研究领域的运用得到了迅速发展,已经成为教育研究者热衷的主要研究方法。之所以采用混合研究方法是因为质性研究和量化研究两者间存在互补的特点,质性研究通过对话等方式对量化研究中基于数据统计得出的结论进行深层补充,而量化研究基于大规模数据调查得出的结果是对质性研究基于小规模研究样本得出结论可靠性的有效补充①。在教育研究中，鉴于研究问题、研究对象、研究过程的复杂性，有时候既需要概括出总体的结果，又需要对个人进行深入分析，这时候使用混合研究是比较好的选择，因为混合研究方法不仅能够对研究对象之间普遍的因果关系进行客观、科学和精确分析，还能够从本质角度对研究对象进行深入剖析。由此可见，在当今的教育研究中，在学科交叉融合的背景下，多元化的研究范式、量化与质性研究的加强以及混合研究的不断探索已成为一种现实的、合理的、有效的选择。

表 22 - 3　关于"在教育科学研究中采用的主要研究方法"的情况(n＝246)

类别	选项	人数	百分比(%)
研究方法	质性研究方法	123	50.0
	定量研究方法	103	41.9
	混合研究方法	168	68.3
单选 (59.8%)	质性研究方法	44	17.9
	定量研究方法	22	9.0
	混合研究方法	81	32.9
多选 (40.2%)	质性＋定量研究方法	12	4.9
	质性＋混合研究方法	18	7.3
	定量＋混合研究方法	20	8.1
	质性＋定量＋混合研究方法	49	19.9

二、教育研究者在教育科学研究中的合作习惯

表 22 - 4 呈现的是受访者教育科学研究中与他人的合作习惯。数据表明，大部分教师还是习惯自己独立研究，究其原因，首先是老师很难找到有很多契合点的研究团体；其次，独立研究不需要考虑合作等复杂情况，这给很多老师减轻了合作上带来的额外负担。

---

① 张绘. 混合研究方法的形成、研究设计与应用价值——对"第三种教育研究范式"的探析. 复旦教育论坛，2012,10(5)：51 - 57.

表 22-4 关于"在教育科学研究中与他人的合作习惯"的情况(n=246)

在教育科学研究中,您与他人的合作习惯	没有发生	偶尔发生	经常发生
1. 自己独立研究	11(4.5%)	63(25.6%)	172(69.9%)
2. 与校内老师合作	15(6.1%)	140(56.9%)	91(37.0%)
3. 与国内其他高校老师合作	38(15.4%)	151(61.4%)	57(23.2%)
4. 与国内中小学老师合作	99(40.3%)	111(45.1%)	36(14.6%)
5. 与国外教师合作	127(51.6%)	89(36.2%)	30(12.2%)
6. 与其他人(企业或教育行政单位)合作	106(43.1%)	107(43.5%)	33(13.4%)

  对于问题"在您的研究中,跨学科(一级学科)合作研究的情况如何",如表22-5所示,49.6%的老师(122人)认为"偶尔有合作",29.2%的老师(72人)认为"经常合作",16.7%的老师(41人)认为"没有合作",4.5%的老师(11人)认为"所有研究都是跨学科合作"。以上数据表明,大部分老师没有经常开展跨学科的合作,究其原因,虽然当前跨学科研究有清晰的理念和政策支持,但是具体操作起来还是有难度的,因为跨学科实践既考验研究者本学科的知识和能力,也考验其所跨学科的知识和能力,这就对老师自身的要求比较高,跨学科带来的是不同学科由于认知不同造成的冲突,比如概念不通、评价标准有差异等,这些都是跨学科实践中的壁垒[1]。这点在问题"您认为阻碍教育研究跨学科合作的主要原因是"中也有体现,如表22-6所示,受访教师认为阻碍教育研究跨学科合作的主要原因中,第一重要原因是"学科范式不同"(129人,占比52.4%),第二重要原因是"关注问题不同"(109人,占比44.3%);第三重要原因是"评价机制导向不明"的老师的最多(61人,占比24.8%),部分老师也提到了其他原因,包括:"缺乏相关平台、团队、组织方","学者之间缺乏沟通","跨学科意识不强"等。

---

[1] Rogers,Y.,Scaife M.,Rizzo A. Interdisciplinarity:an emergent or engineered process? Interdisciplinary collaboration an emergomg cognitive science,2005,1-25.

表 22-5 关于"在研究中，跨学科(一级学科)合作研究"的情况(n=246)

陈述	选项	人数	百分比(%)
在您的研究中，跨学科(一级学科)合作研究的情况如何？	没有合作	41	16.7
	偶尔有合作	122	49.6
	经常合作	72	29.2
	所有研究都是跨学科合作	11	4.5

表 22-6 关于"阻碍教育研究跨学科合作的主要原因"的排序情况(n=246)

	第一重要原因	第二重要原因	第三重要原因
激励不足	64(26.0%)	0	0
学科范式不同	129(52.4%)	40(16.3%)	0
关注问题不同	24(9.8%)	109(44.3%)	20(8.1%)
没有兴趣	3(1.2%)	5(2.0%)	13(5.3%)
评价机制导向不明	14(5.7%)	24(9.8%)	61(24.8%)
时间不足	3(1.2%)	13(5.3%)	26(10.6%)
其他	9(3.7%)	5(2.0%)	8(3.3%)

此外，相比于单学科，跨学科中缺乏有影响力的跨学科期刊和专家群体，由于跨学科涉及的学科比较多，部分学科之间差异很大，很难找到合适的跨学科专家对跨学科研究者的申报书或者论文成果进行评定，这就导致跨学科的研究者在发表论文和申请项目时遇到的困难更大，进而直接影响了研究者跨学科的内驱力[①]。

三、教育研究者对"全球教育科学研究趋势"的态度

对于问题"您认为过去10年中国教育研究的热点主要有哪些"，如表 22-7 所示，排名前五的教育研究热点依次是：教育公平(162人，占比65.9%)、教育质量(157人，占比63.8%)、世界一流大学建设(151人，占比61.4%)、课程改革(103人，占比41.9%)以及创新创业教育(101人，占比41.1%)。

---

① 章成志，吴小兰.跨学科研究综述.情报学报，2017，36(5)：523-535.

表 22‐7　关于"过去 10 年中国教育研究的热点"的看法(n＝246)

陈述	选项	人数	百分比(%)
您认为过去 10 年中国教育研究的热点主要有哪些(请最多选 5 个)？	教育公平	162	65.9
	教育质量	157	63.8
	世界一流大学建设	151	61.4
	课程改革	103	41.9
	创新创业教育	101	41.1
	在线教学	96	39
	现代大学制度	78	31.7
	STEM 教学	69	28
	教育评价	67	27.2
	终身学习	46	18.7
	教育国际化	46	18.7
	全球教育治理	41	16.7
	职业教育改革	39	15.9
	"一带一路"教育	32	13
	早期儿童教育	19	7.7

　　中国正在从教育大国向教育强国迈进,要实现教育强国的目标,教育公平、教育质量和世界一流大学建设等方面的实现,是最基础的保障,所以大部分教育研究者将这些问题作为过去十年的教育研究热点。从义务教育法颁布实施,教育公平第一次上升为国家意志,到李克强同志在十三届全国人大四次会议提出"教育公平是最大的公平",再到李克强同志在 2020 年国务院政府工作报告中再次提出推动教育公平发展和质量提升[①],由此可见,中国一直在最大程度实现教育公平。推进教育高质量、高层次发展也是教育公平的题中应有之义。那么,究竟该怎样实现教育公平？对此我国的探索脚步也从未停息。近年来,信息技术的发展为解决教育公平问题提供了新思路,2020 年 3 月 16 日,教育部发布《关

---

① 2020 年政府工作报告.〔EB/OL〕(2020‐05‐30)〔2021‐12‐01〕. https://baijiahao. baidu. com/s? id＝1668095110513176593＆wfr＝spider＆for＝pc.

于加强"三个课堂"应用的指导意见》，积极推进"互联网＋教育"发展，促进教育公平、提升教育质量，三个课堂分别为"专递课堂""名师课堂"和"名校网络课堂"，以其"专门、共享、开放"的核心特征彰显出新时代的教育公平内涵。如"专递课堂"，主要针对农村薄弱学校和教学点进行网上专门开课或同步上课，利用互联网按照教学进度推送适切的优质教育资源。

对于问题"您认为未来5—10年中国教育研究的前沿问题有哪些"，如表22-8所示，排名前五的教育研究前沿问题依次是：在线教学（137人，占比55.7%），教育质量（134人，占比54.5%），教育公平（113人，占比45.9%），教育评价（110人，占比44.7%）以及世界一流大学建设（102人，占比41.5%）。

表22-8　关于"未来5~10年中国教育研究的前沿问题"的看法(n=246)

陈述	选项	人数	百分比(%)
您认为未来5~10年中国教育研究的前沿问题有哪些?	在线教学	137	55.7
	教育质量	134	54.5
	教育公平	113	45.9
您认为未来5—10年中国教育研究的前沿问题有哪些?	教育评价	110	44.7
	世界一流大学建设	102	41.5
	终身学习	82	33.3
	全球教育治理	80	32.5
	课程改革	78	31.7
	教育国际化	64	26
	创新创业教育	63	25.6
	STEM教学	59	24
	现代大学制度	47	19.1
	早期儿童教育	39	15.9
	"一带一路"教育	30	12.2
	职业教育改革	26	10.6
	其他	1	0.4

教育研究者在未来教育的研究方向中将在线教学放到了首要位置，教育质

量、教育公平、教育评价、世界一流大学建设不仅是过去十年教育研究的热点，教育研究者认为未来5～10年其依然是中国教育研究的前沿问题。对于居于首位的在线教学而言，受新冠肺炎疫情影响，在线教学有效实现了"停课不停学"的目标。新冠肺炎疫情期间，所有高校全部实施在线教学，108万教师开出课程合计1719万门次，在线学习学生共计35亿人次[①]。加快信息化时代的教育变革，建立数字化、智能化、个性化的教育体系是未来的战略目标，教育信息化对推动教育教学改革意义重大，是促进教育公平的重要推手。

问题"您认为教育信息化技术最可能影响教育哪个方面的公平性"，如表22-9所示，42.7%的老师（105人）认为教育信息化技术最可能影响"教育过程"的公平性，40.2%老师（99人）认为是"教育机会"，8.5%的老师（21人）认为是"教育结果"，4.5%的老师（11人）认为是"教育政策"，4.1%的老师（10人）认为是"师资提升"。教育机会和教育过程是出现频次比较高的两个关键词。教育机会强调的是通过硬件设施实现机会平等，如通过配置终端、搭建网络、建立云平台等方式给予学生充分享受优质教育资源的平等机会。虽然硬件的完善配置，如一根网线、一块屏幕，可以让成千上万的学生享受优质教育资源，给他们提供教育机会，但是教育过程注重的是变革传统课堂、提高教育质量，这并不是仅靠网线和屏幕等硬件设备就可以实现的，而是要清醒地认识到信息技术仅仅是工具，为了实现教育过程的公平，还要采取多种方式实现信息技术与教育教学的深度融合，如通过教师的培训促使其更新教育理念和模式，由此推动教育的内生性变革。

表22-9　关于"教育信息化技术最可能影响教育哪个方面的公平性"的看法（n=246）

陈述	选项	人数	百分比（%）
您认为教育信息化技术最可能影响教育哪个方面的公平性？	教育机会	99	40.2
	教育过程	105	42.7
	教育结果	21	8.5
	师资提升	10	4.1
	教育政策	11	4.5

① 教育部. 我国慕课数量规模世界第一[EB/OL]. http://www.moe.gov.cn/fbh/live/2020/52717/mtbd/202012/t20201204_503496.html

对于问题"在线学习平台的使用是否会改变学生的学习策略"，如表 22-10 所示，84.1％的老师（207 人）选择了"是"，他们认为在线学习平台的使用会改变学生的学习策略，可能的变化主要包括"学生学习主动性""学习资源获取方式""学习时间管理能力"等。学生学习策略的改变会带来学生学习结果的改变。除此之外，15.9％的老师（39 人）选择了"否"，认为在线学习平台的使用不会改变学生的学习策略。

表 22-10　关于"在线学习平台的使用是否会改变学生的学习策略"的看法（n＝246）

陈述	选项	人数	百分比（％）
在线学习平台的使用是否会改变学生的学习策略？	是	207	84.1
	否	39	15.9

对于问题"您认为计算教育科学是否可能成为未来教育科学的主流"，如表 22-11 所示，19.9％的老师（49 人）认为计算教育科学"肯定会"成为未来教育科学的主流，45.1％的老师（111 人）认为"或许会"，17.9％的老师（44 人）认为"不太可能"，5.3％的老师（13 人）认为"不可能"，11.8％的老师（29 人）表示"不清楚"。超过一半的教育研究者对计算教育科学能成为未来教育科学主流持积极态度，这可能与当前"人工智能＋"已经融入各个行业有关，当然也包含教育领域。而技术是实现"人工智能＋教育"的核心，教育部关于印发的《高等学校人工智能创新行动计划》也指出，要加强人工智能核心关键技术研究，促进人工智能的技术体系构建，可见技术与计算教育科学密切相关。

表 22-11　关于"计算教育科学是否可能成为未来教育科学的主流"的态度（n＝246）

陈述	选项	人数	百分比（％）
您认为，计算教育科学是否可能成为未来教育科学的主流？	不可能	13	5.3
	不太可能	44	17.9
	不清楚	29	11.8
	或许会	111	45.1
	肯定会	49	19.9

如表 22-12 所示,对于陈述"在教育科学研究中除了关注本土教育问题外,还应更加关注全球公共教育问题和发展趋势的研究",88.2%的老师表示"完全同意"或"同意",9.0%的老师表示"态度中立",2.8%的老师表示"完全不同意"或"不同意"。

对于陈述"在教育科学研究中,应加强与联合国教科文组织、经合组织等国际组织的合作与交流",87.4%的老师表示"完全同意"或"同意",10.2%的老师表示"中立",2.4%的老师表示"完全不同意"或"不同意"。

对于陈述"教育科学研究要主动适应我国日益走近世界舞台中央的新形势,向世界讲好中国教育故事,发展贡献中国智慧",85.8%的老师表示"完全同意"或"同意",10.2%的老师表示"中立",4.0%的老师表示"完全不同意"或"不同意"。

从前三个问题可以看出,绝大部分的教育研究者对于我国教育科学研究的态度是应该以更开阔的视野面向全球,应加强与国际组织的合作与交流,更多关注全球公共教育问题和发展趋势的研究,不仅要学好外国经验,也要善于将国外经验进行本土化应用实践,主动向世界讲好中国教育故事。究其原因,首先,我国教育研究已经有足够的实力开展国际化,大量的课题、庞大的研究群体以及社会的广泛重视,促使中国教育研究在国际舞台上扮演重要的角色,而这也是我国开展教育研究国际化的"底气"。其次,在有了国际化的"底气"之后,我国也在促进教育研究国际化方面开展了探索,如提高教育研究原创性、提高用英语表达研究成果的能力、遵守国际学术规范和提高国外论文的翻译质量①。

对于陈述"受'循证医学'影响,教育政策对'循证教育'的呼吁越来越强烈,循证教育应该成为未来教育彰显专业化的重要表征",73.2%的老师表示"完全同意"或"同意"态度,21.1%的老师表示"态度中立",5.7%的老师表示"完全不同意"或"不同意"。循证教育具有科学、严谨、高效等特质。可以看出,多数教师倾向于循证教育。鉴于循证教育的原则是教育实践应基于现有的最佳科学证据,而不是传统、个人判断或其他影响,未来可以结合教育分析、学情分析、教材分析等大数据凭证,让教育者制定出更有效的教学方案,更适切的教学策略,更合理的教育手段,从而更好的实现循证教育。

---

① 姚云,顾明远.中国教育研究成果国际化的几个问题.中国教育学刊,2007(3):13-16.

对于陈述"教育研究主题的变化受政策因素影响较大"，88.7％的老师表示"完全同意"或"同意"，7.7％的老师表示"中立"，3.6％的老师表示"完全不同意"或"不同意"。

对于陈述"教育研究选题主要受研究者个人兴趣影响"，61.4％的老师表示"完全同意"或"同意"，29.3％的老师表示"中立"，9.3％的老师表示"完全不同意"或"不同意"。

从以上两个问题可以看出教育研究者认为未来教育研究选题主要是受教育政策和研究者个人兴趣影响，两者共同决定未来研究选题。教育政策的意义在于依据党和国家在一定历史时期的基本任务、基本方针而制定关于教育的行为准则，以有效地解决教育问题，实现教育目标。因此，教育政策能够反映一定时期内教育的关键目标和任务，这些目标和任务也能够解决该时期特定的教育问题，这和教育研究者要解决教育中的"真问题"的研究初衷不谋而合。2021 年 7 月 24 日，中共中央办公厅、国务院办公厅印发《关于进一步减轻义务教育阶段学生作业负担和校外培训负担的意见》，旨在有效减轻义务教育阶段学生过重作业负担和校外培训负担。该政策的发布也引发了学术界对于"双减"政策的讨论。此外，研究者的个人兴趣是研究顺利开展的内在驱动因素。

对于陈述"交叉研究应该成为未来教育研究的主要范式之一"，82.2％的老师表示"同意"或"完全同意"，15.4％的老师表示"中立"，2.4％的老师表示"完全不同意"或"不同意"。

对于陈述"随着技术工具的进步，教育科学研究选题的微观化倾向将进一步加强"，78.1％的老师表示"同意"或"完全同意"，16.7％的老师表示"中立"，5.2％的老师表示"完全不同意"或"不同意"。

对于陈述"随着技术工具的进步，教育科学研究的应用性、实践性倾向将进一步加强"，85.8％的老师表示"同意"或"完全同意"，11.0％的老师表示"中立"，3.2％的老师表示"完全不同意"或"不同意"。

对于陈述"随着教育科学研究范式向实证化、应用化的转型，教育科学对其他学科理论的依赖将越来越重"，75.6％的老师表示"同意"或"完全同意"，17.5％的老师表示"中立"，6.9％的老师表示"完全不同意"或"不同意"。

从研究者对于以上四个问题的回答可以看出超过 75％的研究者认为交叉研究应成为未来主要研究范式，教育科学对其他学科理论的依赖将进一步加重。

如今,发展交叉学科在某种程度上已经成为教育界和科技界的共识。郝平说:"2020年是中国交叉学科发展进程中具有里程碑意义的一年,2020年7月交叉学科成为我国第14个学科门类,这是时隔8年后国家首次调整学科门类设置①。同年11月,国家自然科学基金委员会成立了交叉科学学部。此外,被调查者认为随着技术工具的进步,教育科学研究的选题将更加微观化,偏向于应用型、实践型,原因在于技术能够从微观层面通过变革具体的教学方式进而发展教育教学实践。我国教育部在出台的《关于加快建设高水平本科教育全面提高人才培养能力的意见》中指出,推进现代信息技术与教育教学深度融合,重塑教育教学形态,以现代信息技术推动高等教育质量提升的"变轨超车"。

对于陈述"教育研究反映了教育政策中的需要",73.2%的老师表示"同意"或"完全同意",21.5%的老师表示"中立",5.3%的老师表示"完全不同意"或"不同意"。

对于陈述"教育研究引领了教育政策中的需求",54.1%的老师表示"同意"或"完全同意",30.9%的老师表示"中立",15.0%的老师表示"完全不同意"或"不同意"。

对于陈述"教育研究需要关注本国教育情境中的问题",94.3%的老师表示"同意"或"完全同意",4.5%的老师表示"中立",1.2%的老师表示"完全不同意"或"不同意"。

对于陈述"教育研究需要关注全球共性问题",80.9%的老师表示"同意"或"完全同意",15.9%的老师表示"中立",3.2%的老师表示"完全不同意"或"不同意"。

上述四个问题的回答反映了教育研究者对于教育政策与教育研究的关系以及教育研究关注领域的国际化视野问题。研究者认为,教育研究与教育政策之间的影响是相互的,绝大部分研究者认为教育研究不仅要关注国内教育情景问题,也应该聚焦全球共性问题。这是因为随着全球化、知识信息时代的到来和深化,世界正在发生深刻而颠覆性的变革,变成一个人们联系日益密切的"地球村",很多时候,全球面临的教育问题也是我国正面临或者即将面临的问题。国

---

① 重磅! 研究生学科重大调整:交叉学科将成为第14个学科门类[EB/OL]. (2020-08-07)[2021-10-30]https://baijiahao. baidu. com/s? id=1674355227854530618&wfr=spider&for=pc

际化人才是实现国际化的基本保障,我国也从国家战略层面高度重视国际化人才的培养,2010 年,《国家中长期教育改革和发展规划纲要(2010—2020 年)》明确指出：要提高中国教育国际化水平,培养大批具有国际视野、通晓国际规则、能够参与国际事务和国际竞争的国际化人才。2017 年,教育部、财政部、国家发展改革委员会联合制定出台《统筹推进世界一流大学和一流学科建设实施办法(暂行)》,对有效落实"双一流"建设提出了具体要求,将面向世界科技发展前沿、突出国际影响力、提升国际综合实力作为重要抓手,并制订以国际公认的学校标准和学科标准为依据的一流大学和一流学科遴选方案。

对于陈述"高质量的教育研究多依赖于哲学导向的思辨研究",49.6%的老师表示"同意"或"完全同意",35.8%的老师表示"中立",14.6%的老师表示"完全不同意"或"不同意"。

对于陈述"高质量的教育研究多依赖于实证导向的经验研究",56.9%的老师表示"同意"或"完全同意",33.4%的老师表示"中立",9.7%的老师表示"完全不同意"或"不同意"。

对于陈述"我国现阶段的教育研究在世界范围内具有一定的影响力",37.4%的老师表示"同意"或"完全同意",39.4%的老师表示"中立",23.2%的老师表示"完全不同意"或"不同意"。

对于陈述"我国教育研究世界影响力的提高多依赖于实证导向的经验研究方法",58.7%的老师表示"同意"或"完全同意",27.6%的老师表示"中立",16.7%的老师表示"完全不同意"或"不同意"。

对于陈述"我国教育研究世界影响力的提高多依赖于哲学导向的思辨研究方法",31.7%的老师表示"同意"或"完全同意",43.1%的老师表示"中立",25.2%的老师表示"完全不同意"或"不同意"。

从上述五个问题的回答可以看出,教育研究者对于高质量的教育研究是依赖于哲学导向的思辨研究,还是依赖于实证导向的经验研究看法不完全一致,这可能与参与问卷调查的研究者的学科背景有关。在西方,实证研究范式在教育领域以及其他社会科学领域均占据主导地位[1],当然也包含自然科学领域。教

---

[1] Al-Habil, W. I. Positivist and Phenomenological Research in Public Administration [J]. Arab Journal of Administration, 2014,(2).

育实证研究关注教育假设的确证,教育思辨研究带来教育观点的创生;教育实证研究以教育思辨研究为前提,对于思辨研究的观点而言,可以被实证的观点能够对现实产生直接作用,不能被实证的对现实产生间接影响①。总之,思辨研究和实证研究本身并不构成冲突,关键在于开展具体研究的时候采用哪种方式更能够高效解决研究问题。

对于陈述"我的研究方法能支撑我完成拟开展的研究",66.6%的老师表示"同意"或"完全同意",23.2%的老师表示"中立",10.2%的老师表示"完全不同意"或"不同意"。

对于陈述"我一直寻求研究范式的变化与创新",81.3%的老师表示"同意"或"完全同意",14.7%的老师表示"中立",4.0%的老师表示"完全不同意"或"不同意"。

问题 21 的回答与问题 7 的回答相互印证,教育研究者在寻求研究范式的变化与创新的同时,认为交叉范式会成为未来教育研究的主要范式之一,教育科学对于其他学科理论的依赖会越来越重。

表 22 - 12　对于以下陈述的态度(n=246)

陈述	完全不同意	不同意	态度中立	同意	完全同意
1. 在教育科学研究中除了关注本土教育问题外,还应更加关注全球公共教育问题和发展趋势的研究	6 (2.4%)	1 (0.4%)	22 (9.0%)	106 (43.1%)	111 (45.1%)
2. 在教育科学研究中,应加强与联合国教科文组织、经合组织等国际组织的合作与交流	5 (2.0%)	1 (0.4%)	25 (10.2%)	123 (50.0%)	92 (37.4%)
3. 教育科学研究要主动适应我国日益走近世界舞台中央的新形势,向世界讲好中国教育故事,贡献中国智慧	5 (2.0%)	5 (2.0%)	25 (10.2%)	86 (35.0%)	125 (50.8%)

---

① 王卫华.(2019).教育思辨研究与教育实证研究:从分野到共生.教育研究,40(09),139-148.

（续表）

陈述	完全不同意	不同意	态度中立	同意	完全同意
4. 受"循证医学"影响,教育政策对"循证教育"的呼吁越来越强烈,循证教育应该成为未来教育彰显专业化的重要表征	4 (1.6%)	10 (4.1%)	52 (21.1%)	101 (41.1%)	79 (32.1%)
5. 教育研究主题的变化受政策因素影响较大	4 (1.6%)	5 (2.0%)	19 (7.7%)	116 (47.2%)	102 (41.5%)
6. 教育研究选题主要受研究者个人兴趣影响	2 (0.8%)	21 (8.5%)	72 (29.3%)	119 (48.4%)	32 (13.0%)
7. 交叉研究应该成为未来教育研究的主要范式之一	2 (0.8%)	4 (1.6%)	38 (15.4%)	101 (41.1%)	101 (41.1%)
8. 随着技术工具的进步,教育科学研究选题的微观化倾向将进一步加强	5 (2.0%)	8 (3.2%)	41 (16.7%)	119 (48.4%)	73 (29.7%)
9. 随着技术工具的进步,教育科学研究的应用性、实践性倾向将进一步加强	2 (0.8%)	6 (2.4%)	27 (11.0%)	127 (51.6%)	84 (34.2%)
10. 随着教育科学研究范式向实证化、应用化的转型,教育科学对其他学科理论的依赖将越来越重	5 (2.0%)	12 (4.9%)	43 (17.5%)	111 (45.1%)	75 (30.5%)
11. 教育研究反映了教育政策中的需要	3 (1.2%)	10 (4.1%)	53 (21.5%)	132 (53.7%)	48 (19.5%)
12. 教育研究引领了教育政策中的需求	7 (2.8%)	30 (12.2%)	76 (30.9%)	102 (41.5%)	31 (12.6%)
13. 教育研究需要关注本国教育情境中的问题	1 (0.4%)	2 (0.8%)	11 (4.5%)	107 (43.5%)	125 (50.8%)
14. 教育研究需要关注全球共性问题	1 (0.4%)	7 (2.8%)	39 (15.9%)	127 (51.6%)	72 (29.3%)
15. 高质量的教育研究多依赖于哲学导向的思辨研究	14 (5.7%)	22 (8.9%)	88 (35.8%)	85 (34.6%)	37 (15.0%)
16. 高质量的教育研究多依赖于实证导向的经验研究	4 (1.6%)	20 (8.1%)	82 (33.4%)	95 (38.6%)	45 (18.3%)

（续表）

陈述	完全不同意	不同意	态度中立	同意	完全同意
17. 我国现阶段的教育研究在世界范围内具有一定的影响力	12 (4.9%)	45 (18.3%)	97 (39.4%)	76 (30.9%)	16 (6.5%)
18. 我国教育研究世界影响力的提高多依赖于实证导向的经验研究方法	2 (0.8%)	39 (15.9%)	68 (27.6%)	103 (41.9%)	34 (13.8%)
19. 我国教育研究世界影响力的提高多依赖于哲学导向的思辨研究方法	17 (6.9%)	45 (18.3%)	106 (43.1%)	57 (23.2%)	21 (8.5%)
20. 我的研究方法能支撑我完成拟开展的研究	3 (1.2%)	22 (9.0%)	57 (23.2%)	129 (52.4%)	35 (14.2%)
21. 我一直寻求研究范式的变化与创新	2 (0.8%)	8 (3.2%)	36 (14.7%)	137 (55.7%)	63 (25.6%)

四、有关教育科学研究趋势的开放题

为了更好地获取教育研究者对于教育学科研究趋势的认识，本研究在这一部分采取了开放题的形式，题目包括"您认为过去十年中国教育科学研究主要发生了什么改变"（调研结果见图 22-1）、"在过去 10～20 年间，跨学科合作为教育科学带来了哪些新的研究问题和研究领域"（调研结果见图 22-2）和"您选择合作对象时主要考虑的因素是什么"（调研结果见图 22-3）。

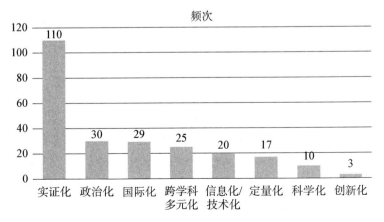

图 22-1　有关"过去十年中国教育科学研究发生的改变"的回答(n＝226)

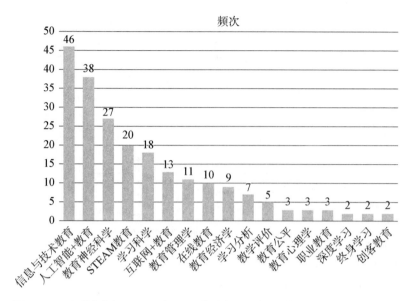

图 22‐2　有关"过去 10～20 年间跨学科合作为教育科学带来的新的研究问题和研究领域"的回答(n＝204)

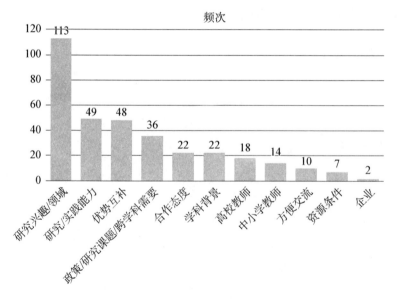

图 22‐3　有关"您选择合作对象时的主要考虑因素是什么?"的回答(n＝243)

对于过去十年的变化,实证化、政治化以及国际化成为教育研究者视角下最大的三个变化。首先是教育研究的实证化发展。相较于传统的思辨性研究,过去十年中国教育研究表现出了越来越多的客观性和科学性,定量化和科学化也是研究者在回答这一问题时提及的高频词语。结合实证主义哲学的核心特点,教育科学的实证研究更加强调对一手资料的处理和分析,依托实验和观察解释教育规律。其次是教育研究政治化发展。一方面,国家的政策、方针对教育科学研究发挥着重要的导向作用,教育研究面向国家的重大战略需求;另一方面,课程思政的融入也使得教育研究的政治化更为明显。最后是教育研究国际化发展。在"双一流"学科建设背景下,教育研究国际化不仅是提升我国教育研究水平的重要举措,也能够推动我国教育研究的学术成果进一步走向世界。此外,我国教育研究也呈现出了创新化发展的特点,包括开展跨学科多元化的研究,以及将信息化/技术化的手段与教育教学相融合等。

对于跨学科合作产生的新研究问题与研究领域,技术与教育的交叉融合成为教育研究者们普遍关注的新兴领域,一些传统学科的交叉也带来了新的研究方向。技术的飞速发展给教育研究也带来了极大的冲击,过去 10～20 年间,技术和教育的跨学科合作衍生出了信息与技术教育、人工智能＋教育、互联网＋教育、STEAM 教育等多个教育研究新问题与新领域。与脑科学、神经科学的进一步交叉也使得越来越多的教育研究者从神经科学、学习科学的视角对教育问题进行分析和探讨。此外,传统经济学、心理学等领域也与教育学有了进一步的跨学科合作。教育作为一个复杂系统,难以脱离社会的政治、经济、文化背景单独分析,也与学习者个体的认知和心理状况息息相关,因此教育学与其他社会科学领域的研究也存在较大的交叉性。新的交叉领域研究也给教育问题带来了新的思考,如基于教育学、心理学和信息科学进行学习分析或促进学习者的深度学习,基于教育学与经济学的研究范式对教育公平等问题进行分析和探究等。

对于合作对象的选择,教育研究者主要考虑对方的研究领域、研究能力、自身的研究需要以及双方合作的预期情况四个因素。首先,研究领域包含契合和互补两种情况,有的教育研究者会选择与自己研究兴趣相投的合作者,以更快更好地进行合作研究;也有的研究者会选择不同领域的合作者,达到优势互补的目的。其次,研究能力也是教育研究者关注的因素之一,不仅是学术理论层面的研究能力,也需要合作者在实践方面展现出相应的技能和水平。然后,从自身的需求出发,教育研究者会将政策导向、课题研究以及跨学科研究的需要作为考量标准,选择要求最相符的合作对象。最后,合作能否有效便捷的进行也会影响教育研究者的选择判断。多位教育研究者提到了对方的合作态度（22 次）以及交流的便捷程度（10 次），积极的态度以及便捷的沟通是推进合作的有力保证，也会极大地影响双方的合作效果。

（李　艳　翟雪松　陈新亚）

第二十三章
教育研究趋势的专家访谈报告

本章节从研究目的、研究方法以及结果分析三个方面对有关"全球教育科学教育趋势"的专家访谈情况进行了阐述,基于研究目的和问题拟定了中文和英文的访谈问题,并对每一个题目的回答进行了整理与分析。

第一节　研究方法

一、研究对象

本次访谈的目标人群是国内外高校从事教育科学研究的学科专家,原则上要求具有教授或研究员职称,并在所在学科具有一定影响力。

二、研究工具

访谈的内容由研究团队 13 位成员共同商议决定。首先,研究团队成员围绕"全球教育科学研究趋势"议题各自提出 2～3 个可能的访谈问题;其次,由研究团队中资深的教授对提议的二十余个访谈问题进行合并和筛选;最后,筛选出的访谈问题经由研究团队确认通过。最终的中英文访谈提纲分别由六个问题构成。

中文的访谈内容包括:①您认为过去 20 年里全球范围内教育学研究中是否产生了可称之为"原创性理论"的重要成果? 若有,您认为最具学术影响力的"原创性理论"有哪些? ②您如何研判未来 5～10 年全球范围内教育学研究的宏观发展趋势和特点？您认为影响未来教育学研究发展趋势的主要因素是什么？（它们将会以何种方式产生影响？）③前瞻 2035，您能否尝试构想 3～5 个未来全球范围内教育学研究的热点问题？④与其他人文社会科学相比，您认为在应对未来全球范围内人类共同挑战方面，教育学研究有哪些独特性？有哪些尚需改进的方面？⑤从教育需求的角度来看，您认为现代（教育）技术应该主动为教育活动提供哪些支撑？（或者说，未来教育技术创新有哪些可能性？）⑥您认为未来有哪些潜在路径能更好地促进国家、区域，以及全球层面教育学研究的交流与互动？换言之，您认为可利用/创建何种合作交流机制和平台来促进教育学研究能力的共同提升及全球/区域共同教育问题的解决？

英文的访谈内容包括：①请您谈谈贵国（以及全球）教育科学研究的现状，包含高等教育、义务教育和职业教育。[In your opinion, what is the current situation of educational science research in your country（and globally），in higher education，K-12，and vocational education respectively.]②你能列出 5 个当前研究中最重要的教育科学研究问题吗？（Can you list 5 educational science research issues that are most important in current research?）③您认为工业 4.0 将如何影响教育科学研究？（人工智能和教育、教育技术和教育改革、脑科学与儿童学习、大学转型、绩效评估）[How will Industry 4.0 affect educational science research?（AI and Education；Educational technology and education reform；Brain science and children learning；University transformation；performance evaluation?]④贵国（以及全球）在高等教育、义务教育和职业教育方面的教育科学研究趋势分别是什么？[What are the trends of educational science research in your country（and globally）in higher education，K-12，and vocational education respectively.]⑤您能列出未来 5 年或 10 年最重要的 5 个教育科学研究问题吗？（Can you list 5 education science research issues that are most important in the next five or ten years?）⑥在您看来，我们如何才能更好地进行这样的研究？是否有好的视角、维度或平台？（In your opinion, how can we best conduct such research? Are there any good perspectives, dimensions or platforms?）

考虑到中文问题 2 和英文问题 5 内容有一定的相似性，因此，在后续的结果分析部分，该两项问题的访谈结果将会合并在一起进行分析。

三、数据收集

研究团队成员将访谈内容通过邮件或微信的方式邀请国内外专家填写,访谈回收时间段为 2020 年 8 月 26 日至 9 月 30 日,最终回收 43 份访谈内容,包括中文 35 份,英文 8 份。

四、人口统计变量分析

45 位国内外具有一定影响力的教育专家应邀参与了此次访谈,其中,25 位来自中国大陆高校,5 位来自中国香港,4 位来自加拿大高校,3 位来自联合国教科文组织,3 位来自美国高校,1 位来自德国高校,1 位来自英国高校,1 位来自日本高校。基本信息如表 23 - 1 所示。

表 23 - 1 参与访谈的教育专家基本情况(n=44)

编号	机构	学科	职称
1	约克大学	国际教育	副教授
2	香港大学	比较教育学	教授
3	多伦多大学	教育史	教授
4	曼尼托巴大学	教育管理学	教授
5	杭州师范大学	比较教育学	教授
6	广岛大学	高等教育学	教授
7	北京大学	高等教育学	教授
8	同济大学	高等教育学	研究员
9	加拿大约克大学	国际教育	副教授
10	北京师范大学	比较教育学	教授
11	香港中文大学	课程与教学论	教授
12	华中师范大学	教育技术学	教授
13	美国北德州大学	教育技术学	教授
14	华东师范大学	教育技术学	教授

（续表）

编号	机构	学科	职称
15	西南大学	教育技术学	教授
16	华东师范大学	教育技术学	终身教授
17	江南大学	教育学原理	教授
18	云南师范大学	教育学原理	教授
19	杭州师范大学	教育学原理	教授
20	杭州师范大学	教育学原理	教授
21	上海师范大学	教育学原理	教授
22	山东师范大学	教育哲学	教授
23	浙江师范大学	学前教育	教授
24	上海应用技术大学	高等教育学	教授
25	重庆文理学院	教育学原理	教授
26	山东师范大学	教育学原理	教授
27	陕西师范大学	教育学原理	教授
28	香港中文大学	教育技术学	教授
29	香港岭南大学	教育技术学	副教授
30	陕西师范大学	课程与教学论	教授
31	深圳大学	教育技术学	助理教授
32	杭州师范大学	教育学原理	教授
33	杭州师范大学	课程与教学论	教授
34	华中农业大学	经济管理	教授
35	杭州师范大学	教师教育	教授
36	英国某高校	未填写	教授
37	香港中文大学	教育政策	教授
38	UNESCO 终身学习研究所	成人教育	教授

（续表）

编号	机构	学科	职称
39	UNESCO 职业教育与培训项目专家	职业教育	博士
40	UNESCO 高等教育项目专家	高等教育	博士
41	威斯康星大学麦迪逊分校	教育史、教育政策	教授
42	柏林自由大学	职业教育、高等教育	教授
43	约翰·霍普金斯大学	基础教育	教授

第二节　结果分析

一、中文问题 1：您认为过去 20 年里全球范围内教育学研究中是否产生了可称之为"原创性理论"的重要成果？若有，您认为最具学术影响力的"原创性理论"有哪些？

对于中文问题 1，接受访谈的 35 位华人专家中有一半多认为有原创性理论，代表性的理论包括梅耶提出来的多媒体学习认知理论、乔纳森的建构主义学习理论、加涅的教学设计原理、信息加工学习理论、社会建构主义、联通主义等。这说明在全球范围内教育学研究中还是产生了一些"原创性理论"，这些理论为更好地开展教育教学、教育研究提供了针对性的参考框架。如梅耶提出来的多媒体学习认知理论对教学实践中高效利用多媒体具有重要意义。有十余人的观点是较少或没有原创性理论，主要是以继承、发展和应用 20 世纪下半叶的理论为主。还有专家指出学科交叉带来一些融合，但非原创的领域，包括神经教育学、实用主义教育学、批判教育学等（见表 23-2）。近年来，随着跨学科逐步兴起，学科交叉带来一些融合，但非原创的领域的理论也会逐步增加，如神经教育学，认知科学、神经科学和教育学等相关学科的长足进步以及全球化社会中频繁的信息交流，使得整合心智、脑与教育的研究已经成为国际研究界的一道亮丽的学术风景线，神经教育学因此而出现，它让研究者们可以依据人脑的发展规律来研究人的心智的发展，进而研究教育的规律，这可以为教育政策制定者、课堂教学和其他教育实践提供科学依据。

表 23 - 2　有关中文问题 1 的访谈内容总结(n=35)

类别	频次	核 心 语 句
有	23	梅耶提出来的多媒体学习认知理论、乔纳森的建构主义学习理论、加涅的教学设计原理、信息加工学习理论、社会建构主义、联通主义、STEAM 教育、混合学习理论、"生命与实践"教育学理论、马金森的全球国家地方能动模式、斯科特的高等教育全球化、斯劳特的学术资本主义、信息技术与教育深度融合的理论
较少或没有	14	以继承、发展和应用 20 世纪下半叶的理论为主,如大学-产业-政府三螺旋创新理论、高等教育发展中心与边缘的依附理论、高等教育发展阶段论
融合非原创	4	整合脑科学、心理学、教育学等领域的神经教育学;组织行为学、社会学、政治学、经济/财政学、认知及精神科学的交叉融合;借助于哲学、心理学、伦理学、文化学等理论资源解决现实问题和探索教育教学规律,比如像实用主义教育学、批判教育学、生命实践教育学等

二、中文问题 2: 您如何研判未来 5～10 年全球范围内教育学研究的宏观发展趋势和特点? 您认为影响未来教育学研究发展趋势的主要因素是什么? (它们将会以何种方式产生影响?)

对于中文问题 2,即研判未来 5～10 年全球范围内教育学研究的宏观发展趋势和特点,接受访谈的专家认为技术倾向、跨学科、实证研究是最重要的趋势和特点,其他趋势和特点还包括学科发展、国际化、社会化、研究范式多样化等(见表 23 - 3)。技术在教育中的价值在当前时代已经初现,并受到国家战略层面的重视,为利用技术更好地支持教育发展,2017 年 7 月,国务院发布了《新一代人工智能发展规划》,明确提出发展智能教育。2018 年 4 月,教育部发布《高等学校人工智能创新行动计划》和《教育信息化 2.0 行动计划》,进一步明确了人工智能与教育融合发展。

表 23 - 3　有关中文问题 2 的访谈内容总结(n=35)

类别	频次	内 容 要 点
技术倾向	13	AI 融入教育、探索人机、脑际机互动背景下的新型态教育模式、人工智能和大数据等新技术的发展、教育实践与未来科技、教育学的技术化倾向将进一步加强

（续表）

类别	频次	内　容　要　点
跨学科	12	教育基本理论和其他理论的渗透将会越来越多,教育学科借鉴管理学、经济学和生物学等学科的方法进行研究的可能会更加显著
实证研究	8	关注教育真实场景中的问题并解决问题
国际化	6	教育研究的国际合作加强、全球教育治理、全球视野
社会化	4	强调研究对社会的贡献,立足时代发展和社会转型的需求
研究范式多样化	4	形成"技术＋理论"的研究范式,除了文献计量学、新德尔菲法外,融合质性和量性的混合式设计和分析方法,借助技术软件手段进行关键词共现网络关系分析法、循证医学系统研究法,能够更全面地理解多面性的社会或教育现象
全面发展	3	基础教育要注重学生非智力因素发展,关注学生的非认知技能发展,尤其是学生的自主学习能力、不良情绪疏导与干预、学生学习情感分析等,关注儿童的身心发展、参与主体多元
教育公平	2	改善贫困、全纳与公平
深化本土化	2	借鉴西方智慧发展本国、区域性发展变成一个日益重要的议题
教师专业发展	1	教师发展研究与自我反思
中微观研究	1	学生和学校发展

　　对于中文问题 2.2,即影响未来教育学研究发展趋势的主要因素,接受访谈的专家表示最主要的影响因素包括信息技术、社会因素以及本质诉求,此外,国际化、研究范式以及人为因素也是重要的影响因素(见表 23-4)。其中,技术是出现频次最高的因素(16 次),这也和专家们预判未来 5～10 年全球范围内教育学研究的最显著的宏观发展趋势和特点是技术倾向相吻合。

表 23-4　有关中文问题 2.2 的访谈内容总结(n=35)

类别	频次	内　容　要　点
信息技术	16	科技,如脑科学、信息技术、5G、人工智能、大数据、物联网技术、移动互联网
社会因素	11	关乎民生的现实因素、社会急剧变革、社会生态环境、市场与资本、政治经济和社会文化、宏观政策

（续表）

类别	频次	内 容 要 点
本质诉求	5	大众自身的教育需求、教学模式、学习方式需求、教育科学发展的基本理论诉求、教育实践需求
国际化	5	国际教育研究前沿、全球化趋势加深、新冷战国际形势，世界教育研究的趋势也会对国内的教育科学研究产生引领性的作用
研究范式	2	教育实证研究崛起、学术刊物的研究范式越来越固化
人为因素	2	学术共同体队伍庞大、研究团队的主动作为

三、中文问题 3：您能否尝试构想 3～5 个未来全球范围内教育学研究可能的热点问题？

对于中文问题 3，接受访谈的 42 位国内外专家认为未来全球范围内教育学研究可能的热点问题包括人工智能＋教育、学习科学与脑神经科学、数据驱动的研究范式、教育公平、信息技术、国际化、人类社会热点以及教师专业发展等（见表 23-5）。人工智能＋教育是出现频次最高的热点问题（22 次），虽然目前人工智能＋教育的发展已经取得了初步成果，但大部分停留在理论层面，后续为了更好地促进人工智能＋教育的落地实践，完善智能教育多层次人才培养体系、建设适应智能时代教育发展的高水平教师队伍、保障师生数据安全等是必不可少的保障因素。

表 23-5 有关中文问题 3 的访谈内容总结(n＝42)

类 别	频次
人工智能＋教育	22
学习科学与脑神经科学	11
数据驱动的研究范式	9
教育公平	9
信息技术	7
国际化	6

（续表）

类　别	频次
人类社会热点	6
教师专业发展	6
教育政策与立法	2
家庭教育	2
学科知识重构	2
终身教育	1
研究方法	1
人才培养	1

四、中文问题4：与其他人文社会科学相比，您认为在应对未来全球范围内人类共同挑战方面，教育学研究有哪些独特性？有哪些尚需改进的方面？

对于中文问题4.1，即在应对未来全球范围内人类共同挑战方面，教育学研究有哪些独特性，接受访谈的专家表示教育学研究的独特性表现在研究过程、研究目标、研究问题以及研究对象等四大方面，各个方面独特性的具体内容见表23-6，也有两位专家指出研究方法的综合多元化也是其独特性的表现。

表23-6　有关中文问题4.1的访谈内容总结(n=35)

类别	频次	核 心 语 句
研究过程	13	重视社会文化情境；不容易受其他因素影响或者说影响效果显现得比较慢；从发展的角度把握教育以及教育中的人；多学科/跨学科特征；教育理论与实践相结合
研究目标	9	育人目的不会改变，关注个体全面发展；对人本的关切和守护，致力于促进下一代的健康成长以应对未来的不确定性，创造更美好的社会
研究问题	6	人的发展问题的复杂性；紧密围绕教育和社会现实，解决重大问题；研究真实学校情境中的教育问题

（续表）

类别	频次	核 心 语 句
研究对象	6	不同发展阶段、不同成长背景、不同文化背景的学生具有很大的差异性；围绕人来进行科学研究，以培养人为重心
研究方法	2	综合多元化

对于中文问题4.2，即有哪些尚需改进的方面，接受访谈的专家表示在融合性、实证性、本土化、决策科学性以及理论等五大方面尚需改进，具体内容见表23-7，此外，有个别专家提到师资、伦理、技术应用以及物质化也是需要改进的方面。融合性的出现频次最高，为13次，智能时代的教育科学研究需要我们进一步加强学科之间的交叉融合，把自然科学与社会科学的研究范式结合，把理论、技术研究与教育教学的实际需求结合起来，促使研究真正解决教育领域面临的真实问题，推动实现人的全面、自由、个性化发展。

表23-7 有关中文问题4.2的访谈内容总结(n=35)

类别	频次	核 心 语 句
融合性	13	教育是一门学科跨度最大的科学(涵盖哲学、心理学、政治经济学、社会学、史学、人类学、生命及认知科学等)，适当借鉴心理学、自然科学的实证研究范式，更加注重研究的相关性，采取综合研究方法论
实证性	6	加强证据为本的教育研究，建议后续教育科学研究可以采用数据支持的、基于证据的实证研究以及基于脑科学的教育研究，为教育实践提供具体的开展建议
本土化	5	研究本国教育现实问题，不应再唯欧、唯美，解决学院所在地区的当代问题，深入地探索中国经验和中国实践，更加深耕中国经验和逻辑，而不能单单使用西方研究范式进行碎片化的观察
决策科学性	4	提升数据分析的能力，对实践进行提炼、升华，形成指导性的理论
理论	4	提高教育学理论体系与概念的严肃性和科学性，加强和鼓励基本理论研究，推动独立的教育学理论体系的建立
师资	1	研究队伍自身素质的更新
伦理	1	伦理方面的挑战；与其他社会科学不同，教育学更多是面向培育人的学科。虽然人工智能会改善教育，但是同样也会带来很多意想不到的问题，特别是人工智能伦理问题

（续表）

类别	频次	核 心 语 句
技术应用	1	逻辑考量技术的价值，不能让技术引领教育的变革
物质化	1	过多强调物质的方面，不可避免地忽视人的主体地位及其发展需求

五、中文问题5：您认为现代（教育）技术应该主动为教育活动提供哪些支撑？（或者说，未来教育技术创新有哪些可能性？）

对于中文问题5，接受访谈的专家认为现代（教育）技术应该主动为学习过程、学习环境、异步交流以及管理智慧化等提供支撑，此外，应重视技术本身的教育性和教育意义，技术应为教师专业发展以及研究范式的转型提供支撑（见表23-8）。其中，学习过程作为出现频次最高的关键词（26次），在目前的教学实践中已有体现，这些实践也是"学生主体，教师主导"教育理念的体现。如通过人工智能技术分析和评估学生课堂的过程性表现，通过算法为他们匹配与自己能力水平相适应的教学方式等，进而发展其强项。

表 23-8　有关中文问题5的访谈内容总结（n=35）

类别	频次	核 心 语 句
学习过程	26	使学生能够越来越多地参与到活动的构思、设计和改进中来，教学模式从知识传授向知识建构转变；全面落实以学生为中心的理念，创造适应和自我导向的学习机会；因材施教，个性化学习
学习环境	15	开辟和扩大广阔的空间，形成更加以学习者为中心的学习环境；提供虚拟情境下的体验，提供工具、环境、资源及更多受教育的机会
异步交流	7	在线教育
管理智慧化	4	打造、优化现代管理系统，帮助学校实现教务管理、财务管理、家校互通、学籍管理；促进教育决策的科学化和资源配置的精准化
技术本身	3	重视技术本身的教育性和教育意义，教育问题导向的技术创新多立足于技术而不是教育
教师专业发展	2	减少识记和机械重复劳动，减轻师生教学负担，解放他们的生产力
研究范式	1	技术可以为教育提供研究范式、研究方法以及研究组织模式的支持

六、中文问题 6：您认为未来有哪些潜在路径能更好地促进国家、区域以及全球层面教育学研究的交流与互动？换言之，您认为可利用/创建何种合作交流机制和平台来促进教育学研究能力的共同提升及全球/区域共同教育问题的解决？

对于中文问题 6，接受访谈的专家认为促进国家、区域以及全球层面教育学研究的交流与互动的潜在路径包括开展合作交流活动、发展一些相关的组织机构、组织经验分享活动、自下而上的全球化和国际化、因地制宜的本土研究活动、国际化的研究者培养、国际比较研究以及研究资金支持等（见表 23 - 9）。合作交流的出现频次最高，达到了 35 次，这说明，未来开展合作交流活动，无论是跨学科的合作还是跨国家的合作，都是促进国家、区域以及全球层面教育学研究的有效途径，且目前社会的进步也为跨学科和跨国家的合作提供了有利条件，比如，开放教育资源能够实现全球范围内的资源共建共享。

表 23 - 9　有关中文问题 6 的访谈内容总结(n=35)

类别	频次	核 心 语 句
合作交流活动	35	资源共享、学科合作、研究共同体、合作机制、合作理念
发展组织机构	12	专业协会、中外合作研究机构、非营利教育志愿组织等机构要大力发展，构建全球性的研究协会，创办国际教育研究院，成立一个国际教育研究中心
经验分享活动	6	利用现代信息技术通讯方式，强化对话与合作，加深相互了解，求同存异；召开国际会议
自下而上的全球化或国际化活动	6	自下而上的全球化和国际化，即一国当地的人们关心和感受到另一国当地人们的生活和愿望，如果人们有相似的关注的研究点，他们应该参与共享设计
因地制宜的本土研究活动	5	立足于中国教育科学研究，首先需要建立面向中国问题、沟通中国社会资源和文化资源的中国教育学；教育学本土化，学习和借鉴发达和先进国家的教育发展经验，找出属于自己的问题，运用科学的研究方法
国际化的研究者培养	5	遴选与培养一批具有国际对话潜力的研究者并给予大力度支持，高度重视教育科研队伍建设机制的研究，不断完善人才培养制度

（续表）

类别	频次	核 心 语 句
国际比较研究	3	注重中外教育科研交流和国际比较研究,在吸收国际先进教育理念和教育实践成果的同时,立足我们国家内部的重大现实问题
研究资金支持	2	设立国家级的教育国际合作研究基金,提供多样化的经济保障

七、英文问题 1：In your opinion, what is the current situation of educational science research in your country （and globally）, in higher education, K‑12, and vocational education respectively.

对于英文问题 1,接受访谈的八位外国专家分别从研究范式、研究对象、人才培养、教育财政、均衡发展、国际化、研究范式以及质量保证等方面分享了各自国家当前教育科学研究的现状（见表 23‑10）。在研究范式中,外国专家认为实证研究是非常重要的关键词,这主要是跟实证研究本身的特点有关,即在实际的教育场景中发现问题、做研究并解决问题,教育研究的目的也是解决教育场景中的具体问题。实证研究在我国教育领域也逐步发展,由华东师范大学主办的"全国教育实证研究论坛"目前已经成功举办了七次,且规模越来越大。但目前的实证研究中也存在一些问题,比如缺乏理论基础,因为实证研究是理论与证据相互促进的过程,从证据走到理论,再从理论回到证据。

表 23‑10　有关英文问题 1 的访谈内容总结(n＝8)

类别	频次	核 心 语 句
研究范式	3	实证研究变得越来越重要;定性和定量研究越来越多
研究对象	2	思辨性的、基于文献的研究占主流,很多学者从事高等教育和基础教育的研究,职业教育研究不是主流
人才培养	2	学生能力发展,学生如何获得成功
教育财政	1	增加公共和私人资助
均衡发展	1	减少作为研究重点的学术地位

（续表）

类别	频次	核 心 语 句
国际化	1	伙伴关系国际化
质量保证	1	高校质量保证问题，如英国大学最新研究评估考核（Research Excellence Framework，简称 REF）和教学卓越框架（Teaching Excellence Framework，简称 TEF）等；英国脱欧之后的学者与机构合作关系
高校问责制	1	高等教育的问责制
研究与实践的结合	1	希望更多的教育研究成果可以应用到实践中，比如如何发挥科学在减灾中的作用
研究队伍	1	年轻研究者群体中的多元化（种族、民族、国别等）
研究议程	1	联邦或部级层面的研究议程日益集中

八、英文问题 2：Can you list 5 educational science research issues that are most important in current research?

对于英文问题 2，接受访谈的八位专家列举的当前研究中最重要的研究议题包括教育与社会、教育技术、教育公平、循证教育实践、教育领导与政策、教师发展、全球化与教育、理科教育等（见表 23 - 11）。教育和社会的出现频次最高，为 8 次，对于教育而言，让学生更好地服务社会是其目标之一。社会要发展生产，而人是生产力诸多因素中的关键，人才的培养需要教育来实现，当前教育中借助技术等优势越来越能够凸显以学生为主体的思想，这也为学生更好地服务社会奠定了基础。

表 23 - 11　有关英文问题 2 的访谈内容总结（n=8）

类别	频次	核 心 语 句
教育与社会	8	大学与社会；教育研究的社会影响；英国脱欧后的高等教育；发展中国家或容易有灾害的国家减灾；公共健康或社区能力发展；教育为可持续发展；为未来发展的教育科学（如创业、社会创新等）；移民问题研究
教育技术	5	未来教室；教育技术；AI；ICT（促进认知和学习）；在线教育

（续表）

类别	频次	核心语句
教育公平	4	针对弱势群体的教育;性别平等;对后进生的教育
循证教育实践	3	基于证据的教育实践;对教育过程的关注,比如课程等如何更加有现实相关性
教育领导与政策	3	为教育者提供公共和政策支持;教育私有化或产业化;教育帝国主义和软实力
教师发展	3	学术生涯;教师专业化(与薪酬);提升青年就业与创业能力
全球化与教育	2	全球化对教育的影响;教育中的种族和文化差异
理科教育	1	数学和科学教育

九、英文问题 3: How will Industry 4.0 affect educational science research? (AI and Education; Educational technology and education reform; Brain science and children learning; University transformation; performance evaluation?)

对于英文问题 3,接受访谈的八位国外专家提到工业革命 4.0 背景下教育科学研究应该更加注重教育本质(回归教育价值)、跨机构合作、创新研究方法以及开展在线教育(见表 23 - 12)。

表 23 - 12　有关英文问题 3 的访谈内容总结(n=8)

类别	频次	核心语句
教育本质的探讨	1	重新思考一些教育哲学问题(个人主义的意义、技术统治的道德权限、机会的分配、学校/大学的管理、新管理主义的风险、全球教育排名的分散等)
跨机构合作	1	不同利益相关者(私人、大学、政府)之间应该进行更有力的整合
创新研究方法	1	可能需要采用新的研究方法来进行工业 4.0 研究课题
在线教育	1	今年的疫情向我们展示了在线教学的重要性
尚不清楚	1	影响目前还比较有限

十、英文问题 4：What are the trends of educational science research in your country（and globally）in higher education，K－12，and vocational education respectively?

对于英文问题 4，接受访谈的八位国外专家认为在高等教育、基础教育和职业教育领域中的教育科学研究趋势包括教育技术、循证实践、教育评价、学生发展、全球化、教育公平、跨学科、教育理论、社会因素等内容（见表 23－13）。教育技术之所以成为被提及频次最高的关键词（5 次），其原因之一是技术的快速发展已经渗透到各个行业，教育领域作为育人的关键场所，自然也是要充分发挥技术的最大优势以实现个性化、智能化的教育。此外，受新冠疫情的影响，技术在保障"停课不停学"目标中发挥了关键作用，未来教育领域中如何更好地发挥技术优势应对突发情况也是专家们关注的内容。

表 23－13　有关英文问题 4 的访谈内容总结（n＝8）

类别	频次	核 心 语 句
教育技术	5	AI、数字责任、大数据、运用技术在中小学 1 对 1 小组阅读和数学教学中
循证实践	4	基于证据的研究与实践；研究以证据为基础；教育研究中数据的重要作用，数据如何为政策制定提供支撑（不仅是统计的数据、可以量化的数据，还包括质性的数据），还要重视数据的来源，探讨这些数据解释教育现实问题产生的原因和过程
教育评价	4	教育评价问题、同行评审、下调标准化考试、取消合法性教育排名
学生发展	3	自主学习、以学生为中心
全球化	3	全球化下大学的责任、全球化的批判
教育公平	3	南半球的教育机会（平等）；菲律宾高等教育重注重扶贫目的
跨学科	3	跨学科研究不断发展；从 STEM 教育专项人文/价值观教育
教育理论	3	对国内/国际临界竞争理论的关注；"后"理论与各种"自由"理论之间的抗争；关于教育是公共还是私人物品的探讨
社会发展	2	移民的教育问题；研究越来越关注社会发展
微观研究	1	越来越多微观层面的研究，理论建构减少
职业教育	1	菲律宾基础教育阶段注重提供职业知识和技能

十一、英文问题 5：Can you list 5 educational science research issues that are most important in the next five or ten years?

对于英文问题 5，接受访谈的八位专家列举的当前研究中最重要的研究议题包括教育技术应用、学生发展、可持续发展、教育评价、教育公平、大学的作用、学术自由、循证的实践以及元研究等议题（见表 23－14）。

表 23－14　有关英文问题 5 的访谈内容总结(n＝8)

类别	频次	核 心 语 句
教育技术应用	5	促进学生交互的技术应用，如合作学习，游戏，模拟等；教学中有效地使用视觉媒体；AI 和协作教室；教育大数据应用；ICT；数字责任
学生发展	5	保持学生适应力；对学生能力的关注，比如工作能力的重视，教育的有用性如何体现，而不是滞后于社会；学生主导的学习；自主学习
可持续发展	3	发展中国家或容易有灾害的国家减灾；公共健康或社区能力发展；教育可持续发展
教育评价	3	取消教育排名的合法性；减少标准化测试；坚持同行评价标准
教育公平	2	用证明有效的实践改善弱势群体或后进生的学习；南半球的教育机会
大学的作用	2	去全球化时代的大学作用；为未来发展的教育科学（如创业、社会创新等）
学术自由	2	全球范围内保护学术自由；教育研究的去政治化
循证的实践	1	证明有效的项目或实践对政策的影响
元研究	1	对多个研究的综合（元分析）

十二、英文问题 6：In your opinion, how can we best conduct such research? Are there any good perspectives, dimensions or platforms?

对于英文问题 6，接受访谈的八位国外专家认为开展国际合作与对话、注重应用、学术质量、利益相关者参与等是更好地开展教育科学研究的重要基础（见表 23－15）。国际合作与对话和注重应用出现的频次都比较高，都是 3 次。对于国际合作与对话而言，目前世界正处于百年未有之大变局，任何一个国家都不可能单打独斗，独善其身，习近平主席也提出构建人类命运共同体的理念，当然，教育也要构建命运共同体，为教育的发展提供全球视角。对于注重应用而言，这就需要广大研究者的研究问题是真实的教育场景中存在的，这样研究的结果才可以更好地服务于教育应用。

表 23-15　有关英文问题 6 的访谈内容总结(n＝8)

类别	频次	核 心 语 句
国际合作与对话	3	需要国际研究合作；可持续的合作伙伴关系；全球视野之下的国家对话和学者间的交流
注重应用	3	需要利用研究成果在实际课堂中加强学习和教学；教育研究应注重对实际问题的解决
学术质量	2	强调发表质量；加强年轻研究者一些核心学科(历史、哲学、社会学、经济学、政治学等)的基础
利益相关者参与	2	教育研究计划中需要更多利益相关者的参与
阅读文献	1	阅读各学科各学段的研究文献，熟悉那些证明有效的做法
学科交叉	1	需要更多来自不同学科的交叉研究团队
研究者队伍	1	改善研究者的就业机会

（翟雪松　李　艳　陈新亚）

第五编

一流学科探讨

第二十四章
一流教育学科的基本特征与建设模式

"双一流"战略是党中央、国务院提升我国教育发展水平、奠定教育长远发展基础和增强国家核心竞争力的重大战略决策。学科是大学的基本单位和高校发展的核心[①],其发展水平和实力是决定和影响一所大学学术地位和学术声誉的关键,被视为一流大学建设的着力点和突破口[②]。既有研究多将一流学科的形成归于两种路径:一是"建设路径",即认为一流学科是在国家支持引导和大学规划发展的双重牵引力下崛起的,强调外部的政策规划、资源支持,如俄罗斯的"国家研究型大学计划",德国的"联邦与各州关于促进德国高校科学与研究卓越计划的协议"和法国的"卓越大学计划"等[③];二是"生长路径",即强调学科在漫长发展历程中积淀深厚的学科文化、形成卓越的研究能力、累积良好的学术声誉,自然生长为一流学科[④],如哈佛大学的工商、政治和医学,耶鲁大学的法学、生物和数学,麻省理工学院的计算机、工程和数学等。"建设路径"中强调的外援和"生长路径"中主张的内功都是一流学科建设不可或缺的助力,换言之,一流学科的形成是自主生成和外力输入的耦合协调过程[⑤]。

一流教育学科的形成与发展也是内外部因素交互作用的过程,涉及学术逻辑的塑造与遵循、学术共同体的发展、学术生产力的培育、学术资源的吸附等多

① 卢晓中. 世界一流大学与世界一流学科建设孰轻孰重[J]. 探索与争鸣,2016(2):27-30.
② 眭依凡,李芳莹."学科"还是"领域":"双一流"建设背景下"一流学科"概念的理性解读[J]. 高等教育研究,2018(4):23-41.
③ 刘宝存,张伟. 国际比较视野下的创建世界一流大学政策研究[J]. 比较教育研究,2016(6):1-8.
④ 王建华. 一流学科评估的理论探讨[J]. 大学教育科学,2012(3):64-71.
⑤ 韩春梅."双一流"建设背景下一流学科的演进逻辑与建设路径[J]. 现代教育管理,2020(10):29-37.

种要素,因而对于教育学一流学科发展模式的讨论必须放置在教育学学科特点与学科要素构成之中,从"建设路径"与"生长路径"两条逻辑讨论。然而目前学界尚未明晰世界一流教育学科要素的特征,更未能从学科要素的存在样态中提炼出学科建设模式。基于此,本章以25所世界一流教育学科高校为案例,采用比较研究和案例研究的方法,深入审视一流教育学科的办学定位、师资规模、学术领域、学术发展力等学科要素的基本特征,并据此对世界一流教育学科的发展模式进行分析,为我国建设"中国特色、世界一流"的教育学科,实现教育学"学术权势由西方向东方转移"提供经验启示。

第一节　样本选择

目前"一流学科"的等级评定多依据世界大学学科排行榜,学科排行榜借助量化的指标对高校学科竞争力进行相对客观的排序①。全球较权威的学科评价体系中,软件世界大学一流学科排名、QS世界大学学科排名和泰晤士报世界大学学科排名单列了教育学科的排名。本章以2020年上述三个世界大学教育学科排行榜为原始数据,筛选三大榜单中分别排名前25的高校,计算其在三大榜单中的平均排名,最终遴选出教育学科全球综合排名前25的世界一流高校(见表24-1)。这些教育学科基层单位组织较为多样化,包括教育学院、教育研究生院、师范学院、教育与人类发展学院、教育与社会工作学院等,本章中统称为教育学院。

表24-1　2020年世界大学学科排行榜教育学科综合排名前25名的高校

排名	学校	教育学科基层单位组织名称
1	哈佛大学	教育研究生院
2	斯坦福大学	教育研究生院
3	威斯康星大学麦迪逊分校	教育学院
4	密歇根大学安娜堡分校	教育学院

① 李燕.世界一流学科评价及建设研究[D].中国科学技术大学,2018:25.

（续表）

排名	学校	教育学科基层 单位组织名称
5	伦敦大学学院	教育学院
6	密歇根州立大学	教育学院
7	哥伦比亚大学	师范学院
8	多伦多大学	安大略教育研究院
9	范德堡大学	皮博迪教育与人类学院
10	香港大学	教育学院
11	加州大学伯克利分校	教育研究生院
12	加州大学洛杉矶分校	教育学系
13	宾夕法尼亚州立大学	教育学院
14	华盛顿大学	教育学院
15	得克萨斯大学奥斯汀分校	教育学院
16	宾夕法尼亚大学	教育研究生院
17	牛津大学	教育学院
18	墨尔本大学	教育研究生院
19	剑桥大学	教育学院
20	南洋理工大学	教育学院
21	不列颠哥伦比亚大学	教育学院
22	纽约大学	教学系
23	莫纳什大学	教育学院
24	悉尼大学	教育与社会工作学院
25	明尼苏达大学	教育与人类发展学院

以上述 25 所高校的教育学科为研究对象，对其教育学科所在基层单位组织展开数据收集，据此对其教育学科发展要素的基本特征进行描述、总结，从而提炼、归纳教育学科发展的不同模式，并选取其中一所大学展开深入的案例研究。

综合来看，案例高校及其教育学科呈现出了较强的异质性。就地理分布而言，共有15所美国高校的教育学科位列其中，英国、澳大利亚、加拿大、新加坡和中国也有少数高校的教育学科入围。从学科结构看，绝大多数案例高校都是学科门类设置齐全的综合型大学，但也包括南洋理工大学等理工大学。广阔的地域分布和多样化的学科结构在一定程度上增强了案例高校的代表性。

第二节　世界一流教育学科的基本特征

由于历史渊源、政治体制及社会发展现状等多重因素的影响，世界一流教育学科的发展并非遵循单一的模式，而是形成了不同的特征与模式。基于数据的可获得性，本章着重从办学定位特色、师资规模和结构、研究领域和学术发展力四个学科要素对25所世界一流教育学科的基本特征展开分析（见图24－1）。

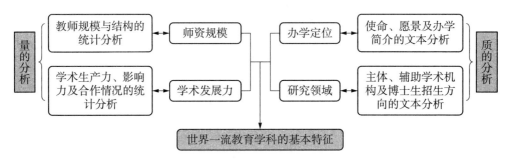

图 24－1　世界一流教育学科基本特征的分析框架图

一、办学定位特色

办学定位是学科使命的外显，亦是对学科价值的坚守，具有引领学科发展方向的作用。本章整理样本高校教育学科的使命陈述、愿景陈述和办学简介，从中概括出世界一流教育学科办学定位凸显的三个聚焦点，即强调社区意识、倡导多元性与包容性和注重全球视野。

1. 强调社区意识，将教育与经济社会发展紧密联系起来

世界一流教育学科的发展目标中反复言明社区的重要性，鼓励教职员工和学生积极主动融入社区，利用学术研究成果服务社会，致力于通过教育改善人类

生活。例如,威斯康星大学麦迪逊分校教育学院鼓励学生扩展视野,与同学、社区和周围的世界建立联系,"我们的教职员工和学生受到威斯康星州理念的推动进行创新研究,并坚信他们从事的工作应该有利于威斯康星州、国家和世界";华盛顿大学教育学院提出"我们致力于做与我们的社区、学校、地区和国家福祉相关的工作";悉尼大学教育学院强调"我们致力于社区和社会发展,并与社区合作,通过创新和探究性课程,研究、反思和批评来改善教学"。

2. 倡导多元性与包容性,追求教育公平和培养卓越人才

世界一流教育学科的发展目标中明确倡导多元性和包容性,指出教育学科的研究者和学习者应囊括不同背景、国家、种族、性别、宗教、政治观点与思维方式的教职员工和学生。多元性和包容性既体现教育公平,为所有有志于教育学科的师生提供最佳的学习活动和教育实践,又营造了多元文化氛围以促进思想解放和知识创新,培养教育领域的精英。例如,伦敦大学学院教育学院在简介中提到,"它首次向所有信仰和社会背景的人们开放高等教育。简而言之,这是一个丰富多彩而令人兴奋的学习场所,通过平等,多元化和包容战略实现。"宾夕法尼亚大学教育学院承诺,"我们的学生、教职员工来自不同的背景,有意促进学校的多样性。扩大和维持这种多样性对于我们学校的使命至关重要。"

3. 注重全球视野,培养世界公民和改善全球教育质量

"全球""世界"等词语在几乎所有世界一流教育学科的发展目标中均被提及,一方面强调开阔学生的视野,培养其全球意识,呼吁学生承担起基于家国情怀的世界责任与全球使命;另一方面则强调积极开展国际合作,共同致力于改善全球教育质量。例如,莫纳什大学教育学院在愿景中提出的培养目标即"有能力、有思想、有道德的世界公民……致力于终身学习、创新和卓越";多伦多大学教育学院的使命之一是"使学者、教师和其他专业领袖具备日益复杂的社会所需要的技能和全球意识,并准备影响其所在领域的政策和实践";伦敦大学学院教育学院提出"我们在全球扮演重要角色,为国际学术和政策相关领域和网络做出贡献,从而发展了世界范围内的教育和社会科学领域"。

二、师资规模和结构

学术造诣深厚、水平卓越的学术人才是一流学科的首要和根本要素[①]。通过对 25 所世界一流教育学科高校教育学院（系）的教师规模和结构的梳理发现，一流教育学科的师资规模差异大且师资类型多样化。

1. 师资规模：数量差异大

样本高校教育学院总计有 5 771 名教师，平均每所高校 230.8 名。其中，教师规模最大的伦敦大学学院教育学院共有 835 名教师，是数量最少的莫纳什大学和纽约大学教育学院教师人数（均是 48 人）的 17 倍。具体而言，教育学教师规模较小（低于 100 人）的高校有 5 所，为加州大学伯克利分校、加州大学洛杉矶分校、牛津大学、纽约大学、莫纳什大学；规模适中（人数在 100～200 区间）的有10 所，分别为斯坦福大学、密歇根大学安娜堡分校、密歇根州立大学、范德堡大学、香港大学、华盛顿大学、宾夕法尼亚州立大学、得克萨斯大学奥斯汀分校、剑桥大学和宾夕法尼亚大学；规模庞大（高于 200 人）的有 10 所，为哈佛大学、威斯康星大学麦迪逊分校、伦敦大学学院、哥伦比亚大学、多伦多大学、不列颠哥伦比亚大学、墨尔本大学、南洋理工大学、悉尼大学和明尼苏达大学。

2. 师资结构：类型多样化

样本高校教师类型多样化，包括在职专任教师、研究员、兼职教师、荣誉教授、访问学者、教学讲师等多种类型。其中，在职专任教师指全职，并且既承担教学也承担科研任务的教师；研究人员主要指依托项目聘用的合同制人员；兼职教师指非全职教师；荣誉教授指被授予荣誉称号的教师；访问学者指一定时间段内来校访学和研究的教师；教学讲师是指专门对学生授课或进行培训的教师。

从专任教师占比看，绝大多数（15 所）教育学院在职专任教师占比超过 60%（密歇根州立大学教师组成不明排除在外）（见图 24 - 2）。其中，香港大学（94.4%）、得克萨斯大学奥斯汀分校（92.6%）、范德堡大学（82.6%）、威斯康星大学麦迪逊分校（81.5%）、纽约大学（81.3%）、莫纳什大学（81.3%）、加州大学伯克利分校（81.1%）7 所高校在职专任教师占比甚至超过 80%。而哥伦比亚大学（33.8%）、不列颠哥伦比亚大学（42.8%）、哈佛大学（43.9%）、墨尔本大学

[①] 王莉华，王素文，汪辉. 世界一流大学学科竞争力[M]. 浙江：浙江大学出版社，2015：194.

（46％）、宾夕法尼亚大学（47.4％）、斯坦福大学（47.5％）、悉尼大学（49.3％）7 所高校在职专任教师占比不足 50％。

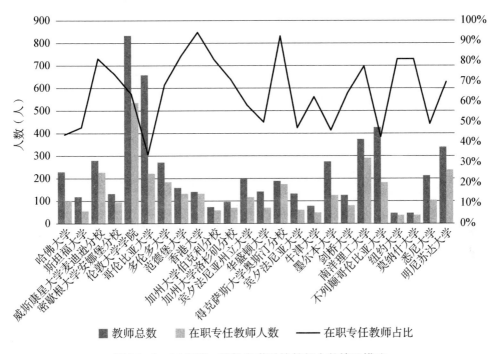

图 24‑2　24 世界一流教育学科的教师人数情况描述
*注：密歇根州立大学教师组成类型不明，此处不表。

　　高校间的比较发现，伦敦大学学院教育学院的研究员（110 人）和荣誉教授（122 人）数量均位居榜首；哥伦比亚大学教育学院的兼职教师（330 人）、访问学者（23 人）和教学讲师（54 人）数量均大于其他高校，且兼职教师人数超过在职专任教师人数，占比高达 50％，排在首位。就同一所高校内部学科结构而言，访问学者占比最高的是斯坦福大学（13.3％）；教学讲师和研究员占比最高的是牛津大学（10％，23.8％）；荣誉教授占比最高的是墨尔本大学（42.8％）。

三、研究领域

　　研究领域可以直观地反映高校学科结构与发展方向，既是学科所在的基层学术组织内部学术机构划分的先决条件，也是博士生招生方向确定的主要依据。因此，考察样本高校教育学科的系科结构及其博士招生方向是了解教育学科研究领域的重要途径(见表 24 - 2)。

表 24 - 2　25 所世界一流教育学科的学术机构及博士生招生方向

排名	学校	主体机构	辅助机构	博士生招生方向
1	哈佛大学	/	3	4
2	斯坦福大学	/	17	5
3	威斯康星大学麦迪逊分校	10	/	20
4	密歇根大学安娜堡分校	5	1	4
5	伦敦大学学院	6	43	/
6	密歇根州立大学	4	10	11
7	哥伦比亚大学	10	/	10
8	多伦多大学	4	/	13
9	范德堡大学	4	7	10
10	香港大学	3	9	3
11	加州大学伯克利分校	/	6	9
12	加州大学洛杉矶分校	2	/	6
13	宾夕法尼亚州立大学	4	15	12
14	华盛顿大学	/	16	10
15	得克萨斯大学奥斯汀分校	5	/	5
16	宾夕法尼亚大学	6	17	12
17	牛津大学	3	13	/
18	墨尔本大学	/	11	2
19	剑桥大学	/	3	7
20	南洋理工大学	10	2	4
21	不列颠哥伦比亚大学	5	7	13
22	纽约大学	12	2	/
23	莫纳什大学	6	10	/
24	悉尼大学	8	/	2
25	明尼苏达大学	7	3	25

* 注：基层学术组织的主体机构是学系(专业)，同时又包括研究所、实验室、研究中心等辅助机构。

通过梳理样本高校基层学术组织和博士生培养方向发现,世界一流教育学科的研究领域广泛分布于高等教育、课程与教学、教师教育、教育学研究、心理学、语言教育、特殊教育、艺术教育、运动机能学、社会发展研究等十个领域,并呈现出以下三个主要特征:

1. 重点发展与实践结合紧密的教育学科领域

世界一流教育学科尤其强调通过教育改善人类生活,致力于通过研究消除种族、经济、性别、阶级等方面的不公平。例如,多伦多大学教育学院下设的社会公正教育系以人文社会科学的多元化知识传统为基础,致力于教育方面多学科、跨学科的研究,从历史、哲学、社会学和政治学等不同角度注重公平和社会正义。剑桥大学教育学院的公平获得和学习研究中心致力于研究克服诸如贫困、性别、族裔、语言和残疾等教育障碍,并促进教育成为社会包容性增长和可持续发展的引擎。纽约大学教学系的转型研究中心旨在通过从事科学工作促进教育公平,包括应用研究、项目评估、政策分析、社区参与,以及为弱势人群提供服务的教育、政府和社区机构提供专业援助等。

2. 围绕研究问题开辟教育学科交叉领域

教育学科研究的实践导向促使其围绕实践问题开展研究,而实践问题的复杂性决定了单纯依靠教育学科的知识很难解决问题,因而跨越教育学科范式的边界,与其他学科交叉融合成为教育学解决复杂实践问题的途径,也因之开辟了新的教育学科交叉领域。如斯坦福大学教育学院的辅助学术机构 3A 实验室(AAA Lab)的目标是致力于认知科学、教育和计算机科学的交叉研究,为学生提供在跨文化的技术环境中学习的机会。该院的两个博士生招生方向,即学习科学和技术设计,教育中的种族、不平等和语言均采取跨学科培养模式。威斯康星大学麦迪逊分校教育学院的博士生招生方向之一即学习科学,强调博士生应学会解决与认知科学、教育心理学、计算机科学、应用语言学、人类学和社会学等领域重叠的关键研究问题。

3. 强调研究方法是教育学科的重要研究领域之一

世界一流教育学科不仅重视对研究者和学生的研究方法训练,而且将研究方法作为学科的重要研究领域之一。例如,华盛顿大学教育学院研究领域中写明定性研究方法和定量研究方法是两个重要的学科研究领域;明尼苏达大学教育学院的社会工作学系开设方法和方法论研究领域;不列颠哥伦比亚大学教育学院的教育、咨询心理学和特殊教育系的研究领域之一是测量评价与研究方法；剑桥大学教育学院招收的教育政策与评估方向的博士生，其研究方向之一即教育、测量和统计；宾夕法尼亚大学教育学院专门设有人类发展与定量方法系，为学生提供统计方法方面的基础课程，同时还招收定量研究方向的博士生，专注于测量和评估，训练学生创建新的研究方法和设计分析数据。

四、学术发展力

社会科学学科的学术发展力包含学术生产力和学术影响力两个层面：学术生产力主要指知识创新能力，多以学术论文、专著、咨询报告等作为评价依据，其中学术论文是最重要的成果载体之一；社会影响力指研究成果在学界及社会产生的反响，往往以被引频次、H 指数等为评价指标。[①] 简而言之，学科的学术发展力指征学术成果的质与量，可以衡量学科发展水平和成熟程度，亦可判定社会和学界对该学科的认可程度。本章以 SciVal 数据库中发文量、被引频次、H5 指数和国际合作四个指标为评价维度，分析样本高校教育学科的学术发展力（见表24-3）。

表 24-3　25 所世界一流教育学科的研究表现（2017—2020 年 11 月）

排名	学校	发文量	被引频次	H5 指数
1	哈佛大学	1 405	5 891	37
2	斯坦福大学	1 076	5 614	40
3	威斯康星大学麦迪逊分校	998	3 189	30
4	密歇根大学安娜堡分校	1 248	5 122	30
5	伦敦大学学院	1 572	5 122	30
6	密歇根州立大学	1 382	4 787	30
7	哥伦比亚大学	994	3 473	30
8	多伦多大学	1 576	5 415	37
9	范德堡大学	861	3 538	31

---

① 赵俊芳，于倩倩. 社会科学博士学术发展力研究[J]. 学位与研究生教育，2017(2)：62-67.

（续表）

排名	学校	发文量	被引频次	H5 指数
10	香港大学	998	4 022	31
11	加州大学伯克利分校	686	3 996	35
12	加州大学洛杉矶分校	786	2 917	28
13	宾夕法尼亚州立大学	1 453	4 754	31
14	华盛顿大学	1 036	4 331	34
15	得克萨斯大学奥斯汀分校	1 158	4 313	30
16	宾夕法尼亚大学	880	3 413	28
17	牛津大学	668	3 092	30
18	墨尔本大学	978	3 130	23
19	剑桥大学	737	3 686	25
20	南洋理工大学	763	2 105	23
21	不列颠哥伦比亚大学	948	3 337	27
22	纽约大学	792	4 003	32
23	莫纳什大学	1 334	4 318	25
24	悉尼大学	934	2 869	23
25	明尼苏达大学	1 155	3 952	30

1. 发文量：成果数量丰富

发文量在一定程度上代表着学科的学术生产力，可以表征其学术活跃度。统计结果显示，近四年（2017—2020 年 11 月）样本高校教育学科的总体产出量为 26 418 篇，平均每所高校产出量为 1 056.7 篇，平均每所高校年均发文量为 264.2 篇。其中近四年教育学科学术产出最多的高校是多伦多大学（1 576 篇），伦敦大学学院次之（1 572 篇），学术产出最少的高校是牛津大学（668 篇）。计算发文量与教师规模的相关性，结果发现两个指标相关程度弱（R=1.3），即并非大规模师资就会产生大规模学术成果，小规模师资也可能会产出大规模学科成果。例如莫纳什大学和纽约大学教师产生论文量遥遥领先于其他高校，平均每个教师产出 27.8 篇和 16.5 篇；而教师规模庞大的伦敦大学学院，平均教师论文产出量最低，仅为 1.9 篇。

2. 被引频次和 H5 指数：学术界认可程度高

被引频次是评价学科学术影响力和研究成果质量的重要指标，反映了其科研成果被学术界认同的程度。统计结果显示（见表 24 - 4），近四年（2017—2020年 11 月）样本高校教育学科的总被引频次为 100 389 次，单篇论文被引频次 3.9次。其中，加州大学伯克利分校单篇论文被引频次最高（5.8），斯坦福大学和纽约大学紧随其后，分别为 5.2 和 5.3；悉尼大学最低，仅为 3.1。

为克服单年度单篇超高引用论文的影响，此处同时考察 H5 指数，将其作为评价高校学术影响力和论文质量的重要指标。H5 指数（h5 - index）是指过去5 年间所发表论文至少有 h 篇论文分别被引用了 h 次。统计结果显示，斯坦福大学教育学科论文的 H5 指数最高（40）；墨尔本大学、悉尼大学、南洋理工大学的教育学科论文 H5 指数均为 23，排在末尾；其余高校的教育学科论文 H5 指数多集中在 30～40 区间（16 所）。需要说明的是，2020 年谷歌学术的期刊 H5 指数显示，全球教育学期刊 H5 指最高数是 69，参考全球排名前 100 名优质期刊的最高 H5 指数是最低 H5 指数的 3.03 倍，[①]推测全球排名前 100 名优质教育学期刊的 H5 指数最小是 23。期刊领域的 H5 指数状况为样本高校教育学科学术论文的 H5 指数评价提供了参考，即卓越教育学科高校的教育学科学术论文的 H5 指数应该达到 23。纵览样本高校，其 H5 指数均达到 23 及以上，说明样本高校的教育学研究成果质量高。

3. 学术合作：形式多元化

在"大科学时代"，学术合作是科学研究的主要趋势[②]，也是评价学科可持续发展能力的重要指标。结果显示，样本高校教育学科学术研究的合作形式呈现多元化特征，即每所高校的学术研究均包括国际合作、仅国内合作、仅机构内合作和无合作四类形式，且均涉及校企合作形式（见表 24 - 4）。其中，香港大学教育学院的国际合作程度最高（49.1%）；范德堡大学教育学院的国内合作程度最高（60.9%）；南洋理工大学教育学院的机构内合作程度最高（24.4%）；伦敦大学

---

① 数据来源：https://scholar.google.com.hk/citations? view_op＝top_venues&hl=zh-CN.
② 李国亭，秦健，刘科.略论大科学时代科学家的合作[J].科学技术与辩证法，1998(3)：47 - 49.

学院教育学院的自主研究程度最高(29.9％)。此外，加州大学伯克利分校、斯坦福大学以及纽约大学三所高校教育学院校企合作程度位居前列，分别为 7.9％、5.7％、5.7％。

表 24-4　25 所世界一流教育学科的研究合作情况汇总表(2017—2020 年 11 月)

学校	国际合作	国内合作	机构合作	无合作	校企合作
哈佛大学	25.7％	48.8％	14.1％	11.5％	2.4％
斯坦福大学	20.7％	46.7％	17.9％	14.7％	5.7％
威斯康星大学麦迪逊分校	15.2％	45.4％	19.9％	19.4％	0.8％
密歇根大学安娜堡分校	20.4％	51.1％	18.4％	10.1％	1.5％
伦敦大学学院	32.0％	23.9％	14.2％	29.9％	0.8％
密歇根州立大学	15.9％	50.1％	19.2％	14.8％	0.6％
哥伦比亚大学	17.7％	47.7％	14.5％	20.1％	3.0％
多伦多大学	33.8％	29.1％	21.5％	15.6％	1.9％
范德堡大学	10.0％	60.9％	19.9％	9.3％	1.9％
香港大学	49.1％	12.9％	22.2％	15.7％	0.4％
加州大学伯克利分校	26.4％	44.3％	16.8％	12.5％	7.9％
加州大学洛杉矶分校	15.0％	57.0％	10.8％	17.2％	3.3％
宾夕法尼亚州立大学	15.2％	46.5％	20.3％	18.0％	0.9％
得克萨斯大学奥斯汀分校	12.7％	57.6％	16.8％	12.9％	2.7％
宾夕法尼亚大学	16.9％	46.3％	15.1％	21.7％	2.9％
牛津大学	43.7％	20.8％	13.0％	22.5％	5.1％
墨尔本大学	38.0％	26.3％	17.7％	18.0％	0.9％
剑桥大学	38.9％	19.5％	17.1％	24.4％	5.3％
南洋理工大学	43.9％	7.9％	24.4％	23.9％	0.4％
不列颠哥伦比亚大学	38.7％	20.7％	19.0％	21.6％	1.2％
纽约大学	19.2％	53.3％	13.5％	14.0％	5.7％

（续表）

学校	国际合作	国内合作	机构合作	无合作	校企合作
莫纳什大学	34.3%	27.4%	19.6%	18.8%	0.5%
华盛顿大学	15.2%	57.3%	15.7%	11.7%	3.5%
悉尼大学	29.5%	32.0%	18.7%	19.7%	0.5%
明尼苏达大学	16.2%	48.9%	21.9%	13.0%	1.7%

4. 学术发展力分类

为了进一步厘清样本高校学术发展力的类型，此处依据样本高校发文总量的平均值（1 057 篇）和 H5 指数的平均值（30）将样本高校学术发展力分为四种类型（见图 24-3），即量大质优（两个指标均达到或超过平均值）、量大质佳（发文量超过平均值但 H5 指数未达到平均值）、量小质优（发文量未达到平均值但 H5 指数超过平均值）、量小质佳（两个指标均未达到平均值）。

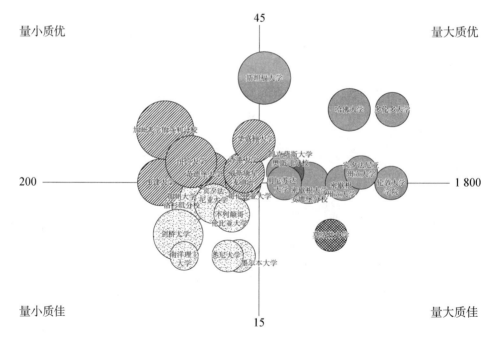

图 24-3　学术发展力类型图

*注：X 轴是发文量，Y 轴是 H5 指数，气泡大小是单篇论文被引频次。

第三节　世界一流教育学科的建设模式

　　模式移植是世界大学发展史上的一种普遍存在的现象,尤其体现在后发型国家对于发达国家高等教育模式的借鉴,边缘国家对中心国家高等教育模式的借鉴。基于对样本高校世界一流教育学科基本特征的全面考察,本章对其建设模式进行分析。

　　通过对世界一流教育学科的发展定位、师资规模、学科领域和学术发展力的梳理,本章凝练出样本高校学科要素基本特征(见表24-5)。为更好地分类,此处依据发文量和 H5 指数将样本高校学术发展力进一步凝练分为强劲型(H5 指数或发文量均超过样本高校该指标的平均值)和稳健型(H5 指数和发文量均未达到样本高校该指标的平均值)。

表 24 - 5　25 所世界一流教育学科的基本特征

排名	学校	教师规模	学术发展力			研究领域
			类型	发文量	H5 指数	
1	哈佛大学	230	1405	37	强劲	全面型
2	斯坦福大学	120	1076	40	强劲	全面型
3	威斯康星大学麦迪逊分校	281	998	30	稳健	专攻型
4	密歇根大学安娜堡分校	133	1248	30	强劲	专攻型
5	伦敦大学学院	835	1572	30	强劲	全面型
6	密歇根州立大学	166	1382	30	强劲	全面型
7	哥伦比亚大学	660	994	30	稳健	全面型
8	多伦多大学	271	1576	37	强劲	全面型
9	范德堡大学	161	861	31	稳健	专攻型
10	香港大学	142	998	31	稳健	全面型
11	加州大学伯克利分校	74	686	35	稳健	全面型
12	加州大学洛杉矶分校	98	786	28	稳健	全面型

（续表）

排名	学校	教师规模	学术发展力			研究领域
			类型	发文量	H5 指数	
13	宾夕法尼亚州立大学	200	1 453	31	强劲	全面型
14	华盛顿大学	142	1 036	34	稳健	全面型
15	得克萨斯大学奥斯汀分校	190	1 158	30	强劲	全面型
16	宾夕法尼亚大学	133	880	28	稳健	全面型
17	牛津大学	80	668	30	稳健	全面型
18	墨尔本大学	276	978	23	稳健	全面型
19	剑桥大学	126	737	25	稳健	全面型
20	南洋理工大学	375	763	23	稳健	全面型
21	不列颠哥伦比亚大学	428	948	27	稳健	全面型
22	纽约大学	48	792	32	稳健	专攻型
23	莫纳什大学	48	1 334	25	稳健	全面型
24	悉尼大学	213	934	23	稳健	全面型
25	明尼苏达大学	341	1 155	30	强劲	全面型
	样本高校平均值	230.84	1 056.7	30	/	/

依据样本高校在四个学科要素上的基本特征和发展历程，进一步将其划分为四种建设模式。

一、聚势共赢模式：主动适应环境变迁研究领域多元化

此类教育学科发展模式的特点是随着社会发展对教师需求量的增加，以及教育研究的专门化和学术性的要求提升，师范学院与综合型大学主动整合双方优势以谋求共赢。伦敦大学、加州大学伯克利分校、加州大学洛杉矶分校、多伦多大学和南洋理工大学的教育学科是此类的典型代表，它们最初都是中等教育办学层次的师范院校，以普及中学教育为目标，而后随着办学实力的增强以及教育学高等学历人才需求的增加，中等教育层次的师范院校逐渐加入大学阵营，且

保有深厚的师范底蕴。尤其是 20 世纪 50 年代以后，现代科学技术革命和知识经济发展对教师的要求不断提高，越来越多的师范学院寻求与综合性大学强强联合，在提高办学水平的同时也争取更多的发展资源。

1902 年，伦敦教育学院由伦敦城市委员会的一个伦敦日间训练学院脱胎而来，成立的直接目的是为该地区培训师资。到了 1932 年，伦敦日间训练学校不仅培养初等教育师资，也培养了一批高等教育阶段的学生，其国际影响力迅速提升，并正式成为伦敦大学的一部分，改名为伦敦大学教育学院。在一百多年的发展历程中其通过对外界环境变化和教育变革的适应，逐渐形成目标规划层级明晰、质量监控制度化的发展特色。该院建构清晰的发展目标和明确的发展举措，并将发展举措落实到人，以追求教育质量的提升。同时，该院建立了内外双重质量保证体系，内部保证学历、学位标准和教学质量，外部保证学院的国际竞争力[①]。

二、专注深耕模式：围绕优势分支打造学科高地

此类教育学科发展模式最突出的特点是将有限的资源集中到重点学科方向，实现少部分学科方向的率先崛起，再据此牵引其他学科方向的发展，密歇根大学安娜堡分校、哥伦比亚大学、范德堡大学、纽约大学正是沿着专注深耕的学科轨迹不断发展。在专注深耕模式下，教育学科的重点学科领域能够获得充足的人力、资金和政策资源，从而在短期内迅速产出高质量的研究成果，继而产生辐射整个教育学科的外溢效应。

纽约大学在 1932 年就为中小学教师开设了教育哲学讲座，一百多年来该校教育学院始终与中小学保持着密切的联系，且集中科研资源专攻教育教学实践相关问题，形成了具有实践指导价值的成果。如该校积极推进教师教育专业课程及其配套教材的建设，儿童教育专业依据小学综合教师专业教学标准所要求的优秀小学教师应具备的知识和技能开设课程，以培养符合标准要求的、能通过本州和全国认可的优秀小学教师[②]。

---

① 李绯. 伦敦大学教育学院发展研究[D]. 华东师范大学，2006：34.
② 周坤亮，博彦. 基于教师专业教学标准的教师教育课程设置——以纽约大学儿童教育专业课程设置为例[J]. 教育探索，2010(9)：36 - 38.

三、借力突破模式：借助综合性大学内部资源，多学科交叉优势明显

此类发展模式的特征是学科研究领域"全面"的教育学科，且注重与其他学科交叉融合。此类模式包括了哈佛大学、斯坦福大学、威斯康星大学麦迪逊分校、密歇根州立大学、宾夕法尼亚州立大学、得克萨斯大学奥斯汀分校、牛津大学。此类高校中的教育学科一般都是综合性大学通过校内学科整合自主创建而成，因此其天生能借助综合性大学规模大、学科齐、学术氛围浓厚和科研水平高的优势实现教育学科的生长。

从学术发展力看，样本高校中 H5 指数排名前两位的高校均属于此类，即斯坦福大学(40)、哈佛大学(37)。高层次的人才培养目标和跨学科的科学研究是这两所高校的特色所在，如哈佛大学教育学院在创办之初就定位在研究生教育层次，在教育学院攻读学位者通常要完成文理学院的基础性学科学习，进而以其宽广厚实的知识基础从事教育专业研究性学习；斯坦福大学提倡跨学科研究，认为"最重要的问题是非常复杂的，以至于没有一个定向问题或学术观点可以提供所有的答案①。"近年来，斯坦福大学教育学科深受"循证研究"思潮的影响，统整心理学系、社会学系、政治学系、商学院、法学院和胡佛研究所的多学科力量，创建了跨学科教育政策研究中心，且该中心开设的教育政策博士专业尤为强调跨学科研究范式训练，培养水平位列 US News 全美第一②。

四、内生突围模式：关注学科内生力和治理改革

从学术发展策略上看，此类大学教育学科的建设主要依托教育学科内生力，即关注教育学科内部的学科知识创新、学科组织制度重构、学术研究范式更新等，实现学科生产力的持续提升和学术声誉的不断积累。此类教育学科发展模式包括宾夕法尼亚大学、墨尔本大学、悉尼大学、莫纳什大学、香港大学、华盛顿大学、剑桥大学、不列颠哥伦比亚大学和悉尼大学的教育学科。

剑桥大学教育学院由剑桥大学教育系、教育研究院和哈默顿学院三个机构

---

① 包水梅.美国研究型大学教育学院的发展路径及其启示——以哈佛、斯坦福、哥伦比亚大学为例[J].高教探索,2013(3)：69-76.

② 余晖.四大模式助力国际一流教育学科建设[N/OL].中国社会科学报(2020-05-07)[2020-11-23]. https://baijiahao. baidu. com/s? id=16659922955680023018&wfr=spider&for=pc

于 2001 年合并而成,因而推动学院治理结构变革以尽可能融合原来三个机构的使命成为该校教育学科发展的难点。对此,该校教育学院采取的措施是在治理结构上淡化等级关系,管理结构区域扁平化。目前,学院设置了战略规划委员会、研究委员会和学委员会,分别负责学院发展规划、学术研究事物管理、教学事物管理,以及教师委员会负责决议上述三个委员会的决议案并提交上一级的人文与社会科学学院。四个委员会分工明确且协同工作,能有效保证学院预期管理目标的达成[①]。

第四节　结论与启示

一、研究结论

世界一流教育学科的基本特征、建设模式和发展历程充分表征一流教育学科不仅专注于理论创新,也注重实践突破,强调学术影响力和社会影响力的发挥;外显为学科使命中倚重教育学科改善人类社会生活的使命诉求,学科领域中兼顾理论型和实践型的发展方向;教育学科走向一流的过程是一个内外部因素相互耦合作用的过程,即内部的文化积淀、师资支持和声誉累积等形成学科聚力,以及与外部的政策支撑、制度保障和资金投入等的共同作用(见图 24 - 4)。

1. 世界一流教育学科的两类发展定位日益融合

从发展定位看,师范型和综合型是教育学科发展的两类定位。世界一流教育学科的发展定位中社区意识、多元化和包容性、全球视野的三大聚焦点本质诉求都在于通过教育改善人类生活,而这一目标的实现正是诉诸师范教育培养懂得教育教学规律的专业教师、管理人员,通过教育科学研究直接服务于区域经济社会发展。需要说明的是,现代社会中教育学科的可持续发展难以在师范型和综合型之间明确作出非此即彼的选择,因为内隐于两类发展定位背后的理论研究和实践探索本身也是交织前行的,即综合型教育学科中也会关注师范教育实践,师范型教育学科中无法忽视综合的研究领域。

---

① 世界一流大学的学院治理与高等教育创新——对剑桥大学教育学院院长杰夫·海沃德教授的访谈[J].高等教育研究,2017(5):1-8.

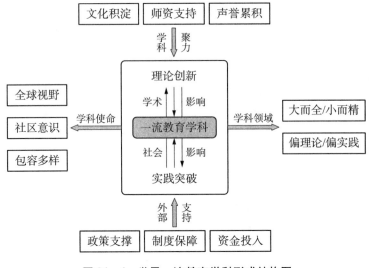

图 24‑4　世界一流教育学科形成结构图

2. 世界一流教育学科师资力量雄厚且专任教师占比高

世界一流教育学科的师资规模差异大,既有哥伦比亚大学这种超大型师资,也有莫纳什大学、纽约大学这类小型师资院校,说明师资队伍的数量与一流教育学科建设成效并不存在必然关系。但从教师结构看,专任教师是世界一流教育学科教师的主要类型,从教师产出看,世界一流教育学科平均每位教师发表 4.6 篇论文,具有较高的科研能力。

3. 世界一流教育学科学术方向分布不均但科研实力强劲

世界一流教育学科的研究成果数量和质量均引领全球,且研究合作形式多元化,均涉及校企合作形式,这就意味着具有雄厚的科研实力是成为世界一流教育学科的必然条件。从学科方向看,世界一流教育学科的研究领域聚焦于高等教育、课程与教学、教师教育、教育学研究、心理学、语言教育、特殊教育、艺术教育、运动机能学、社会发展研究十个领域,且形成了全面型和专攻型两种学科领域发展模式。无论是全面型还是专攻型都诉诸交叉/跨学科发展,即通过创办和重组跨学科科研和教育机构的方式,让教育学在解决复杂现实问题中占据一席之地,获得社会认可。

4. 世界一流教育学科"建设路径"和"生长路径"双向并举

从世界一流教育学科的发展历史看,国家的政策支撑、制度保障和资金投入为教育学科的发展提供了良好的外部环境，这些外部资源向学科竞争力的转变依赖于学科长期的知识积累、理论创新和文化涵养。

二、研究启示

在中国政府的强力推动和政策支持下，我国一流学科建设取得了一定的成就，但也存在一些问题：一是学科目标定位不精准，单纯从学科排行榜的排名出发确立本学科、本校的对标学校，缺乏对对标高校学科发展模式的深入研讨，也未能结合本学科、本校的发展阶段、发展土壤和发展资源选择适切的发展模式，存在盲目模仿和照搬照抄的行为；二是学科内涵建设浅表化，不少学科和高校对"一流"的理解仅限于"形似"的指标，如学科评估排位、ESI 学科突破上的目标、学位点新增计划等，忽视了一流学科的"软品质"，如学科声誉、学科文化等；三是学科成果的转换乏力，我国一流学科建设倚重于学科知识的积累并强调据此实现量化的学术发表量、获奖数目等的提升，对学科成果促进知识增长和社会生产的关注不足，忽视了后者是现代学科获得合法性的根基；四是学科建设路径过度依赖"外力"，高校依赖于国家政策支持和资源供给，缺乏建设一流学科的自觉性和进取心[①]。基于世界一流教育学科的建设经验，本章对我国一流教育学科建设提出如下建议：

1. 深入研判，精准对标

我国高校在选择对标的世界一流高校时要兼顾外在世界排名和内在建设模式，即在对世界一流教育学科高校的建设模式进行深入分析的基础上，结合本校教育学科的历史传统、资源条件和现阶段发展水平选择适切的对标对象，避免不顾本校办学实际而一味以大学排行榜单顶端的少数高校为对标高校。同时，任何学科的建设都需要消耗大量的资源，因而我国一流教育学科建设高校需要结合学校的发展定位和资源供给能力，合理布局教育学科结构，而非片面追求"大而全"的发展模式。

2. 内涵建设，提高声誉

世界一流学科存在的根基是其卓越的学术贡献和社会影响力，大学排行榜只是以显性的方式对一流学科进行标识，因而世界一流学科建设的本质内涵是着力于学术知识的创新和提升学科知识的社会贡献度。我国高校一流学科建设要摒

---

① 谢延龙.我国世界一流学科建设：历程、困境与突破[J].黑龙江高教研究,2017(10)：26-29.

弃单纯追逐排行榜上高排名的做法，而是致力于通过学术水平、社会贡献和深厚的文化积淀提升学术声誉，从而提升教育学在研究型大学内部的学科地位和生存能力。其中文化积淀对大学发展具有潜移默化的作用，正如哈佛大学校长德里克·博克(Berek, Bok)认为的，大学的根本性改变必须通过大学内部才能实现，而大学内部根本性改变的发生取决于大学组织成员持何种大学文化价值观①。

3. 交叉融合，服务实践

一流学科的"一流"不仅指向发轫于知识逻辑的学术卓越，也应具备回应社会发展和人类进步需求的一流服务能力和水平②，因而学科知识要能回应政府和市场需求，充分发挥知识生产对经济社会的引领作用。创办和重组跨学科科研和教育机构，以问题为中心，在学科交叉与融合中拓宽学科疆域、重构学科范式，让教育学在解决复杂现实问题中占据一席之地。我国世界一流教育学科的建设不应局限于跟随既有世界一流教育学科的研究领域，更重要的是通过交叉/跨学科开拓具有深入挖掘价值的研究方向③。需要说明的是，我国教育学科服务社会不仅要满足国家、地区发展需要，解决本土教育理论和实践问题，也要积极参与全球教育治理，在增强教育学国际话语权的同时引领世界发展。

4. 卓越师资，自觉建设

一流学科建设一方面要充分发挥政府在顶层制度设计、合理定位引导和宏观监督评价中的作用，另一方面也要调动一流学科建设的主体性、积极性和使命感，主动改变一流学科建设的现状和寻找学科生长空间。就此而言，一流学科建设主体性的发挥有赖于卓越的师资。我国世界一流教育学科建设中需要招聘具有多元学科背景的教师，为跨/交叉学科发展提供师资力量，同时基于教师的学科方向、教学年龄等特征设计多样化的教师专业发展项目，提升专业发展的针对性和个性化；聘请懂得教育学科发展规律，守持教育学科使命的管理人员。

（韩双淼　谢　静　赵　楠）

① 眭依凡.大学文化理性与文化育人之责[J].中国高等教育,2012(12)：6-9.

② 刘小强,杨雅欣.一流学科评价：从专注学术影响走向关注社会影响——知识转型、创新驱动发展的视角[J].江苏高教,2020(9)：12-19.

③ 眭依凡,李芳莹."学科"还是"领域"："双一流"建设背景下"一流学科"概念的理性解读[J].高等教育研究,2018(4)：23-41.

第二十五章
一流教育学者的群体特征与人才地图

　　全球化时代与知识经济时代的来临不断强化着科学技术与人力资源在促进经济发展、社会进步与提升国家竞争力中的重要性。其中,人才作为在某一领域做出创造性的劳动,为社会发展和人类进步作出重大贡献的群体[①],已然成为当今时代最重要的战略资源。不可否认的是,人才因成就和贡献差异而存在着分层现象,该现象在学术界表现得尤其明显。从学术产出情况来看,大约 50% 的论文是由约 10% 的科学家所写[②]。学术系统呈现出金字塔式的结构,它注定了仅有少数学术从业者能够成为精英,即学术群体内部自然存在着由少数精英主导的分化格局[③]。这部分一流学者是学术创新的主力军,也是各国人才竞备赛中的主要目标。对以中国为代表的发展中国家而言,吸引一流学者对"迈入教育强国行列,推动我国成为学习大国、人力资源强国和人才强国"[④]以及世界一流大学建设至关重要。

　　那么,处于"金字塔"顶端的一流学者具有何种特质? 这些特质对我国识别、引进高端人才和培养学术人才具有什么价值? 基于此,本章选取了全球教育学"高产学者"和"高被引学者"各 100 人,从"量"和"质"两个维度,对其学术产出、地理分布、学术合作、人口统计学特征、学术流动与学术职业特征进行全景式的

---

① 王通讯. 人才学通论[M]. 天津:天津人民出版社,1986:1-2.

② MULKAY M. The Mediating role of the Sscientific elite [J]. Social Studies of Science, 1976(6): 445-470.

③ 阎光才. 学术生命周期与年龄作为政策的工具[J]. 北京大学教育评论,2016(4):124-138.

④ 中华人民共和国国务院. 中国教育现代化 2035[EB/OL]. (2019-02-23)[2020-06-22]. http://www.moe.gov.cn/jyb_xwfb/gzdt_gzdt/201902/t20190223_370857.html.

描述和分析，以描绘全球教育学一流学者群体的群像特征。一方面有助于丰富国内外关于学术职业与一流学者的研究，为各高校制定学科建设发展战略、引进高端人才和推进国际学术交流与合作提供强有力的数据支撑；另一方面为学术人才成长与学术组织制度建设提供有益参考。

第一节　研究设计与数据收集

一、研究设计

从"量"的维度而言，学术产出代表了学者的活力与创造力，通过分析Scopus 数据库收录的过去十年间（2009—2018 年）教育学 100 位高产学者的科研产出数据，考察其学术产出总体情况、地理分布和合作情况。从"质"的角度而言，被引情况代表了学者的学术水平与影响力，通过对 Web of Science 数据库收录的过去十年间（2009—2018 年）教育学 10 个子领域排名前 10 的高被引学者进行分析，考察其人口统计学特征、学术流动与学术职业特征。本章的分析框架如图 25 - 1 所示。

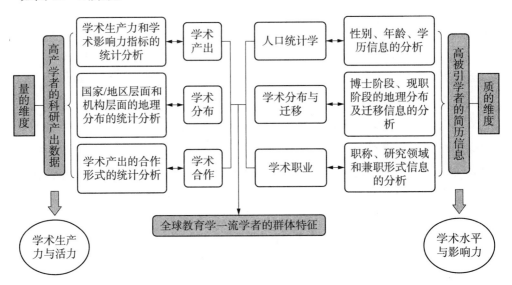

图 25 - 1　本章的分析框架

二、数据来源

1. 高产学者

学术期刊是学者发布研究成果、进行学术交流的主要阵地。Scopus 是全球最大的同行评审期刊文摘和引文数据库,收录了来自 4 000 个出版商的 15 000 种期刊。其中,SciVal 是由爱思唯尔(Elsevier)基于 Scopus 数据库推出的科研管理分析工具,可以对各科研机构、各学科以及各个科研人员的科研产出数量和质量进行较为全面的比较和分析。在发文量降序排列的基础上,选取 SciVal 数据库中过去十年间(2009—2018 年)教育学学术产出排名前 100 的学者,组成全球教育学高产学者群体。通过收集发文量、被引频次、H 指数、H5 指数、来源机构、国家/地区以及合作情况等数据,对其学术产出、学术合作与地理分布特征展开描述性统计分析。综合所得信息建立相应的全球教育学高产学者特征数据库。

2. 高被引学者

"学科与学科之间存在差异的同时,不同学科内部各学者的学术生产情况及学术影响力也不尽相同"[①],所以不同学科之间、同一学科不同领域之间的基于被引率与影响因子的相互比较是有失公允的。因此,对于一流学者的识别应当考虑学科间的平衡。基于此,在综合考量了三方面的因素后对教育学的下属学科领域进行划分:一是我国现有的教育学二级学科划分;二是已有研究对教育学下属子学科和领域的划分[②];三是教育学边界的复杂性与学科交叉研究的兴起所带来的大量教育学交叉研究。据此将教育学 SSCI 收录期刊划分为高等教育、教育技术、教育政策与管理、教师教育、STEM 教育、课程与教学、比较教育、学前教育、学科交叉和教育综述 10 个子领域,以更加科学、全面地考察教育学高被引学者。

Web of Science 平台是获取全球学术信息的重要数据库,收录了全球 13 000 多种权威的、高影响力的学术期刊。依据布拉德福(Bradford)的"文献离散规

---

① 叶甜甜."985"高校"千人计划"入选者学术发展力的计量研究[D]. 长春:吉林大学,2016.
② 韩双淼,谢静. 国外教育研究方法的应用特征——基于 2000—2019 年 34 本教育学 SSCI 收录期刊的文献计量分析[J]. 高等教育研究,2021(1):68 - 76.

律"，即"大多数关键文献往往集中发表于少数核心期刊"[①]，基于论文数量相差无几的原则，选取 Web of Science 数据库中每个子领域影响因子排名靠前的 3～5 本 SSCI 来源期刊(见表 25-1)作为数据来源。一方面，样本期刊能从研究质量上展现该领域的较高水平研究成果；另一方面，样本期刊能从研究数量上全面展示该领域的研究成果，由此依据样本期刊筛选出的高被引学者具有较高的可信度。

表 25-1　Web of Science 数据库中教育学 10 个子领域的样本期刊汇总表

研究领域	样本期刊
高等教育	《高等教育》(*Higher Education*)、《高等教育研究》(*Studies in Higher Education*)、《高等教育杂志》(*Journal of Higher Education*)、《高教研究》(*Research in Higher Education*)
教育技术	《计算机与教育》(*Computers & Education*)、《互联网与高等教育》(*Internet and Higher Education*)、《国际计算机支持协作学习杂志》(*International Journal of Computer-Supported Collaborative Learning*)
教育政策与管理	《教育政策》(*Journal of Education Policy*)、《教育评估与政策分析》(*Educational Evaluation and Policy Analysis*)、《教育管理季刊》(*Educational Administration Quarterly*)、《教育行政管理与领导力》(*Educational Management Administration & Leadership*)
教师教育	《教师教育杂志》(*Journal of Teacher Education*)、《教学与教师教育》(*Teaching and Teacher Education*)、《欧洲教师教育杂志》(*European Journal of Teacher Education*)、《教师与教学》(*Teachers and Teaching*)
STEM 教育	《科学教育研究》(*Studies in Science Education*)、《工程教育杂志》(*Journal of Engineering Education*)、《科学教育》(*Science Education*)
课程与教学	《学习与教学》(*Learning and Instruction*)、《科学教学研究杂志》(*Journal of Research in Science Teaching*)、《元认知与学习》(*Metacognition and Learning*)、《学习科学杂志》(*Journal of the Learning Sciences*)、《高等教育中的主动学习》(*Active Learning in Higher Education*)
比较教育	《比较教育评论》(*Comparative Education Review*)、《比较教育》(*Comparative Education*)、《比较：比较与国际教育期刊》(*Compare-A Journal of Comparative and International Education*)

① 张斌贤，陈瑶，祝贺，等. 近三十年我国教育知识来源的变迁——基于《教育研究》杂志论文引文的研究[J]. 教育研究，2019(4)：17-25.

（续表）

研究领域	样本期刊
学前教育	《早期教育与发展》（*Early Education and Development*）、《幼儿研究季刊》（*Early Childhood Research Quarterly*）、《幼儿教育杂志》（*Early Childhood Education Journal*）、《初级学校学报》（*Elementary School Journal*）
学科交叉	《教育社会学》（*Sociology of Education*）、《教育史》（*History of Education*）、《教育经济学评论》（*Economics of Education Review*）、《教育哲学与理论》（*Educational Philosophy and Theory*）
教育综述	《教育研究综述》（*Review of Educational Research*）、《教育研究评论》（*Educational Research Review*）、《教育研究回顾》（*Review of Research in Education*）、《教育研究》（*Educational Research*）、《教育评论》（*Educational Review*）

　　论文的被引用频次是评价学者科研成就的关键指标之一。"高被引"不仅代表学术共同体对学者个人知识生产的高度认同,从某种程度上说,也反映了一个国家科研绩效和科研人才的制高点[①]。因此,运用文献计量软件,筛选出过去十年间（2009—2018 年）教育学各个子领域样本期刊中被引频次排名前 10 的学者,共 99 人（同一学者仅计算一次）组成全球教育学高被引学者群体。通过数据库、搜索引擎、高校官方网站等途径获得高被引学者的个人简历,包括其个人基本信息、教育经历、职业经历、研究方向及成果等数据（资料截至 2020 年 9 月底）,对上述高被引学者的人口学特征、学术流动与学术职业特征进行多维分析,建立全球教育学高被引学者特征数据库。需要说明的是,由于信息公开程度和更新速度不同,收集信息过程中不必可避免地存在数据缺失的问题。

第二节　全球教育学高产学者的分析

一、学术产出特征

　　发文量代表着学者的科研产出量,表征着学者的学术活跃度。"每个科学家

---

① BASU A. Using IST's "Highly cited Researchers" to obtain a country level indicator of citation excellence [J]. Scientometrics，2006(3)：361 - 375.

发表的文章数目,可以作为准确并客观地衡量他的科学劳动效率的指标"①。过去十年间高产学者群体的总体产出量为 8816 篇,人均产出量 88.2 篇。其中,高产学者的学术产出量集中在 0～100 篇区间;学术产出量超过 200 的学者仅有两位,分别是荷兰学者塞斯·范德·弗卢滕(Cees van der Vleuten)和中国台湾学者蔡进忠(Tsai Chin-Chung),中国台湾学者黄国仁(Hwang Gwo-Jen)的学术产出量(195 篇)位列第三;学术产出最多的学者的论文数量(245 篇)是产出最少学者(63 篇)的 3.9 倍。可见,高产学者群体内部的学术产出存在两极分化现象。

被引频次是学者发表论文被引用次数的总和,反映了学者的科研成果被认同的程度,是评价学者论文质量和学术影响力的重要指标之一②。过去十年间教育学高产学者群体的总被引频次达 169 820 次,人均被引频次 1 698.2 次。其中,高产学者的论文的被引频次集中在 0～1 000 次区间;被引频次超过 8 000 次的仅有中国台湾学者黄国仁(8 167 次),蔡进忠(7 366 次)和卢滕(6 799 次)紧随其后;而美国学者劳伦斯·温斯坦(Lawrence Weinstein)被引频次仅为 1 次,排在末位。可见,高产学者群体内部的被引频次也存在两极分化现象。

对比发现,有 12 位高产学者的被引频次和发文量均排名在前 20,且发文量前三甲仍占据被引频次第一梯队,只不过名次稍有变动(见表 25 - 2)。根据"核心期刊效应",高影响力期刊作为学术水平和关注度较高的期刊,是反映学者学术质量的一个重要评价指标③。据此对高产学者在 CiteScore 指数④排名前 10% 的期刊(简称高影响力期刊)中发表论文的情况进行统计,发现澳大利亚学者赫伯特·马什(Herbert W. Marsh)位居榜首(75.4%),5 位学者未在高影响力期刊中发表论文,而 2/3 的学者刊载在高影响力期刊中的论文占比不足 50%,这在一定程度上也符合本章最开始对于学术影响力分层的判断。

---

① 邱均平. 文献计量内容分析法[M]. 北京：国家图书馆出版社,2008：279.
② 余新丽,赵文华,杨颉. 研究性大学基础研究产出比较：基于"工程"高校与学术论文的分析[J]. 复旦教育论坛,2012(6)：48 - 53.
③ 相东升. 17 种图书情报学期刊资助基金论文统计分析[J]. 情报杂志,2006(1)：143 - 145.
④ CiteScore 是爱思唯尔推出的用来评价学术期刊质量的新指标,是用过去三年期刊的平均被引数计算当前期刊的影响力,计算公式为：CiteScore 指数＝期刊 3 年发表的论文的被引用总次数/期刊 3 年内发表的论文总数。100 位高产学者中,有 4 位学者在高影响力期刊中发表论文情况不详,故此处讨论以 96 人数据为准。

表 25‐2 十年间(2009—2018 年)全球教育学被引频次排名前 20 的高产学者信息表

学者姓名	被引频次排名	被引频次	发文量排名	发文量
黄国仁(Hwang Gwo-Jen)	1	8 167	3	195
蔡进忠(Tsai Chin-Chung)	2	7 366	2	228
塞斯 · 范德 · 弗卢滕(Cees Van Der Vleuten)	3	6 799	1	245
大卫·库克(David Cook)	4	5 511	28	91
奥尔·腾·凯特(Olle ten Cate)	5	5 016	10	126
罗伯特·皮安塔(Robert C. Pianta)	6	4 244	62	73
赫伯特·马什(Herbert W. Marsh)	7	3 454	84	67
杰弗里·诺尔曼(Geoffrey R. Norman)	8	3 265	20	104
莎伦·沃恩(Sharon R. Vaughn)	9	2 951	20	104
安德鲁·马丁(Andrew J. Martin)	10	2 912	22	101
马丁·瓦尔克(Martin M. A. Valcke)	11	2 911	14	111
黄岳民(Ray Yueh-Min Huang)	12	2 817	7	139
阿尔伯特 · 舍尔比尔(Albert J. J. A. Scherpbier)	13	2 761	6	145
史蒂文·杜宁(Steven J. Durning)	14	2 755	9	131
蔡敬新(Ching Sing Chai)	15	2 745	12	121
陈年兴(Nian-Shing Chen)	16	2 713	5	148
菲利普·哈林格(Philip Hallinger)	17	2 672	38	84
林恩·福克斯(Lynn S. Fuchs)	18	2 669	48	78
兰伯特 · 舒沃思(Lambert W. T. Schuwirth)	19	2 637	51	77
蒂莫西·特奥(Timothy Teo)	20	2 627	25	94

教育学高产学者的 H 指数主要集中在 20～40 区间(50 人),其中,马什的 H 指数最高(89),是最低者(2)的 44.5 倍。为克服单年度单篇超高引用论文的影

响,同时考察了 H5 指数(h5 - index)。H5 指数是谷歌学术(Google Scholar)于 2012 年推出的杂志评价系统——谷歌学术计量(Google Scholar Metrics)包含的评价指标之一,指过去 5 年间所发表文章的 H 指数。高产学者的 H5 指数集中在 10~15 区间(42 人),其中大卫·库克(David Cook)的 H5 指数最高为 22,而最低者仅为 1。

为获得更加准确、客观的评价,进一步对发文量、被引频次、高影响力期刊论文、H 指数和 H5 指数 5 个指标的 RSR 值进行综合排序,得出学术能力排名前 20 的高产学者(见表 25 - 3)。排名前列的高产学者并不是各项指标均表现优秀,如发文量排名第二的蔡进忠的高影响力期刊论文得分仅为 65 分;弗卢滕的发文量和被引频次均居前三名,但因高影响力期刊论文得分同样较低(48 分)。这主要与各个量化指标考量的侧重点不同有关,可见单一指标评价结果与综合指标评价排名之间存在着一定出入,应通过各量化指标的综合评分全面地衡量学者的学术能力。

表 25 - 3　综合评价排名前 20 的全球教育学高产学者信息汇总

排名	姓名	发文量	被引频次	高影响力期刊论文	H 指数	H5 指数	秩和比值
1	黄国仁(Hwang Gwo-Jen)	98	100	91	92	97	478
2	蔡进忠(Tsai Chin-Chung)	99	99	65	96	90.5	449.5
3	黄岳民(Ray Yueh-Min Huang)	94	89	94	74	93	444
4	塞斯·范德·弗卢滕(Cees Van Der Vleuten)	100	98	48	98	94.5	438.5
5	陈年兴(Nian-Shing Chen)	96	85	87	60	90.5	418.5
6	莎伦·沃恩(Sharon R. Vaughn)	80.5	92	73.5	87.5	82	415.5
7	安德鲁·马丁(Andrew J. Martin)	79	91	80	78.5	86.5	415
8	林恩·福克斯(Lynn S. Fuchs)	53	83	95.5	95.5	86.5	413.5
9	杰弗里·诺尔曼(Geoffrey R. Norman)	80.5	93	75	97	65.5	411
10	赫伯特·马什(Herbert W. Marsh)	16	94	100	100	99	409

（续表）

排名	姓名	发文量	被引频次	高影响力期刊论文	H指数	H5指数	秩和比值
11	大卫·库克(David Cook)	72.5	97	41	93	100	403.5
12	奥尔·腾·凯特(Olle ten Cate)	91	96	38	74	96	395
13	阿尔伯特·舍尔比尔(Albert J. J. A. Scherpbier)	95	88	36	87.5	82	388.5
14	保罗·基尔希纳（Paul A. Kirschner）	70.5	55	82.5	85	90.5	383.5
15	杰罗姆·范梅里恩伯尔（Jeroen J. G. Van Merrienboer）	74	79	59	80.5	90.5	383
16	贾里·埃里克·努米（Jari-Erik Nurmi）	77.5	67	88	84	65.5	382
17	乌尔里希·特劳特温（Ulrich Trautwein）	38.5	73	97	90.5	82	381
18	罗伯特·皮安塔(Robert C. Pianta)	38.5	95	67	99	75.5	375
19	凯瑟琳·布拉德肖（Catherine P. Bradshaw）	35.5	80	86	80.5	86.5	368.5
20	蔡敬新(Ching Sing Chai)	89	86	55	54.5	75.5	360

二、学术分布特征

对高产学者目前就职机构（简称现职）的地理分布进行统计[①]，发现其广泛分布在 6 个大洲的 21 个国家/地区的 72 个高等教育机构。从国家/地区层面看，高产学者的地理分布较广，其中美国作为主要来源国占比高达 30.2%，中国台湾地区（11.5%）和荷兰（10.4%）分列第二、三位（见表 25-4）。可见，高产学者在地理分布上形成了以美国、中国台湾地区和荷兰为核心的北美洲、亚洲和欧洲的研究圈。区域集聚现象的一个可能解释是这些国家/地区的科学技术发展水平高、学术优势明显，因此更容易吸引到精英学者。从机构层面看，仅有 2 位

[①] 100 位学者中有 4 位现职机构不详，故此处以 96 位学者数据为准。

高产学者来自课题组选取的 20 所世界顶尖高校（简称 TOP 高校）[①]；仅有 8 位高产学者来自课题组选取的 20 所世界顶尖学科高校（简称 TOP 学科高校）[②]（见表 25－5）。这一定程度上表明全球教育学高产学者现职阶段尚未呈现出在 TOP 高校和 TOP 学科高校聚集的现象。

表 25－4　全球教育学高产学者地理分布表

区域	国家	人数	国家占比	区域占比
北美洲	美国	29	30.2%	34.4%
	加拿大	4	4.2%	
欧洲	荷兰	10	10.4%	27.1%
	比利时	4	4.2%	
	德国	3	3.1%	
	英国	3	3.1%	
	西班牙	3	3.1%	
	芬兰	2	2.1%	
	爱尔兰	1	1.0%	
亚洲	中国台湾	11	11.5%	27.1%
	中国香港	3	3.1%	
	日本	3	3.1%	
	中国大陆（内地）	2	2.1%	
	印度	2	2.1%	
	新加坡	2	2.1%	

[①] 通过对 ARWU、THE、QS 和 U. S. News 四个大学排行榜进行综合排名，筛选出 2020 年世界排名前 20 位的高校包括：斯坦福大学、哈佛大学、麻省理工学院、牛津大学、剑桥大学、加州理工学院、普林斯顿大学、芝加哥大学、耶鲁大学、哥伦比亚大学、加州大学伯克利分校、宾夕法尼亚大学、伦敦大学学院、帝国理工学院、约翰·霍普金斯大学、苏黎世联邦理工学院、康奈尔大学、加州大学洛杉矶分校、多伦多大学、加州大学圣地亚哥分校。

[②] 通过对 ARWU、QS、THE 三个大学排行榜进行综合排名，筛选出 2020 年世界教育学排名前 20 的高校包括哈佛大学、斯坦福大学、威斯康星大学麦迪逊分校、密歇根大学安娜堡分校、伦敦大学学院、密歇根州立大学、哥伦比亚大学、多伦多大学、范德堡大学、香港大学、加州大学伯克利分校、加州大学洛杉矶分校、宾夕法尼亚州立大学、华盛顿大学、得克萨斯大学奥斯汀分校、宾夕法尼亚大学、牛津大学、墨尔本大学、剑桥大学、南洋理工大学。

（续表）

区域	国家	人数	国家占比	区域占比
亚洲	泰国	1	1.0%	
	塞浦路斯	1	1.0%	
	菲律宾	1	1.0%	
非洲	南非	2	2.1%	2.1%
南美洲	智利	1	1.0%	1.0%
大洋洲	澳大利亚	8	8.3%	8.3%

表 25-5　全球教育学高产学者在 TOP 高校和 TOP 学科高校的分布表

类型	学校名称	人数
TOP 高校	斯坦福大学（1 人）、加州大学伯克利分校（1 人）	2
TOP 学科高校	斯坦福大学（1 人）、范德堡大学（1 人）、香港大学（1 人）、加州大学伯克利分校（1 人）、得克萨斯奥斯汀分校（2 人）、南洋理工大学（2 人）	8

三、学术合作特征

与以往一个杰出科学家可以对一个学科或领域产生长久的、里程碑式影响的时期相比，今天的科学研究处于"大科学时代"更需要团队作战。学术合作无疑已成为今天科学研究的主要趋势[①]。高产学者的合作形式可以分为国际合作、仅国内/地区内合作、仅机构内部合作和无合作四种类型。

从国际合作情况看，有 91% 的学者的学术论文是基于国际合作而发表的，但国际合作率达 50% 的仅有 15 人，可见，高产学者的国际合作尚未成为主流。国内/地区内合作十分普遍：高达 96% 的学者的学术论文是基于国内/地区内合作而发表的。机构内部合作更受学者偏爱：高达 98% 的学者的学术论文是基于机构内部合作而发表的。从无合作情况看，虽然有 72% 的学者的学术论文是基于独立研究而发表的，但独立研究率达 50% 的仅有 10 人。总体而言，高产学者

---

① 李国亭，秦健，刘科. 略论大科学时代科学家的合作[J]. 科学技术与辩证法，1998(3)：47-49.

的合作形式呈现多元化特征。不同思维模式，尤其是不同文化背景的学者之间相互碰撞，更有利于学术成果的创作，增加其广泛传播和产生高影响力的可能性，所以各种合作形式都备受学者青睐。

那么，不同国家的高产学者的合作形式可以如何划分呢？

依照国别可以将高产学者的合作形式分成两个类型，即以单一合作形式为主和以多种合作形式为主（见图 25 - 2）。其中，多数国家/地区以单一合作形式为主：澳大利亚、新加坡、中国香港地区、智利、英国、荷兰、德国和南非以国际合作为主；美国和中国台湾地区以国内/地区内合作为主；菲律宾、印度、泰国和比利时以机构内部合作为主；爱尔兰和塞浦路斯以独立研究为主。而少数国家则以多种合作形式为主：加拿大和中国大陆（内地）以国际合作和独立研究为主，芬兰以国际合作和国内/地区内合作为主，西班牙以国际合作和机构内部合作为主，日本则以国内/地区内合作和机构内部合作为主。

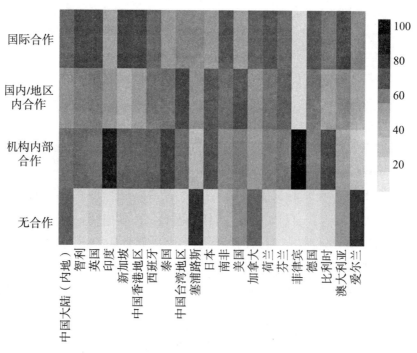

图 25 - 2　全球教育学高产学者合作类型的国家/地区分布热力图

依据被引频次和国际合作率两类指标，以被引频次＝1 500，国际合作率＝

30%为基准,可以进一步将主要的国家/地区划分为四个类型(见图 25 - 3):①高影响力,高国际合作率。高产学者十年间学术论文的被引频次均高于1500,且国际合作论文占比均高于 30%,即学术影响力较高且偏重国际合作,包括英国、新加坡、中国香港地区、南非、加拿大、荷兰、芬兰、比利时和澳大利亚;②高影响力,低国际合作率。高产学者十年间学术论文的被引频次均高于1500,国际合作论文占比均低于 30%,即学术影响力较高但不偏重国际合作,包括中国台湾地区和爱尔兰;③低影响力,低国际合作率。高产学者十年间学术论文的被引频次低于 1500,且国际合作论文占比低于 30%,即学术影响力较低且不偏重国际合作,包括美国、塞浦路斯、日本、菲律宾、泰国和印度;④低影响力,高国际合作率。高产学者十年间学术论文的被引频次均低于 1500,但国际合作论文占比均高于 30%,即学术影响力较低但偏重国际合作,包括中国大陆(内地)、智利、西班牙和德国。

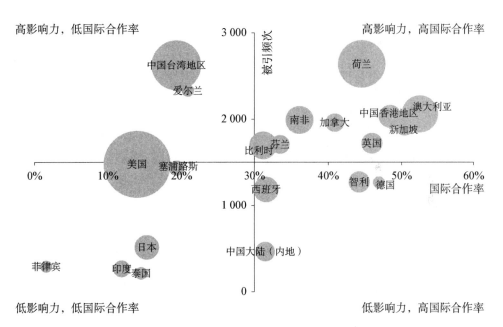

图 25 - 3　各国/地区教育学高产学者按国际合作和被引频次分类

* 气泡大小＝各国教育学高产学者论文总数/100 位教育学高产学者论文总数。

第三节　全球教育学高被引学者的分析

一、人口统计学特征

现有全球教育学高被引学者群体呈现出以下人口统计学特征：

首先，性别比例轻度失衡。统计发现，99 位有明确性别信息的高被引学者中男性学者 62 人，女性学者 37 人，男女比例 1.7：1。可见，自然科学中被多次证实的"科研产出性别之谜"也适用于教育学。但相较于自然学科领域男性科研人员在高被引群体中占据绝对优势，女性科学精英始终是"珍稀品种"，呈现出严重的男女比例失衡现象[①]，教育学高被引学者群体的性别结构相对较平衡，这可能与女性接受高等教育的人数不断扩大以及教育学的学科性质有关。

其次，中年学者为主。在统计的 53 位高被引学者[②]中，平均年龄为 55 岁，美国学者本·奥斯特（Ben Ost）年龄最小（37 岁），美国学者玛西娅·林恩（Marcia C. Linn）年龄最大（78 岁）。从年龄密度看，处于 53 岁的高被引学者人数最多（6 人），41 岁（3 人）、46 岁（3 人）、49 岁（3 人）和 71 岁（3 人）的人数次之。上述学者的学术高峰期在 45～59 岁之间，以中年学者为主[③]。

最后，整体学历层次较高。在统计教育学高被引学者的学历信息时发现，96 位有学位信息的高被引学者全部拥有博士学位，占比高达 100%。这表明，高被引学者中博士学位拥有者占绝对优势。

二、学术分布与迁移特征

人才的集群现象是社会学领域对科技精英成长规律研究的一个重大发现，而地理迁移是学者学术知识创新的关键因素，对其学术成果的创生和扩散具有

---

① 张军,慕慧鸽.中德国立科研机构高被引论文核心作者特征状况研究[J].情报杂志,2016(2)：99 - 104.

② 在检索信息时发现,仅有 5 位高被引学者具有详细年龄信息,年龄数据缺失严重。为解决这一问题,课题组依据博士毕业时间推算学者的大概年龄范围。在无年龄信息且拥有学历信息的 73 位高被引学者中,有 25 位学者因博士毕业时间不详无法推算出年龄范围,最终计算得出 48 位高被引学者的年龄信息。

③ 按照联合国世界卫生组织的划分,44 岁以下为青年人;45 岁至 59 岁为中年人;60 岁及以上为老年人。

不可估量的作用①。基于数据的可获取性,课题组主要依据全球教育学高被引学者的博士教育单位和目前就职机构两方面信息,考察其地理分布、层次分布以及迁移情况,具体分布特征如下:

其一,全球教育学高被引学者在博士阶段主要分布在美国(见表 25 - 6),且在 TOP 高校和 TOP 学科高校有集群(见表 25 - 7)。可获取信息的 76 位高被引学者的博士教育机构分布在 4 个大洲的 11 个国家/地区的 53 所高等学校中。从国家层面看,美国的集群现象明显(61.8%),这与美国拥有一批具有较高学术声誉的世界一流大学有关,其良好的教育水平和先进的科研环境对希望在学术领域获得成功的求学者有很大的吸引力。从机构层面看,高被引学者的博士教育机构属于 TOP 高校的有 20 人(26.3%),属于 TOP 学科高校的有 23 人(30.3%)。这些高校不论是在科研发展水平还是师资队伍方面都处于世界领先地位,能够进入其中接受学习并获得博士学位对学者的职业成功提供了无可比拟的优势②。在学术界,学者研究生毕业院校的声望可以预测其未来的学术成就③,这可以很好地倒推解释高被引学者博士阶段的地理及机构的集群分布特征。

表 25 - 6 全球教育学高被引学者博士教育机构地理分布

区域	国家	人数	国家占比	区域占比
北美洲	美国	47	61.8%	61.8%
欧洲	德国	6	7.9%	31.6%
	荷兰	5	6.6%	
	比利时	4	5.3%	
	英国	4	5.3%	
	希腊	1	1.3%	

① HORTA H. Deepening our understanding of academic inbreeding effects on research information exchange and scientific output: New insights for academic based research [J]. Higher Education, 2013 (4): 487 - 510.

② 刘少雪. 大学与大师:谁成就了谁——以诺贝尔科学奖获得者的教育与工作经历为视野[J]. 高等教育研究,2012(2): 30 - 34.

③ CRANE D. The academic marketplace revisited: a study of faculty mobility using the Cartter Ratings [J]. The American Journal of Sociology, 1970(75): 953 - 964.

（续表）

区域	国家	人数	国家占比	区域占比
欧洲	瑞士	1	1.3%	
	葡萄牙	1	1.3%	
	挪威	2	2.6%	
大洋洲	澳大利亚	3	3.9%	3.9%
亚洲	中国台湾地区	2	2.6%	2.6%

表 25-7　全球教育学高被引学者博士阶段在 TOP 高校和 TOP 学科高校的分布表

类型	学 校 名 称	人数
TOP 高校	斯坦福大学(5 人)、哈佛大学(4 人)、牛津大学(1 人)、芝加哥大学(1 人)、哥伦比亚大学(2 人)、加州大学伯克利分校(1 人)、宾夕法尼亚大学(1 人)、约翰·霍普金斯大学(1 人)、康奈尔大学(2 人)、加州大学洛杉矶分校(2 人)	20
TOP 学科高校	斯坦福大学(5 人)、哈佛大学(4 人)、威斯康星大学麦迪逊分校(1 人)、密歇根大学安娜堡分校(4 人)、密歇根州立大学(1 人)、哥伦比亚大学(2 人)、加州大学伯克利分校(1 人)、加州大学洛杉矶分校(2 人)、华盛顿大学(1 人)、宾夕法尼亚大学(1 人)、牛津大学(1 人)	23

其二,全球教育学高被引学者目前就职机构的地理分布同样呈现出明显的美国集聚特征(见表 25-8),且多任职于 TOP 学科高校(见表 25-9)。99 位高被引学者目前就职机构分布在全球 4 个大洲的 16 个国家/地区的 70 所高等教育机构。从国家层面看,高被引学者集聚在北美洲和欧洲,在美国(48.5%)、英国(13.1%)有集群。从机构层面看,高被引学者现职机构中高等学校 66 所,科研院所 4 所(魏兹曼科学研究院、马克斯普朗克人类发展研究所、莱布尼兹知识媒体研究所、德国国际教育研究所),该特征与诺贝尔奖得主也主要来自高等院校的发现不谋而合①。同时,高被引学者就职于 TOP 高校的有 15 人(15.2%);就职于 TOP 学科高校的有 25 人(25.3%)。这一定程度上表明全球教育学高被

---

① 哈里特·朱克曼.科学界的精英：美国的诺贝尔奖金获得者[M].周叶谦,冯世则.北京：商务印书馆,1979：117.

引学者在现职阶段呈现出在 TOP 学科高校集聚的现象。这可能与 TOP 学科高校可以提供良好的教育学研究平台，能较好地满足高被引学者的学术兴趣和对学术环境的需求有关。

表 25-8　全球教育学高被引学者博士现职机构地理分布表

区域	国家	人数	国家占比	区域占比
北美洲	美国	48	48.5%	48.5%
欧洲	英国	13	13.1%	35.4%
	荷兰	7	7.1%	
	德国	6	6.1%	
	比利时	5	5.1%	
	丹麦	1	1.0%	
	希腊	1	1.0%	
	挪威	2	2.0%	
亚洲	中国香港	3	3.0%	11.1%
	中国台湾	3	3.0%	
	中国大陆（内地）	1	1.0%	
	泰国	1	1.0%	
	日本	1	1.0%	
	韩国	1	1.0%	
	以色列	1	1.0%	
大洋洲	澳大利亚	5	5.1%	5.1%

表 25-9　全球教育学高被引学者现职阶段在 TOP 高校和 TOP 学科高校的分布表

类型	学 校 名 称	人数
TOP 高校	斯坦福大学(1 人)、牛津大学(1 人)、哥伦比亚大学(1 人)、加州大学伯克利分校(2 人)、宾夕法尼亚大学(1 人)、伦敦大学学院(4 人)、约翰·霍普金斯大学(1 人)、康奈尔大学(1 人)、加州大学洛杉矶分校(3 人)	15

（续表）

类型	学 校 名 称	人数
TOP 学科高校	斯坦福大学(1人)、威斯康星大学麦迪逊分校(1人)、密歇根大学安娜堡分校(5人)、伦敦大学学院(4人)、密歇根州立大学(2人)、哥伦比亚大学(1人)、香港大学(2人)、加州大学伯克利分校(2人)、加州大学洛杉矶分校(3人)、华盛顿大学(1人)、得克萨斯大学奥斯汀分校(1人)、宾夕法尼亚大学(1人)、牛津大学(1人)	25

其三,全球教育学高被引学者从博士到现职的迁移过程中向美国集聚的趋势有所减弱。考虑到高被引学者初次任职信息缺失严重,主要对高被引学者博士到现职阶段的迁移情况做统计,共获得76位学者信息。从国家层面看,从博士到现职发生国际迁移的高被引学者有14人,仅占比18.4%;从机构层面看,发生迁移的高被引学者有63人,占比高达82.9%。其中,希腊的高被引学者未发生迁移;德国和挪威的高被引学者未发生国际迁移;中国大陆(内地)、中国台湾地区、中国香港地区、以色列、泰国和丹麦以迁入高被引学者为主,而美国、英国、瑞士和葡萄牙的高被引学者存在流失情况。西方国家的大学为避免"近亲繁殖"现象,极少聘任本校毕业的学生,这种"选贤避亲"的聘任制度很好地解释了从博士到现职的迁移过程中,高被引学者在机构内部的高迁移率。此外,发达国家逆向集聚的情况可能与以中国为首的亚洲国家/地区大力招揽国际人才有关,其良好的福利待遇和宽广的学术发展空间对学者具有一定吸引力。

三、学术职业特征

无论中外,学术职业一向都具有较高的社会地位或声望。由于以学识、知识传授、探究与思考为业,相对而言,学术职业对人的天赋、才华与能力的要求都有其特殊性,因此,并非人人都可以选择和进入[1]。学者的质量和特征决定着学术发展的水平。课题组从教育学高被引学者的发展层次、研究领域、兼职情况等方面入手,考察其学术职业特征,具体情况如下:

---

[1] 阎光才.学术职业选择、阶层趣味与个人机遇[J].华东师范大学学报(教育科学版),2017(6):1-10+152.

首先,职业发展层次方面,正高职称占优。为统一口径,在数据处理过程中将高被引学者的职称划分为正高职称、副高职称和中级职称三类①。99 位高被引学者中正高职称 74 人(74.8%),副高职称 20 人(20.2%),中级职称 5 人(5.1%),具有较为明显的以成熟学者为主的特征。

其次,职业研究领域方面,高被引学者的关注问题呈现多元化特征。研究兴趣是学者研究领域的高度概括,研究课题和代表著作则展现了学者重点关注的研究对象、研究内容和研究方法等信息,对二者的综合分析可以较好地反映出学者的重点关注领域。借助词频分析软件对统计的信息进行分析,出现频次在 10 次以上的重点议题共有 30 个。其中,教师是研究的主要目标人群,如学者梅格·马奎尔(Meg Maguire)的代表作之一即《成为一名教师:中等教育中的问题》(Becoming a Teacher: Issues in Secondary Education),该书为理解教育,解决诸如国际政策和实践对教育的影响、教育公平和社会正义等问题提供了广阔的背景;高等教育阶段是研究的重点阶段,如学者路易丝·阿切尔(Louise Archer)的代表作《高等教育与社会阶层》(Higher Education and Social Class),主要探究了工人阶级群体在高等教育中代表性不足的诸多原因;学校,尤其是高校是高被引学者关注的核心组织,如学者迈克尔·巴斯特多(Michael N. Bastedo)著有《高等教育的组织:新时代的大学管理》(The Organization of Higher Education: Managing Colleges for a New Era)一书探讨组织理论解决当代高等教育重大问题的新方法和新途径;心理学、经济学和计算机科学是与教育学研究密切相关的学科,如学者罗伯特·斯拉文(Robert Slavin)著有《教育心理学:理论付诸实践》(Educational Psychology: Theory into Practice),利用实践案例分析理论与实践之间的联系,指导教师的课堂教学。这些重点议题均是近十年教育学领域的热点议题,这也从侧面反映了高被引学者高影响力的来源。

在不同的研究领域,学者关注的问题是否存在异同? 除教育综述子领域高被引学者的研究问题较为繁杂无法归类之外,其余子领域的高被引学者重点关注的研究问题之间既存在差异又有相似之处(见表 25 - 10)。这主要是由于教

---

① 正高职称包括教授、荣誉教授;副高职称包括副教授、研究副教授、荣誉副教授;中级职称包括讲师、助理教授。

育学研究领域之间的边界模糊，高被引学者大多未局限在单一的领域，而是呈现出研究领域多元化的特征。

表 25-10　教育学子领域高被引学者重点关注的研究问题(频次排名前三)汇总表

研究领域	关 键 词
高等教育	教育分层、教育政策、高等教育治理、博士生培养、大学录取
教育技术	信息通信技术的教学应用、基于游戏的学习、课堂教学设计
教育政策与管理	教育政策分析、领导力研究、学术职业
教师教育	教师培训、教师专业发展、教学方法
STEM 教育	STEM 教育公平(性别、种族、社会阶层)、课程的开发与设计、教学方法和干预手段
课程与教学	教学方法、STEM 教育的教学设计、信息通讯技术的应用
比较教育	教育政策、区域高等教育、教育全球化
学前教育	学前儿童学习干预、学习环境的影响、社交网络的影响
学科交叉	教育经济问题分析、教育评估、学术职业发展

最后，高被引学者的兼职形式多样，社会兼职情况普遍。68 位有明确的兼职信息的高被引学者，其兼职可分为学术兼职和社会兼职两大类。其中，学术兼职是指学者在自身科研工作之外开展的与学术相关的活动，一是担任国家或地方学术团体、学会会员或理事，如迈克尔·克罗斯利(Michael Crossley)担任了英国国际教育和培训论坛的理事；二是担任学术期刊杂志编委和编辑，如弗雷德·帕斯(Fred Paas)担任了《教育心理学评论》(*Educational Psychology Review*)的主编；三是担任现职外的大学或研究机构的客座教授或项目成员，如弗雷德里克·莫里森(Frederick J. Morrison)任职于密歇根大学安娜堡分校，同时兼任北卡罗来纳大学发展科学中心研究员。社会兼职是指学者利用自身学科知识参与社会管理及经济建设活动，一是担任政府、社会组织旗下基金委员会成员，如帕姆·格罗斯曼(Pam Grossman)是卡内基教学促进基金会(Carnegie Foundation For the Advancement of Teaching)的董事会成员；二是担任政府职能部门、社会组织的咨询顾问，如西尔维亚·赫塔多(Sylvia Hurtado)是美国大

学协会(Association of American Universities,简称 AAU)STEM 技术委员会的顾问;三是专业咨询公司成员,如格洛丽亚·达尔阿尔巴(Gloria Dall'Alba)兼任 GD 高等教育咨询公司的董事。学者的兼职情况,尤其是社会兼职较好地契合了大学的社会服务职能,增进了大学与社会的联系。

第四节 结论与建议

一、研究结论

通过对全球教育学高产学者和高被引学者的分析,课题组从"量"和"质"两个维度对全球教育学一流学者进行全景式的描述与分析。结论总结如下:

首先,从对"高产学者"的分析来看,在学术产出方面,高产学者的各项指标均存在两极分化现象,综合指标排名与单一指标排序存在很大出入。在学术分布方面,高产学者的地理分布上形成了以美国、中国台湾地区和荷兰为核心的北美洲、亚洲和欧洲的研究圈,但未呈现出在 TOP 高校和 TOP 学科高校集聚的现象。在学术合作方面,高产学者的合作形式呈现多元化特征,且在地理分布上存在差异。

其次,从对"高被引学者"的分析来看,在人口统计学方面,高被引学者呈现出性别比例轻度失衡、以中年学者为主、整体学历层次较高的特征。在学术分布与迁移方面,高被引学者在博士和现职阶段均呈现出在美国集聚的现象,但是从博士到现职的迁移过程中向美国集聚的趋势有所减弱;同时呈现出博士阶段在 TOP 高校和 TOP 学科高校集聚,现职阶段在 TOP 学科高校集聚的特征。在学术职业方面,高被引学者呈现出以正高职称为主、研究问题多元化以及兼职形式多样化的特征。

最终,经过信息比对,全球教育学高产学者与高被引学者有 13 位重合,可见两个群体有共通之处,筛选出共 186 人构成全球教育学一流学者人才库(见表 25 - 11)。

表 25 - 11　同属于全球教育学高产学者和高被引学者群体的学者名单

姓名	发文量	被引量	姓名	发文量	被引量
毛拉·博雷戈（Maura J. Borrego）	74	2 373	玛西娅·林恩（Marcia C. Linn）	81	1 427
陈年兴（Nian-Shing Chen）	148	2 713	马修·奥兰德（Matthew Ohland）	75	1 551
托马斯·康诺利（Thomas M. Connolly）	63	2 140	迈克尔·彼得斯（Michael A. Peters）	108	535
菲利普·哈林格（Philip Hallinger）	84	2 672	蒂莫西·特奥（Timothy Teo）	94	2 627
启丰·蒂莫西·休（Khe Foon Timothy Hew）	64	1 998	马丁·瓦尔克（Martin M. A. Valcke）	111	2 911
黄国仁（Hwang Gwo-Jen）	195	8 167	蔡进忠（Tsai Chin-Chung）	228	7 366
劳拉·贾斯蒂斯（Laura M. Justice）	67	2 055			

二、启示与建议

1. 人才引进：确保国际学者找得到、评得好、招得对

根据增量带动原理，如果学科的发展水平无法在短时间内获得较大的突破性进展，引进人才是打破这种僵局的有效手段。人才引进首先要确保找得到，即能准确识别一流学者。高校可以依托网络建立全球一流学者数据库，构建人才地图并实时更新，为人才引进提供强有力的数据支撑。其次是要评得好。学术能力是一种个体的内在潜质，能力高低需要通过一定的外显形式体现出来[①]。因此，制定人才评价标准是引才的重中之重。但仅凭借单一的量化指标筛选一流学者过于片面，必须制定出多指标综合评价体系，客观全面地评价学者的学术水平。最后还要招得对，即实行梯级引进政策，灵活招揽各层次的学者。高校既要引进具有国际声望的学科带头人，作为领航员引领学科的发展建设；又要重视具有真才实学，作为主力军增加学术产出和增强学术影响力；还要着力于引进毕

----

① 阎光才. 学术系统的分化结构与学术精英的生成机制[J]. 高等教育研究，2010(3)：1-11.

业于世界一流大学、具有可预测发展潜力的青年学者，使其作为生力军提升学术共同体的整体水平。

2. 人才培养：打造本土一流学者，培养学者的国际能力

人才引进具有成本低、时效强、推动国际交流与合作等优势，但在国际人才竞争形势愈发激烈的背景下，我国引才前景不容乐观，应更加强调本土一流学者的培养，推进我国学科与国际的接轨。根据全球"金字塔"顶端的教育学者特质，我国在培养本土人才时要尤为关注其国际视野和国际沟通能力的养成。高校可以积极为本土学者提供国际交流与合作的机会，鼓励其参与国际合作项目、国际会议等，及时了解并把握学科的国际前沿和发展趋势。此外，支持本土学者到世界一流大学访学进修，帮助其开阔视野，学习前沿知识技术，提升语言沟通能力，并拓宽人脉资源。同时，高校要鼓励本土学者积极拓展研究范围，勇于跨越不同学科范式、不同研究领域的边界，从事多元的学术研究，从而迅速地成长为一流学者。

3. 学科建设：由"边缘"转向"中心"，注重提升国际影响力

依据美国学者菲利普·阿特巴赫（Philip G. Altbach）的"中心"与"边缘"理论[①]，发达国家凭借卓越的学术水平和良好的学术声誉处于全球学术系统的中心地位，作为知识的创造者引领着全球教育的发展；发展中国家则处于边缘地位，依附于"知识中心"，承担着知识传播者的角色。但"中心"与"边缘"的分布并不是固定的，而是动态变化的，在一定条件下，边缘地位的国家可以向中心移动。推进教育学"次中心"地位建设，提升中国教育学的国际影响力是引才、育才的终极目标。首先，要推动引进人才与本土学者的合作交流，建设打破我国教育学发展桎梏的学术共同体；其次，利用引进人才的国际资源，建立与国外一流高校的国际合作，积极提升中国高校和教育学研究成果的国际曝光度；最后，着力将引进人才的国际思维、国际方法本土化，做到扎根中国大地建设教育学，打造融通中外的中国教育学话语体系，从而提升中国教育学的国际影响力和国际认可度，实现建设中国教育学"次中心"地位的目标。

（韩双淼　赵　楠）

---

① 菲利普·G·阿特巴赫.比较高等教育：知识、大学与发展[M].人民教育出版社教育室.北京：人民教育出版社，2001：27.

第二十六章
一流教育学刊的办刊特征与分层评价

　　学术评价是国家文化科技软实力的重要组成部分。[①] 近些年,国家在"回归学术本身"的理念驱动下频发学术评价改革的指导性文件,[②]"破五唯"改革在各种学术评价中渐次展开。"唯论文"是"破五唯"之首,意在破除学者追逐论文数量而忽视论文质量的学术功利、短期行为,尤其强调破除"唯 SCI/SSCI 之风"。2020 年,教育部、科技部联合印发了《关于规范高等学校 SCI 论文相关指标使用树立正确评价导向的若干意见》(简称《意见》),要求纠正既往学术评价中"SCI/SSCI 至上论",鼓励在具有国际影响力的国内科技期刊、业界公认的国际顶级或重要科技期刊上发表论文,以及在国内外顶级学术会议上进行论文报告。就此而言,破除"唯论文"的关键在于跳脱唯 SCI/SSCI 期刊发表的窠臼,且识别出在传承高质量学术成果、推进学术交流和表征学术创新力方面贡献突出的顶尖学术期刊,继而及时跟进国际学术研究前沿并产生高质量的学术成果。

　　事实上,已有部分社会科学建构了期刊的分层评价体系并识别出本领域的顶尖期刊,如管理学领域有美国《金融时报》的 FT50 期刊和得克萨斯大学达拉斯分校的 UTD24 期刊。然而就教育学领域而言,学术期刊依然囿于 SSCI 和非SSCI 的简单二分法,尚未对该领域期刊进行更为细致的分层研究。缺乏对教育学顶级期刊的有效标识在一定程度上引发了教育学研究成果规模与质量相背离和研究实力不强的尴尬境遇,凸显为近十年(2010—2019)中国见诸 SSCI 期刊的

① 潘涌.国家学术文化软实力的提升与学术评价范式的创新[J].南京社会科学,2016(6):10-17.
② 原祖杰.学术评价的困境与学术期刊的使命[J].首都师范大学学报(社会科学版),2020(6):17-20.

教育研究成果由 2010 年的全球占比 2.3% 增长至 2019 年的 7.1%，但仅有一篇入围国际教育学最高被引量的前 100 篇 SSCI 期刊论文（位于第 96 位）。规模与质量间的背离在一定程度上说明了中国教育研究在世界知识生产体系中影响力不足，尚未获得与本土教育研究规模相称的学术认同与学术声誉，这与研究者对顶尖期刊刊载论文中呈现出的国际学术前沿的认知不足，以及我国本土教育学英文期刊建设基础薄弱有关。

在此背景下，本章以科睿唯安 2019 年 Journal of Citation Report（简称 JCR）数据库收录的 263 本教育学 Social Sciences Citation Index 期刊（简称教育学 SSCI 期刊）为基础，对代表国际教育学科最为权威和全面的学术期刊进行全景式的描述，对其总体表现、学科归属、主办机构、地理分布等内容展开量化分析；在此基础上，采用理想距离法和熵权法两个多指标综合评价方法进行期刊学术分层研究。一方面，本章是以综合、科学方法对教育学科国际期刊进行量化分析和分层研究的首次尝试，为我国学者了解教育学科学术前沿与学术平台提供启示，亦为高校精准对标世界一流教育学成果、进行学术职业评价和学术期刊建设提供有益参考。另一方面，本章体现了学术期刊评价与分层方面的方法价值。

第一节　教育学 SSCI 期刊的全景式描述

要做好期刊评价，首先要了解学术期刊。鉴于学术期刊植根于特定的学科领域，且直接表征国家科技竞争力和文化软实力，因此对教育学期刊的了解既要从学科逻辑出发，结合教育学在人文社会科学中的研究地位审思教育学期刊的"量"与"质"，并解读不同期刊的研究主题将其进一步对应到细化的学科方向，还要基于争夺国际学术话语权的需要，从期刊主办方和地理位置的视角来勾勒教育学期刊的力量分布格局。

本节的数据来源主要有三：一是 Web of Science 数据库提供的期刊影响因子、排名、发表频率、主办方和地区等；二是 Ulrich's Periodicals Directory 数据库提供的期刊主办方、地区和出版频率等；三是期刊官网提供的信息，如目标和范围、主办方和出版频率等。整合这三个数据源提供的信息形成本章的数据集。多样化的数据源在一定程度上保证了数据的准确性和完整性。但是，从不同来源收集的数据并非完全一致，例如 Ulrich's Periodicals Directory 中的"country/

region(国家/地区)"和 Web of Science 上的"region(地区)"存在不一致现象。针对这一现象，考虑到提供本章的基础数据由 Web of Science 提供，所以本章以 Web of Science 提供的数据为权威。

一、"量与质"的演变

美国科学信息研究所(简称 ISI)出版的 JCR，每年对包括科学引文索引(SCI)和社会科学引文索引(SSCI)收录的学术期刊进行数据统计及影响因子等指数计算，是一种权威性的期刊评价工具。[①] 2019 年，JCR 统计中将人文社会学科分为 58 个小学科，其中教育学相关学科有 2 个，分别是教育与教育研究(education & educational research)和教育与特殊教育(education & scientific disciplines)。鉴于特殊教育偏向心理学和医学，因而此处不计入统计范围，本研究主要是对教育与教育研究学科领域的 SSCI 期刊进行分析。

总体而言，教育学 SSCI 期刊在期刊数量、发文总量、总被引频次方面均位列社会科学前茅，但在总影响因子方面却处于中下游。从期刊数量看，教育学位列第二位，总计 263 本，仅次于经济学(Economics)的 373 本；从发文总量看，位列第五位，发文总量 12 573 篇；从总被引频次看，位于第十位，总被引 421 337 次；从总影响因子看，位于 36 位，总影响因子 1.804，与位于第一的商业(Business)的总影响因子 3.534 相去甚远。

1. 发文量、被引频次和影响因子

近 15 年(2005—2019)来，教育学期刊数量由 2005 年的 98 本增加至 2019 年的 263 本，增幅达到 168.4%；且与之"相伴而升"的文献数量由 3 265 篇上升到 12 573 篇，增幅达到 285.1%。在数量上取得跃进式发展的同时，教育学 SSCI 期刊质量同样得到提升，表现为总被引频次和影响因子逐年上升。近 15 年，期刊论文总被引频次增幅 1 154.1%，平均单篇论文被引频次由 10.3 上升至 33.5。期刊总影响因子增幅 243.6%，其中 2015 年总影响因子达到 1，此后仅用四年时间就实现了从 1.1 到 1.8 的增长。值得关注的是，总即时影响因子(Aggregate Immediacy Index)是上述指标中增幅最大的，达到 319.5%，表明教育学期刊被引用的速度日益提升，专业期刊影响力增强(见图 26 - 1)。

---

① 科塔学术. InCites JCR [EB/OL]. https://www.sciping.com/15277.html.

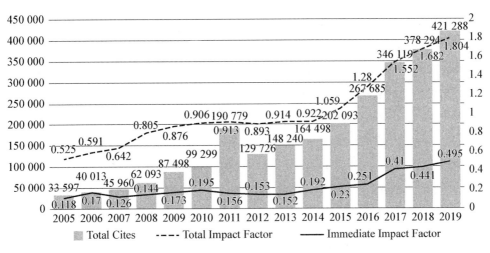

图 26 - 1 近 15 年(2005—2019 年)教育学期刊总被引频次、总影响因子和总即时影响因子

2. 分区

JCR 以教育学 SSCI 期刊当年的影响因子(Impact Factor,简称 IF)为基础,将所有期刊平均分为 4 个区——Q1、Q2、Q3 和 Q4(Q=Quartile)。在 2019 年教育学公布的 SSCI 期刊分区中,Q1 分区共 65 本期刊,剩余 3 个分区均为 66 本期刊。其中 Q1 分区的期刊影响因子位于 8.3～2.2 之间,方差为四个分区中最大,达到 1.4,这在一定程度上说明了处于前 25% 的期刊间的质量差异较大。因此,在该区间范围内对期刊进行分层研究有其必要性(见表 26 - 1)。

表 26 - 1 2019 年教育学 SSCI 期刊 4 个分区期刊影响因子范围

分区	期刊数量	影响因子范围
Q1	65	8.3～2.2
Q2	66	2.2～1.6
Q3	66	1.6～1.1
Q4	66	1.1～0.1

3. 期刊出版频率

季刊和双月刊是教育学 SSCI 期刊中最常见的期刊出版频率,分别有 106 本季刊(40.3%)和 54 本双月刊(20.5%)。紧随其后的是一年发行三期的期刊,共

36 本,占比 13.7%。出版频次最高的是 18 期/年的《国际科学教育杂志》(*International Journal of Science Education*),紧接着的是 14 期/年的《师范学院学报》(*Teachers College Record*)。此外,还有 8 本期刊每年仅出版一期,但其中 6 本为开放获取期刊,即允许在文章接受后立即线上发表,分别是《美国教育研究协会公开期刊》(*AERA Open*)、《BMC 医学教育》(*BMC Medical Education*)、《在线医学教育》(*Medical Education Online*)、《国际高等教育技术期刊》(*International Journal of Educational Technology in Higher Education*)、《国际 STEM 教育期刊》(*International Journal of STEM Education*)和《教育变革》(*Education as Change*)。另外 2 本每年出版一期的期刊是《教育研究评论》*Review of Research in Education* 和《课程问题》(*Curriculum Matters*)。

从不同分区期刊的出版频率看,Q1、Q2 和 Q3 分区都是以季刊和双月刊为最主要出版频率的期刊类型,而 Q4 分区中则一年三期同样是主要的出版类型,占比 21.2%。Q1 和 Q2 分区平均每种期刊每年发行量分别是 4.8 本和 4.9 本;Q3 分区期刊每年发行量最多,达到每种期刊平均每年 5.2 本;而 Q4 分区最少,为 4.5 本(见表 26 - 2)。

表 26 - 2　2019 年教育学 SSCI 期刊分区出版频率

分区	总发行次数	平均每种期刊发行次数
Q1	313	4.8
Q2	326	4.9
Q3	340	5.2
Q4	296	4.5

4. 期刊总被引频次

263 本教育学 SSCI 期刊在 2019 年共被引用了 421 337 次,其中总被引次数最多的期刊计算机与教育(*Computers & Education*)被引用 15 521 次。四个分区的期刊被引用次数依次递减(见表 26 - 3),其中 Q1 分区期刊总被引次数最多,达到 182 492 次,占总被引次数的 43.3%。从单本期刊的总被引次数看,Q1 分区期刊平均每本被引用 2 807.6 次;是 Q4 分区期刊平均被引量的 4.4 倍。

表 26‑3　2019 年教育学 SSCI 期刊 4 个分区期刊总被引次数和平均每本期刊被引次数

分区	总被引次数	平均每本期刊被引次数
Q1	182 492	2 807.6
Q2	109 031	1 652
Q3	87 636	1 327.8
Q4	42 129	638.3

二、办刊时间

从期刊举办时间看,截至 2019 年,平均每本期刊的办刊时长为 42 年。办刊时长超过 50 年的老牌期刊共 76 本,其中创办于 1893 年的《美国教育期刊》(*American Journal of Education*)是最"年长"的期刊。近 20 年(2000—2019 年)新办的期刊共 51 本,其中最"年轻"的期刊是 2016 年创办的《专业资本与共同体期刊》(*Journal of Professional Capital and Community*)。四个分区的期刊平均举办时间呈现依次递增的特点,即 Q1、Q2、Q3、Q4 分区的期刊平均举办时间分别为 40 年、41 年、43 年和 44 年。此外,四个分区的期刊中办刊时长超过 50 年的老牌期刊的数量呈现依次递增的特点,即 Q1、Q2、Q3、Q4 分区分别有 17 本、18 本、19 本和 22 本办刊时长超过 50 年的老牌期刊。

从期刊创办到首次进入 JCR 的 SSCI 期刊目录的时间看,除了 86 本期刊在 JCR 首次公布的年份(1997 年)即被纳入 SSCI 期刊目录外,剩下的 177 本期刊平均每本经过 25 年的发展后成为 SSCI 期刊。其中发展最为迅速的 3 本期刊《教育技术与社会》(*Educational Technology & Society*)、《学习文化与社会互动》(*Learning Culture and Social Interaction*)和《职业与学习》(*Vocations and Learning*)分别仅用两年时间就发展成了 SSCI 期刊。

三、期刊主办方与地理分布

1. 期刊主办方

本章共统计出其中 166 本期刊的主办方,这些主办方分为大学、学会/职业行会、官方三种组织。另外 97 本期刊的主办方信息无论是从 Web of Science、Ulrich's Periodicals Directory,还是期刊官网上均无法获取,因此在借鉴既有研究的基础上,①此处将 97 本期刊的主办方归于出版商。

这四类办刊主体中,学会/职业行会是最主要的办刊主体,即 119 个不同的学会/职业行会主办了 128 本期刊(48.67%)。这些学会/职业行会分为三种类型:第一类是专门研究教育的学术性团体,如美国教育研究学会(American Educational Research Association)主办了 6 本期刊,且其中 4 本是 Q1 分区期刊,分别是《教育研究评论》(*Review of Educational Research*)、《美国教育研究期刊》(*American Educational Research Journal*)、《教育研究者》(*Educational Researcher*)和《教育评论与政策分析》(*Educational Evaluation and Policy Analysis*)。第二类是隶属于特定学科的学术性组织,如美国心理学会(American Psychological Association)主办了 4 本期刊,分别是《教育心理学家》(*Educational Psychologist*)、《高等教育多样性期刊》(*Journal of Diversity in Higher Education*)、《艾滋病教育与预防》(*Aids Education and Prevention*)、《心理学教学》(*Teaching of Psychology*)。第三类是针对特定主题开展研究的专业学会,如国际扫盲协会(International Literacy Association)主办了《青少年和成人扫盲期刊》(*Journal of Adolescent & Adult Literacy*)。此外,一共有 9 个学会主办了两本及以上的期刊,分别是美国教育研究学会(American Educational Research Association)6 本、美国心理学会(American Psychological Association)4 本、国际扫盲协会(International Literacy Association)3 本,国际学习科学学会(International Society of the Learning Sciences)、比较与国际教育学会(Comparative and International Education Society)、美国社会学学会(American Sociological Association)、欧洲学习与教学研究学会(European Association for Research on Learning and Instruction)、英国教育研究学会(British Educational Research Association)和英国扫盲协会(United Kingdom Literacy Association)各主办了 2 本。

13 个出版商主办了 97 本期刊。泰勒-弗朗西斯(Taylor & Francis)主办了 39 本期刊,是主办期刊数量最多的出版商,紧随其后的是施普林格(Springer)主办了 23 本,爱思维尔(Elsevier)主办了 14 本,世哲(SAGE)主办了 9 本,以及爱

---

① TIGHT, M. Higher education journals: Their characteristics and contribution. *Higher Education Research & Development*, 2018,37(3),607-619.

墨瑞得(Emerald)和威立(Wiley)各主办了2本。这一发现与既有研究的结果一致,如泰特(Tight)发现泰勒-弗朗西斯(Taylor & Francis)和施普林格(Springer)是最大的两家高等教育期刊出版商。[1]

大学也是重要的期刊主办方,共主办34本期刊(12.93%)。例如,剑桥大学主办的《剑桥教育》(*Cambridge Journal of Education*),牛津大学主办的《牛津教育评论》(*Oxford Review of Education*),哈佛大学主办的《哈佛教育评论》(*Harvard Educational Review*),哥伦比亚大学主办的《师范学院学报》(*Teachers College Record*),宾夕法尼亚州立大学主办的《美国教育期刊》(*American Journal of Education*),以及多伦多大学主办的《课程探究》(*Curriculum Inquiry*)。

此外,还有四本期刊由官方组织主办,分别是西班牙教育和职业培训部主办的《教育杂志》(*Revista de Educacion*)、中国台湾"科技部"(Ministry of Science and Technology,Taiwan)主办的《国际科学与数学教育期刊》(*International Journal of Science and Mathematics Education*)、韩国教育发展研究院主办的KEDI《KEDI教育政策期刊》(*Journal of Educational Policy*),以及西班牙国家语言中心主办的《语言教学》(*Langue Teaching*)。

2. 期刊地理分布

263本期刊分布在19个国家和地区。其中英国和美国是期刊的主要来源国,分别有108本和92本,占期刊总量的76.05%,说明英美两国处于国际教育学知识生产和传播的中心地位。荷兰和西班牙分别有23本和9本,德国和澳大利亚各有7本,占期刊总量的17.49%,处于教育学知识生产体系的半边缘向中心过渡地带,即随着本国教育研究实力的增强和研究成果影响力的扩大,其在国际教育学研究版图上逐渐掌握了一定的学术话语权。其他国家中,新西兰有3本,南非和韩国各有2本,比利时、巴西、加拿大、克罗地亚、意大利、立陶宛、墨西哥、菲律宾、中国台湾地区和土耳其各有1本,处于国际教育研究的边缘地位。上述期刊主办方的分布情况一定程度上证明了世界知识生产体系中存在的"中心-边缘"格局。究其原因,教育学发轫于英美为代表的西方发达国家,它们在占

---

[1] TIGHT, M. Higher education journals: Their characteristics and contribution. *Higher Education Research & Development*, 2018,37(3),607-619.

据了学科发展先机的同时也在漫长发展历程中型塑了学科研究范式、学术话语体系和学科评价标准。及至当代，这些先发国家依靠先期积累的学术优势，如掌握了世界上绝大多数的出版公司和以本国语言为出版语言等，进一步维持既有的学术核心地位。处于边缘地带的国家由于语言交流途径不畅、学术技术设施不足等导致其在世界学术话语权中有所缺失，进一步加剧了其在教育学学术版图中的边缘化程度。

四、期刊的研究领域

考虑到教育学科的复杂性与知识分工的不断细化，本文对教育学 SSCI 期刊所涉及的主要学科和研究领域进行了划分，将 263 本期刊划归为综合/综述、语言与文化、STEAM 教育、课程与教学、交叉领域、教育技术、教育政策与管理、高等教育学、教师教育、早期与学前教育、成人与职业教育、学校教育、比较与国际教育 13 个研究领域。

上述划分综合考量了四个方面的因素：一是中国、美国和英国三个国家对于教育学下属二级学科的划分。鉴于期刊分类和评价的最终目的是运用于中国教育学的评价与发展，故而对其的学科划分应对照中国教育学的学科分类。中国教育学一级学科包括教育学原理、课程与教学论、教育史、比较教育学、学前教育学、高等教育学、成人教育学、职业技术教育学、特殊教育学和教育技术学这十个二级学科[①]。其次，英国和美国是教育学 SSCI 期刊最主要的来源国，因而 SSCI 期刊的研究领域是英美两国教育学领域研究方向的缩影，如英国高等学科分类系统（The Higher Education Classification of Subjects）中教育学包括成人教育、高等教育、健康运动、体育发展、教育心理学等学科方向。[②] 三是参考了已有研究对于教育学下属学科领域的划分，如 Huang 等人将教育学划分为早期教育、教育学、教育管理、教育心理、教育技术、高等教育、科学与工程教育、特殊教育、教学和教师教育九个领域[③]。四是针对专门对教育学与其他学科间的交叉

① 国务院学位委员会. 授予博士、硕士学位和培养研究生的学科、专业目录（1997 年颁布）[EB/OL].
　http://www.gov.cn/xinwen/2020－12/23/content_5572506. htm.
② 韩双森，许为民，衣龙涛. 英国研究生学科专业目录：演变轨迹与启示[J]. 学位与研究生教育，2019
　(8)：71－77.
③ HUANG C. , et al. Evolution of topics in education research：A systematic review using bibliometric
　analysis [J]. Educational Review，2019，72(3)：281－197.

领域展开研究的学术期刊,本文专门设置了学科交叉领域进行统计,包括教育经济学、教育社会学、教育人类学等。

上述领域期刊在数量和质量上呈现明显的不均衡性(见表 26-4)。本文以不同方向期刊总数量和 Q1 分区期刊数量两个指标为参考,以期刊数量平均数 20,Q1 分区期刊数量平均数 5 为基准,依据"质"与"量"的表现将 16 个领域的期刊划分为三个主要类型(见图 26-2)。

表 26-4　2019 年教育学 SSCI 期刊 13 个子领域的期刊数量和四个分区的占比

子领域	总数量	占比	Q1		Q2		Q3		Q4	
			数量	占比	数量	占比	数量	占比	数量	占比
交叉领域	49	18.63%	10	15.38%	10	15.15%	10	15.15%	19	28.79%
综合/综述	46	17.49%	6	9.23%	11	16.67%	14	21.21%	15	22.73%
语言与文化	35	13.31%	8	12.31%	10	15.15%	8	12.12%	9	13.64%
STEAM 教育	34	12.93%	6	9.23%	7	10.61%	11	16.67%	10	15.15%
教育技术	20	7.60%	12	18.46%	6	9.09%	2	3.03%	0	0.00%
课程与教学	18	6.84%	5	7.69%	4	6.06%	5	7.58%	4	6.06%
教育政策与管理	17	6.46%	8	12.31%	4	6.06%	2	3.03%	3	4.55%
高等教育学	12	4.56%	5	7.69%	5	7.58%	2	3.03%	0	0.00%
早期与学前教育	9	3.42%	1	1.54%	1	1.52%	4	6.06%	3	4.55%
教师教育	8	3.04%	4	6.15%	1	1.52%	3	4.55%	0	0.00%
成人与职业教育	6	2.28%	0	0.00%	2	3.03%	3	4.55%	1	1.52%
学校教育	5	1.90%	0	0.00%	1	1.52%	2	3.03%	2	3.03%
比较与国际教育	4	1.52%	0	0.00%	4	6.06%	0	0.00%	0	0.00%

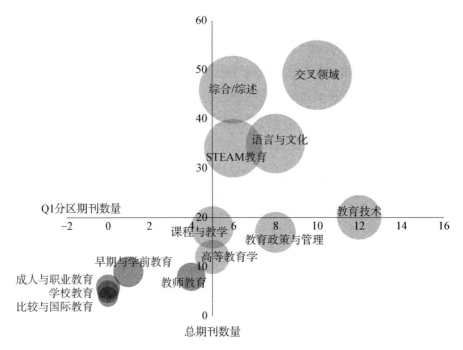

图 26‑2　2019 年教育学 SSCI 期刊学科领域分类
* 注：图中气泡大小为不同学科方向的期刊数量占期刊总数的比例。

　　第一类是期刊表现"量质均优"的研究领域，包括交叉领域、综合/综述、语言与文化、STEAM 教育和教育技术五个领域。它们的期刊数量均在 20 本以上，且 Q1 分区期刊数量在 5 本以上。交叉领域期刊的数量最多，共 49 本，其中 Q1分区有十本，涉及教育社会学最多，共 7 本；综合/综述类的期刊共 46 本，其中Q1 分区有 6 本，按照区域开展研究是该类期刊的特色之一，如针对美国、英国、澳大利亚、亚太等区域的综合/综述期刊；语言与文化是欧美国家教育学研究的重要方向，在 35 本期刊中 Q1 分区有 8 本，主要是以扫盲为主的普及性读写训练和专门针对英语语言的教育期刊；34 本 STEAM 教育期刊中 Q1 分区期刊有6 本，涵盖了科学、数学、工程、艺术等学科的教育，其中科学是关注度最高的领域，有 17 本科学教育的期刊；教育技术领域是唯一一个 Q1 分区期刊占比超过期刊总量的领域，即 20 本教育技术领域的期刊中有 12 本隶属于 Q1 分区，主要对在线学习、计算机辅助教学和知识传播等问题进行研究。

　　第二类是期刊表现"量少质优"的研究领域，包括教育政策与管理、课程与教学和高等教育学三个领域。其中,17 本教育政策与管理类的期刊中有 8 本是 Q1 分区期刊,涉及教育领导科学、教育管理、教育评估与问责等研究方向;高等教育学共 12 本期刊,其中 Q1 分区期刊 5 本,主要是该领域的综合性研究;课程与教学的 18 本期刊中有 5 本都位于 Q1 分区,涉及学习科学相关的研究。

第三类是期刊表现"量少质弱"的研究领域,包括早期与学前教育、教师教育、成人与职业教育、学校教育和比较与国际教育五个领域,其期刊总数量和 Q1 分区期刊数量均低于平均值。例如,9 本早期与学前教育的期刊中仅 1 本是 Q1 分区;8 本教师教育的期刊中有 4 本位于 Q1 分区,聚焦于教师的专业发展。成人与职业教育、学校教育和比较与国际教育三个领域的期刊数量分别为 6 本、5 本和 4 本,均无 Q1 分区期刊。其中,成人与职业教育重点关注在职人员的职业技能培养研究;学校教育主要涉及学校与城市关系、学校效能和学校暴力等研究方向;比较与国际教育重点关注发达国家教育经验、国际化与本土化融合等研究方向。

第二节　教育学 SSCI 期刊的学术分层与评价

上述分析为了解教育学 SSCI 期刊提供了概览性的信息,一方面,识别出 JCR 已有的学术分区在一定程度上可以作为成熟的标准进行分层划定,但该领域最具影响力、最高质量的期刊即 Q1 分区期刊的质量差异较大,需要寻找更具科学性的方式进行更加细致的层次划分,从而甄别、标识全球最顶尖的教育学研究成果汇聚的平台。与此同时,对管理学 FT50 期刊和 UTD24 期刊的分析发现,其中 80％ 以上的顶尖期刊都隶属于 Q1 分区,这也说明了从 Q1 分区期刊中遴选顶尖期刊相对科学。另一方面,教育学内部不同领域的知识生产和引文行为上存在差异,故而对核心期刊的遴选同样需要兼顾不同学科特点。例如教育技术等实践性较强的学科需要大量借鉴前人研究成果,呈现出引用活跃且文献周期短的特点;教育学原理等理论性较强的学科研究则相对独立,较少借鉴前人的成果,呈现引用不活跃且文献周期性长的特点。因此,本文以 2019 年 JCR 的 SSCI 期刊中 65 本 Q1 分区的高水平期刊为数据对其综合运用理想距离法和熵权法展开分层研究。

需要说明的是,理想距离法和熵权法本质上都是一种融合了定量评价与定性评价的引文评价法，即一方面研究成果被引用的前提是同行专家的阅读和认同，且引用论文的专家数量要远远大于一般同行评议的专家数量，另一方面根据同行引用情况，计算出引用数量、影响因子等数据，并根据数据进行评价。与此同时，既有研究发现引文评价法与直接的同行评议结果呈现出较强的正相关性，[①]这也有力地佐证了引文分析法的科学性和合理性。

一、方法构建与验证

1. 评价指标的选取

期刊评价方法可以分为单一指标评价和多指标综合评价两大类，前者从某一角度提供期刊相关信息，后者则能较为全面的观测期刊质量。汇总国内外社会科学核心期刊评选的主要测评系统（见表26-5），发现其中仅总被引频次（Total Cites，简称 TC）和影响因子（Impact Factor，简称 IF）是所有测评系统共同使用的指标。此二者之所以能成为期刊评价中的基础性指标是因为期刊评价的理论基础均指向"文献发表和引用"的集中性特点。其中布拉德福的文献离散分布规律集中探讨了某一学科领域的文献在本领域学术期刊中分布不均的现象；加菲尔德的引文集中定律发现了引文的分布具有集中和离散的特征，如科学引文数据库中70%的引文来自500种期刊；普莱斯的文献老化指数是指物理、化学等特定研究领域中，以发表时间五年以内文献的引文数量与被引文数量的比值作为衡量文献老化速度的指标。[②] 值得关注的是，尽管各种测评系统中运用了他引影响因子（Journal Impact Factor Without Self Cites）、即时被引指数（Immediacy Index）、五年影响因子（5 Year Journal Impact Factor）、特征影响因子（Eigenfactor Score）、期刊影响因子百分位（The JIF Percentile）等其他指标，但这些指标都是基于总被引频次和影响因子的修正和完善，因而此处构建的研究方法中使用的主要指标为这两种指标，及其基础上衍生的其他指标。

---

① WALTMAN L, VANE N J, VANL T N. et al. On the Correlation Between Bibliometric Indicators and Peer Review: Reply to Opthof and Leydesdorff. Scientometrics, 2011, 88(3): 1017 - 1022.
② 赵丹群. 学术期刊评价理论的演变分析[J]. 情报资料工作, 2013(2): 58 - 61.

表 26-5　核心期刊评选主要测评系统

序号	评价机构	评价成果	评价方法	指标体系
1	科锐维安	Journal Citation Report	定量	总被引频次、可引论文量影响因子、即时被引指数、5 年影响因子、特征因子、期刊影响因子百分位、论文影响值、文献半衰期
2	爱思唯尔	Scopus 数据库	定量	总被引频次、单篇文章源标准化
3	谷歌学术	Google Scholar 引文数据库	定量	被引量、影响因子、H 指数
4	北京大学图书馆	《中文核心期刊要目纵览》	定量	被引量、他引量、影响因子、他引影响因子、被索量、被摘量、基金论文比、Web 下载量、被摘率、被重要索引系统收录、论文被引指数、互引指数
5	南京大学中国社会科学研究评价中心	《中文社会科学引文索引》	定量+定性	影响因子、总被引频次、即年指标
6	中国科学院文献情报中心	《中国科学引文数据库》	定量+定性	引频次、影响因子、半衰期、学科影响力
7	武汉大学中国科学评价研究中心	《中国学术期刊评价研究报告》	定量+定性	期刊载文量、被引频次、影响因子、基金论文比、总被引
8	中国科技信息研究所	《中国科技期刊引证报告》	定量+定性	总被引频次、影响因子、即年指标、他引率、引用刊数、扩散因子、学科扩散指标、学科影响指标、被引半衰期

　　社会科学期刊评价指标倚重于总被引频次和影响因子,教育学亦然。同时,考虑到教育学引文周期较长,一篇经典文献甚至能被引用数十年之久,因而本文选择五年影响因子替代影响因子作为评价指标。坝帕纳里奥(Campanario)曾对影响因子和五年影响因子做了实证比较分析,发现五年影响因子随时间波动较小,意味着其更能反映期刊影响力。[①] 五年影响因子是指期刊前五年所载文献

① CAMPANARIO J M. Empirical Study of Journal Impact Factors Obtained Using the Classical Two-Year Citation Window Versus a Five-Year Citation Window [J]. Scient Metrics,2011,87(1):189 - 204.

在本年度的被引次数除以这五年的可被引数,具有平均被引频次的意义,能一定程度上降低依靠高发文量提升被引量的做法对质量评价的影响。需要说明的是,五年影响因子和影响因子间的相关性分析显示两者间存在高度相关性($R^2=0.9$),表明以五年影响因子替代影响因子具有可行性。总被引频次指期刊自创刊以来所刊载的全部文献在统计当年被引用的总次数。通常,发行时间越久、发行文献数量越多、质量越高的期刊,总被引次数越大。同时,总被引频次统计了期刊自发行以来全部的文献,自然包括一些"经久不衰"的经典文献,能有力支撑期刊的质量。总被引频次和影响因子间的相关性分析表明两者间的相关性较弱($R^2=0.3$),二者可以在一定程度上作为独立指标使用。

2. 主观赋权的理想距离法(D值)的构建

主观赋权的理想距离法综合总被引频次和五年影响因子两个指标对教育学SSCI 期刊进行评价①。通过专家咨询法,对总被引频次和五年影响因子指标在影响期刊质量方面分别赋予权重 0.4 和 0.6。鉴于总被引频次和影响因子的量纲不同,即前者的范围在(0~10)之间,且精确到小数点后三位;后者则是 1~2 000 之间的整数,因而去量纲和归一化是几乎所有期刊综合评价中的首要工作。例如,《中国学术期刊国际引证年报》在计算期刊影响力时选择了总被引频次和影响因子两个指标(分别赋予权重 0.5),并对其进行了去量纲和归一化,进而计算其锚定期刊与理想期刊的距离②。该理想距离法本质上是运用 TOPSIS (Technique for Order Preference by Similarity to Ideal Solution),选取逼近理想解的排序方法。本文借鉴其方法,具体的归一化处理公式如下:

$$Y=(X-Xmin)/(Xmax-Xmin)$$

其中,X 为原值,Xmin 为该指标中的最小值,Xmax 为该指标中的最大值,Y 则是标准化处理后得出的值,其通常位于 0~1 之间。

对总被引频次和五年影响因子分别进行归一化处理后,再分别乘以各自对应的权重 0.4 和 0.6,它们共同固定了一本期刊在坐标轴中的位置,其中最理想的位置是(1,1),因而某本期刊与最理想位置间的距离越近则期刊质量越高。两者距离计算公式如下:

---

① *Assessment in Education-Principles Policy & Practice* IF5 缺失,故而该刊统计时以 IF 替代 IF5。
② 中国学术期刊国际引证年报[R]. 中国学术期刊(光盘版)电子杂志社有限公司,2019.

$$D = \sqrt{(1 - TC * 0.4)^2 + (1 - IF5 * 0.6)^2}$$

* 上述总被引频次和五年影响因子数值为标准化分数。

3. 客观赋权的熵权法(S 值)的构建

为对上述遴选结果进行验证,进一步采用客观赋权的熵权法对与被引频次和影响因子相关的指标进行赋权,并根据权重计算综合得分。熵权法依据评价对象的各项指标之间的差异程度来确定各自的客观权重,其内隐的假设是"指标的变异程度越大,则表明该指标传递给管理者和决策者的信息量就越多,在综合评价中起的作用就越大,因而赋予的权重就越大"。[①] 在上述指标中,选择总被引频次、期刊影响因子、期刊五年影响因子、特征因子和论文影响值五个指标进行评价,上述五个指标的具体含义见表 26 - 2;将 65 本 Q1 分区期刊上述五个指标归一化数据根据熵权计算公式展开计算,得出各指标权重(见表 26 - 6)。

表 26 - 6　被引频次和影响因子相关的五个指标的权重和含义

序号	指标	含义
1	总被引频次 (Total Cites)	某特定期刊的文章在 JCR 出版年被引用的总次数
2	影响因子 (Journal Impact Factor)	期刊在过去 2 年发表的论文在 JCR 出版年的平均被引次数
3	五年影响因子 (5-Year Impact Factor)	期刊在过去 5 年发表的论文在 JCR 出版年的平均被引次数
4	特征影响因子 (Eigenfactor Score,简称 EFS)	假设该期刊多次被高学术影响力的期刊引用,则该期刊的学术影响力较高,其考虑了施引期刊的学术影响力
5	论文影响值 (Article Influence Score,简称 AIS)	论文影响值是在特征影响因子的基础上衡量每篇论文的影响力,估算某一期刊基于每篇文章的相对重要性

根据熵权法得出上述五个指标的客观权重(a、b、c、d、e),将相应权重乘以标准化后的指标数据,构建期刊综合得分(S)计算公式,并依照综合得分遴选出排名前 25 的期刊。

[①] 张朋.学术期刊评价方法综合比较研究[D].中国科技大学博士学位论文,2018：45.

$$S = a * TC + b * IF + c * IF5 + d * EFS + e * AIS$$

* 上述 TC、IF、IF5、EFS 和 AIS 数值为标准化分数。

4. 两种评价方法有效性的验证

为了检验主观赋权的理想距离法和客观赋权的熵权法的有效性，本文以此方法对 UTD24 期刊进行反向验证。由得克萨斯大学达拉斯分校（The University of Texas at Dallas）发布的 UTD24 期刊包含商学、管理学等学科公认的 TOP 期刊，是基于同行评议原则下产生的上述学科顶级期刊列表。本章计算 UTD 内每本期刊在其所属学科领域的 D 值排名和 S 值排名，若其排名位于其所属学科领域的前 50％，则一定程度上说明这两种基于引文行为的评价方法能有效地甄别一流期刊。

UTD24 期刊属于管理学（Management）（9 本）、商业与金融学（Business，Finance）（6 本）、商科（Business）（5 本）、运筹学与管理学（Operations Research & Management Science）（5 本）、经济学（Economics）（4 本）、工程与制造（Engineering，Manufacturing）（2 本）、信息科学与图书馆学（Information Science & Library Science）（1 本）、计算机科学与交叉学科应用（Computer Science，Interdisciplinary Application）（1 本）八个学科领域，其中 11 本期刊同属隶属于两个学科领域，在计算 D 值和 S 值时将这 11 本期刊置于排名较高的学科领域计算，分别是管理学（Management）、商科与金融学（Business，Finance）、商科（Business）、信息科学与图书馆学（Information Science & Library Science）和运筹学与管理学（Operations Research & Management Science）五个学科领域。此外，24 本期刊中有 5 本期刊属于非 Q1 分区期刊，不纳入 D 值和 S 值计算范围。分别是《美国运筹学与管理学会计算杂志》（*Informs Journal on Computing*）、《营销科学》（*Marketing Science*）、《运筹学研究》（*Operations Research*）、《组织科学》（*Organization Science*）和《生产经营管理》（*Production and Operations Management*）。

依据 $D = \sqrt{(1 - TC * 0.4)^2 + (1 - IF5 * 0.6)^2}$ 分别计算 19 本期刊的 D 值，发现其中有 18 本期刊的 D 值排名位于所处学科领域 Q1 分区期刊的前 50％，仅《制造和服务运营管理》（*Manufacturing and Service Operations Management*）1 本期刊处于前 50％之外。因此，主观赋权的理想距离法与专家评审法遴选出的一流管理学期刊重合率达到 75%。

依据熵权法分别计算 19 本期刊所隶属学科领域 Q1 分区期刊的总被引频次、期刊影响因子、期刊五年影响因子、特征因子和论文影响值五个指标的客观权重，构建不同学科领域期刊的 S 值计算公式：

Business：

$$S = 0.191 * TC + 0.254 * IF + 0.191 * IF5 + 0.201 * EFS + 0.163 * AIS$$

Business，Finance：

$$S = 0.204 * TC + 0.160 * IF + 0.147 * IF5 + 0.262 * EFS + 0.226 * AIS$$

information Science & Library Science：

$$S = 0.244 * TC + 0.146 * IF + 0.168 * IF5 + 0.255 * EFS + 0.187 * AIS$$

Management：

$$S = 0.236 * TC + 0.198 * IF + 0.113 * IF5 + 0.253 * EFS + 0.199 * AIS$$

Operations Research & Management Science：

$$S = 0.248 * TC + 0.098 * IF + 0.16 * IF5 + 0.266 * EFS + 0.227 * AIS$$

依据上述公式，分别计算 19 本期刊的 S 值，同样发现其中有 18 本期刊的 S 值排名位于所处学科领域 Q1 分区期刊的前 50%，仅识别出《制造和服务运营管理》(*Manufacturing and Service Operations Management*) 1 本期刊位于前 50%之外。因此，客观赋权的熵权法与专家评审法遴选出的一流管理学期刊重合率也达到 75%。

综合主观赋权的理想距离法和客观赋权的熵权法的评价结果看（见表 26 - 7），两者的重合率达到 100%，且两者均与专家评审法的遴选结果有较大的一致性。研究还发现 UTD24 期刊中有 15 本期刊的 D 值和 17 本期刊的 S 值排名高于其 2019 年的 JCR 排名。例如，《管理科学》(*Management Science*) 2019 年 JCR 排名为第 18 名，但是其 D 值排名第四名，S 值排名第一名。此外，从 UTD24 期刊 2019 年 JCR 排名看，无期刊位列其所在学科领域第一名，但从 D 值和 S 值看，分别有 2 本和 3 本期刊位于其所在学科领域的第一名。这在一定程度上说明，主观赋权的理想距离法和客观赋权的熵权法是有效的期刊评价方法。

表 26 - 7 UTD24 期刊 D 值和 S 值排名信息

序号	期刊名称	D 排名	S 排名	学科领域、JCR 排名及分区（2019）		
1	《管理学会期刊》(*Academy of Management Journal*)	1	1	管理学（Management）	8	Q1
2	《管理学会评论》(*Academy of Management Review*)	2	3	管理学（Management）	6	Q1
3	《管理科学季刊》(*Administrative Science Quarterly*)	9	8	管理学（Management）	7	Q1
4	《信息系统研究》(*Information Systems Research*)	4	5	信息科学与图书馆学（Information Science & Library Science）管理学（Management）	18 68	Q1 Q2
5	《会计与经济学杂志》(*Journal of Accounting and Economics*)	4	4	商业与金融学（Business，Finance）经济学（Economics）	8 36	Q1 Q1
6	《会计研究杂志》(*Journal of Accounting Research*)	5	6	商业与金融学（Business，Finance）	7	Q1
7	《消费者研究杂志》(*Journal of Consumer Research*)	12	12	商科（Business）	13	Q1
8	《金融杂志》(*Journal of Finance*)	1	1	商业与金融学（Business，Finance）经济学（Economics）	2 5	Q1 Q1
9	《金融经济学杂志》(*Journal of Financial Economics*)	2	2	商业与金融学（Business，Finance）经济学（Economics）	3 8	Q1 Q1
10	《国际商业研究杂志》(*Journal of International Business Studies*)	11	11	管理学（Management）	3	Q1
11	《市场营销杂志》(*Journal of Marketing*)	5	11	商科（Business）	21	Q1
12	《市场研究杂志》(*Journal of Marketing Research*)	14	16	商科（Business）	35	Q1
13	《经营管理杂志》(*Journal of Operations Management*)	14	21	管理学（Management）	40	Q1

（续表）

序号	期刊名称	D排名	S排名	学科领域、JCR排名及分区（2019）		
14	《美国运筹学与管理学会计算杂志》（*Informs Journal on Computing*）	/	/	运筹学与管理学（Operations Research & Management Science） 计算机科学与交叉学科应用（Computer Science, Interdisciplinary Applications）	50 76	Q3 Q3
15	《管理科学》（*Management Science*）	4	1	运筹学与管理学（Operations Research & Management Science） 管理学（Management）	18 56	Q1 Q1
16	《制造和服务运营管理》（*Manufacturing and Service Operations Management*）	54	33	管理学（Management）	46	Q1
17	《营销科学》（*Marketing Science*）	/	/	商科（Business）	61	Q2
18	《管理信息系统季刊》（*MIS Quarterly*）	8	13	管理学（Management）	23	Q1
19	《运筹学研究》（*Operations Research*）	/	/	管理学（Management） 运筹学与管理学（Operations Research & Management Science）	116 30	Q3 Q2
20	《组织科学》（*Organization Science*）	/	/	管理学（Management）	91	Q2
21	《生产经营管理》（*Production and Operations Management*）	/	/	运筹学与管理学（Operations research & Management Science） 工程与制造（Engineering, Manufacturing）	28 26	Q2 Q3
22	《战略管理杂志》（*Strategic Management Journal*）	7	5	管理学（Management） 商科（Business）	22 20	Q1 Q1

（续表）

序号	期刊名称	D排名	S排名	学科领域、JCR排名及分区（2019）		
23	《会计学评论》（*The Accounting Review*）	6	7	商业与金融学（Business，Finance）	5	Q1
24	《金融研究评论》（*Review of Financial Studies*）	3	3	经济学（Economics） 商业与金融学（Business，Finance）	21 4	Q1 Q1

二、一流教育学期刊的评价

1. 主观赋权的理想距离法（D值）的评价过程

在教育学 Q1 分区的 65 本 SSCI 期刊中，总被引频次和五年影响因子最小的分别是《国际高等教育技术期刊》（*International Journal of Educational Technology in Higher Education*）和《教育 XX》（*Education XX*），分别为 371 和 2.036；总被引频次和五年影响因子最大的是《计算机与教育》（*Computers & Education*）和《教育研究评论》（*Review of Educational Research*），分别为 5521 和 12.654。

据此将教育学 SSCI 期刊 Q1 分区的期刊质量进行了量化处理与可视化呈现（图 26 - 3），并根据期刊距离理想位置的距离远近遴选出排名前 25 的期刊。

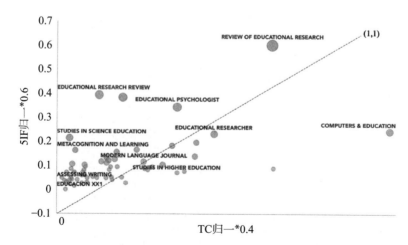

图 26 - 3　2019 年教育学 SSCI 期刊 Q1 分区的期刊位置图
注：图中气泡越大，越接近右上角的（1，1）说明该期刊质量越优。

2. 客观赋权的熵权法(S 值)的评价过程

根据熵权法计算教育学 Q1 分区 65 本期刊的总被引频次、期刊影响因子、期刊五年影响因子、特征因子和论文影响值五个指标的客观权重,并构建如下公式,依据上述公式遴选出排名前 25 的期刊。

$$S = 0.238 * TC + 0.27 * IF + 0.171 * IF5 + 0.192 * EFS + 0.13 * AIS$$

对比两种不同评价方法下的高质量期刊共有 23 本期刊重合,一致率为 92%,表明上述两种方法具有较好的一致性。作为期刊学术质量最新进展的考量,综合期刊 2018、2019 的影响因子与排名,排除连续两年影响因子均不在前 50% 的期刊(即 2018 年不在前 30 名;2019 年不在前 32/33 名)的一本期刊,共选择 22 本期刊作为教育学国际一流期刊,简称 TOP 22 期刊(见表 26-8)[①]。从 22 本 TOP 期刊的分布学科看,其涵盖了 73% 的子学科领域,具有较高的学科覆盖面。其中综合/综述类最多,有 4 本;教育技术、STEAM 教育分别有 3 本;高等教育学、教师教育、课程与教学、语言与文化、交叉领域分别有 2 本;教育政策与管理、早期与学前教育各 1 本;而成人与职业教育、比较与国际教育、学校教育无期刊入选。

表 26-8　TOP22 的教育学 SSCI 期刊

序号	期刊	D 值排名	S 值排名	2018 IF 排名	2019 IF 排名	主要学科/研究领域
1	《教育研究评论》(*Review of Educational Research*)	1	1	1	1	综合/综述
2	《计算机与教育》(*Computers & Education*)	2	2	3	4	教育技术
3	《教育心理学家》(*Educational Psychologist*)	3	6	2	7	交叉领域

———————————

① D 值排名前 25 但 S 值非前 25 的 2 本期刊是《数学教育研究期刊》(*Journal for Research in Mathematics Education*)、《亢认知和学习》(*Metacognition and Learning*);S 值排名前 25 但 D 值非前 25 的 2 本期刊是《阅读研究季刊》(*Reading Research Quarterly*)、《教育研究综述》(*Review of Research in Education*),连续两年影响因子值不在前 50% 的期刊为《教学与教师教育》(*Teaching and Teacher Education*),均排除在一流期刊之外。

（续表）

序号	期刊	D值排名	S值排名	2018 IF 排名	2019 IF 排名	主要学科/研究领域
4	《互联网与高等教育》（*Internet and Higher Education*）	4	4	4	3	教育技术
5	《教育研究者》（*Educational Researcher*）	5	7	9	20	综合/综述
6	《教育研究述评》（*Educational Research*）*Review*	6	3	5	2	综合/综述
7	《美国教育研究期刊》（*American Educational Research Journal*）	7	5	15	5	综合/综述
8	《学习与教学》（*Learning and Instruction*）	9	9	6	24	课程与教学
9	《科学教育研究期刊》（*Journal of Research in Science Teaching*）	10	10	17	10	STEAM 教育/课程与教学
10	《教师教育期刊》（*Journal of Teacher Education*）	11	15	12	15	教师教育
11	《科学教育》（*Science Education*）	12	17	22	19	STEM 教育
12	《高等教育》（*Higher Education*）	13	13	20	33	高等教育
13	《学习与教育管理》（*Academy of Management Learning & Education*）	14	18	11	8	教育政策与管理/课程与教学
14	《现代语言期刊》（*Modern Language Journal*）	15	14	7	18	语言与文化
15	《科学教育研究》（*Studies in Science Education*）	16	23	13	12	STEAM 教育
16	《高等教育研究》（*Studies in Higher Education*）	17	12	23	30	高等教育
17	《幼儿教育研究季刊》（*Early Childhood Research Quarterly*）	18	20	24	57	早期教育
18	《教育社会学》（*Sociology of Education*）	19	19	16	14	交叉领域

（续表）

序号	期刊	D值排名	S值排名	2018 IF排名	2019 IF排名	主要学科/研究领域
19	《语言学习》(Language Learning)	20	16	32	21	课程与教学
20	《英国教育技术期刊》(British Journal of Educational Technology)	21	25	31	31	教育技术
21	《学习科学期刊》(Journal of the Learning Sciences)	22	22	8	16	课程与教学
22	《教育评估与政策分析》(Educational Evaluation and Policy Analysis)	23	11	18	25	教育政策与管理

第三节　结论与建议

一、主要结论

在"破五唯"背景下,本文识别出破除 SSCI 至上论的突破口在于识别顶尖研究成果汇聚的平台,继而引导学者在更高质量、更具影响力的教育学国际主流平台发表学术论文。基于此,本文对教育学 SSCI 期刊进行了系统梳理和分层研究,主要发现:教育学 SSCI 期刊的主要举办方以学术/职业行会为主体,高等教育机构是主要参与者,并在主办国家地理分布上形成了美英为核心的研究圈,是国际教育学学术共同体的主要话语权掌握者;期刊覆盖话题具有广泛性和专业性特征,且各领域的期刊表现呈现明显的质与量不均衡性和影响力差异。综合运用主观赋权的理想距离法和客观赋权的熵权法两个多指标综合评价方法可以对 SSCI Q1 分区期刊进行学术分层,在该领域中遴选出 22 本具有更高质量和学术影响力的一流期刊。

二、启示与建议

1. 推动期刊分层分类研究,实现期刊评价对教育研究创新力的激励作用

充分发挥期刊的科学评价功能与知识创新作用,一是要推动期刊分层结构

的科学性。期刊分层是学术分层的具象表现，较为成熟的社会科学学科均有相对完善的期刊分层。对教育学而言，要在 SSCI 与非 SSCI 二元对立的期刊分层模式基础上树立多元层次观，识别高水平国际期刊以更好地表征期刊的质量差异，充分发挥学术发表的评价和激励功能，这也有助于推动社会科学各学科间的平等对话、科学评价和跨学科合作。二是要发挥不同类型期刊的激励作用。我国教育学期刊整体结构呈现综合性期刊的质与量明显优于各学科领域专业性期刊的现状，[①]而综合性期刊多刊载宏大选题的综合性论文，易引发期刊同质化现象。因此要在期刊分层的基础上精准定位期刊性质，在不同学科方向上识别本领域高水平期刊，实现综合性期刊和专业性期刊对不同类型教育研究成果的科学评价功能与知识创新作用。

2. 优化学术评价体系，构建"学科-学者-学术"良性发展的学术生态

构建学科、学者和学术相互促进发展的学术评价机制，一是要以提高学术质量为价值目标。科学的学术评价体系是教育学发展的"指挥棒"，对教育学的内涵引领、价值取向、国际形象起到重大影响作用。当前，我国教育学学术评价体系亟需走出"急功近利"的泥沼，回归质量提升的长远目标，鼓励教育学者发挥久久为功的精神，在具体研究领域深耕细作以推动学术研究对知识体系的贡献。二是警惕"以刊评文"这一僭越学术评价主体的问题。尽管期刊评价与论文评价密切相关，但两者并不等同。这就意味着，期刊评价并不是评估学者科学研究能力的严格标准，亦无法完全体现刊载论文的学术水平，而建立健全对研究成果本身的评价标准才是学术评价的根本所在，[②]这也是驱动学术界重视学术成果内涵、成果发表层次与成果影响力的核心动力所在。

3. 打造一流期刊，创建中国教育研究走向世界中心的学术舞台

我国教育学一流学术期刊的建设需要对标国际一流期刊，找准发展方向，明确发展定位。一是政府要加大对教育学学术期刊发展的支持力度。首先，适度放宽社会科学英文学术期刊和高品质中文期刊办刊审批权，充分调动学会、高校、科研机构创办本土一流期刊的积极性，搭建中国教育研究与国际平等对话平台。其次，政府应该建立健全学术期刊的效益补偿机制，建立一流社会科学期刊

---

① 张楠，黄新. 教育学期刊结构布局的国内外比较研究——基于 SSCI 和 CSSCI 的分析[J]. 中国科技期刊研究，2019(5)：551-558.
② 叶继元，朱强. 论文评价与期刊评价——兼及核心期刊的概念[J]. 学术界，2001(3)：72-80.

出版基金,遴选国内优质中英文期刊进行重点资助,增强办刊后劲。二是要充分发挥高等教育机构和学术组织在期刊办刊中的主体作用。积极促进以高等教育机构和学术组织为核心的学术主体办学,为学者们自由、独立地表达与交流学术思想提供平台,进一步促进教育学研究质量提升与学术职业完善。

三、研究局限与研究展望

本文在指标选取和评价过程中采取了多种方法进行评测,其本质是基于文献计量原则通过引文分析进行评估,具有客观且易于操作的优点。引文分析评价期刊质量的前提是期刊文章发表前同行评议的客观性与公正性,以及参考文献引用的必要性。然而实践中,期刊引用行为的有效性一直备受质疑,在引用动机上分为正向动机和负向动机,如索恩(Thorne)指出学者们会出于阿谀、互相吹捧、自诩、支持某一研究派别和迫于权威压力等的负向动机而自引或他引[①];引用行为上,法拉加斯(Falagas)总结了十种操纵影响因子的方式,如编辑要求文章修改后的稿件中参考文献要包括相关期刊的文献;学者倾向选择著名学者的成果,而不考虑其真正质量;编辑倾向选择与热门议题相关的文章等[②]。这些因素都有可能扭曲引用行为指标对于评判期刊质量的价值。

在后续研究中可增强质性指标的应用,综合文献计量法、访谈法、德尔菲法等方法,兼顾期刊客观评价指标、学术共同体同行评价与教育学二级学科特征等方面,进一步完善期刊的学术分层与评价研究。需要说明的是,鉴于期刊的发展质量处于不断变化中,所以对世界一流期刊的遴选更新周期不宜过长[③]。加之,既有研究发现科技期刊每3～4年完成一个增长周期的变化[④],因此对世界一流教育学期刊的遴选应每四年进行一次动态调整,以尽可能保证遴选结果的科学性和合理性。

(顾建民　韩双淼　谢　静)

---

① THORNE F C. The Citation Index: Another Case of Spurious Validity [J]. Journal of Clinical Psychology. 1997,33(4): 1157–1161.

② FALAGAS M E, ALEXIOU V G. The Top-Ten in Journal Impact Factor Manipulation [J]. Archivum Immunologiae et Therapiae Experimentalis. 2008,56(4),223–226.

③ 姚红. 核心期刊的遴选更新周期不宜过长[J]. 办公室业务,2014(19): 229–231.

④ 黄建东,丁治明. 我国科技期刊发展的周期性探讨[J]. 情报科学,990(01): 10–14.

索　引